婚約·婚姻予約法の理論と裁判

岡本詔治

婚約・婚姻予約法の理論と裁判

学術選書
84
民　法

信山社

はしがき

本書は、判例婚約法の論理構造を分析することを眼目にしているが、判例では、婚約も内縁も「婚姻予約」概念のなかで捉えられているので、必要な範囲で内縁事例も射程範囲に収めたことのほか、やや回り道もしたことから、相当程度大部なものとなった。そこで、序論を設けて本書の基本的姿勢と概要をまとめるつもりであったが、すでに当初の紙幅を大幅に超過したので、ここで一部、私見の視点を軸としながら、本書の概要を予め示すことによって、読者諸賢の参考に供したいと考えた次第である。「はしがき」としては、やや異例であり、かなり長文にわたるが、ご寛容願いたい。いうまでもなく、本書の立場も一つの見方にすぎないので、これを機に「婚姻予約法」をめぐる論争が新たに巻き起こるようなことにでもなれば(?)、望外の喜びとするところである。

＊　＊

周知のごとく、内縁の不当破棄を初めて保護した大正四年の大審院民事連合部判決は、一般に「婚姻予約有効判決」と称され、民法判例史においては、画期的な判例として位置づけられているが、「予約」という概念・論理によって、すでに「夫婦の実質」を備えている男女類型を把握したので、当時から通説的内縁学説（穂積重遠や中川善之助など）は、「仮託論」と揶揄・批判してきた（第三章第一節の5）。しかし、いずれにせよ、戦前戦後を通して、この判例が「内縁保護の先例価値的裁判規範と位置づけられたこと」は、間違いのない歴史的事実であった。

ところが、敗戦後間もなくして、唄孝一らが、いわゆる「試婚論」を旗幟として、民事連合部判決での男女類型は内縁そのものではなく、伝統的な婚姻習俗のもとで行われる「アシイレ」（未完成婚）ではないかとの疑義をとなえたことから、これが事実であるとすれば、通説的内縁学説は、その根底を動揺させられる事態に立ちいたる難題に直面したであろうが、内縁説には川井健らの強力な支持もあって、双方は互角で組み合ったまま、今日に至っているように思われる。

本書は、いずれの立場にも与することができないので、右のような問題状況に対して、その学恩に浴しながらも、新たな一石を投じることとした。まず、伝統的な内縁学説に対しては、つぎのような疑問を提起している。実は、大正五年に、「典型的な婚約事例」につき、民事連合部判決を引用する「知られざる婚姻予約有効判決」が登場していた。しかも、この婚約事例は、民事連合部判決の内縁事例とともに、その時期は多少前後するが、とにかく大審院で同時期に審理されていたのである（裁判長はいずれも「田部芳」である。）。ところが、どうしたわけか、戦前・戦後の内縁学説（穂積重遠、中川善之助、我妻栄のほか、唄孝一や太田武男など）は、この「民録登載」の婚約事例（大判大正五・六・二三民録二二輯一一六一頁）を見落としていた（第三章第二節）。そこで、学説では、半世紀以上にもわたって、何ら怪しまれることもなく、婚姻予約有効判決は内縁保護のみの先例として推移し、婚約事件の先例は、いわゆる「誠心誠意判決」（昭和六年）に求められてきたように思われる。ちなみに、右の「婚約有効判決」と併合審理されていた「四通の書状」（男性が女性に交付したもの）の返還請求訴訟は、物権的請求権が消滅時効に服しないとした先例として今日でも著名な判決であるので、こちらの方に関心があれば、「婚約有効判決」の説示部分の存在に気付いたはずである。ただ、民録の「判決要旨」には、婚姻予約の要旨部分は完全に欠落していた。いずれにせよ、右のような「見落とし」は、わが民法学説史上、希有な例に属する。この「婚約有効判決」を認識していれば、おそらく民事連合部判決に対する通説的内縁学説の評価も随分と変わっていたのではなかろうか。

＊　＊

「婚姻予約」概念それ自体は、おそらく旧民法制定過程での「婚約草案」の下敷きとなったイタリア旧民法典（一八六五年）の語法から邦訳されたものと推測されるが、もともとは「婚約」を指していたところ、フランス民法（破毀院）の立場に追随した旧民法当時の婚約・婚姻予約無効論は、明治民法典施行後でも、そのまま堅持されるとともに、「届出婚主義」を導入した民法典では、いうまでもなく内縁は法制上無効とされた（「梅謙次郎」の強力なリードによるものでもある。）。これに対して、「土方寧」は、法典調査会では、当時の「イギリス婚約法」に依拠しながら婚姻予約有効論を掲げるとともに、内縁についても、わが国の婚姻習俗を重視して、梅と対峙したが、梅の無効論を凌駕するまでには至らなかった（第二章第二節の2）。そこで、民法典施行直後の大審院判例は、内縁事例も含めて、すでに婚姻予約概念を使用していたが、梅のいう「婚姻予約無効論」を墨守していた（第二章第三節の1・2）。

以上のような経緯を鑑みれば、民事連合部判決が「婚姻予約」概念を使用して、それが有効であると宣言するためには、どうしても「婚約」の有効性も含めてうたいあげねばならなかったはずである。婚約を外して内縁のみが有効であるとするのは、婚姻予約概念の迷走でしかなく、むしろ逆に、当時の西洋諸国の婚姻法と同様に内縁は無効であるが婚約は有効とされるのが論理的にも制度史的にも自然であったのである。ことに梅の婚約・婚姻予約無効論に対しては、民法典施行直後から婚姻習俗を重視する下級審裁判例によって、すでに小さな風穴が開けられていたところ（第二章第三節の3・4）、大審院も、曲折を経たうえで、梅の立場から完全に遊離したわけである。存外短い期間ではあったが、かつて排斥された土方寧の論理が蘇生するための不可欠なプロセス・経験ともいえようが、このような婚姻予約法の進展は、当時の「社会的な力」がそれを求めていたからにほかならない。

民事連合部判決が、判決理由の頭書でわざわざ婚姻予約有効論につき「一般的指針」をどうしても掲げなければならなかった所以であるが、たまたま偶然に同時期に登場した「婚約有効判決」が、そのことを実証していることとなるので、この「婚約有効判決」は決して見逃してはならない先例であったわけである（これが発見された経緯については、第三章「第二節」で詳論しているので、参考にされたい。）。この当時の「穂積重遠」は、内縁保護に傾斜して「婚約」の保護を完全に否定していたので、仮に民事連合部判決の男女類型が婚約であれば、婚姻予約有効判決は登場しなかったとも述べていたところ、このことと、穂積が「婚約有効判決」を見逃したという事実とは、奇妙に付合していたともいえようが、いずれにせよ、内縁学説は、一般に「婚約法制」に対する歴史的認識が曖昧であったように思われる。本書の一つの目標は、この歴史の暗部に光を当てることにあった。

＊　＊

一方、戦後の唄孝一らの「試婚論」は、未公表裁判資料の周到かつ精緻な分析を高く掲げて登場してきたので、今日でも、学説への影響力には甚大なものがあり、とくに正当婚姻に至るまでの多様な男女関係を「連続体」として把握しなければならない旨を明らかにした功績それ自体は、たしかに否定し得ない。もっとも唄らは、研究の途上において、当初提示した「社会的事実」としての「四類型」からはみ出る男女関係に遭遇するに及んで、この四類型は「一つの理念型」である旨を自認するに至っている（「判例における婚姻予約（二二）」都法一二巻一号〈一九七一年〉三五六頁）。「事実」を追い求める限りは、ある意味では当然の帰結であるが、結局のところ、試婚的でもあり準婚的でもあるというような混迷状況に陥るおそれが生ずるので、逆に、どうしても「理念」が必要となったのであろう。

それはしばらく措くとしても、少なくとも、民事連合部判決が前提とした男女関係は、決して、いわれるような試婚と「評価」されたものではないと考えるべきであろう。というのは、すでに、「アシイレ」という婚姻風俗なるものの存在を民事連合部は認識していたものと考えてまず間違いないからである。現に同判決の一審では「足入れ婚」という主張がなされていたことからも窺知しうるが、他方で、当該事案（僅か三日間の同棲）を前にして、連合部判決が、事実審での「事実上の婚姻」という認定事実を前提としながら、挙式して「事実上夫婦同様ノ生活ヲ開始スルニ至ル」というフレーズを使用している点に注目すべきであろう。これは、婚礼の儀式をすませた上で、「実生活に入ること」をもって内縁と「評価」していたことを推知させ、現に後の裁判例では、かかる視点が強調されている事例もあった。たとえば、挙式・輿入れ当日の翌未明、まさに実生活に入る「寸前」に破談となったケースでは、逆に

「婚約」と評価した事例（第六章・大審院[30]の原判決）がある。したがって、婚姻習俗に従った通過儀礼がなされると、同棲期間の長短はすでに克服されていたといえよう。「社会通念」が強調された所以でもある。また、「社会的事実」を重視する唄らの本来の研究目的に即して考えるとしても、はたして当該男女類型が「試婚」であったかどうかについては、認定事実によれば「正式の結婚式」（媒酌結婚）を終えているので、なお疑問が残る。

少なくとも、この当時の大審院は、婚姻意思をもたない単なる同棲（同時代における「青鞜」の「新しい女」論）なども含む多様な婚外の男女関係を目の当たりにしていたが、そうした曖昧な男女関係を婚約・内縁二分論という基準によりながら、不当破棄責任を裁断したように思われる。実際、大審院は、民法施行前に成立した内縁については、民法施行後の判決例でも儀式婚ないし事実婚主義を採っていたので（第二章第三節の1）、婚約と内縁との区別については、すでに経験ずみであることにも留意しなければならないであろう。他方で、民法施行後の内縁・婚約事例についても、民事連合部判決の「直後の大審院判決例」では、「婚約」や「内縁」という概念が使用されているのである（第三章第一節の2）。したがって、民事連合部判決にいう「婚姻予約」とは、「将来の夫婦約束」を意味するだけではなく、「夫婦の実質」をもカバーする概念として予定されていたものと解すべきであろう。奇しくも、近世・近代の西欧諸国が「婚約重視」の婚姻観をもっていた事情（第一章二節）を彷彿とさせるものである。

結局のところ、民事連合部「婚姻予約有効判決」は、当時における非近代的な男女関係を婚約・内縁二分論によって克服するとともに（「近代的思惟の確立」）、近代的な契約法的装置を通して、その「婚姻予約」概念のうちに内縁を含ませるという画期的な準則を創造したこととなるので、ここにおいて、わが国独特の婚姻予約有効論が誕生したといえよう（「和洋折衷の論理」の生成）。この当時では、イタリア、ドイツ、およびスイスですら、内縁の方は無効（公序良俗違反）であったからである。したがって、わが民事連合部判決は、世界法史的観点からみても、この方面において金字塔を打ちたてたといえよう。

本書は、内縁事例に深入りしすぎた感もなくはないが、それは、特に判例のいう「婚姻予約」という契約から当事者双方に「婚姻届出に協力すべき義務」(「届出義務」と略する。)が派生し、これをもって、大審院は、不誠実な届出拒否という男性側の行為態様を抑止し、ひいては「内縁撲滅という政策的判断」をもっていたものと推測したからである。そのために、かなりの内縁事例を紹介・分析した結果、ほぼこの推測が間違いないことを確信した次第である。婚約事例の数は少ないので、大審院の立場を明確にはできなかったが、婚姻予約概念を使用しているので、同じことが妥当するものと思われる。届出義務自体については、当初の学説では明確に認識されていたが、準婚理論が大勢を占めると、夫婦という実態が法的保護の根拠となり、やがて中川理論がリードする通説的内縁学説のもとでは、軽視されてきたといってもよい。しかし、これでは、婚姻制度が完全に二分され、現行法下の婚姻秩序が迷走することにもなりかねないであろう。いずれは内縁も婚姻秩序に収斂されるという論理を求めたうえで、もって「内縁撲滅の政策的意図」を実現することこそが、解釈論者の責務ではなかったか。大審院の婚姻予約有効論は、そのことを将来において見通していた論理であり、かつまた、そのような論理構造を蔵していたように思われる。その軸となるものが、本書にいう「届出義務」である。戦後において、届出が国民的慣行にまでなったが、このことと、大審院が「婚姻予約有効論」ひいては「届出義務論」を一貫して堅持したこととは、決して無関係ではないものと思われる。いわば、梅謙次郎が否定した「婚姻予約有効論」を通して、梅が理想とした近代的婚姻制度である「届出婚主義」が真の意味で国民生活に定着したこととなろう。

＊　　＊

「婚約法」については、本書は、その論理構造を明らかにしたうえで、裁判例を分析してきた(「第一章第一節の2」

と「第七章第二節の4」)。本書の基本的姿勢は、男女間の結婚約束という「私的了解」が通過儀礼や親族・知人などに対する告知を通して社会的承認をうる(婚約者としての「振るまい」が顕現する)ことによって、法的な婚約になるとするところにあり、婚姻制度という国家的な公的秩序を前提としたうえで、当事者双方の私的合意が「集団的秩序」の中で法的合意に昇華されると考えている(「社会的婚約秩序論」)。これは、一方では関係の形成に対する信頼を保護しなければならないが(法的拘束性の問題)、他方では「関係離脱の自由」も軽視できないので、双方の要請を調整するための論理でもある。もっとも、裁判例では、そうした典型的な婚約事例ではなく、「秘密裡の男女関係」での結婚約束が問題となることが少なくない。これも性的関係や妊娠ないし出産という事実によって、そこに「新たな人間関係」の形成(信頼保護)が予定されるならば、この私的な関係も「社会化」せざるを得ないと構成した。後者は「非典型的な婚約」と位置づけたが、裁判例では、これを私通としたり、婚約としたりする例があるので、いずれにせよ、今後は、この種の男女類型については、そうした結論を導いた具体的な根拠、とくに「考慮事情を明確にすべきこと」が裁判所の責務であるとした。決して、「誠心誠意」とか「確定的意思」とかの「ことば的操作」のみに終始してはならない。そのような曖昧な姿勢によって個別正義が犠牲されてきた面が強いように思われる。ちなみに、「婚姻」それ自体につき典型・非典型に区別する有力説があるが、それとは区別の趣旨を異にするので、誤解のないようにしていただきたい。

なお、本書は、結婚するとの詐言を信じて関係を結んだ女性を救済するための「詐欺誘惑の論理」にも注目した。この男女類型と秘密裡の男女関係との比較検討のなかで、裁判例が婚約・婚姻予約概念との関連をどのように考えているのかにつき論及した(第七章第八節)。もともと「詐欺誘惑の論理」は、わが国では婚姻予約無効論の時代に騙された女性を救済する隘路となっていたことのほか、民事連合部判決が不法行為的救済を否定した一つの理由が、この論理と密接に関連していたことについても(第三章第一節の3)、あわせて、ここで付言しておこう。

ところで、本研究の直接の動機をいえば、いわゆる法科大学院の「認証評価」（資格審査）との関連でしかなかったので、もともとは簡略な論文を作成するところにあった。改めてみずからの過去五年間の業績を顧みたとき、家族法関連の業績があまりにも僅少すぎたので、何とかしなければとの憂慮・焦慮のもとで、急遽、選択せざるを得なかったテーマでもある。少しは、手持ちの資料や作業の蓄積があったことから、一見すれば取り掛かりやすい研究分野でもあったが、いざ本格的に始めてみると、知らないことだらけであり、また厳しい授業準備のなかで研究時間を工面することにも限界があったので、門外漢の私が、いかほどの新境地を切り開くことができたかについては、諸賢の批判をまつしかない。

＊　＊

この作業のなかで、ことに「横田秀雄」の鋭い現実感覚に驚かされた（第三章第一節の6）。横田は、民事連合部判決にも、私的なかたちで何らかの関係をもっていたともいわれるが、彼が民事連合部判決直後に裁判長として宣告した未公表判決例が興味深い。本書は、この判決にも特に注目したが、それは、民事連合部判決が「不法行為的構成」を否定した理由の一つがそこに潜在していると判断したからである（第四章第二節の3）。また、横田論文からも、民事連合部「婚姻予約有効判決」がまずもって「単純婚約」を前提としていることが明らかにされていることのほか、内縁関係に移行した場合でも、婚約段階を取り出して（これは、いうまでもなく一つの「法的テクニック」ということであろう。）、不当破棄責任を問える趣旨の言説もある（第三章第一節の6）。加えて「誠心誠意判決」など後代の裁判例に与えた影響にも軽視できないものがある、と考えている（第六章第一節の2）。また、通過儀礼や社会的承認を重視する本書の立場と共有しうる部分が少なくないのである。

＊　＊

若いころ、島根大学在職中に、この方面での業績を蓄積されていた武井正臣先生のご研究の成果に触れるとともに、内縁の実態調査のために、松江地方のいくつかの役所に出向いて婚姻届出関連書類の調査のお手伝いをさせてもらったことが、今は懐かしく思い起こされるが、まさか、みずからが婚約や内縁の研究をするようなことになるとは思ってもみなかった。しかも、武井先生は「婚姻届出請求権―試論」なる論文をものされていたので（武井正臣『内縁婚の現状と課題』〈法律文化社、一九九一年〉二三頁以下所収）、本書の「届出義務」論と随所で交錯することとなり、定年間際の私が上梓しえた本書とのふしぎな縁に感慨もひとしおである。将来は、内縁それ自体の研究をしてみたいと考えているが、本書の校正中でも、生来の眼疾が昂じて目がかすみ出し、頭も朦朧としていることもあって、はたして、どうなるかは予断を許さないところである。ただ、これからは、自由に羽ばたけるので、何度か窒息しそうな憂き目に遭遇した過去の境位と比較すれば、それだけでも執筆意欲が多少とも絞り出せるかもしれない。とにかく日頃好んでする空想で「迷走」する時間だけは、たっぷりとあることには間違いないので、よくよく、広く一般に男女関係のあり方につき、過去を振り返りながら将来も見通した上で、あらためて内縁や事実婚のほか、「特殊の男女関係」（第七章一〇節の４）なるものの法的構造を分析してみたいものである。

＊　＊

本書は、主として左記の①から③までの論文を収録したものである。著書としての体裁を整えるために、一部、構成を変えたほか、明らかな誤謬を修正した箇所もあるが（若干の下級審裁判例を差し替えたところもある。）、考え方自体には変わりはない。もともと独立した論文として書きまとめたものであるので、相互に重なる部分があるが、それを一本に整序しきれなかった。ご寛容願いたい。「第七章」は本書のために書き下ろしたものである。

〈初出一覧〉

①「婚約法の沿革小史」龍谷法学四二巻三号（二〇一〇年）八一頁（本書「第一章」）

②「判例婚約法序説（一）（二・完）――いわゆる『婚姻予約有効判決』の歴史的意義について」龍谷法学四三巻四号（二〇一一年）七五頁、同第四四巻三号（二〇一一年）一二七頁（本書「第二章～第三章」）

③「判例婚約法の展開（一）（二）（三・完）――『婚姻予約有効判決』後の推移に即して」龍谷法学四四巻四号（二〇一二年）七五頁、同四五巻二号（二〇一二年）一五頁、同四五巻三号（二〇一二年）一頁（本書「第四章～第六章」）

なお、本書は、二〇一二年度「龍谷大学出版助成制度」の支援のもとで公刊されるものであるが、ちょうど本年度は私の定年退職の年度にあたる。過去一〇年間にわたって、龍谷大学および教職員の方々、ことに法科大学院の川角由和教授や中田邦博教授には、陰に陽に格別のご配慮をしていただいた。あわせて、信山社編集部の今井守氏からは、本書の出版にあたり、かずかずの適切な助言を与えられた。関係各位には、紙上を借りて、心からお礼を申し上げる次第である。

平成二五年一月七日

京都深草の仮寓にて

岡本詔治

目次

婚約・婚姻予約法の理論と裁判

第一章　婚約法の沿革

一　問題の限定と本書の視点

1　婚約論と問題状況

「婚約」の形態が婚姻のそれと同様に時代と社会に応じて多様な形態をとってきたことは言うまでもないが、後述のように、近代民法典の成立に至るまでのヨーロッパでは、婚約こそが結婚の本体であり、婚姻挙式は独自の意義・価値をもたず、婚約という契約の単なる履行行為ないし構成要素にすぎないという婚約観が根強く生き残っていた。わが国でも、明治民法の制定以前における旧来の婚約・婚姻慣習法では、「婚約儀式」が重視されるとともに、いわゆる婚姻予約の効力として基本的には「婚姻の履行義務」（婚姻約束の強制履行）すら認められていた。これら婚約・婚姻観に通底するものは、「婚約・婚姻の誉れや名誉」（ひいては信義誠実違背）という社会的評価・価値であったものと思われる。ことに同じ階級・職業等の社会集団での婚約・婚姻が多かったという歴史的事実があるので、これを単なる倫理・道徳問題といって済まされるものではなかったわけである。

いうまでもなく、かかる社会的評価なるものは、時代・民族の文化・習俗の反映であるという制約はあるとしても、今日でも一面の真理をもっているように思われる。社会的事実としては、婚約が誠実に履行されて婚姻挙式・届出にまで成熟してこそ、婚約当事者双方の譽れや名誉・名声が満たされるからである。しかし、法的には、婚約は婚姻の単なる前段階の男女関係にすぎないと構成され、その契約的保護が認められているものの、婚約不履行の法的効果が損害賠償に限定されていることは、今更改めて言うまでもない。

ところで、一般に、婚約とは、将来「結婚しようという合意」であると解されているが、この婚約なるものが当事者双方の単なる口頭の合意のみで成立するか否かは、事柄の性質上、従来から議論があり、今日でも必ずしも明瞭であるとはいえない面がある。近時の家族社会学では、相互に特定の一人と将来夫婦となる約束をすることを「私的な了解」（いわゆるコートシップ）と称し、この段階を起点とした上で、さらに親族・友人ら周囲の承認を受けて、これが社会的に認められることをもって、「婚約」にまで成長すると考えられているようであり、(1) この立場では、曖昧な男女関係も社会的な公示・承認というフィルターをかけられるので、かなり明確な婚約像が析出されていることとなろう。しかしながら、法的には、周知のごとく、大審院時代の判例が真に夫婦となることの「誠心誠意の合意」があれば婚約が成立し、結納その他の慣習上の儀式（「樽入れ」など）を不要と解したことから、(2) 一応は、この問題に決着がついているようにもみえるものの、純然たる諾成契約であるのかについては、学説では、未だに必ずしも意見が一致しているわけではない。現に裁判例でも、合意の確実性・確定性に加えて「公然性」まで要求する例があり、単なる合意以上のものが必要であると解する傾向が見られるし、学説でも、同様の趣旨を述べる見解がある。(3) 加えて、婚約の契約としての性質についても、その不履行に対して、そもそも履行（婚姻の届出）を強制できないものであるから、契約としては何らの効力もないと解する婚約無効論は、古くから登場していた。もともと立法当時では、婚約を保護することは、結局のところ、婚姻の強制につながり、ひいては「婚姻の自由」を侵害することになるという見解が通説であった。

このような状況にある一つの要因は、わが民法典が「婚約」に関する規定を用意しなかったことにあると思われるが、明治時代の民法典制定当時においても、すでに外国の立法例には、婚約規定が存在し、当時、わが民法典の起草者らによって、この種の外国の立法例が参照されていたにもかかわらず、何故か規定が置かれなかった。実際、「旧民法」の編纂過程では具体的な婚約規定の草案が用意されていたが、最終段階である元老院の審議過程で消失しており、結局のところ、旧民法にも、またその後の明治民法にも、婚約規定は欠落している。かかる立法の経緯については、すでにいくつかの優れた研究があるが、しかし、途中で婚約草案が姿を消した理由が必ずしも十全には明らかにされていない[4]。資料に限界があるようなので、止むをえないところであるが、実は、その婚約草案の起草段階において参考とされた外国の立法例が当時のイタリア民法典（一八六五年制定）であった。また、明治民法の起草者である「梅謙次郎」もイタリア法に直接言及している。フランスでは、むろん当時の学説では婚約に関する議論はあったものの、民法典には、何らの規定も用意されていなかったからである。

本章の課題は、先達の業績に恩恵をうけながらも、改めてこのような立法の経緯を辿ってみることにある。ことにイタリア旧民法典については、管見の限りでは、どの先行論文も一応の形式的な指摘にとどまっているので、屋下に屋を架するという弊をおかす結果となるかもしれないが、敢えて本小稿をものしたわけである。

2　本書の課題と視点

(1)　私的了解と婚約論

実は、本章をものした動機は、単に婚約法制の歴史的な推移を辿ることのみにあるのではない。婚約については、近時、いわゆる内縁婚の現代的な課題とともに、婚約破棄責任自体についても、改めて考え直すべきであるとの問題提起がなされている中で、学説には、破棄責任としての慰藉料請求権を原則的に否定すべきであるとの見解すら登場している。その主張するところは、要するに性的な問題ないし個人相互の人格的な人間関係には、国家が積極的に介入すべきではない、という伝統的な家族観にあるように思われる。この立場によれば、かつて最高裁判決が単なる私通関係にすぎない男女関係につき婚約破棄責任を肯定したことが問題視されるとともに[5]、さらに、性関係はないが結納を取り交わした後に破談となった事案で婚約破棄責任を肯定した近時の下級審裁判例[6]に対しては、「暴走」とまで極論される。(7) かかる見解の当否は暫く措くとしても、この種の男女関係を単なる性的な個人的関係とみるか、それとも性的な関係を軸として双方が積極的に形成してきた「特別の人間関係」として社会的にも評価するかは、基本的な価値判断の相違に帰するともいえなくはないが、少なくとも判例は、私見によれば、後者の立場にたちつつ、男女間での特殊の人間関係の「形成」に焦点を合わせてきたと「評価」することができるであろう。つまり、単なる人格的な人間関係という消極的・事実的な側面を取り上げるというよりも、むしろ規範化された特殊の人格的・抽象的な人間関係、換言すれば、あるべき男女関係を念頭におきながら、社会正義の実現を目指して具体的に妥当な解決を図ってきたものと思われる。そのような法的直感ないし正義・衡平感ともいえるものが、戦後の憲法が用意した家族関係における自由平等・自己決定の保護（憲法一三・一四・二四条）やこれを承けた民法の基本理念（民法二条）を無意識のうちに具現していたともいえるのではなかろうか。

もっとも、先述したリーディングケースとされる大審院時代の「誠心誠意判決」が、性的な男女関係にある婚約ケースで、双方の単なる合意で足りると判示したことから、その後の裁判例が具体的な判断基準を確立するのに随分と苦慮してきたことは、否定し得ない事実であり、先述の最高裁判決も「事例判決」にとどまり、婚約の成立要件につき「一般的指針」を明らかにしたものではない。したがって、下級審裁判例では、やや混乱した状況にあり、たとえば、結納が授受され、婚礼を間近に迎えていた婚約当事者間での破棄事例で、婚約の成立を認めておきながらも、破棄において公序良俗に反するような行為態様が必要であるとして、正当理由をきわめて緩やかに解し、結局のところ、婚約成立論の法的意義を半減させているような裁判例も登場している。(8)

思うに、いわゆる「私的な合意」と「性的な交渉」とを軸として、婚約法理に依拠（ないし仮託）しながら社会的弱者としての女性の救済を図ってきた従来の判例の立場を根本から否定し去ることは、行き過ぎであるが、たしかに曖昧・微妙な婚姻前の男女関係に曖昧な規準をもって対応してきたこと自体に混迷の要因が伏在していたように思われる。男女の関係は曖昧ではあるが、少なくとも婚約としての保護は、婚姻制度の前提となるものであるかぎり、このような曖昧な男女関係を一定の定式に収めるために明確な原則的規準が必要とされるであろう。かかる規準と距離をはかりながら判例理論なるものが事例から検証をうけつつ自らも内在的な論理的展開を経験すべきであったが、残念ながら、明確な法定の要件が欠落していたという事情、否むしろ、後述のようにかかる定式化を敢えて避けたという立法事情も加わって、わが国の裁判例は、対症療法的な解決に甘んじるにとどまり、そのような展開において極めて不十分な点が見られるように思われる。この限りでは、「秘密裡の性的関係」に国家が積極的に介入するのは余計なオセッカイであるとの批判も、一応は成り立つこととなろう。

(2)　社会的婚約論と家族集団

いま、私見の結論を先取りして一言のべるならば、婚約法の「社会秩序」論による再構築が求められているように思われる。いうまでもなく婚約は個人間の私的な関係をベイスとするものであるとしても、単に誠心誠意という私的な合意レベルに基づいてのみ、その保護の基本要件を構築したのは、将来に禍根を残すこととなったのではなかろうか。むろん、少なくともわが国の判例婚約法は当該男女関係のみを念頭において結論を導いている（事例判決にすぎない）ので、これを理論的に整序・補完するのは、理論の責務であったかもしれない。しかし、従来の学説も、判例を前提として、その当否や破棄責任の法的構成（契約責任か不法行為責任か）にのみ目を奪われてきたように思われるので、本書では、これら学説の恩恵に浴しながらも、あえて、私的合意が社会的な秩序にまで昇華されることによって、その私的合意の有意な価値が再発見されるものとして位置づけることとした。

ところで、かかる私的合意と社会的婚約との区別自体については、先述した家族社会学の立場から示唆を受けて、すでに具体的な法解釈論に応用している若干の学説があり、(9) 本書もかかる学説から多大の恩恵を受けているが、これらの学説は、どちらかといえば両者の区別を男女関係の発展過程における事実上の区別として捉えているのに対して、本書では、個人間の私的合意と国家的保護との中間に集団的秩序を措くという私見の基本的立場から、ここでも、当事者間の「結婚しようという合意」が、家庭・親族ないし隣人・友人・知人という集団秩序の支援のなかで、いわゆる「社会的な関係」に結晶・規範化されることによって、つまりかかる媒介項を通して初めて国家的保護に値する関係になると考えている。

ここで少しく敷衍の必要があろう。婚約は、恋愛関係（デイト）とは異質の男女関係であることはいうまでもないが、単なる当事者間の身分的な事実上の「関係」にすぎないものでもない。婚姻という共通の目的をもち、それを核としながらも、双方がそれぞれの親族等の周囲の人々のなかで応分の役割を担いながら継続的な関係を形成・維持していくという有機的・複合的な人間の集団的合意ないし集団秩序の中に位置づけられるべきものであり、そこには自ずと一定の規範的な秩序が内在する。もともと当事者自身が積極的に形成した秩序でもあり、この一定の集団を巻き込んで生成・展開する社会的秩序を合理的根拠もなくして一方的に破綻させる行為は、相手方の信頼を裏切るものであり、法的制裁の下におかれるべきであろう。そうすることこそが、私的自治の根幹となっている信頼保護の要請に応えることになり、ひいては正義や社会的衡平の実現につながるからである。

法的な家族観一般についても、今日のように家族の絆が希薄化している時代では、「法は家庭に入らず」との基本理念の修正が迫られていることは周知の事実であるが、差し当たって私的な家族問題一般では、「家族的信義」が強調されるべきである。家族関係でも個人の自立・自律が声高に叫ばれる時代を迎えたが、そこでの財産関係でも身分関係でも、亀裂した親族間における骨肉の紛争では、抽象的・形式的な自立論ないし平等論が、かえって問題の核心を外すような錯覚を与え、現実感覚の希薄な裁判官に誤った指針を与えているように思えてならないのは、私だけであろうか。この事態に対処するためにも、当面は、「家族的信義」に依拠して、実質的な衡平を目指すべき場面が多くなろう。婚約破棄の正当理由の判断においても、関係形成の責任の論拠ないしその当否の判断基準として、信義則を十分に考慮しなければならない。この信義則を裏支えする論拠が、本書にいう社会的婚約論である。

そこで、かかる婚約の社会秩序論によって昇華された男女関係が法的な意味での婚約であるとする原則的な立場を提案したいと考えている。これを典型的な婚約として、これと距離をはかりながら、男女が、ことに秘密裡に性的関係を形成しているが、あくまでも婚姻の意思があると評価しうる場合には、これを「婚約に準ずる男女関係」という一応の類型を析出して、かかる男女関係のうち、どの範囲までのものを保護するかという視点から、婚約保護の論拠と限界をより具体化することが当面の課題となる。(10) 後者も、成熟した人間関係を前提とする社会的婚約論からみれば、その未熟さ故に他方の期待ないし信頼を裏切るとともに、ひいては当事者双方の背後にある集団秩序(「家庭の平穏」)を攪乱する結果を招来した行為態様は、同様に信義則に基づいて積極的に評価されざるをえない(いわゆる「信頼の原則」により一定の法的制裁を甘受することになる)というのが、私見の立場である。人間関係の哲学的省察は、個人の自立性を前提とした上で、個人相互の互換可能性のもとに、相手方の関係的立場を最大限に尊重することの重要性を明らかにしている。たしかに、そこに単純なる動物的存在との本質的相違をみるならば、法的思考においても、可能なかぎり、かかる人間哲学から学び取る姿勢が肝要となろう。

ともあれ、以上のような立場に依拠することによって、婚約の発展的帰結である婚姻ないし内縁関係も、それが男女の性的関係を「社会的に公認したもの」(公的な秩序という側面を帯有する)にほかならないので、いわゆる婚約との内的連携が明確となり、また社会の実態では、その多くの婚約がかかるプロセスを辿るという事情とも、整合的に理解することが可能となるであろう。憲法や民法が婚姻を制度として保護しているのは、すでに学説によって指摘されているように、単なる制度保障論に尽きるものではなく、そこでの当事者である個人としての男女関係を予定しているものと考えて大過ない。これを純然たる人間の尊厳ではなく、特殊の身分関係を後景においた個人の保護であると解するならば、婚姻に至るまでの男女関係としての婚約の保護もまた同じく憲法・民法秩序からの要請であると解することが可能となり、また、そのような解釈の必要性も否定し得ないはずである。婚約保護が「婚姻の自由」を否定することにつながるという論法は一面的に過ぎるのであって、むしろ婚約保護と婚姻の自由という双方の要請を調整・止揚する論理が求められている。(11) 婚姻が「相互の協力」(憲法二四条一項)のもとに堅持されるものであるならば、婚約にも基本的には同様のことが妥当するのであって、本書にいう「社会秩序」論は、憲法と民法とを媒介させる触媒ともなりうるものであり、このことによって、真に個人の基本権保護が民法秩序において「実在化」されることとなろう。加えて、「婚姻ないし婚約の名誉・名声」という国民感情を保護することにもつながるはずである。

ところで、かかる社会秩序なるものが、かつては家制度ないし家という観念のもとで、個人の自由を封殺してきた歴史があるので、類似の結果につながるおそれがあるとの批判が当然予想されるが、今日では、もはやそのような社会経済的諸条件や主体的制約も存在しない。むしろ、この種の社会秩序が健全に形成されるならば、かえって国家的な統制（純然たる公的秩序）からの防御壁となろう。今日の家族社会学が明らかにしているように、(12) 双方の秘密裡の私的了解から「婚約」を経由して婚姻挙式に至るまでに、当事者は多分に親族や友人等の周囲の意見に影響を受けることがあり、そのことが婚姻の成否を左右することすらあることは否定し得ない事実であるが、それこそが個人の自由な内面的葛藤のプロセスであって、かかる家庭共同体の支援のなかで婚姻への確信的な意思を形成し獲得することによって、私的了解が真の意味での「婚姻の予約」となりうることとなろう。私的了解なるものは当然のことながら当事者の自助努力・自己責任が大前提となり、ことに双方の「自己開示」という心理的プロセスを通して徐々に幾重にも種々の関係ないし合意を誠実に形成・蓄積していくことが求められるが、(13) 他方では、かかる男女関係は、一面では「共同的関係」の形成を求めながらも、他面では多分に損得の計算をする打算的な「交換的関係」の影響からも免れないところ、双方の親族関係（ないし周囲の人々）のなかで自己開示を蓄積しながら展開して、そこで双方が将来の婚姻を決断した場合には、このような複雑な関係を止揚した特殊の集団的秩序を形成したこととなるので、かかる段階に至れば、当事者双方は婚姻成立に至るよう誠実に交際を進展させるべき法的な義務を負担し、もはや正当な理由がない限りは、一方的に破棄することはできないものと考えるべきである。したがって、決して自由意思を封じ込めるような社会秩序ではなく、むしろ当事者間の自由意思を核として「相互の協力」によって形成された私的了解の発展的帰結でしかない。このような私的了解に対する親族等による周囲の人々の支援秩序をも念頭においたものが、本書にいう「婚約の社会的秩序」論にほかならない。実は、かかる思想自体が、偶然ではあるが、近代社会を背景としたイタリア旧立法のもとでも看取されることについては、後述する。これに対して、少なくとも婚約法の場では、「婚姻の自由」を旗幟として「国家」と個人とを直接的に対峙させたのは、当時のフランス法の立場であったものと思われる。

ところで、私見のいう、私人が自律的に形成した一定の社会関係における規範秩序なるものは、国家的・公的秩序を修正することもなくはないが[14]、本書のテーマとの関連では、国家的秩序を単に補完するにすぎないので、そのような難題は生じない。ともあれ、社会的婚約論に立ちながら、非典型的な男女関係の保護要件を検討する上では、わが国の裁判例は必要不可欠の素材となり、その論究は次章以下の課題としたい。あわせて、将来は、「婚約証書」をもってその成立要件とする慣行が生まれることを期待するものである[15]。

3　本章の構成

本章では、明治の初期編纂時期から明治民法に至るまでの婚約法制の沿革を検討するにすぎないが、先述のように、旧民法の制定過程でイタリア旧法が起草関係者らに強い影響を与えていたものと思われるので、まず、当時のイタリア法の法状況を検討し、そのうえで、わが民法の制定過程に進みたいと思う。いずれにしても、制定過程での起草者などの意見から本書にいう社会的秩序論ないしそれに近い論理が意識されていたかという視点を常に「念頭」におきながら、具体的に考察することとなろう。

（1）　湯沢雍彦『新しい家族学』（光生館、一九七八年）二〇頁以下、望月崇『家族社会学入門―結婚と家族』（培風館、一九九六年）七八頁、木下謙治・保坂恵美子・園井ゆり『新版家族社会学―基礎と応用』（九州大学出版会、二〇〇八年）三八頁［園井執筆］。

（2）　大判昭和六・二・二〇新聞三二四〇号四頁。いとこ同士の当時一五歳の男と二〇歳の女が関係をもち、将来結婚することを約束して、約一〇年間にわたり関係があったところ、男が一方的に破棄したので、女が婚約破棄を理由に提訴した。男は、いわゆる年増の女が誘惑した私通関係にすぎないと反論したが、大審院は、婚約の成立を認めた。

（3）　従来、通説といわれる見解によれば、婚約は、婚姻ないし結婚しようという合意のみで成立し、結納や慣習上の儀式は不要と解され、これが判例の立場でもあるとされている。大原長和『新版注釈民法（21）親族（1）』（有斐閣、一九八九年）二七九頁。ただし、ここにいう合意は、単なる合意というのではなく、「確実な合意」とか「確定的な合意」と解釈されることが多い。我妻栄『親族法』（有斐閣、一九六一年）一八九頁、中川淳『親族法逐条解説』（日本加除出版、一九七七年）一七九頁、大原・前掲書二八〇頁、有地亨『新版家族法概論』（法律文化社、二〇〇三年）四九頁などは、真正かつ確定的な合意さえあれば、婚約が成立するというのが、判例・学説の立場であるとしている。また、ある程度の客観性ないし公示性が必要であるとしたり（谷口知平『親族法』〈信山社、一九九一年〉五六頁）、公然性が必要であるとする学説もある（太田武男『親族法概説』〈有斐閣、一九八一年〉一二三頁）。これらの学説につていては、別の機会に検討する予定であるが、もともとは「横田秀雄」（もと大審院院長）の見解によるところが大きいように思われる（横田論文については、本書「第三章」の「一内縁事例と婚姻予約有効論-6」を参照のこと）。

（4）　この方面の先駆的な研究としては、高梨公之『日本婚姻法論』（有斐閣、一九五七年）四五頁、熊谷開作「婚約の効果-徳川時代から現代へ」阪大法学一九号（一九五六年）一頁、同『歴史のなかの家族法』（酒井書店、一九六三年）第一章「婚約」一三頁、手塚豊「明治二十三年民法（舊民法）編纂過程における婚約」法学研究第三〇巻九号（一九五七年）七二一頁（同『明治民法史の研究（下）』〈慶応通信、一九九〇年〉、三一～四一頁に所収）などがある。ほかに沼正也『親族法準コンメンタール（婚姻Ⅰ）』（信山社、一九九八年）二二四頁以下が婚姻予約に係る沿革的な文献も含めて渉猟・整理しているのが、大変参考となる。婚姻法の制度史としては、西村信夫『戦後日本家族法の民主化（上巻）』（法律文化社、一九九一年）二〇五頁以下が、家制度と届出婚との関連などにつき、要領よく整理しているのが参考となる。

（5）　最判昭和三八・九・五民集一七巻八号九四二頁では、幼馴染みのX女とY男が、成年になってから結婚を誓い合って情交関係を結び、その間、Xが二回にわたって妊娠中絶をしたが、二人の関係は秘密裡に継続されていたという事案で、判旨は「原判決は、……XがYの求婚に対し、真実夫婦として共同生活を営む意思でこれに応じて婚姻を約した上、長期間にわたり肉体関係を継続したものであり、当事者双方の婚姻の意思は明確であつて、単なる野合私通の関係でないことを認定しているのであつて、その認定は首肯し得ないことはない。右認定のもとにおいては、たとえ、その間、当事者がその関係を両親兄弟に打ち明けず、世上の習慣に従つて結納を取かわし或は同棲しなかつたとしても、婚姻予約の成立を認めた原判決の判断は肯認しうる」とした。同昭和三八・一二・二〇民集一七巻一二号一七〇八頁は、高校時代から情交関係があり、両親もこの関係を黙認していたという事案で、おなじく男性側の婚約破棄責任を肯定している。ちなみに、本沢巳代子「本件判批」『家族法判例百選〔第七版〕』（二〇〇八年）四一頁は、本判決当時の社会的・経済的状況では、若い男女が肉体関係をもつとすれば、それは結婚を前提としていたこと、長期間の肉体関係の継続により女性が婚姻適齢期を逸する可能性があったこと、さらには女性が経済的に自立することが困難であったことなどの事情から、この種の男女関係に婚約保護が与えられたものであり、現代では、婚約の成立が認められるかは疑問としている。しかしながら、本判決は事例判決ではあるとしても、「婚姻意思」を前提とするかぎりは、本判決が指摘する考慮事情は、今日でも、婚約の成立事情として有益なる判断指標となるであろう。

(6)　徳島地判昭和五七・六・二一判時一〇六五号一七〇頁では、見合いのうえ結納を取り交わしたが、結婚式直前に男性が女性の体型が細いことや身だしなみに無頓着なことなどを理由として一方的に婚約を破棄した事案で、男性の母親が破棄に重要な影響を与えていたことから、共同不法行為とされている。性的な関係があったことの事実認定はなされていないことから、破棄責任を認めたことが非難されているようであるが、この判決の結論には、全く問題はないであろう。ここまでの関係を蓄積し、結婚をしようという決断をした者の責任は重たいものであり、倫理的にはいうまでもないが、法的にも強い非難に値し、信義に反する行為態様である。

(7)　水野紀子「事実婚の法的保護」石川稔・中川淳・米倉明『家族法改正への課題』（日本加除出版、一九九三年）八二頁。最近でも、同「内縁準婚理論と事実婚の保護」『法の生成と民法の体系―無償行為論・法過程論・民法体系論（広中俊雄先生傘寿記念論集）』（創文社、二〇〇六年）六一八～九頁において、同じ立場を再確認している。

(8)　この裁判例（東京地判平成五・三・三一判タ八五七号二四八頁）の立場は、一般的に好意的に受けとめられている。たとえば、二宮周平『家族法第三版』（新世社、二〇〇九年）一四〇～四一頁は、婚約後にはじめて相手方の性格や価値観がはっきりすることもあるので、本判決のように正当理由を緩やかに解する立場を支持している。しかし、本件は婚約関係の破綻の理由があいまいで、強いて挙げれば、双方の両親間の抗争に起因するものというしかないので、いかに女性が特に男性の母親との関係につき真剣に悩んだ末の破棄であったという事情があるとしても、このように正当理由を軟化させてしまうのは、結局は、婚約当事者双方・個人の自立を裏から損なうことにもなりかねないので、疑問のある判決と思われる。双方の「自己開示」が不完全であったことによる結果と思われるが、相手方の価値観等は婚約前に知りうる可能性があるかぎり、そのような事情は、「社会的に承認された婚約」の破棄を正当化するものではなく、せいぜい損害賠償の「額」の考慮事情とすれば、足りよう。婚約から婚姻挙式までに直面することとなるさまざまな困難を双方の努力で乗り越えることこそが、個人の自立につながるのであって、これを一方的に回避するならば、相手方の信頼を裏切ったことになるので相応の責任を負担してもやむを得ないというのが、世間の良識ではないか。社会的に成熟した個人こそが求められる人間像であって、社会的に未熟なことが正当理由になるというのは、著しく正義・衡平の観念に反することとなろう。

(9)　植木とみ子執筆「婚約」川井健編『講座・現代家族法第2巻』（日本評論社、一九九一年）三九頁以下は、わが国では双方の自己開示が不十分であることから、配偶者選択過程が未成熟な面が強いので、婚約の成立をかなり厳格に解して、原則的に慰藉料を認めない立場にある。他方で、宮崎幹朗『婚姻成立過程の研究』（成文堂、二〇〇三年）一五頁以下は、ことに植木の私的合意と社会的婚約との区別論から示唆をうけながら、婚約といわれるものにも段階があるので、婚姻届出までのプロセスのなかで婚約を捉えるという基本姿勢から、婚約破棄責任の強弱を検討している。

(10)　本書の論理自体は、内縁保護自体の論拠と限界を考える場合でも妥当するが、この問題は将来の課題としたい。今日の内縁学説を要領よく整理した最近の研究としては、森山浩江「非婚夫婦と準婚法理」小田八重子・水野紀子編『新家族法実務体系』（新日本法規、二〇〇八年）（第1巻親族[1]－婚姻・離婚）二二一頁がある。ちなみに、現代的な内縁婚は自由な意思によるものであることから、かかる男女関係につき、かつての弱者保護として機能した準婚理論を適用することの合理性が問われる傾向が顕著となった。しかし、なお、従来型の内縁もまだ存在するという事情を考慮して、慎重な立場にある学説もある（泉久雄「内縁問題に思う」明山和夫編『現代家族法の課題と展望（太田武男先生還暦記念）』（有斐閣、一九八二年〉一〇五頁、一一九頁以下)。このような学説の対立自体にはとくに容喙するつもりはないが、しかし、現代では、旧来の内縁とは異質である半面、実質的には同趣旨の内縁が現に存在することも否定し得ない。たとえば、一例を挙げるとすれば、種々の要因から、親兄弟の積極的な承諾のあるまでは婚姻届出を差し控えている事実婚夫婦がこれである。この種の男女関係は、近時の少子高齢社会を背景とする、いわゆる長男・長女時代の落とし子ともいえるものであり、ことに両親との関係を意識的に重視する傾向がみられるので、かつての社会的制約のもとでの「やむを得ない内縁」というものではないが、その内実を一部共有しながらも、双方の自立性を前提とする装いを新たにした内縁ともいえる男女関係である。いわれるような現代的な内縁婚のように、婚姻ないし婚姻保護を意識的に回避するものではなく、それを将来の目標としながら、自立・自律的な個人として家庭共同体を形成している男女関係であるので、これを素直にそのまま「保護に値する夫婦」として認めたとしても、何ら問題はなかろう。したがって、いわゆる現代的内縁婚に対し頭から全面的に準婚理論を排斥するのは行き過ぎであり、長い歴史的な経緯のもとで確立した「法の技術」を現代的な事象に即して、これを応用しながら慎重に考えていくという姿勢が求められているように思われる。おそらく将来の判例もそのようなかたちで展開するはずであり、ことに家族関係については、それが望まれる判例理論の内的な深化・進化といえるであろう。ちなみに、かかる視点に立てば、ごく最近の、いわゆる「パートナー(特別な他人の関係)としての男女関係」の破棄責任を否定した最判平成一六・一一・一八判時一八八一号八三頁が興味深い。最高裁は、破棄された女性がかかる特別な男女関係の破棄責任を問うのみで、内縁保護を主張していないにもかかわらず、従来の内縁法理を念頭において、ことに女性が子の養育を全面的に否定していた事情を指摘するなどして、男性側の破棄責任を否定した。もともと子どもを作らないという合意のもとで男女関係を継続してきたが、女性が男性側の懇請を受け容れたうえで二人もの子を「出産」したが(この時点で、当初、合意された男女関係が大きく変容している事実を見逃すべきではない。一体誰が赤の他人の子を身ごもるようなふしだらな行為をするであろうか。この段階に至っても男性側に「関係離脱の自由」があるなどという論法は、およそ形骸化した法律論に呪縛された者にのみ可能なものと言うしかない。)、その言い分を一蹴した。たしかに、いろいろと女性側にも問題があるようなので、ここでは深入りできないが、原判決が析出した内縁とは異質の「特別な男女関係」それ自体につき、あたまから否定しているとも思えないものの、もっと積極的に深くメスを入れるべきであった。原判決の当否は別にしても、そのことを通して、今日の社会における多様な男女関係のあり方の現実を認識すべきであったと思う（ちなみに、善積京子『〈近代家族〉を超える』〈青木書店、一九九七年〉一三頁以下は、婚姻外の男女関係につき、結婚している意識のある事実婚関係と、その意識のない男女関係などの多様な実態を明らかにしているが、本判決でのXY間の関係を考える上で参考となる）。この現実を遠くから見ているかぎりは、最高裁・司法の立場としての責務を果たしたことにはならないであろう。本判決の論理が、当事者の主張や原判決の論理から遊離して、歯切れの悪い構成になっているのは、その故である。なお、この問題は別の機会に検討する予定であるが、差しあたり、学説の状況を簡潔に整理している論評として、山下純司・家族法判例百選（七版）四二頁を参照のこと。

(11)　大村敦志『家族法（第三版）』（有斐閣、二〇〇二年）三六六〜七頁は、憲法二四条一項にいう「相互の協力」という文言に注目し、そこに夫婦間の「連帯」観念を析出して、自由平等観もさることながら、むしろ、かかる連帯に触れている同条一項にこそ婚姻保護の契機があるとしている。慧眼といわざるを得ない。家族ないし家族法の将来像に関する所説も参考となる（同三六九頁以下）。

(12)　望月・前掲注（1）九六頁。親族・友人など周囲の意見や態度が二人の関係を大きく左右する、という。

(13)　ことに、男女のさまざまな行為態様のうちでも、関係の親密化にとって双方の「自己開示」の重要性が指摘されている。諸井克英『夫婦関係学への誘い―揺れ動く夫婦関係』（ナカニシヤ出版、二〇〇三年）一二六‐一二七頁。この自己開示が十全に行われていない男女間では、関係が破綻しやすい傾向があるように思われる。少なくとも裁判例に登場する男女間では、そもそも自己開示が社会的に抑制されていた戦前ではいうまでもないが、戦後でも、相手方の価値観や性格などを十分に見極めないまま婚約していると思われるケースが少なくないからである。

(14)　届出婚主義と準婚理論の緊張関係も、このような視点から再検討する必要がある。この点で、最近の森山浩江執筆「現代社会と婚姻法理」生野正剛ほか編『変貌する家族と現代家族法』（法律文化社、二〇〇九年）三六頁は、事実主義が招来した婚姻制度の「ゆがみ」について言及している。本書とは基本的立場を異とするが、種々の点で参考となる。ちなみに、本書の立場からいえば、たとえば、「虚偽の出生届」によって戸籍上形成された嫡出親子関係の法的保護のあり方を考えるときにも、有益な視角となろう。この問題につき、最高裁は、「戸籍の確実性と真実性」という観点から、利害関係人であれば誰でも、かつ、いつまででも真の親子関係の不存在を争うことができるとし、養子縁組に転換させることも、また権利濫用とすることにも消極的であったが（最判平成九・三・一一家月四九巻一〇号五五頁など）、ごく最近、親子の生活実体が長期間に及ぶことや、「藁の上からの養子」の精神的苦痛や経済的不利益などの一定の事情を考慮して、権利濫用になりうることを認めたところ（最判平成一八・七・七民集六〇巻六号二三〇七頁）、その「権利濫用の効果」として、虚偽の戸籍はそのまま温存されるとしても、実定法上の親子関係（ひいては、他の兄弟姉妹との親族関係）が生み出されるのか、未解決の問題が残されている。これは国家的秩序である戸籍秩序と個人の問題とを対峙させることから生ずる難問であるが、私見の集団秩序・社会秩序論によれば、「藁の上からの養子」を温存してきた親族間での秩序が、国家的秩序を修正することとなるので、親子としての戸籍があるならば、それが嫡出親子関係に昇格されると構成することとなるわけである。フランスやイタリアでの「身分占有」と同様の結果となるが、そのような処理の「論拠」となろう。単に形式と事実関係が継続すれば、それで足りる、というものではない。

(15)　ちなみに、今日でも、双方の結納の取り交わしに際して、書状（受書）が交換される慣例ないし慣行のある地域もあるが、むろんそのような書状でもここでいう婚約証書といえることは、いうまでもない。通常、この種の婚約証書は、周囲の社会的な認知があった上で作成されるものであり、単なる当事者間の合意にとどまらないであろう。将来は、公正証書などの利用が一般的になることが望ましい。なお、佐藤隆夫『現代家族法Ⅰ』（勁草書房、一九九二年）六七頁が立法論の一例として「複数の証人」を挙げているのが、参考となる。

二　イタリア法の沿革

1　イタリア民法の沿革

イタリア近代国家は、フランス絶対王政国家の主導のもとに成し遂げられているので、フランス法の影響が強いが、近代のフランスもイタリアも「ローマ法」の影響から免れなかった。次に、西欧ではローマ帝国の支配を崩壊させたゲルマン民族の大移動による影響もあるが、イタリアでは、一時期、「ロンゴバルド民族」に席巻された時代（これによってイタリア中世期がはじまる）があり、さらにこれに加えて、ことに婚姻法については、中世以来の「教会法」による婚姻制度が社会の実態に根付いていた。法制史的にみても、教会法を無視できないので、まず、ローマ法とその後のロンゴバルド民族法を通観するとともに、教会法における婚約法を概観したのちに、宗教婚から決別したナポレオン民法典成立後の「フランス法」の状況を検討しておきたい。

その上で、イタリア旧法を分析するのが、発展的視角からいっても妥当と思われるが、フランス民法典成立後でも、イタリアでは、多くの各領邦国家に分岐していたところ、その領邦国家のほとんどはフランス法の影響をうけながら独自の慣習法をも成文化した固有の民法典を制定していた。とくに著名な民法典が、サルデーニャ王国の啓蒙君主アルベルト治世のもとで成立した民法典（一八三七年）である。この「アルベルト民法典」は、イタリア統一の主役となった封建国家がサルデーニャ王国であったことから、暫定的にイタリア統一国家の民法典として承継されたうえで、一八六五年制定の旧民法典が成立している。この旧民法典は当時、ヨーロッパでは最新の法典でナポレオン民法典を改革していた面もあったので、ボアソナードのほか[16]、明治民法典の起草者（ことに当時のフランス・リヨンに留学中にイタリア民法典の重要性を認識した梅謙次郎）にも強い影響を与えたものと思われるが、それはしばらく措くとして、実は、このイタリア旧民法典にはサルデーニャの民法典の影響が濃厚であるので、差しあたり、この民法典の婚約規定を分析することも、有益であろう[17]。

ともあれ、少し回り道をすることになるが、必要な迂路と思われるので、上記に述べた順序でイタリア旧民法典に至るまでの歴史的経緯をフォローすることとしよう。本書の婚約観は、ある意味では、かかる検討の所産に過ぎないからである。

2　ローマ法の婚約観

ローマの家族法は、キリスト教的婚姻観とは異なり、婚姻を社会的事実として捉えていたので、法律行為とは観念されなかった。一定の成立要件（成年者であること、性的不能者でないこと、重婚・近親婚禁止などのほか、娼婦・売春仲介女・舞台女優などとの婚姻も禁止された。）は規定されていたが、婚姻意思によって具現された生活共同体が婚姻であり、この「自由な合意」のみによる婚姻という基本的な性格は、結婚が古典期後に法的関係に接近したことがあっても変わらなかった、という。(18) このような婚姻観の下での婚約は（sponsalia）は、どのような効力を有したか。当初、婚姻の予約は婚約男子と婚約娘の家権保持者によって締結され、双方が交互に誓約〈sponsiones〉と称し、婚約の用語はこれに起因する。）を取り交わす「問答契約」という形式（要式主義）のもとに債権契約としての効力を有し、一定の金銭の給付が約束されると、婚姻締結が履行されない場合には、その金銭の給付を求めるための訴権が付与された。一種の売買婚ともいえる形式があったこととなろう。しかし、やがて共和制後期になると、婚約は書面がなくとも、また対席者でなくとも有効となり（Florent.D.23.1.1）、一定の婚姻障害事由が婚約にも適用されるようになる。また、婚約は随意に解消できるようになり、その訴求可能性が消失した。婚姻履行を担保する違約罰の約定は、「よき慣習に反する」ものと考えられた。つまり「婚姻の自由」が重視されていたことになろう。さらに古典期では、婚約娘の婚姻意思が重視されている。ユリアヌスによれば、「婚約は婚姻と同様に締結者の合意によって行われる。それ故、婚姻と同様に婚約には家女が同意することを要する」（Julia.D.23.1.11）。

ところが、古典期後の専主政時代では、「婚約手付」（arra sponsalicia）が認められることとなり、重大な事由なくして婚姻を解消した花嫁は、花婿から受領した金員の四倍額の返還を義務づけられたので、これによって事実上は婚姻履行が半ば強制されることとなった。ただし、四世紀以降は、締結から二年が経過すると、この拘束は解消するものとされた。ユスティニアヌス帝は、古典法の婚約と専主政時代の婚姻手付（二倍額の返還義務に限定）とを併存させているので、その調整がなされていないといわれているが、いずれにせよ、婚約破棄は、「信義に反する」ものとされ、キリスト教の影響もあって、婚約を解消してはならないとする思想が芽生えていたものと推測される[19]。

要するに、もともと婚約が「誓約」とされて一定の法的拘束力が認められていたが、社会の発展（性的自由の容認）と法技術の精錬のもとに、婚約の破棄も自由とされる時代を経由した後に、やがて婚約手付が登場してきたのは、その破棄が「信義」に反するものと考えられた結果であろう。婚姻が「妻の名誉」であったのと同様に、婚約もまた、婚約娘の名誉ではなかったか。

3　中世イタリアの婚約観

古中世のイタリア半島の大半は、ゲルマン民族であるロンゴバルド族によって支配されていたが、この民族の婚姻法では、婚姻挙式もさることながら、その前段階の「婚姻の予約」が重視されている。つまり、婚約男子と婚約娘の家権保有者（mundoaldo）との間でなされる「要式の婚約」（desponsatio）と「婚姻締結」とが明確に区別され、両行為が履行されることによって、婚姻が完成した。婚約は、それ自体としての法的効果をもち、一方では、婚約男子が娘の家権保持者（父・兄弟等）に対して一定の期間までに婚姻の挙式をする義務を引き受け、他方で家権保有者が婚約娘を引き渡す義務を負担する。この引渡し（traditio）は、まず最初はとりあえず象徴的な行為によって婚約男子に娘が引き渡されたうえで、挙式の日まで家権保持者が婚約娘を監護できるように、婚約男子は娘の再引渡しを行うこととなっていた[20]。婚約男子が挙式を引延ばし、娘の引取りを拒むと、婚約時に約定した嫁女代（meta）の支払いを義務づけられる（ロタール王令一七八）[21]。

いったん婚約がなされると、その解消のためには法律に定められた理由が必要とされ、娘の姦通行為、ハンセン病疾患、眼の喪失の場合（ロタール王令一八〇）や、何らかの原因による重大な敵対行為、たとえば双方の家族間での殺人や紛争・闘争の場合（リウトプランド王令一一九）にしか解消できない。その後、時代を経て、このような厳格な規律につき、若干の緩和があったものの、娘の家権保有者である父の意思との関連について言えば、婚約の法的な観念は、その本質的な性格とともに、後の時代においても、実務ではその完全さを失うことはなかった。

他方で、一二世紀から一三世紀のグロッサトールも、婚姻の約束を重視し、婚姻挙式はその履行に過ぎず、法的行為というよりも事実であるとしたり、婚姻予約と婚姻とは同義であると考えていた。しかし、同時代のアゾー（一二世紀?-一二三〇年）の〈Summia codicis〉によれば、婚約の重要性が指摘されるとともに、「将来の合意」（consensus de futuro）と「現在の合意」（consensus de praesente）とを区別することによって、別の新たな議論を提起していた。これ以降、市民法学説は、二つの方向に歩み出した。一方は、合意は婚姻約束のみであり、その作用に尽きる、という見解である。他の見解は、意思決定の目的に注視して、将来の婚姻の約束と婚姻の締結とは、事実として双方は関連するが、婚姻の約束はそれ自体としては挙式合意の要件・要素とするためには十全ではないので、両者は法的には別のものである、とする。つまり、婚姻挙式は、固有の目的をもち、婚約とは異質のもので厳格な意思決定が前提となっている、という趣旨である。[22]

ともあれ、この時期において、以上のような「市民法」の展開がみられる一方で、カノン法が固有の規律を精錬させているので、つぎにカノン法の状況を概観することとしよう。

4　教会法の婚約観

(1)　中世教会法

一方、中世になると、強大な封建領主でもあった教会が、王権の衰退という政治的要因もあって、婚姻事件に関する立法・司法・行政権を排他的に支配していったが、婚約についても、事情を異にしない。その婚姻法の特質としては、何よりもそれは「秘蹟」であると観念されたことであるが、それとともに契約的性格も付与されている。神との契約であることから、姦通によらない限りは、離婚はみとめないという律法（マタイやマルコの福音書）に明言されている夫婦一体観が根底にある。婚姻の眼目は、子の出産と養育にあり、第二次的には性欲と姦通の救済にあるものと考えられた[23]。このような中世婚姻法の「形式」が、ここでの婚約の位置づけに決定的な意義をもっていたようである。一二世紀の末頃に、イタリアではグラチィアヌス、フランスではロンバルドスという、それぞれ当時の代表的な教会法学説によれば、合意が「私はあなたを妻として受け入れる」という現在文言（sponsalia per verva de praesenti）でなされると、直ちに婚姻が成立するが、合意が「私はあなたを妻として受け入れよう」という未来文言による約諾（sponsalia per verva de futuro）によってなされると、婚約が成立する。この区別は、先述したアゾーの問題提起と共通する。将来文言による婚約は、別の婚姻の障害事由となるという効果をもつだけではなく、婚約段階で身体的交渉があれば、真の固有の婚姻に転換する、とされた[24]。

ところで、かかる意思の重要性の賞賛は、将来の責任に拘束的な性格をもたせるというさらなる成果を達成することとなった。このことは教皇アレクサンドリアⅢ（一一五九-一一八一年）の訓令でつぎのように確認されている。すなわち、免責許可がない場合には、教会裁判所は宗教的制裁（censuram ecclesiasticam）によって婚姻挙式の履行を拒む婚約者に対して挙式を義務づける権限を有するものとされた。この規範が、Ostiense の権威によって、婚約が合意の一般理論の中に組み込まれることとなり、その結果、「単なる合意から訴権が生ずる」〈ex nudo actionem damus〉との原則の適用が認められることとなった[25]。しかしながら、かかるカノン法の法規範については、「婚姻は強制というよりも自発性による」〈matrimonia monenda potius quam cogenda〉ということが想起されることによって、結局のところ、教会裁判所は宗教的制裁による救済手段の利用を差し控えるようになった。教会裁判所の実務では、そのような事実を明らかにしている史料がたくさんあり、婚姻予約の証明に疑問あるときには、婚姻意思の自由を優先させる傾向があった、という[26]。かくして、婚姻の約束違反に対する保護は、損害賠償による罰となっていったが、その損害には、婚礼の衣服や婚礼のための費用、教会の費用の償還のみならず、婚約破棄の事実に基づく何らかの名声の侵害によって婚約娘（donna）に惹起された損失の回復も含まれた。

ただし、先述した教皇アレクサンドリアⅢの婚姻挙式を義務づける訓令自体は、少なくとも形式的には何世紀にもわたって堅持され、ようやくトレント（Trento）の公会議によって、改訂された。

(2)　トレント公会議（一五四三―一五六三年）による改革

その後、宗教改革などを経て、一六世紀中頃の「トレント公会議」によって、婚姻の基本的性格（サクラメント）は堅持されたものの、婚姻の方式や要件につき抜本的な改革がなされた。これがイタリア旧法に強い影響を与えているので、やや詳しく検討しよう。カトリック教会は、プロテスタントの批判もあって、当時のオーストリー領のトレント（トリエント）で伝統的・古典的教義の改革を議論し、相当の年月をかけて、前後25のセッションをもち、曲折の上、ついに「24セッション」の決議で婚姻に関する改革を宣言・公布している（一五六三年一一月一一日）。従来、婚姻は教会でなされていたものの、挙式が有効要件とされていなかったことから、秘密婚（いわゆる内縁）や姦通を許容するような風潮を助長する結果となっていた。そこで、婚姻が当事者の自由な意思によって成立するものの、婚姻の方式が「要式主義」に転換され、司祭と二人ないし三人の証人の立会のもとに教会で婚礼儀式が行われることが必要とされたことから、この方式違反の婚姻は無効となった。また、従来、子の婚姻には両親の同意が要件ではなかったので、ことに未成年者の婚姻が両親の不知の間になされても、有効であったところ、このような家族の出現が絶対王政にとっても無視できないものとなり、その公示方法の必要性が議論されていたが、今回の改革では、婚姻には両親の同意が必須の要件となり、そのうえで、司祭による祭日ごとに前後三回の「公示」が義務づけられることとなった[27]。「婚姻の約束」についても、文書による形式に加えて証人とともに連署することが必要とされるとともに、その効力についていては、前代の婚姻義務の履行強制の問題は克服され、「婚姻挙式を強制するための訴権」〈actio ad petedam matrimonii celebrationem〉の提起はできないこととなった。ただし、婚約の不当破棄に対しては、損害賠償が認められる。ちなみに、この原則は一九一七年公布の旧教会法典一〇一七条一項（要式主義）、三項（履行強制の不許と損害賠償の訴権）にそのまま再現され、一九八三年公布の新教会法典一〇六二条二項にも基本的には承継されて

いる。(28)

5　近世・近代と婚約観

(1)　近代前の西欧諸国

しかしながら、以上のような旧カノン法の伝統が一部のゲルマン法にも承継され、またプロテスタンティズムでも、婚約は婚姻よりも重要なものであり、婚姻は婚約を補完する単なる構成要素にすぎないと考えられていた。ルターは、婚約者を「真の夫」（rechter Ehemann）と称している。また、ウイリアム・シェイクスピアーも、「婚姻前の夫」と称して、エリザベス女王時代には、「婚約の履行」を第三者にゆだねることができるとしていた。このような傾向が、近代法典ができるまでの北部ヨーロッパの婚約・婚姻制度の特徴となっている。実際、当時のオランダでは、第三者を介して（per interpositam personam）、「婚約の特別方式による強制的な履行」が認められていた。(29)また、一八世紀でも、ドイツの広範な地域では、「婚姻訴権」（Eheklage）を認めていた。学説は、婚姻とは婚約の拘束力の実現によって完成する単なる行為にすぎないとしていたのである。そこで、カルプツォフ（Carpzov, 1595–1666）、プーフェンドルフ（Pufendorf, 1632–1694）などの権威もあって、婚約と婚姻とを「売買と引渡し」（vendita e traditio）の関係と比較することにも躊躇はなかった、という。(30)

プロイセン一般ラント法も、実定法上、婚約と婚姻とを明確に区別し、婚姻の履行義務を認めていたが、当時の学説によって、原則として履行義務の訴訟は排斥され、婚姻履行を請求することができたものの、訴訟継続中に相手方が履行拒絶を再主張したならば、それは損害賠償請求に変更される、と解されていた。これは、実質的には、ローマ法の「婚約手付」の残滓ともいえる。その後のローマ法の現代的慣用の地域においても、ヴィントシャイトが、このような趣旨の手付け同然の贈与（Mahlscatz）が残存していたことを証明している。(31)普通法の学説でも、婚約破棄者に対して婚姻締結（auf Eingehung der Ehe）の有責判決を求めることができる、とされていた。(32)

一方、この当時のフランスではどうか。Pothier は、つぎのように考えていた。婚姻約束の契約性は認めていたが、その効果は、カノン法と同様に、婚姻障害になるという限定的な効果しか認めていないし、また、ローマの婚約手付については、当事者の地位（qualite）や能力（facultes）を考慮して、それが著しく多額なものである場合には、限定的に対応している。破棄された婚約者は相手方を教会裁判所に訴える権利があるが、婚約の存在と有効性を確認する場合には、その履行の強制も教会の刑罰による強制もできないので、婚約の履行を勧告することに限定するしかなく（市民会議に「濫用としての召喚」も許される。）、教会裁判所は、破棄者が拒絶に固執したときには、婚約の解消を宣告しなければならず、その際に、破棄者に対して、「祈り」などを課す。世俗裁判所も、婚姻の挙式を強制することはできない。したがって、損害賠償に限定されるが、その賠償は、実費の損害賠償のほか、信頼（la foi）の違背により相手方に加えた侮辱の損害も含まれる、としていた点が注目に値する。[33]「他の人との婚姻が妨げられるおそれのあること」が、その理由である。

(2)　フランス民法典の婚約観

トレントの改革はフランスでは、結局のところ批准されないまま、絶対王政の進展とともに、婚姻は民事婚的性格を帯びながら、アンシャンレジーム下では、教会の権限が大幅に制約されるに至り、ついにフランス革命をむかえて、フランスでは婚姻は民事婚のみに限定された（一七九一年九月三日革命憲法第七条）。そこで、婚姻事件の管轄が国家に独占されることとなったことから、フランス民法典は、教会婚から離れて、民事婚一本に絞り込んだ。[34]同法典は、「婚姻」については、身分吏の面前での挙式を要件とするなど、婚姻の成立要件・障害事由や効果などを規定しているが、「婚約」（fiançailles）については、沈黙している。否むしろ、「自由」を旗幟とし、かつ教会婚とあえて決別したフランス法の立場からは、当然の帰結であったのかもしれない。

しかし、民法典成立直後の学説は、婚約は有効であって、違約つまり債務不履行による損害賠償を認め、違約罰の合意も可能としていた。当時の下級審裁判例も、婚約の有効性を肯定して、違約による損害賠償を肯定する例もあったが、必ずしも意見が一致していなかったところ、一八三八年五月三〇日破毀院判決は、婚約は無効である旨を明らかにした上で、不法行為による損害賠償を認めるとの方針を打ち出した。その婚約無効論の論拠は、「婚姻締結の自由」の確保にあり、婚姻締結時においてのみ婚姻意思を表明すべきものであると解釈されたことから、婚姻自由を事前に拘束することになる婚約は、公序良俗違反になる、というところにあった[35]。公序良俗違反というのは、解釈論としてはやや拙劣であったように思うが、国家的権力がカノン法から決別する趣旨を強調する政策的意図があったのかもしれない。つまり国家と個人とを直接的に対峙させたわけである。この点については、後述のように、当時のイタリア法とは鮮やかな対立を示すこととなった。

(16) 宮川澄『旧民法と明治民法』(青木書店、一九六五年)一三九頁。

(17) イタリア民法典の成立過程については、岡本詔治『イタリア物権法』(信山社、二〇〇四年)四頁以下参照のこと。

(18) マックス・カザー著・柴田光蔵訳『ローマ私法史』(創文社、一九七九年)四五〇頁。Modes.D.23.2.1「婚姻は男女の結合であり、全生活の共同であって、神法と人法との交錯である。」

(19) カーザー・柴田・前掲注(18)四五三〜四頁、船田享二『ローマ法第四巻』(岩波書店、改訂・一九七一年)一三頁、三四頁、吉野悟『ローマ法とその社会』(近藤出版社、一九七六年)七二頁。M.B.Fumagalli,*Sponsali* (*diritto romano*), *Enciclopedia del Diritto*,XLⅢ,Giuffrè,1990,p.500.

(20) P.Vaccari, *Sponsali, Diritto intermedio, Novissimo digesto italiano*, da A. Azara e E. Eula, vol.18, 1971, p.38.

(21) ランゴバルド部族法典(ロータル王)邦訳については、塙浩『ランゴバルド部族法典』(信山社、一九九二年)が参考となる。同著によれば、「嫁女代」(meta,mundius)は婚約時に婚約男からムント保持者に支払われることが約定され、婚約女の引渡しまでに支払われる(同著一二二頁)。そこで、「婚姻は売買婚の形式をまだ強く維持している」と評価している(同著一一四頁)。ちなみに、ドイツ古法のゲルマン民族も、同様の婚姻・婚約制度をもっていたようである。ドイツ古法については、田村精一「婚約の法的保護に関する一考察－ドイツ法との比較考察」『国際私法及び親族法』(信山社、

二〇〇八年）三五七頁所収以下（初出、法学雑誌六巻四号〈一九六〇年〉六四頁）。
（22）P.Vaccari, *op. loc. cit.*
（23）塙陽子「カトリック教婚姻非解消主義の生成と発展」『家族法の諸問題』（信山社、一九九三年）三頁以下所収、三二頁（初出、「法と政治」七巻四号〈一九五六年〉五三頁）。
（24）G.Oberto,*Promessa di matrimonio, Digesto delle dicipline privatistiche, Sez.Civile*, 1997, vol.15, p.396. 塙・前掲注（23）三三～四三頁。ただし、この婚姻は未完成婚とされ、信者間でのみ効力があり、原則として不解消であるが、教皇がみとめる免責事由があれば、解消可能とされる。この未完成婚は、当事者間で身体的交渉（copula carnalis）があると初めて秘蹟としての完成婚が成立し、非解消の婚姻が成立する。婚約も未完成婚であるが、現在文言によって婚姻に転換し、この場合にも、身体的交渉がないと、完成婚にならない。
（25）G. Oberto, *op. cit.*, p.396. 1.
（26）G. Oberto, *op. cit.*, p.396. r.
（27）塙・前掲注（23）五五-五八頁。トレントでの教父たちの議論については、枝村茂「カトリック教会法における婚姻の形式的有効要件とその史的背景」宗教法学三号（一九八五年）三三頁が詳しい。伝統的な合意による自由婚に固執する見解のほか、これと婚姻形式・要式主義とをどのように調整するかの興味深い議論や著者の意見が整理されている。
（28）旧教会法典の邦訳は、ルイジ・チヴィスカ『カトリック教会法典』（有斐閣、一九六二年）を参照。〈matrimonii promssio〉を「婚姻の予約」と邦訳しているが、これは日本の法学者の示唆によるものであろう。また、久保正幡・阿南成一「教会婚姻法」宮崎孝治郎編『新比較婚姻法Ⅲ』（勁草書房、一九六二年）八二八頁では、当時の現行法として一〇一七条が掲記されている。新法では、婚姻の本質的要素（一〇五五条、一〇五七条）とその形式（一一〇八条以下）は堅持されているが、「婚姻の約束」自体については、司教協議会が慣習又は国家法を考慮して制定する局地法によって規制されるとして、厳格な要式主義は採用されていない。『カトリック新教会法典』日本カトリック司教協議会教会行政法制委員会訳（有斐閣、一九九二年）五七一～二頁。なお、旧法時代の婚姻学説と新法での「婚姻」の研究としては、枝村茂「カトリック婚姻法における世俗法と宗教性」宗教法学一四号（一九九五年）二五五頁が参考となる。

(29) G. Oberto, *op. cit.*, p.396. r.

(30) G. Oberto, *op. cit.*, p.396. r.-397.

(31) Windscheid, Lehrbuch des Pandektenrechts, Bd.Ⅱ, 1882, S.847.

(32) Dernburg = J.Biermann, Pandekten, Bd. Ⅲ,1902, S.12 によれば、普通法では、正当な理由があるときにのみ解除できるということから出発する。正当な理由がないときには、カノン法にしたがって、婚姻訴権（actio matrimonialis）ないし婚約訴権（a.ex sponsu）が認められた。ローマの婚約手付の二倍額訴権は普通法には知られていない、とする。G. Oberto,p.396.r.-7も、同旨を述べている。なお、ドイツの婚約法については、田村・前掲注（21）六四頁、佐藤良雄『婚姻予約の研究』（千倉書房、一九六九年）二五二頁以下（初出、「フェルレープニスの機能（一）～（五・完）」成城大学経済研究二四～二八号、一九六六～九年）、中山秀登「ドイツにおける婚約の法的構造」法学新報九八巻七・八号（一九九二年）一七五頁が詳しい。佐藤論稿は、それまでのフェルレープニス（「婚約」と邦訳されている）に関する裁判例を分析して、ほとんどの例が性的関係ないし同棲関係にある男女間での破棄責任事例である事情を明らかにしている。その他、ドイツ民法典制定過程における教会婚の意義については、右近健男「カトリック教会とＢＧＢの制定」法学雑誌三〇巻三・四号（一九八四年）一一一頁、同「カトリック教会とＢＧＢ婚姻法」林良平・甲斐道太郎編『谷口知平先生追悼論文集・家族法』（信山社、一九九二年）三九頁以下（「婚約」については、四三頁参照）、常岡史子「ドイツ民法典への強制的『民事婚』と有責主義的離婚制度の導入-国家と教会の相克とその止揚」石部雅亮編『ドイツ民法典の編纂と法学』（九州大学出版会、一九九九年）四五七頁にも、民法典制定の前史に関する簡潔な記述があり、参考となる。

(33) Pothier, *Traite du contrat de mariage*, n.51-53,in *Oeuvres de Pothier*, par M.Bugnet, tom. Ⅵ. p.21-23. 1846; G. Oberto, op. cit., p.397. l.

(34) 塙・前掲注（23）五〇～六七頁。

(35) 木村健助「フランス法における婚約」関西大学研究論集五号（一九三六年・昭和一一年）二頁以下、四～八頁が立法当時の議論や判例の推移を詳論している。なお、今日では、財産損害のみに限定されず、「精神的な損害賠償」もみとめられている。山口俊夫『概説フランス法上』（東京大学出版会、一九七八年）四〇〇頁にも簡潔な記述がある。F.Bou-

langer, *Droit civil de la famille*, 1997.3ed., p.137. ただし、その精神的損害は名声ないし名誉侵害による損害賠償と考えられているようである。Patrick Coubre, *Droit de la famille*, 5 ed.2008, p.36-37 によれば、一八三八年五月三〇日破毀院判決は今日でも堅持され、「婚姻の自由」がことのほか強調されているので、婚姻の約束の履行を拒絶しても、そのこと自体は民事責任の根拠にはならない。ただ、「濫用的な履行拒絶」のみが、不法行為責任の根拠となるが、その要件として、婚約の成立のほかに、いわゆる faute と権利侵害が必要であるとする。

三　イタリア旧立法の婚約法

1　イタリア領邦国家

イタリア統一前の法状態は分裂状態にあり、いくつかの封建国家によって分割統治され、教会国家は、教会法の婚姻・婚約法に従っていた。トスカーナ共和国も、一八一四年一一月一五日法律第六条により、基本的には同様であった。南部の両シシリーの民法典（一八一九年）一四八条も、民事上の義務を否定し、例外的に損害賠償義務を不当破棄者に課して、実質的には同様の立場にあった。サルデーニヤ民法典（一〇七条）、パルマ公国の民法典（四〇条）、エストーニヤ民法典（八七条）も同様であった。

他方で、当時、イタリア北部を分割統治していたオーストリーの民法典（第四六条）も、婚約に基づく婚姻の締結義務および婚約破棄の場合のために約定されたことを履行する義務は、いずれも法律上は成立しない、としていたが、破棄に原因を与えていない当事者は、損害賠償を請求する権利をもつとしていた。さらに、一八五五年一一月五日に教皇庁とオーストリー皇帝との協定（Concordato）によって、一八五六年一〇月八日の勅令は、世俗裁判所が婚約の存在と婚姻障害事由の婚約への影響を決定することのできる権限を認めた。これによって民事裁判官に対し損害賠償請求訴訟を裁判する権限が与えられたわけである。

かくして当時のイタリア領邦国家の法典はすべて、不当破棄によって侵害された当事者のために損害賠償の訴訟を認めていたこととなる(36)。これらイタリア統一前の旧立法は、カノン法のほかに、当時のフランス法の影響も受けていたことは否定できないであろう。先述のように、フランス民法典自体には婚約に関する規定がなかったが、当時のフランスの学説では、婚約は婚姻の履行義務を生じさせないという点では、一致していたからである。しかし、損害賠償義務の当否については、争いがあった。ある説は、現実の損害だけではなく、逸失利益（lucro cessante）も対象となり、違約罰も可能である、とした。他の説では、婚約の合意からはいかなる民事上の効力も生じないとされ、有効完全なる合意は婚姻証書によってのみ行われると解されたが、ただ、当事者に過失があれば、不法行為による損害賠償は可能である、とする説もあったようである(37)。

2　サルデーニャ王国

(1)　婚約規定の内容

イタリア近代国家の統一は封建国家のサルデーニャ王国の主導により実現されたことから、この王国の民法典がイタリア統一民法典の下敷きになっている(38)。そこで、少し寄り道をして、この民法典第一編「人」〈Delle persona〉（第五章「婚約と婚姻」〈Degli Sponsali e Del Matrimonio〉）での婚約法（第一節）について、検討しておこう。この婚約法もイタリア旧民法典に強い影響を与えているように思われるが、教会婚と民事婚とが併存しているところに、法制史上は見逃せない制度的特質を帯有しているだけではなく、民事婚の下での婚約法の制度的理念にも学ぶべきものが多いように思われるからである。つぎの二カ条が用意されている。

第一〇六条

「婚約は、公的証書（pubblico istromento）または私文書によってなされない限り、民事訴権を生じない。

当事者は、両親または少なくとも父親の同意を得なければならない。父が死亡しているとき、またはその同意に支障があるときには、母の同意を必要とする。両親双方の同意が欠けるときには、最近親の親族の同意を必要とする。

祖父の同意は、父の親権のもとにある孫との関係では父の同意に代わるものとする。

同意を与えることができない未成年者の場合には、家族会（Consiglio famiglia）の同意で補完する。

前三項の同意は、婚約の公文書もしくは私文書またはその他認証証書によって表示されることを要する。(39)」

第一〇七条

「婚約が教会裁判所によって有効であると宣告され、かつ当事者間でその有効性につき争いがない場合に、一方が締結された合意の履行を拒絶したときは、前条所定の形式によって締結された婚約については、県民事裁判所に対し現実に被った損害の賠償を請求する権利が付与される。ただし、将来の損害と合意による違約罰は、この限りではない。(40)」

(2)　婚約法の特徴

(ア)　サルデーニャ民法典の婚姻法は、第一〇八条で婚姻がカソリック教会法の規則と形式による、と法定していたことから、いまだ民事婚と教会婚とが混在しており、したがって、第一〇六条は、婚約を「婚姻の予約」（contratto prepatorio）と捉えた上で、主としてサクラメントとしての教会法上の婚姻の履行を義務づけ、第一〇七条は、教会裁判所が婚姻予約の有効性の宣告をなしうる旨を規定している。これは、いうまでもなく、トレント公会議での「第24セッション」の教義にしたがったものである。(41)そのうえで、つぎような二つの効果を認めている。一つは、教会法上の効果であり、婚約は、当事者が別の婚姻締結を意欲しても、その婚姻障害となるという効果であり、これは姦通ないし乱倫を禁止している教会婚姻法の理念によるものであろう。もう一つは、婚約不履行による損害賠償であり、これは民事上の効果として認められる。(42)

加えて、この段階で、損害賠償請求権が認められるためには、「婚約証書」が不可欠の要件とされている。さらに、注目すべきは、両親等の親族の同意を執拗に追い求めている点であろう。このような要件は、フランス民法典の「婚姻」自体の要件（フランス民法一四八・一四九・一五〇条）に倣ったものと思われるが[43]、すでにトレント公会議での教義が先行していた事実も無視し得ないであろう。この要件は、「婚約当事者双方の家族の平和」（la pace due famiglia）を企図したものである、とされているところに特に刮目しなければならないであろう[44]。

要するに、婚約を証書によって「公示」し、かつ「家族の同意」をも必要として、その要件を加重したことは、当事者間での秘密の婚約を回避しようとしていたこととなるが、そこに婚約の「公的なもの」としての性格が濃厚に看取されるであろう。

(イ)　つぎに、婚約の効果について検討しよう。第一〇七条は、婚約の有効宣言を前提として、第一〇六条の要件が満たされると、婚約不履行の場合には、民事裁判所に対し実費相当額の損害賠償を訴求できることを認めている。しかし、「得べかりし利益の損害」（danni eventuali）や婚約不履行に付けられた違約金条項（clausule penali）を認めないことが明文化された[45]。違約金については、ローマ法が認めており、古くから議論のあった問題に決着をつけたわけである。違約金であろうと、手付（arre）ないし贈与であろうと、名目・名義人のいかんに拘わらず、とにかく「婚姻の自由」の支障となる合意は、民事上の効力を有しないとした。他方で、立法者は、婚姻を前提とする贈与については、別に贈与規定のなかで詳細な規定を用意しているが[46]、そのなかで、「婚姻を考慮してなされた贈与は、いかなるものであれ、婚姻が履行されない場合には、何らの効力をもたない」旨を定めている（第一一八一条）[47]。これは、フランス民法典にならったものと思われる。

(3)　婚約規定の精神

以上のように、婚約不履行の効果を限定したことの立法の精神は何であろうか。つぎのような考慮があったものと考えられている。双方の合意もなく、また法律の根拠もなくして、約束された誠意・貞操（data fede）を愚弄し、恣に婚約の履行から免れた場合には、そのことによって他方に損害を生じさせないようにすることは、「正義と衡平」(giustzia ed eqita) が要請するものである。そのために婚約に一定の形式を課し、かつ利害関係人に必要とされる合意を法定することによって、確実で予測可能な範囲内のもとでの婚約が明らかにされているが、他方で、婚姻が軸となる「家族の平和」と密接不可分な「公共的な利益」(pubblico interesse) が「婚姻の自由」の維持を要請する。加えて、たとい間接的な義務であるとしても、過度に婚約に非解消的な拘束力をもつような効果を与えないことも必要である。婚約は関係のないものの扇動や、不確実な認識のもとに行われることがあるからである。実際、婚姻の約束は、しばしば家族や両親の不知の間に若者や未成年者によってなされ、若気の無分別や過度の一時的な情熱の結果であったり、あるいは誘惑や卑劣な口実のもとになされたりすることが少なくないことは、経験則からも、明らかとなる、と(48)。

結局のところ、当時のイタリアでも、婚約に基づいて婚姻が履行されるのが一般的であったものと思われ、まさしく社会倫理ないしキリスト教的な婚姻観によって婚約が履行されて婚姻が成立していたはずであるが、例外的に結婚が破談になったならば、それを明確な民事契約とした上で、その合意の明確性を証書や身分吏による公告によって担保し、もって紛争の解決をできるだけ速やかに図るとともに、客観的・一義的に処理するという基本姿勢が読み取れる。このことが、「婚姻の自由」という原理的要請と「婚約保護の必要性」という正義公平論との調和につながり、ひいては、国家的な秩序だけではなく、当事者双方の属する集団の利益（社会的な秩序）の維持にも資するものとなる、ということではなかろうか。ことに、同じ社会的階級に属する小さな社会集団での婚約・婚姻が普通であったという当時の社会的諸条件も軽視できない。そこに、イタリア法の技術的かつ政策的な知恵なり賢慮なりがみられるであろう。本書に言う「社会的婚約論」と相通ずるものがあるわけである。

3　イタリア旧民法典（一八六五年）

(1)　婚約規定

サルデーニャ王国は、フランスの支援のもとに、イタリア半島をほぼ統一して直ちに民事秩序の整備に取りかかったが、カッシーニス草案に始まって、きわめて短期間でいくつかの草案を立案したうえで、最終草案（ピサネッリ草案）を若干修正して、民法典を完成させ（一八六五年）、一八六六年一月一日から施行されることとなった[49]。わが国の「人事草案」の起草者が参考にしたのは、この民法典の婚約規定であるが、「婚姻の約束」（Della promessa di matrmonio）の規定は、第一編「人」（Delle persone）の第五章「婚姻法」（Del matrimonio）の冒頭に置かれ、つぎのように定められていた。

第五三条「将来の婚姻につき相互に取り交わした約束は、婚姻を締結すること、および婚姻の不履行につき合意した事項を履行することの法律上の義務を生じさせない[50]。」

第五四条「成年者、および成年者の同意を得た未成年者が、公正証書または私署証書によって締結した婚姻の約束については、婚姻の儀式に必要な人の承諾があり、かつ戸籍吏による公告により確認されたときには、重大な理由なくしてその履行を拒みたる一方の婚約者は、他方に対して婚姻の約束によって支出した経費の損害を賠償する責に任ずる。

本条の損害賠償請求は、婚姻予約を履行すべき日から一年を経過すれば、認められない[51]。」

(2)　イタリア婚約法の特質

イタリア統一民法典の特質はフランス民法典と同様に、自由（liberta）を標榜していた。婚姻法は、サルデーニャの伝統には従わず、フランス婚姻法に従って、この当時では、もはや教会婚を認めていない[52]。婚約の合意も当事者の自由であり、合意だけで完成し、いかなる儀式的な形式も必要ではない。その婚約による義務も「有効」であり、もっとも限定的な効力をもって締結することが可能である。前記の二箇条は、このような最小限の効力をあてがうことしかしていない。このことは、婚姻の自由を保護するためである。婚約は婚姻を締結するよう拘束することはできないとされ、それが婚約の本質的効力でもあるとする。

もっとも、この点については、違約罰の約定（stipulazione penale）によって婚姻締結を間接的に強制することが可能であり、時としてこれは強力なものとなりうる。ことに、その経済的価値が気の進まない婚姻の締結を決定しうることもありうる。立法者は、このことを懸念していた。婚姻の完全なる自発性が、その婚姻の将来の幸福・繁栄を保証するものであると確信していたからである。

しかし、現実には、違約罰に効果があるのではなく、それは損害賠償の解決のためのものに過ぎない。通常、婚約者は名誉による拘束（impegno d'onore）によって強いられる。そのことによってのみ、婚約の重要性が保持されるからである。遅かれ早かれ婚約は実現される。婚約が締結された時には、簡便な儀式が行われるが、それは婚姻を強制するものでなく、むしろ完全で確固とした意欲の表明である。それが故に、民法典は、損害賠償を婚約を原因として生じた経費、つまり現実の損害、実費に限定している。想定された抽象的な損害ではない。違約罰もこの限度に制限される。[53]編纂過程の「カッシーニス草案」では、上記のような違約罰を認めていたが、つぎのカッシーニス第二草案は、これに反して、現実に被った損害に限定したうえで、将来の損害や違約罰は除く旨の規定を置いていた。しかし、「ミリエッティ草案」（一八六二年）や最後の「ピサネッリ草案」では、カッシーニス草案に立ち戻っている、という。[54]

結局のところ、婚約法第五四条の法的装置は、実費の損害を賠償請求することを可能とするために「有効なる債務」を創設することを目的としているにすぎないものである。婚姻前（ante nuptius）では、かかる合意にとどまり、いかなる段階でも、それ以上のものを引き受けることもなければ、別の負担を負うこともない。もっとも、かかる義務が生ずるためには、同条所定の要件が必要である。この法定要件との関連では、慣習上婚約に必要とされる書簡や愛の誓約などは、法的には効力をもたない。法的に必要な形式は、公正証書（atto pubblico）ないし私署証書（scrittura privato）であり、また、それを法律によって認証する行為、つまり戸籍吏によってなされる公告（publicazioni）である。

一方、婚姻を目的として授受される贈与（caparre〈手付〉と称される）は、どのように扱われていたであろうか。民法典は、サルデーニャ民法典に従って、「将来の婚姻」に関する（in rigardo）贈与についても、贈与の章で規定し、婚姻が履行されないと、効力が生じない、としている（一〇六八条）。本条は、婚姻が履行されないと、「効力が生じない」（e senza efetto）としているのみであるので、目的物の「引渡し」は要件とされていない[55]。

引き渡されてから、破談となった場合には、どのように処理されたか。民法典編纂過程での草案に対する鑑定意見のなかで、ある控訴院は caparra を禁止するか又は効力がないものとする旨の規定の新設を提案したが、この提案は承認されなかった。というのは、法文は、婚約不履行の場合に約定されたことを履行する義務は婚約からは生じないとしているので、婚約手付は、その軸となるようなものであるから、返還されるべきことは明瞭であると考えられたからである。ただし、不履行に原因を与えた当事者は、その黙示による解除条件の効果によって、手付を取り戻すことはできないものと考えられた[56]。

4　小　括

手元にある文献によるしかない検討ではあったが、イタリア旧民法典での婚約法の規定の趣旨が、ある程度、理解されたように思われる。婚約では、婚姻締結を強制することはできないとしても、もともとは中世教会法では婚姻の履行義務が認められたうえで、実際上は、その不履行に対して損害賠償義務を認めてきたが、その形式的な論理が婚約と婚姻とを明確に区別することとなり、婚約の契約としての保護に資するものとなっていた。婚約こそが本体であり、婚姻自体はその婚約の履行行為である、と観念されたのは、まさしく、婚約自体の倫理的拘束力を強化する意味をもっていたものと思われる。

このような伝統のもとに、婚約を証書と結合させ、そのような婚約の不履行の場合には、一定の法律上の義務、債務（obbligazione）が生ずるとされた。この義務については、立法過程でも曲折があり、実費相当額に限定するのか、得べかりし利益を含むのかという問題と、婚約の履行確保のための違約罰の約定が可能かという問題が議論の対象となっていた。結局は、実費賠償というところに落ち着いたが、その限度での違約金の合意は有効とされた。このような賠償義務を生じさせるためにのみ、婚約から生ずる「債務」につき、明文の規定が置かれたという。

イタリア法が婚約から法律上の義務が生ずるとしたのは、フランス民法典とは、婚約（ひいては婚姻）に対する姿勢が、相当程度に差異があったということであろうか。フランスでは、何よりも「婚姻締結の自由」という観念が、この問題に対する消極的姿勢に向かわせたといえるが、同じ立場にありながら、なお、イタリアは、婚約という「契約の拘束力」に関心を示している。フランス同様に、この当時のイタリアは教会法と袂を別ちながらも、なお実質的にはその影響を受けていたものと思われる。サルデーニャ王国の婚約観がその背景にあったことは否定し得ない。しかも、婚約証書を必須の要件としているところに、婚姻証書とのつながりが見られる。ここにも婚約ないし婚姻の誉れや名誉という社会的評価が後景におかれていたことは、推測に難くない。

他方で、損害賠償を財産的損害、しかも実費相当額に限定した点は、伝統的に慰藉料が厳格な制約のもとにあることの帰結なのかもしれない。ともあれ、フランス法を母法とするイタリアでの議論が、日本法のもとでも再現されることとなるが、この点は、後述に譲ろう。

（36） L.Borsari, *Commentario del Codice civile italiano*, vol.1, 1871, p.284, P.Vaccari, *Sponsali, Diritto intermedio, Novissimo digesto italiano* , da A.Azara e E. Eula, vol.18,1971, p.38.

（37） L.Borsari, *op.cit.*, p.285.

（38） 当時のイタリア国内における法の分裂状況については、岡本・前掲注（17）三頁以下の旧民法典の編纂史を参照のこと。

（39） art.106:Gli sponsali non produrranno azione civile se non saranno fatti per pubblico istromento , ovvero per iscrittura privata.

I contraenti dovranno inoltre ottenere il consenso dei genitori, od almeno del padre, ed ove questi morto od impedito, quello della madre, e mancando entrambi i genitori, il consenso degli ascendenti paterni prossimiori.

Il consenso dell' avo paterno terra` luogo di quello del padre rispetto ai nipoti costituito sotto la di lui podesta`.

Se si trattera` di minori d'eta` che non abbiano ascendenti in grado di prestare il loro consenso, vi si supplira` col consenso del Consiglo di famiglia.

Il consenso richiesto nei casi sopraddetti dovra` risultare dall' istromento o dalla scrittura degli sponsali ovvero da altro atto autentico.

（40） art.107:Qualora gli sponsali siano stati dichiarati validi dal Giudice ecclesiastico , e non ne sia fra i contraenti contestata la validita`. se uno di essi si ricusa di adempiere la fatta promessa, l'altro, ove gli sponsali siano stati contratti nella forma prescritta nel precedente articolo, avra` il diritto di domandare avanti il Tribunale di Prefettura il risartimento del danno effettivamente sofferto.Non si avra` riguardo ai danni eventuali, come neppure alle clausule penali che si fossero apposte alla stipulazione.

（41） V.Pastore, *Codice Civile per gli DI S. M. Il re Sardegna col commenti*, vol.1, Torino, 1838,p.146.

（42） V.Pastore, *op.cit.*, p.142–143.

（43） V.Pastore, *op.cit.*, p.143.

（44） V.Pastore, *op.cit.*, p145–6.

（45） V.Pastore, *op.cit.*, p.147.

（46） 第五節「婚姻を考慮して、婚約者間または婚約者間に生まれた子もしくは各婚約者の子に対してなされた贈与」〈Delle donazione fatte a contemplazione di matrimonio agli sposi, ed ai figli nascituri dai medesima, o dagli sposi rispettivamente tra essi〉、第一一七六条以下。

（47）V.Pastore, *op.cit.*,vol.10,1844, p.494,588.

（48）V.Pastore, *op.cit.*, vol.1,p.150.

（49）この間の歴史的経緯については、岡本・前掲注（17）七～八頁を参照のこと。

（50）Art. 53: La promessa scambievole di futuro matrimonio non produce obbligazione legale di contrarlo, ne' di eseguire cio' che si fosse convenuto pel caso di non adempimento della medesima.

（51）Art. 54: Se la promessa fu fatta per atto pubblico o per iscrittura privata da chi sia maggiore d'eta', o dal minore autorizzato dalle persone, il concorso delle quali e' necessario per la celebrazione del matrimonio, oppure consta dalle pubblicazioni ordinate dall' uffiziale dello stato civile, il promettente che ricusi di eseguirla senza giusto motivo, e' obbligato a risarcire l'altra parte delle spese fatte per causa del promesso matrimonio.

La domanda per' non e' piu' ammissibili dopo un anno dal giorno in cui la promessa doveva essere eseguita.

（52）イタリアでの婚姻の方式が、民事婚と教会婚との二元主義に転じたのは、一九二七年法王庁と王との「ラテラノ協約」によるものであり、これが現行民法典に承継されている。ところで、イタリア婚姻法に関する邦文の文献については、時期的な制約があるものの、石崎政一郎「イタリア婚姻法」宮崎孝治郎編『新比較婚姻法Ⅱ』（勁草書房、一九六一年）三六七頁以下が詳しい。婚約についても、三八〇～一頁で言及されている。ちなみに、婚約中の贈与につき、一八六五年民法典には直接の規定がなく、現行法八〇条は婚約不履行の場合には返還義務がある旨を規定する、と述べているが、これは誤解であろう、旧民法典にも、現行八〇条に相当する規定があったからである。これは、贈与規定の中にあり、第一〇六八条は「将来の婚姻に関してなされた贈与は、いかなるものであれ、婚姻が実現しなかった場合には、その効力を失う」と規定している。この種の規定は、先述のように、もともとはサルデーニャ民法典に由来し、同趣旨の規定がフランス民法典に存在するので（フ民第一〇八八条は「婚姻のための贈与の失効」につき規定する）、このフランス法の影響によるものであろう。ただし、フランス法一〇八八条は贈与の第八節（「夫婦財産契約によって夫婦及び婚姻から生まれる子に対してなされる贈与」）のなかにあり、同九四七条によれば、第八節の贈与には、前四条の規定は適用されないとしている。前四条とは、贈与の総則規定の一部（贈与の目的物や負担付贈与に対する制限規定などに関するもの）であるが、イタリア法には、このように一部に限定するような規定は存在しない。

(53) L.Borsari, *op.cit.*, p.285.
(54) L.Borsari, *op.cit.*, p.285. not.3.
(55) L.Borsari, *op.cit.*, vol.3. p.65ss.
(56) L.Borsari, *op.cit.*, vol.1, p.285-6.

四　日本民法典の編纂過程

1　前　史

(1)　皇国民法仮規則

いわゆる初期民法典編纂史においては、司法省「明法寮」（明治四年九月設置）の民法会議において編纂された「皇国民法仮規則」（明治五年後半と推定されている。）が、後の「左院の民法草案」に引き継がれるとともに、さらに旧民法、明治民法にも影響を与えていることから、極めて重要な歴史的資料であることは周知の事実である。[57] この「仮規則」は、人事編のほかに財産編と契約編を含む全九巻、一〇八四箇条から成る大部の草案であり、それまでに司法省で起草された各種の草案（「改冊未定本」や「民法第一人事編」など）を集大成したものであるといわれているが、ここには、婚約の規定は欠落している。「仮規則」の起草者がナポレオン民法典を参考にしていたことが明らかにされているが（各条文の欄外上にナポレオン民法典の対応条文数が明記されている。）、フランス民法典には存在した婚約贈与規定は贈与の規定中（民法第三巻財産編「贈遺総規則」）には欠落しているし、また婚約に係る「結納」の規定も存在していない。そこで、婚姻についての規定から、若干の推測を述べておこう。

まず、婚姻の形式要件につき、「婚姻届」（民法第一巻人事編第二三～二五条）というタイトルを付して次のように規定している。双方の戸主が姓名・年齢・身分・住所のほかに、両親の姓名を書面に記して「戸長」に届け出ることが必要とされ、その届書には、媒酌人の姓名・身分・住所の記載が求められている（同人事編第二三～二四条）。この届出によって、戸長は役所に備えた帳面に身上届を記載することになっている（同人事編「身上届出帳規則」第一〇条以下）。この届出は、当時すでに制定されていた「戸籍法」（明治四年）が前提とされ、「戸」という家族集団を中心にして、家族関係を規制しようとしていたこととなろう。(58)

つぎに「婚姻」（同第四六～五一条）というタイトルの下では、父母ないし尊属の許諾が必要なこと（四六条）、婚姻適齢のこと（第四七条）、近親婚の禁止（第五〇条）のほかに、当事者双方が承諾していない「父母の意思のみによる婚姻の契約」は禁止されていた（第四八条）。この種の規定がわざわざ用意されたのは、フランス法流に婚姻当事者の自由意思が尊重されるべきものとされたわけであるが、しかし、他方で、媒酌人なくして婚姻をしてはならない旨の規定（第四九条）もある。ほかに、民法第六巻「契約編三」では、「婚姻並養子養女の契約書」というタイトルで、夫婦財産契約に関する規定が用意されている。

以上の規定から考えると、婚姻につき「法律婚主義」を採り、婚姻戸籍も予定されていたことが判明する。婚姻が両親の意思によるのではなく当事者の意思によるものでなければならないとされていることから、フランス法にいう「婚姻の自由」が前提とされていたことは間違いないところである。いわゆる「許嫁制度」は排斥されたこととなる。さらに、両親ないし尊属の許諾という要件であるが、これもフランス法の影響と考えられるが、ただ、フランス法では一定の年齢制限があったが、ここでは、そのような制限がない。また、「媒酌人」を必須の要件とする規定も、わが国独自のものであった。実は、これらの条項は、「仮規則」に先行する「民法第一人事編」（第四六、四九条）ですでに採用されていた。この点をとらえて、当時、フランス法の圧倒的な影響のもとでも、わずかに「日本的なもの」

が見られるとの評価もなされている。(59)そこに婚姻が男女の単なる「私的了解」にとどまるものではなく、すなくとも法文上においては、個人の自由を軸として、その双方の親族ないし家族等を母体とする集団秩序によるコントロールがなされていたこととなろう。実際、フランス法流の婚姻意思の自由が尊重されているものの、婚姻届は戸主がすることになっているので、そこにいわゆる「家」による（明治初期の家をどのように評価するかは別にして）制約があったといわねばならない。また、この「仮規則」自体が、戸主権を軸として家族法を構築し、相続も長男の単独制を採用していたことから、個人の自由を前提とするフランス法流の法制度を想定していた江藤新平の構想（「身分証書制度」）が否定されたと評価する見解もあるわけである。(60)

つぎに「婚約」について検討するに、婚約が法的な意味の契約であるかどうかのフランスでの議論が理解されていたかは別にして、少なくとも、婚約も当事者の意思によることが必要とされ、また、親族秩序からの規制を受けることとなったはずである。当時、慣行的に行われていた「婚約の儀式」（樽入れなど）や「結納」を前提とすれば、婚姻挙式の前段階にあるこれら両家の行為が、そのまま婚姻にまで昇華されるというプロセスを辿ることになるからである。しかし、「仮規則」の起草者は、おそらく婚約自体の重要性を認めていなかったものと思われる。というのは、後述のように、当時の慣行によれば、婚姻制度のなかで婚約がきわめて重視されていたにも拘わらず、これに全く言及していないのは、フランス法流の制度に傾斜していたと考えるしかないからである。しかも、フランスでは、まだ婚約贈与に関する特別の規定を用意していたが、「仮規則」には、この種の規定も存在しないからである。婚約規定の起草が技術的に困難であったというよりも、むしろ、関心が低かったということなのかもしれない。

(2)　その後の編纂過程

(イ)　「左院の民法草案」等　その後も、司法省民法会議では、箕作麟祥訳本『仏蘭西法律書民法』（明治四年）の原典を修正しながら（『箕作麟祥訳仏蘭西民法書入本』）、明治五年一〇月から民法典編纂事業は進められ、いくつかの草案が作成されている。明治六年五月に「民法仮法則」（全九巻八八箇条）が完成・印行されているが、ここでの規定は手続法的な「身分証書」（身分証書簿冊、出生届、婚姻届、離縁届など）に関するものが中心であり、婚姻についても「婚姻証書」という表題で婚姻届書に関する技術的・手続的規定に限定されていた。もっとも、これに先立ち同年の三月一三日から開始し、同七月三日までの民法会議の協議で、八九条以下の草案が作成されているところ、その中にも、婚約の規定がない。しかし、婚姻については、男一七歳、女一四歳とする婚姻適齢の規定（第九八条）を始めとして、ほぼフランス法の条文に即して、夫婦となる双方の者の承諾（第一〇〇条）を重視することのほか、男二五歳未満、女二一歳未満の者については、父母ないし祖父母の承諾を要件とし（第一〇二条以下）、この年齢に達しても、父母の許諾がないときには、婚姻前に公正証書による父母の承諾を請求しなければならないとするなど（第一〇五条以下）、親族共同体的な拘束をかなり緩和した内容になっている(61)。

一方、太政官制が改定され、「制度局」に代わって新たな立法機関である「左院」（明治四年）が太政官制のなかに新設されていたが、江藤新平が制度局主任から左院の副議長の職に就いて以降、民法会議も左院に移されたうえで、民法編纂作業が引き継がれ、その後、江藤が明治五年四月に司法卿に転じてからは民法編纂作業が司法省に移されたものの、左院でも依然として作業が継続された結果、民法草案が起草されている。具体的には、「家督相続並贈遺規則草案」（全九三箇条、明治五年司法省合議脱稿、同六年九月改訂完成）、「養子法草案」（全一〇箇条、明治六年後半完成）、「後見人規則草案」（全三四箇条、明治六年四月脱稿）のほかに、「婚姻法草案（民法課原案）」（全二一箇条、明治七年一月）が編纂されている。これらは「左院の民法草案」と称されているが、ここでも「婚約に関する規定」は欠落している(62)。婚姻の要件に関する規定（第一～九条）については、基本的には「仮規則」と同様であるが、ただ、第一〇条では、婚姻届書を提出しないときは、たとい「夫婦の景状」があっても、「男女和姦と同視」するとして、その間の出生子を私生子と定めたうえで、この種の妻が密通しても姦通罪にはならない、と規定されているところが、目新しい。

上記のような婚姻前の男女関係に関する認識が、明治民法の編纂過程において届出婚主義が一般化するなかで、婚約草案の議論につよい影響を与えているように思われる。

(ロ)「明治一一年民法草案」 明治六年四月に江藤が参議に転じ、同年一〇月に後任として司法卿を引き継いだのが大木喬任であったが、この直前、一時、左院が立法を独占することとなったところ、明治八年四月の官制改革で左院が廃止されたので、その後、再び司法省(第四局「民法課」)で民法草案の編纂作業が再開され、ここで明治九年から一一年までの二カ年を費やして起草された草案が「明治一一年民法草案」と称されるものであり、第一編「人事編」、第二編「財産及ヒ財産所有権の種類」、および第三編「財産所有権ヲ得ル方法」が相次いで編纂され、明治一一年四月一七日に民法全体の草案が完成している。

この第一編人事編でも、「婚約の規定」は欠落している。婚姻については、第二巻「身分証書」の第三章「婚姻ノ証書」の規定のほか、第五巻「婚姻」が用意されている。その婚姻の要件としての「父母の同意」については、これを絶対要件としていた「皇国民法仮規則」や「左院の民法草案」とは異なり、「民法仮法則」(身分証書)の改印後に起草された草案と基本的には同じ立場にあり、婚姻適齢を男一八歳、女一五歳としたうえで(第一〇九条)、親族共同体の許諾を男二五歳、女二〇歳にするなど(第一一三条以下)、その要件を緩和するとともに、あわせて「仲人」の仲介を要件から外している。

しかし、この草案は、結局のところ、民法編纂会議では採用されなかった。左院草案の流れとは袂を分かち、あまりにもフランス民法典に酷似していたことや、わが国の実情を意識した上でのボアソナードの意見を採り入れなかったことから、この当時すでに強い影響力をもっていたボアソナードの反対があったことなどの事情が指摘されている。(63)

(3) 当時の実定法秩序

ところで、婚姻や婚約に関する実定法規範はどうであったかといえば、当時の太政官達第二〇九号(明治八年一二月)と司法省丁第四六号(同一〇年六月)との関連が古くから議論されている。第二〇九号では、婚姻(養子縁組)が戸籍に登記されることを要件としていたが、第四六号では、登記を懈怠しても、「親族近隣の者」が「夫婦若しくは養父子と認め」て、裁判官がその実体のあることを認めれば、夫婦となるとしていたので、その矛盾の調整をどのようにするかにつき意見が分かれている[64]。それはともかく、ここでは、第四六号がもともと内縁保護の趣旨に出たものではなく、「公益上、就中刑事上」登記なくとも既婚者と取り扱うこともあるという意味で（姦通罪などの刑事罰が課される。）、「家族倫理」という公益上の要請に基づくものであると仮定するにしても[65]、少なくとも夫婦としての「社会的な公認」のあることが、婚姻の要件とされていたことに注目すれば足りるであろう。男女間の法的紛争を予定した上でのルールであると思われるからである。

いずれにせよ、ここでも婚約自体についての規定は欠落しているが、当時の「全国民事慣例類集」（明治一三年編纂）によれば、婚約の効果については、必ずしも一義的に整理しがたいものがあるとしても、基本的には、結納の授受に先立ち、媒酌人のもとで「婚約儀式」が行われる慣行があり（地方ごとにその呼称は異なる。）、この段階でも「変約」を禁ずるものがあるが、さらにこれに加えて、「結納」の儀式が挙行されると、すでに夫婦の契約になるものとして、「決して変約せざること一般の通例なり」とされていた[66]。このような「社会的な承認」によって、もはや私的なレベルでの約束ごとではなくなるという趣旨と受けとめてよいであろう。

加えて、当時の司法省が公刊した「民事問題」と「民事答案」という教本（明治一六年印行）には、婚約に関する事例が登載されている[67]。具体的には、つぎのような問題と解説になっている。原告（男）と被告（女）とが媒酌人を介して婚約をし、明治一三年一二月一五日に挙式することを約束したうえで、同月一日までに金二〇〇円（原告の母の養料）を原告の母に贈与する旨の証文を取り交わし、双方の署名捺印のほか原告の親と媒酌人も署名捺印したが、被告が婚儀を行おうとはせず、今日（翌年の一月）になっても、贈与を履行せず、被告の身柄だけを引き取るという訴え（婚姻履行の請求）を原告が提起した。この請求が認められるか。司法省の解説では、「婚姻の約束」と金銭の契約とは相関することから、この養料に関する契約が認められる限りは、当該契約は原告の母が「婚姻を承諾したる原由」となっているので、被告のみを引き取るという請求は理由がないとしている。

ここで非常に興味深いのは、「原告カ婚姻履行ノ請求ハ相立タサル事」と結論づけている点であろう。つまり、婚約娘の母親への養料の給付があれば、婚約男子が婚姻・挙式を強制することができることを前提とした立論である。(68)これは、婚約の履行が婚姻であるとする当時の婚姻制度の趣旨に通ずるものがあり、かつての封建法がそのような婚姻制度をもっていたことや、(69)すでに学習した中世の教会婚姻法などにも、基本的にはそうした考え方があったことを彷彿とさせるものではあるが、他方で、婚約手付ないし結納による婚姻の拘束とも関連するように思われる。いずれにしても、当事者間の合意を前提としているものの、自由な合意による婚約ないし婚姻という観念とは、かなりかけ離れていたもののように思われる。少なくともいえることは、婚約に際して、婚約娘の親による扶養料の授受の約束も、婚約娘の自由なる婚姻意思を無理矢理に強制するものであるとは考えられていなかったことは事実であり、この当時では、むしろこの種の強制は、自由契約の自然な結果であったのかもしれない。一般的にいえば、当時の女性の当該家族における労働力の社会的な意義が金銭的に評価されていたともいえるので（娘がいないと母の生活が立ちゆかないことが重視されている。）、婚姻に対する親の承諾というものが、このような機能をも持ちうることを教えられる。

ともあれ、上記のような挙式の履行請求については、事実婚主義を採用していた当時の下級審裁判例が、挙式同棲によって事実婚が成立すれば、「婚姻届出」ないしその「送籍」を命じていた事情とも、決して無関係ではない。司法省教本第七〇号も、(70)挙式同棲によって既に婚姻をすれば、「送籍」が可能である旨の事例を取り上げている。

2　「旧民法」の編纂過程

旧民法の人事編にいたる編纂作業では、「民法草案人事編」と、これに修正を加えた「民法草案再調査案」が起草され、さらに、調査案の条文数のみを差し替えた元老院提出案がある。いずれにも婚約に関する規定が存在したが、元老院の審議のなかで削除されたものと思われ、旧民法には、その痕跡は何も残っていない。(71)「梅謙次郎」が明治民法を起草する段階では、前者は「第一草案」、調査案は「第二草案」と称されているので、本書もこれに従うこととした[72]。

(1)　第一草案

明治二一年一〇月のはじめころに、「人事編第一草案」は、司法省内の「法律取調委員会」の小委員会で起草され、「婚姻」は第四章で規定されているが、届出婚主義や慣習の儀式婚主義を採らずにフランス法流の婚姻様式を採用している。その「理由書」はつぎのように説明している。従来の慣習による婚姻礼式は、近時、「礼式大ニ破レ」諸成行為ともいえなくはないような状況になっている。諾成主義は各人に自由を認めることになるが、夫婦と同居せる男女を区別しないという弊害がある。また、わが国では、婚姻の自由は、かえって「子女ノ好悪如何ニ拘ラス」、父母が婚家を決めるという「圧制」があり、結局のところ、離婚にいたるという弊害が甚だしい。そこで、婚姻は要式主義がまさるが、西欧では教会法の影響から免れた仏国の婚姻要式を模範としているところ、その要式はひたぶる繁雑ではあるものの、一生一度のことなので、かえって軽率な婚姻を避け、幸福につながることになるから、草案もこれに倣った、という[73]。

婚姻の様式は、極めて複雑で、婚姻前の法式として、身分吏取扱人のもとで一定の期間、「婚姻の公告」をなし（第五二条以下）、公告後に必要な書類などの法定の条件や婚姻障害事由の確認がなされ、その上で、「婚姻の公式」（挙式）が行われることなどが法定されている（第七〇条以下）が、婚姻自体は口頭の承諾で足りるとされている。以上のような婚姻法のもとで、つぎのような婚約規定が置かれている。

第七〇条「婚姻を為すべき約束は其婚姻を為すの義務を生ぜず然れども約束者の一方正當の理由なくして其履行を拒むときは他の一方其約束を信じて為したる実費賠償の責に任ず」

本条の理由書はつぎのように説明している[74]。本条は「イタリア民法第五三条・五四条」（一八六五年民法典のことである。）より採用したものであり、婚姻の約束の効果を明言したものである。フランスの学説・判例はこれを無効としているが、このような婚約の効果を明言することは無用ではない。わが国では、「婚姻の約束」の例が非常に多いことのほか、慣習によれば、これを履行する義務があるとされていた。しかし、このわが国における従来の原則を一変して無効としたのは、つぎのような理由による。つまり、婚姻は「人間一生の幸福に関係する」ので、双方の承諾は十分に自由であることが必要であり、その履行を義務づけると、やむをえず婚姻をなす結果になりかねず、「悪縁」に陥ることが稀ではないし、いわんや、本人が幼弱中に親が婚姻の約束をした場合には、弊害に絶え得ないこととなる。もっとも、婚姻の約束が無効であるとしても、正当の理由なくしてその履行を拒むことは、不法行為となり、損害賠償の義務を負う。ただし、一般原則に基づいて違約により生ずる「無形の損害をも賠償すべきものと為すときは、止むを得ずして婚姻するに至らんことを恐れ」たので、実費賠償に限定した、という。

この第一草案は、明治二六年一〇月六日付けで、各裁判所と地方長官等に送付され、その意見が徴されている。その意見は、履行義務がないことに異議がないこと、不当破棄による損害賠償を認めるとしても、なるべく制限すべきことが、共通の趣旨であったと見てよいとされている[75]。具体的に注目すべきは、娼妓が作成した婚約書証を知慮浅薄な成年が信じて多額の財産を浪費し、その財産が尽きると、娼妓が違約するので、その財産返還に係る裁判が枚挙に遑がないこととなるので、本条では規定しないで、損害賠償一般の規定で処理すべきである、とする見解、口頭の婚約に名を借り、争訟を提起して、毒婦姦婦が良家の男女を脅迫する手段となるおそれがあるので、書面を要件とすべきである、とする見解、さらには道義の問題が訴訟となるのは、社会一般の秩序を乱すので、できるだけ訴訟を防止するため、その時効期間を一年とすべきである、とする意見であろう。

要するに、これらの裁判官の鑑定意見の実質的な底意には、そもそもこの種の規定の存在意義に疑問があったものと評価することもできるのではないか。これをまとめると、「婚約については消極的意見のみが上申されたものとみてよい」ということになろうか[76]。

それはしばらく措くとしても、この段階で、従来、慣習として認められていた婚姻履行義務の強制を否定し、婚約保護を損害賠償のみに限定したことに刮目せざるを得ないが、その根拠について、理由書が「婚姻の自由」を強調している点に注目する必要があろう。すでに、旧来の民事慣行から脱皮して、フランスやイタリアにおける近代的な婚姻観から強い影響を受けていたことの証左である。しかし、残念ながら、当時のイタリア法の真意までは理解されていなかったように思われる。少なくとも婚約を保護する限りは、婚約の成立要件を明確にしなければ、裁判規範として、十全ではなかったであろう。

ところで、第一草案が何故にイタリア法に注目したのであろうか。この点について、若干の私見を付言しておきたい。当時、フランス民法典の「敷写」に傾倒していた起草者らがイタリア民法一般に注目した理由は、おそらくボアソナードの影響であろう。ボアソナード自身、フランス法に問題があると考えときには、イタリア法を参酌している。(77)これは、イタリア法もフランス法のコピーというに等しい内容を持っていたが、フランス民法典が施行されてから、すでに半世紀以上経過している。その間に、フランス法自体が発展しているので、イタリア法はそのような成果を採り入れていたからである。むろん、イタリア法独自の伝統もあることはいうまでもない。(78)婚約規定については、フランス民法典には欠落していたが、先述したように、イタリアでは、イタリア固有の従前の慣行を考慮して、明文の規定を置いていたので、日本でも、婚姻慣行の伝統が尊重されて、このような草案が起草されものと考えて大過なかろう。

(2)　いわゆる「第二草案」

明治二三年のはじめころ、「法律取調委員会」では、上記の第一草案を修正した「再調査案」が起草された。つぎのように規定されている。

第二四条「婚姻を為さんとする約束は其婚姻を為すの義務を生ぜず然れども約束者の一方が正当の理由なくして其履行を拒むときは他の一方に対して損害賠償の責めに任ず」

第一草案との差異は、実費賠償としていたのを損害賠償一般としている点であるが、実費賠償とは、いうまでもなく財産損害であり、しかも逸失利益は除かれていたものであろう。しかし、本条は、そのような限定を外している。また、第一草案の理由書では、慰藉料を認めないとしていたことから、本条では、慰藉料は必ずしも排除されていない趣旨と考えて大過ない。その慰藉料とは、おそらくは性的関係をもったことに起因する名誉の侵害を理由とするものと思われる。このような大転回の理由は不詳である。第一草案の鑑定意見とも方向性を異にしよう。

ところで、本条に対しては、「村田委員」が、義務の強制し得ないものは何も婚約だけではないので、婚約の履行義務がないとの前段部分の語法は不要であるとして、修正案を提案しているが、これは否決された。かくして第二四条がそのままの内容で元老院に最終案の第三七条案として提出された。ただし、この審議に先駆けて、求められた「秋田始審裁判所の裁判官」らの意見に注目する必要がある。婚姻は「人の大礼」（重大なる儀式のこと）であり、「各人畢生の幸、不幸に関する所なるをもって」、婚姻が成立するまえは、「法律上強いて履行を命ずべきものにあらず」、しかるに、本条の「然れども」以下では、損害賠償の制裁を課して、「暗にこれを〈きび〉（つなぎとめること）するときは」、旧草案理由書の指摘するような弊害が生ずる、と。要するに、この意見は、結婚は人生の重大事であるので、婚約規定により一般の損害賠償義務を規定すると、かえって婚姻を強制することにもなりかねず、弊害が大きいという趣旨と思われる。

この意見については、婚約規定の存在そのものを否定しているのではなく、せめて実費賠償にもどすことを希望するものであったと評価する向きもある(79)。たしかにそのような意味も見て取れなくはないので、一つの見方であろう。しかしながら、第一草案は、婚約の履行義務を規定すれば、婚姻を強制することになり、それでは弊害が大きいとしたが、ただ実費賠償のみは認めるという趣旨であるのに対して、上記の意見は、損害賠償を認めること自体（「普通違約」という用語を使用している）が、結局のところ、履行を強いることにもなりかねないので（「暗にこれを〈きび〉するときは」というのは、そのような趣旨と思われる）、本条は無用であると主張しているようにも思われる。そうだとすれば、このような考え方が、後述する梅謙次郎の趣旨説明にも影響を与えたのではなかろうか。本書が、この意見に注目した所以でもある。

⑶　小　括

ともあれ、この第三七条案は、元老院の審議の最終段階で削除されたが、旧民法段階での推移を整理すれば、つぎのようになる。第一草案は、婚約の効果として「婚姻履行義務」を認めていた従来の婚約慣習を念頭におきながら、明文でかかる履行義務を否定して、婚約自体はいわゆる無効であるとしたが、全く効力が生じないのではなく、少なくとも婚姻を前提として現に支出した費用相当額の「財産損害」の賠償請求は認めた。しかし、「慰藉料請求権」は明確に否定された。つぎの第二草案は、婚約不履行による損害賠償を一般的に肯定したので、ここでは「得べかりし利益」の損害も含まれるし、また慰藉料請求権を排斥する趣旨ではなかったものと評価してよいであろう。ところが、これでは、履行義務を肯定する場合と同様に、やむなく婚姻をするものが出てくるおそれがあり、「人の一生の重大事」である婚姻制度に重大なる弊害を及ぼしかねないので、「実費賠償」に限定すべきであるか、あるいは、そもそも本条を削除すべきである、との意見が具申された。

「元老院」は、結局のところ、婚約規定を削除したが、その理由は不分明である。しかしながら、元老院での審議の基本方針が、無用な規定と美風を害する規定を削除することにあったとすれば、婚約履行義務の否定や不当破棄による損害賠償を規定することは、日本の道徳的美風を害すると考えられたのかも知れない。あるいは、婚約の効果を従来の慣習にしたがって肯定する立場や婚約規定の趣旨は是認するが、ただ明文による規定を避けたという可能性も否定できない(80)。

本書では、このような可能性のいずれが決め手となって、削除されたのかをきめる必要はない。むしろ、後の明治民法との関連でいえば、不当破棄の賠償責任を明文化することに躊躇した理由として、その規定が風致上、問題のあるかたちで悪用されることを懸念していた意見が少なくなかったことを確認すれば十分であろう。すでにこの当時からこの種の意見があったということには刮目せざるをえないが、同時代のイタリアでは、より高次の法秩序の形成を目指していたことと比較すれば、いかにも伝統のないことに起因するわが国の立法的限界が如実に示されているように思われる。もともと形式的にイタリア法に依拠したにすぎないので、形式的・法技術的な理由から、削除されたものと思われ、イタリア法の婚約規定の実質的な根拠にまでは、到底、理解が及ばなかったのも、やむを得ないことなのかもしれない。わが国では、いわれるような悪用が予想されたとしても、それを運用の面でどのように克服するか、具体例を通してその課題を担うのが裁判所ないし解釈論の責務であったが、そもそものような理論が蓄積していなかったからであろう。

ところで、「婚姻」については、婚姻適齢を男子一七歳、女子一四歳と定めた上で、未成年者の婚姻につき、父母の承諾を要件としていたが（第一草案第四七条一項）、その趣旨は、男女成人になれば、自由に婚姻を決定する権利を有するので、他人の許諾は必要ではないし、また、婚姻は「一身上に関し他人其当否を知るを得可きものに非ず」ということから、成年に達しても父母ないし尊属の承諾を要するとしたフランス法には従わなかった。また、イタリア法は、父母の同意を訴求しうるとしたが、これは家族の和睦を妨げるので、採用しなかったとしている。[81]ところが、このような趣旨の規定に対して、各「鑑定意見」はこぞって反対し、旧来の慣習を掲げて、成年であっても、父母の同意を要するとすべきであるとした。[82]このような反対論を容れて、「再調査案」では原則、当事者の自由意思によるが、「但書き」で、男子三〇歳、女子二五歳になるまでは、父母の同意を要すると修正された。しかし、民法編纂組合（小委員会）では、ただし書きは「本法固有の美風」に反するとしていた。結局のところ、旧民法では、上記のような年齢制限は撤廃された上で、「子は父母の許諾を受くるに非ざれば婚姻を為すことを得ず」（人事編第三八条）と成文化された。

第一草案での父母の同意は、本書に言う「社会的秩序の中での同意」に近いものであったが、旧民法での父母の同意は、家的色彩を濃厚に帯有していたこととなろう。仮に旧民法に婚約規定が用意されたとしたら、婚約にも、当然、このような特質が反映したものと思われる。

ともあれ、旧民法は元老院を通過して公布されたが、周知のように、ここで「施行延期論」が突如として登場し、結局のところ、新たに民法典の編纂作業が開始されたが、その「法典論争」では、婚約については、とくに直接、論争の対象とはされていないので、ここでは割愛する。(83)

3　明治民法の編纂過程

(1)　立法当時の婚約論

婚約につき規定を設けるべきかは、「予決問題」とされ、起草者「梅謙次郎」は、法典調査会では、先述した第一草案第三九条と第二草案第三七条を引用・紹介したうで、その趣旨を説明している。(84) そこで、この草案も含めて、つぎに明治民法の編纂過程における婚約の規範化に係る議論の推移を検討してみよう。まず梅は、両草案の差異は損害賠償の範囲にあり、後者では広くなっているとするとともに、外国の立法例では、フランス民法典には婚約規定がないが、最近の新しい民法典にはあるとして、「イタリア民法典」の例をあげ、この立場は草案と大同小異であるとしている。また、ドイツ民法草案（第二草案のこと）が、婚約の上「同衾」したときには、財産損害以外の損害（精神的損害）を認めているのは、最も婚姻の効力を強くしていることとなるが、これに対して、破棄者の意向で支出した実費に限定する立場は最も効力を狭くしたことになると解説したうえで、つぎのように述べている。

「我日本ニ於テハ從來婚姻ノ前ニハ言ヒ名付ケト云フモノガアツテ結納ヲ取換ハスト云フコトガアリマシテ愈々儀式ヲ行フ當日ニ至ツテ俄カニ破談ニナルト云フヤウナコトハ毎度承リマスル所デアリマスカラ然ウ云フ場合ニ付テ規定ノアル方ガ宜カラウト思ヒマスケレドモ今迄モ然ウ云フ場合ハ御互ヒノ不幸ト見テ其爲メニ損害ガ生ジテモ裁判所ニ持出サヌデ濟ムト云フヤウナコトニナツテ居リマス然ルニ今此事ヲ法典ニ書クト破談ノアツタトキニハ動モスレハ裁判所ニ持出スト云フコトニナル固ヨリ此婚姻杯ト云フモノハ一生夫レガ爲メニ身分ノ極マルモノデアリマスカラ鄭

重ニ加ヘテヤルガ宜シイノデ昔シノ武士堅氣デ、一旦約束シタノデアル武士ニ二言ナシトカ言ツテ生涯娘ノ不幸息子ノ不幸トナルヤウナコトヲ輕々ニ取扱フト云フヤウナコトハ文明ノ世ノ中ニアリ得ベカラザルコトデアラウト思ヒマス却テ双方ノ爲メニ宜クナイト見タナラバ破談ヲスル方ガ宜シイ唯併ナガラ事情ニ依テ幾分カ騙マスヤウナ所爲カアツタリ夫レカラ非常ニ費用ヲ掛ケサセテ置テ然ウシテ後ニナツテカラ唯厭ヤダト云フヤウナ自分ノ勝手デ罷メルト云フヤウナ場合ニハ多少財産上ノ責任ハアツテモ宜シイカノヤウニモ思ハレマスルケレドモ夫レヲ書クト云フト必ズ疑ヒガ澤山出ルデアラウト思ヒマシテ夫レデ書クコトヲ厭ヒマシタ」(85)。

以上のように述べた上で、さらに続けて、婚姻予約が無効である趣旨につき、つぎのように説明している。「之ヲ書カナカッタナラバ結果ハドウナルカト云フコトヲ考ヘテ決シナケレバナラヌ是ハ固ヨリ人々ノ解釈ニアルコトデアリマスカラ必ズ解釈ガ一様ニハ出ヌカモ知レマセヌガ私ノ解スル所デハ明文ガナケレバ無論婚姻杯ト云フモノハ公ノ秩序ニ關スル事柄デアリマスカラ普通ノ契約ノ目的トハナリ得ベカラザルモノデアル婚姻夫レ自身ヲ契約ト見レバ見ラレマスケレドモ夫レハ法律上定メタル條件ヲ備ヘテ始メテ効力ヲ生ズルノデアル夫レヨリ外ニ人ノ身分ヲ極メルト云フヤウナ事柄ハ契約ノ目的トハナラナイ夫故ニ其契約ハ無効デアル從テ其契約中ニ財産上ノコトガ極メテアツテモ夫レハ何等ノ効ハナイ唯普通ノ約束ヲシタト云フノデナク多少相手方ニコチラノ過失トモ言フベキ事柄ニ依テ損害ヲ掛ケタ或ハ相手方カラ慥メラレテ愈々何時幾日ニ婚姻ヲスルニ違ヒナイカラ御前ノ方デモ之丈ケノ用意ヲシテ呉レ宜シイト云フヤウナコトデヤツタナラバ事情ニ依テ不法行爲ト認メラレルカモ知レヌ不法行爲ト認メラルル場合ニハ損害ノ賠償ト云フモノハヤルト云フコトニナルデアラウト思ヒマス、デ然ウ云フコトニナツテ事柄ハ宜カラウトハ思ヒマスケレドモ夫レヲ書イテ置カナクテモ大概ノ場合ニハ裁判官ノ見込ミデ往クデアラウシ毎度訴訟ガ起ルモノナラバ書イテ置ク方ガ宜カラウガ書イテ置カナカツタナラバ滅多ニ起リ得ベカラザル訴訟ガ書イテ置クガ爲メニ毎度起ルヤウナコトガアリハシナイカト云フ虞ガアリマスルノデ幾分カ不安ニ思フどれ丈ケノ範囲ニ於テ賠償權ガアルカ、併シどれ丈ケノ範圍ト云フコトハ余程分リ悪クイカラ不安心ト思フテ先ヅ書カヌ方ガ宜カラウト考ヘマシタ　尚ホ書ク方ガ宜ケレバ成ルベク害ノ少ナイヤウニシテ書カナケレバナラヌ菟ニ角豫メ諸君ノ御意見ヲ伺ツテ見ルノデアリマス假リニ書カナイト云フコトニハ致シテ置キマシタガ何ウカ充分ニ御討議ヲ願ヒマス」(86)。

梅委員の主張の要旨を述べれば、婚姻は公の秩序に関することなので、これよりほかに身分に関することを契約の目的とはなしえないことから、そのような契約は無効であるが、ただ、普通の約束をしたというだけではなく、婚姻をするから、これだけの用意をしてほしいということで経費を支出させたならば、一般の損害賠償（不法行為）を認めることもあるが、このようなことは規定しない方がよい、ということであった。裁判官の判断で処理されるであろうし、また、規定することで、滅多に生じない訴訟がよく提起されることになるおそれもある。さらに、損害賠償の範囲についても、どれだけにするかを規定するのは、分かりにくい、ともいう。

梅は、以上のような趣旨説明をして、委員会で婚約規定を置くかどうかの意見を求めたところ、横田國臣委員と土方寧委員が、梅の意見に対して反対意見を述べているが、とくに土方委員が執拗に規定すべきであると主張していた。その論議は、単に形式的な明文を置くべきかどうかというレベルの論議ではなく、そもそも婚姻予約に対する基本的な姿勢を異にしていたといえよう。つぎにこれら委員、とくに土方委員と梅とのやり取りを検討してみよう。

横田委員は、婚約の破棄によって損害が生ずれば、その賠償をするのは当然であるが、ただ、芸者や娼妓との婚約についても賠償義務を負うというのでは困るので、規定しない方がよい、としている。他方で、土方委員は、婚姻の予約は有効であるとした上で、婚約不履行による財産損害の賠償はもとめることができるという趣旨の規定は必要であるし、また、場合によっては、財産損害だけではなく、「其人ヲ馬鹿ニシタヨウナ場合…ニハ…約束ヲ違エラレタ者ヲ慰メルト云フ趣旨ノ損害ヲ支払セテモ宜シカロウ」とした。ことに「約束ヲシテ置テ愈々婚姻スル時ニ同衾シテ仕舞フト…男ノ方ガ厭ニナッテ違約スル…他ニ嫁ニ行ク時期ヲ失シテ仕舞フ」。男の方が「イクラカ詐欺ヲ行ッタトユフコトニナル」ので、それを金銭に見積もっていくらとはいえないとしても、「非常ニ一身ヲ害スルコトニナル」としている。財産損害のほかに、精神的損害についても、言及している。

これに対して、梅は、婚姻の予約というのは婚姻を強制できないので、とくに明文がないと絶対に無効であることから、土方が指摘するようなケースでは、相手を騙して同衾したことになるので、名誉侵害として一般の不法行為による救済が受けられると説明したが、土方は、最初から騙すというのではなく、結婚の挙式までに「変心」して騙すつもりがなかったというときには、「それは不法行為というものでなく違約ということになつて損害を賠償するという点丈けは定めなければならぬ」と強く主張した。[87] 富井政章は、梅を擁護して、婚姻予約は強制できないので無効であり、したがって違約による損害賠償はとれないとしたが、これに対して、土方は、強制履行ができない契約は他にもあると反論して、横田もその土方の論理を支持したが、いずれにせよ、横田自身は上記のような趣旨から規定しない方がよい、とした。

一方、「元田肇委員」は、婚姻予約が有効か無効かはどうでもよいが、起草委員の説では、婚約後に変心した場合には、損害賠償がとれないということであるが、それでは、将来、外国人と婚約した場合、同衾後に変心して違約になっても損害賠償が取れないというのでは、こまるので、救済の途をあけておくべきである、と反論した。

このように、梅の説明では、損害賠償が問題となるのは相手方を騙して同衾したという場合に限定されるが、当初はまじめに婚姻するつもりであっても、途中で心がわりするということは、梅自身がこのようなケースがよくあることを認めていたので、この点の土方などの反論は、相当程度、梅起草委員には、堪えたように思われ、梅は、この問題につき、かなり詳細に説明を加えているが、やや説得力を欠くことは、以下の説明からも明らかであろう。[88]

梅によれば、規定するかどうかは随分と迷うところであり、理屈から言えば規定した方がよいとしても、現にここでも契約が有効だと云う論もあれば、無効だが賠償責任はあるという論も出るくらいだから、実際、弊害のないように書くのは難しい。「豫約ヲ全ク有効トスルコトハ出來ヌ偖之ヲ有効トシナイト云フコトデアルト何ウモ一部有効ト云フコトハ法律ノアル所デハ余程六ケ敷イ話デアリマスカラ詰リ其豫約ト云フモノノ無効トイウコトヲ飽迄モ認メナケレバナラヌ唯實際豫約ヲ無効ト認メタ結果トシテ違約ヲシタモノガ直グニ不法行爲ニナル夫レハ然ウ云フ解釋ヲスル人モ出テ來ルカモ知レマセヌガ私共ハ明文ガナケレバ然ウ云フコトニハナラヌト考ヘマス唯豫約ヲ違ヘタト云フコトデハ、無論「故意又ハ過失ニ因リテ他人ノ権利ヲ侵害シタル者ハ」斯ウ云フコトニナツテ居リマスカラ或ハ過失ガアルト言ヘルカ或ハ別シテ同衾シタ場合ノ如キハ大概言ヘマセウ其位ナラ式ヲ挙ゲテカラ同衾スレバ宜イノニ式ヲ挙ゲヌ内ニ同衾シテ厭ダト云フノハ過失と看テ宜カラウト思ヒマス何ヲ害シタカト言ヘバ名誉権ヲ害シタノデアル　夫レデアリマスカラ是ハ無論賠償ハ取レル方ト私ハ思ヒマス併ナガラ唯違約シタト云フ許リデ—許嫁ノ約束ガアル、所ガ式ヲ挙ゲヌデ破談シタト云フノガ直グニ賠償ノ原因トハナラヌト考ヘマス又其方ガ宜イト考ヘル詐欺ノ場合丈ケデハナイ過失デモ宜イノデアリマスカラ大抵ハ賠償ハ取レル方デアラウト考ヘマス」。

梅は、同衾して変心した場合には、大抵は、「過失」があるので、一般の不法行為により損害賠償をとれるから、特に規定する必要はない。規定すれば、かえって婚約を有効と解釈するようなことになりかねないので、規定しない方がよいと、何度も繰り返して答弁している。ところが、他方で、梅は、「明文があっても差し支えないと思います」とし、かりに規定するならば、「予約は無効である」として、正当の理由なくして違約した者は裁判官の認定によって場合によれば実費だけを賠償させることを得るというならば、よいであろうが、「同衾」という文字を規定するのは、はなはだ望ましくないので、「特別の事情のある場合には無形の損害に付いても賠償を求むることを得る」というかたちならば、反対ではない、と結論づけている。たしかに、梅としては、めずらしく歯切れの悪い答弁をしている(89)。当時のドイツ民法草案が、「無辱の女」という表現を使用していたが、このような表現は、当時の社会では、なかなか使用するのは難しいかったであろうことは、推測にかたくない。

最終段階で、「高木豊三委員」がつぎのように述べているのが、注目される。わが国では、「許嫁」というものは、親と親の許嫁であり、西洋におけるような親が許さぬ勝手な同衾というものは決してない。そのようなものは、「尋常の和姦」とみてもよい。このような乱らなことことをして損害賠償を請求するというのは、はなはだ宜しくないので、法律で規定する必要はない、と。結局のところ、土方の意見は少数意見となり、採用されなかった。

高木の意見では、親族共同体のなかで婚約が位置づけられているが、仮にこれが委員会での共通認識であったとすれば[90]、家制度の中に婚約を封じ込めようとしていた事情が明らかになる。それは、個人の自由な婚姻を保障するというものではなく、それに仮託された論理であったこととなろう。すなわち、「公的な秩序」を外見では尊重しながらも、個人の自立を支援する親族共同体論ではなく、むしろ個人の自由を抑止するための論理であったといわざるを得ない。

(2)　小　括

当時の婚約法は、明治民法の起草者である梅謙次郎によれば、結局のところ、つぎのようになろう。婚姻予約は履行を強制できないので、契約としては無効である。ただし、婚約破棄による実費賠償は認められてもよいが、これは一般の不法行為によれば足りる。一方、精神的損害賠償については、単なる婚約の儀式がなされていただけでは、婚約破棄による損害賠償は請求することができないが、性的関係（同衾）があったならば、名誉権侵害として一般の不法行為によることが可能であるとし、このような「同衾」の明文化を前提とする破棄責任を婚約法のなかに書くのは、好ましくはないとする。いずれにしても、婚約保護規定の明文化によって、かえって婚約訴訟を増大させることにもなりかねないことを懸念していたことが判明する。

ところで、婚姻制度については、どのように考えられていたのであろうか。婚姻適齢については、旧民法をそのまま踏襲して男子一七歳、女子一五歳とし（民七六五条）[91]、当事者の合意のほかに、戸主の同意が要件となっている（民七五〇条）。その上で、男子三〇歳、女子二五歳までは家にある父母の同意が必要とされているが、この要件は、この種の年齢制限のない旧民法とは異なる。むしろ旧民法編纂過程で修正された「再調査案」が復活している。実は、梅の原案では旧民法が「子」としていたのを「未成年者」に限定していた（草案第七七八条）。ところが、この点で、委員会では議論が錯綜し[92]、一度は審議を打ち切り、再審議した結果、上記のような案に落ち着いたが、反対意見では、家族制度からみて、家にある親の承諾が必要であるとする意見、子の利益のために親の承諾が必要であるとする意見、親の同意のない結婚は「一家の平和」を害するという立場、あるいは、国家の善良風俗の観点もあるとする意見が錯綜するとともに、これと関連して、年齢制限を不要とする立場のほか、年齢制限を付すという立場でも、何歳にするかで意見が分かれ、三〇歳から二五歳、女子の場合には二〇歳という意見などがあったが、いずれも少数説にとどまり、結局のところ、留保付きで、旧民法にもどすという意見が多数となったが、その後、さらに審議した結果、上記のような結果になっている(93)。

ここで注目すべきは、戸主の同意は家族制度からの制約であったことはいうまでもないとしても、それとは別の「父母の同意」につき、本人の利益のほかに、「一家の平和」とか「国家の秩序」が指摘されていたことである。そこにいう「一家の平和」とは、本書にいう社会的秩序の外形をもっているからである。ことに梅の原案は、実質的にも、子の利益を支える趣旨のものであったと思われる。しかし、家制度の確立は、個人の自立を衰退させるものであったことは間違いのないところであり、結局は、戸主や両親の支配的な立場が、実質的にも人々の生活に浸透したといえよう。そのような意味での父母の同意となり、一家の平和も、父母中心の平和でしかなかったように思われる。それが事実として子の平和になったこともあるとしても、あくまで結果論でしかない。今日でも、子の自立を前提とし、その自立を支援するという共同体的秩序が容易に成立しないのは、このような歴史的推移とも無関係ではないであろう。したがって、明治民法下では、婚約段階でも、全く同様のコントロールが実際の社会でも行われていたことは間違いなかろう。このことは、別に裁判例を検討するさいに譲りたい。

(57)　利谷信義『皇国民法假規則-附、解題・明治民法編纂史関係主要文献目録』日本近代法史研究資料集第1（東京大学社会科学研究所、一九七〇年）による。この「仮規則」の前に江藤新平が太政官制度局に設置した民法会議での「民法決議」（明治四年七月ころ）があり、これをもって民法草案の嚆矢とされているが、ここでは割愛する。このいわゆる民法決議については、石井良助『民法典の編纂』（創文社、一九七九年）三頁、四九頁以下など参照。

(58)　この戸籍法に基づいて、翌年に戸籍簿（いわゆる「壬申戸籍」）が編成されたが、政策目的は徴兵・徴税にあり、その編成様式は、「戸」（現実の家族）を単位として、当該家族の身分変動を戸長に申告させるというシステムをとっていた。このような「身分登録制度」から後代の戸籍制度への変遷については、差しあたり、二宮周平「近代戸籍制度の確立と家族の統制」利谷信義・鎌田浩・平松紘編『戸籍と身分登録』（早稲田大学出版部、一九六六年）一四六頁が簡潔に整理しているので、従来の文献も含めて、これに譲る。「皇国民法仮規則」にいう届出は、この戸籍法を前提としているものと思われる。

(59)　手塚豊『明治民法史の研究（上）』（慶応通信、一九九〇年）五九～六〇頁。皇国民法仮規則の特質、フランス法との相違については、川島武宜・利谷信義執筆「民法（上）法体制準備期」鵜飼信成・福島正夫・川島武宜・辻清明編『講座日本近代法発達史五巻』（勁草書房、一九五八年）七～八頁参照。

(60)　川島＝利谷・前掲注（59）七頁。

(61)　この草案については、手塚・前掲注（59）七七頁以下、一一六頁を参照。

(62)　石井良助・前掲注（57）六七頁以下（初出、「左院の民法草案（一）（二）」国家学会雑誌六〇巻一号〈一九四六年〉二六頁、同六号〈一九四六年〉五三頁）が、この草案の存在を明らかにし、条文も掲記している。川島＝利谷・前掲注（59）一三頁以下によれば、その後の民法編纂に対して種々の影響を与えている草案として、その重要性が指摘されているが、この草案の特質については、長男単独相続制と家父長制とを骨格とし、家族関係の法的規制を行政処分から切り離して私法の体系的な規範構造のなかに位置づけた点にあるとされている。具体的には、この草案は他のどの法案よりも戸主権の支配を明確にし、家族集団内では構成員が「権利」をもたず、戸主の絶対的な権力に服し、相続も「家産」の相続と規定されているので、このような家族は「身分証書制度」よりも「戸籍制度」に整合している、と評価している（同一七頁）。

(63)　手塚・前掲注（59）二〇三頁、二二二頁参照。

(64)　差しあたり、石井良助『日本婚姻法史』（創文社、一九七七年）二三一頁以下、熊谷開作執筆「家族法（法体制準備期）」『講座日本近代法発達史3』鵜飼信成・福島正夫・川島武宜・辻清明編（勁草書房、一九五八年）五八頁以下、最近

では、村上一博『日本近代婚姻法史論』（法律文化社、二〇〇三年）三頁以下が参考となる。ちなみに石井によれば、みずからの解釈が揺れていたが、結局は、第二〇九号により始めて法律婚主義が採用されたとする通説的見解に対して、それ以前でも民事では法律婚主義であったこと、刑事では法律婚、事実婚の二元主義であったところ、第二〇九号は民刑事ともに法律婚主義に統一したのちに、第四六号は、刑事についてのみ、法律婚と事実婚の二元主義に戻した、という複雑な見解を採っている。

(65)　大竹秀男『家と女性の歴史』（弘文堂、一九七七年）二五四～五頁、村上・前掲注（64）六頁、二九頁は、専ら公益によると評価する。なお、興味深いことは、村上・前掲注（64）一三頁によれば、当時の東京控訴院の判決例では、妻戸籍の夫方戸籍への送籍請求に対して、裁判所が、当事者間に事実婚が成立していることの事実を認めると、夫方の戸籍への妻の入籍を命じていることである。これをどのように評価するかであるが、村上は、かかる訴訟の終局の目的が入籍ないし送籍の請求であったこと、また、わずかであるが、法律婚を表明した事例もあることから、当時の判決例は、単に法律婚の制度化までの過渡的なものと位置づけることはできないとして、戸籍届出を「選択的要件」（婚姻成立の一要素）とする沼説を支持している（同二九頁）。ちなみに、沼正也「第九章・明治民法施行前の婚姻法と養子法」『民法における最善性と次善性（新版）』（三和書房、一九八〇年・訂正二刷）同著作集四巻一三一頁以下（初出、「私法」二二号〈一九六〇年〉一一七頁）、一五四頁は、太政官達第二〇九号と第四六号との調整につき、法律婚主義と事実婚主義との併存と解する見解や事実婚の復活とする見解などを批判し、当時の裁判例では、いまだ婚姻と非婚姻とを峻別する近代法的な論理はそもそも成熟しておらず、送籍ないし届出は、婚姻成立・解消の判断あたって、ある場合は重視され、ある場合は排斥されているということから、他の諸要件と伍するいわば「選択的要件」であり、これによって事実関係を融通無碍に認定しながら、事案に応じて格好な法的効果を付与することが可能となっていた、と解している。

(66)　この点については、太田武男『結納の研究』（一粒社、一九八五年）六頁以下、一一頁参照。

(67)　司法省編『民事問題』一三三頁、『民事答案』五四頁（『日本立法資料全集別巻47』〈信山社版、一九九八年〉）。この資料については、すでに熊谷・前掲注（4）「婚約-徳川時代から現代へ」一六頁が注目していた。

(68)　もともと江戸幕府の封建法のもとでは、婚姻は両家からの縁組願が通ると、初めて縁談の取極めがなされるが、この史論集第一巻』（岩波書店、大正一五年、再版昭和三九年）四六七頁以下所収）。したがって、このような婚約を破棄することは、事実上は著しく困難であり、そこに履行義務ないし履行強制の契機があったであろう。そこで、「熊谷開作」は、江戸時代の封建法が婚約を極めて重視し、家や上級支配者が婚約の許可を与えるまでは「婚姻はその萌芽さえなかった」ことから、庶民でも「婚約にはかなり大きな効果がみとめられていた」と評価している。熊谷・前掲注（64）「家族法（法体制準備期）」六〇頁を参照のこと。ただし、熊谷論文によれば、このような婚約重視の姿勢は、当時の明治政府による各県からの「伺い」に対する「回答」においても維持されていたが（同・六二～四頁）、これらの伺いと回答においては、本文での「民事答案」とは異なり、婚約の効果が「当事者の合意」に基づいて認められていたというのではなく、婚約の背後に「家」ないし親族共同体があり、かかるバックがあってこその婚約保護であったが、その後の民法制定過程のなかで婚姻の届出制が確立し、「家」イデオロギーが明確化することによって、「婚約の効果」が否定されることとなった、と解されている（同・六五頁）。「国家と『家』を結ぶ戸籍の確定のために婚約の効果は否定された」（同・六六頁）ともいう。一つの見識ではあるが、この点は、立法過程のより具体的な検討が必要であろう。なお、熊谷・前掲注（4）『歴史のなかの家族法』一三頁以下でも、若干の修正（手塚の指摘した誤謬の訂正など）はあるが、基本的には同旨を述べている。たとえば、本書も引用した「民事問答」の婚約については、旧稿では婚約の強制履行ではなく損害賠償が認められていたとするが、本著四五頁では「強制履行」に改めている。こちらの方が正しいであろう。

（69）　徳川時代における婚姻については、中田・前掲注（68）四七二頁、四七六頁によれば、婚姻とは「結婚式の挙行」であり、そのまえに必ず縁約・結納によって成立した「準夫婦関係（許嫁関係）」が成立していた、という。

（70）　司法省編・前掲注（67）『民事問題』三六五頁、『民事答案』一五一頁。問題文では、原被告の両家が婚姻約定書をとり交わして婚姻履行を合意し、媒酌のうえ原告方で双方が同居しているが、被告が送籍を承諾しないので、「送籍請求之訴」が提起された事件が取り扱われている。しかし、原被告とも一〇歳に満たないので、婚姻の「契約ヲ締結シ又其婚儀ヲ履行シタルモ」夫婦たる効なきものとす、と結論づけている。通常の男女間では結婚の合意により婚儀がなされれば、「送籍請求」ができることが前提とされている。実際、事実婚主義を採用した当時の裁判例には、婚姻の手続を戸籍吏に対してなすべき旨を主文で命じたものがある。このような裁判例については、第二章で取り上げる。

(71) 手塚・前掲注（4）三四頁以下。

(72) この人事編の起草は、日本人起草委員が分担したが、ボアソナードの協力ないし影響があったことについては、石井・前掲注（57）七〜八頁参照。

(73) 石井・前掲注（57）六一頁。

(74) 「民法草案人事編理由書」第四章婚姻四〇枚裏〜四一枚表。石井良助編『明治文化資料叢書第三巻法律編上』（風間書房、一九七五年）六二頁、手塚・前掲注（4）四二〜三頁も参照のこと。

(75) 手塚・前掲注（4）三六頁。

(76) 手塚・前掲注（4）三六頁。

(77) 宮川澄『旧民法と明治民法』（青木書店、一九六三年）一三九頁。

(78) ちなみに、当時、このような事情について言及しているイタリア法に関する著書が公刊されていた事実も指摘しておかねばならないであろう。ユック著・光妙寺三郎訳『伊佛民法比較論評』（明治一五年）［日本立法資料全集別巻二八二、信山社版、二〇〇四年］は、この当時のフランス法学者である著者がイタリア法を軸としてフランス法と比較しながら、論述した著作であり、わが国の立法関係者も注目していたはずである。現に、本著の訳者、光明寺三郎も当時、司法省での民法の編纂委員という重職を歴任している。また、同時期の著作としては、ヂョゼフ・ヲルシエ著・光妙寺三郎訳『伊太利王国民法』（明治一五年印行）［日本立法資料全集別巻三〇八、信山社版、二〇〇四年］もある。

(79) 手塚・前掲注（4）三八頁。

(80) 手塚・前掲注（4）三八〜九頁。その後の学説では、婚約は契約ではないとし、予約の履行を強制できないが、婚約の不当破棄については、一般の不法行為責任を肯定する見解が多いという。手塚・前掲注（69）四〇頁が指摘する学説を参照。たとえば、熊野敏三『民法正義・人事編巻之壱』一九六頁、岸本辰雄『民法人事編講義巻之壱』二七六頁などが引用されている。これらの学説は当時のフランス法の立場に従ったものであろう。

(81) 「民法草案人事編理由書上巻・草案四九条（理由）」石井良助編『明治文化資料叢書第三巻法律編上』（風間書房、一九七五年）六六頁上段。

(82)　高柳真三『明治前期家族法の新装』（有斐閣、一九八七年）二八二頁によれば、婚姻に対する父母の同意の必要性は、「明確な成文的証跡は求め難い」が、「自明の理」であって、少なくとも女子については、父母は同意権者の地位を超えて、「むしろ支配的な意思を作用せしめること」が慣習法として認められていた、とする。なお、村上・前掲注（64）一八頁は、当時の東京上等裁判所の判決において娘の意思とともに「親の同意」が必要不可欠とした事例を紹介している。ちなみに、このような「親の承諾」は、「婚姻予約有効判決」の登場後において、秘密理の男女関係での「婚姻意思」を認定するうえで、決定的な重要性をもつこととなる。この問題は、本書「第四章」以下で取り扱う。

(83)　「法典実施延期意見」法學新報一四号（明治二五年）一頁以下参照。フランス法の個人主義的法観に対して、日本の伝統的な慣習（醇風美俗、祖先崇拝、家制恪守）を掲げて、後見、親子、扶養制度など具体的に問題点を指摘しながら延期論は断行論と対峙した。延期論にいう共同体的法観には興味深いものがあるとしても、本書にいう社会秩序論とは異質のものであるので、この論争には立ち入らないこととした。この間の論争については、星野通『民法典論争史（明治家族制度論争史）』（河出書房、一九四九年）、小早川欣吾『續明治法制叢考』（山口書店、一九四二年）二〇八頁以下を参照。ちなみに、この関係では著名な穂積八束「民法出テ、忠孝亡フ」（法學新報五号〈明治二四年〉八頁以下、『穂積八束論文集増補改版』〈有斐閣、一九四三年〉二二三頁以下に所収）では、婚姻につき、旧民法のいうような婚姻が一男一女の自由契約であるとする冷淡な思想は、キリスト教の影響によるもので、歴史的にみて古ヨーロッパでもかつて存在しないものであり、むしろ家があってこその婚姻であり、「婚姻ニヨリテ始メテ家ヲ起コスニアラス家祠ヲ永続センカ為ニ婚姻ノ禮ヲ行フナリ」（同一〇頁）という極端なる家族主義的な立場を強調している。熊谷・前掲注（4）「婚約‐徳川時代から現代へ」二七頁は、この穂積の立場を推し及ぼすと、婚姻が届出によって成立することとは矛盾はしないが、その届出は自由契約を表現するものでなく、家の意思を表現するものでなければならないということになる、と解釈している。いずれにせよ、穂積は、「孝道」を軸とする家族主義を説くにあたり、わが国では個人ではなく家制が中心となって発展してきた歴史的事実（ローマ法やゲルマン法でもしかり）を強調しているが、むしろそれに仮託したイデオロギーとしての家族主義の側面が極めて濃厚なように思われる。実際、この当時に穂積は、その講演「家制及び国体」（法學新報一三号

〈明治二五年四月〉一〇頁以下に収録）では、祖先を崇拝する教え（「祖先教」）が、家・血縁を軸とする社会の秩序を正しくし、「万世一系の不易の君主」を崇拝することにつながるとするなど（同二一頁）、国や社会の秩序にとって祖先教と家制度がいかに重要なものかにつき、繰り返し強調している。

（84）この間の経緯については、手塚・前掲注（4）三一～二頁参照。

（85）法典調査会民法議事速記録第一三七回［明治二八年一一月五日］『日本近代立法資料叢書6』（商事法務研究会）二二一～三頁。

（86）法典調査会・前掲注（85）二二四頁。

（87）法典調査会・前掲注（85）二二五頁。

（88）法典調査会・前掲注（85）二二八～二三〇頁。

（89）熊谷・前掲注（4）「婚約―徳川時代から現代へ」二九頁は、梅としては「めずらしく冴えない」と評している。

（90）熊谷・前掲注（4）「婚約―徳川時代から現代へ」三〇頁。

（91）法典調査会・前掲注（85）八五頁以下によれば、これは、医学的知見と従来の慣習を基礎として定められたという。

（92）法典調査会・前掲注（85）一二九頁以下。

（93）法典調査会・前掲注（85）一五五頁以下、一六二頁。

五　結　語

1　婚約無効論の功罪

明治民法典施行当時の学説では、婚約・婚姻予約無効論が主流となった。[94] 何故に婚姻予約無効論が主流となったのか、[95] まず、この点に的を絞り込んで検討してみよう。何といっても、「梅謙次郎」の見解が決定的影響力をもっていたものと思われる。梅は、経過的な内縁が多数にのぼる事実を指摘するとともに、他方で、事実婚の一方的破棄につき、過失があれば不法行為による損害賠償が認められるとしていたが[96]、婚約については、別に「質疑録」で、つぎのように述べている。新民法は旧民法と同様に「婚姻の予約」の効力を認めない。婚姻は神聖で自由意思によるべきものであるから、婚姻意思がなくなれば、これを強制することはできない。これを強制すれば、真意でない婚姻を強制することになるから、法律はこれをみとめない。予約を有効と見て、一種の債権が成立し、その不履行の場合に強制履行ができないので、損害賠償になると構成すると、前記の趣旨に反するのみならず間接に婚姻を強制することになることから、このような立場は採用しない。ただ、詐欺強迫その他不法行為による損害賠償の責任は無論認められる、と[97]。

このような解釈論は、それ自体としては、当時のフランス法流の「自由意思による婚姻観」を前提とするものであることは、いうまでもないが（そのような考え方自体がローマ法にまで遡ることについては、前述した。）、婚姻が家制度化のもとにおかれることとなった結果、婚約も、当然に家制度からの拘束をまぬかれないものとなった。たしかに、当時、旧来の婚姻慣習法を引きずり、親・親族の半ば強制による婚姻挙式があったことからいえば、「子の自由意思」を尊重することに資する面も期待されていたと思われるが、梅謙次郎らの解釈論が目指した「婚姻の自由」と「婚約無効論」なるものは、結局のところ、事実としては、逆に家や両親による婚約ないし婚姻挙式の直接的な強制につながったことは否定し得ない。梅のみならず当時の解釈論者がこのような結果につながることを予見することができなかったとはいえないであろう。このことは、先述した立法委員会での討議、ことに高木委員の発言からも明らかであるし、また、たとえば別の面からいえば、当事者双方の自由意思によるとされた協議離婚制度の導入も、家制度から要請であったことを鑑みても、容易に推知できよう。

「婚姻の自由」を標榜した婚約無効論が、かえって、家制度のもとで、婚約の自由を抑圧することに奉仕することとなったのは、いかにも皮肉な結果と言うしかない。このような状況が永く敗戦後でもなおわが国の婚姻観を支配していたことは、周知の事実であるが、そのことは社会経済的な諸条件も絡み合った結果であり、ひとり家制度のみによるものではないとしても、いずれにしても個人としての自立・自律への途をさまたげ、当時の婚約関係ないし男女関係が未成熟な人間関係の形成のままに推移したことだけは否定し得ない事実である。

かかる立法的措置が、男女の私的な情交関係、いわゆる私通関係なるものを結果として容認する風潮を醸成したとするならば、その責任は重たい。梅ら起草者は、性的な関係に法的メスをいれることにやや極端とも思えるほどに拒絶反応を示したが、それは当時の社会的諸条件や法的技術水準のもとではやむを得なかったとしても、何か割り切れないものが残ることも否定し難い。実際、起草者の婚姻予約無効論なるものは、単に婚約の契約上の有効・無効というレベルでの議論にとどまらず、その「合法性」も否定したに等しいのではなかろうか。

2　「制度としての婚約」論

この当時、かの高名なギールケは、ドイツ民法第一草案の婚約規定に対して、次のように批判していた。同草案は婚約破棄責任を明文化していたが、婚約の履行義務を否定していたので、ギールケは「婚姻挙式の履行義務」を強調するとともに、財産損害だけではなく、婚約を破棄された女性に対し人生の将来を一方的に奪われたことによる精神的損害賠償を認めるべきことの必要性を力説したうえで、このことを通して「国民の道徳観にふさわし私法秩序の形成」を説いていた。婚約破棄責任を放置することは、時の経過とともに風紀上好ましくない結果を生じ、結局のところ、国民において「道徳観の頽廃」（Abstumpfung der sittlichen Anschauungen）をもたらすこととなる、と警鐘を鳴らしていたのである(98)。これに対して、逆に婚約規定の存在が風紀上好ましくない結果を生じさせるという日本民法典起草者の立場とは、社会背景や法の伝統の欠落を考慮したとしても、あまりにも径庭がありすぎよう。ギールケの婚約観もイタリア旧法下での婚約の取り扱いも、本書が検討した近代に至るまでの伝統的な「制度としての婚約」観が強い影響を与えていたように思われる。その長い歴史的経緯のもとで形成された「思想」といわざるを得ない。わが起草関係者も、ドイツ民法典の草案を参考としていたのだから、当然、ギールケの所見を熟知していたはずであり、その鋭い洞察力を参考とすべきであった。

ともあれ、かかるギールケの婚約道徳論こそが、私見のいう「社会的婚約秩序論」につながるものである。すでにイタリア旧立法編纂の推移から学んだように、正当理由のない婚約破棄は相手方の信頼を裏切ることによって関係当事者の「家庭の平穏」をも侵害ないし破壊する行為であると評価することができるが[99]、それに加えて、かかる背信的行為が国民一般の道徳観ないし法の正義の観念にも悖る行為にもなりうる、というのが、本書の視角である。今日でも、男女関係なるものが、婚姻を前提としている限りは、単なる私的な情交関係に尽きるものではなく、対等で自立した男女が形成してきた「社会的に認められるべき人間関係」そのものとして構築することが可能であろう。別の観点からみれば、現代においても「婚約の誉れないし名誉」が社会的に認められていることは否定し得ないことから、婚約の不当破棄は、この名誉に係る期待と信頼を侵害している面があるともいえるのである。

以上のような本書の立場によれば、婚約を「制度」として構築することになるが、このことは、先述したように（「問題の所在と限定」）、婚約保護が民法のみならず憲法上の要請であるとする本書の立場と連携するとともに、従来は私的な個人的・人格的関係とされる傾向の強かった男女関係にまであえて踏み込んで、これを積極的に法的な対象とすることとなるので、そのことがひいては婚約という男女関係のあるべき姿に法的ないし婚姻道徳的な観点から司法が「一つの姿勢」を示すことにつながるはずである[100]。いわゆる「非法」なる観念は、かえって有害となりうることもあることに注意しなければならないであろう。今日ほど個人の価値観の多様性に翻弄されている時代はないとしても、否かえってこのような時代であるからこそ、それが成熟した男女間の人間関係を理想とすべき現代社会において求められている必須の視角であると思われる[101]。ともあれ、以上のような重層的に構築される「社会的婚約秩序論」という視角から裁判例を分析することが、本書の次の課題となる。

(94) 当時の学説の状況については、沼・前掲注（4）二三八頁以下に詳細な文献紹介がある。

(95) ちなみに、法律婚・届出婚を重視し、婚姻の前段階の男女関係の保護を全面的に否定したのは、明治政府が近代国家を建設するにあたって、「その社会秩序の基本原理としての武士的家族制度を根幹とする家族関係の秩序の立て直し」のための「イデオロギー工作」であったとする見解もある。伊藤道保執筆「結婚前の法律関係」現代家族講座二巻一四七頁・一七九頁（婚約を軸とする論文）。届出婚（ひいては内縁無効論）と家制度・家籍との関連については、そのような面があるとしても、「婚約無効論」と家イデオロギーとの関連は、梅謙次郎の発言や関連論文からみても、必ずしも定かではない。より綿密な分析が必要ではなかろうか。

(96) 梅謙次郎『民法要義巻之四親族法（第二二版）』（有斐閣、一九一二年・明治四五年）一〇六頁、一四八頁。

(97) 法典質疑問答・民法第四編親族相続全『日本立法資料集別巻四〇巻』（信山社版、一九九四年）五一頁。

(98) O.von Gierke, Der Entwurf eines bürgerlichen Gesetzbuchs und das deutsche Recht, 1889, S.395-7. なお、ギールケの批判については、中山・前掲注（32）一八二頁以下が簡潔に紹介している。

(99) ちなみにイタリア現行民法では、旧法典の立場が基本的に承継されている（同法七九・八〇・八一条）。同法七九条は婚姻予約の履行強制はできない旨を規定した上で、同八一条によれば、正当理由のない婚約不履行に基づく損害賠償は財産損害に限定され、その財産損害も婚約に起因して支出した経費ないし負担した債務の損害に制約されていることに加えて（特に仕事を断念したことによる逸失利益は認められない）、賠償額の範囲についても、当事者の身分に応じた経費ないし債務の限度内とされている。このように旧法時代から伝統的に損害賠償が法定・限定されて抑制的ではあるが、一方が婚約者としての地位を濫用した場合には（侮辱的な言動をともなったり、いわゆる結婚の約束で誘惑したりする行為態様）、裁判例では、婚約の要件の具備を問わず、また、破棄の理由も重視されずに、一般の不法行為規定（二〇四三条）により精神的損害賠償を認めた例がある、という。G.Cian, A.Trabucchi e A.Zaccaria, *Commentario breve al diritto della famiglia*, Cedam, 2008, p.81 [E.Lucchini Guastalla].; G.Pescatore e C.Ruperto, *Codice Civile* ,12 ed., tom.1, Giuffre', 2002, p.127 [G.Servello]. ただし、この種の男女関係に対する社会意識や婚姻道徳は時代や社会のなかで変化することも否定し得ないし、また価値判断の相違もあるので、イタリアにおいても、これをどのように評価するかは、意見が分かれるものと思わ

五　結　語

れる。M.Bessone,Istituzioni di diritto privato,10 ed., C.Giappichelli edit.,2003,p.192 [M.Comporti].

(100) 婚姻制度については、つぎの高裁判決が参考とされるべきである。東京高判平成一二・一一・三〇判タ一一〇七号二三二頁は、同棲していた男女X_1X_2のほかにY女も加わって三人で共同生活をはじめたが、Yが離反したことから、X_1X_2がYに対して生活費分担の合意に基づいて立替金と損害賠償をもとめた事案で、その合意を公序良俗違反としたが、そこでの男女三人の性的関係を前提とする共同生活につき、つぎのように述べているのが注目される。上記の生活費の負担に関する取決めは、「単なる共同生活における費用の負担に関するものではない。X_1、X_2及びYとの間の性的交渉を前提とした男一人と女二人による同棲生活を維持するための費用の負担についての合意である。ところで、婚姻や内縁といった男女間の共同生活は、本来、相互の愛情と信頼に基づき、相手の人格を尊重することにより形成されるべきものであり、それ故にこそ、その共同生活が人間社会を形づくる基礎的単位として尊重されるのである。法は、このような社会的評価に基づいて、この男女間の共同生活を尊重し擁護している。そして、このような人間相互の愛情と信頼及び人格の尊重は、その本質からして、複数の異性との間に同時に成立しうることはありえないものである。本件におけるXらとYの三者による同棲生活は、仮に各人が同意していたとしても、それは単に好奇心と性愛の赴くままに任せた場当たり的で、刹那的、享楽的な生活であり、現に三人の共同生活では、相互の人間的葛藤から激しい対立関係が生じ、お互いに傷つけ合うに至っている。そして、このような共同生活によって、親族その他の第三者にも相当の被害を生じている。このように、XらとYの三名の男女による共同生活は、健全な性道徳に悖り、善良の風俗に反する反社会的な行為といわざるを得ず、社会的にも法的にも到底容認されるものではない（以下、略）」。

(101) なお、山本純司「婚姻外カップルの関係」（家族法改正—婚姻・親子法を中心に）ジュリ一三八四号（二〇〇九年）七五頁が、多様な「事実婚」の法的保護に関する立法論を念頭においた議論のなかで、「制度の構築」の重要性を強調しているのが参考となる。他方で、国際化した男女関係がもたらす「渉外法上の難題」もあるが、ここでも曖昧な規準は、極力回避しなければならないであろう。国際法上の問題については、差し当たり、国友明彦「婚約破棄に関する国際私法上の問題—特別の法律関係と法例一一条の間の法性決定問題」国際私法年報三号（二〇〇一年）二〇二頁、木棚照一・松岡博・渡辺惺之『国際私法概論（第五版）』（有斐閣、二〇〇七年）二一三頁、櫻田喜章『国際私法（第五版）』（有斐閣、二〇〇六年）二七五頁参照。

五 結　語

第二章　民法典と婚姻予約

一　問題の所在と課題

1　本書の課題

(1)　社会的婚約観

本書の究極の目標は、明治時代から現代に至るまでの婚約破棄事例の歴史的推移をたどり、今日における判例の婚約観を明らかにすることにあるが、ここでは、差しあたり大審院判例の推移を検討することを眼目としている。戦前の判例がいかなる婚約観をとってきたかにつき、できるだけ客観的に取り扱うことを企図しているので、裁判例をかなり詳細に掲記することとした。現代婚約法の特質を洗い出し、判例婚約法の実用法学的意義とその限界を明らかにするためには、どうしても避けては通れない作業課題となるからである。

その際、すでに第一章で明らかにしたように[1]、私見の「社会的婚約観」を常に念頭におきながら、分析しているが、この視角については、改めてここで再確認する必要があろう。私見は、本来の技術的意味での婚約が成立するためには、将来結婚しようという合意、つまり単に当事者間での「私的了解」では不十分であり、その合意が親族や周辺の人々（友人・知人・隣人等）に告知され、いわゆる社会的に承認されることが必要である、という立場にたっている。そのことによって人生の重大事である婚姻を成立させる意思が確実なものになると考えているからである。実際、それまでは当事者双方の「自己開示」も不十分で曖昧なまま推移し、相手方の人生観なり性格なりを見極めることが往々にして困難なことがあり得るので、双方に「悔い返しの機会」が認められても決して不合理ではないであろう。ところが、現実には、私的了解から秘密裡の性的関係に移行した男女関係で紛争となる傾向があるので、その大半の婚約破棄事件は、私見のいう本来の婚約形態を前提とするものではない。しかし、このことは、わが国特有の事象ではなく諸外国でも古くからの普遍的な男女問題となっており、洋の東西を問わず婚姻前の男女関係の一つの特徴を示すものといえよう。そこで、この種の男女関係を非法（道義・倫理）の領域に放擲して一切の保護を否定するという立場ではなく、本来の婚約を基準としながら、「婚約類似の男女関係」をどの範囲まで保護すべきかという視点を析出したことは、前章で言及した通りである。判例も、この種の男女関係を「合意の誠心誠意」性を基準として、一応は保護してきた経緯がある。

それ故、私見の立場から改めて裁判例を総合的に分析することが将来の課題となるところ、本序説では、そのための不可欠の前提作業として、大審院時代からの過去の裁判例を分析して、いかなる具体的な事情と論理に基づいて、どのような婚姻前の男女関係が保護されているのかにつき、判例に内在する論拠を明らかにしながら、具体的に検討することとした。この困難な当面の作業を克服すれば、将来、私見と合意を基調とする判例婚約法との乖離がさほどでもなく、ことに証明責任という角度からみれば、存外接近した立場にあることを論証することができるのではないか、という期待と見通しをもっているわけである。いずれにせよ、本章でも、かかる視点を随所で織り交ぜながら、判例・学説を分析しているので、本書の動機を予めここで明らかにした所以でもある。

(2)　判例の分析手法

判例によれば、もともとは内縁も婚約もともに「婚姻予約」の概念に含まれ、判例が当初、婚姻予約無効論の立場にありながら、家制度のもとでも、かなり早い段階で婚姻予約有効論（大連判大正四・一・二六民録二一輯四九頁、以下「民事連合部判決」または「婚姻予約有効判決」と略することもある。）に大転回し、かかる論理に依拠して婚姻の前段階の男女関係、ことに社会的弱者である女性の立場を保護してきたことは、いまさら改めて言うまでもないが、本章では、大審院時代の一連の裁判例の分析を通して、その判例の論理面での「内在的な展開の契機」を可能なかぎり客観的にフォローするという姿勢を一貫することとした。

周知のごとく、婚姻予約ないし内縁に関連する裁判例の分析手法については、二つの潮流があり、それぞれの研究目的・動機には異質な側面がある点には留意しなければならないが、一方では、ことに内縁と「試婚」との区別を強調して、そのような観点から「書かれていない事実」ひいては「書かれていない判決理由」を追い求める立場（唄孝一・佐藤良雄）があるのに対して、(2) 他方では、「書かれた判決理由」こそが判例の論理であるので、生の事実は一応考慮の外に置き、そこで認定された事実との関連において当該判決の論理を明らかにすることこそが先決であるとする立場（川井健）もある。(3) 前説が強調した内縁・試婚等の区別自体の重要性や判例の分析手法については、一定の評価は可能であるとしても、そのような分析手法がかえって判例理論のもつ技術性を曇らせ、その内在的契機の展開を曖昧なものしてしまうこともあるように思われるので（この点は個々の判例分析において個別的に応接している。）、本書では「書かれた事実」とそれに基づいてなされた「書かれた判決理由」に注目して、先行判例と後続判例との相互の関連や論理の展開をことのほか重視して分析することとした。このかぎりでは、川井論文の分析手法に従うが、ただ、「書かれた理論」の真の意義、その客観的な位置づけや一連の判例の流れを析出することを課題とする本書の立場からみれば、川井論文の示した視角だけでは、いまだ核心に迫り切れていないことは、後述する。

ともあれ、「なまの事実」ないし事案の実態の重要性もさることながら、これに拘泥しすぎると、規範自体のもつ発展的契機を曖昧にしてしまうことにもなりかねない。およそ人間の思考は、既存の論理からの学習を避けられないものであり、その学習プロセスをたどることを通して、論理面でのある種の相互関連的な力学を規範・準則面を通して透察することが可能となろう。裁判官ないし判決の論理も、既存の制度や論理からの影響は免れないことは、今更改めて言うまでもない。判決文の字面にのみ拘泥するつもりはないが、かかる形式論理の意義なり機能なりをまず明らかにすることこそが先決であろう。実際、婚姻予約有効判決の登場前には、幾つかの支流ないし伏流がすでに存在・潜在し、大審院は、これら支流・伏流を合流させて、一本の明確な準則を創設したものと思われる。

わが国の黎明期の法律学では、周知のごとく、ことに外国法の影響が著しい。判例婚約法も、その例にもれないのであって、当時のフランス法やイギリス法などの直接的な影響下にあったものと思われ、明治民法典の起草者らについても留学先の外国法の立場による意見対立が具体的にも見られるように思われるので、このような事情（一つの伏流）も加味しながら、立法当時の法状況のほかに、それを承けた判例の論理と推移につき、かなり深入りして検討することとした。

このことを通して、判例理論ないし私法理論なるものが国家的権力（「公序」領域）に対しても私的生活利益を擁護するという独自の機能を果たしうることの一端を垣間見ることができるであろう。

(3)　婚約概念

判例は、必ずしも内縁と婚約を明確に峻別したうえで、婚姻予約概念を使用しているわけではない。婚姻予約概念に包摂される男女関係は、少なくとも将来において「婚姻することを目的とする合意」（以下、文脈の中では「婚姻意思」と略することもある。）のもとに形成される男女関係であるが、既に指摘されているように、その社会的な男女関係の実態は多様であるので、事案から個別的にその区別をしなければならない。しかも、社会常識的に考えて、単純婚約といえるタイプから、一方では内縁に近い例もあれば、他方では、婚姻外男女関係（いわゆる非婚）に近いタイプもありうる。先述のように、かかる社会的な男女関係を内縁、試婚、単純婚約および非婚という形態に区別して判例を分析する立場（唄孝一、佐藤良雄を代表とする。）があるのも、このような男女関係の曖昧さに起因している。したがって、本書が「婚約法」と呼称して取り上げている事例群にも、社会的にみて婚約といえるか疑問のある例もなくはないが、判例が保護する男女関係に共通する本質的要素は、将来における「婚姻意思」であり、これが欠落する男女関係は、「私通」とか「情交関係」とか称される。

いずれにせよ、一般に婚約概念も、判例の事案ではしばしば明確ではないこともあるが、少なくとも、内縁とされている男女関係（夫婦としての共同生活関係が軸となるもの）は除かれているという認識は暗黙のうちに存在するであろう。実際、婚約破棄事例とされている事案で、判例が認定している男女関係は、内縁破棄事例のそれとは明確に区別できることが少なくないからである。また、後述するように、大審院判決例でも、「内縁」や「婚約」という概念を使用することもある。したがって、ここにいう婚約関係とは、内縁でもなく私通でもない男女関係をすべて含むものとして広く使用している。かかる理解が従来の判例における婚姻前の男女関係に対する実質的な価値判断（婚約・婚姻観）にも整合するものと思われる。無論、本書では、判例の婚姻予約・婚約論を分析することとの関連では、いわゆる私通関係とされる男女関係や純然たる内縁事例も分析の対象としていることはいうまでもない。

なお、以上の意味での婚約・内縁と私通とは、いわゆる規範的概念といってもよいであろう。したがって、その論理的区別は明確であるべきものとして理解できるのに対して、学説が指摘している、内縁、試婚、単純婚約および非婚という区別については、一定の価値判断は避けられないとしても、どちらかといえば、それらは社会的事実としての男女関係の類型と思われるので、本書の男女関係の類型とは必ずしも一致しないものと考えている。それ故、判例の分析においても、内縁と試婚とを必要以上に区別して分析することも、また、判例が婚約ないし内縁と評価したものを非婚に属するというような評価も、極力避けることとした。判例の内在的な論理の析出を曇らせるおそれがあるからである。それらの区別は、単に婚姻意思という要件事実の評価根拠事実を判断する際の「考慮事情」として注目することにとどめている。

2　本書の分析視角

(1)　「婚姻予約有効判決」の客観的位置づけ

民法典施行直後の婚姻予約論については、何といっても、前述した大正四年の「婚姻予約有効判決」（本判決については、「第三章」で詳論する。）の登場によって、大審院判例の立場が一変しているので、この家族法史上画期的といわれる民事連合部判決の前後で時代区分するのが適切であろう。本章では、差しあたり、序説として、この連合部判決までを取り扱うこととした。この大審院判例は、周知のごとく、男女の挙式・同棲後の婚姻予約破棄事例であり、通説的理解では、いわゆる内縁事例であって単なる婚約事例そのものではないが、「届出婚」主義のもとでは、内縁と単純婚約との両者を含めて、いわゆる「婚姻予約」の不履行に関する裁判所の基本的な立場を分析することが、ここでの当面の課題となるからである。したがって、この事例が登場するまでは、内縁等の事例を含めて検討するとともに、その後も、必要に応じて、関連する内縁事例とも比較しながら、単純婚約に係る判例の立場を論究したいと考えている。

ところで、従来の学説は、「婚姻予約有効判決」が内縁を保護したものか（通説といってもよい）、あるいは当該の男女関係は内縁ではなく「試婚」（伝統的な婚姻習俗による未完成婚、ことに「足入れ婚」）に過ぎないか、という観点から分析する傾向があったが故に、判例の内在的展開という側面からいえば、いずれの立場でも、その分析射程に限界があったように思われる。ことに、通説的理解の下では、民事連合部判決の論理は内縁保護のために「仮託された予約論」であるとされているが、かかる評価は婚姻予約有効判決の客観的な論理構造そのものの分析に対する視点を曇らせる結果となっているように思われるし、反面、社会的な事実関係を重視する「試婚」論も、判例の説示する論理構造からやや外れているようにも思われることから、それらの視点の重要性はみとめるものの、本書では、前章で明らかにした「婚約法制の沿革」を念頭におきながら、その流れを承けたわが民法典の立法当時における「婚姻予約（婚約）無効論」と婚姻観とを起点として、「婚姻予約有効判決」に至るまでの裁判例と学説をフォローするとともに、特に当時の大審院がいかなる「婚約観」ないし「婚姻観」を念頭においていたのかという分析視角を加味させながら、立法当時からの判例の推移をみることとした。かかる立場に立てば、婚姻予約有効判決は決していわれるような「仮託」論ではなく、まさしく当時の婚姻慣行に裏付けられた社会通念を規範化した実在的で有意な論理であることが判明するであろう(4)。

結論のみを先取りしていえば、つぎのような視点が不可欠である。明治期の立法当時における通説的婚姻予約無効論は、「旧民法」時代からの支配的見解であり、当時は儀式婚・事実婚主義が採用されていたので、「婚姻予約」概念は基本的には「婚約」のみを指していたが、これを承けて梅起草委員が「婚姻の自由」を旗幟としてやや強引に法典調査会でも婚姻予約無効論を貫徹した。この論理自体はフランス法での「婚約無効論」に依拠していたところ、他方で、当初から婚姻意思のない男性が詐欺的な言動でその意思があるかのように偽装して性的関係をもった場合には、名誉侵害としての「不法行為的救済」が認められていた（以下、これを「詐欺誘惑の論理」と略することもある。）。明治民法典施行直後の判例では、届出婚制度の下で内縁も無効（公序良俗違反）とされたところ、ただ、この種の反倫理的な行為態様に対する制裁のみが婚姻予約無効論（ここでは婚約と内縁を含む）のもとでの女性救済の「隘路」となっていた。そこで、この「詐欺誘惑の論理」の適用要件を適宜緩和すれば、婚姻予約無効論が事実上克服される（婚姻予約有効論に接近する）結果となるが、しかし、いわゆる結婚詐欺は別にしても、男女関係のもつれのなかで、騙したとか騙されたとかの証明は実際上困難を極めたであろう。ことに「婚姻予約公序良俗違反」制度下での「詐欺誘惑の論理」自体の機能には自ずと内在的な限界があったものと思われる。実際上は、既に婚姻中の男性が重婚的に婚姻予約をするような場合に限定されたはずである。

いずれにせよ、婚約・内縁無効論と「詐欺誘惑の論理」とは、わが国では、いわば「楯の両面」の関係にあったという基本的視座が必須のものとなり、民事連合部の婚姻予約有効判決は、ことに女性救済という政策判断・動機のもとで、婚約のみならず内縁にまで、この隘路を普通の救済方途（身分契約としての婚約ないし内縁）にまで拡大したという歴史的意義を有していたこととなるわけである。

かかる視角自体（婚姻予約無効・公序論と「詐欺誘惑の論理」との「機能的役割分担」）は、従来の学説では、必ずしも明確に認識されていないように思われ、その一因は、あまりにも内縁問題に傾斜しすぎて「婚約」という制度の歴史的認識が欠如していたことにあるものと考えられる。また、ドイツ民法典では、婚約保護規定（ド民一二九七〜一三〇二条）のほかに、不法行為法の中にわざわざ詐欺誘惑の規定（ド民八四七条一・二項）までが用意されていたので、両者を単に「併置する」ことにとどまったのかもしれない。いずれにせよ、わが国の特殊な事情を考慮しながら、何故に上記のような観点が必須のものとなるのかについては、逐次、折に触れて明らかにしたい。実際、このことを論証することが、ひいては「婚姻予約有効判決」の客観的な分析にも直接連携するので、本書の一つの目的であるといっても過言ではない。

加えて、「婚姻予約有効判決」それ自体は内縁事例であり、「単純婚約事例」とは無関係であるとするのが今日までの通説的理解といってもよいが、本書は、同判決が婚約事例をもすでに念頭においていたことを具体的かつ実証的に論証したいと考えている。実は、民事連合部判決とほぼ同時期に大審院に係属していた「別の婚約事例」（大判大正五・六・二三民録二二輯一一六一頁、以下「婚約有効判決」と略する。この裁判がやや複雑な訴訟経緯をたどっていることについては、本書第三章で詳論する。）が存在し、民事連合部は、この婚約事件をも一方で睨みながら、「婚姻予約有効判決」を宣告したものと思われ、しかも、かかる裁判例は、民事連合部判決の直後にいわゆる「公式判例」として公表（民録登載）されていた。ところが、この「婚約有効判決」は、何故か当時の学説のみならず戦後に至っても長く見落とされていたのである。実際、わが国の内縁学説のもとでは、戦前戦後を通して、「婚姻予約」といえば、あたかも「内縁」を意味するかのように考えられてきたといっても過言ではない。何故にこの「婚約有効判決」が見落とされていたのかについては、しばらく措くとしても、本判決が民事連合部判決の婚姻予約有効論をそのまま「引用」している事実から考えると、仮にもっと早い段階で発見されていたならば、おそらく民事連合部判決に対する通説的評価も随分と変わっていたはずである。本書では、後にそのような事情も具体的に分析することとなろう。加えてしかも、そもそも、「婚姻予約」の概念を使用するならば、当時、定説ともなっていた「婚約（婚姻予約）自体の公序良俗無効」論を克服しないで、いかにして、いきなり一足飛びに内縁無効論をクリアすることができたであろうか。そのようなことは論理的に著しく困難であったはずであり、むしろ逆に、婚約は有効となっても内縁は無効のまま推移したというのが、法律婚ないし届出婚制を前提とする限りは、沿革的・比較法的にも、また論理的にいっても、素直な見方なのである。当時の大審院もこのことを当然のこととして弁えていたはずであるので、内縁有効論は婚約有効論を前提としたものと考えるべきであろう。従来の学説には、以上のような視点が全く欠落している。「婚姻予約有効判決の歴史的意義」を再検討しなければならない所以でもある。

(2)　学説の分析視角と問題点

ここで、現在までの学説の到達点を予め簡略化して纏めておこう。そのことによって、本書の今後におけるやや長文・駄文にわたる立論の展開を見通す上での理解の一助としたい。

もともと、立法当時から「婚姻予約有効判決」が登場するまでは、わが国での「婚姻予約有効・無効論争」は、主として専ら、諸外国、ことにイタリア、フランス、ドイツおよびイギリスなどの単純婚約論を承継したうえでの論争であったといっても大過ない。したがって、単純婚約に関する論理から出発しなければならないわけである。戦後の内縁学説のほとんどは、かかる婚約論には言及していない。(5) これに対して、「二宮周平」論文は、この点に気づいている数少ない研究の一つである。(6) ただし、二宮論文でも、内縁に軸足が置かれているので、梅謙次郎らの「婚約観」自体に対する言及が不十分であり、正当婚姻に至るまでの男女関係である「婚姻ノ豫約」が、梅によれば、いわゆる「公序」に関わる問題であると考えられていたという視点の認識がやや弱いように思われるところ、このことと関連して、立法当時の婚姻予約論やその後の婚姻予約無効・有効判決の位置づけが、本書とはかなりの隔たりがある。この問題は後述に譲るが、今ここで一言すれば、何よりもまず「婚約」としての「婚姻予約無効（公序）」論を克服することこそが、「内縁」としての「婚姻予約有効」論が登場するための論理的前提となる、という視点が欠落しているのであり、このことは、婚約法制に対する歴史的認識の曖昧さによるものと考えられる。無論、かかる難は、二宮論文のみならず、これまでの学説に共通するものである。

また、すでに「唄孝一」のある論文が、[7]法典調査会などの議論につき簡単に言及しているが、やや慎重な言い回しになっているだけではなく、ここでも梅謙次郎らの「婚約・婚姻観」については、あまり意識されていない。唄のこのような消極的な位置づけは、もともと唄らの事例研究には、上記のような視点が欠落したまま、前述のように、内縁のほか試婚や非婚という観点から裁判外の生の社会的事実関係に深く立ち入って分析したうえで、「実質的な判決理由」を求めたり、「個別」の判決例の裁判過程を詳細に追跡したりして、具体的な裁判規範の形成プロセスをことのほか重視していたことによるものと思われ、大審院判例の拠ってたつ由来にまで「当初の研究」ではあまり意識していなかったことによるのではないかという疑念すら生ずるのである。このような個別事案の分析の重要性は否定し得ないが、結局のところ、既に指摘されているように、そもそも内縁や試婚などの射程・内包を明確にしえないことのほか、「書かれた判決理由」からの情報に限定しても、どこまでそのような区別を認識できるかは判然としないこともあるので、かかる区別を基準として判例を分析することにも自ずと限界があろう。しかも、当時の婚姻習俗なるものの客観的分析にも制約があるし、また、そもそもそのような社会風俗がどの程度まで判決理由に反映しているか、容易には判断しがたいであろう。[8]加えて、一連の判例の内在的展開の契機と軌跡を分析するという面でも、その学問的な究極的課題や関心が、本書とはもともと異なる面があることを考慮しても、なお十全ではないように思われる。

たしかに、「唄孝一」の分析手法一般についていえば、間然するところがないほどに極めて緻密・周到であり、多々教示を受けるところがあるとしても、ここでの法的構成に限定すれば、民法典施行直後の大審院判例の分析については、先述のように、婚姻予約無効論と「詐欺誘惑の論理」（不法行為的救済）との相互の緊密なる「機能的関連」ないし「役割分担」を析出しなければならないのであるが、かかる分析視角は、当時の法典調査会での各委員の「婚約観」を抜きにしては語ることができないところ、唄らの研究には、そのような視点からの「具体的な分析」は、立場の相違に帰する面もあるが、やや弱いように思われる。加えて、大審院での初期の判例については、梅謙次郎の婚約・婚姻観の影響力が濃厚であり、その緊密な相互関連性に対する認識が不透明であることも指摘しておかねばならないであろう。本書では、民事連合部判決までの大審院判決例と梅起草委員（ひいては「立法者」）の婚約・婚姻観との関連につき、殊更に注目しているのは、これを度外視しては、その客観的位置づけが不十分のままに終わると考えたからであり、また「婚姻予約有効判決」が梅謙次郎の立場から離れて、これ（「婚姻予約公序論」）を克服したという意味でも、梅の見解との対峙を避けては通れないと判断したからである。梅が、民法典施行後も裁判実務で内縁有効論が登場してくることに対して、いかに懸念していたかという事情も、後に指摘することとしよう。

ともあれ、以上のような種々の事情（支流・伏流）を考慮することによって、何故に民事連合部判決が内縁等につき殊更に「婚姻予約有効論」を説示・展開したのか、その所以を知りうるであろう。この婚姻予約有効判決は、単に女性救済という実質的価値判断から内縁配偶者を保護したということのみには尽きないのである。これに先行する大審院判例を踏まえた上で、その周到なる論理構造を仔細に分析すれば、単なる不当破棄責任の論拠を超える婚姻予約有効論の機能的意義（差しあたり、後記の(3)を参照）も明らかになるであろう。まさしく、わが民法学の独り立ちを象徴する具体例ともいえるものであり、かかる意味でも、家族実務法学において金字塔を打ち立てたことを見逃すべきではないのである。

いずれにせよ、この問題については、民法典の起草段階での梅謙次郎等の婚約観と婚姻観をここで再確認することが大前提となるように思われるので、まず、立法段階での婚約・婚姻観を検討した上で、具体的な判例の分析に移ることとした。

(3)　婚姻予約有効論と内縁保護

わが国の今日までの内縁学説では、民事連合部判決の婚姻予約有効論は「内縁の実態ないし本質を捨象していた点に問題がある」という評価では、ほぼ共通認識になっているといえよう。(9) しかし、果たしてそうであろうか。内縁保護・婚姻予約有効論は、単に不当破棄責任の論拠に過ぎないものであろうか。本書は、内縁問題に深入りできないが、予約有効論と関連する限りで、差しあたりこの問題にも簡単に付言して、本書でのやや詳細にわたる判例分析の予備的説明の一班としたいと思う。

たしかに、婚姻予約有効論の立場でも、その強制履行はできないとされているので、不履行による損害賠償責任に限定されると説かれるのを常とし、これ自体は正当な評価ではあるとしても、ただ、その前提として「婚姻届出義務」の不履行を問題としている論理であるので、「届出をすることの義務」それ自体は認められるべきであり、判例も従来からこれを認めてきた。たとえば、大判大正八・五・一二民録二五輯七六二頁は、婚姻予約の当事者は、契約に基づいて「婚姻ヲ為スヘキ義務」を負担し、その相手方に対し「婚姻ヲ為スコトヲ求ムル権利」を有するとしていた。また、大判昭和一九・三・一六民集一三巻一八〇頁は、内縁当事者である子の届出義務のみならず子に代わり女性に結婚を申し入れた親に対しても、その履行に協力をなすべき義務を認めていた。かかる抽象的ではあるが法的な義務があってこそ、夫婦としての実体が重要性をもつのではないか。つまり、届出義務を前面に押し出す場合の婚姻予約概念では、将来の夫婦としての共同生活関係を予定した発展的な概念として理解することが可能となるのみならず、内縁の要件とされている婚姻意思も、かかる届出義務と密接に関連し、届出義務を観念したうえでの婚姻意思と考えるべきであろう。単なる夫婦としての実体の保護（いわゆる「事実主義」の立場）であるとすれば、今日の準婚理論批判説が指摘するように、たしかにそれは法定の婚姻届出制度とは、本来的・論理的には矛盾するように思われる。それ故、婚姻予約論を前提とした準婚理論であると構成した方が、現行法の解釈論としては、論理的には、自然でありかつ正当であろう。

実は、大審院もそのように考えていたのではないか、という推論ができなくはない。後述のように、大審院時代では、民法典施行前に成立した内縁では当時の司法省令（明治一〇年）に依拠していわゆる「事実婚主義」が採用されていたが、事実婚と認定されるものであれば、「婚姻届出請求権」（「送籍」強制）を認容していた（このこと自体は周知の事実である）。このような強制履行は届出婚制度を導入した民法典施行後では認められないことは言うまでもないので、大審院判例は、その施行後では、「内縁有効論」（施行前に成立した内縁）と「内縁無効論」（公序良俗違反）」とのいわば「二元主義」に立っていた。かかる裁判実務の経験からいえば、届出婚制のもとで民法施行後に成立した内縁も保護するという政策判断に立った場合には、婚姻予約有効論に基づいて届出義務を観念しながら、ただ、その義務の履行は強制できないので損害賠償責任に限定するという構成に落ち着いたとも言えなくはないのである。実際、「婚姻予約有効判決」は、損害賠償請求訴訟であるにもかかわらず、つぎのように説示しているところを決して見落としてはならないであろう。すなわち、婚姻予約の履行を強制することはできないが、将来の婚姻を約し、「其ノ約ノ実行トシテ届出ヲ為スハ普通ノ事例」ということをわざわざ説示したうえで、慣習上挙式のうえ「夫婦同様ノ生活ヲ開始スル」ことはなんら公序良俗に反するものではない趣旨を述べているのは、婚姻予約有効論が、内縁自体の保護を将来において展望した上での論理構造をもっていたものと考えることができるであろう。当時、すでに連合部判決の直前でも挙式同棲という婚姻習俗を重視して内縁自体を保護した下級審裁判例（[8]判決など）もあったことも決して軽視できない事実である（この事例も戦後の内縁学説は見逃していたことは、後述する。）。

かつて初期の大審院判決がいわゆる事実婚主義のもとで内縁それ自体に与えていた多様な保護のうちで、届出婚制度下でも可能な保護を予定した論理が、婚姻予約有効論であったともいえないわけではないのである。婚姻予約有効判決では、その事案との関連で、損害賠償責任に限定されたに過ぎない。仮に生活費の分担不履行があれば、公序良俗無効論を克服した本判決でも、挙式同棲・夫婦の実体と「届出義務」不履行を根拠として許容されたはずである（[8]判決の論理はこれに近いものでもある。）。その意味でも、大審院が内縁の実体を捨象した予約論を構築したなどという通説的内縁学説の評価は、いわゆる「予約」概念の形式論理面のみを強調しすぎたドイツ法流の概念論ではなかったか。たしかに、他方で、判例のいう「婚姻予約」論が届出義務・入籍問題とリンクすること自体は戦前の内縁学説でもすでに認識されていたものの、それを「予約の目的」とのみ評価して、結局のところ、かかる構成を批判・軽視してしまったのは、あまりにも、いわゆる「事実主義」（中川理論）に傾斜し過ぎた結果ではなかったか。

婚姻予約有効判決が、かかる「夫婦の実体」を前提とする「届出義務」を観念していたと評価することによって、一方で内縁からの「関係離脱の自由」を認めながら、他方ではその不当破棄による「損害賠償責任」を肯定するという、それ自体としては矛盾する論理構造を無理なく解明することも可能となろう。単に、「婚姻の意思的側面」のみを強調することだけでは、届出婚制度を前提とする限り、この矛盾の調整は極めて困難である。実際、事実主義を強調する学説が、届出は婚姻意思を単に「確証する方法」にすぎないと解釈し、婚姻の成立要件から届出を外さざるを得なかった所以でもある（ちなみに、今日の内縁学説は、「婚姻意思」すら軽視する傾向が強い。）。

もっとも、判例のいう婚姻予約有効論は、単なる民事責任の論拠にすぎない。婚姻予約によってカバーされる事実婚というだけでは、梅起草委員の婚姻予約無効・公序論と直接的に対峙するにはまだ十全ではない。その内部にまで深く立ち入って、これを克服ないし止揚する内在的な論理が必要であろう。そこで以下のような補論が必要と思われる。

大審院は、わが国の婚姻習俗も考慮して、財産法上の予約概念では捉え切れない新たな身分法上の独自・固有の「婚姻予約」概念を形成したと捉えるべきであろう。当時は、婚約や婚姻の儀式、いわゆる結婚の通過儀礼が社会生活上いかに重視されていたかは、あらためていうまでもないが、かかる通過儀礼が普通に行われる「社会の慣行」（一つの支流）を尊重しながら、主として儀礼を軸として形成される当事者双方の合意ないし関係を「婚姻予約」という概念で表現したものであろう。もともとは単純婚約を示す技術用語であったが、これに内縁まで含ませたところに、判例の法創造的機能をみる思いがするが、ここに「独自の予約概念」が誕生したと考えるべきである。これを形式的な予約概念を先行させて予約概念では内縁の実質が捨象されるとの通説的批判は、主客転倒した演繹的概念論でしかない。このような論法は、婚姻予約概念なるものが内縁の保護のために利用され、それから婚約もこの概念に含まれるようになったという見方（「婚約」法制の沿革に対する誤解）に遠因があるようにも思われる（この点も、後に詳論しよう。）。むしろ、届出婚制度下での社会の慣行ないし実態とヨーロッパ諸法とを意識しながらも、あらたな予約概念を発見したにすぎない。かつて、大審院が旧法時代の届出婚制度下で曲折の後に社会の実態に根付いていた事実婚を発見したのと、基本的には変わるところがないのであり、それは帰納的概念であると考えるべきである。かかる届出義務を観念することによって、かえって事実婚と正当婚姻との区別が明確となり、ひいては、その事実婚に与えられる保護の内在的限界もそこに潜在していたといえよう。

加えて、判例のいう「婚姻予約」概念によって、婚約・内縁という制度の裡に潜在している当事者の名誉・名声という社会的利益も保護されたと考えることができるであろう（この点は、大審院判例自身も認識していたことは、後述する。）。いうまでもなく、かかる法益は、不法行為的保護による個人的な貞操や人格的利益とは本来的に異質である。かつてヨーロッパでの婚約法制で認められたように、単に「一定の社会」に存在する社会的価値をそのまま法益に高めたものにすぎない。

かくして、大審院は、上記のような幾つかの支流・伏流を合流させた上で、国家的公序（届出婚制度）から私人間の婚約・内縁秩序を分岐させ、かかる公序のなかで、それと調和するような独自固有の保護を与えたといえるのではなかろうか。このように解することができるとすれば、判例婚姻予約有効論は、梅起草委員ひいては立法者の婚約・婚姻観（公序論）を克服したうえで、「夫婦の約束」のみならず「夫婦の実質」までも保護しうる独自の婚約・婚姻観を樹立したと言えるわけである。いわば「和洋折衷の論理」の生成であったともいえよう。このことを敢えて私見の立場から理論的に整序すれば、牽強附会との誹りを敢えて甘受するとしても、婚約・内縁当事者を軸として形成される「社会的秩序」（関係当事者の集団的合意）が私人と国家の間にすでに暗黙の裡に介在していたということとなろう（ただし、当時の村落秩序や家秩序との関連は、しばらく考慮の外に置く。）。単に事実上の夫婦共同生活の実体をそのまま保護したということだけでは、届出婚制度（身分法秩序）の下では論理的な説明が不十分であり、いわんや梅謙次郎・立法者の公序論を到底克服することができるようなものではなかったであろう。

ともあれ、事実婚をともなう婚姻予約有効論ひいては届出義務論を観念すれば、準婚理論としての固有の保護とされている効果（婚姻法上の扶養義務・婚費分担義務など）も、より説明が明確になるのではなかろうか[10]。加えて、婚姻予約有効判決と戦後の準婚保護判決との調整（準婚判決が予約有効判決を変更したなどという議論は、無用である。）も無理なくなしえよう。本書では、このような視点も、ある場合には（判例の推移の中で）、強調することがあるので、あえてここで言及した所以でもある。

なお、社会的秩序論の前提として、婚約・内縁当事者間の同衾ないし同棲は、単なる生物的・生殖的な性的関係に尽きるものではないという視点も不可欠となり、かかる当事者間での性的関係については、男女の「相互の協力」で形成される豊かな連帯協働生活関係を支える重要かつ基本的な要素として位置づけることが必須の課題となろう。実際上も、男女がともにかかる行為ないし行為の結果につき、相互に等しい責任（単なる個人・自己責任というよりも、「相互交錯的・互恵的な責任」である。）をもつことの自覚を通して（これが真の意味での「連帯関係」である。）、はじめて婚約や結婚が制度として成り立ちうるのではないか（憲法二四条にいう「相互の協力」とは、かかる意味に解釈すべきである。）。それは私的な人格的関係でありながら、決して個我的なものではなく、社会的にも許容された持続的・安定的な「特殊の人間関係」を形成する上での核となるものと評価し、すでに哲学や社会学などでも指摘されているように、この種の性的関係なるものを「社会文化」の実在的要素として積極的に位置づけるべきであろう。かかる視点も同時に「念頭」において、差しあたり大審院時代の裁判例を分析するならば、何故にいわゆる「非婚」に接近したものと評される男女関係が婚約ないし内縁として保護されてきたのか、その事情の一端が垣間見れるように思われるのである。この種の法的保護は論理的というよりも、むしろ裁判官の実務的直感による面が強いが、これに論拠を提供することこそが、理論の責務ではないか。

わが国では、明治時代の立法当初から、性の「私秘」性がことさらに強調されてきたが、その過去の功罪を鑑みれば、むしろ社会生活上でも罪の方がはるかに大きいものがあり、今日では、民事法分野でも、その社会的意義を積極的に再検討することが喫緊の課題であるように思われる。その際、近時声高に叫ばれてきた「性的自己決定権」なるものも、個人的性格から脱皮して人間相互の特殊な社会生活関係のなかに位置づけられるならば、さらなる展開・深化を遂げうるのではなかろうか[11]。

（1）「社会的婚約秩序論」のほか、その論理の前提となるヨーロッパ諸国での婚約法制の沿革ならびに日本法とイタリア旧立法との関連については、本書「第一章」を参照のこと。

（2）唄孝一『家族法著作選集第三巻―内縁ないし婚姻予約の判例法研究』（日本評論社、一九九二年）三頁、二一頁、七一頁、一一一頁以下など。ことに自著解題三一五頁以下では川井健の立場に言及しながら自説の趣旨を敷衍している（なお、唄論文については、本選集〈以下「著作選集」と略する〉によることもあるが、初出の時期に重要性がある場合には、初出の論文も併記・引用することとした。）。さらに、佐藤良雄『婚姻予約の研究』（千倉書房、一九六九年）、同『婚姻予約および認知』（システムファイブ、二〇〇五年）の一連の研究なども同様である。唄・佐藤の問題関心の中心となるものは、「民事連合部判決」の男女関係の実体が「試婚」であるにもかかわらず、判例・学説上長く怪しまれることなく、内縁夫婦の不当破棄に係る「先例的裁判規範」として確立したことの歴史的意義にある、という。唄「著作選集」一四〇頁。したがって、本書とは、そもそも視点を異にするので、唄・佐藤の見解には深入りしないが、「内縁のみの先例として機能したのは何故か」という問題関心では共通していることのほか、個別判例の分析自体では、当然のことながら、交錯してくるので、この限りでは、今後も折りに触れて唄孝一・佐藤良雄の見解を批判的に検討することとなろう。むろん、その学恩があってこその批判に過ぎないことは、十分に自覚しているつもりである。

（3）川井健『民法判例と時代思潮』（日本評論社、一九八一年）第三章「婚姻予約有効判決」八九頁、一一五～六頁（初出、「内縁の保護」『現代家族法大系2婚姻・離婚』〈有斐閣、一九八〇年〉一頁以下所収）。婚姻予約有効判決の原審が「事実上の婚姻」があったと認定し、大審院もこれを前提としている、とする。本書もこのような評価に従っている。また、川井健が明らかにしている本判決当時の時代的背景にも多々教示を受けるものがある。

（4）なお、唄孝一と川井健との立場の相違、婚姻予約判決当時の学説（石坂音四郎と中島玉吉の立場、穂積重遠の見解など）の状況、さらには当時の時代背景などについては、ごく最近では、大村敦志「婚姻予約有効判決（1）（2）」法教三五一号（二〇〇九年）七七頁、同三五二号（二〇〇九年）五五頁［『不法行為判例に学ぶ』（有斐閣、二〇一一年）一〇五頁以下所収」が新たな視点も含めて整理しているのが、大変参考となる。本書にとっては、ことに当時の社会背景のうちでは、「貞操観念」の捉え方につき、興味深いものがある。同（2）六〇頁以下。ただし、大村論文は、もともと民事連合部判決を「女性救済の思想」という側面から分析することに課題を限定しながら、同判決の分析から出発しているので、同論文による本判決自体の分析と本書の課題と交錯する場面は、必ずしも多くはない。

（5）太田武男の大著『内縁の研究』（有斐閣、一九六五年）三頁、三七頁以下でも、内外における内縁の歴史的な研究が詳細にわたってなされているが、「婚約論」の言及はないに等しいし、そもそも本書のような視点をもっていない。

（6）二宮周平執筆「内縁」広中俊雄・星野英一編『民法典の百年Ⅰ』（有斐閣、一九九八年）二四九頁以下が、内縁保護の問題との関連で、「婚姻予約」論に係る梅と土方との論争に言及しているのが、参考とされるべきである。なお、わが民法典の立法段階における梅・土方の婚約観と婚約法制の沿革との関連などについては、本書「第一章」の「結語」で簡単に整理している。

（7）唄孝一「婚姻予約有効判決前史における・或る『法的構成』の生成とその機能―判例研究における一つの企図とその失敗」黒木三郎編『家族の法社会学（青山道夫教授還暦記念）』（法律文化社、一九六五年）一七三頁、一七五頁注29・30［以下、唄「有効判決前史」と略する。］、唄・前掲注（2）「著作選集」一四三頁、一六四頁以下）。そこでは、起草段階での「詐欺誘惑の論理」にも言及されているが、梅のいう「婚姻予約無効論」との関連性については、不透明であるように思われる。

（8）太田・前掲注（5）七三頁、一〇〇頁は、その範疇の曖昧さから内縁と試婚との区別は「五十歩百歩」であると批判し、試婚も含めて内縁としている。また、太田武男「内縁保護の現段階と今後の問題」家裁月報三二巻一〇号（一九八〇年）二四頁〜五頁では、「判決理由」からは双方の区別を解読し得ないとして、婚姻予約有効判決を例にとって説明している。なお、すでに、岩田新『判例婚姻予約法解説』（有斐閣、一九三五年・昭和一〇年）五六頁も、妻が内祝言後、秋の婚姻式まで、婚家に半月、実家に半月宛て、往復して生活することを定めた夫婦間での不当破棄事例（東京地判昭和九・五・二九新聞三七一二号一八頁）との関連で、これを俗に「客分」や「足入れ」と称するとしたうえで、本判旨が内祝言で内縁を認めたことから、通いでも同棲が成り立つとして、「其れは程度の問題であろう」としていた。ちなみに、本書がこれに付言すれば、「婚姻予約有効判決」が事実婚を念頭においていたことは、当時の大審院・下級審の裁判例と対比すると、その説示から判断しても否定し得ないように思われるが、この問題は、「第三章」で詳論する。

(9)　太田・前掲注（5）九二頁参照。かかる評価は、後述のように穂積・中川（善）説をもって嚆矢とする。なお、上野雅和「日本民法における婚姻の自由と婚姻意思」『婚姻法の研究（下）』〔高梨公之教授還暦祝賀論文集〕（有斐閣、一九七六年）八四頁以下は、「婚姻の自由」と「婚姻意思」との関連につき、示唆深い分析をしている。ただし、婚姻予約論については、通説的理解と試婚論とを前提としているので（同九二～三頁）、本書とはそもそも基本的視角が違うが、論理的な面で教示を受ける面が多々あったことを付言しておきたい。

(10)　このような「事実婚を伴う婚姻予約」という視点自体は、すでに和田干一『婚姻法論』（大同書院、一九二九年・昭和四年〈第三版〉）七三七頁が明らかにしている。ただ、この論理が「不合理ではない」として判例の立場を説明しているにとどまり、本書のように、届出婚制度下での事実婚を法認するための触媒として婚姻予約・届出義務論を積極的に再評価するという立場にはない。

(11)　ちなみに、結婚による性生活が豊かな文化をもたらし、長い人生の意味を改めて気づかせるプロセスであるとする見方が参考となる。永井孝子「家族援助論に寄与する臨床心理学的問題」龍谷紀要三一巻二号（二〇一〇年）二五頁。同じことは婚約中の性関係にも基本的には妥当するであろう。単なる男女間の私的・私秘的な性関係としてのみ観察すべきではないという趣旨であるが、法的にもかかる視点を再評価すべき時代を迎えているように思われる。婚約中の男女関係を社会文化の一環として取り込むことが、ひいては法的紛争の予防にもつながるであろう。

二　立法段階での婚約観と婚姻観

1　旧民法下での「婚姻予約」論争

婚姻予約有効論と無効論との対立は、すでに「旧民法」時代から見られる（「第一章」参照）。ここでは、儀式婚主義が採られていたので、届出婚のもとでの内縁問題は一応は生じないが、イタリア、フランス、ドイツのほかイギリスなどの外国の立法例が常に意識されながら、本来の意味での婚姻予約（婚約関係）の有効無効が議論されていた。明治一八年に穂積陳重らと共に英吉利法律学校（現中央大学）を創立した「奥田義人」は、その当時の論文のなかで婚姻は「法律の公認」が必須のものであることから、当事者間の合意（「共諾」）は必要ではあるものの、「契約」ではないとしたうえで、「婚姻ノ約束」は法律上効力がないとしていた。この段階では、まだ、「婚姻予約」という概念なり理論なりに対する確たる認識は希薄であるように思われる。[12]

しかし、旧民法の法典編纂委員会（「法律取調委員会」）の報告委員でもあった俊英・熊野敏三の「婚姻豫約無効論」が注目に値する。[13] すでに、後の有効無効論と梅謙次郎の見解が、お膳立てされていたからである。熊野は、旧民法の編纂過程でイタリア旧民法を下敷きとした「婚約草案」が廃止されたことにも言及しながら、[14]「婚姻ノ豫約ハ婚姻ヲ為スヘキ義務ヲ生シ他人ト婚姻ヲナスノ妨碍トナルヘキカ」という問題を提起して（その後段は婚姻予約が「別の婚姻の障害事由」になるかという意味である。）、つぎのように述べていた。学説では、制度の沿革から婚姻豫約を有効とする見解があり、婚姻の豫約は「正当ノ所為」であるので、その豫約は毫も風俗を害することはないとし、かえって恣に違約するのは不道徳であるので、風俗を害しない限りは、契約法の原則により有効である、とする見解もある。しかし、婚姻は契約ではないので、契約法の原則を適用することはできない。「婚姻ハ両心ノ和合ヲ目的トスルモノニシテ双方ノ最モ自由ナル承諾ニ出ツルコトヲ要ス故ニ豫約ハ双方ノ自由ヲ拘束シ婚姻ノ性質ニ反スルヲ以テ之ヲ無効ト為ササルヘカラス」。しいて婚姻を強制すれば「悪縁」に陥ることとなる。また、豫約を履行しないときに、損害賠償に変ずるならば、「婚姻ヲ以テ幾許ノ賠償ニ査定セントスルカ」につき、判断し難いこととなる。したがって、「豫約ヲ無効ト為スベキコト明瞭ナルヘシ」。それ故、予約を履行する義務もないので、予約が婚姻障害になることもない。ただし、違約するときは、「其所為タル悪意又ハ懈怠ニ出ツルニ従ヒ民法上ノ犯罪又ハ准犯罪ヲ構成スヘシ」として、普通法により損害を賠償すべきは論を俟たず、と解していた。

熊野は、司法省「明法寮」卒業後（第一期生）、明治期の前半に長期間にわたりフランス・パリ大学に留学していたこともあって、おそらく当時のフランス法の立場と同様に、「婚姻の自由」を拘束することとなる婚姻予約は無効であり、婚約としての保護は享受しえないが、一般の原則により不法行為的救済の余地がある、という見解を採っていたこととなろう。なお、いうまでもないが、ここにいう「婚姻豫約」は、「婚約草案」に係る立法の経緯から考えて、「婚約」のみを指していたことは明らかである。

旧民法が公布された年（明治二三年）にフランス・リヨン大学などでの留学を終えて帰朝した少壮気鋭の梅謙次郎によって、この立場がほぼそのまま踏襲されているのは不思議な因縁ではあるとしても、梅がフランス法の立場に依拠したのは自然の成り行きであったといえよう[15]。しかし、翌二四年にイギリスなどの留学から帰朝した土方寧が、やがて法典調査会で梅と激突することとなるが、これもまた草創期の時代が排出した逸材の「定め」であったのかもしれない。

2　梅と土方の「婚約観」論争

梅起草委員は、「婚約草案」に係る旧民法時代の経緯や議論を承けた上で、この種の規定を設けるか否かを「予決問題」として提議したが、法典調査会の審議過程では、婚姻予約（婚約）は、婚姻の前段階であり、これに法的拘束力を与えることは、結局のところ、「婚姻の自由」を奪うことにつながるとして、土方らのさまざまな反論にも拘わらず、繰り返して婚姻予約無効論を強調し、結局はやや強引に自説を貫いた。かかる規定の提案の趣旨説明には曖昧な点もあったが、「婚約無効論の立場」自体にはブレはみられない。旧法での無効論や当時のフランスの法状況が梅に無効論の確信を懐かせていたことは、ほぼ間違いないであろう。

以下、私の立場から重要と思われる点に的を絞って、特に梅起草委員と土方委員（法科大学教授）との「婚約観」を対峙させながら、改めて整理・検討してみよう。梅起草委員は、婚約規定を設けない趣旨説明をつぎのように述べている。わが国では、いいなづけや結納の取り交わしというものがあり、いよいよ儀式を行う当日に破談となるようなことはよく聞くことであるので、「然ウ云フ場合ニ付テ、規定ノアル方カ宜カラウト思ヒマスケレドモ、今迄モ然ウ云フ場合ハ御互ヒノ不幸ト見テ其為ニ損害ガ生ジテモ裁判所ニ持出サヌデ済ムト云フヨウナコトニナッテ居リマス然ルニ今此事ヲ法典ニ書クト破談ノアッタトキニハ動モスレバ裁判所ニ持出スト云フコトニナル…生涯娘ノ不幸息子ノ不幸トナルヨウナコトヲ軽々ニ取扱フト云フヤウナコトハ文明ノ世ノ中ニアリ得ベカラザルコトデアロウト思ヒマス」。かえって双方のためによろしくないと見たならば、破談をする方がよろしい。ただ、婚姻の支度のために非常に費用をかけさせたうえで、自分の都合で破談にするようなときは、「多少財産上ノ責任ハアッテモ宜シイカノヤウニモ思ハレマスルケレドモ夫レヲ書クト云フト必ズ疑ヒガ澤山出ルデアラウト思ヒマシテ…」書くのをやめました(16)。

これに対して、土方委員が、婚姻予約は有効であり、その履行を強制し得ないとしても、「違約」による「損害賠償」（慰藉料も含む趣旨）を認める必要があるので、規定を設けるべきである、と反論した。ことに、男性に詐欺的行為がある場合でも、女性が保護されないのかと問いただしたところ、梅は、そのような場合には、名誉侵害として不法行為責任により保護できるとするフランスの判例の立場を例に引いて応答した。しかし、土方は、これではおさまらず、さらにたたみ掛けて、最初から騙すのではなく、挙式もしないで同衾したのちに、「心変わり」した場合は、どうかと、梅に詰問したところ、梅は、違約だけではすぐに賠償の原因とはならないが、同衾があれば大抵は「過失」があるので、不法行為が成立すると繰り返して応接している。[17] ここでは、必ずしも明瞭とはいえないが、当初からだますつもりがなくとも、同衾後に理由もなく心変わりした場合も、不法行為責任に取り込める可能性を認めている。つまり、故意不法行為から過失不法行為へのシフトが不透明ながらもみられることは、明らかである。もっとも、梅のいう「過失」とは、やや曖昧であり、単なる注意義務違反というよりも、むしろ社会的に認められない行為態様（違法）という趣旨（ないし「有責」と評価する学説もある）とも理解し得ないわけではないが、とにかく、詐欺誘惑の論理の適用を緩和していることには間違いないであろう。この点は、後の判例の展開を見る上でも重要なる分析視角となるので、とくに刮目しておこう。

　このような梅・土方論争は、双方の婚約観の根本的な相違に帰着する。土方の婚約観は、従来の歴史的な経緯のもとで定着していた婚約観、つまり婚約における、ことに女性の名誉・名声という社会的評価をベイスにしているように思われる。フランス法のもとでいえば、民法典に至るまでのポティエの婚約観と共通し、破棄された婚約娘は、破棄されたということだけで将来の婚姻が困難になるという社会的な評価を問題にしていたといえよう。実は、土方は、明治二〇年の中頃からから二四年の中頃まで主にイギリスに留学していたので、彼の婚約観は、おそらく当時のイギリス法の婚約法の影響によるものであろう。実際、土方は法典調査会でもイギリス法の立場を援用していた。[18] その意味では、梅・土方論争は、仏英の相容れることのない婚約観の戦いでもあったわけである。

　ことに、結婚をする気もないのにそのような趣旨の言動をもって誘惑し性的関係をもつのは、古来よりごくありふれたことであり、今日でもこの種の例は枚挙にいとまがないことは周知の事実である。また、婚姻挙式の直前に理由もなく破談となる例も珍しくはない。そのような誠意に悖る行為態様を婚約ないし婚姻法のなかに取り込むか否かの相違に帰するが、土方は、わが国の婚姻習俗も考慮していたので、不法行為一般の問題に押しやった梅の立場を厳しく非難していたものと思われる。イタリアでは、今でもローマ法の用語である〈sponsalio〉という技術概念を使用しているが、この用語はもともとは「誠意」という言語に由来する。一定の要式で「約束したこと」に違反すべきではない、つまり婚約破棄は「信義に反する」という趣旨である。男性の誠意ある言葉に信頼して身を委ねた女性を保護しないことは、まさしく「正義公平の観念」にもとるであろう。当時のイタリアでも、このようなことが特に強調されていた。かかる男女間の性的関係を「非法」の領域に放擲するなどという論法こそが、文明諸国にはありうべきことではなかったのである。

ところが、梅は当時のフランス法（民法典、破毀院判例及び学説）の立場に依拠した。ここでは、伝統的な宗教婚を排斥し、国家と個人とを直接的に対峙させたうえで、「婚姻の自由」がことのほか強調されていた。しかしながら、そこにいう「自由」とはなにか。いうまでもなく、男女平等観のもとでの自由ではない。このことは、さまざまな観点から今日では共通認識となっているが、当時の梅らには、そのようなレベルの「自由権」論や婚約観を期待し得ないのは、いうまでもなかろう。そこで、梅によれば、旧来の婚姻慣習は軽視され、「法律ニ依テ婚姻ハ何時カラ効力ヲ生ズルト云フコトガ極マルノデアリマス」から、口だけの約束は、「婚姻ノ前相談」にすぎない、いわば成文法にいたる「草案」にすぎないものとされる。「本統ノ豫約」（財産法での売買の「予約」を指している。）とは異なり、婚姻予約は、「身体ノ自由モ名誉モ一緒ニ引ックルメテ極ルノデアリマス」から「普通の契約」ではできないので、契約として保護するためには「特別の法律」が必要であることが強調される。規定がないかぎりは、無効であり、「違約ヲシタモノガ直グニ不法行為トナル」には、明文の規定が必要である、という。(19) しかしながら、梅が依拠したフランス法は、当時のヨーロッパ諸国でも、特異な立場にあった。そこに婚姻予約無効論のある限界が潜在していたように思われる。

これに対して、土方は、「夫婦ニナロウト思フテ媒酌人ガ這入ツテ約束ヲシタ夫レガ草案デアルトイウヨウナコトハ」到底納得できるものではないとして、規定がなければ無効であるという、「強イ理由ガアレバ示シテ欲シイ」と梅に迫っている。当時の婚姻習俗では第三者たる媒酌人が通過儀礼に介在し、このような儀式が社会的にいかに重視されていたかは、改めていうまでもない。土方によれば、この段階に達すれば、法的な拘束力を認めた上で、「違約」

があれば、「正当ノ理由」がないかぎり、財産損害だけではなく精神的賠償も認めるべきであり、その「正当ノ理由」の有無は裁判所の判断にゆだねるのが妥当である、とされた[20]。この論理は、後の「婚姻予約有効判決」の論理と軌を一にするものであるので、ここで特に注目しておこう。

ところで、「二宮周平」は、梅起草委員のいう「同衾」を「同棲」と解釈し、このような場合を念頭において、破談があれば不法行為責任を認める趣旨であることから、ここにいう同衾とは「純粋な婚約」ではないというような説明をしている[21]。なるほど、ここにいう同衾は「純粋な婚約」ではないかもしれないが、梅の立場では、同棲がなくとも、結婚すると詐称して単に性的関係をもつ場合も（ことに女性が妊娠したようなときには）、同様に不法行為的救済が可能と思われるので、同衾が同棲であるとは断定できないであろう。現に、当時のフランスの判例には、そのような事例もあることが紹介されている[22]。また、土方は、英法に事例があるとして、財産損害を加えるだけではなく、相手方を「馬鹿ニシタヤウナ場合」も指摘していた[23]。フランスの裁判例にも、同趣旨の例があるようである[24]。したがって、ここにいう同衾から同棲を除く必要はないとしても、むしろ単に性的関係をもつこと、という程度（これが「同衾」の普通の意味である。）で一応は足りると理解しておくのが無難であろう。もともと、ここでの議論は旧民法の「婚約草案」から説きおこされ、婚約規定の採否が「予決問題」とされていたという事実を看過してはならないであろう。

いずれにせよ、梅起草委員の婚約観では、婚姻予約の債務不履行が問題となるのではなく、あくまでも、被害法益は名誉権そのものであり、その要件である「故意過失」があれば、不法行為が成立するが、そこでの要件事実の考慮事情として、相手方を騙して同衾したり、同棲後に理由もなく一方的に破棄したりするような行為態様が問題視されているものと理解すべきであろう。したがって、たしかに純粋婚約の破棄の場合には、おそらく消極的な判断をしていたものと思われる。「違約したこと」のみでは賠償責任はないとも説明しているからである。それが梅の婚約観とも調和する。しかし、男女関係での結婚の約束で騙したとか騙されたとかを証明するのは、ことに通過儀礼を行った場合には至難の業であり、かかる不法行為の証明責任は被害者側にあるので、女性救済という面では、梅と土方の立場では、雲泥の差があったものと思われる。

ともあれ、民法典成立後でも、梅謙次郎は「法典質疑会」で次のように簡潔に婚約破棄責任の問題点を述べている。「新民法ハ旧民法ト同シク婚姻ノ豫約ノ効力ヲ認メス婚姻ハ神聖ナルヘキモノニシテ尤モ自由ノ意思ニ因ラサルヘカラス然ルニ一旦豫約ヲ為シタルノハ假令婚姻ヲ為スコトヲ欲セサルニ至ルモ仍ホ之ヲ為ササルヘカラストセハ是レ眞意ニ非サル婚姻ヲ強フルナリ故ニ法律ハ之ヲ認メス若シ単ニ損害賠償ヲ払ラハシムヘシト曰ハンカ之レ一旦豫約ヲ有効ト視テ或ハ一種ノ債権ヲ生スルモノトシ唯其不履行ノ場合ニ於テ強制履行ヲ許サス単ニ損害賠償ヲ為サシムモノト謂フヘク亦前掲ノ主旨ニ反スルノミナラス間接ニ婚姻ヲ強フルモノナルカ故ニ之ヲ取ラス但詐欺其他不法行為ニ由リ相手方ヲ誤リ為ニ損害ヲ生セシメタルトキハ之カ賠償ヲ為スヘキコト固ヨリナリ」(25)。

この質疑問答の解説では、きわめて簡明に叙述されているが、その趣旨は、法典調査会での立場と変わるものではないと思われる。なお、この質疑録は、民法典成立後しばらくの歳月を経て公刊されているところ、後述のように、その間に梅は内縁問題に関心を傾注させているが、上記の婚姻予約概念には、内縁を含ませていないことが窺知しうる。

いずれにせよ、婚姻予約無効論が確立し、その上で詐欺的行為などにより相手方の名誉権を侵害した場合には、その具体的な要件はいまだ不透明ではあるとしても、とにかく不法行為的救済を認めるという起草者としての立場自体は明確となった。このような立場は、婚姻予約を単に契約として無効にするというのではなく、それ自体としての保護の当否が「公序」に関わるものと考えられていたわけであるので、婚約はその「合法性」すら奪われていたこととなろう。したがって、民法典施行直後の判例は、容易には解釈論でこれを合法とすることができなくなり、結局のところ、梅の見解をおうむ返しにするしかなかったものと思われる。

3　明治民法典と梅謙次郎の婚姻観

(1)　梅起草委員の婚姻観

明治民法典の施行当時は、民法典が届出婚主義（民七七五条）を採用したうえで、届出のない結婚は無効であるという立場（七七八条二項）を鮮明にしたことから、事実婚ないし儀式婚が意識的に排斥されたこともあって、そもそも内縁保護の法理が登場するような時代背景がなかったといわれている。[26] ただし、このような視点には、一定の留保が必要であろう。後述のように、民法典施行前に成立した内縁については事実婚主義が採られており、施行後であっても、そのような大審院判例が登場していたからである。かかる事実婚と民法典の届出婚とが併存していたところに、婚姻予約有効判決が登場した一つの要因があるようにも思われる。加えてしかも、後述のように、古くから学説では内縁も含む婚姻予約有効論が主張されていたことも決して軽視できないであろう。

ともあれ、まず届出婚制度を主張した梅謙次郎の内縁に対する基本姿勢を以下に掲記しておこう。立法段階では挙式しても届出がなされない場合もあることは、当然のこととして問題視されていたからである。ここでも、梅起草委員と土方寧の基本的立場の対立があり、梅が旧民法の規定の問題・難点を縷々指摘したのに対して、土方が旧民法が採用していた儀式婚主義の方がわが国の婚姻習俗に適合しているとしたうえで、ことに儀式を挙げて届出が為されないうちに一方が他方を嫌って婚姻継続の気持ちがなくなった場合を問題とした。しかし、かかる疑義に対して起草者の梅謙次郎は、確かに下等社会ではそのような例が沢山あることを認めながらも、上等社会ではそのようなことはしないであろうとした上で、「法律上ハ飽クマデモ届出ヲスルコトヲ必要條件トスル夫レデアリマスカラ段々其儀式ヲ挙ゲル日ニ届出ヲスルト云フコトニ為ラウト思ヒマス」とし、「此法律ガ行ハレテ儀式ヲ先ニ挙ゲテ置イテ後トカラ届出ヲスルヨウナコトガアッタラ夫レハドウモ仕方ナイ、サウシナイガ宜シイガスレバ仕方ナイ」と考えていた。[27] つまり、いったん届出が婚姻の要素とされた限りは、「其要素ヲ缺イテ居ルモノハ最早私通デアッテ婚姻デハナイ」とされ、儀式が簡略で動もすれば「ずるずるべったり」で婚姻をするようなことは、進歩した国では長く行っていく訳にはいかない。「二三九度を挙げる」だけであったり、甚だしきはそれもしないで「ずるずるべったり」になるような男女関係は、法律上無効としないと、正当婚姻との区別がたたないことから、届出が「婚姻の成立要件」と構成されることになった、という。[28] ただし、「一方ニ噓偽ガアレバ曲者カラ相当ノ賠償ヲシナケレバナラナイ」として、婚姻予約の場合と同様のケースを念頭において、おそらく当時のフランス法の状況を参考としながら、不法行為による損害賠償責任の可能性につき付言していた。[29] 要するに、梅起草委員は、法律婚と事実婚とを峻別した上で、届出前の同棲関係を私通であって法律上無効であると考えていたが、これが当初の大審院の立場でもあったことは、後述する。

(2)　梅『民法要義』における婚姻観

また、梅は自著のなかでは、つぎのように述べている。[30] 明治八年太政官達二〇九号は戸籍登記をもって婚姻の成立要件としたが、これは実際に行われず、刑事（具体的には姦通罪や尊属殺等との関連）においては明治一〇年司法省達四六号が親族近隣者夫婦と認め裁判官もその実あるとみとめるものは夫婦をもって論ずべきものとした。爾来、民事でも四六号達による例が少なくない。[31] 「実際ノ慣習ニ於テハ上流社会ト雖モ先ス事実上ノ婚姻ヲ為シタル後数日乃至数月ヲ経テ届出ヲ為ス者十ニ八九ナリ況ヤ下等社会ニ在リテハ竟ニ届出ヲ為ササル者頗ル多シトス斯ノ如キハ実ニ神聖ナル婚姻ト私通トヲ混同スルノ嫌アリテ到底文明国ニ採用スヘキモノニ非サルナリ」という。

要するに、ここでの男女関係も「公序」に関わる問題とされていたといえよう。梅がこのような強い立場に出ることができたのも、おそらく当時のフランス法における内縁の取り扱いが念頭にあったであろう。つまり、内縁関係を不道徳なものとみて、フランス民法典は内縁の法制化をさけ、「内縁関係より生ずる如何なる結果をも適法化することを拒絶する」こととしていたからである。[32] まさしく、公序に属する問題となっていたものと思われる。そこに梅が「理想」とした婚姻観（いわゆる「近代的婚姻観」）を明確に看取することができるであろう。ただし、梅は、「婚姻ノ無効及ヒ取消」の款の冒頭部分で、「本款ノ規定ニ依リ婚姻ノ無効ト為リ又ハ取消サルル場合ニ於テ一般ノ不法行為ノ原則ニ依リ過失者ヤ悪意者ハ損害賠償の責ニ任スヘキコト固ヨリ言ヲ俟タサル所ナリ」としているので、民法七七八条二項との関連でいえば、婚姻の届出がない場合の事実婚については、たとい儀式婚であっても無効となるが、その届出が正当なる理由によらないで拒絶された場合には、かかる行為態様に故意過失があるのが普通であるので、不法行為による賠償責任が生じうる可能性を認めていたということとなろう。[33] 詐欺的婚約のケースと同様に、具体的にそのような賠償責任が認められる要件が不透明であるとしても、実は当時のフランスの判例のなかには、「誘惑による内縁」の破棄ケースの場合にも、内縁関係に入る際の行為に過失を認めて一般の不法行為による損害賠償を認めていた事例があったので、そのような事情を考慮したものと思われる。[34]

(3)　民法典施行後の婚姻観

さらに、梅謙次郎は、その後も「民法典施行前は登記なき婚姻は無効なり」との論文を法律新聞にも寄稿して、つぎのように述べている。民法典施行までに太政官布告二〇九号達（明治八年）を変更した法令は存在しない。司法省達四六号（明治一〇年）は司法省より「大審院上等裁判所地方裁判所へ『為心得』達したる丁号達に過ぎないから、固より太政官達を廃する効力のあるべきものではなく・・」、民事問題には関係のなきものである。明治一六年一〇月二六日司法省内訓は、某検事の請訓に対し同四六号に依るべき旨を答えているが、もとより「内訓」のことに過ぎない。ところが、大審院明治三八年二月二四日判決（新聞二六九号九頁）は、民法施行前に成立した内縁について、同四六号の趣旨を民事にも及ぼし、登記なき婚姻でもその事実があれば裁判上夫婦と認めるのが「慣例」であるとしているが、これはもってのほかのことである。明治八年一〇三号布告裁判事務心得三には「民事の裁判に成文の法律なきものは慣習に依り云々」とあるが、本問題のごとく立派に成文法がある場合に慣習に依ることはできない、と。[35]

上記の大審院判決は「民法施行前に成立した内縁」に関する事例ではあるが、梅は、そのケースでも届出婚主義を主張して、大審院に対しかかる過ちを改めることの猛省を促しているのである。その実質的な意図は、ことに民法施行後における届出婚制度の徹底化をはかり、もって儀式婚の慣例を廃絶しようとしていた自らの立場を重ねて再確認したものであろう。したがって、民法典施行直後に公刊した『民法要義』での解説（上記（2）の叙述と比較されたい。）とは、ややその趣旨を異にする形となっているように思われる。後に詳論するように、大審院は、民法施行後の判決でも、民法施行前に成立した内縁については、上記のように事実婚主義を採用していたので、法律婚と事実婚とのいわば「二元主義の立場」にあったが、それでは民法典での届出婚制度の趣旨が崩されることを真に懼れていたものと思われる。実は、この梅論文はもともと自学の紀要である「法学志林」に掲載した「最近判例批評」のうちの一事例であるが(36)、わざわざ「法律新聞」に転載しているのは、そのような意図があったものと推知させるのに十分であろう。また、この一年前にも、ある東京控訴院の裁判例（明治三七年五月二〇日）が事実婚主義に立っていたことから、梅はこれを厳しく批判していたのである(37)。しかしながら、梅がいみじくも自認するように、とくに下流社会では、「事実上の婚姻」が多く、上流社会でも経過的な内縁が少なくないとしていたので、このような社会の実態が法律婚主義を採用したからと言って、容易に改まるものではなかったであろう。明治八年の太政官達が届出婚主義を採用したにもかかわらず、従来の婚姻習俗とは整合しなかったので、事実婚主義も許容せざるを得なくなり、少なくとも民法施行直前では、大審院判決が、上記の明治一〇年の司法省達に依拠しながら、施行前に成立した内縁につき「事実婚主義」を採用していたことのほかに、当時の社会の伝統的な婚姻慣行も加わり、容易には役所への届出（敷居が高い）が庶民の生活には浸透しなかったものと思われる(38)。梅が懼れていたように、民法施行後の内縁事例で、いわゆる内縁を保護した「婚姻予約有効判決」が間もなく登場することとなるが、この判決の登場する前に梅はすでに朝鮮で客死していた。彼が生存していたならば、当然のこととして、その民事連合部判決に対して厳しい非難を浴びせたことであろう。上記のような当時の梅謙次郎の緊張感・焦燥感からみれば、かかる大審院の二元主義も、「婚姻予約有効判決」の孵化場であったことが窺知しうる。存外早く婚姻予約無効論は崩壊したが、その要因の一つが、従来の婚姻慣行にあったように思われる。無効論は、むしろ自壊したといってもよい。

（4）「婚姻予約」概念と婚約・内縁

梅起草委員らの立法関係者がいう「婚姻予約」概念には、事実婚が含まれていたかどうかは必ずしも明瞭ではないとしても（少なくとも内縁の叙述箇所では「婚姻予約」につき、一切言及していない。）、旧民法時代からの立法の経緯からいえば、単純婚約が軸となっており、往々にして婚約と共存する性的関係も含めた婚姻の前段階を包摂する用語であったといえよう。

ところで、梅謙次郎によれば、婚約も内縁もいずれも公序良俗に反する男女関係であるが、これまでの説明からも明らかなように、婚約は、主として将来の「婚姻の自由」を拘束することから、無効とされたのに対して、内縁は届出婚主義を貫徹するために、法的には「私通」同然の男女関係と規定され、その結果、無効とされているので、いずれも婚姻の前段階の男女関係をかかるものとして保護する必要はないという政策判断は共通しているものの、その論理構造自体は基本的には異なるものと解されていたように思われる。それが当時のフランス法の立場でもあったからである。いずれにせよ、梅の立場それ自体は、法律婚制度の確立を目指していたものであり、そこに「近代的な婚姻観」が明確に認識されていたといえよう。

しかし、婚姻予約概念が大審院「民事連合部判決」によって明確にいわゆる内縁まで含むとされた論理的契機はなにか。この点にも留意しなければならないであろう。中川善之助は、かかる判例の立場を批判して、「一面に於いては内縁の事実を誤認しているし、他面に於いては婚約を婚約として保護すべきや否やを考えていなかったという非難をも免れない」[39]とするが、この評価は、前述の通り、やや単純にすぎるので、改めて後に詳論しよう。

ともあれ、本書では、以上の立法段階での婚姻予約と婚姻・内縁との取り扱いを踏まえた上で、婚姻予約有効判決に至るまでの判例の推移をたどることが当面の課題となるが、そこには伝統的な婚姻習俗との葛藤ないし予約無効論自体の内的限界がすでに露呈していたように思われるので、かかる観点にも留意しながら、可能な範囲内で一連の判例に内在する論理的展開を多面的な角度からフォローしてみよう。加えて、ここでは婚姻予約無効論と交錯する不法行為的救済の論理（いわゆる「詐欺誘惑の論理」）にも焦点を合わせて分析することが、ことのほか重要であるので、かかる観点からも分析している。(40) そのために必要な範囲での当時の学説やこれと関連するその後の学説を検討することも必須の課題となる。

(12)「奥田義人」は、婚姻には男女の共諾や生存者間の結合のほかに「法律の公認」が必要である（婚姻契約説は採らない）、と解する。そのうえで、契約か否かというその本義につき論ずる傍ら、婚姻と「婚姻ノ約束」とは異なるとして、当時の英国法が、当初婚姻を契約のようにみなし、その約束違反の場合に「破約ノ訴」を認めたことに対して、心ある者は当を得ないと嘆息したが、やがて損害賠償の訴えと称する方が適当とするようになったという例を引きながら、婚姻が成立するためには大抵はその約束によるものであるとしても、「其ノ約束タルヤ法律上契約ト認ムヘキモノニアラサルコトハ辨明セサルモ明瞭ニ有之候」としていたことが、注目に値する。奥田義人「結婚ヲ論ス」法協二巻六号（一八八四年・明治一七年）三五頁、四〇～一頁参照。また、その後も、婚姻の成立要件として法律の公認、男女の共諾、「共同生活の目的」（これは新たに付け加えた要件）、および生存者間の結合の四点を強調するとともに、それは、「婦女モ男子ト同等ノ位置ヲ占ムルニ至リタル」によるとしたうえで、今日では婦女の身体はもはや権利の客体とはならないのだから、「婚姻ノ約束」が「法律上双方ノ身分ニ関シテ効果ヲ生スルモノニアラサルコト明カナリ」としている。奥田義人『民法人事編（完）』（東京法学院、一八九三年・明治二六年）［日本立法資料全集別巻二六三、信山社版、二〇〇三年］一〇一頁。これは、かつての売買婚を念頭に置いた立論であるが、諸外国では違約ないし不法行為による損害賠償を認めたり、認めなかったりしているとの叙述がある。ただし、イタリア旧民法典五三条が違約による損害賠償を認めていないというのは、誤解である。この点は、本書「第一章」を参照のこと。その後、奥田義人『民法親族法論』（有斐閣書房、一八九八年・明治三一年）［同・信山社版（別巻）二六七］一〇九頁では、「婚姻の豫約」という用語を使用したうえで、これを無効としている。なお、法典調査会の委員にもなった奥田義人の経歴等（文部・司法大臣などの政府要職、中央大学学長のほか、大正四年には東京市長）については、差しあたり七戸克彦「現行民法典を創った人びと（14）」法セ六六六号（二〇一〇年）五七頁を参照のこと。

（13）熊野敏三・岸本辰雄合著『民法正義人事編巻之壱（上下）』［(上) 熊野執筆］（明治法律学校講法会内新法注釈会出版、一八九一年・明治二四年）［日本立法資料全集別巻六三、信山社版、一九九六年］一九三頁以下。なお、熊野の経歴等については、七戸・前掲注（12）「同（6）」法セ六五八号（二〇〇九年）六五頁を参照のこと。

（14）旧民法の編纂過程で起草された「婚約草案」が元老院で削除された事情については、差しあたり、本書「第一章」の第四節「2旧民法の編纂過程」とそこで引用した先行論文を参照のこと。

（15）ちなみに、梅謙次郎がリヨン大学に提出した博士論文である「De la transaction」（日本立法資料全集別巻二四〇、信山社版、二〇〇二年）は（一般に「和解論」と訳されているが、原文のままで邦訳は公表されていないようである。）、フランスでも第一級のものとして評価されているところ、その「はしがき」（xi-xii）のなかで、彼は殊更に「イタリア法（Code civil italien）の重要性」を指摘していた。これは、一八六五年イタリア民法典が梅のフランス留学の直前にフランス法文化のもとで誕生したという事情があることのほか、彼の師であったボアソナードの影響とも推測されるが（ボアソナードはフランス法に問題があると考えたときには、まずイタリア法を参酌したという。）、残念ながら、イタリア法の婚約規定については、一応は参考にされながらも、結局のところ採用されなかった。なお、梅謙次郎の研究姿勢、ことに自然法論的な立場や民法典の起草方針などについては、星野英一「日本法学の出発点―民法典の起草者たち」『明治・大正の学者たち（東京大学公開講座二六）』（東京大学出版会、一九七八年）二二〇頁、二三二頁［同『民法論集（第五巻）』（有斐閣、一九八六年）一四五頁以下所収］が詳しい。

（16）法典調査会・民法議事速記録第一三七回（明治二八年一一月一五日）『日本近代立法資料叢書六巻』（商事法務研究会、一九八四年）二一頁。婚約規定については、「乙第二十二号　婚姻ノ豫約ニ関スル規定ハ之ヲ掲ケサルコト」というかたちで、その当否を問うために「予決問題」とされている。「主査会」当時では、特に議論はなされていない（『法典調査会・民法主査会議事速記録』同叢書一三・一六七頁以下）。旧民法から明治民法典の編纂に至るまでの経緯と議論の詳細は、本書「第一章」の第四節「2旧民法の編纂過程」と同「3明治民法の編纂過程」を参照のこと。なお、親族・相続法に関する編纂の組織機構や編集方針については、利谷信義「明治民法における『家』と相続」社会科学研究二三巻一号（一九七一年）三〇頁が詳しい。

(17)　法典調査会・前掲注（16）二九頁。
(18)　ちなみに、土方寧は、英米留学からの帰朝直後に「日本法典研究の心得（演説筆記）」法学新報六号（明治二四年九月）一頁で、新法典の解釈にあたり、教授・学習の手法（米国ハーバード大学の判決録による教授方法）などを紹介しながら、研究・学習上のさまざまな注意を喚起しているが、その中では、比較法の対象として、仏独よりも体質を異とする英米法の重要性も指摘していた。同名の論文は、法協九巻一〇号（明治二四年一〇月）二一頁にも掲載されている。土方の経歴等については、七戸・前掲注（12）「同（12）」法セ六六三号（二〇一〇年）六九頁参照。なお、この当時の英法の婚約法については、後述の池田寅二郎の論文を参照のこと。イギリスでは、一九七〇年制定の法律で、婚約違反訴訟は廃止されている。国府剛「英米法における婚約について」『婚姻法の研究（下）』（高梨公之教授還暦祝賀論文集）（有斐閣、一九七六年）二四五頁。
(19)　法典調査会・前掲注（16）二八～九頁。
(20)　法典調査会・前掲注（16）三〇頁。
(21)　二宮・前掲注（6）三五〇～一頁。このような理解は、梅が当時のフランスの判例の立場を抽象的に挙げて説明していたことから、二宮は、おそらく梅が指摘していたフランスの判例が内縁（コンキュビナージュ）事例であると理解したうえで、婚姻予約と内縁保護の問題とを関連づける趣旨でそのような説明をしているものと思われる。たしかに、梅・土方論争で焦点となった男女関係の事例では、純粋な婚約というよりも主に同衾が前提とされているが、梅のいう「同衾」を果たして「同棲」と同視できるかは、不分明な点も残されている。二宮は、本論文で自身の別稿「フランスの事実婚（1）」阪大法学一〇六号四九～五〇頁を引用しているので、もともと内縁事例に関心が限定されているようにも思われる。しかし、この論争の出発点は、「旧民法」編纂の経緯からみても、明らかに単純婚約事例である。
(22)　木村健介「フランス法における婚約」関西大学研究論集一号（一九三四年・昭和九年）一八～九頁。
(23)　法典調査会・前掲注（16）二二頁
(24)　木村・前掲注（22）一五頁。そこでは相手方を「世間の物笑いにしたということ」に基づく精神的損害賠償を認めた当時の下級審裁判例が指摘されている。

(25) 梅謙次郎「第五〇、婚姻豫約ヲ認メサル理由如何」『法典質疑問答・民法第四編親族相続全』（有斐閣書房、一九〇六年・明治三九年）五一頁（日本立法資料全集別巻四〇、信山社版、一九九四年）。ところで、民法典制定当時、学説では、「婚姻予約」につき、かなり関心が持たれていたようであり、門屋直哉「婚姻豫約論」法学新報六三号（一八九六年・明治二九年）八二頁によれば、東京法學院（中央大学の前身）同攻會では、「結婚豫約違犯ヲ理由トシテ損害賠償ヲ請求スルヲ得ルヤ」というテーマで討論会が開催された旨が述べられている。門屋はこれに参加しえなかったので、本論文で、婚姻が契約ではないことを比較法などに言及しながら論述し、婚姻は身分取得の方法であり、その権利義務は法定されているので、身分上の関係を予め取得せんとする契約なるものは、法理上認められないとしている。

(26) この点については、川井・前掲注（3）一一一〜二頁を参照のこと。

(27) 法典調査会・前掲注（16）一八六頁［民法議事速記録第一四二回・明治二八年一一月二九日］。この間の梅・土方の発言については、太田・前掲注（5）五一頁以下、二宮・前掲注（6）三四一頁以下などでもすでに指摘・注目されているところである。

(28) 法典調査会・前掲注（16）二一二〜三頁。『民法修正案理由書第四編親族・第五編相続』（博文館蔵版、一八九八年・明治三一年）五三頁（日本立法資料全集別巻三二、信山社版、一九九三年）でも、儀式婚の成立時期の曖昧さが指摘されている。その上で、梅謙次郎（当時、法制局長官）は、政府委員として第十二回帝国議会・衆議院（明治三一年五月）で改正案の届出婚につき同趣旨の説明をしているが、これに対して、「婚姻ハ事実ニ因リテ効力を生ス」との修正動議がなされて、かなり長い議論の後に、結局のところ、修正案としては「婚姻ハ…届出ツルニ因リテ其儀式ヲ行ヒタル時ニ遡リテ効力ヲ生ス」との提案だけとなったところ、これは賛成者少数のため否決された（同月三一日）、という。広中俊雄「第一二回帝国議会における民法修正案（後二編）の審議」民法研究第三号（信山社、二〇〇二年）三九〜四〇頁、五六頁を参照のこと。さらに、同改正案が貴族院に送付されて（同八五頁以下、一二一頁以下など参照）、同年六月一五日に裁可・公布された（同一三三頁）。したがって、わが法制上は、事実婚ないし儀式婚の排斥が確定したといえよう。

(29) 法典調査会・前掲注（16）一八六頁。

(30) 梅謙次郎「『民法要義巻之四親族編』（和仏法律学校・明法堂、一八九九年・明治三二年［初版］）一〇五から六頁

（信山社版、一九九二年）。

(31)　この太政官達と司法省達との矛盾調整については、差しあたり村上一博『日本近代婚姻法史論』（法律文化社、二〇〇三年）三頁以下とそこで引用されている文献を参照のこと。また、明治初期から旧民法を経由して明治民法典に至るまでの立法過程における内縁問題については、太田・前掲注（5）三七頁以下が詳論するので、それに譲る。

(32)　当時のフランスでの内縁問題については、木村健助「フランス法における内縁」関西大学研究論集五号（一九三五年・昭和一〇年）二六頁、四四頁を参照のこと。

(33)　梅・前掲注(30)『民法要義』一一五頁参照のこと。なお、内縁の不当破棄で不法行為責任が認められるケースとしては、梅によれば、婚姻予約の場合とパラレルに考えると、先述の法典調査会での発言にもあるように挙式同棲して理由もなく届出を拒絶するような場合（故意過失が認められるとき）であるので、通常は、経過的内縁（いわゆる「試婚」と重なるもの）の一方的破棄ケースであろう。

(34)　木村・前掲注「内縁」(32)三三～四頁。

(35)　梅謙次郎「民法典施行前は登記なき婚姻は無効なり」法律新聞三五五号一八頁（一九〇六年・明治三九年五月二五日）。

(36)　梅謙次郎「判例研究」法学志林八巻五号（一九〇六年・明治三九年）五頁。

(37)　梅謙次郎「判例研究」法学志林七巻二号（一九〇五年・明治三八年）一五頁。

(38)　内縁発生の要因については、太田・前掲注（5）五八頁、二宮・前掲注（6）三四三頁以下参照。

(39)　中川善之助『日本親族法』（日本評論社、一九四二年・昭和一七年）一七九頁。

(40)　なお、今日における婚約学説は、戦後の判例を分析する際に改めて別に検討するので、ここでは割愛する。さしあたり、田村精一「婚約破棄の責任」（判例総合研究）民商四〇巻三号（一九五九年）四八頁、国府剛『婚約（増補）』叢書民法総合判例研究四四（一粒社、一九八二年）、叶和夫「婚約をめぐる諸問題（1）（2・完）」民事研修二八九号（一九八一年）一〇頁、同二九一号（一九八一年）一〇頁、中山秀登「わが国における婚約の法的構造-ドイツ法と対比して」法学新報九九巻三・四号（一九九二年）一二五頁、同「未成年者による婚約の法的構造―ドイツ法と対比して」法学新報九九巻五・六号（一九九三年）二八五頁のほか、最近では宮崎幹朗『婚姻成立過程の研究』（成文堂、二〇〇三年）一五頁や小野幸二「婚約の不当破棄と相手方の保護」日本法学六五巻四号（二〇〇〇年）一三一頁などが貴重な文献である。なお、沼正也『親族法準コンメンタール（婚姻Ⅰ）』（信山社、一九九八年）二二四頁、二四九頁以下は、立法当時から今日に至るまでの婚約に関する文献を渉猟しているので、大変参考となる。他方で、戦前の裁判例、ことに下級審判決については、戦後の一般の判例掲載誌に収録されていない事例も含めて、岩田・前掲注（8）『判例婚姻豫約法解説』に多くを負っていることを付言しておきたい。なお、ごく最近の内縁固有の研究としては、森山浩江「非婚夫婦と準婚法理」小田八重子・水野紀子編『新家族法実務大系Ⅰ婚姻・離婚』（新日本法規、二〇〇八年）一三二頁、同「現代社会と婚姻法理」生野正剛ほか編『変貌する家族と現代家族法』［有地亨先生追悼論集］（法律文化社、二〇〇九年）三六頁や古川璎子「事実婚の法的保護と内縁保護法理についての一考察」岡山大学大学院社会文化科学研究科紀要二七号（二〇〇九年）四一頁などがある。前者は準婚理論自体に批判的であるのに対して、後者は、いわゆる契約理論説や二宮周平の事実婚理論（自己決定権と要保護性）に疑問をもち、伝統的な準婚理論を再評価している点に、特徴が見られるように思われる。ちなみに、内縁保護の論拠については、とくに重婚的内縁の保護の限界を見極める際に学説の論争が先鋭化するが、この難題は将来の課題としておきたい。

三　初期の裁判例の状況

1　民法施行前の内縁事例

ここにいう民法施行前の内縁事例とは、施行前に事実上結婚・同棲した事実があるケースをいうが、この種の判決例であっても、民法施行後に宣告されている例も散見される。そのような事例では、大審院によれば事実婚が法定の婚姻であったので、これを前提とした判断がなされている。そこで、一応、かかる区別にも留意しながら、以下、本稿の視点と関連する範囲内で幾つかの重要と思われる裁判例を分析しておこう。

(1)　事実婚主義

先述したように、旧婚姻法では、明治八年の太政官達二〇九号が戸籍登記を婚姻の成立要件として届出婚主義を採っていたにも拘わらず、同一〇年の司法省達四六号が、「親族近隣ノ者モ夫婦」と認めて「裁判官ニ於テモ其實アリト認ムル者ハ夫婦」と心得べし、としていたので、従来から双方の矛盾を調整するため、法律婚主義が事実婚主義によって修正されたか否かの激論が繰り返されてきた。先述した梅論文もこの点にかかわるものである。(41) この種の論争に深入りする必要はないので、ここでは明治民法典が制定・公布された直前直後の大審院判決のみを掲記しておこう。婚姻予約有効判決を客観的に位置づけ、その内在的な論理的展開の契機を探るためには、一応はそれで事足りると思われるからである。

この当時では、つぎの大審院判決[1]がきわめて重要な位置をもっていることが指摘されている。(42) すでに、法律婚と事実婚との範疇を認識した上で、事実婚主義を採用したものと評価されている。その事案がよく分からないところもあるが、亡きA家の家督相続をめぐる紛争であり、「事実上の婚姻」から生まれた子でも、家督相続人になりうるかという問題との関連で、事実婚主義が採用された例である。

[1]　大判明治二九・六・二三民録二輯六巻八三頁（内縁）

【事実・判旨】　A死亡後にA家の養子となったYの相続が不当であるとして、A家のXは、養子縁組の取消しとその相続の取消しを求めたうえで、Aの嫡孫であるB女が真正家督相続人に該当すると主張して、その選定を申し立てたが、Bの父（Aの子）と母との婚姻につき、戸籍に登記がなされていなかったことから、Bの嫡出性が論点となったようである。

原判決は、事実婚主儀に立ち、Xの請求を認容した。

大審院は、つぎのように判示して、原判決を維持している。例の明治八年太政官達二〇九号では届出婚主義（戸籍登記の必要性）がとられているが、その後の同一〇年の司法卿の上申に対する太政官指令では「其登記ヲ怠リシ者アリト雖モ既ニ親族近隣ノ者モ夫婦若シクハ養父子ト認メ裁判所ニ於テモ其ノ實アリト認ムル者ハ夫婦若クハ養父子ヲ以テ論ス可キ儀ト心得ヘシ」とあるので、「然レハ婚姻又ハ養女ノ縁組等ハ戸籍ニ登記ナキモ裁判官ハ事実上其成立ヲ認定スルコトヲ得ヘキ次第ナレハ原判決ハ明治八年第二〇九号太政官達に違背シタルモノニ非ス。」

(2)　内縁夫婦間の婚姻届出請求事件

さらに、明治民法典施行後に宣告された判決例では、下記の二件の「婚姻届請求の件[43]」が、本書にとっては、きわめて重要な意義をもつ。

[2]　大判明治三二・九・一九民録五輯八巻六頁（内縁）

〔事実〕　事案は不詳であるが、明治三〇年三月二〇日ころX男はY女と婚姻目的でY宅で祝盃をあげて「同住」した。しかし、送籍がなされないままであったので、XはYに対し婚姻届の手続履行を求めたが、Yがこれを拒絶した。そこで、XがYに対して婚姻届出をなすよう請求した事件である。一審（東京地判三一・一〇・二四）はXの請求を認めたが、東京控訴院第一民事部（明治三二・二・二〇）は、太政官二〇九号達は憲法七六条にいう「法令」であるが司法省四六号はそうではないので、同二〇九号により婚姻は登記がなければ無効とした。これに対して、Xが、民法施行前では戸籍の有無により婚姻を有効無効とする成文法はなく、婚姻はその事実があれば成立しうるので、戸籍登記は婚姻の成立要件でないことは多年の慣習である、として上告。

〔判旨〕（破棄自判）司法省四六号達も太政官二〇九号の指令も等しく憲法七六条にいう法令である。「然リ而シテ民法施行前ニ在テハ実際夫婦タル事実ノ存スル以上ハ其実際ニ拠リ判断ヲ下スハ我国裁判上ノ慣習ナリトス故ニ本案モ亦民法施行前ニ生シタル事項ニ係ルヲ以テ前顕司法省達及ヒ慣習ヲ適用スヘキモノナリ然ルヲ原院ニ於テハ該太政官達ハ法令ニシテ該司法省達ハ法令ニアラストシ其結果本案当事者カ実際夫婦タルノ事実ヲ認定シタルニモ拘ラス単ニ戸籍ニ登記セサルノ故ヲ以テ婚姻ノ効力ナキモノトシ第一審判決ノ全部ヲ廃棄シ上告人ノ請求ヲ棄却シタルハ違法判決ナリ」

民法施行前では、いわゆる夫婦間で戸籍登記を請求する事件につき、下級審裁判例は、事実婚の実態がある場合には、その送籍を命じていたという[44]。本大審院判決は、この種の事例に属するものであり、原判決が破棄されて、控訴が棄却されているので、一審判決に基づいて、Xの戸籍へYの籍の送籍が命じられたものと思われる。この直前に、政府の民法典調査会では、婚姻予約の有効無効の論議がなされていたことを思えば、興味深いものがある。この判決では、事実婚主義が採用されているので、予約の有効無効には言及されていないが（その必要がない）、届出前の事実婚が、婚姻として有効か無効かというかたちで議論されており、破棄者に対して届出を請求するというのは、届出をなす旨の合意・義務の履行請求という側面もあるので、実質的には予約の有効無効論と径庭はなかったであろう。つまり、婚姻予約有効判決と密接な関係のある判決例ともいえなくはないのである。ことに、ここでは事実婚と「届出義務」との不即不離の相互関連性を銘記しておく必要があろう。

本判決の直後にも同趣旨の大審院判決例[3]が登場しているので、かかる事実婚主義が再確認されたこととなろう。

[3]　大判明治三三・一二・一民録六輯一一巻三頁（内縁）

〔事実・判旨〕　本件の掲載誌では誤って「離婚届出請求の件」となっているが、婚姻届請求事件である。事案は不詳であるが、X女はY男と明治三〇年七月一五日に挙式し、同三一年五月まで同居したが、Y家を出たのちに、婚姻届出を請求した。X女は、Y男のたまたまの虐待などにより別居したと主張したのに対し、Yは、Xが任意に家を去ったので黙示の協議離婚が成立したなどと反論した。一審ではXが敗訴したが、原審（東京控判第二民事部明治三三・一〇・三）は、民法施行前の婚姻は届出が要件ではなく挙式同棲によって適法に成立するとして、Xの婚姻届出請求を認容したうえで、Yに対し「所管戸籍吏ニ之カ届出ノ手続ヲ為スヘシ」と命じている。大審院もYの主張を排斥して、原判決を是認した。

[2]・[3]判決は、(45) 婚姻破棄による損害賠償責任を問うものではないが、いずれも内縁自体の実質をそのまま保護した判決であり、このような大審院判決の立場が、後の婚姻予約有効判決への一つのステップになっていたと評価することも可能なのである。実際、後述のように、民法典施行後の事実婚夫婦は、たとい挙式のうえ同棲していたとしても、「私通」扱いであったことと比較すれば、双方の懸絶が著しくバランスを欠くことは、正義衡平の現実感覚の鋭い裁判官自身には自覚されていたはずである。実際、上記のように、[2]・[3]判決の事実審判決を見ただけでも、施行直後

の東京控訴院や地裁は、婚姻の成立要件につき、かなり混乱していた事情が判明する。
その他、夫婦間の婚姻届出請求訴訟ではないが、大判明治三六・二・一七（民録九輯五巻二〇〇頁）、大判明治三八・二・二四（新聞二六九号九頁）、さらに大判明治四五・三・七（民録一八輯五巻一七二頁、施行前の事実婚夫婦から出生した子の嫡出性を認めた例。）なども、戸籍登記がないときには挙式後同居していた事実により正式の婚姻が成立していたことを認めている。したがって、少なくとも、この当時の大審院判例に限定すれば、すでに儀式婚ないし事実婚主義に固まっていたといえよう(46)。

先述のように、「梅謙次郎」がこの当時の大審院の立場に危機感を懐いていち早くその不当性を攻撃していたのは、おそらく将来、民法施行後の内縁についても、これを保護する判決が登場してくることを懸念していたものといわざるをえない。彼の鋭敏な直感力が、大審院に対しいわば牽制球を投じさせたものと思われる。

2　民法典施行後の婚約・内縁事例

(1)　婚姻予約無効論

民法典施行直後のつぎの大審院判決[4]は、一般に婚姻予約無効論を採用した事例として著名なものである。その事案は不詳であるが(47)、「夫婦となる約束」に反した場合には違約金を支払う旨の約定がなされたところ、男性がその約束を破棄したことから、当該約定金の請求がなされた事件である。当事者間に性的関係があったとしても、挙式同棲は問題となっていないので、後述のように、内縁ではなく、ここでは「婚約事例」と考えておくのが無難であろう。この種の事例は、当時のフランスでも婚約事例として処理されていたようであるし、イギリスやドイツでも、このような例も含めて婚約破棄責任が問われていた(48)。梅・土方論争もこの種の類型の男女関係を念頭において有効無効を論じていたことは、先述した。ともあれ、本判旨は、梅謙次郎の立場や民法典の婚姻制度に強い影響を受けているので、とりあえず、ここで紹介しておきたいと思う。

[4]　大判明治三五・三・八民録八輯三巻一六頁（婚約）

〔事実〕　X女とY男が将来夫婦となる約束をして、Yが、その予約を不履行した場合には、金一五〇円を支払う旨の書面をXに交付した。ところが、Yが履行しないので、予定賠償額を求めて、Xが提訴した。一審（山口地判明治三四・六・一八）は、「夫婦タルヘキ予約ハ公ノ秩序又ハ善良ノ風俗ニ反セサル一ノ法律行為ニシテ苟モ夫婦タル身分関係ヲ生スルハ戸籍吏ニ有効ノ届出ヲ為スニアラサレハ効力ヲ生セサルモ之ヲ履行セサル場合ニ処スル予定賠償額ヲサタムルハ法令ノ禁止スル所ニアラス」としてXの請求を認容した。しかし原審（広島控判明治三四・一〇・一五）は、婚姻予約は無効であり、これを有効とすれば、自由意思によるべき婚姻の目的に背戻するので、違約罰を付したるときも、真意に反し枉げて婚姻を為すに至るので、婚姻予約もこれに付随する違約罰の約定も無効とした。Xは、予定額さえ支払えば、予約を実行しなくてもすむという選択自由があるので、決して婚姻を強制することにはならない、などと主張して上告した。

〔判旨〕（上告棄却）「然レトモ明治八年太政官達第二百九号ニ婚姻又ハ云云縦令相対熟談ノ上タリトモ双方ノ戸籍ニ登録セサル内ハ其効ナキモノト看做ス（其登記ヲ怠リシモ事実ノ存スルトキハ夫婦タルコトヲ認ムルノ例外アレトモ）トノ規定アリ又民法第七七五条ニ婚姻ハ之ヲ戸籍吏ニ届出ツルヲ以テ其効力ヲ生ストノ規定アリ蓋婚姻ハ人生ノ一大重事ナルカ故ニ民法施行ノ前後ヲ問ハス法律ハ結婚ノ時特ニ当事者双方ノ自由ナル意思ノ存スルヲ必要トセルカ故ニ其自由ナル意思ノ結合ニ因リテ戸籍ニ登録シタル時又ハ戸籍吏ニ届出テタル時ヲ以テ始メテ其婚姻ヲ有効トセリ由是観之ハ将来婚姻ヲ為スヘシトノ予約ノ如キハ法律ノ認許セサルコトヲ明知シ得ヘシ何トナレハ苟シ夫レ其予約カ有効ナルニ於テハ当事者ノ一方カ種々ノ事情ニ因リ其意思ノ変更ヲ来タスコトアルニモ拘ハラス其予約ニ束縛セラレ竟ニ其意思ヲ枉ケテ婚姻ヲ為スナキヲ保セス然ルトキハ其婚姻カ当事者ノ自由ナル意思ニ背戻シテ成立スルノ結果竟ニ夫婦相愛ノ道ヲ保持スル能ハサルニ至ルノ恐アレハナリ已ニ婚姻ノ予約カ無効ナリトセハ其予約ノ不履行ニ付キ損害賠償ノ額ヲ予定シタル契約モ亦随テ無効ナルコトハ洵ニ明カニシテ民法第四二〇条ヲ適用シ得ヘキ場合ニアラサルナリ」

本判旨は、婚姻予約無効論を採り、これに付帯する違約金条項も無効としている。その理論構成は、梅謙次郎の論理をそのまま踏襲していることは明らかである。

ところで、本判決での男女関係の成立事実は民法施行前後のいずれであるのか言及されていない（むしろ、学説では施行後の事例と区別なく紹介されるのが一般的である。）が、一審判決の主張事実では、Yが「夫婦トナルノ約定」を違約したときには手切金一五〇円を支払う旨の約定がなされたのは明治二五年九月二一日、XをY方へ入嫁させることができないときには同額の約定金と生涯の扶持、年々米五俵を与える旨の約定がなされたのは、同二六年一一月三日になっている。(49) これに間違いがなければ、本件は、民法施行前の事例に属することとなるが、(50) そうとすれば、本件は内縁の事例ではないと考えるのが無難である。当時の大審院判例[1]・[2]・[3]は、既に検討したように、施行前では事実婚主義を採っており、施行前では内縁の実態があれば、「婚姻届出請求権」を認容して「送籍」すら命じていた。内縁自体が法律上の婚姻そのものであるならば、内縁事例では、本判決のいうような「将来婚姻ヲ為スヘシトノ予約」概念を必要としないであろう。したがって、本判旨のいう婚姻予約とは文字通りの予約であったものと思われる。

本判旨も、わざわざ「民法施行の前後を問わず」と付言していることからも、施行前の事例として判断している可能性の方が極めて高いが、ここにいう婚姻予約を「婚約」であると解すれば、施行の前後を問わず、婚約はたとい性的な関係があっても法律上の婚姻とは区別される男女関係であったので、事実婚主義のもとでも、婚姻予約は無効という論理は成り立つこととなろう。(51) 現に、先述した旧民法・儀式婚主義の下での「熊野」の見解も婚姻予約無効論であった。「民法施行の前後を問わず」という判旨の趣旨も、このような事情を考慮していた可能性があるように思われる。ただし、内縁自体が有効であれば、同じく通過儀礼を伴う婚約も有効という論理は立てやすいことは事実である。したがって、本件の一審（山口地裁）は、当時、婚姻予約有効論を説いた唯一の裁判例といわれ、下級審裁判例といえども注目すべきものではあるとしても、(52) ただ事実婚主義の下での婚約有効論であったので、その点を少し割り引いて考えておくのが無難であろう。

ところで、前述のように、本件の男女関係の詳しい実態は不分明なので、その評価の分かれるところだが、すでに検討した立法段階での梅・土方論争では、このような同衾のある男女間における「夫婦の予約」の不当破棄責任が議論されていたところ、一審は、土方の論理に従ったものといえよう。これに対して、原審も大審院も、梅起草委員の主張した婚姻予約無効論を採用した。

一般に、本判決をもって「婚姻予約無効論の先例」とされているが、「唄孝一・佐藤良雄」は、違約金の約定の無効を導き出すための理由付けにすぎなかったことから、婚姻予約無効論から直ちに婚約破棄自体につき損害賠償を認めなかったどうかは不分明であるとして、後の婚姻予約有効判決との比較は軽々になすべきではない、としている。[53]これ対して、「川井健」は、本判決は後の民事連合部「婚姻予約有効判決」によって、その「先例」性を変更されたとしている。[54]この民事連合部判決の事案が内縁であれば、本判決は、直ちに民事連合部判決との関連で「先例」とはいえないであろう。ことに、本判決の射程が「事実婚主義」時代の予約論であったとするならば、当時、内縁自体は保護されていたので、その意味でも、実質的には内縁自体の保護の要否を問題とした民事連合部判決とはレベルを異にすることから、「事案」との関連では、その先例性も割り引いて考えておかねばならないであろう。いずれにせよ、上記の両説には、かかる視点が全くみられないのは、不可解といわざるを得ない。民事連合部判決が本判決を引用していない事実も考慮しなければならないのではないか。

ところで、本判決の射程を考えると、その婚姻予約無効論から不当破棄責任としての「損害賠償責任」までも否定されたと評価するのは、たしかに問題がなくはない。しかし、かりに損害賠償が認められるという含みがあるならば、何も婚姻予約自体につき、わざわざ無効論を述べる必要もなかったであろう。婚姻予約の有効無効には言及しないで、とにかく婚姻自体を強制する結果となる違約金の約定は無効であるとすれば足りたからである。判旨は「将来婚姻ヲ為スヘシトノ予約ノ如キハ法律ノ認許セサルコトヲ明知シ得ヘシ何トナレハ若シ夫レ其予約カ有効ナルニ於テハ当事者ノ一方カ種々ノ事情ニ因リ其意思ノ変更ヲ来タスコトアルニモ拘ハラス其予約ニ束縛セラレ竟ニ其意思ヲ枉ケテ婚姻ヲ為スヘキヲ保セス然ルトキハ其婚姻カ当事者ノ自由ナル意思ニ背戻シテ成立スルノ結果竟ニ夫婦相愛ノ道ヲ保持スル能ハサルニ至ルノ恐アレハナリ」とする。この説示の法的構成は、まさしく梅謙次郎が婚姻予約無効論を展開する論拠となっていたものである。この当時の判例の分析では、ことのほか梅起草委員の見解を念頭におく必要があろう。そこには、起草者ひいては立法者の「婚約観」ないし「婚姻観」があったのであり、この視点を前提とすれば、本判決の論理構成からみて、予約破棄による損害賠償も否定する趣旨であったと考えるのが穏当なところであり、後に内縁事例も含めて「婚姻予約」概念が使用されるようになったことも併せ考慮すれば、この限りでは、川井健の評価が正しいように思われ、抽象論としては、本判決の婚姻予約無効論は、民事連合部判決によって変更されたという評価は可能であろう。したがって、必要以上に慎重なる考慮ないし判例分析はかえって問題である。[55] ことに、「単純婚約」の有効無効論では、旧民法時代からの立法の経緯をみても、「損害賠償責任の可否のみ」が争点となっていたことは明瞭である。また、当時の学説（後述）でも、とくに不当破棄による損害賠償責任を議論の焦点とする傾向にあったことも参考とされるべきである。

ともあれ、この大審院判決の存在にもかかわらず、後述のように、その直後の水戸地裁下妻支判（[8]判決）は、内縁関係も私通ではないとして、その有効性を認めていたことにも、注目する必要があろう。

(2)　学説の対応

この当時の学説も、「婚姻予約=婚約」の無効論を説く者が多い。後に大審院判事となった「柳川勝二」は、本判決直前の論文で、婚姻予約は婚姻の自由を拘束することとなるところ、身上に関する約束は人身の自由に関するものであるので、婚姻をなすべき拘束力ある豫約は「公ノ秩序ニ害アルカタメ」、何らの効力が生じないとしていた。[56] ことに、婚姻予約は婚姻の準備にすぎず、「軽挙妄為セス男女共ニ真面目ニ其関係ヲ取結ンカ為ナリ既ニ然リトセハ準備中ニ於ケル経験ノ結果其意ニ満タサルモノアルトキハ何時ト雖トモ随意ニ其約束ヲ取消スコトヲ得サルヘカラス」。[57] したがってまた、法律上履行義務がないので、その不履行によって相手方は「何等ノ権利ヲモ害セラレタルモノニアラス」として、不法行為による損害賠償も認めない。要するに、婚姻の約束は道義に反するので、「当事者単独ニ其契約ヨリ脱退スルヲ得ヘシ已ニ其約束ヨリ脱退スルヲ得ル以上ハ其脱退シタルヨリ生スル結果の負担ヲ強要スルハ非理ナリ」とも付言する。(58) また、本判決直後の「掛下重次郎」の論稿も、「婚姻の自由」を強調するとともに、婚姻には父母の同意などが要件となっているのに、予約につき、その旨の明文の規定がないし、また、予約の解除の規定もないのは、法律が予約を認めていないことにほかならないところ、予約が無効であれば、その予約の違背による損害賠償の責任も生じない、などとする。(59) さらに、「稲村藤太郎」も、婚姻の自由を拘束するという論法（およそ債権の行使で債務者の意思を拘束せざるものなし、とする。）や公序論には反論するが、事実上法理上は契約であるとしても、民法上は契約の成立要件を欠くので「無効」として、基本的には掛下説の結論と同旨を説いている。(60) この説のいう「婚姻の自由」拘束論の不合理性については、後の学説（我妻説などの論拠）になっているところが注目に値するし、また、公序無効論と民法上の保護とを区別した点についても、婚姻予約有効判決に何らかの示唆をあたえたものと評価することができるであろう。

これに対して、当時すでに、［4］判決（大審院明治三五・三・八）の論理を批判し、婚姻予約が公序良俗に反するというのは、理論的に不当であるのみならず、婚姻習俗にもそわないとする見解もあった。これら一連の学説が婚姻予約有効判決の萌芽的前兆となっている状況は、後述する。(61) なお、この当時の学説がいう「婚姻豫約」とは、いうまでもなく「単純婚約」のことである。

(3)　不法行為的救済

(ア)　肯定例　　つぎの事例[5]は、いわゆる「詐欺誘惑の論理」で女性を救済したものであり、当時としては、きわめて注目すべき事例である。男女が同棲したものの、ついに婚姻届を出さなかった男性が、当初から婚姻届を出すつもりがなかったという事実を前提にしているので、単純なる婚約破棄事例ではないが、そのような詐欺的な行為態様が非難されている。予約当時には男性が他女と婚姻していた事例である。

［5］　大判明治四四・一・二六民録一七輯一巻一六頁（内縁）(62)

〔事実〕　X女がY男に対して婚姻予約破棄による名誉侵害の不法行為責任を請求した。X（もと小学校教員）は、媒酌人を介してYと同棲したが、Yは X が主婦として欠格があると称して入籍を拒み、媒酌人を通して離別を強要したうえ、Xの節操を翻弄し重大なる侮辱を加えて婚期を遠ざからしめた、と主張した。一審の宮崎地判明治42・11・30は、Yには婚姻意思があることは争いのない事実であり、たとい事実上の婚姻を為したる末、Xを放逐したとしても、入籍をしていない限りは、「普通の私通関係」と選ぶところがなく、かかる関係を継続することはXにとって「一の権利」なりと解することはできないので、この関係をYが絶止したとしても、Xの節操を汚辱したとはいえない、として、Xの請求を排斥した。

これに対して、Xは、「当初より真に婚姻をなす意思なきに拘わらず婚姻をなす意思ある如く装いXを欺き婚姻をなすと称してY方に同棲せしめた」ことを強調し、Xを放逐して出戻者たらしめたなどと主張して、控訴した。原審（長崎控訴院明治四三年九月二六日判決）は、Xの名誉侵害を理由として不法行為による損害賠償責任を認めた。「婚姻の式を挙ぐる際必ず其婚姻の届出を為し以て適法に其婚姻を成立せしむ可き確定の意思を有せざりしに拘らず婚姻の式を挙げたる上其届出を為し以て適法に其婚姻を成立せしむる意思を有する如く装いXをして之を信ぜしめ」、YはXと挙式を済ませた後、数カ月間同棲させたうえ、婚姻を不成立に至らしめる目的をもって、些細なことを理由として、事実上、Xをして同棲に耐えないようにし、X自らがY宅を去るの已むを得ざるに至らしめた、と説示した。

Yは、つぎのような理由を掲げて上告した。Xと届出前に同棲して儀式を挙げたものであるので、その間、Yが後日婚姻届を出すのごとく装いXをしてこれを信ぜしめたとしても、結局はXは法律の保護を受けない行為であることを予期してこれをなしたものであるから、自ら法律による保護を受けない行為をしながら、これをもってYの不法行為責任を問うことは不当である。また、Yは婚姻届出をなす義務や同居する義務を強制されることはないので、これに応じないとしても不法行為にはならない、と。

〔判旨〕（上告棄却）「然レトモ原院ノ確定セル所ニ依レハYハ適法ニ婚姻ヲ成立セシムルノ意思ヲ有セサリシニ拘ハラス其意思ヲ有スルカ如ク装ヒ以テXヲ欺キ同人ヲシテ明治四二年一月中Yト婚姻ノ式ヲ挙ケ爾来数月間同棲スルニ至ラシメタルモノナレハYカ遂ニ婚姻ノ届出ヲ為ササリシノミナラス瑣瑣タル事柄ヲ理由トシテXヲ離別シタルニ於テハXノ名誉ノ毀損セラレシコト勿論ニシテ即チYハ故意ヲ以テXノ権利ヲ侵害シタルモノニ外ナラス故ニ原院カ如上ノ趣旨ニ依リY

ニ損害賠償ノ責任アリト為シタルハ正当ニシテ本論旨ハ理由ナシ」。「然レトモ、原院ハＹカＸヲ欺キ…婚姻ノ式ヲ挙ケ同人ヲ同居セシメ数月間経ルモ竟ニ届出ヲナササルノミナラス瑣瑣タル事柄ヲ理由ニ離別セシ行為ヲ以テＸノ名誉ヲ毀損シ其ノ固有ノ権利ヲ侵害シタルモノトシ之ヲ不法行為ナリト判定セシモノナルコト判文上明白ニシテ届出又ハ同居ノ義務ヲ怠リ若クハ妻ノ権利ヲ侵害シタリトシテ不法行為ナリトセルモノニアラス」

本判決は、わずかに七ヵ月間であるとしても挙式のうえ一応は同棲しているので、内縁の事例と考えてよいが、内縁の不当破棄責任が認められたものではなく、男性側にもともと婚姻意思がなかったことを前提としたうえで、不法行為責任を肯定した事例である。それ故、婚姻予約不履行事例とはいえないであろう。つまり、本件は、婚姻予約の不履行自体の責任を問題とした例ではなく、むしろＹ側の詐欺的行為を捉えて、Ｘの人格的利益である名誉権侵害が不法行為に該当することを理由として慰藉料の賠償責任を認めた事例である。本判決の判決理由でも、また、「判決要旨」にも、その旨が明記されている。この種のケースは、梅謙次郎が法典調査会の起草段階で問題としていた婚約・内縁破棄責任に係る積極例の典型的な事件類型であり、婚姻予約無効論とは矛盾しないこと、否むしろ、無効論を前提とした論理であることは、すでに梅謙次郎によって明らかにされていたところである。正当にも、「二宮周平」は、すでに立法当時の議論を踏まえて、婚姻予約無効論という起草者の立場でも、関係成立時に詐欺的行為があれば不法行為的救済が認められていたことを指摘したうえで、[5]判決と後述の[6]判決は「矛盾しない」とする。(63)このような捉え方自体は、学説の一般的な傾向でもあろう。

もっとも、本書の立場では、単に矛盾しないというのではなく、さらに積極的にとらえて、この当時では、むしろ婚姻予約有効・無効論の間隙を埋めるものが「詐欺誘惑の論理」による不法行為的救済であるという視角を一貫させていることは後述の通りである。立法段階の議論からいっても、婚姻予約無効論と「詐欺誘惑の論理」とは、むしろ楯の両面の関係にある論理であるという視点をもっている。換言すれば、仮に婚姻予約不履行責任が当初から認められていたとするならば、「梅・土方」の論争や双方の論理の機能面を直視すると、この種の詐欺的言動を殊更に強調して不法行為的救済の余地を残す必要性はほとんどなかったと言わざるを得ないのである。

ところで、本件の一審と原審とでは、当事者の主張が異なっていることに注目する必要があろう[64]。一審では、Xは婚姻破棄自体が名誉毀損になると主張していた。この主張は土方の論理であるが、梅起草委員によって否定されていた。一審は梅の論理に従って結論づけた。そこで、原審では、Xは婚姻に際してのY側の「詐欺的行為」を強調した。そのような事実があれば婚姻予約無効論のもとでも不法行為的救済が可能となるからであり、これも梅が指摘していた論理である。原判決は、これに応えたものであり、「適法に婚姻を成立させる意思」が欠落していると構成して、Xを救済した。原判決は、このような論理を導く前提として、YがXと挙式した当時、まだYは前妻と婚姻中であり、その約二ヵ月後に離婚している事実を認定している。つまり、挙式当時は、Yは重婚的内縁関係にあったこととなるので、そもそも「適法」に婚姻届出ができなかったことが重視されているものと考えて大過なかろう[65]。

したがって、かかる原判決の説示を承けて、大審院が上記のような「適法な婚姻意思」につき述べていることからいえば、つぎのような解釈が自然ではなかろうか。つまり、原判決は、Yが重婚的関係を「Xには秘して挙式した」事実を認定したが、このことをもって直ちに詐欺的行為と評価しなかったのは、当時、重婚的関係に対する否定的評価が定着していたわけでもなかったことのほか、この種の先例がいまだ存在しなかったことによるものと推測される[66]。民法典も重婚を当然無効とはしないで、単に「取消事由」にとどめているし、嫡母庶子制度もあった。また、当時のイギリス法では、この種の予約の不履行に対しては、解除・損害賠償のレベルで処理していた[67]。原判決の態度が必ずしも明確ではなかったのも、それなりの事情があったものと思われる。

しかし、本件の大審院は、原判決の上記のような事実認定を前提として、婚姻挙式と破棄行為とを総合考慮したうえで、挙式は婚姻意思のない「詐欺的行為によるもの」と法的に断定したわけである。したがって、挙式後の単なる心変わり（一方的離別）を非難したものではない。挙式当時には妻帯の男性が届出義務を履行することは不可能であり、それにもかかわらず、あえて他女と婚姻予約をして他女がそのことにつき善意である場合には、男性がその後に関係を理由もなく不当に破棄するならば、関係成立時の当初から騙すつもりで婚姻の約束をしたものと「評価」することが可能となり、かかる行為態様を不法行為の責任原因とする趣旨であろう。

これに対して、単に途中で心変わりした場合にも、破棄責任による損害賠償を認めると、結局のところ、婚姻予約の履行を間接に強制することにもなりかねない。この点については、[4]判決が明言していたように「当事者ノ一方カ種々ノ事情ニ因リ其意思ノ変更ヲ来タスコトアルニモ拘ハラス其予約ニ束縛セラレ竟ニ其意思ヲ枉ケテ婚姻ヲ為スナキヲ保セス然ルトキハ其婚姻カ当事者ノ自由ナル意思ニ背戻シテ成立スル…」という結果になる。このような立場との整合性を図るためには、破棄者の行為を積極的に詐欺的行為と評価せざるを得ないであろう。したがって、[5]判決は[4]判決を承けていることを見落としてはならない。両者は無関係だとするのは皮相的な評価であり、内的な関連性を見落としてはならないであろう。ともあれ、単なる予約締結後の「心変わり」は、婚姻予約無効論の下では、「詐欺誘惑の論理」の射程外にあり、不法行為として構成しても保護されなかったという事実をここで改めて再確認しておかねばならない。この単なる心変わりの場合も含めて女性救済の立場から破棄被害者を保護するためには、当時では婚姻予約有効論しかなかったのである。

ところで、この問題については、立法段階で、梅と土方との論争があったことが想起されるべきであろう。土方は婚姻予約の破棄責任の規定を設けるべきであるとする立場から、途中で心変わりしたときには、詐欺的行為によるとはいえないので、不法行為的救済だけでは限界がある、と執拗に反論し、かかる両者の議論自体は十全には尽くされないまま終わっている。つまり、梅の説明では、このような場合にどのように処理されるのか必ずしも明快ではなかった。梅の立場でも、不法行為的救済は可能であるとしていたが、そのような場合には、とくに女性の「名誉権」に対する故意・過失による侵害があったといえるかという問題に帰着するところ、婚姻の自由を強調していた梅の立場では、権利侵害の悪質性（違法性）が問題となるので、その保護の可能性にもおのずと限界があったように思われる。これに対して、土方の立場では、婚姻予約不履行の場合には、原則として損害賠償責任が認められ、あとは破棄の「正当理由」の問題となろう。後述のように、このような立場の相違が、つぎの[6]判決や後の大審院民事連合部判決の裁判過程のなかで浮上するのである。

なお、本判決を捉えて、当時の大審院判決では、すでに婚姻予約不履行につき、「不法行為を原因とする道は開かれていた」とする評価もあるが(68)、このような評価の仕方には一定の留保が必要である。本判決は、婚姻予約という身分的な行為自体を保護した判決ではないことは明らかであるし、また、故意による名誉侵害というのは、梅謙次郎が強調していたように、民法上の一般的な救済手段にすぎないからである。たとい、このような論法に仮託して、女性を保護することを企図した政策判断があったとしても、婚約不履行を保護することを前提とした上で、それを不法行為的に構成するか契約不履行と構成するかという、いわゆる「請求権競合の問題」とは次元を全く異にするものと考えなければならない。婚姻予約の破棄責任とは別の経路による名誉侵害による損害賠償責任論であり、婚約破棄それ自体が女性の名誉を侵害するという、かつてのヨーロッパでの婚約観（ひいては土方の立場）とは異質のものである。前述のように、本件一審判決からもそのような事情は明らかになるであろう。

一方、本判決は婚姻の「予約の効力」とは関係しないと評価するのも(69)、行き過ぎであろう。あくまでも、婚姻予約無効論をとる[4]判決があってこそ、本判決の客観的な位置づけが可能となるものである。それがまた、立法段階での婚姻予約無効論であったことは繰り返し強調したとおりである。ともあれ、この判決の登場によって、不法行為的救済としての「詐欺誘惑の論理」が注目されるようになり、これ以後、破棄された側は、この点の主張に救済の隘路を見いだしたり、あるいはより一般的に不法行為的側面に軸足をおいたりする傾向がみられるように思われる。そこで、このような当事者の主張に特に注目しながら、その後の判例の推移を分析しなければならないであろう。ことに「婚姻予約有効判決」の事実審における当事者間の紛争は、まさしく、かかる「詐欺誘惑の論理」が核となっていたものであることは、後述の通りである。

なお、本件は、事案から言えば、内縁事例に近いので、事実としては内縁関係を保護した事例といっても間違いではないが、以上の説明からも明らかなように、内縁自体を適法な男女関係としてその不当破棄を救済したものではない。この点は、Yが届出前の同棲は法的に保護されないことを力説しながら、不法行為にはならないと主張したことについて、大審院も、「届出義務」や同居義務の不履行により「妻の権利」を侵害したことに基づく不法行為責任ではないとして、これに応接していることからも明らかである。(70) まだまだこの当時では、梅起草委員ひいては立法者の立場の影響が濃厚であり、婚姻前の挙式同棲は、単なる私通関係に過ぎなかったわけである。このことを示す裁判例が、つぎの[6]判決である。

(イ)　否定例　つぎの事例[6]は、挙式後数年間にわたり夫婦同然の同棲をしていたことから、この点を捉えて、不当破棄を理由に被害者である女性が名誉侵害による不法行為責任を請求したが、否定されている。男性側には詐欺的行為がなかった事例であるので、[5]判決とは事案を異にするが、上告理由には、かなりの説得力ある論理が展開されているところ、これに応接する本判旨の微妙な説示から、民事連合部判決の前兆が垣間見えているようにも思われる。やや詳細に分析する必要があろう。

[6]　大判明治四四・三・二五民録一七輯一六九頁（内縁）

〔事実〕　事実関係は不詳であるが、X女とY男とは、両親同意のもとに媒酌人を立てて婚姻挙式を済ませた上で、数年間夫婦同然の関係を形成してきた。しかし、Yが事実上の夫婦関係を断絶して入籍を拒絶した。Xは、単なる婚約か又はいまだ社会的に夫婦関係と認められない関係ならばともかくも、XYが地域の慣習にしたがって挙式し、社会的にも夫婦と認められる関係があれば、Xは「社会上既婚女」とみなされ、この関係が断絶すれば、「出戻者又は疵者と称せられ婦人の徳操に付き世人の声価を害せられる可き地位を有する」ことから、たとい婚姻の予約に効力が認められないとしても、世上の声価を失墜せしめ名誉を侵害する行為となる、と主張した。しかし、原判決（長崎控訴院明治四二年一一月九日判決）は、この事実を確定しないで、単に婚姻予約の無効論でもって処理した。Xは、以上のような理由を掲げて上告したが、大審院も原判決と同旨を説示した。

〔判旨〕「按スルニ婚姻ノ予約カ法律上効力ヲ有セサルコトハ当院ノ執レル意見ニシテ既ニ其判例ニ在ルアリ夫レ然リ婚姻ノ予約ハ当事者ヲ拘束スルノ効力ナシ之ヲ履行スルト否トハ全ク当事者ノ自由ニシテ之ヲ履行セサルモ予約ノ効果トシテ何等ノ責ニ任スルコトナキハ論ヲ俟タス而シテ婚姻予約ノ下ニ慣習ニ従ヒテ婚姻ノ儀式ヲ挙ケ事実上夫婦同様ノ生活ヲ為スコト数年ナルニ於テハ世人ハ予約者タル女子ヲ以テ妻ト看做シ従テ此関係ヲ絶タルルニ於テハ出戻者若クハ疵者ト称セラレ女子トシテノ品格ヲ毀損セラルルハ所論ノ如シト雖モ其夫婦的関係ヲ生シタルハ双方ノ任意ニ出テタルモノナレハ固ヨリ不法行為ヲ以テ目ス可ラス而シテ其関係ヲ絶ツコトモ双方ノ自由ナルニ於テハ予約ノ履行ヲ拒絶シタルカ為メ女子ノ品格ヲ毀損シ其名誉ヲ傷クルノ結果ヲ生スルモ不法ニ名誉ヲ侵害シタルモノト謂フ可ラス故ニ上告人ノ名誉ヲ毀損スル点ノミニヨリ論シテ被上告人カ婚姻予約ノ履行ヲ拒ミタル行為ヲ不法行為ナリト為ス本論旨ハ当ヲ得ス」

本判決のXは、先の[5]判決の原告とは異なり、詐欺的行為を根拠（「請求原因」）として慰藉料の請求をしていない。そのような事実がなかったからであろう。原判決では、わざわざ「詐欺強暴が伴う場合は自ずから別問題」との説示も付言されていた。[5]判決を念頭においた説示であることはいうまでもない。しかし、社会的な慣行に従って婚姻挙式がなされたものであるならば、当然のことながら入籍が予定されていたはずである。その入籍を拒ばまれ、数年間も同棲したうえで離別を余儀なくされたのだから、結果的には、騙されたに等しい。Xが主張するように、ことに社会的評価を落とすことになるのも事実である。かかる社会的評価の点から言えば、単純婚約よりも、一層、儀式婚破棄の場合のほうが深刻であった。そこにいう「出戻者」や「疵者」とは、社会的な差別表現でしかないことは、明らかである。実際、大審院も、このような社会的評価が存在すること自体は一応は認めている。そこで、かかる事情に基づいて名誉侵害による損害賠償を認めたとしても、先の[5]判決とは必ずしも矛盾しないのみならず、むしろ、これをより深化したともいえるので、婚姻予約無効論との調和も不可能ではなかったであろう。一方、民法施行前では[1]・[2]・[3]判決の示すように事実婚主義がとられていたので、その判決とのバランス論からいっても、双方の懸絶が甚だしい。

しかし、その反面、新民法が採用した届出婚主義の下では、施行後間もない当時、挙式後の同棲の事実は無視せざるを得ないという判断があったものと推測される。ことに、届出前の事実婚なるものの中身は曖昧であり、これを保護すれば婚姻制度の根幹が動揺するので、いわゆる内縁自体の保護には消極的であった[71]。ただ、本判決は、この点の論拠につき、自らの立場をやや深めているようにも思われる。すなわち、婚姻挙式後の同棲は「当事者の任意によるもの」であることから、その「関係を絶つことも双方の自由」であるとしている（これは前述の「柳川論文」に示唆を受けたものと思われる。）。いわゆる事実上の妻の社会的名誉が傷つけられることがあることを認めて、それを承知のうえで、そのような場合でも「不法に名誉を侵害したるものと謂ふべからず」として、このような結論も止むを得ないとしているが、かかる立場は、公序としての届出婚制を前提とする婚姻予約無効論から直接導き出される論理であろう。まさしく「柳川論文」が強調していた論法である。婚姻予約無効論のレベルで儀式婚破棄責任の問題を捉えていたというしかなかろう。これを裏からみれば、挙式同棲後の単なる心変わりによる不当破棄事例（いわゆる試婚ケースなど）では、婚姻予約無効論を前提とするかぎり、その破棄責任を認めることが、いかに困難かということを証明しているのであり、当時における婚姻予約無効論、つまり梅起草委員の立場が、極めて強固なものであったという証左になるのではないか。実際、この種の一方的破棄でさえ、当時では「社会的」には許容される傾向（あるいは被害者は耐えざるを得ない状況）すら、あったのであろうか。

ところで、本判決は、以上のような婚姻予約無効論を再確認したことにその重要性があることはいうまでもないが、「唄孝一」は、そのほかに本件では、不法行為の成否につき一審が同棲により節操を弄んだことをその原因としたが、二審は入籍拒絶を原因としていることから、「いかなる時点におけるいかなる行為を不法行為ととらえる」かという視点の重要性を指摘する[72]。たしかに、今日的視点からいえば、事実としては、不法行為の成否を左右するものともなり得るので、この指摘自体は正当ではあるが、この当時では、身分法的な観点から内縁自体を保護するという観念は未成熟であり、名誉侵害による不法行為的救済に限定されていたので、不法行為責任に限定すれば、要は「婚姻意思」がないのに挙式・同棲したか否かという事実（つまり関係成立当時における詐欺的言動の有無）がほとんど決め手となっていたことは明らかである。かかる判断を前提とすれば、以上のような相違は、「婚姻予約無効論」を前提とする限り、「破棄責任」の論理との関連では、いわれるほどの重要性をもたないといわねばならない[73]。実際上も、双方の事実を総合判断して関係成立時の詐欺的行為の規範的評価がなされることとなろう。

むしろ、より重要であると思われる本判決の説示は以下の点である。本件は内縁事例であったが、これにつき「婚姻予約」という用語がすでに使用されていることに、とくに刮目しなければならない[74]。しかも、原審では、Xは、入籍拒絶（婚姻届出の不履行）を問題としたところ、本判旨もこれに応接して、「婚姻予約ノ下ニ慣習ニ従ヒテ婚姻ノ儀式ヲ挙ケ事実上夫婦同様ノ生活ヲ為スコト数年ナルニ於テハ世人ハ予約者タル女子ヲ以テ妻ト看做シ…」と説示しながらも、「婚姻予約ノ履行ヲ拒ミタル行為」は不法行為にならない、としているところを見落としてはならないであろう。「婚姻予約」論のなかで、すでに内縁問題を論じていることに加えて、「予約ノ履行」を「届出義務」の問題として考えていたことが推知できるからである。以上のような説示の仕方それ自体は、のちの「婚姻予約有効判決」でも、再現されていることに注目しておきたい。

なお、破棄事例ではないが、債務者の内縁の妻に送達された差押・転付命令の適法性が問題となった事例で、内縁の妻が送達の相手方として旧民訴一四五条にいう「同居の親族又は雇人」に当たるか否につき、大判明治四四・三・一七（民録一七輯一三五頁）は「内縁の妻の如きは右の親族又は雇人と称すべきものに非ざる」としたが[75]、この当時の大審院では、内縁に対する評価は、なお低かったものと思われる。

3　下級審裁判例の状況

(1)　婚姻予約無効論と内縁有効論

この当時の下級審裁判例には、どのようなケースがあるか。婚姻予約有効判決の前兆が認められるか、という点も含めて、当時の男女関係の実態をみておくことも、無駄にはならないであろう。実際、すでに内縁を保護した例もあるからである。参考となると思われる例のみを掲記しておこう。

(ア)　つぎの[7]判決では、紛争当事者の男性が飲食店経営者で、女性は待合業を営んでいる。事案の細部は掲載誌からは不詳であるが、判旨から推測すれば、女性は男性の愛人で、男性が女性に待合業を経営させていたようである。内縁事例ではないようであり、女性は婚姻予約不履行を理由として、婚姻準備のために費やした財産損害も含めて金五五〇円を請求している。

[7]　東京控判明治三四・三・二二新聞二九号六頁（婚約）

〔事実・判旨〕「控訴人（女性）は被控訴人（男性）に於て控訴人となしたる婚姻の予約に背きたりと主張し控訴人が婚姻準備の為め費したる損害及被控訴人が其情婦をして盛んに飲食店を営ましめ為めに控訴人の名誉上に生じたる損害の賠償を請求するも元来婚姻なるもの婚姻当時に於て当事者双方に全然自由の意思あることを要するものなるが故に婚姻の豫約なる者は法律上無効のものなり何んとなれは若し之を有効なりとする時は間接に其意思の自由を妨げ強ひて婚姻をなさしむるに至り従って婚姻以後に於ける一家の平和を破るの原因となり強ひて甚しく公益を害するに至ればなり左れば被控訴人に於て其予約を履行せざればとて敢て違約の責に任ずべきものにあらず又被控訴人に於て其情婦をして盛んに飲食店を営ましめたりとて毫も控訴人の名誉を毀損する処なし」

本判決は、一般論として、「婚姻の自由」を強調し、婚姻予約無効論を述べている。予約無効論のもとでは、かかる形式論で請求を棄却できたものであり、そもそも本件の男女関係に婚約としての実体があったといえるのかは、問題とされていない。また、「一家の平和」を述べている点が興味深いが、いうところ一家とは、言うまでもなく家制度下の「家」である。

ところで、本判決当時では、まだ大審院判決は登場していなかったので（[4]判決を参照のこと）、おそらく公表事例としては、婚姻予約に関する最初の事例といえよう。この種の「一家の平和」を破るという論法は、すでに法典調査会で議論されていたところであり、民法典施行当時では、裁判官は、依拠すべき大審院判決もなかったことから、立法関係者の婚姻予約無効論を強く意識していたことの証左であろう。

この当時の裁判例としては、他にも横浜地判明治三五・一〇・八（新聞一一一号八頁）があり、この判決も、届出婚主義を強調して、男性側の「届出請求」を排斥するため、婚姻の予約は「法律ノ認許セサルモノ」としていた。また、神戸地判明治四一・五・二九（新聞五一二号一〇頁）は、届出なき同棲は「野合」（善良風俗違反）であるとした上で、「同棲持続の約定」も無効とする。

(イ)　ところが、つぎの[8]判決は、内縁事例であるが、挙式後の夫婦関係を届出がないという理由だけで私通関係とはいえないとしている。

[8]　水戸地裁下妻支判明治三九・六・一一新聞三八三号六頁（内縁）

〔事実〕　明治三一年にAYが両親の同意の下に挙式してY家に約一年半同棲していたが、AとYの尊属親・実母との折り合いが悪くなり、同三三年に一時、A女の父であるX先代方に戻っていたところ、同三八年にYが離別を申し入れた。Xは、X先代がYとの合意でYの実母の感情が和らぐまでAの生活の世話をYから依頼されたとして、その間の扶持料や衣類等の費用の支払いを請求した。Yは、たとい費用供与契約が成立していたとしても、YAの関係は婚姻届を出していないので私通関係にすぎず、YはAを扶持する義務がないし、かかる契約は私通関係を継続させるものであるので、善良の風俗に違反する無効の契約である、と反論した。

〔判旨〕　Aが一時実家に帰り、実家の世話を受けることがあっても、その生活経費は実家が負担するのを通例とするので、本件の契約趣旨は、せいぜい寒暑を凌ぐに足る必要な四季の時服及び日用の消耗品に限定されるとした。そのうえで、本契約が無効かどうかにつき、つぎのように説示した。「YとAとの婚姻は未だ戸籍吏に対し其届出なかりしを以て法律上夫婦たる関係を有せざるは勿論なりと雖も両人間の関係は前述の如く双方尊属親の同意に因り公然の媒酌人ありて正当の夫婦たるべき目的をもつて成立したるものなるも・・・その婚姻の届出なき点に於いて公然の夫婦なりと云うを得ざることに止まり而かも之を以て彼の色情を原因とする私通関係と云うを得ざるが故に…」と判示して、上記の費用を限度にX

の請求を認容した。

本判決は、内縁破棄自体の損害賠償責任を認めた事例ではないが、両親同意のもとで媒酌人を介して挙式同棲した夫婦の場合は、届出がなくとも私通関係ではない旨を明言し、無効論を展開したYの主張を排斥したうえで、この内縁を前提としてなされた契約を有効と断じている。当時の婚姻慣行では、前述したように、「媒酌人」の役割がきわめて重視されていたこともあって、要するに、内縁は法律上有効であると判断したことと同義であろう。媒酌結婚を重視した土方委員の論理が彷彿とされる。加えて、単なる破棄責任ではなく、むしろ内縁生活の実態に即した日常の一定の経費を認容していることも、当事者間の契約が介在しているとしても、決して軽視できるものではない。

いずれにせよ、この当時の判決例として、内縁関係を私通同然とした梅謙次郎の立場やこれに従う当時の大審院判例の見解を完全に排斥したわけであるので、とくに刮目すべき事例といえよう。前述のように、「唄孝一・佐藤良雄」は、当時、婚姻予約有効論を説いた唯一の判決が、前述の婚姻予約無効判決[4]の一審判決であるとしているが、本判決には触れていない。管見のかぎりではあるが、何故か、戦後の私撰の判例集もの（『判例体系』など）にも登載されていないようであるし、戦後の内縁学説でも取り上げられていない。内縁破棄による損害賠償請求事件ではないとしても、本件もまた注目すべき一例に加えるべきである(76)。

他方で、つぎの例では、夫が離別に際して妻に一定の金員を贈与する旨の約束をしたところ、その契約の有効性が認められているが、これは婚姻予約の有効性を前提とする説示と思われる。

[9]　東京控判明治四四・一〇・三一最近判例集九巻一九九頁（内縁）

〔事実・判旨〕　内縁夫婦で二児を儲けたが、現に別居している。明治三八年八月一七日付の証書で離別に際して金五〇〇円を夫が妻に贈与する旨の合意をなした。その証書では、内縁関係を絶つことを定めるとともに、離婚手切金として支払う旨、金額や分割支払いなど細部にわたって記載されていることから、一時安心させるために交付したもので履行を予定したものではない、との夫側の抗弁は採用されなかった。判旨は、「内縁関係を絶つことを定め同時に所謂手切金として控訴人〈夫〉より被控訴人に交付された金圓贈与の契約成り該証書が交付せられたるもの」と認定して、夫にその支払い義務があるとした。

本件は、太田武男『内縁の研究』には、収録されていないが、重要な裁判例であろう。内縁関係が公序良俗違反であるとするならば、内縁を絶つことと関連する贈与契約もまた無効となったはずであるので、内縁関係の有効性を前提とした説示であると解すべきである。本件の内縁成立時期は不分明であるが、民法施行後の内縁事例であるならば、本件もまた民事連合部判決を用意した一時例としての意味がある。

(ウ)　これに対して、下記の二例は婚約事例であり、婚約・婚姻予約の無効論を明確に述べている。その説示は、梅の論理に依拠していることは明らかであるが、本書にとっては、ことのほか重要な裁判例であるので、後に再度検討するが、ここで差しあたり紹介しておこう。

[10]　東京地判大正二・一・二一新聞八四一号一三頁（婚約）

〔事実〕　事案は不詳であるが、婚約事例と思われる。X男は、Y女と明治三五年中に交際して、結納を授受したうえで、婚礼の日取も取り決めたが、Yの方から破約の申し出をなし、その後に他男と婚姻をしたため、XからYに対して、損害金二五〇円の支払いを請求するとともに、XからYに送った四通の書状の返還を求め、仮に返還できないときにはその代償として金一〇〇円の損害賠償の支払いを請求した。しかしXの請求は棄却された。

〔判旨〕　民法七七五条の法意からいえば、「将来婚姻を為すべしとの予約の如きは法律の認めざるものなることを明にし得可きなり蓋し予め約して互に婚姻を為すべきの義務を負ふ契約を法律に於て認むとせば必や何等かの手段により之より生ずる義務を直接間接に強制するを要し之が結果として義務履行の際当事者の一方が種々の事情により其意思を翻すことあるに拘わらず該契約に覊束せられ義務不履行による法律上の責任を顧慮するの余愛情に基かざる無意義の婚姻を為すに至らしめ大なる不幸を其当事者及其家族に齎すの結果を見ること少しとせず延ひて法の保護する一家の安寧を害するの虞あるを以てなり」

本判決は、婚姻予約無効論に忠実に従った上で、それを前提とする損害賠償請求等を排斥している。ここでも、婚姻の直接間接の強制は、その意に沿わない婚姻を余儀なくさせるとともに、ひいては「一家の安寧」を害することが懸念されている。この種の論拠は、婚約事例には整合しているが、既に挙式同棲している内縁にはそのままでは当てはまらなかったであろう。ともあれ、婚約事例では、その破棄責任を否定しても、内縁の場合ほど深刻な被害は生じないので、裁判官も婚約無効論に従うことには、それほど抵抗がなかったものと思われる。

つぎの[11]判決も、同趣旨の論理を述べている。

[11]　東京控判（民事第二部）大正三・七・二五新聞九六五号二七頁

[10]事件の控訴審判決であるが、控訴審でも「婚姻意思の自由」が強調された結果、Xの控訴は棄却された。

〔要旨〕「吾民法上婚姻の届出を以て婚姻の成立条件と為す結果其届出無き限り如何なる場合に於ても法律上絶対に婚姻の成立を否定すべきものとす従て結納を授受し婚礼の日を定めたる事実は之を以て婚姻の成立なりと認むるを得ずして将来に於て婚姻を為すべき事を約したる当事者の合意に過ぎずと認めざるべからず畢竟当事者は単に男女の同棲を約したるものに非ずして他日戸籍吏への届出を了し夫婦関係を成立せしむべき目的の下に此合意を為したるものと認むるを妥当なりとす而して斯くの如く将来に於て婚姻を為さんとする契約は必然的に婚姻に関する当事者の意思を束縛し婚姻成立の当時存する事を要する当事者の自由意思を制限する不当の結果を伴ふべきが為め公の秩序に反する事項を目的とする法律行為として法律上無効なりと謂はざるべからず」

上記の[10]・[11]事件は、その後、大審院でも争われたが、やや複雑な経緯をたどり、その訴訟係属中に民事連合部の「婚姻予約有効判決」が登場したので、上告審では、[11]判決が破棄されて、Xが勝訴している。この大審院の「婚約有効判決」は、「第三章」で検討する。

ところで、[11]判決の直前に、おなじく東京控訴院（民事第一部）の判決（大正二年三月八日）で、内縁の不当破棄を不法行為構成によって妻を保護した事例がある。この控訴院判決は、民事連合部の「婚姻予約有効判決」の原判決を主導した上告審判決であるが、「過失論」を使って不当破棄責任を著しく拡張したものであり、実質的には、予約無効論を廃棄したにひとしい。当時の下級審裁判官が予約無効論の克服にいかに苦慮していたかを如実に示すものであろう。この判決は後に再検討するが、ここで予め確認しておくべきことは、当時の「東京控訴院」が、「婚姻予約無効論」を前提としたうえで、この種の不法行為構成を通して、「あえて内縁の妻を救済しようとした政策判断」をもっていた事実であり、このことを[11]判決と対比しながら、相互の関連を含めて綿密に分析する必要があるところ、従来の内縁学説には、このような視点が欠落していたように思われる。

(2)　梅謙次郎の婚約・婚姻観の影響力

当時の下級審裁判例も、基本的には梅謙次郎の婚約・婚姻観、および彼の論理をそのまま承けた大審院判例の「婚姻予約無効論」に忠実に従っていたといえよう。

ところが、内縁関係にある当事者間での約定に基づく金員の請求を認めた[8]判決もあり、本判決は両親同意の下で媒酌人を立てた上で挙式同棲して夫婦生活を営んでいる関係は私通でも公序良俗に反するものでもないと明言している。この他に、「太田武男」が指摘する裁判例のうちで、ことに、「我邦古来の慣例に従ひ媒酌人の媒介により婚家したる本件の如き場合に於ては特殊の事情存せざる以上に於て生活費を負担す可きは当然の条理なる」との説示を述べたうえで、内縁の夫が一時家事費用のために妻の所有物を借り受けて入質したならば、その返還義務があるとした事例（東京地判明治四二・一二・一五新聞六二五号一四頁）も注目される(77)。

既に婚姻予約無効論を明確に説示する大審院判例があったにも拘わらず、挙式同棲を重視して、なお内縁を有効とする事例があったが、このことは、わが国の婚姻習俗からみても予約無効論に無理があったということではなかろうか。あわせて、この当時に、すでに正義衡平観と鋭い現実感覚をもっていた裁判官がいたことの証左であり、わが裁判実務が自立への途を一歩踏み出したものと評価してもよい。後の「婚姻予約有効判決」を宣告した大審院判事にも大きな勇気を与えることとなったのではなかろうか。ともあれ、上記のような予約無効論の難点は、ことに結納を取り交わした場合に、より一層鮮明となっている。そこで、つぎに結納の取り扱いに関する当時の裁判例を分析してみよう。

4　婚姻予約無効論と結納の法的性質

予約無効論のもとでも、実生活では結納授受の慣習は依然として堅持されていたが、予約が婚姻の自由を制約するので無効であるならば、法的には結納も同様の扱いを受けてもやむを得ないであろう。しかし、婚姻習俗として行われてきた結納を無効であると断定するのは容易ではなかったはずである。結納の儀礼は、旧慣上からの伝統でもあり、結納授受の段階になれば「変約」（婚約不履行）は強い社会的非難に服した(78)。

ところで、「婚姻予約有効判決」後の大審院判決（大判大正六・二・二八民録二三輯二九二頁）では、「婚姻予約ノ成立ヲ証スルト共ニ併セテ将来成立スヘキ婚姻ヲ前提トシ其親族関係ヨリ生スル相互ノ情誼ヲ厚クスルコトヲ目的トスルモノ」として、結納を婚姻予約有効論と直結させていたが、無効論のもとでは、どのように構成されていたかが問題となる。若干の裁判例を検討しておこう。この結納の位置づけも、「婚姻予約有効判決」を導出・用意した一要因となり、決してそれが仮託論ではないことを証明するためにも、本書としては不可欠のものとなるからである。

つぎの事例は、結納の返還請求の可否が論点となったものであるが、当時の予約無効論と調整するため、結納を「目的贈与」とは構成していないところが、興味深い。

[12]　東京控判明治三五・五・一一新聞九〇号四頁（婚約）

〔事実・判旨〕　事案がよく分からないが、婚約が成立したので、男性が女性に結納品（婚姻挙式用の衣服など）を交付したにもかかわらず、婚姻が成立しなかったところ、現在は男性側が結納品を占有しているので、女性がその引渡しを請求した事例である。判旨は、結納品は、たとい婚姻が成立しなくとも「一般の慣習として婚姻の意思表示と共に相手方に贈与する処のもの」であるとした。したがって、婚姻の成立を目的ないし条件とする贈与である旨の主張は排斥され、また、その旨の特約があれば別であるとしているが、本件ではその立証がなかったので、「授受の当時絶対に被控訴人〈女性〉

の所有にきしたるもの」という。

本判決が、結納に関する最初の公表例であるとされているが(79)、この当時では、婚姻予約は無効とされていたので、結納の授受を有効とするためには、それが婚姻予約と関連のある贈与と構成することは困難であったはずである。判旨が、「婚姻の意思表示」によりに直ちにその所有権が受贈者に移転するというのは、そのような民法典施行直後の法状況の反映と解すべきものであろう。婚姻の成立を目的としたり、それを条件にしたりすると、結局それは、直接間接に婚姻を強制することになるからである。したがって、本判決が結納を「婚姻の意思表示」と直結させたのは、婚姻予約無効論を意識してのことであろう(80)。

このことは、つぎの東京控訴院判決からも窺知しうる。この[13]判決は民事連合部判決が出される直前の例であるので、婚姻予約無効論に従って、結納は「婚約ないし婚姻の予約」の合意にすぎないとされ、その効力が否定されている。

[13]　東京控判大正三・七・二五新聞九六五号二七頁（婚約）―[11]判決と同判決

〔事実・判旨〕　当事者間で結納を授受して、婚礼の日時まで定めたが、婚姻届出がなされていない。婚姻の届出がなくとも、結納の儀式によって婚姻が成立しているかが論点となったところ、判旨は、届出がないかぎり、「法律上絶対に婚姻の成立を否定すべき」であるとしたうえで、「結納を授受し婚礼の日を定めたる事実は之を以て婚姻の成立なりと認むるを得ずして、将来に於いて婚姻を為すべきことを約したる当事者間の合意に過ぎずと認めざるべからず」とした。また、「此契約は将来に於ける適法なる婚姻の成立を目的とするものにして婚姻其のものにあらざること言う迄もなし」ともいう。さらに、この契約は法律上の成語をかくので、「婚約」といっても、「婚姻予約」といっても自由である、とするが、いずれにしても、婚姻の自由を拘束するので、何らの効力は生じないとしている。

本判旨は、結納と婚姻予約とを直結させ、一体化しているが、この当時では、結納の位置づけに裁判所が随分と苦慮していたことを如実に示す裁判例として位置づけるべきであろう。用語を慎重に選んでおり、結納の授受の事実は

「将来婚姻を為すべきことを約したる合意に過ぎない」としている。結納は婚姻予約と不可分に捉えられ、この種の慣習は公序としての婚姻の規定に反するので、結局は効力がないとされている。ここでも、梅謙次郎の婚姻予約無効論が前提とされ、従来の予約無効論のもとで、予約と同視された結納も、本判旨がいうように、婚姻の自由を拘束するので有効ではないとされていることから、婚姻予約の有効無効論は、「慣習上の結納」の有効無効と直結していた事情が判明する。

これに対して、つぎの例は結納の返還請求権が問題となっているが、内縁の有効性を前提とした説示をしている。

[14]　大阪控判明治四二・五・八最近判例集五巻三三頁（内縁）

〔事実〕　X（夫）とY（妻）は明治四一年五月に結婚し、X家で同棲生活を送っていたが、YはXの両親との折り合いが悪くなり、翌六月には同居に堪えないことから、YはXに対して両親の隠居を懇請したが聞き入れられなかった。まもなくYは病気になったところ、Xの両親はYを十分養生もさせなかったことから、Yは同七月末より実家に帰った。ところが、X方より離別の申込みがなされ、Yが復帰を懇請したが聞き入れられなかったので、やむを得ず離別を承諾したところ、Xは、Yに対して結納金五五円の返還を求めた。その間の内縁期間は二ヵ月であった。Xは、第二審では、結納金に加えて絞御召上着一反その他の結納品の返還をも請求し、仮に結納品が無くなったならば金一〇〇円を代償として賠償すべきことを主張した。

〔判旨〕「XがYと婚約整ひたる後係争の金品をYへ贈与したることはXの自認するところなるを以て、係争の結納金品は婚姻の届出を戸籍吏に為すと否との問題は暫く措き、当事者間に於て合衾の式を挙げ事実上夫婦となるべき事を条件としXよりYへ贈与したるものと認む。然るにXがYと合衾の式を挙げ事実上夫婦となりたることは当事者間争ひなき事実に属するに付、条件の成就に因り該金品の所有権は完全にYに帰属したるを以て、仮令其後に至り婚姻解除したりと雖も、Xは該金品に対し毫も権利を有せざるが故に、Yに対し之が返還を請求し得べき権利を有せず。控訴代理人は、YはXに対し離婚の申込を為したるを以て、神戸地方の慣習に従ひ、係争の結納金をXへ返還すべき義務を有する旨、主張すれども、証人郷司又市の証言に徴しY又は其親権者政吉よりXに対し離婚の申込を為したる事実なしと認るを以て、縦しや神戸地方に於ける慣習の存在に付、当事者間争ひ無しと雖も、控訴代理人の主張は失当なり」

結納の性質論は別にするとしても、挙式によって事実上の夫婦となった段階では、結納金を交付した男性側からその返還を請求しても認められないとする論理の下では、結局のところ、この結納金は実質的には内縁破棄による損害賠償の機能を一部果たすこととなろう。本判旨が、「合衾の式」と称するのは、性的関係が公然と了承されたことを暗に示しているものと評価できようか。秘密裡の男女関係ではないという趣旨である。

いずれにせよ、このような結論を導くためには、挙式後の同棲は、本来的に私通ではないという論理が必要とされよう(81)。加えて、贈与としての結納の有効性は明らかである。本件では、そのようなことが論点とはなっていないので、従来は、結納返還請求の可否という面からのみ、問題とされてきたが、結納の授受という行為を積極的に適法なものとするためにも、婚姻予約有効論が前提とならなければならなかったはずである。この点は、すでに、「森作太郎論文」が指摘していた。わが国では、婚約が成立し結納を取り交わす習慣があるが、このような結納がなされたならば、正当の理由がない限りは破棄しないものであり、「双方とも互いに之を破棄せざることを信ずるが故に夫夫婚姻ノ支度準備に取掛かるを常とする」。それにもかかわらず、婚姻の予約を絶対無効とするのは、「之古来の良慣習を破るものにして容易ならざることなりとす」と述べている(82)。ともあれ、結納の授受が有効であるならば、婚姻予約有効論の登場は、時間の問題といえたかもしれない。実際、逆にこの金銭の返還を求められる女性の側にとっては、それが多額なものですでに費消していると、余裕のない家庭では返還金を工面することが著しく困難となるので、そのような場合には、[13]判決がいうように結納金は婚姻を事実上強制する機能も果たしたはずである。それにも拘わらず、[14]判決では、結納授受やその返還請求が婚姻を直接間接強制するものともなりうるという趣旨の問題点が指摘されていないのである。

梅謙次郎の立場では、法律上は重要性をもたない「婚姻の前相談」と称されたり(婚約)、或いは私通とされたりした男女関係(内縁)のうちには、結納の授受がなされた場合も含まれていたものと思われるが、かかる意味での婚姻予約と結納との双方の具体的な調整がなされないまま民法典の施行後も推移した結果、上記のように下級審裁判例に混乱が生じていたものといえよう。いずれにせよ、結納の法的位置づけを考慮した場合にも、婚姻予約無効論には、もともと内在的な限界があったといわざるをえない。

5　小　括

これまで検討した裁判例については、一見すれば、相互の関連性は希薄である。しかしながら、梅起草委員の論理の下で分析した結果、これら裁判例相互の緊密な内的関連性が明確にされたといえるのではなかろうか。

さて、ここで以上の裁判例を総括するとともに、婚姻予約無効論の問題点を指摘しながら、「婚姻予約有効判決」が何故にわが判例史上に登場せざるを得なかったのか、その具体的かつ内在的な要因を洗い出したうえで、かかる民事連合部判決が登場した歴史的契機を見通すために、予めここで、「婚姻予約無効論」の論理構造に即して、その将来の方向性を展望しておきたいと思う。

(1)　法律婚と事実婚との二元主義

この当時の大審院は、民法施行前に成立した内縁については、事実婚主義を採る一方で、施行後における届出婚の下での内縁については、梅謙次郎の立場に追従して、「私通」と解釈していたといえよう。旧法時代以来、もともと「婚姻予約」概念は単純婚約を指すものであったが、すでに「婚姻予約有効判決」の直前にも、内縁を婚姻予約の概念に含ませている大審院判決（[6]判決参照）もあったので、この事実も銘記しておかねばならないであろう。学説では、この判決の論理面を批判する際に、往々にして婚姻予約有効判決がはじめて予約概念に内縁を含ませたと批判する向きが少なくないからである。[83]

いずれにせよ、この当時では、施行後の婚約と内縁とは共に婚姻予約無効論の下におかれていたが、しかしながら、施行後の裁判所に登場する内縁事例で、同じ内縁でありながら、施行前に成立していたか否かによって、一方は保護され、他方が保護されないという現実に直面すれば、誰しも衡平に悖るという感情をもったことであろう。現実感覚の鋭い裁判官であるならば、その矛盾と葛藤していたはずである。

梅謙次郎が、上記のような大審院の二元主義の状況のもとで、民法典の届出婚制度を貫徹させるため、明治一〇年の司法省達（事実婚主義）が現実に機能していた事実を認識しながら、これを敢えて排斥したうえで、明治八年の太政官二〇九号達（届出婚主義）に依拠して、「民法施行前の内縁」の保護すら封殺しようとした所以である。

ところで、この当時の婚約事例についてはどうか。残念ながら、事例はほとんど内縁事例であるが、大審院が事実婚主義をとっていた時代の婚約事例でも、民法典の施行の前後を問わず、婚姻予約は無効であるとした例（[4]判決）があることはすでに検討した。熊野や梅の論理に支配されていた時代であるので、施行前でも内縁とは異なり婚約は保護されなかったものと考えて大過なかろう。

梅起草委員は、婚姻予約（婚約）につき「違約シタト云フ許リデハ」、違約者には過失がないとしていたが、大審院は、内縁事例ではあるが、これを承けたうえで、予約は「任意の関係」であり、当事者には、いわば「関係離脱の自由」があるとした（[6]判決参照）ものと思われる。婚姻予約無効論のもとでは、婚約・内縁の不当破棄も自由（道義の問題）であるという趣旨を表明していたのである。

なお、無効論の論拠については、婚約事例では、「婚姻の自由」が強調されているが（[4]・[7]判決のほか、[10]・[11]・[13]判決）、これも、梅の論理に支配されたものであろう。

(2)　婚姻予約無効論と不法行為的救済

上記のように、この当時の裁判例を検討した限りでは、大審院も下級審も、若干の下級審判決を除けば、立法当時の梅謙次郎の立場を墨守していたことが明らかになったように思われる。婚姻予約無効論を踏襲し、それに拘束力を認めると婚姻の自由が直接間接侵害されることから、婚姻予約は「法律カ認許」しないものであるとしたり（[4]判決）、公序良俗に反すると説示したりするような裁判例（[11]判決）すらあった。ただし、婚姻予約が詐欺的な行為によってなされたときには、そのような行為態様が「不法行為」としての名誉侵害になりうるとして、現に認めた裁判例（[5]判決）もあったが、この「詐欺誘惑の論理」も、梅謙次郎がフランス法の知見から、すでに用意していたものであり、いうまでもなく、婚姻予約無効論を前提とするものであった。理論的には、予約の無効有効論と「詐欺誘惑の論理」とはレベルを異とするが、わが国では、この無効論が前提とされていたが故に、女性が保護されるのは、詐欺や脅迫による場合に限定されていたことから、両者の機能的関連が問われることとなるのである。婚約を理由に相手方を誘惑する行為は、洋の東西を問わず、関係をもつ常套手段であったことは、今更改めていうまでもない（ドイツ民法八四七条はこれにつき、別途、不法行為法のなかで規定する。）。そこで、民法典施行直後の裁判例では、紛争当事者も、婚姻予約無効論を崩すことは容易ではなかったので、これを前提としたうで、破棄された者が破棄した者の「婚姻の意思」が当初よりなかったこと、より具体的にいえば、結婚約束に騙されて性的関係をもったことを軸として、不法行為による損害賠償の訴えの「請求原因」を構成する傾向があったことは、すでに分析した通りである。

しかし、このような不法行為的救済の範囲を破棄者の故意だけではなく形式的に過失行為にまで広げていくと、結果的には、婚姻予約不履行自体の保護にかぎりなく接近する。梅が過失による損害賠償を認めていたのは、実質的には「同衾」があるときに限定されていたように思われるが、とにかく過失行為を問題としていた。その過失概念はやや曖昧で違法評価に近い（単なる注意義務違反ではない）ように思われるが、いずれにせよ、かりにこの種の過失で足りるとすれば、予約成立後の「心変わり」ないし不当破棄も法的制裁を受けることとなったであろうが、現実にはそのようには展開しなかった。したがって、予約成立当時に「婚姻意思」がなかったという証明は、わが国での婚姻習俗・通過儀礼を前提とするかぎりでは、事実上不可能といえたであろう。皮肉なことに、婚姻慣行にしたがった挙式婚の不当破棄事例では、挙式当時には婚姻意思のあることが前提とされているので、かえってこの種の不法行為的救済による法的保護から外されていたのである。婚姻予約無効論の下で、かかる桎梏から脱却して、不当破棄責任を拡大するためには、そこに広く過失を認める方途もあり、そうした構成を採ったのが、後の「婚姻予約有効判決」の原判決であるが、婚姻予約無効論のもとで、これを容認することは、背理ともなりかねず理論的には容易ではなかったであろう。それは予約無効論を放棄するに等しいからである。このような状況は、後の大審院判例の検討のなかで明らかにしよう。

加えて、この種の不法行為的救済は、婚約や挙式婚の当事者の名誉・名声を結果的には保護することにつながったとしても、それは婚約・内縁固有の保護ではなく、単なる一般的な救済手段にすぎない。逆にいえば、この当時の大審院は、明治民法制定施行からまだ日が浅く、梅謙次郎の婚約・婚姻観にほぼ完全に支配されていたので、ヨーロッパ諸国では長い歴史的経緯の下で形成されていた「名誉としての婚約」観を自覚的に展開させるまでには立ち至っていなかったわけである。それは、フランス法が宗教婚から決別して民事婚一本に絞り込んだ政策判断によって、フランスでは否定された婚約観（つまり婚約無効論）であり、これを承けた梅起草委員によれば、婚姻予約は、その「合法性」すらも奪われていたものと思われることから、単に契約の有効無効レベルの問題ではなく、適切な用語を選ぶとすれば、まさしく「公序」の問題として捉えられていたこととなろう。

要するに、詐欺的言動による不法行為的救済も、通過儀礼をともなう通常の男女関係では（ことに試婚的な関係であれば）、たとい理由のない一方的破棄でも（それが結果的には騙したことになるとしても）、予約当時に「婚姻意思」がないことの証明は著しく困難なので、重婚的婚約や文字通りの結婚詐欺でもない限りは、現実には容易に機能しない論法であった。かかる例外的に保護されるようなケースは、そもそもここで問題としている婚約事例でもなければ内縁事例でもないのである。したがって、梅起草委員が予想したようには、裁判の現実では、不法行為的救済がさほど機能したわけではない。「二宮周平」が指摘するように[84]、むしろ土方の懸念、つまり途中で心変わりしたケースでは、不法行為的救済は容易には機能しない事態が、すでに現実化していたように思われる。

(3)　婚姻慣行と予約無効論との葛藤

ここで、当時の通過儀礼の社会的意義につき、裁判所がどのように考えていたかを検討しておこう。婚姻予約有効判決の一つの誘因となっているように思われるからである。当時の婚礼儀式では、ことに媒酌人のもとで行われると、社会的に正当なる婚姻とみなされ、当事者双方ないし両家を強く拘束したことが、すでに幾つかの裁判例からも窺知しうる。裁判所としても、この種の「媒酌結婚」を婚姻予約に準じて法的には無効だと言い切ることに躊躇があったものと思われる。実際、明治末期の[8]判決は、制定法の届出婚制を軸とする婚姻法秩序全体の立場よりも、むしろ婚姻慣行ないし婚姻習俗を重視していたように思われる。

加えて、結納を「婚姻の意思表示」それ自体に取り込んで、結納の有効性を工夫した例（[12]判決参照）があるのも、婚姻予約無効論を強く意識しながら、その下でもなんとか結納を法的に活かすように工夫した結果であろう。また、挙式同棲した後には、結納の返還請求はできないとした例も（[14]判決）、同様の考慮に基づいているといえよう。逆に、結納と婚姻予約とを直結させ、かかる慣習が婚姻の自由を拘束することを理由として、その効力を否定した事例（[13]判決）もあったが、いずれにせよ、当時の下級審裁判所は、「慣習上の結納」の社会的意義と婚姻予約無効論との調整に随分と苦慮していた事情が判明する。

要するに、婚姻予約無効論は、当時の婚姻慣行を受容したうえで、その内部から展開しうる契機を容易には見い出し得なかったのではないか。それが上記の下級審裁判例に反映していたものと思われる。これを別の角度からみれば、社会的に承認された婚約・内縁がつよい拘束力を有していたこととなり、かかる特殊の男女関係としての「社会的秩序」が、鉄壁の婚姻予約無効論に対して、すでに小さな風穴をあけていたものと評価することができるであろう。

(4)　婚姻予約無効論の内在的限界

以上のような観点からいえば、梅謙次郎の婚姻予約無効論自体が再検討されるべき時期をすでに迎えていたといえよう。婚姻予約の不当破棄をそのまま放置することは、正義衡平の観念に著しく悖るという実質的価値判断においては、梅謙次郎もこれを容認せざるを得なかったので、かかる救済の隘路を不法行為責任（詐欺誘惑の論理）に委ねたが、その法技術的手法において内在的限界があったことに加えて、婚姻予約無効論自体にも、当時の婚姻慣行と整合しない論理構造を内部に蔵していたものと思われる。梅謙次郎の強力なる影響力が存外短命に終わったのは、近代的な婚姻制度を早急に確立するため彼の「理想」とする簡明なる届出婚制度をやや強引に構築しようとした、そのあまりの「先見」性にあったのではなかろうか。わが国の婚姻習俗を一掃して、婚約や事実婚・儀式婚のような曖昧な男女関係を法の埒外に放擲しようとしたことは、法政策的にも、相当程度に無理があったといわざるを得ない。歴史的事実と自然法的立場との調整を基調とする梅謙次郎の基本姿勢からいっても、[85]また、当時の身分法編纂の基本方針からみても、[86]婚約・内縁無効論は、やや異例ともいえる論理ではなかったか。

（41）　沼正也『財産法の原理と家族法の原理（新版）』（三和書房、一九八〇年）二一五頁、四〇六頁以下は、民刑事等の膨大なる裁判例ないし資料を時系列的に逐一分析したうえで、法律婚主義（太政官二〇九号達）と事実婚主義（司法省四六号達）との関連に関する当時の大審院判例や行政庁の立場につき、当初は法律婚と事実婚とを峻別する近代法的な法的思惟がなかったので、戸籍届出は、絶対的な決め手にはなっていなかったとして、いわゆる「選択的要件」（儀式等と同価値的なもの）にすぎなかったと評価している（ちなみに、奥田・前掲注（12）論文四八頁も当時の裁判所がそのような状況にある旨を述べている）。しかし、旧民法の経験をしたことも一つの要因となって、民法典施行直前、とくに明治二七年以降では、大審院は、法律婚と対峙しながら、民法施行前に成立した夫婦につき事実婚主義を採用して、その立場を明確にするに至ったことなどを指摘し、とくに石井良助の立場を批判的に検討している。なお、中川善之助（民法大要・親族法相続法七三頁）が四六号達によって法律婚が直ちに廃止されたと解していたことにも言及している（二四五～七頁）のが、興味深い。ちなみに、沼・同五〇九頁は、判決原本の調査から「内縁取消請求事件」（大判明治二六・五・一三）の例も取り上げて、これが大審院民事判決に登場する内縁事例として最初の例であるとしている。以上のような論争を要領よく整理した最近の研究としては、村上一博『日本近代婚姻法史論』（法律文化社、二〇〇三年）三頁以下があり、当時の下級審裁判例の分析などを通して、著者は沼説を好意的に評価している。なお、沼の見解については、本書注（46）も参照のこと。

(42)　石井良助「明治初年の婚姻法―とくに法律婚主義と妾について」中川善之助ほか編『結婚・家族問題と家族法Ⅱ』(酒井書店、一九五七年)二二三頁、沼・前掲注(41)五二〇頁。なお、下記の本書注(46)も、あわせて参照のこと。

(43)　佐藤良雄・関彌一郎「判例家族法の再検討のために(一)」社会科学研究二五巻六号(一九七四年)一六三頁も本文に掲記した[2]・[3]判決に注目しているが、「民法施行後のこの時期の特色として、既発表だが婚姻届出請求事件が二件ほど大審院にあらわれていることに注意しておきたい」というのみで、そもそも、施行前の事実婚主義にたつ大審院判例という認識がないように思われる。さらに、明治三一年以降から「婚姻予約有効判決」に至るまでの間に登場した未発表の内縁事例を取り上げているが、そこでは内縁夫婦間の財産関係をめぐる紛争で、妻を保護した事例があるので、結論的には従来の認識を「いささか訂正を要することが明らかになった」としている。「同論文(二)」二六巻一号(一九七四年)一九三頁。重要な指摘ではあるが、ただ、挙げられている裁判例の事案では、民法施行後に公表された判決例でも施行前に内縁関係に入っている例もあるので(たとえば、大判明治三九・六・六事件では、内縁関係は明治二五年に成立している)、本書では、これらの事案は、婚姻予約有効無効論に直接関連しないこともあって、割愛した。「同論文(一)」一七五頁参照。)、また、「私通関係」にある男女間での贈与を有効とした事例(明治三三年三月一九日明治三二(お)一六七号)も掲記されており(「同(一)」一六八頁)、これは本書にとっては見逃せないので、将来、引用させてもらうことがあるかもしれない。ただ、その大審院判決では、当事者間の男女関係を「私通」と称し、私通の結果、男性が女性に金銭授受に係る書面を交付したことから、その証書の無効が争われたところ、結局のところ女性が勝訴した旨が紹介されている。佐藤らは文字通りの「私通関係」として紹介しているが、当時では、内縁事例も、それが法律上の婚姻でないかぎりは、すべて私通と称されていたので、果たしていかなる男女関係なのか、事案からは断定できないこともあって、ここでは差しあたり割愛する。ちなみに、その後、関彌一郎「婚姻法に関する若干の初期判決(一)」横浜国立大学人文紀要(第一類、哲学・社会科学)三九号(一九九三年)五頁以下は、本書が引用した二件の大審院「婚姻届出請求事件」を取り上げて、ここでは周知の「沼正也論文」を引用しながら、これらが民法典施行前の判決例である旨を指摘している。

(44)　村上・前掲注(41)一三頁などを参照。

(45) 大審院判決[2]・[3]については、関・前掲注(43)「初期判決(一)」五頁以下で原判決も含めて取りあげられ、コメントも付されているので、参照のこと。なお、二件の原判決(未公表)は、「初期判決(二)」四〇号(一九九四年)二二頁以下に収録されている。
(46) 沼・前掲注(41)五四〇頁は、「明治民法施行後の判例は大審院のも下級審のもいっせいに民法施行前は事実婚主義であったと割り切っている」と評価し、関連判例を掲記している。なお、この方面の学説(外岡茂十郎、高柳真三、石井良助など)が、事実婚主義の下でも、民法施行前では、大判明治二九・九・一五(民録二輯八巻八頁)を重視して、大審院が「子の嫡出性」を婚姻届出に依拠させていたと解しているが、これに対して、沼は、原本を調査したうえで、同判決録には誤植があり(眞ニ→直ニ)、とくにこの誤植に基づいて、上記学説がそのように解していることを批判的に分析している(同・五二一頁以下)。たしかに、誤植を抜きにしても、説示全体からみるならば、事実婚の出生子でも、嫡出子と解していると読むのが自然・適切であろう。
(47) 唄孝一・佐藤良雄(東京都立大学家族法研究会)「判例における婚姻予約(一)―未発表資料を求めて」都立大学法学会雑誌一巻一号(一九六〇年)一五五頁に一審と控訴審の判決が収録されているところ、なお単純婚約かどうかは不分明であり、単純婚約とする説や事実婚とする説のほか、私通とする見解もあるが、唄・佐藤(一五九頁)は、違約金を「手切金」と称していること、「生涯の扶持」まで請求していること、および同居請求までしたことがあったことから、少なくとも情交関係があったと推測している。情交関係があっても、婚約と考えてよいであろう。
(48) 当時のフランス法の状況については、木村・前掲注(22)「婚約」一四～五頁を参照のこと。また、イギリス婚約法では、同棲があっても「婚約」として保護されていたことについては、後掲注(76)の池田論文が指摘する(一七〇六頁、一七一二頁)。
(49) 本件の事案については、唄=佐藤・前掲注(47)一五六～七頁。
(50) 岩田・前掲注(8)二一二頁も、施行前の事例としている。
(51) ちなみに、今日の内縁学説は、この問題には触れず、本件を施行後の事案とは区別しないで、ただ一般的に同列の事例として引用するのを常としている。唄=佐藤・前掲注(47)一五八・一六二頁もとくに言及していない。二宮周平『事実婚の判例総合解説』（信山社、二〇〇六年）六頁や川井・前掲注（3）一〇八頁も同様である。また、「婚約」に関する判例研究である田村・前掲注（40）五一頁や国府・前掲注（40）五八頁も、区別していない。

(52) 唄＝佐藤・前掲注（47）「判例における婚姻予約（一）」一五八頁は、そのような評価をしている。しかし、民法典施行前の婚約事例という視点は、ないようである。

(53) 唄＝佐藤・前掲注（47）「判例における婚姻予約（一）」一六三頁。

(54) 川井・前掲注（3）一〇八頁。

(55) 無論、本書も特に戦後に精緻化された「判例分析」論の重要性を軽視するものではない。この点については、唄＝佐藤・前掲注（47）「判例における婚姻予約（一）」一四五頁以下参照。ただ、この当時の判決例にそのまま妥当するかは、より綿密な検討が必要であろう。

(56) 柳川勝二「婚姻ノ豫約ニ付テ」日本法政新誌第六巻五四号（一九〇二年・明治三五年一月）一～三頁［老川寛『家族研究論文資料集成第一七巻婚姻（1）』（クレス出版、二〇〇一年）三六九頁以下所収による］。柳川は、判事歴任後、本論文公表当時は東京控訴院判事、明治四五年に大審院判事、大正一一年には大審院部長に、それぞれ任ぜられている。なお、後に柳川は婚姻予約の有効性を認めるに至っている。同『日本親族法要論』（清水書店、一九三八年・大正一三年）一四四頁参照。

(57) 柳川・前掲注（56）一〇頁。

(58) 柳川・前掲注（56）八～九頁

(59) 掛下重次郎（法学士）「婚姻ノ豫約」明治法学第五〇号（一九〇三年・明治三六年）七頁。ちなみに掛下は司法省法学校を経て判事職に就き、明治三一年以降は大審院判事を勤め、後に明治大学と深く関わっている。なお、掛下は、[5]判決の裁判官でもある。唄・前掲注（2）「著作選集」一四七頁引用の裁判資料を参照。

(60) 稲村藤太郎「婚姻豫約の性質（上）（承前）」新聞一三七号（一九〇三年・明治三六年）九頁、一三八号（一九〇三年・明治三六年）六頁。

(61) 森作太郎「婚姻ノ豫約」法律新聞五五二号（一九〇九年・明治四二年）二頁、日々谷道人「婚姻の豫約に就て」法律

新聞九一号（一九〇二年・明治三五年六月）二頁など。これらの学説は、後述の「Ⅳ 当時の学説の状況」（一連の婚姻予約有効学説）のなかで紹介する。

(62) 本件の一審と原審の判決については、唄孝一・佐藤良雄「判例における婚姻予約（三）‐未発表資料を求めて」都法二巻一号（一九六一年）一六六頁以下に収録されている。

(63) 二宮・前掲注（6）三四九頁、同・前掲注（51）『判例総合解説』六〜九頁。

(64) すでに唄=佐藤・前掲注（62）「判例における婚姻予約（三）」一七三〜四頁が指摘している。

(65) 唄=佐藤・前掲注（62）「判例における婚約予約（三）」一七五頁は、単にこの事実をYの敗訴という心証レベルの小さくない役割とするのみであり、本書の指摘した双方の関連には言及していない。その後、唄・前掲注（2）「著作選集」一四三頁（初出、前掲注（7）「有効判決前史」一八八頁）も、同趣旨のことを指摘したうえで、「書かれた理由」からいえば、必ず届出をなすつもりであったかどうか、という点のみしか指摘されていないので、成立時の詐欺という論理と本件事案とは整合していないが、かかる論理のもとで内縁破棄の被害者を保護するところに、本判決の「真意義」があったというような評価をしている（「著作選集」一六三〜四頁）。そのうえで、このような特異な判決理由を導出した要因の一つとして、挙式当時Yが婚姻事実を隠していた事実が「当判決を『詐欺的成立』と構成せしめた大きな誘因となっているにちがいない」とする（「著作選集」一六四頁）。ここでの唄の分析は極めて緻密であり、本書も多大の恩恵に浴しているが、しかし、本文で述べたように、本判決理由は原判決の認定事実に基づいて詐欺的行為という「実体」があったと評価したものである、と解釈した方が、むしろ自然ではないか。唄の主張には、婚姻予約無効論が本判決の大前提になっているという認識が希薄であるよう思われ、Xの主張の巧みさによって裁判所が誘導されたなどというようなことは、容易には理解しがたい。

(66) 原判決には、「欺く」という用語は使用されていないことから、そのような詐欺的行為がないにもかかわらず、大審院では、判決理由で「欺く」という用語にすり替えたことを重視する立場もある（唄・前掲注（2）「著作選集」一六三頁）。しかし、単なる用語の問題ではなく、本文で述べた事情から、大審院は、先述のように、原判決の認定事実から詐欺的事実が存在すると「評価」したものと考えるべきであろう。なお、唄=佐藤・前掲注（62）「判例における婚姻予約

（三）」一七四頁、唄・前掲注（2）「著作選集」一六六頁注（27）は、婚姻届拒絶行為のほかに、Yの「離別の態様」も含めて一つの行為として、名誉毀損行為と捉えられていることを重視している。たしかに離別行為も考慮されているとしても、要は「詐欺的行為」という規範的概念の評価根拠事実としての考慮事情であると解すれば、それで足りよう。関係成立当時の詐欺的行為をいかにして証明し、また裁判所がこれをどのようにして判断すべきであろうか。離別の態様も含めて総合的に評価根拠事情に入れざるを得ないのではないか。要件事実と証明手法の問題とは区別しなければならないであろう。

(67) 当時のイギリス婚約法については、後掲注（93）の「池田寅二郎」論文を参照のこと。婚姻予約の解除事由については、同一七一〇頁で言及されている。

(68) 佐藤・前掲注（2）『婚姻予約・認知』三三頁。

(69) 唄孝一「『婚姻予約有効判決』の再検討（二・完）」法時三一巻五号（一九五九年）八七頁注（1）、同・前掲注（2）「著作選集」八九頁注（1）。

(70) 唄孝一「『婚姻予約有効判決』の再検討（一）」法時三一巻四号（一九五九年）五九頁注（7）、同・前掲注（2）「著作選集」七八頁注（7）を参照。唄はこの末尾の判示部分を捉えて、本判決は「内縁」性を認めまいとしている、との評価をしている。本書がこれを敷衍するとすれば、この部分の説示はYの上告理由に応接したものであり、ここでのいわゆる内縁保護問題には、届出婚主義のほかに、婚姻予約無効論が前提とされていたというべきであろう。田村・前掲注（40）五二頁も、本書とほぼ同旨と思われる。名誉という「固有の権利」侵害という判旨の理論構成も、婚姻予約無効論を前提とした立論であることを見逃してはならない。

(71) 梅・前掲注（30）一〇六頁は、「実ニ神聖ナル婚姻ト私通トヲ混同スルノ嫌アリテ到底文明国ニ採用スヘキモノニ非サルナリ」としていた。

(72) 唄・前掲注（2）「著作選集」一七一〜二頁（前掲注（7）（「有効判決前史」一八〇〜一頁））。

(73) ちなみに、唄孝一は、本件の一審判決ではXが勝訴しているので、その論拠を詮索しているが、幾つかの可能性のうちで、Y男の詐欺的行為による節操の翻弄という名誉侵害の事実をとりあげたうえで、もしその推量が当たっているならば、[5]判決より前に、かかる保護の論理が打ち出されていたとしている。「著作選集」一七三～四頁（前掲注（7）「有効判決前史」一八二～三頁）。たしかにそうなのかも知れない。判例史としては重要な事実ではあるが、それも所詮は、梅の論理に追随したものでしかなく、婚約観ないし婚姻観という面からいえば、一歩前進したというものではなかろう。

（74）すでに田村・前掲注（40）五三頁も、この点に注目している。ちなみに、本件の原判決は、先の同年一月の大審院判決[5]の原判決よりも先に出されている。ところが、同じ長崎控訴院であり、同種の事件であるのに、何故か本判決が先の大審院判決よりも後に判決が下されている。双方とも同じ第一民事部にほぼ同時期に係属していたにもかかわらず、なぜ大審院でかくも長い期間の審議がなされた上で判決日が前後したのであろうか。唄孝一によれば、[6]判決の「原本」も控訴審判決の日付は明治四二年となっているが、同四三年の誤記であろうとしている。唄・前掲注（2）「著作選集」一九三頁補注（2）参照。誤記であるならば、疑問は氷解する。しかし、仮に誤記でないならば、大審院の裁判官相互で一年半程度の間（当時ではかなり長期間にわたり）、慎重な審議・議論がなされていたこととなろう。

（75）本判決の控訴審判決については、唄孝一・佐藤良雄「判例における婚姻予約（二）―未発表資料を求めて」都法一巻二号（一九六一年）一二五頁。なお、同一三二頁は、大審院判決と控訴審判決との微妙な相違に言及し、後者では、「内縁の妻の如き其夫に対し普通の雇人以上の密接に関係ある者」が認められているところ、ただ当時の手続法が制限列挙的であったので、妻への送達を不適法としたものである、という。ただし、そのことから、大審院と控訴審との内縁に対する評価が異なったのか、内縁に対する評価の差が結論に左右したかは、にわかに判断し難いとする。ちなみに、この種の男女関係を「内縁」と称したことでは、先駆的な判例とするが、この点には一定の留保が必要である。民法典施行前でも既に「内縁」と称する判例の存在は、非公式ではあるが、明らかにされているからである。本書注（41）を参照のこと。

（76）内縁問題を歴史的な観点から説き起こした中川善之助「婚姻の儀式（4）」（第七-我国における婚姻締結方式と内縁問題）法協四四巻五号（一九二六年・昭和元年）八八九頁、八九九～九〇一頁も、「婚姻予約有効判決」までの下級審裁判例を検討しているが、この[8]判決を見落としている。また、太田武男の大著『内縁の研究』や二宮周平『事実婚』（叢書民法総合判例研究）、同・前掲注（51）『判例総合解説』でも取り上げられていない。この裁判例は、おそらく池田寅二郎「婚姻豫約ノ効力」法協二四巻一二号（一九〇六年・明治三九年）一七〇六頁が初めて引用したものであろう。岩田・

前掲注（8）二一七〜八頁も、池田論文に取り上げられているとした上で、本判決を紹介している。ちなみに、池田論文は、[8]判決と同じ当事者間の裁判で、同下妻支判から東京控訴院に係属した別件を挙げているが、その指摘する掲載誌である法律新聞三四八号には、かかる事件は掲載されていない。岩田・前掲注（8）二一八頁注記二〇一も同旨を述べる。池田の紹介する事例は、女性の父と男性との間で、離別したときには、男性は女性の父に相当の手当金を支払うべき約定がなされたことに基づいて、当該の父がその支払を求めたが、一審・二審ともに、敗訴したという（池田論文一七〇五頁）。この当時では、いわば婚約娘の家が婚約男との間で、このような金銭の授受に係る合意をなす傾向があったという点では、興味深い。民法施行前の司法省の法学教育の教科書にも、婚約娘の母親に対する扶養料支払契約の例が挙げられている（この事例については、本書「第一章」の四節「2旧民法の編纂過程」を参照のこと）。

(77) 太田・前掲注（8）一七頁は、本件のほかに、内縁子の認知請求権につき父性推定規定を準用したり、日常家事の夫婦代理権の規定を夫の売買につき準用したりしている例を指摘したうえで、すでに「内縁関係の準婚的本質理解」が芽生えていたとしている。本書の立場からみれば、これら後者の判決例は、内縁夫婦自体を保護した事例でもなければ、そのための論理を提示したものでもないので、ここでは特に取り上げないこととする。

(78) 太田武男『結納の研究』（有斐閣、一九八五年）六頁、一一頁は、「全国民事慣例類集」の例を引きながら、結納後は違約を許さない趣旨の慣行が存在したことを指摘している。また、高梨公之『日本婚姻法論』（有斐閣、一九五七年）六七頁以下は、結納とは別に、その前に「樽入れ」がなされる慣行もあり、ここでも「違約」が許されない意識があったことを述べている。ちなみに、「タルイレ」の裁判例は、この段階では登場していないが、いずれ将来、昭和初期の裁判例のなかで検討する。

(79) 太田武男『結納（第二版）』叢書総合判例研究四五（一粒社、一九八六年）一四頁。

(80) 太田・前掲注（79）一四頁は、単に結納の裁判例を類型的に分析して、本件では結納が「婚姻意思の化体された贈与」となっていると指摘するのみである。たしかに、かかる評価自体は正しいが、ただ、このような構成は、婚姻予約無効論を前提としていたからであろう。ここでも、予約無効論時代の結納と有効論時代のそれとは明確に区別しなければならないのではないか。このことは、本文に掲記した裁判例（ことに[13]）が、結納は「婚姻の自由」を拘束するから、効力が生じない旨を説示していることからも明らかであるように思われる。

(81) ちなみに、柳瀬兼助「判例を中心として観た結納に付いて」関西大学研究論集八号法律政治編（一九三八年・昭和一三年）一一七頁も、この大阪控訴院明治四二年判決（[14]判決）につき、「これは婚姻豫約を無効とせる頃の判決でありながら、他方内縁関係に一部法的効果を認めた結果になってゐる」と述べている。

(82) 森・前掲注(61)三頁。

(83) ちなみに、「婚姻予約」の概念につき、沼・前掲注(40)二四三頁がつぎのように解説しているのが興味深い。一般に民事連合部判決が内縁につき婚姻予約概念を造語したと解されているが、これは不当である。この語は、「旧民法制定過程で外国語の翻訳としてえられたものと考えられ(る)」。「婚姻の口約を端緒とする婚姻成立前の男女関係の総体を包括し、そもそもの発端が同棲関係に発展した時点で内的に二区分され」、前者を「婚約」、後者を「内縁」とした。ことに裁判例によれば、結納返還義務の要否がこれとリンクする。こうして、明治民法典の届出婚のもとで、「届出にいたる結婚約束の全段階を包括する概念が婚姻予約を形成する」にいたった、という。若干の補足を要しよう。そこにいう外国法とは、おそらく旧民法の草案の下敷きとなったイタリア旧民法のことであろう。イタリア旧民法典では、「婚約」のことを〈promessa di matrimonio〉（「婚姻ノ約束」）と称していたが（本書「第一章」の第三節「3イタリア旧民法」を参照）、わが旧民法の「草案」では、「婚姻を為すべき約束」（第一草案）ないし「婚姻を為さんとする約束」（第二草案）とされている（本書「第一章」の第四節「2旧民法の編纂過程」を参照）。その後、熊野・前掲注(13)一九三頁は、既に「婚姻豫約」という用語を使用していたが、梅も、これに従っている。熊野や梅のいう「予約」概念自体は、おそらくフランス民法典第一五八九条にいう「売買の予約」（〈promesse de vente〉）という財産法上の「予約」概念に倣ったものではなかろうか（上記イタリアの〈promessa〉という用語と対比のこと）。ところで、「沼正也」は、婚姻予約概念がもともと内縁も含むものとして生成したと捉えているようにもみえなくはないが、仮にそうだとすれば、いうところの旧民法の制定過程では、明らかに「婚約」に限定されていたので、そのように解するためにはより綿密な調査研究が必要となろう。現に、熊野敏三は、旧民法のもとで「婚姻豫約」概念を婚約の意味で使用していることは明らかである。裁判例では、[13]判決も、婚約と婚姻予約とを同視していた。加えて、当時の学説も、婚姻予約と内縁とを明確に区別していたことは、後述する。一方、唄孝一「内縁ないし婚姻予約」別冊ジュリスト・法学教室3（一九六二年）三八頁（同・前掲注（2）「著作選集」八頁）は、明確に、「婚姻予約」という「ことば」の「擬制的意味が後退して」、「純粋婚約」もこれによって保護されるに至ったと理解している。この当時の唄孝一も未だ「婚約有効判決」の存在には気が付いていないが、それはともあれ、この種の捉え方は、わが国では一般的になってしまったようである。たとえば、すでに我妻栄『親族法』（有斐閣、一九六一年）一八八～九頁も、唄と同趣旨を述べていた。それは正当婚姻の前段階の男女問題に係る裁判例が内縁問題を中心として発展してきたことから、理論的にも内縁保護の論拠等に傾斜し過ぎた結果であり、「婚約法」自体の沿革に対する認識の曖昧さに起因するものであろう。

(84)　二宮・前掲注（6）三五一頁。

(85)　星野・前掲注（14）二二八頁。

(86)　利谷・前掲注（15）四八～九頁によれば、人事編が特に独立の編とされたが、その編集方針は、「旧慣」を重んずる一方で、「将来の進歩に適応すること」であった、という。

四　当時の学説の状況

先述のように、当時の学説の主流も、基本的には梅謙次郎の立場に追従して婚姻予約無効論を説いていた。これらの学説は、当時では確定していた判例婚姻予約無効論を追い風として、通説的地位を確立していたであろう。これに対して、外国法の知見やわが国の婚姻習俗等に基づいて、婚姻予約の有効性を主張する見解も散見された。これら少数説が、おそらく「婚姻予約有効判決」に強い影響を与えたものと思われるので、かかる学説を本稿の視点から簡単に紹介しておこう。ことに、同時代の岡村司（京都帝大法科大学教授）、後に大審院院長に任ぜられた池田寅二郎、および森作太郎（この当時は弁護士）の婚姻予約有効論をここで引用しておかねばならないであろう。(87)

1　岡村司の所説

まずもって、この当時の泰斗「岡村司」の見解を挙げておこう。岡村は、自己の講義を纏めた「著書」の中で、フランス法やドイツ法などの外国の立法例を考慮しながらも、なお自らの婚姻予約有効論を詳論している。[88] ここではその概要を紹介するにとどめる。岡村は、婚姻制度の趣旨や歴史的経緯、さらには婚姻目的に言及しながら、「婚姻ノ豫約」という項目を設けて、まず当時の「普通ノ学説」（つまり梅の見解）を簡潔に紹介したうえで、つぎのような批判を加えている。[89] 予約無効論の論拠である「婚姻ノ自由」につき、それが予約を無効とするほどに重要視すべきかは疑問であり、およそ「契約ハ必ス多少当事者ノ自由ヲ拘束スルモノテアル」。その直接履行はできないが、不履行の場合には「一般ノ通則ニ従ヒテ損害賠償ニ変形セサルヘカラス」。通説は、損害賠償義務を果たさないとすれば、婚姻をせざるを得ないことになるというが、婚姻の自由を保障するには直接履行を否定するのみで足りる。婚姻を済ませば、後日これを悔いてもいかんともなしえないので、婚姻の自由を失うが、婚姻の予約も、「婚姻ト相距ルコト一間ノミ」であるにもかかわらず、予約の場合のみ、「完全ニ婚姻ノ自由」を保有するというのは、奇怪である、と。

したがって、岡村によれば、「婚姻ノ豫約」は、「完全有効」であることから、「契約ノ一般ノ原則」によって効力が生ずるという。「正当ノ理由」があれば、契約を解除できるが、正当理由がなければ、財産損害のほかに、名誉毀損の損害についても、たとえば「女ハ世間ノ悪評ヲ受ケテ婚期ヲ愆マリ若クハ到底婚姻ヲ為スコト能ハサルに至リタルトキ」は、「一般ノ原則」による。ただし、名誉毀損の事実の有無は厳正に考察すべきである。ドイツ民法は、同衾の場合に女に無形損害の賠償請求権を認めているが、同衾は男にのみ過失があるとはいえないので、かかる区別は不当である。また、フランスでも婚姻の自由から婚姻予約は無効とされているが、不法行為による損害賠償が認められている。予約が無効であるにもかかわらず、損害賠償を認めるのは、「誠ニ論理ヲ貫カサルモノト謂フヘキナリ」。この点では、ドイツ法も「不論理の失アルモノトナリ」とされるが、これに対して、「英法ニ在リテハ初メヨリ婚姻ノ予約ヲ認メ其ノ不履行ノ場合ニハ十分ノ賠償ヲ与フト云ウ」として、当時の外国の立法例を比較検討している(90)。結局のところ、岡村によれば、このイギリス法の立場が(91)、自由思想に冒されていないものであるとして、高く評価されているので、岡村は、当時の西欧での「婚約観」をはっきりと認識していたものと思われる。この岡村とほぼ同時期に(92)、イギリス婚約法に依拠しながら、婚姻予約有効論を展開したのが、次の池田寅二郎である。

2　池田寅二郎の所説

池田論文は(93)、先述の大審院判決[4]の婚姻豫約無効論を前提として、これを批判するため、婚約有効論の立場にある当時の英米法に依りながら、つぎのように論じている。当時の英米法では、婚約破棄につき〈Breach Promise Suits〉なる特別の専門用語が使用され、契約違反には財産上の損害だけではなく、被害者たる婦人の精神的苦痛や婦人としての体面に対する汚辱も賠償の対象となっている。つまり英国では、婚姻予約も有効であり、その違反は被害者の名誉・精神に重大なる打撃を与えるので、ただに予約を有効とするのみならず、「豫約ニ基ク同棲モ亦婚姻成立ノ相当ナル経路トシテ善良ノ風俗ニ反スルモノニ非ラストセリ(94)」。婚姻予約が公序に反するかどうかは「一ニ社会道徳ノ問題」である(95)。財産損害はいうまでもなく、このような名誉心情に対する「無形ノ損傷ハ違約ノ事実ニヨリ当然生スルモノ」とされ、財産的損害とは異なり、賠償額の証明が不要で一種の制裁的な損害賠償責任が認められている、という(96)。

このように英米法に依拠しながら、池田自身は、単純婚約と、予約に同棲が共存する場合とは、法律上性格を異にするので明確に区別する必要があるとした上で、「単純婚約」としての婚姻豫約が婚姻の継続を強制して夫婦相愛の道を妨げるとする判例の立場（[4]判決）を批判しながら、つぎのように主張する。予約がなされると、婚姻の相手方の選択の自由が拘束されるとしても、それは当事者の主観的な制約に過ぎない。婚約の合意の根底は「深厚ナル心念ノ基礎」を有するので、故なくこれを破るのは不当であり、法律が此関係の廃棄を顧みないならば、かえって夫婦相愛の道を尽くすことができなくなる。したがって、婚姻予約が婚姻に関する当事者の意思を制約することがあっても、これを公序に反するとはいえない[97]。また、「同棲の関係がある場合」には、同棲は「婚姻」を前提とするものであるので、予約では同棲を〈justify〉できないことから、この点は、イギリスの習俗と異にするものである。そこで、同棲を婚姻予約の条件とするようなときは、一般の通則により無効であるとしても、そのような条件がないときには、婚姻予約は公序良俗に反するとはいえないとして、結論的にはイギリスの婚約法が大体において適切である旨を述べている[98]。

以上のように、池田は、イギリス婚約法の立場に依拠しながら、婚姻予約は基本的には有効であるとしているので、これを公序良俗に反するとした梅の「婚約観」は完全に排斥されている。池田が紹介しているイギリス法の解説部分は、民事連合部判決の重要な説示部分と表現においても軌を一にしよう。ことに、同棲が婚約（promise to marry）に含まれ、「予約ニ依ル同棲ノ関係」として保護されていたという池田の叙述は、婚約・婚姻予約概念を同棲・内縁も含む趣旨で使用した民事連合部判決の立場・解釈につながったことは、容易に推測できよう。また、当時の裁判官自身も外国法を積極的に研究していたことは周知の事実であるので、池田論文を再確認していたはずである。

ただし、池田自身の見解は婚姻予約と同棲とを区別していたので、この点の形式面での捉え方と内縁に対する実質的価値判断については、大審院の立場とは異なっていたこととなる。大審院は、むしろイギリス婚約法の立場に従ったといえよう[99]。先述したように、池田論文公表の当時では、法律婚・届出婚主義が導入されてまだ日が浅く、単なる同棲ないし内縁の保護を認めることは容易ではなかったからであり、内縁が私通同然とされていた事情があったことからいえば、婚姻予約と同棲とを区別する池田の立場は、ある意味では、無理のない穏当な見解であったように思われる。

ところで、池田が婚姻予約有効論を提唱するうえで、婚姻予約=婚約と同棲・内縁とを区別したことには、当時の社会的状況の影響があったのかもしれないが、後の「穂積重遠」が、単純婚約と事実婚とを区別して、婚約自体の保護には消極的であった反面、事実婚自体の保護の必要性を強調しながら、婚姻予約有効判決の「論理面」を批判したこととは(後述参照)、奇妙な符合ないし「ねじれ」がみられる。その後、大正期に入ってから事実婚に対する「社会的な評価」にも大きな変化があったのかも知れない。[100] 池田自身も、これは「社会道徳の問題」としていたので、おそらく流動的に考えていたものであろう。

3　森作太郎の所説

他方で、弁護士の森は、二度にわたって、婚姻予約有効論を「法律新聞」に投稿している。彼は、先進国であるイタリアやドイツの婚約法及び明文のないイギリス・フランス法などを引用・参照するとともに、わが国の婚姻習俗を重視しながら、大審院(〔4〕判決)が、婚姻の予約を無効とし、違約金の約定も無効としたのは、これを「絶対的に無効」とすることとなり、このような立法例は他には見られないとして、つぎのように反論した。婚姻予約は婚姻を目的とするところ、婚姻自体は人類繁栄のために必要な社会制度であるので、婚姻予約も公序良俗に反する契約となるものではない。婚姻予約を有効とすれば、これに拘束され自己の望まない婚姻をなすに至るとの理由付けは、理論的には成り立つとしても事実ではない。予約の不履行の場合にのみ損害賠償の支払いをなさせるのみで、強制履行を認めないのだから、およそ損害賠償の支払いを免れるために人生の重大事である婚姻を為す者などはほとんどあり得ない。もし損害賠償のために意にそわない婚姻を為す者がいたとしても、そのような常識欠乏の人間のために法律を制定する要をみない、[101] と。

さらに、わが国では、男女とも婚嫁の時期になると自身またはその父母親戚または友人等が配偶者を物色し、見つければ媒酌人を選んで申し込みを為す。申し込みを受けた方においても相当の相手方なりと思えば、茲に双方本人見合いをなし、見合いの上、本人共に異存がなければ、双方媒酌人を経て、いよいよ婚姻を為すべきことを約し、その表徴として双方結納の取交しを為す。此の結納の取交しが相済みたるときは婚姻の契約は決して「変改」すべからずものとなす。「この結納取替はせによって表徴と為す婚姻を為すべしという約束は即ち婚姻の予約なり」。この婚姻の予約を無効なりというのは、わが六千の人民中、一部の法曹を除いて存在しないであろう。婚姻は必ず婚姻予約を経ざれば之を行うことができない。「又吾法制にては実際婚姻を行うも戸籍吏に届出を為すに非らざれば婚姻を為したるものと認めざるに依り父母及び媒酌人列席の上島臺の前にて四海波〈謡曲「高砂」の一節をいう〉を謡い三三九度の杯を為すも法律に於いては婚姻の予約と看做さるべきものならん」と。(102)

森は、外国の立法例に依拠しながら、わが国の婚姻習俗の重要性をも指摘したうえで、当時のヨーロッパ諸国の婚姻法制からみても特異なフランス法の形式論に従っていた梅らの無効論を痛烈に批判している。加えて、特筆すべきは、上記のように「婚姻予約」の概念に内縁関係を含ませていたことである。ただし、これは当時の裁判例にも、内縁関係を前提としながら、すでに婚姻予約無効論を論じていた裁判例（[6]判決の原審の長崎控判を参照）があったからであろう。(103)

4　その他の学説

岡村・池田・森論文よりもいち早く、「日々谷道人」は、大審院の前掲[4]判決が「男女の相愛」を婚姻の効力の基本として予約無効論を展開したのに対して、法律は社会の理想とは必ずしも合致するものではなく、かかる判旨の論理を貫徹すると、婚姻中に愛情がなくなれば、随意に離婚を許容せざるを得なくなるなどとして厳しく批判するとともに、婚姻の「前の共諾は共諾として効力を有し届出と相俟て婚姻の効力を生すへきものにして法律の保護する適法行為たるや論なきのみ婚姻は固と人倫の大道之を約するに於て何そ公の秩序善良の風俗を害せん」としたうえで、「婚姻の約」があれば、当事者には当然「履行の義務」が発生することから、違約の場合には「義務の不履行に基づく損害賠償の請求」をなし得る、としていた。(104)

一方、「笠原文太郎」（弁護士）の論稿は、主として婚姻制度に関するものではあるが、わが国の婚姻の礼式（三三九度）は不文法であり、これを捨てて届出主義を採ったことにつき理解に苦しむと批判する傍ら、判例が「婚姻豫約」を認めないので、「可憐の婦女に対して実に酸鼻に耐えさる実例に遭遇せしこと二三に止まらさるなり」としたうえで、結論として民法（届出婚主義）の改正を提唱していた。[105]

加えて、当時、すでにドイツの婚約規定を紹介する「三潴信三」の論文も軽視できない。[106]周知のごとく、ドイツ民法も、婚姻予約の有効性を前提とし、その履行強制はできないとしても（ド民一二九七条）、無垢な婚約娘が婚約男性と性的関係をもっていたときには、財産損害に加えて「精神的損害賠償」も認めるほか（ド民一三〇〇条）、詐欺的言動による不法行為的救済も認めていたが（ド民八四七条）、さらに、三潴論文は、婚約者が戸籍吏に結婚の意思を届け出るという規定（ド民一三一七条）から、「婚姻予約が婚姻の前提とされている旨」を紹介している。その意図は、婚姻の前提とされている婚姻予約が無効となるのは論理的に不合理であるという趣旨と思われる。三潴は、池田論文に刺激されてドイツ法を取り上げたというが、彼自身もまた、婚姻予約無効論に疑念を持っていたからであろう。

5　小　括

以上の学説では、それぞれの立場に相違がみられるものの、その共通認識は、外国法の知見やわが国の婚姻習俗を後景において、婚姻の前段階に「婚姻予約」が位置づけられ、婚姻のためにはその予約が必然であるところ、婚姻が適法であるにもかかわらず、何故に婚姻予約が無効になるのか、という疑問から出発していたといえよう。また、「婚姻の自由」を拘束するという無効論の論拠自体にも強い疑念をもっていた。このような婚姻予約有効学説は、基本的には「婚約」を前提としていたものの、すでに内縁関係も取り込めることを示唆していたという事実が、わが国の婚姻習俗への考慮も相重なって、大審院での婚姻予約有効判決の「形式的な論理」を準備・用意していたものと思われる。加えて、男女関係の風紀を維持することも目的として採用された予約無効論が、かえって男女関係を紊乱させていた社会的状況が指摘されていたことも決して軽視されてはならない。後述のように、「婚姻予約有効判決」を報じた当時の「法律新聞」でも、同様の状況が指摘されていたのである。すでに、梅起草委員の婚約観・婚姻観にも、ある種の陰りがみえていたといえるのかもしれない。ここにも「婚姻予約有効判決」が登場するための「伏流」がすでに潜在していたと言えよう。

ともあれ、「婚姻予約有効判決」が突然登場したものでもないことや、また婚姻予約有効論が単なる内縁婦女救済の「窮余の策」にはとどまらないことを、すでにこの段階においても、ある程度は確認することができるのではなかろうか。(107)

(87)　当時の学説については、沼・前掲注（40）二三四頁以下が掲記する文献資料が詳しいが、ここでは、とくに本稿の視角から、これと関連する別の論稿も含めて、「婚姻予約有効判決」との関連で、そこに至るまでの状況を整理することとした。

(88)　岡村司『民法親族編』（京都法政大学）二六三頁以下（『日本立法資料全集・別巻四八一』信山社版）。この岡村の「講義録」の出版年は奥付がないので、必ずしも明確ではないが（不詳として引用されることもある。）、沼正也『財産法の原理と家族法の原理（改訂版）』（三和書房、一九六三年）二三八頁注（9）によれば、「明治三九年」と考証されている。また、山畠正男「中川身分法学の成立」法セミ一九七六年臨時増刊「中川善之助・人と学問」二〇頁でも、明治三九年とされ、同三八年の講義を収録したものとされている。なお、岡村の学問的姿勢については、熊谷開作執筆「岡村司」潮見俊隆・利谷信義編『日本の法学者』（日本評論社、一九七五年）一一五頁を参照。「社会的事実にも鋭い洞察力があった」ようである。すでに岡村は家制度をきびしく批判していたことから、この当時の家族制度論者としては、我妻栄や末川博らによって最も注目・重視されていた研究者である、という。中川淳「岡村司」日本民法学者のプロフィール一〇・法教一八四号（一九六六年）六八頁も参照のこと。

(89)　岡村・前掲注（88）二八四頁以下。

(90)　岡村・前掲注（88）二九一〜二頁以下。

(91) 明治初期の段階〜明治民法典制定にいたるまで、一般に司法的実践において、イギリス法がフランス法とともに日本民法学（判例法や法学教育など）に対してきわめて重要な影響力をもっていたことについては、五十川直行「日本民法に及ぼしたイギリス法の影響〈序説〉」『現代社会と民法学の動向（下）』加藤一郎先生古稀記念（有斐閣、一九九二年）一頁、一七頁以下、二五〜七頁などを参照。

(92) 山畠・前掲注(88)二〇頁は、婚姻予約有効論は岡村の「独創」であり、池田論文よりも時期的には前であるとしている（同・二〇頁注4）。

(93) 池田・前掲注(76)「婚姻豫約ノ効力」（一九〇六年・明治三九年）一七〇四頁。

(94) 池田・前掲注(76)一七〇九頁、一七一三〜四頁。池田（明治一二年生）は、東京帝国大学法科英法卒後に司法省入省（明治三六年）、判事・検事の経験のもとに生涯において基本的には裁判実務にかかわり、昭和一一年に大審院院長にも任ぜられたが、終始、英法の研究を怠ることなく、英法的法観をもって「法の社会化」に努力した点に功績があったという（小林俊三『私の会った明治名法曹物語』〈日本評論社、一九七三年〉二四四頁以下）。ちなみに、単なる推測であるが、池田が同帝国大学法科に在学中は、土方寧がすでにイギリスから帰朝して明治二四年に「帝国大学法科大学」（東京帝国大学法科大学の前身）の教授となっていたので、池田の婚姻予約論には土方の婚姻予約論が影響を与えていたかもしれない。なお、五十川・前掲注(91)二六〜七頁は、民法典制定以降でも、イギリス法の教育を受けた実務家を通して、司法的実践におけるイギリス法の摂取の可能性につき、一般論として言及しているが、ここでも参考となる。

(95) 池田・前掲注(76)一七一四頁。

(96) 池田・前掲注(76)一七一二頁。

(97) 池田・前掲注(76)一七一六〜七頁。

(98) 池田・前掲注(76)一七一七〜八頁。

(99) 当時のイギリスの婚約法については、後述の第三章「4．外国の立法例の影響」を参照のこと。

(100) 当時の女性の社会的地位とその時代的背景（国家主義と人権主義との葛藤など）については、差しあたり、川井・前掲注(3)一〇三頁、大村・前掲注(4)「同(2)」五九頁以下とそこに挙げられている文献が参考となる。

(101)　森・前掲注（61）「婚姻の豫約」（一九〇九年・明治四二年）二頁。
(102)　森作太郎「婚姻の豫約は何故に全然無効なるや」法律新聞九〇七号（一九一一年・明治四四年）五～六頁。
(103)　この森説に対して、弁護士一瀬房之助「辯護士森作太郎氏の婚姻豫約論を讀む」（法律新聞五五六号（一九〇九年・明治四二年）二頁）は、梅の論法を念頭に置いているものと思われるが、婚姻予約は契約ではないので義務不履行の問題は生じない、と反論している。
(104)　日々谷・前掲注（61）「婚姻の豫約に就て」（一九〇二年・明治三五年）二頁。
(105)　笠原文太郎「婚姻に就て」日本弁護士協会録事第一四巻一四七号（一九一〇年・明治四三年）二二頁［老川・前掲注（56）婚姻(2)・一四六頁以下所収］。笠原は、届出婚主義により、内縁の不当破棄に対する妻の救済がなくなること、男性は重婚自由、婦人は姦通自由という実に風紀上忌まわしき極みとなっていること、さらには、私生児が増加する一因にもなっていることを指摘していた。
(106)　三瀦信三「独逸法ニ於ケル婚姻豫約」法学志林九巻二号（一九〇七年・明治四〇年）一四頁、同「承第二号」同巻五号（一九〇七年・明治四〇年）二三頁。
(107)　川井・前掲注（3）一一一～二頁は、当時の学説や外国法に言及しているが、内縁保護の論理という側面では、かかる学説等の意義を消極的にしか評価していない。しかし、以上のことからも明らかなように、当時のイギリス法がすでに婚約のなかに同棲・内縁を含ませていた事実のほか、わが国でも挙式・同棲を重視していた学説があったことを決して見逃してはならないであろう。

第三章　婚姻予約有効判決の登場

本章では、これまで何度も言及してきた大審院民事連合部の「婚姻予約有効判決」について、学説の評価を織り交ぜながら、(1) やや詳細にわたり本書の視点から分析してみよう。あわせて、同時期に大審院で審議され、民事連合部判決の直後に宣告された「婚約」に関する事例を分析するとともに、相互の関連についても検討したうえで、このことを通して、民事連合部判決が内縁事例のみならず、婚約事例も含む論理構造をもっていたことを実証的に分析したいと思う。一連の大審院判決例の裡から内観し、その通奏低音の響きをしっかりと受けとめることが本書の課題であるが、同時に理論の責務でもある。

一　内縁事例と婚姻予約論

1　「内縁」有効判決

(1)　事件の概要

男女が挙式同棲したが、男性がささいなことで一方的に内縁関係を破棄したことを理由として、女性側が「不法行為」に基づいて慰藉料を請求した事件である。本訴訟は、すでに明らかにされているように、以下のような複雑な経緯をたどっている。まず、水戸の下妻の「区裁」に提訴されたのち、水戸地裁を経由して東京控訴院にまで「上告」されたが、この上告審で破棄されたため、差戻審である「水戸地裁」は、東京控訴院の示した準則に従って、一般の不法行為・過失責任による賠償責任を認めた。(2) これで一件落着するところであったが、その間に裁判所構成法（大正二年）が改正されて、上告はすべて大審院が管轄権をもつこととなったので、本件も大審院に上告された。(3) その後、かなりの期間が経過したのちに、本件につき「民事連合部」が設置され、民事連合部判決は、その判決理由の冒頭で婚姻予約有効論を掲げたうえで、不法行為構成を採った原判決を破棄して自判した。本件の各審級における判決の理論構成はすでに注目されているが、本書にとっても、そのプロセスの検討は婚姻予約有効判決の論理構造を分析するためには不可欠であるので、本書の視角から、各判決の論理面での相互関連性にも留意しながら検討することとした。

[1]　大（民連）判大正四・一・二六民録二一輯四九頁

〔事実〕　X女とY男は、明治四四年四月一三日に二名の媒酌のもとに挙式・婚礼のうえ直ちにY家で同居したが、Xは、着衣調整のためYとその両親の同意の下に同居の日から三日目に実家に帰った（見合いの日に婚礼式を挙げたように思われる）。Xは、実家に帰ってから、Yが痔疾により病院に入院したという知らせを受けたので、その翌日、父に連れ添われて婚家に戻ったが、媒酌人の一方の夫が大病である事実を知らされたにも拘わらず、その見舞いにXの父が立ち寄らなかった。そこで、当該媒酌人は、媒酌人の夫が大病なのにXの父がその見舞にも立寄らないのは不都合であるとし、このようなものを媒酌するのは好ましくないとの苦情を述べたことから、Y方としてもそのままXを自家に置くわけにもいかなくなり、Xも一時実家に戻ったところ、同年五月四日にYがXを離別した。そこで、XはYに対し不法行為に基づいて損害賠償を請求した。

(ア)　一審判決　一審である下妻区裁の明治四五年四月二五日判決は、「当事者双方任意の上離別した」のであり、Yに故意過失なしとして棄却したが、ここで、Xが主張した論理が興味深い。つぎのような論拠を述べている。父母の同意を得て挙式のうえ同棲し、Xになんら欠点がないのに離別したのは、「是畢竟Yは該結婚式を挙げる当時よりその婚姻届出を為し以て夫婦関係を発生せしむる確定の意思を更に有せざりしに之を有するが如き体を装いXをして之を信ぜしめたるに因るものにしてYは故意によりXの権利を侵害したるものに外ならず」として、いわゆる「詐欺誘惑の論理」に依拠して名誉権侵害による損害賠償金二〇〇円を請求している。わずか三日間しか同棲しないで破棄されたのだから、Xの主張にも合理性がなくはないであろう。かかる主張自体は、明らかに第二章[5]判決（大判明治四四・一一・二六）の論理に従ったものである。

ところで、唄孝一は、本件では、「婚姻予約の効力」という問題は、大審院判決・上告理由に至るまで、全く現われていないとし、第二章[6]判決（大判明治四四・三・二五）がモデルとされた事実は当事者の主張・判決の論理の中にはない、と断言しているが[4]、これはやや皮相的な見方であろう。上記のXの主張および下妻区判決の「任意による離別」は[6]判決のいう「任意による夫婦関係」ないし「関係離脱の自由」とは決して無関係ではないからである[5]。否むしろ、それが前提とされていたといった方が正当であろう。以下、具体的に分析してみよう。

区判決は、つぎのような事情を考慮して、上記のようなXのいう「詐欺誘惑の論理」を排斥した。Y家が、この紛争の仲介に入った者に対して、夫婦になっても今後が思いやられるので離別した方がよい旨を伝えたところ、同人がその趣旨をX家に報告し、X家もこれを承諾したことから、同人が、Y家からXの衣類等を受け取り、これをX家に引き渡して、双方納得のうえ離別した、という同人や仲人の証言に基づいて、当初より婚姻意思がなかったというのでないことは勿論のこと、さらに決して「詐欺による結婚」でもなく、「当事者双方任意にて離別せしものに外ならず」との結論を導きだしている。これを任意というのが妥当であるかどうかは問題であるが、とにかく、この当時では、婚約破棄につき慰藉料を取るための論法としては、X側の主張した、いわゆる「詐欺誘惑の論理」（確定的な「婚姻意思の欠如」も含む）がほとんど唯一の方途であったし、また、区裁判所の結論の導き方も、これを「否定するための論理」であったといえるであろう。

なお、Xは、Yが結納品を贈らなかったことを捉えて、当初より婚姻意思がなかったことの徴表となると主張したが、Yは、結納品を贈らなかったのは、「俗ニ足入レト称スル婚姻ノ假式ナリシ為メニ因ル」ので、別に他意はなかった、と反論している。本区判決は、「足入れ」には応接することなく、挙式日に「事実上婚姻ヲ為セシコト」について当事者間に争いがないとしている。

(イ)　控訴審判決　控訴審（水戸地判大正元・一〇・二二）でも、基本的には同じ理論構成でXの控訴が棄却されているが、X側の主張としては、さらに加えてYが「故意又は重過失」により離別を決行した旨が強調されている。これに対して、控訴審は、Yとしては正式の婚姻が成立するよう尽力したが、媒酌人等の抗議があり、到底円満なる家庭を築くことの見込みが立たなかったことなどの事実を認定したうえで、Yには婚姻意思が欠けていたこともないし、また故意・重過失によりXの節操を汚して離別したものではない、とした。なお、一審でも問題となっていたことであるが、Yが結納品を贈らなかったことから、XはY側の婚姻意思の「誠意」を争ったが、判旨は、XがY方に見合いに来た日に挙式をしたことから（「即日怱卒に行われたものなること明らかなる故」という）、結納品を贈る暇がなかったものと認定している。

(ウ)　上告審　これに対して、「東京控訴院（民事第一部）」大正二年三月八日判決（新聞八六八号二二頁）は、つぎのような理由から原判決を破毀した。原判決はYが婚姻をなす誠意を欠いていたことを認める事実および故意又は重過失にてXの節操を汚して離別したことを認めうる事実がないとしたが、「適法に夫婦関係を発生せしむる確定意思を有せざりしに拘はらず恰かも之を有せしものの如く装ひ以てXを誤信せしめ……結婚式を挙げ……同棲したるも遂に婚姻の届出を為さざりしのみならずXに於て何等指摘すべき欠点なきに拘わらず……不法にもXを離別し以て其名誉を毀損したりとの不法行為たる事実関係を主張して」、その請求原因となしたときには、民法七〇九条の「所謂過失侵害の場合をも主張したること勿論なるが故に」、裁判所はその全般にわたる請求原因の有無を判断すべきであるところ、原判決は、この点を確定していない、と。

もともと、当初から詐欺・強迫により婚姻をなした者は不法行為責任を負うとする準則が形成されていたことは、すでに検討したが、それは、いうまでもなく婚姻予約の無効論が前提となっていたので、詐欺的行為つまり故意不法行為による名誉権侵害という構成が採られていた。Xの当初の主張もこの論理を前提としていることは繰り返し述べてきた。かかる「詐欺誘惑の論理」は「関係当初から」婚姻意思がないことを前提とした論理であったので、下妻区判決も水戸地判も、そのような事実はなく、Yには婚姻意思があるとしたうえで、当初から騙す意図は存在しなかった、とした。当時の慣行に従って挙式・同棲したのだから、騙す意思があったなどという論法が通用しないのも、いわば当然であった。

しかし、水戸地裁では、それに加えて「故意又は重過失によりXの節操を汚したうえ、離別した」ことも主張されたが、そのような事実も認められないとされた。ここでは「離別」自体に対しても不法行為性の可否が議論されている。かりにこれに独自の不法行為性を認めると、いわば「妻としての立場・権利」を保護したことになりかねない。かつて、第二章[5]判決が、詐欺誘惑の論理で妻を保護したが、かかる保護は「妻の権利」侵害を救済したものではないとわざわざ付言していたことを、ここで想起すべきであろう。

ところが、「東京控訴院」は、かかる立場をさらに前進させて、上記のように、その重過失を「過失」に置き換えたので、不法行為一般の責任論に問題をすり替えたといえよう。それは婚姻予約有効論と同義である。この立場であると、関係成立当初に婚姻意思があるという事実を否定し得ないとすれば、事実上は、その後の「離別」につき過失があるか否かに結論が左右されることとなるが、婚姻予約有効論のもとでの「正当理由」の有無と、実質的には変わらなくなるからである。

実は、かかる立場の対立も、すでに梅・土方論争で用意されていたものである。当初から騙すつもりがなく、同衾してから「心変り」した場合には、不法行為では救済できないのではないかという土方の詰問に対し、梅起草委員は、そのような場合には、普通は過失があるものと応接していたからである。先述した「法典質疑問答」や『民法要義』でも、過失による場合も明確に指摘していたことから、内縁のケースも含めて、いうところの過失概念や過失評価の具体的な考慮事情は必ずしも明確ではないものの、この種の場合でも、梅によれば理論的には不法行為的救済は否定されてはいなかった。「東京控訴院」は、この梅の立場に注目していたものと推測して大過なかろう。

しかし、いずれにせよ、「東京控訴院」が具体的に過失論にまで踏み込んだのは、たしかに新たに重要なステップを踏んだことには間違いなかろう。実質的には婚姻予約無効論を廃棄したに等しく、その意味では、婚約・内縁の不当破棄それ自体につき、名誉侵害を理由として精神的損害賠償を認める立場に限りなく接近したといえよう。この控訴院判決が、「X女の節操を汚したこと」という原審の説示を引用して、さらに過失論にまで踏み込んで判示したのは、弱者としての女性を救済するという価値判断が先行していたものと思われる。しかし、他方で、東京控訴院（民事第二部）は、この当時に「婚姻予約無効論」を明確にしていた（第二章[11]判決参照）。本民事第一部判決も、その訴訟の経緯からみて、婚姻予約無効論を前提としたうえで、上記のような過失論を述べていたものと考えて大過なかろう。それが「梅の立場」でもあったからである。

(エ)　差戻審の判決　差戻審である「水戸地判大正二・一一・二一」は、この東京控訴院の準則にしたがって、上記の事実関係を前提としたうえで、破棄の理由はXの実父母が媒酌人方を訪問しなかったので、媒酌人が憤怒し苦情を唱えたためであるが、「斯くの如き些細なる事由を以て離別し得べきものにあらず」として、そのほかに離別するための欠点と認めるべきものがないので、Yは「過失によりXの名誉を毀損した」こととなる、と判示した。(6) ここでは、主としてもっぱら「離別に係る過失」の有無が論点となっていることは、明らかである。しかしながら、当時の大審院の「婚姻予約無効論」を前提とするならば、「関係離脱の自由」が必須の前提となるので、「離別の過失」の有無により不法行為責任の可否を決することは、背理に近いものであり、実際、それは従来の大審院の立場ではなかった（過失不法行為に因る救済を否定した第二章[6]判決とそこでの解説を参照）。あくまでも婚姻予約が無効であることを大前提としたうえで、ただ、その半面で、とくに詐欺的言動等により女性の貞操が侵害されたことをもって名誉侵害として構成するにすぎないものであったからである（第二章[5]判決を参照のこと）。

これに対して、本東京控判は、婚姻予約の破棄、つまりここでは「不当な離別」自体の過失を問題としているので、それでは内縁それ自体（生活利益）を真正面から保護することと径庭がなくなり、事実上は、単純なる請求権競合のレベルに問題が移行しているといっても大過ない。しかし、婚姻予約無効論を前提としていたとするならば、すでに形成されていた上記の先例とは矛盾することのほか、他方では、不法行為の「権利侵害」要件を厳格に解していた当時の大審院の立場とも、容易には整合しなかったであろう。

(2)　民事連合部判決の登場

差戻審判決に対して、大審院へ上告された結果、大審院は第一・第二民事部の連合部を開いたうえで著名なる婚姻予約有効判決を宣告することとなった(7)。Yの上告理由の概要はつぎのようなものであった。実質的には第二章[5]判決の婚姻予約無効論を縷々述べた上で、当初より婚姻意思がなかったものでもないし、途中で理由なく変心したものでもなく、Y家の挙措が慣習に反し媒酌人が行く末を案じ媒酌人を辞することとなったので、Yは熟考のうえ離縁のほかなきことをXに知らせたことは差戻審判決の認めるところであり、些細の事情で離別の決心をしたのは過失なりと判示したのは、法律の適用を誤り理由を付さない不法のものである、と。これに対して、大審院は、つぎのように応接した。

〔判旨〕（破毀自判）「仍テ按スルニ婚姻ノ予約ハ将来ニ於テ適法ナル婚姻ヲ為スヘキコトヲ目的トスル契約ニシテ其契約ハ亦適法ニシテ有効ナリトス法律上之ニ依リ当事者ヲシテ其約言ニ従ヒ婚姻ヲ為サシムルコトヲ強制スルコトヲ得サルモ当事者ノ一方カ正当ナル理由ナクシテ其約ニ違反シ婚姻ヲ為スコトヲ拒絶シタル場合ニ於テハ其一方ハ相手方カ其約ヲ信シタルカ為メニ被ムリタル有形無形ノ損害ヲ賠償スル責ニ任スヘキモノトス蓋婚姻ハ戸籍吏ニ届出ツルニ因リテ始メテ其効力ヲ生シ其当時ニ於テ当事者ハ婚姻ヲ為スト為サヽルトノ意思ノ自由ヲ享有スルヲ以テ当事者カ将来婚姻ヲ為スヘキコトヲ約シタル場合ニ於テモ其約旨ニ従ヒ婚姻ヲ為スコトヲ強ユルコトヲ得ス然レトモ婚姻ヲ為ス当事者ハ其届出以前ニ先ツ将来婚姻ヲ為スヘキコトヲ約シ而シテ後其約ノ実行トシテ届出ヲ為スハ普通ノ事例ニシテ其約ヲ為スコトハ実ニ婚姻成立ノ前提事項ニ属シ固ヨリ法律上正当トシテ是認スル所ナレハ適法ノ行為ナルヤ言ヲ俟タス而シテ其契約ハ当事者カ相互間ニ将来婚姻ノ成立セシコトヲ欲シテ誠実ニ之カ実行ヲ期シ其確乎タル信念ニ基キ之ヲ約スヘキモノナルコトハ其契約ノ

性質上当ニ然ルヘキ所ナリ従テ既ニ之ヲ約シタルトキニ各当事者ハ之ヲ信シテ相当ナル準備ノ行為ヲ為シ尚ホ進ミテ慣習上婚姻ノ儀式ヲ挙行シ事実上夫婦同様ノ生活ヲ開始スルニ至ルコトアリ斯ノ如キハ婚姻ノ成立スルニ至ルニ相当ナル径路トシテ普通ニ行ハルル事例ニシテ固ヨリ公序良俗ニ反スルコトナク社会ノ通念ニ於テ正当視スル所ナリ然ルニ若シ当事者ノ一方カ正当ノ理由ナクシテ其約違反シ婚姻ヲ為スコトヲ拒絶シタリトセンカ之カ為メニ相手方カ其約ヲ信シテ為シタル準備行為ハ徒労損失ニ帰シ其品位声誉ハ毀損セラルル等有形無形ノ損害ヲ相手方ニ被ラシムルニ至ルコトナシトセス是レ其契約ノ性質上当ニ生スヘキ当事者ノ婚姻成立予期ノ信念ニ反シ其信念ヲ生セシメタル当事者一方ノ違約ニ原因スルモノナレハ其違約者タル一方ハ被害者タル相手方ニ対シ如上有形無形ノ損害ヲ賠償スル責任アルコトハ正義公平ヲ旨トスル社会観念ニ於テ当然トスル所ニシテ法律ノ精神亦之ニ外ナラスト解スヘキヲ以テナリ本件ノ事実ハ原院ノ確定シタル所ニ依レハ要スルニ当事者ハ真ニ婚姻ヲ成立セシムル意思ヲ以テ婚姻ノ予約ヲ為シ之ニ基キ慣習上婚礼ノ式ヲ挙行シタル後上告人ハ正当ノ理由ナクシテ被上告人ヲ離別シ婚姻ヲ為スコトヲ拒絶セリト云フニ在ルヤ判文上明白ナリ是レ畢竟上告人カ当事者間ニ成立シタル婚姻ノ予約ヲ履行セサルモノニ外ナラサレハ之ニ因リテ生シタル損害ノ賠償ハ違約ヲ原因トシテ請求ヲ為スコトヲ要シ不法行為ヲ原因トシテ請求スヘキモノニ非ス然ルニ本訴請求ハ全ク不法行為ヲ原因トシテ主張シタルモノナルコト記録上明確ニシテ其原因トスル所既ニ失当ナレハ此点ニ於テ棄却スヘキモノトス故ニ原院カ本訴請求ヲ是認シタルハ違法ナルヲ以テ本件上告ハ結局其理由アルニ帰ス依テ爾余ノ論点ニ対シ説明ヲ加フルノ必要ナキヲ以テ之ヲ省キ又本件ハ従来本院ノ判例ニ於テ示シタル見解ト相反スル所アルヲ以テ裁判所構成法第四十九条及ヒ第五十四条ノ規定ニ従ヒ民事ノ総部ヲ聯合シテ審理シ民事訴訟法第四百四十七条第一項第四百五十一条第一号第四百二十四条第七十二条第一項及ヒ第七十七条ノ規定ニ従ヒ主文ノ如ク判決ス」

2　大審院の基本姿勢

(1)　婚姻予約有効論の誕生

民事連合部判決は、離別につき過失があるとして、Y側の不法行為責任を認めた原判決を破毀して、わざわざ婚姻予約有効論を縷々述べたうえで、Xの請求を棄却して破毀自判した。何故に原審に差し戻して、予約有効論のもとで再審議を命じなかったのかについては、後述するとしても、本件訴訟の全プロセスを検討した限りでは、X側が一貫して不法行為責任を追求してきた事情は明白である。いうまでもなく、これは梅の論理であった婚姻予約無効論に従来の大審院判例が従っていたからである。すでに検討したように、当時では確立した判例理論と考えられていたものと思われる。そこにいう不法行為責任では関係成立時における詐欺的言動等が要件事実の考慮事情となっていたが、本件の東京控訴院は、その故意不法行為を過失行為にシフトさせ、しかも、関係成立後の「離別についての過失」で足りるとした。大審院は、かかる東京控訴院の論理を真正面から排斥したといえよう。

本判旨が、「婚姻の予約」有効論のレベルで不当な破棄をうけた当事者を保護しようとしたのは、何故か。いわゆる内縁破棄による損害賠償請求事件であるので、内縁は公序良俗に反する男女関係ではないとして、その不当破棄責任を認めれば、本件の解決としては、それで必要にして十分であったはずである。それにもかかわらず、わざわざ民事連合部まで設置したうえで、理由部分の頭書に婚姻予約有効論を謳い挙げている。唐突だと評される所以でもあるが、それなりの合理的根拠があったものと思われるので、以下、いくつかの問題点を取り上げながら、本判決を多面的かつ具体的に分析してみよう。

(2)　内縁と試婚

本判決に対する今日の通説的理解によれば、大審院が従来の立場を改めて一般論（ただし、後述のように、「傍論」と解する見解が多い。）として婚姻予約の有効性を認めた上で、「内縁」の不当破棄につき慰藉料請求権を認めうることの可能性を明確にしたリーディングケースである、と解されている。これに対して、本件の男女関係は内縁ではなく「アシイレ」（試婚）であるという評価もある。(8) そこで、まず、かかる試婚論の当否につき、検討する必要があろう。

この学説のいう試婚とは、当時の伝統的な婚姻習俗に基づく未完成婚と解されているところ、かかる学説によれば、本件の男女関係は、「婚姻以前的性格」を有しているので、内縁夫婦そのものではなく、試婚の関係にとどまると評価される。そこで、婚姻予約論はある程度までは自然であったとするものの、単純婚約事例でもないので、結局は、「擬制」であり、「仮託」であると解される。[9]要するに、「内縁・婚約」二分論では、本判決の結論に至る「実質的理由」を解明できない、という趣旨と思われる。かかる試婚論は、ことに戦後の通説的準婚論の根底を動揺せしめた観もあり、このような見方に好意的な学説は跡を絶たない。しかしながら、先述したように、「試婚」という社会的事実としての男女関係を本件の事案から正しく読み取れるかどうかにつき疑念があるし、また、たとい読み取れたとしても、それが本判決の判決理由や結論にどのようなかたちで具体的に反映しているのか、そのことを根拠づけることは著しく困難であろう。

むしろ、本件の事案は挙式（正式の結婚式）を済ませた男女間での破棄紛争であり、上告理由でも、男性側は「事実上の婚姻」の成否をとわず「届出義務」はないと反論し、事実審でも一貫して「事実上の婚姻」がなされたことが認定されており、民事連合部も、それを承けたうえで、少なくとも挙式・同棲した男女関係を前提として理論構成しているので、この限りでは、通説的な評価に従うのが無難であろう。[10]わずか三日しか同棲していないというような事実をことさらに強調すべきではない。かえって、社会的事実としては結婚の「通過儀礼」がなされたうえで（媒酌結婚）、「実生活に入っていること」（判旨のいう「夫婦同様ノ生活ヲ開始スル」こと）のほかに、法的には「婚姻意思」が認定されているという事実こそが重要なのである。

加えて、大審院もいわゆる「足入れ」婚の婚姻慣行を十分に認識していたものと考えられる。というのは、事実婚時代の東京控訴院の裁判例には、この種の婚外男女関係について、「婚姻の成立」が争われた例があり、たとえば、足入れで同居したにとどまり、いまだ「結婚の式」を挙けていないことから、いわゆる「客分」と判断して、その成立を否定した例もあった。[11]また、民法施行直後に届出婚を前提としたうえで、「事実上の婚姻」という用語を使用した例が公表されている。[12]その後も、「婚約整いたる後」に「合衾の式を挙げ事実上の夫婦となるべきこと……」と説示した控訴院判決（大阪控判明治四二・五・八最近判例五巻三三頁）があるほか、内妻になされた債務名義の送達（旧民訴一四五条）の適法性が争われた事例であるが、大審院は「内縁ノ妻ノ如キハ」と称していた（大判明治四四・三・一七民録一七輯一三五頁）。さらに、地裁判決では、いずれも挙式同棲した男女関係について、「事実上の夫婦関係」（大阪地判明治四〇・四・七新聞四二六号四頁）、「内縁の妻」（東京地判大正二・五・一四新聞八八五号二一頁）と称する例などが散見されることから、一般に裁判実務では、婚姻届出前の男女関係につき、婚約と内縁との区別が明確に認識されていたことが窺知しうる（民事連合部判決後では、いっそう両者の区別が明確になっている事情については、後述する。）。

他方で、本判決直前当時では、周知の「新らしき女」を旗幟とする女性解放運動（雑誌「青鞜」）が誕生していたところ、ここでは婚約や内縁・婚姻とは区別される単なる「同棲」が注目されていたという社会的背景もあり、かかる「婚姻意思のない同棲関係」については、すでに当時の法律家にも問題視されていたのである。[13]

このような事実から推測すれば、民事連合部は、婚姻習俗をも考慮しながら、「曖昧な男女関係」の現実を前にして、むしろそれを熟知しながら、挙式同棲と婚姻意思をことさらに強調したうえで、婚姻届出を前提とした「法的な男女関係」（ここでは内縁関係）を敢えて明確にしようとしていたといっても大過なかろう。内縁か、または婚約かという「二分論」（近代的思惟の確立）によって、曖昧な従来の婚姻習俗を克服・整序し、近代法的な婚姻秩序の中に、婚姻予約を取り込もうとしていたものと思われる。したがって、かかる大審院の立場では、たとい「三日間の同棲」であっても、内縁と解釈することに格別の不都合は生じないのである。先述したように、明治一〇年司法省達によって、「社会的な承認」をうけた事実婚夫婦をもって「法律上の夫婦」と判断した大審院の従前の経験のもとに、ここでも一定の「価値判断」をしたものと考えるべきである。

実際、判旨の「挙式・同棲」に関連する説示部分をみれば、後述するように、従来の判例が事実婚・内縁につき使用してきた表現手法と共通するので、それをことさらに別の類型の男女関係と解釈する必要もないし、また、その合理性も見い出し難いように思われる。なるほど、区判決段階では、そのような「足入れ婚」という類の男女関係がY

の主張のなかに登場している。しかし、これは、先述のように、Xの主張に対してYが「婚姻意思」の徴表として消極的に利用しているにすぎない。むしろ、「事実上の婚姻」を前提とした主張すら見られるのであり、仮りに試婚的なものであるならば、Y側が何故にそのことを無責の積極的な理由としなかったのか、不可解というしかない。たとえば、後の裁判例でも、破棄した夫側が、いまだ「正式の結婚式」を挙行していないので、「客分トシテ取扱ヒタルニ過キナイ」と反論した事例（東京地判大正八・三・一〇評論八巻民一九八頁）や「ある期間男女同棲したるうえ相互の意思投合し長く連添ふべき見込み立ちたる暁初めて正式に婚姻を為すべき慣習」の存在を主張した事例（土浦区判大正八・六・一三新聞一五八九号二〇頁）なども見られるのである。しかも、唄らによれば、試婚は理由なくして破棄されても止むをえないという「社会的規範」が形成されていた（?）というのだから、なおさらそのような反論がなかったことが理解し難いわけである。当時の判例では、いかに「正式の結婚式」が重視されていたかについては、別の機会に明らかにするが、唄らの試婚論は、結局のところ、かかる「通過儀礼」を軽視する結果となるので、本書が試婚論に従い得ない所以でもある。内縁か婚約か、そのいずれかであると解釈すれば、大審院判決が認定した事実関係とそれに付与した法的保護を分析することが可能となろう。その意味では、双方の用語は、規範的概念として機能しているのであって、かつまた、二分論の方が近代的な思惟に沿う結果となろう。

もっとも、いわゆる試婚的な内縁関係が破棄されやすいこと、しかも理由らしい理由もなく破棄されていたという社会的事実を本件からも学ぶことができるであろう。この種のいわゆる「試婚」なるものは、当時の「媒酌・媒介結婚」に起因するものであったからである(14)。したがってまた、婚姻予約破棄事例として登場する裁判例では、かかる曖昧な男女関係に関する事例が目に付くこともたしかではあるが、ただ、それは単なる裁判の「現象面」であるという点にも留意しなければならないのではないか。裁判の現象面をもって、判例の内的な論理構造を分析することには、おのずと限界があろう。差しあたりは判例の論理の中に素直にみずからを置いたうえて、そこから内観することこそが先決であろう。

3　婚姻予約有効論と不法行為的救済

婚約法を理解するうえで必要な範囲ではあるが、本判決の理論構成の具体的な評価に移ろう。まず、本判決は婚姻予約の破棄責任を問う場合には、「違約」を請求原因とすべきであって不法行為を理由とすることはできないとしている。ただ、不法行為構成を排斥した理由を明確にしていないので、本判決の立場をどのように評価するかにつき、学説は当惑している。

当時の大審院は民法七〇九条にいう「権利侵害」を厳格に解していたことは周知の事実であるところ、このことと関連させて、内縁の妻が正当理由なくして離別されたときでも、それを直ちに「内縁の妻の権利」に対する侵害と構成できないことから、不法行為の成立が否定されたとする見解がある。(15) たしかに、このような一般的な観点も重要であるので、この点は改めて後述の「横田秀雄」論文のなかで検討する。これに対して、川井論文は、(16) 名誉侵害による不法行為責任を否定した先例（第二章[6]判決）があったので、連合部判決では、その理由が示されなかったとする。たしかに、[6]判決は、男女双方が任意に形成した内縁関係では、当事者は「関係離脱の自由」があるとしていた。しかし、[6]判決は、すでに検討したように、婚姻予約無効論を大前提にしていたのであるから、これを先例というのは、問題であろう。川井論文は、不当破棄責任は不法行為の「違法性」の問題であり、婚姻届の履行拒絶に違法という事情があれば、不法行為責任がみとめられることになるとし、その先例として第二章[5]判決を指摘するが、「詐欺による名誉毀損というやや特殊な事情があった事案」と評価しているように、「詐欺誘惑の論理」と「婚姻予約無効論」とのより密接な「機能的関連性ないし役割分担」については、全く認識されていないように思われる。このような見方では、民事連合部判決の核心を正しく捉えることができなくなるので、ここで双方の論理的な関連を再確認しなければならないであろう。

本書がすでに検討してきたように、起草段階では、婚姻予約「公序良俗無効」論が前提とされていたので、婚姻予約破棄事例が保護されるための隘路が、まさしくかかる詐欺的行為ないしそれに準ずるような悪質な行為態様による婚約の破棄事例であったことから、従来から紛争当事者もこの点を特に強調し、現に積極例である[5]判決もあったので、いわゆる婚姻予約破棄事件の争点がこの問題に集約される可能性があった事情については、すでに明らかにした通りである。本件でも、一審から原判決に至るまで当事者はこの責任問題に焦点を絞り込んで、X側はYには当初から「真に婚姻の意思」がなかったという主張を執拗に繰り返してきた。このような主張がなされたのは、いうまでもなく、大審院が婚姻予約無効論をとっていたからである（第二章[4]・[6]判決参照）。また、すでに検討したように、当時の下級審裁判例、とくに東京地裁や東京控訴院も、一貫して「婚姻予約無効論」を採用していた（第二章[10]・[11]判決参照）。このような事態を前にして、破棄された内縁当事者側が、漫然と婚姻予約有効論を前提とするような請求の趣旨・原因を主張しようと考えたであろうか。本件のXに残された論理は、当時では、特殊の不法行為構成しかなかったわけである。

ところが、本判決は、この立場を一変した。婚姻予約が有効である旨を法の精神や正義公平論まで援用して、縷々述べている。大審院民事連合部では、そもそもその前提（予約無効論）が排斥されたわけであるから、本件裁判では、以上のような無効論とリンクした特殊の不法行為的構成の論拠が完全に崩壊したこととなろう。現に、原審で「単純なる不法行為構成」によって賠償責任を課されたY側は、上告理由においては、[6]判決を意識して、明確に婚姻予約無効論を援用しながら、「婚姻届出を為すや否やは全然当事者の自由にして既に事実上の婚姻をなしたると否とを問うべきものにあらざるなり」と主張して、[6]判決の説示と同趣旨を述べたうえで、原判決の不当性を攻撃していた。無効論の下では、関係成立時の「婚姻意思の欠如」のみが論点となっていたところ、「離別の過失」まで問われることとなったのだから、Yとしては、先例上の予測に反した結果となったので、おそらく困惑したであろう。そこで、「関係離脱の自由」つまり「離別の自由」を根拠づけるために先例[6]の婚姻予約無効論を援用したわけである。連合部判決は、たしかに不法行為構成を否定したが、Yのかかる上告理由も排斥したのだから、川井論文のように、[6]判決での婚姻予約無効論と「関係離脱の自由」論とを分離して、後者に依拠した「不法行為責任の否定」論のみを援用して、連合部判決の論理構造を読み解くことはできないであろう。それでは、単に「楯の半面」を見たに過ぎないからである。

大審院は、以上のようなYの主張に応接するかたちで、すでに、Yには「婚姻を為すことの意思」が明白であり（婚姻習俗による挙式・同棲がなされている。）、これを動かしがたい事実とするならば、このようなケースでは、Xが主張していた詐欺的行為に起因する名誉侵害に基づく不法行為構成の論拠が、そもそも成り立ちがたいと評価したものと思われる。Xが一審から一貫して主張していた不法行為的構成そのものが全体としてすべて完全に自壊したというべきである。つまり、婚姻予約有効論は、具体的には、予約無効論と表裏一体の関係にあった「詐欺誘惑の主張」（ひいては故意不法行為責任）を排斥するための必須の論理であったこととなる。

加えて、原判決のいう過失責任による「一般的不法行為」構成も、仮にこれを認めるならば、「関係離脱の自由」に一定の制約を課することとなり（第二章[6]判決の論理）、結局のところ、それは実質的には婚姻予約有効論と径庭がないこととなる。つまり、もともと関係成立時の悪質な加害行為に基づく不法行為的救済は予約無効論を前提とし、本訴訟もこのことを大前提として出発したうえで議論が積み重ねられていたにもかかわらず、原判決は（ひいては東京控訴院も）、いつの間にか「離別」にかかる過失行為にまで不法行為責任を拡張したが、これでは、予約無効論自体を否定するに等しく、自己が依拠していた論理的前提から大きく外れたこととなるので、論理的には矛盾していたといえよう。たしかに、理論的には、予約有効論を前提としつつ、同時に原判決のような不法行為責任を認めるという立場（請求権競合論）もありうるが、当時の判例理論では、かかる単純不法行為構成では、内縁・婚約という関係的生活利益それ自体は被害法益にはなっていなかったので（[5]・[6]判決は、このことを前提としていた。）、離別自体の過失を問うことにも限界があり、証明責任の点も考慮すれば、かかる難を克服するためには、予約有効論によることが最善の策と考えられたものと思われる。

以上のように、一方では、具体的に当事者の主張に応接することを通して、他方では、婚姻予約無効論ひいてはこれとリンクする特殊の不法行為構成の内在的な限界を自覚したことから、一般的に婚姻予約有効論が採用されたと解釈すれば、本判旨が、わざわざ先ずもって婚姻予約有効論を説き、その上で、真に婚姻意思のあることに触れて、最後に不法行為によることができないという結論を導いたところの論理構成がきわめて自然で一貫しているものと理解しうるのではなかろうか。ことに、X側の主張は、「Yには婚姻意思がなかったこと」を軸としていたので、予約有効論（婚姻の約束の成立）のもとでは、Xの主張・請求をそのまま認容することはできなかったであろう。一見すれば、形式的な手続論でのみXの請求を排斥したようにもみえるので、きわめて奇異な感じを与える判決ではあるが、それが当時の訴訟物論の影響を受けているとしても[17]、それだけでは、本判旨の論理全体をトータルに整合的に理解したことにはならないであろう。本件訴訟の全プロセスをたどれば、むしろ上記のような実体法的な根拠（婚姻予約有効無効論）との関連でXや原判決がいうような不法行為責任が否定されたと解した方が、無難であり自然でもある。

とまれ、かつて梅・土方婚約観論争で浮上した予約関係途上での「心変わり」に対する民事責任について、梅が提示した過失不法行為責任論も予約無効論とともに排斥されたこととなろう。土方は、関係成立時と成立後の離別時における双方の違法行為の異質性を明確に認識していたが、梅は、無効論を堅持・擁護するに急なあまり、この問題の重要性を曖昧にしたように思われる。本判決の論理は、この法典調査会時代における問題を明確に認識したうえで、かかる論争に決着をつけたこととなるが、このような梅・土方論争にまで遡ることによってはじめて、本判決のいう婚姻予約有効判決の真意義を理解することが可能となるわけである。このような大転回には、後述のように、当時のヨーロッパ諸国の婚約立法も、与って力があったであろう。

4　外国の立法例の影響

(1)　イタリア法とイギリス法

本書は、民事連合部判決が「婚姻予約」概念に内縁関係を含ませて、新たな概念を創設したという評価をした。かかる概念自体については、おそらく旧民法時代におけるイタリア旧民法の婚約概念からの翻訳に「起因」すると推測したが、これに内縁をも含ませたところに、日本法の画期的な意義が見られる。加えて、このような「和洋折衷の論理」に強い影響を与えた外国法の影響もあったように思われる。すでに指摘したように、おそらく当時のイギリス婚約法であったものと推測して、ほぼ間違いなかろう。イギリス法自体は、「内縁」自体を独自の男女類型としてはいなかったようであるが、すでに早くから婚約のなかに同棲の男女も含めて、その不当破棄責任を認めていたからである。[18]先述のように、この点はすでに池田寅二郎によって明らかにされていたが、その後の研究でも、明らかとなっている。当時の大審院判事にとっては、心強い味方となったであろう。

加えて、イギリス婚約法は、婚約破棄責任を契約責任として構成していたことのほか、慰藉料請求も認めていたことは、決して見逃してはならない事実である。

(2)　ドイツ法とスイス法

もっとも、婚約破棄責任を契約責任としていた立法例は、イギリス法だけではない。イタリア婚約法もドイツ婚約法も、婚姻約束の債務不履行として構成していた。さらに、民事連合部判決の直前に制定・施行されたスイス民法もまた然りである。婚約破棄責任として、ドイツ・スイス民法は、慰藉料も認めていた。[19]そこで、わが国の著名な学説では、一方では、民事連合部判決の規範構造がドイツ法とほとんど変わりがないとしたり、あるいは、ドイツ民法と酷似したスイス民法の立場が「もっとも近い」と評価されたりしている。[20]

しかし、これらの立法例の婚約・婚姻予約概念には、少なくとも連合部判決当時では、内縁は含まれていなかった。[21]

むしろ、内縁関係は法律婚と矛盾するので、その保護が否定されていたといっても大過ない。広く刑事関係も含めて、公序に反する男女関係でもあった。したがって、かかる法律婚の下では「単純婚約」のみが保護されていたにすぎないので、当時の外国法を挙げるならば、やはりイギリス婚約法をまず指摘しなければならないであろう。要するに、以上の点からみて、ドイツ法やスイス法の影響力を過大視するのは疑問である。

(3)　フランス法

ともあれ、上記のヨーロッパ諸国の婚約立法は、とくに中世以来の教会法の婚約規制に遡る。ポティエも、ローマ法や教会婚の伝統のうえに、婚約の契約的性質を認めた上で、不当破棄が「信頼」違背となることから、「慰藉料」も認めていた。(22) ひとりこの伝統に背いたのが、フランスでの婚約無効論であり、一八三八年五月三〇日フランス破毀院判決が「婚姻の自由」を旗幟として婚約を無効（公序良俗違反）と断じ、破棄責任に対しては不法行為的救済に限定して以来、今日でも基本的には、この立場が堅持されているようである。(23)

5　婚姻予約有効論の論拠

(1)　「婚姻の自由」論と婚姻慣行の尊重

婚姻予約無効論の論拠は、予約（婚約）に拘束力を認めると「婚姻の自由」を直接間接拘束することになるので、そのことが公序としての婚姻秩序と矛盾するという点にあった。本判決は、このような論法には従わず、むしろ、当時の婚姻予約有効学説が主張していたように、婚姻慣行による挙式・同棲は正当婚姻に至るための普通のステップであり、「婚姻ヲ為ス当事者ハ其届出以前ニ先ツ将来婚姻ヲ為スヘキコトヲ約シ而シテ後其約ノ実行トシテ届出ヲ為スハ普通ノ事例ニシテ其約ヲ為スコトハ実ニ婚姻成立ノ前提事項ニ属シ固ヨリ法律上正当」であるとしている。正当婚姻の前段階は、梅が主張したような、婚約との関連では、単なる「婚姻の前相談」、いわば成案に対する「草案」でもなければ、内縁との関連でいえば「私通」（公序良俗違反）でもないという趣旨であり、この婚姻に至る前段階における認識・評価の相違が、有効無効論の分水嶺であった。ひいては、それが梅と土方との根本的な立場の相違であったことは、前述のとおりである。

婚姻が制度として認められているならば、その前段階の婚姻予約（婚約）を違法ないし無効とすることこそ、論理的には矛盾していたのである。無効論の論拠は「婚姻の自由」（届出時における自由な婚姻意思）であったが、損害賠償責任では、そのような懸念が少ないことは学説が明らかにしていた。たしかに、起草段階では婚約不履行訴訟が悪用される虞（風紀上の支障）も指摘されていたが、「当事者間に婚姻意思」があることが明確な本件のようなケースでは、そのような問題も積極論の支障とはならない。ましてや、本件のように、挙式後の「事実上の婚姻」の破棄事例では、すでに社会的には「夫婦」となっているのだから、より以上に、「婚姻の自由」の拘束論はその根拠を失うこととなろう。かえって、「婚姻の自由」なるものの「濫用」すら生じかねない。無効論こそが風紀上好ましくない風潮を助長しかねないことを懸念していた学説もあったし、当時の法律新聞でも、同様の指摘がなされていた(24)。したがって、婚姻予約有効論自体の形式的な論理的根拠には、特別な支障がなくなったといえよう(25)。

なお、この点については、おそらく民事連合部判決にも強い影響を与えたものと思われる同時代の岡村、池田、さらに森などの「婚姻予約有効論」をここで再度、想起しなければならない。また、前述のように、すでに内縁有効論を唱えていた下級審裁判例[8]などの存在も、軽視してはならないであろう。加えて、民法施行前の「事実婚主義」のもとで、婚姻届出の履行請求を認めた大審院の[2]・[3]判決とも、決して無関係ではないはずである。

(2)　正義衡平と信義則

本判決では、従来、無効とされていた婚姻予約を有効とする積極的な論拠については、上記の(1)で述べたことのほかには、「正義公平論」と「信義」しか説示されていないので、学説では、批判が強い(26)。そこで、実質的な根拠として、社会的弱者である女性を救済するための論理であるという点が強調される所以でもある(27)。もっとも、婚姻予約不履行を「違約」として保護し、そのことが「正義公平の観念」にそうものとしているのは、婚約や儀式婚が実質的には「信義則」（民法一条）による保護を享受することを認めたこととなり、その保護法益は婚約・儀式婚自体における譽れや名声であったといえるであろう。このような「正義公平」という抽象論は、公序・無効論を克服するためには、止むを得ないものであり、かつてイタリア旧法段階で、フランス法（婚約無効論）の直接的な影響のもとでも、婚姻予約の効力を一定の範囲で認めるために、かかる正義公平論や信義則が強調されていたことを彷彿とさせられる。[28]また、ポティエが、婚約破棄による慰藉料請求の根拠として、「信頼」（la foi）の違背を強調していたことも想起される。[29]この種の問題の普遍性を窺知しうるとともに、一般論としても既存の制定法秩序が時代に整合しなくなった場合には、このような「法の技術」の使われ方は、むしろ自然でもあり、ローマ法以来の伝統的な手法でもある。これをもって仮託とか不十分とかの批判は、全面的にはあたらないし、また、ことさらに強調すべきことでもないのではないか。

無効論はフランス法流の論理であり、それは国家による直接的な婚姻統制および伝統的なキリスト教的婚礼儀式の排斥と密接に関連していた。これに対して、イタリアでは、フランス法文化の直接的な影響下におかれていたにもかかわらず、かかる婚姻習俗と国家法の立場とを調和したことから、婚姻予約の有効論が明文化されたことの経緯に思いを致せば、わが国での婚姻慣習法を否定した予約無効論は、早晩破綻する運命にあったといえよう。むしろ無効論こそ、届出婚を確立するという政策的観点から、婚姻習俗を軽視・排斥するための仮託論に近いものであったのだから、無効論を克服した有効論に対して、その明確な論拠を求めることには、おのずと自制が求められてしかるべきである。

この当時、国家法の文理的・演繹的解釈から一歩離れて、「社会的な力」に鼓舞された大審院が法の固有の価値自体としての正義・公平論を論じたところにこそ、わが民法解釈論一般という観点からみるならば、むしろ画期的な意義が認められる判決ということとなろう。単に予約有効論には尽きないものがあることを決して見落としてはならないのである。

先述のように、梅謙次郎は基本的には自然法的立場にあるとされているが、民法施行後まだ日が浅かったこともあって、やはり彼ですら国家法に強く規制され、(30)これを承けた学説も一般に届出婚自体が近代法の理想であると考えていたものと思われるところ、かかる当時の学説における文理的・形式的な解釈論に対しても、本判決には一歩先んじるものがあったと評価することができるであろう。外国法の知見が与って力があったものと思われるが、それにしても、婚姻予約概念に内縁まで取り込むこと自体は、届出婚を前提とする限り、決して容易にことではなかったはずである。そこに実務家の鋭い現実感覚をみる思いがする。

(3)　婚姻予約と「名誉」

以上のように解することができるとすれば、当時の日本法も、近代的な婚約法ないし婚姻法に共通の価値を見いだしたこととなるわけである。ここでの法益は梅が認めたような単なる不法行為的救済の対象である名誉権ではない。大審院が「婚姻予約の不履行」とは言わずに、「違約」と評価したうえで、当事者の「名誉名声」を強調した所以でもある。かかる社会的評価自体については、すでに大審院は、その一端を先例（第二章[6]判決）で明らかにしていた。具体的には婚姻予約無効論を採っていたが、破棄された妻の社会的評価が侵害される事実を認めながらも、強力なる無効論のもとに屈して、結局は、内縁の妻の保護を否定した。しかし、このような価値判断自体は、連合部判決でも承継され、明確に名誉それ自体が予約論の対象とする実質的法益であると判断したものと考えてよいであろう。したがって、ある意味では第二章[6]判決も本判決を用意したものと評価しても、決して的外れとは言えないわけである。

なお、婚姻予約有効論は、単なる女性保護の法的技術には尽きない。大審院が自覚していたどうかは別にして、客観的にみれば、あきらかに婚約観ないし婚姻観の大転回を実現したものという評価が可能であり、否むしろそのような評価が必需とされるわけである。実際、ここでの名誉とは、単なる被害者個人の社会的評価にはとどまらず、合理的な理由もなく不当な破棄を敢えて行う加害者側の名誉・品格も自覚的に問われているものであり、結局のところ、それは「一定の社会的秩序」のなかでの人間関係を前提としたより高次の客観的な名誉評価でもあるべきものと思われる。大審院は、本判決の「違約論」を通して、かかる社会的価値を具現したこととなろう。

(4)　婚姻予約「仮託論」

「問題の所在」でも言及したように、すでに当時の学説でも、本件事案は内縁（事実上の婚姻）であるにもかかわらず、婚姻予約は「将来婚姻をなすことの契約」であるので、婚姻予約論で内縁を保護したのは、男女関係の実態に即した論理構造をもたないことから、予約論は仮託論である、とする批判が強かった。ことに「穂積重遠」は、本判決が成文法に欠落している内縁を保護するための立法行為（補充的立法行為）をしたことを高く評価し、「時弊に適中したる名判決」とまで評価するにもかかわらず、事実婚を保護するために婚姻予約論に「牽強付会」したことが惜しまれる、としていた(31)。穂積は、現行の届出婚という形式主義は婚姻の成立時期を確する意味では止むを得ないとして、形式主義に対する「法家の弊(32)」との批判に応接する一方で(33)、挙式同棲後に届出を拒む行為については、届出婚を採用したことによって生ずる「新現象」であり、かかる問題は、民法制定当時には「多ク考慮セラレナカッタ様デアル」ので(34)、このような「真正ノ意味ニ於ケル法ノ欠缺」の場合には、判例は「法」として、これを補充することができるとした。これに対して、単純婚約の婚姻予約については、立法者は敢えて規定を置かなかったので、これを有効とするためには立法措置が必要である、と解していた(35)。

「来栖三郎」は、本判決をめぐる当時の学説が婚姻届出義務不履行（いわゆる入籍の当否）の問題に終始していたのに対して、穂積論文は内縁の妻の社会的意義を明らかにするものであって、当時、民法施行後の法律秩序の完全性に対し懐疑の念が生じていたため、裁判官の権限も拡大され法規の実生活への適応化が任務とされ、法の欠缺の場合には法創造的機能が解釈論に与えられようとしていたことから、穂積論文は、この傾向をいち早く意識していたとして、高く評価している(36)。

穂積の立場を基本的に承継したのは、「中川善之助」であり（中川理論については、後述する。）、かかる仮託論は通説的理解となったように思われる。ただし、穂積は、中川とは異なり、届出婚を前提とした上で、届出拒否の行為態様にも注目しているところを見落としてはならない。「入籍ヲ拒マレタ内縁ノ妻ノ不幸ヲ救済慰藉スルコトガ其眞目的デアッテ、其法理的根拠トシテ婚姻予約有効論ニ仮託シタルモト余ハ観察スルノデアル[37]」とする。この点で、上記の来栖の評価はやや一面にすぎるのではないか。

これに対して、ここでは、「牧野英一」の所説を紹介しておこう。牧野英一は、穂積とともに判例の立場を肯認するものの、仮託論や「牽強附会」とする見方を批判し、持論の進化論を後景に置きながら、大審院は婚姻予約や事実婚を適法とする当時の「社会通念」に訴えたものであり、自然法の客観化を全うしたものであって、それは立法行為ではなく、あくまで「解釈論」である、としている[38]。

社会通念ひいては正義公平論を強調して、仮託ないし牽強附会ではないという牧野の批判は正当であろう。ただ、その反面、純然たる解釈論というのは行き過ぎであろう。他方で、梅起草委員が婚姻届出前の同棲関係を「私通」と捉えていたことや立法者が事実婚を排斥したことを重視するならば、穂積の補充的立法行為というのも問題を残しているので、やはり制定法とは矛盾する解釈論（法創造的ないし法改廃的解釈論）であったというのが正しいのではなかろうか[39]。そうとすれば、わが「判例法」の誕生を記念すべき判決であったともいえよう。

ともあれ、大審院の婚姻予約有効論が内縁保護の「仮託理論」にすぎないという評価も、本書の立場からいえば、到底支持できるものではない。この段階では、ことに本件事件の「請求原因」との関連（不当破棄による損害賠償請求にすぎないこと）や判例不法行為法の端緒的状況も考慮すれば、届出婚主義と矛盾する「準婚理論一般」を期待することは無いものねだりに等しい。本判決は判例の展開・プロセスにおける一定の到達点を示すものと理解すれば足りよう。むしろ、届出婚主義のもとで、準婚理論にいたるためにどうしても経由しなければならなかった論理的節目であるという視角が判例の内在的な展開をたどるためには必須のものなのである[40]。この経過点・節目があってこそ準婚理論の登場を期待しうるものであったと言うべきではなかろうか。否むしろ、すでに本書の「問題の所在」で明らかにしたように、客観的には準婚理論を予定した婚姻予約有効論であったと言う方が、より正確であるので、そうした視点を加味しながら、少しく詳細に判旨の論理構造を分析する必要があろう。

かつて、梅起草委員は、婚姻予約については、「身体ノ自由モ名誉モ一緒ニ引ックルメテ極ルノデアリマス」から「普通ノ契約」ではできないので、契約として保護するためには「特別ノ法律」が必要である旨を指摘して、「婚姻予約公序論」を強調していた(41)。また、挙式同棲による内縁関係も公序良俗違反としていた。連合部判決は、法律ではなく、判例法によって、かかる無効論を克服したといえよう。婚約・婚姻観自体を大変革したという意味でも、本判決は家族法上は画期的判決であったのであり、まさしく金字塔を打ち立てたといえよう。

ともあれ、本判決以降では、婚約・内縁と「婚姻意思を持たない」男女関係との識別こそが、判例を分析する上では、学説の緊要なる課題となり、かかる区別の視点は、特に儀式不要判決が登場してから、学説にも明確に認識されることとなる(42)。

6　「横田秀雄」論文の意義

本判決は、当該事件の結論を導き出すために必要とされた具体的論理のほかに、殊更により一般的に婚姻予約の有効無効論自体につき縷々説示したうえで、一般的に不法行為構成を排斥した。この問題については、すでに本書の立場を明確にしたが、本判決当時の大審院判事であった「横田秀雄」が本判決の数年後に論文を公表しているので(43)、本書の立場を補論するという意味をも含めて、その主張を聴いてみよう。

というのは、この秀才の誉れ高き大審院判事は、おそらく私的には本判決と何らかのかたちで関わっていたようであり、当時の学説の論評に不満があったことから、みずからが「該判決ノ趣旨ヲ簡明スル」ために敢えて論文をものしたと述べているので、彼の主張から当時の大審院の立場の一班を垣間見ることができるものと思われるからである。加えて、横田論文は、後述のように、婚姻予約の性質やその成立要件についても、後の裁判例に強い影響を与えている面もあるので、判例の婚姻予約有効論を語るためには、どうしても避けては通れない文献といえよう。ここでは、差しあたり不法行為構成との関連に限定して、検討してみよう。つぎのように述べている。

「違約」は相手方の人格を蔑如するに外ならないので、不法行為による救済が可能であるとする説もあるが、この説では、詐欺的行為によるなど予約当時における過失が破綻の原因と認められる場合には妥当であるが、予約当時には何ら過失がなく後に感情の対立や愛情の冷却などの偶然の事情により婚姻の意思を喪失したような場合には、不法行為をもって故意過失により相手方の権利を侵害したものとして賠償責任を負わせるには、相当ではない。後に婚姻意思を変更したことにつき一応は故意過失の責任があるといえるとしても、その責任を予約成立当時に遡及させて、かかる意思の変更の以前の事実に対しても不法行為責任を負わせることはできない。つまり、違約者は予約に違背し不履行の責任があるが、「相手方ノ権利ヲ侵害シタルモノト謂フコトヲ得ス」という(44)。

先述のように、当時の大審院は、不法行為責任の要件事実を厳格に解しており、不法行為当時の故意過失が必要とされるとともに、被害法益は定型的な「権利」であることが要請されていたことは、周知の事実である。かかる立場によれば、予約時に婚姻意思がないならば、相手方の名誉権を積極的に侵害したと構成できるとしても、予約後に変心した場合には、たとい正当理由がないとしても、それをもって常に過失行為とはいえないこともあるし、また、名誉権の侵害ともいえないこともある、という趣旨である。

この問題自体は、すでに梅・土方論争でも議論の焦点になっていたことは先述の通りであり、梅の論理には内在的限界があったが、横田は、おそらくは両者の論争を念頭においた上で、一応はこの問題に応えたものであろう。大審院が「違約」を強調した事情ないし形式論理がある程度明らかになっているように思われる。ことに、横田の言説からも明らかなように、本判決が登場するまでの大審院判例は、厳格な婚姻予約無効論の下で、梅の論理に従いながら、「詐欺誘惑の論理」に依拠して、破棄被害者を保護しようとしていたことが、改めて再確認されたといえよう。しかしながら、他方で、梅の過失不法行為による救済には限界があることも明らかにされている。先例[5]・[6]判決（第二章）からも、その限界つまり土方の懸念がすでに現実化していたことは、第二章で論及したが、かかる梅・土方論争の成果が一連の大審院判例のなかで検証された結果、本判決によって、梅の論理の難点が克服され、ついに両者の論争の成果が結実したといえよう。かかる横田論文からも、そのような事情を、確認することができるわけである。

なお、横田は、婚姻予約の概念を婚約段階から内縁段階（「同棲のある男女関係」）まで含ませて使用したうえで（「婚約段階」に軸足を置いているように思われる。）、予約が婚姻の届出を「目的」としていることを強調していたが、「届出義務」自体については、言及していない。おそらく「婚姻の自由」を強く意識していることによるものと思われる。

ともあれ、婚姻予約有効判決には、より積極的な理由があったものと思われるが、以下ではこのような問題も含めて、さらに本判決の論理構造をやや詳しく分析してみよう。

7　婚姻予約有効論の射程

(1)　婚姻予約有効判決の「傍論」性について

本判決の結論は不法行為責任による損害賠償請求を排斥したことであるので、婚姻予約有効論自体は本判決の結論の直接の理由とはなっていないように見える。そこで、かかる説示部分が「傍論」という解釈もあるが[45]、しかし、そのような解釈は正しくはないであろう。先述したように、X側の不法行為による損害賠償請求を棄却するためには、婚姻予約有効論が必須の前提・論理であったことは否定し難いからである。いわゆる「傍論」なるものを形式的に理解すべきものではない。川井論文も、連合部を開き、従来の判例を変更している事実などを指摘して、傍論性を否定している[46]。理由づけは本書とは必ずしもすべて一致するわけではないが、川井論文の直感的な視点自体は正しいように思われる[47]。なお、本判旨は、違約に基づく不履行責任の有無につき、事実審に審理のやり直しを命ずることなく、破棄自判して、結局のところ、Xの請求は排斥されている。これは、当時の訴訟手続上の形式的な理由によるものと解されている[48]。

ところで、「唄孝一」は、前述のように、「婚姻予約の効力」に関する議論は、原審に至っても登場していないとし、原判決が「事実婚の離別」を過失による名誉毀損（不法行為）と構成したことから、その論拠を崩すために、Yはここで（二度目の上告理由で）「初めて」婚姻予約の無効論を強調して、Xの請求を争うことになったという評価をしているが[49]、このような評価も傍論説にもつながっているように思われる。その綿密・周到な分析手法には敬服し、教えられるところが多々あるとしても、先述したように、大審院の審議に至るまでも、すでに当事者も又各審級での裁判官・判決も婚姻予約無効論を明確に意識して具体的にも論理構成していたので、本裁判の当初から全過程において婚姻予約無効論が前提となっていたといえよう。加えて、本書が分析してきた従来の一連の裁判例の傾向から判断しても、何故にXが不法行為構成に依拠したかは明瞭である。したがって、民事連合部の上告審に至るまでは、本訴訟の当事者が不法行為責任の有無のみを争っていたにすぎないという評価は、「書かれた事実と論理」にのみ傾注した結果であり、あまりにも形式論的にすぎるのではないか。そもそも唄らの基本的な研究手法自体ともそわない。本判決に至るまでの学問上の論争、とくに梅・土方論争の意義を軽視して、本件での形式的な文言を捉えて判例を分析することに終始するならば、判例の内在的な展開の契機を見落とすこととなろう。

(2)　「誠実履行義務」と「届出義務」

本判旨は、「誠実ニ之カ実行ヲ期シ其確乎タル信念ニ基キ之ヲ約スヘキモノナルコトハ其契約ノ性質上当ニ然ルヘキ所ナリ」としているので、婚姻予約の「効力」として、婚姻に至るよう「誠実に履行すべき義務」が生ずると解しているものといえよう。他方で、婚姻届出の前に、「将来婚姻ヲナスベキコトヲ約シ而シテ後其ノ約ノ実行トシテ届出ヲナスハ普通ノ事例ニシテ其約ヲ為スコトハ実ニ婚姻成立の前提事項ニ属シ法律上正当トシテ是認スル所ナレハ適法ノ行為ナルヤ言ヲ俟タス」としているので、婚姻予約の履行としての「届出」を強調しながら、予約有効論の論拠を補強しているように思われる。そこで、結局のところ、かかる誠実履行義務の具体的な中身としては、本件では「届出義務」が「念頭」におかれていると考えても大過ないであろう。

実際、先述のように、当時の裁判実務では、下級審裁判例も含めて、往々にして同棲後において「婚姻届を出さない行為態様」がその義務の不履行として問題とされてきた。かかる大審院判例の指摘する届出義務論は、おそらく事実婚時代に遡るものであろう。すでに「第二章」で明らかにしたように、民法施行以前の内縁については、事実婚・儀式婚主義の下であるが届出請求権自体の強制履行が認められていた（[2]・[3]判決）。民法施行後でも、「届出請求」自体を訴訟物とする下級審裁判例もあったくらいである。また、不法行為構成で内縁当事者を保護した[5]判決は、内縁自体を保護したものではないと説示する部分のなかで、かかる「届出義務」を認めたわけではない旨を明確に述べていたが、これは婚姻予約と届出義務とが不即不離の関係あることを前提とした説示であるとみなければならない。また、[6]判決でも、大審院は予約無効論を採ったが、「入籍拒絶」が論点となっていたところ、その判旨が「豫約ノ履行ヲ拒ミタル行為」は不法行為にならないとしたことから判断すると、そこに「届出義務」を観念していたものと考えても大過なかろう。

このように、大審院は、婚姻予約の有効・無効は別にして、通過儀礼をともなう婚姻の前段階と届出義務論とを、いわば楯の両面として位置づけてきたものと考えられる。これを別の観点から見れば、仮に将来婚姻をなすことの合意である婚姻予約・内縁を有効であるとしたならば、そのことによって婚姻の履行義務ひいては届出義務が生ずる、とすることが暗に前提とされていたわけであり、それが連合部判決が登場する前の大審院の立場であったともいえよう。事実婚主義時代の判例の流れからみても、そのようにいえるのではないか。

加えて、連合部判決以降でも、依然として、かかる立場が堅持されており、このような趣旨を明確にしたのが、大審院大正八年判決（大判大正八・五・一二民録二五輯七六二頁）であり、婚姻予約当事者の一方と情を通じた第三者の債権侵害による損害賠償請求事件ではあるが、婚姻豫約という契約により当事者双方が「婚姻を為すことの義務」を負担し、また、「婚姻を求めることの権利」を有することを一般論として認めていた。また、未公表の大判大正九・一〇・一三第三民事部大正九年（オ）六四二号（損害賠償請求事件）も、挙式後二ヵ月余の同棲後に男性側が一方的に破棄した事例で、かかる場合には「当事者ハ遅滞ナク戸籍吏ニ婚姻ノ届出ヲナシ以テ夫婦タル身分関係ヲ確立セシムルヲ当然トナスニヨリ」、正当理由のない離別の申入は届出の履行を為さないこととなり、婚姻予約の不履行の責めに任ずべきは勿論であるとしていた(50)。さらに、大審院昭和一九年判決（大判昭和一九・三・一六民集二三巻一七七頁）は、真正面から、「届出義務」を肯定した。内縁当事者である子の届出義務のみならず子に代わり女性に求婚の申し出でをした親に対しても、その履行に協力をなすべき義務を認めている。したがって、連合部判決の論理は、このような形で展開することが予定されていたものであろう。これらの判決は、通過儀礼と「内縁の実質」とがあることを前提とした例であるが、「婚約」についても、少なくとも結納等の慣習上の儀式があれば、同じく当事者双方に届出義務（誠実に交際を継続して婚姻届出に至るよう努力する義務）が生ずると解しても、判例理論と矛盾するものではなかろう。

ともあれ、以上のような大審院判例の立場からみれば、本件では、内縁夫婦間での損害賠償の可否のみが争点となったので、いうまでもなく婚姻届出の義務まで明確に指摘されているわけではないとしても、その説示全体から判断して、挙式同棲したならば、届出義務があることを暗に前提とした説示をしていると考えても大過ないように思われる。

加えてしかも、大審院の婚姻豫約有効論＝届出義務論には、一定の政策的判断が潜在していたことについては、後述する（本章「結語」参照）。

(3)　「婚姻予約」概念と内縁保護

(ア)　本判決が内縁についても「婚姻予約」という概念ないし論理を使用したのは何故か。川井論文によれば、当時の法律学では、そもそも内縁自体の保護を考える実践的な思考がなく、判例では、婚約と事実婚との相違を認識していなかったとはいえないとしても、みるべき適切な学説・論理がなかったことから、「窮余の策として、婚姻予約の法理によらざるをえなかったと考えられ」るとしている(51)。しかしながら、かかる消極的な評価には一定の留保が必要であろう。民法施行後の大審院判例は、先述したように、二元主義（事実婚主義と届出婚主義）に立っていたし、既に当時の裁判例では「婚約」と「内縁」とは明確に区別されていた。また、通説的無効論に抗して注目すべき有効論を展開する当時の学説のなかには、「同棲を伴う婚姻予約」というイギリス婚約法の立場を紹介する池田論文のほかに、内縁を婚姻予約に含ませていた森論文すらあったので、[52]本判決が論理面では明らかにそのような一連の学説ひいては外国の立法例に依拠していたことは明らかであろう。

加えて、およそ法的思考の訓練を受けたものであるならば、婚姻予約が単純婚約のみならず、届出前の事実婚にも適用されうるという論理を導き出しうることは、見やすい道理である。現に、既にかなり早い段階で下級審裁判例では、届出婚主義との関連で、「婚姻予約」の無効論を述べていた例（横浜地判明治三五・一〇・八新聞一一一号八頁）もあった。[53]この裁判の事案はよく分からないが、男性側の「届出請求権」を排斥するため、「婚姻予約」の無効を説いているので、おそらく内縁事例と推測される。[54]また、第二章[6]判決やその原判決・長崎控判明治四二・一一・九も内縁を婚姻予約無効論で処理していた。したがって、川井説を全面的には支持できないが、判例のいう婚姻豫約概念につき、ここで少しく説明を要しよう。

私見によれば、むしろ事実婚の保護が婚姻予約（単純婚約）の論理に取り込まれて、婚姻予約概念が構造的にも機能的にもより充溢したという方が、適切な評価と思われる。先述のごとく、当初の婚姻予約無効論を前提とする「故意による名誉毀損構成」（いわゆる「詐欺誘惑の論理」）が本裁判のプロセスのなかで内縁の「離別」による「名誉毀損の過失責任構成」にまでシフト展開したところ、このような婚姻予約無効論を前提とする過失不法行為構成には論理的な難点が蔵されていたことから、大審院は、これを排斥したうえで、単純な過失不法行為的救済と同じ目的・趣旨を具現しうる婚姻予約有効論を真正面から採用したので、このような推移を論理的に整序すれば、本判例の立場は、「婚姻予約論」自体の内在的発展の帰結であるといえるのではなかろうか。「窮余の策」という評価は、やや消極的に過ぎるので、にわかに従うことはできない。「横田秀雄」が述べていたように、当時の不法行為的救済では、当初から相手方を騙して性的関係をもつという場合に限定されるおそれがあったことから、予約不履行ないし「違約」構成の方が救済範囲が広がるという、この論理の機能面を決して見落としてはならないであろう。このことは、梅の論理の難点が土方の論理によって克服されたことを意味するわけである。

(イ)　もともと婚姻予約は単純婚約の場合を前提とするものであることは、その立法過程での議論をみれば明らかであるが、すでに当時の大審院判事もそうした事情を理解していたことはまず間違いのないところであり[55]、そこで、内縁を予約論のうちに取り込むための論理が必要とされたはずである。この論理自体については、一見すれば何も述べられていないように見えるので、本判決の公表当時から、先述のように、多くの学説が予約論を「仮託論」ないし牽強附会と批判してきたことは、周知の事実である。

しかし、果たしてそうであろうか。私見の立場から分析すれば、つぎのようになる。届出婚制度のもとでは、結局は婚約不履行も婚姻届を出さないことに外ならない。すでに検討したように、連合部判決も内縁夫婦の「届出」にことさらに注目していた。そうとすれば、「婚姻意思の存在」と「婚姻の届出」という究極の行為に焦点を合わせれば、届出前の内縁も婚約とは径庭がなくなり、婚姻の前段階の男女関係という意味では双方を同じ論理の上にのせることが可能となろう。かつて梅が自認していたように、届出という重要な身分的行為に焦点を合わせれば、経過的な内縁も、挙式後の同棲も、はたまたズルズルべったりの同棲すらも径庭はない。婚約も含めて、届出前の男女関係は、梅によれば、公序良俗違反の関係と扱われた。この論理を前提としたうえで、これを裏からみれば、婚姻意思がある限りは、届出前の男女関係は、婚約も内縁も「婚姻ノ予約ハ将来ニ於テ適法ナル婚姻ヲ為スヘキコトヲ目的トスル契約」として、一括することが可能となろう。すでに戦前の内縁学説でも、このことを「入籍問題」として認識していたが、内縁の実体に固執し過ぎて、ことさらに入籍問題にすぎないことを強調・批判したことから、「入籍」の客観的意義を見逃していたように思われる。前述のように、入籍問題は単なる届出義務の履行ではなく、そこには論理的に「夫婦共同生活」の存在が「予定されているもの」であり、婚姻届出の前段階の男女関係の発展プロセスを重視すれば、法的には結納段階であれ挙式同棲段階であれ同じ処理が可能となろう。実際上も、双方がほぼ同時期に行われることもあり、現に連合部判決の男女間では、見合い・挙式が同時期であって、結納の授受は省略されていた。

加えて、論理的には、そのような事実婚の実態があるならば、そこに将来の「婚姻意思」が疑いもなく存在するという趣旨も伏在しており、決してそれは、正当婚姻ではないが、はたまた梅のいうような「私通」でもないと判断したことから、かかる意思があるかぎりは、婚姻予約論ひいては婚姻届出義務論のなかでの処理が可能と判断したものであろう。

以上のように解すれば、本判旨が、判決理由の頭書の部分で形式的に単純婚約（「婚姻ノ予約ハ将来ニ於テ適法ナル婚姻ヲ為スヘキコトヲ目的トスル契約ニシテ其契約ハ亦適法ニシテ有効ナリトス」）についても言及している理由がきわめて自然に理解しうるであろう。内縁のみを保護するための論理であるとすれば、この部分の説示はあまりに唐突であり、本判旨をトータルに理解することが困難となるからである。したがって、係争の男女関係が単なる「試婚」であっても挙式時に真に「婚姻意思」があれば、本判決の射程範囲内にあり、試婚か内縁かの議論は重要ではなくなり、ただ、純然たる口約の婚約の場合まで、本婚姻予約論で保護されるのか、梅・土方論争では、少なくとも「同衾」が前提とされていたので、この点については不分明であった。また、婚姻意思を確認するための慣習的な儀式が必要かという問題も将来に残されていたといえよう。しかし、いずれにせよ、ここにいう婚姻予約論は、あきらかに「婚約論」を前提としたものであり、そこに内縁関係を取り込むための論理を明らかにしたものと評価しなければならないであろう。婚約保護はいわば「隠れた論点」となっていたものである。先述したように、そもそも「婚姻予約＝婚約」公序良俗無効論を克服することなくして、いかにして「婚姻予約＝内縁」無効論を克服することができたであろうか。婚姻予約有効判決は、かかる婚約論と内縁論との論理的関連も認識しながら、新たな準則を形成したものと思われる。実際、本判決は、婚約段階から挙式を経由して届出に至るまでのプロセスをわざわざ指摘しているのである。

ともあれ、かかる婚姻予約有効論によって、婚姻の前段階における「婚姻意思のある男女関係」を法的保護の範囲内に取り込んだ論理こそ、判例の立場からいえば、たしかに大転回であり、一方では単純なる婚姻予約論自体の発展であり、他面では内縁保護法理の起点となったものといえよう。「予約概念の軟化」であり、そこにわが判例理論の長所ともいえる自由な解釈論（「和洋折衷の論理」）がみられるのである。「穂積重遠」が主張するように、仮に内縁そのものとして真正面から保護するのがよいとするならば、それは単に穂積のいう「補充的立法行為」ではなくなり[56]、むしろ届出婚ひいては成文法と矛盾・対立することとなるので、成文法を廃棄することとなったであろう。「梅謙次郎」らによれば、単なる婚約ですら「身分に関する契約」であることから、公序とされていたくらいである。また、前述したように、第一二回帝国議会の議論でも儀式婚が排斥されたことから、内縁婚と届出婚との矛盾性は否定し得ない事実である。したがってまた、内縁としての男女関係は、立法段階では、あきらかに法的保護の外におかれていたものであり、また当時の民法典にいう婚姻法においても、決して法律の規定しない事項ではなかったからである。当時の婚姻慣行は明確に否定されていることは、前述の通りである。この認識において、穂積の見解は、やや柔軟にすぎる側面があるといわざるを得ない。当時、いかに生活の実際に法を運用しようとする機運があったとしても、それは正当婚姻と内縁との二元主義となり、一国の婚姻法秩序の分断・否定にもなりかねなかったであろう。真正面から内縁それ自体の保護を当時の裁判所に期待するのは、酷である。

むしろ、婚姻の純然たる「予約論」こそが、客観的にみれば法の欠缺であったといえよう[57]。たしかに、婚姻予約論についても、梅は「公序」としたが、土方がその「強イ理由」を示すよう迫ったごとく、その論拠は十分には示されていなかったものであり、これこそが成文法には規定のない事柄であって、ここに隘路を見つけたところに、本判決が「時流に適中した名判決」の評価に値するものといえるのではなかろうか。本判決が、究極的には「信義則」という一般法理に依拠しようとした所以でもある。

ともあれ、本件のXも「届出義務不履行」を非難している。本判決が、届出に特に注目したのは、婚約つまり婚姻予約の論理の中に事実婚を取り込む伏線としたものと考えて大過なかろう。半面、それは正当婚姻ではないという趣旨を表明していたわけであるので、同時に、少なくとも届出自体と直結する法的保護（ことに相続権と子の嫡出性）は認めないという趣旨もかかる概念のうちに伏在していたことになろう。その意味においても、婚姻予約概念は独自の技術概念であったように思われる。

そうとすれば、かかる届出義務をどのように評価するかであるが、この問題は、「結語」で改めて再検討することとする。

(4)　婚姻意思の確定と儀式の要否

民事連合部判決の事案では、挙式・同棲のあったことが認定されているので、婚姻予約の成立要件として、何らかの通過儀礼が必要か否かの問題が提起されていた。後に大審院は、儀式は単なる意思の徴表にすぎないとして、これに一応の決着をつけ、現にそのような判例も少なくない。しかし、当時の学説では、儀式必要説も有力であった。その趣旨が重要であると思われるので、幾つかの学説を紹介しておこう。

この問題については、「中島玉吉」が、本判決をもって「近頃有数ノ大判決ナリ」と評価したうえで、その「婚姻予約」の形式的要件に言及している点が注目に値する。[58] 中島によれば、婚姻予約が合意によるとしても、実際上、その意思を確定することは困難であり、「不潔ナル男女ノ結合ヲ目的トスル約束」と区別するためには、その形式が必要となる。婚姻は神聖なるものであり、これを目的とする予約も神聖なるものであるので、要式行為とし、「慣習上の儀式」がその要式であり、この儀式によって当事者間の効果意思が真の婚姻予約か否かを容易に区別することができるとする。中島は、連合部判決でも慣習上の婚姻の式が要件とされている、と解しているが、[59] 婚姻の式（華燭の式）では、「債権契約」である予約とした大審院の立場とは整合しないので、予約の式（結納の交換）で足りるとする。[60]

「横田秀雄」は、婚姻豫約の性質を「身分ノ得失変更ヲ目的トスル契約ノ一種ニ属シ」、当事者の身分に重大なる影響を及ぼすものであるとしたうえで、その成立要件として当事者の合意が必要であるが、かかる合意がいつ成立するかは不分明であるので、「結納の授受」の時を指摘する。[61] つまり、結納の授受前に当事者間に婚姻の承諾があるとしても、なお当事者としては「熟慮再考ノ余地ヲ存シ必要ナル場合ニハ婚約ヲ拒ム自由ヲ留保シタルモノト推測シ得へク」と述べたうえで、結納の授受と共に当事者ノ意思が「確定スル」とみるのが社会観念に適するとしている[62]。ただし、あくまで普通一般の一例であり、当事者間の婚姻意思は、結納なくして、挙式の上同棲したり、単に同棲したりすることでも、そのような意思を推測できるので、反証がないかぎりは、婚約の成立を認定できるが、これは事実状況により個別に判断する。これに対して、夫婦になることを確約した場合でも、その約束を常に婚姻予約といえるかは、問題であり、道徳的恋愛的性質をもつこともあるので、社会観念に従って「眞ニ法律上夫婦タラントスルノ意思合致アリト認ムヘキ事実」が必要である。それ故、「相思ノ青年少女カ両親ニ秘シテ将来夫婦タラントスルコトヲ誓約スルモ」婚姻予約は成立しないという。この場合には、「正式の結婚の申し入れ」と「正式の同意」とが必要とされる。また、公序良俗に反する場合も無効であるので、国民の風俗道徳上の観念に照らして是認できないような状況下で交換された予約も無効であるし、また「合意ノ上同棲シ夫婦ノ如キ関係ヲ創設スルモ……眞ニ夫婦トナル意思」がない限りは、ここにいう予約ではないとする[63]。

かかる横田説は、きわめて穏当な構成となっており、証明責任の観点からみても、当時の社会背景の下では、実践的な判断基準が示されているように思われる[64]。儀式を軸としながら、それを決め手（要件事実）とはしないで、証明の程度問題とし、「確定的な婚姻意思」ないし「真の婚姻意思」の存否の問題としているが、かかる立場は後の裁判例にかなりの影響を与えたように思われる。

なお、本判決が「挙式」に言及していたのは、内縁の「成立事情」として、それが極めて重要な「積極的な判断要素」となる旨を暗に判示したものと思われ、それが欠ける男女関係では、「私通」との区別を余儀なくされるので、その結果、婚姻意思の認定を慎重にせざるを得ないこととなり、横田の見解は、かかる事情を説明しているものと考えて大過なかろう。

(5)　「詐欺誘惑の論理」との関連

本判決の射程範囲は以上の通りであるが、なお、詐欺的行為がある場合には、不法行為的救済は否定されていない、という論が、当時からある。(65) たしかに、本判決は原審の過失不法行為論を排斥したものであって、従前に認められていた詐欺的言動（故意）による不法行為的救済は可能であり、かかる分析自体は正当である。ただし、先述したように、当時は、単なる婚約・内縁当事者としての生活利益は不法行為的救済には親しまなかった。婚姻予約有効論は、この難点を克服するための論理でもあり、かかる生活利益も予約論の保護法益となれば、故意による不法行為的救済の機能が著しく減殺されていくこととなるので、双方の相互的な機能的関連をより具体的に明らかにしなければ、この問題に真に応えたことにはならないであろう。単に抽象的にこの種の不法行為的救済が可能であるとするだけでは、「書かれた判決理由」からその射程を形式的に解釈したにすぎないからである。先述したように、かかる故意不法行為的構成による婚約保護については、婚姻予約無効論を大前提としていたものであることを忘れてはならないであろう。「正当の理由」なくして婚姻予約を破棄した者が、破棄責任自体を負うとされるならば、実際上は、この種の故意不法行為に対しても、婚姻予約の不履行に正当理由がなければ、違約で救済されるので、かかる従前の不法行為的救済は基本的にはその目的を達成したといわねばならない。というのは、裁判例に登場してくる例は通過儀礼がなされているか（試婚的なケース）、あるいは継続的な同棲のある例が大半であるところ、この種のケースでは、関係成立時における婚姻意思の欠如を証明しないと、かかる不法行為的救済は不可能であるが、余程の悪質的な行為でもない限りは（重婚的婚約や「結婚詐欺」のごとし）、通常の婚約・内縁事例では、その証明は困難を極めるからである。梅・土方論争からも明らかなように、詐欺的言動に基づく救済は、当時では、事実上は婚姻予約無効論のもとでの隘路として機能したものでしかないのである。当初から婚姻意思がなかったか、あるいは途中で婚姻意思が消失したかは、不分明であることも少なくない。普通の男女関係において、婚約・内縁の不当破棄を前提とするならば、わざわざ関係成立時に婚姻意思がなかったというような証明の困難な事実を主張して損害賠償責任を追求するような被害者がいるであろうか。ことに挙式・同棲していたという典型的な紛争事例では、もはや証明の容易ではない誘惑とか詐欺的行為とかを主張する要をみないであろう。

実際、民事連合部判決の直後に、未公表判決ではあるが、この種の事案で被害者である女性がそのような主張に固執して、結局のところ、詐欺的言動を証明できなかったことから、敗訴した事例もあったくらいである（大判大正五・三・一五社研二七巻一号一三一頁参照。裁判長は横田秀雄である。）。元来、男女関係は曖昧なのであり、任意の性的関係にある当事者間において騙したとか騙されたとかの不明瞭なる論争自体は、すでに事実婚にある当事者間では、ほとんど実益のない机上論に近いものであろう。少なくとも、わが国での詐欺誘惑の論理は、ドイツ民法典（民八四七条）のように、婚姻予約有効論とレベルを異とするものとしては、機能していなかったことを銘記したうえで、あらためて純然たる「詐欺誘惑の論理」が機能するケースを考えていく必要があろう。これを認めた婚姻予約無効論時代の大審院判例（第二章[5]判決）を単に引用して、婚姻予約有効判決と比較するだけでは、不十分である。

ちなみに、重婚的婚姻予約の場合のように（[5]判決も実質的には、この種のケースといえる。）、そもそも「適法な婚姻」をなしえないにもかかわらず、婚姻予約をするケースでは、一方が善意であるならば詐欺的行為は事実上推認できるが、これは、そもそも従来議論されてきた「婚姻予約の破棄責任」問題とは、レベルを異とするケースであるので[66]、ここでは、この種の重婚的婚約・内縁には深入りしないこととする。

8　その他の問題

(1)　結論の妥当性

本判決は、Y側の予約無効論と不法行為の不成立論とを排斥したが、他方で、Xの請求を認めるのでもなく、予約有効論に立ちながら、結局のところ、Xの不法行為による請求も排斥した。そこで、「唄孝一」らによれば、そこに論理的な屈折があるので、判旨のいう形式的な理由のほかに、真の客観的・実質的な理由があるはずであるとして、XとYの社会的関係や紛争の実態および判決の理由と結論との対応関係などの重要性が指摘されている[67]。しかし、試婚的なものであるなどの理由で本判決の結論を正当化するのは、あまりにも独断にすぎよう。仮に、それが真の理由であるとするならば、わざわざ、婚姻予約公序違反無効論を真正面から否定する要をみなかったのではないか。唄らの立場からいえば、原判決をそのまま維持すれば、それで必要にして十分であったはずである。

むしろ、Xは、Y側の「婚姻意思の欠如」（詐欺誘惑の論理）を一貫して主張していたのだから、連合部判決の予約有効論の前提である「合意」が存在しないことを自認していたこととなり、それ故、連合部がXの請求を排斥したのは当然の事理であった。いわれるような屈折などというものは、どこにも見られないのではないか。

本書の立場では、Xの請求を排斥したことには、実体法上の論理的根拠があることのほか、XYの男女関係が内縁か試婚かには深入りする必要もないことから、これ以上の「書かれていない判決理由」の詮索に努めることは無用である。

むしろ、重要なのは、仮にXの請求が違約を理由とするものであったとした場合に、果たしてその請求が認められたかどうかである。判決の論理を前提にするかぎりは、再度、違約を理由に訴訟を提起することができるところ、事実関係が従来の認定事実であることを前提とすれば、本判旨の準則に従えば、離別に正当な理由が必要とされることから、X自身が離別に原因を与えているというよりも、Yが些細なことで同居を拒んだという面が強いので、婚姻予約の違約を誘起した責任は主としてYにあることとなろう。この点の実質判断は、不法行為責任を認めた水戸地裁の判断と共通するものである。そうだとすれば、本件の結論自体は、当時の手続法上の制約から止むを得ないとしても、このままでは具体的な正義・公平を実現していないこととなるが、残念ながら、X側からの提訴はなかったという。(68) 別訴では、Y側に「婚姻意思があったこと」を前提とせざるを得ないので、Xには「とまどい」ないし躊躇があったかもしれない。

(2)　婚姻予約と「身分上の契約」

民事連合部判決は、婚姻予約を「将来ニ於テ適法ナル婚姻ヲ為スベキコトヲ目的トスル契約」というのみであるので、これが親族法上の身分に関する契約か、それとも債権法上の債権契約であるかについては、古くから争われている。すでに紹介した岡村司論文は一般の財産法上の契約としていたが、本判決はそこまではいっていない。婚姻予約の「不履行」ともいわず、「違約」という用語を使用するに止まっている。

この点につき、かつて「石坂音四郎」は、元来、わが国の法制では婚姻予約は「道徳の範囲に属すべきもの」とされており、「婚姻締結の自由」によって無効とされたものではないが、今日では道徳の問題ではなく法律の問題に移行する過渡期にあるので、大審院判決は今日の傾向にそうものだとして、一応は理解を示しながらも、民法典の立場からいえば、婚姻予約有効判決は是認しがたい、としていた。つまり、婚姻予約無効論に立ちながら、婚姻予約の不当破棄による損害賠償責任には不法行為構成が適切である、としたうえで、判例のいう婚姻予約論に対して、契約法理の観点から、つぎのような種々の問題点を指摘していた(69)。親族法上の契約は法律の規定がない限りは自由に締結できないので、本判決のいう婚姻予約の契約は「債権契約の性質」をもつものと解さざるを得ないが、そうとすれば、さまざまな難点が生ずる。たとえば、ここにいう「給付」が単に婚姻を為すことの合意と届出であれば、一個の行為として債権行為の目的となりうるが、その結果、配偶者相互間に全人格に対する関係を生ずることとなるので、そのようなものは、本来の債権的給付とは異質である(70)。また、婚姻予約はいつでも一方的に解除をなしうるものとしなければならないが、それでは債権的拘束を認めた意義がなくなる。さらに、婚姻予約に基づいて生ずる義務には訴権と強制履行がないが、それでは債務とはいえないし、たとい自然債務として構成しても、そのような構成では損害賠償義務を認めることはできない(71)。一方、本判旨は正当理由があれば損害賠償義務を負わないとするが、正当理由とは、たとえば、相手方の一身に不貞、不品行、疾病のほか、破産などの財産上の不如意や離婚原因に相当する事由を指すところ、これらの事由は故意過失により婚姻を為さないというのではなく、単に婚姻をなすことを意欲しないことに至った理由、つまり婚姻を為さないことの動機にすぎないので、一般の債務では、このような理由により不履行責任を免れるものではない、等々(72)。石坂は、判例のいう婚姻予約を債権契約と規定したうえで、契約法の観点から、これを分析・批判しているところ、そもそもその前提とした形式的な論理自体に難があるので、自ずからその分析にも限界があるように思われるが、ただ、その指摘する論拠それ自体としては正しいものもあり、債権契約説の難点がすでに明らかにされていたといえよう。

その後、大審院も、以上のような理由もあってのことと思われるが、婚姻予約を単純なる債権契約とは捉えず、したがってまた、婚約不履行による損害賠償を民法四一六条にいう損害賠償とは考えていなかったものと思われる。大判大正八・四・二三（民録二五輯六九五頁）は「之ヲ債権契約ノ如ク説クハ其当ヲ得スト雖モ婚姻ノ豫約ハ婚姻ノ成立スル前提事項タルニ止マリ其成立ヲ強制セラルヘキ債務ヲ生スルモノニアラスシテ・・」とする。また、「誠心誠意判決」（大判昭和六・二・二〇新聞三二四〇号四頁）でも、「契約ナキ自由ナル男女ト一種ノ身分上ノ差異ヲ生スルニ至リタルトキハ」としている。したがって、あくまでも婚姻予約は「身分法上の契約」であるとしたうえで、その「違約」による損害賠償を慰藉料も含めて認容するという趣旨と解すべきであろう。その意味では、「岩田新」がいうように、現行法上は存在しない「特殊の契約」が判例によって認められたと解するのが妥当であろう。[73] 先述のように、「横田秀雄」も、儀式の重要性との関連で、一種の身分契約と解していた。他方で、「岡松参太郎」は、民事連合判決を支持しないが、一般論として、婚姻予約が成立するためには、単なる義務負担の意思では足らず、「必ス身分変更ヲ是認スル意思決定」が必要としている。単なる債権契約であるとすれば、「真正ノ婚姻予約と芸娼妓等ノ所謂夫婦約束トハ区別スルコトヲ得ス」ともいう。[74]

しかし、債権契約説をとる学説も少なくない。たとえば、「暉道文藝」（京都帝国大学教授）は、婚姻予約の違約論を支持するが、[75] それは身分契約ではなく債権契約であり、[76] 委任等の契約の任意脱退の自由を類推して理由のない脱退には損害賠償義務を負うとしても、[77] 本来の債務不履行ではないので、履行に代わる損害賠償は認められないとする。加えて、判旨のいう声誉に係る無形の損害賠償は違約ではなく不法行為によるべきである、としたうえで、[78] かかる身体や名誉侵害による損害は、事実上の夫婦の場合にのみ限定せず、「婚姻の約束」の破棄の場合にも、そのような侵害があり得ることを認めている。なお、他にも債権契約説の論者は少なくない。[79]

(3)　財産的損害賠償の論拠と範囲

本判決のいう「違約」とは、不法行為でないことは明確であるが、先述のように、純然たる債務不履行であるかにつき、争いがある。そこで、これによる財産損害の賠償範囲についても、疑義があるが、婚姻成立により相手方が受くべき利益(「得べかりし利益」)をも認める趣旨ではなく、相手方の地位を予約当時の原状に復することを目的とするものと解する説が妥当であろう。「相手方カ其約ヲ信シテ為シタル準備行為ハ徒労損失ニ帰(スル)」からであり、それが「違約」という趣旨であろう。この種の損害は、横田が指摘するように、当事者も予見が可能であり、「共同生活関係ニ於テ行ハレルヘキ信義ノ原則ニ適ス(ル)」ものといえよう。(80) 民事連合部が、「社会観念」に基づき「正義公平論」を強調する所以でもある。

なお、今日では、この種の財産損害の範囲につき、どこまでの損害を保護範囲に取り込めるかという問題が残されている。婚姻を前提として購入した家財道具や婚姻住居に係る変動損害の財産損害のほかに、女性に労働所得があるのが普通であるので、退職しなければ得られたであろう「所得の喪失」も含まれるか、という問題がある。いずれも肯定・否定した下級審判決があるが、これらは「事例判決」であるので、なお綿密な研究が不可欠であり、別の機会に検討する予定である。

(1)　本判決に対する当時の学説の論評については、その対応は多様であり、賛成・反対に単純に二分できないが、内縁の妻を保護する論理を創設したという限りでは、支持する学説が圧倒的に多い。ただし、その場合でも、一般に「婚姻予約」という論理構成に対しては批判が強く、後述するように、ことに夫婦の実体にもとづいた論理によるべきであるとする有力なる見解があった。当時の学説の詳細については、岩田新「婚姻予約の実証的考察」(東京商科大学研究年報)法学研究3(一九三四年)二五頁、来栖三郎「内縁の法律関係に関する学説の発展」東京帝国大学学術大観法学部経済学部(一九四二年)一六一頁〔『来栖三郎著作選集3』(信山社、二〇〇四年)一頁所収(岩城謙二解説)〕や、最近では大村敦志「婚姻予約有効判決(1)(2)」法教三五一号(二〇〇九年)七七頁、同三五二号(二〇〇九年)五五頁〔『不法行為判例に学ぶ』（有斐閣、二〇一一年）一〇五頁以下所収」などを参照のこと。本書では改めてこれら当時の学説を一般的に整理・解説することは避けた。後述のように、基本的には本書の問題関心と関連する限りで、必要と思われる範囲に限定して取り上げている。なお、いうまでもないが、当時の学説はドイツ法学の圧倒的な影響力のもとにあり、「予約」概念についても形式的・概念的に考えられていたが、このような概念思考は今日でも根強い。しかし、本書では、ここにいう「婚姻予約」概念は、後述するように、日本法のもとで変容されたものである、と考えている。

（2）　本件の下級審判決については、唄孝一・佐藤良雄「いわゆる婚姻予約有効判決の下級審判決」法律時報資料版一二号（一九六〇年）二四頁によっている。

（3）　当時の「裁判所構成法」の改訂（大正二年四月一一日施行）については、唄孝一「『婚姻予約有効判決』の再検討（一）」法時三一巻四号（一九五九年）五七頁注三、同『家族法著作選集第3巻－内縁ないし婚姻予約の判例法研究』（日本評論社、一九九二年）二九七頁を参照。

（4）　唄・前掲注（3）「再検討（一）」六一頁、唄・前掲注（3）「著作選集」八五頁。しかも、唄は、上告理由では「不法行為の枠外の問題として、予約効力論をいい出したのではない。不法行為論の枠内でその成立を否定する論理として提起したのが予約無効論であったのである。」としている。これ自体は正しい評価であるが、なぜY側が上告理由でこのような主張をせざるを得なかったのか、という根本に遡るべきであろう。それまでは、逆にX側が不法行為構成にのみ固執せざるを得なかったのは、すでに何度も確認してきたように、予約無効論が前提とされていたからであるが、原判決では、Yの不法行為が認められて立場が逆転した結果、不法行為の成立を否定するために予約無効の主張が登場したまでであり、当事者双方の主張の裏には、予約無効論と不法行為的救済との密接な「相互の機能分担関係」が潜在していたことを決して見落としてはならない。唄の見方では、問題の「楯の半面」しかみていないこととなる。むしろ、上告理由は、私見の見方・立場を裏から論証しているのではないか。それが、ひいては梅・土方論争にまで遡るものであることについては、本書は繰り返し強調してきた。

（5）　唄孝一「婚姻予約有効判決前史における・或る『法的構成』の生成とその機能－判例研究における一つの企図とその失敗」黒木三郎編『家族の法社会学（青山道夫教授還暦記念）』（法律文化社、一九六五年）一九二頁、同・前掲注（3）

「著作選集」一八三頁・一八四頁注（32）は、中川善之助『生きている判例』（日本評論社、一九六二年）一一九頁が事案が不分明であるとしながらも「区判決」が[6]判決（第二章）をモデルとしていると解したことに対して、「それは誤解である」としたうえで、[6]判決やその論理とは全く無関係であり、むしろ[5]判決（第二章）の「裏」とされ、「故意による権利侵害」が否定されたものと解釈している。しかし、このような唄の評価にも問題がある。むしろ、当事者の主張や判決の論理を全体としてみれば、[4]・[5]・[6]（第二章）の一連の大審院判決例を前提とした裁判例であろう。

（6）　中川善之助「婚礼の儀式（五）」法協四四巻五号（一九二六年・大正一五年）九〇〇-〇一頁、同「婚姻予約有効判決」法セ（一九五七年五月号）三七頁は、このように内縁関係を不法行為として保護した水戸地裁判決とそれに道を開いた東京控訴院判決に注目し、法律的形式を踏まない婚姻関係は次第にその重要性を増し、社会は右ドグマに対して疑いを懐くに至ったなどと評価している。唄・前掲注（3）「再検討（一）」六〇頁、同・前掲注（3）「著作選集」八一頁も、同判決を民事連合部判決への「一個の一里塚」と位置づけている。

（7）　この「民事連合部」の裁判長は第一民事部の部長である「田部芳」である。田部は周知の法典調査会の委員であったが、明治三九年に大審院判事に任ぜられてからは、学問的著作はなく、むしろ判決文のなかでみずからの研究の成果を結実させることに心血をそそいだという。婚姻予約有効判決も、そのような彼の思いや姿勢が反映されているように思われる。なお、田部の経歴等については、差しあたり七戸克彦「現行民法典を創った人びと（10）」法セ六六二号（二〇一〇年）七四頁を参照。梅との交友関係には興味深い指摘がある。まさか田部も、みずからが梅の論理を根本から排斥することになるとは、思ってもみなかったことであろう。

（8）　唄孝一・佐藤良雄「続・『婚姻予約有効判決』の再検討（一）」法時三一巻一〇号（一九五九年）九五頁、同「続・再検討（二・完）」同一一号（一九五九年）三八頁、唄・前掲注（3）「著作選集」一一一頁以下。本判決の男女関係が試婚であれば、その限りでは、本判決のいう予約有効論は整合していることとなり、通説のいうような意味での仮託論ではない、と評価される。佐藤良雄「婚姻予約（内縁）判例小史・序説」経済研究（成城大学）三九号（一九七二年）一四一頁も、唄のいう婚姻前の男女関係（例の四類型）の「連続性」を再確認したうえで、民事連合部判決の男女関係は「ある意味では婚約的であった」としながらも、「試婚」に該当するとも述べている。このような曖昧な解釈は事実としての男女関係を重視することに起因しているものと思われるが、本書では、婚約と内縁とを規範的に解釈・区別すべきであると考えているので、内縁と解すれば足りるであろう。

（9）唄＝佐藤・前掲注（8）「続・再検討（二・完）」四二頁（唄・前掲注（3）「著作選集」一三八-九頁）。ちなみに、唄によれば、「試婚」については、社会的には不当破棄でも放任されていたので、「社会規範における保護拒絶に国家規範は対決しそれを否定克服した」ものと評価して、内縁（国家規範による社会規範の承認）との「質的な相違」を強調し、通説では、かかる区別が認識されていなかったと批判する。唄＝佐藤・前掲注（8）「続・再検討（二・完）」四三頁（唄・前掲注（3）「著作選集」一四一-二頁）。しかし、果たして、そのような「社会規範」なるものが存在したのか、不分明であろう。単に事実上、そのような事態になることが多かっただけである（女性側が耐えざるを得なかった）とも考えられるからである。いわゆる「恥の文化」の一つの単なる現象面に過ぎなかったとも解釈できなくはない。一層、綿密なる調査研究が必要であろう。たとえば、村上一博執筆「第三章民法（家族法）」石川一三夫・中尾敏充・矢野達雄編『日本近代法制史研究の現状と課題』（弘文堂、二〇〇三年）五七頁は、庶民の婚姻慣行が明治民法秩序の中にどのように組み込まれていくのかという観点からの研究は十分には展開されていないとしたうえで、例として「足入婚慣行は婚姻の成立や婚姻豫約の問題として」議論される必要がある旨を指摘している。

（10）川井健『民法判例と時代思潮』（日本評論社、一九八一年）第三章「婚姻予約有効判決」八九頁（初出、「内縁の保護」『現代家族法大系2婚姻・離婚』〈有斐閣、一九八〇年〉一頁以下所収）。川井教授によれば、当地の慣習の実態調査により、「アシイレ」であっても、結婚を意味し、必ずしも「試婚」とは断定できないともされている（同著一一六頁）。

（11）村上一博『日本近代婚姻法史論』（法律文化社、二〇〇三年）一二頁参照。当時の下級審の「民事判決原本」を調査し、東京控訴院明治一六年八月六日判決と同明治二七年一月二七日判決の紹介がある。また、同二五頁注（18）があげる文献では、夫婦共同生活があるが「父母の承諾」がないことから、婚姻の成立を否定した裁判例を引用している。

（12）すでに民法典施行直後でも、「事実上の婚姻」という概念が使用されていた。東京控判明治三三・一一・一二新聞一一号七頁は、夫の父であり妻の後見人でもある者によって明治二九年一二月一一日に無断届出（婿入婚）がなされ、明治三一年一二月ころに婚礼儀式がなされたが、妻が「婚姻無効」等の請求（理由不詳）をしたという事案で、その挙式後は

「婚姻の事実」があることは疑いないが、「民法実施後にありては婚姻は戸籍吏に届出ざる限りは仮令其儀式を挙げ事実上の婚姻ありとするも法律上婚姻の成立せざるはこと民法七百七十後條の明定するところ……」とした。この判決の裁判長は、大正期の大岡越前とも称される「横田秀雄」であった（横田については、後述する。）。本件の婚姻無効は、大審院でも、そのまま維持されている（大判明治三四・三・五）。この「未公表判決」については、関彌一郎「婚姻法に関する若干の初期判決（2）」横浜国立大学人文紀要（第一類、哲学・社会科学）四〇号（一九九三年）一三一頁以下、佐藤良雄『家族法未発表判決拾遺』（システムファイブ、二〇〇六年）一八八頁以下に収録されている。いずれにせよ、婚姻前の男女関係の曖昧さを裁判所は承知していたこととなろう。したがって、唄孝一らのいわゆる「試婚論」が論証されるためには、少なくとも明治民法施行前からの裁判例の分析が不可欠ではなかろうか。当時の大審院判事が、そのような裁判の経験を通して、この種の男女関係の社会的事実ないし婚姻習俗を目の当たりにしていたことは、先ず間違いのないように思われる。

（13）　岡松参太郎「婚姻届出義務の不履行（二）」法律新聞一〇一七号（一九一五年・大正四年）五頁は、大審院の予約論を批判するなかで（岡松説については、後掲注（40）を参照のこと）、「近時所謂『新らしき女』の渇迎する所の『共同生活』」なるものを指摘し、これは婚姻ではなく「男女同棲組合契約」と称している。他方で、横田・後掲注（43）七-八頁は、「男女両性合意ノ上同棲シ事実上夫婦ノ如キ関係ヲ創設スルモ其相互間ニ於テ眞ニ夫婦トナル意思ヲ有セサルトキハ婚姻豫約ノ問題ヲ生スルコトナキハ勿論ナリ」としていたが、これも当時の「新しい男女関係」を念頭に置いていたと考えて大過なかろう。ちなみに、女性による初めての雑誌「青鞜」は、英語の「ブルーストッキング」の邦訳であり（ただし、この種のストッキングは通常の婦人は使用しない。）、当時のイギリス社会文化の影響がみられるが、「婚姻予約有効判決」もイギリス法文化を参酌していたこととの関連が興味深い。

（14）　戸田貞三『家族と婚姻』（中文館書店、昭和九年）六三-四頁。当時の婚姻は大抵は「媒介婚」であるので、媒介婚成立時では未だ夫婦の内的合一化は体現されない。そこで、婚姻後相当の期間は、一方が他方の家族の伝統に従い、それと融和して、相互に永続的な共同を保ちうるか否かを試す期間となるので、「婚姻当事者にあっては一種の試婚の如き意味をもつ」とされる。

(15) 島津一郎「内縁－婚姻予約有効判決」判例百選ジュリ二〇〇号記念「重要百判例」(一九六五年) 一六頁。すでに、岩田新『判例婚姻豫約法解説』(有斐閣、一九三五年・昭和一〇年) 二二六頁も当時の不法行為判例法の立場を強調する。ただし、川井・前掲注 (10) 一〇六頁は、このような一般的視点には消極的である。むしろ、先例[6]判決 (第二章) があり、連合部判決はこの先例によったものであるところ、この先例は不当破棄につき名誉という権利の侵害を認めているのに対して、不法行為の要件である「違法性」がなかったことを理由に賠償責任を否定している、と評価する。ひとつの見方ではあるが、この先例は婚姻予約無効論のもとで、[5]判決 (第二章) の「詐欺誘惑の論理」に従ったものであり、いうところの違法性の問題 (内縁の妻が進んで〈無効な〉事実婚に入ったこと) は、この論理の適用の前提を欠くという趣旨で説示されている (その理由付けにすぎないもの) と考えるべきものであり、そこから直ちに、不法行為の「要件事実」としての権利侵害・名誉権侵害の事実を認めていたという結論になるのかは、なお検討の余地がある。ことに「出戻者」等の評価は、個人の名誉権の具体的な侵害というよりも、単に抽象的な社会的評価一般を指しているのではなかろうか。

(16) 川井・前掲注 (10) 一〇六－七頁参照。

(17) 川井健によれば、当時の民訴では「請求原因」が同時に法律的評価も含むものと解されていたので、債務不履行としての主張がなければ、これに応答できなかったという (川井・前掲注 (10) 一〇八－九頁に詳しい)。

(18) イギリスの婚約法については、久貴忠彦「イギリス婚約法における諸問題」阪大法学五九・六〇号 (一九六六年) 一一一頁が詳しい。先述の池田論文が紹介していたリーディングケース (Berry v. Da Costa,1866.) も含めて、イギリス婚約法は伝統的に単純婚約と内縁を区別していなかったので婚約の概念 (promise to marry) には内縁も含まれていたこと、ただし内縁自体が独自の法的意味を有していなかったこと、また、婚約破棄を契約責任として捉えていた事情のほかに、婚約不履行が後に懲罰的損害賠償責任 (不法行為責任) と交錯したことなどが明らかにされている。あわせて、当時の「アメリカ法」(コモン・ロー・マリッジ) の影響も考えられる。アメリカ法一般については、不破勝敏夫『米国のコモン・ロー・マリッジ』(有斐閣、一九六一年) 一七頁、二〇頁以下を参照のこと。なお、民事連合部判決当時の判例評釈では、中島玉吉は、同棲には言及しないものの、効力・賠償責任につき「英米法ト比較スルヲ得ヘシ」ほどの保護が認められたとしていた (後掲注 (26) を参照のこと)。ちなみに、イギリス婚約法の一九七〇年改正の立法事情とその後の問題については、佐藤良雄「イギリス婚約法に関する覚書」経済研究三八号（一九七二年）一〇一頁、同「続・イギリス婚約法に関する覚書」同四七・四八号（一九七四年）二二一頁、国府剛「英米法における婚約について」『婚姻法の研究（下）』（高梨公之教授還暦祝賀論文集）（有斐閣、一九七六年）二四五頁などを参照のこと。

(19) 中川善之助『日本親族法』（日本評論社、一九四二年）一八五頁は、婚姻予約有効判決が内縁に関するものであるとし、その論理につき、「ドイツ民法典」の婚約規定と比較しながら、「殆どドイツ婚約法と符節を合する如くである。」としたうえで、「婚約についても同様に解してよかろう。判例一般の傾向は、内縁について婚姻予約なる語を用いたことを奇貨として、そのまま当然に婚約事件を包含せしめんとしつつある（大判昭和六・二・二〇新聞三二四〇号）」と解している。後述のように、中川の後者の点に関する解釈が誤謬であることは明らかとなっているが、ドイツ婚約法との関連についても、その影響がないとはいえないものの、ドイツ法は、もともと一般的にも有形無形の損害を明確に区別し、ここでの婚約規定でも、精神的損害については、少なくとも法文上は「無垢の女性が性的関係をもったこと」（ド民一三〇〇条）が要件とされているので、婚姻予約有効判決とは、かなりの程度に隔たりがあるといわねばならないのではないか。

(20) ドイツ法を母法とする「スイス民法典」（一九〇七年制定、一九一二年施行）の婚約規定（同九〇‐九三条）の影響も指摘されていた（嘩道・後掲注（75）八三‐四頁）。唄孝一「内縁解消の正当事由」『家族法大系Ⅲ離婚』（有斐閣、一九五九年）二三〇頁注（8）、同・前掲注（3）「著作選集（内縁ないし婚姻予約解消の正当事由・その一）」二一〇頁注（8）も、文理的構造からみて、民事連合部判決の法命題に「もっとも近いのはスイス民法九二条である」としていた。ちなみに、当時の邦訳である辰巳重範訳・穂積重遠校閲『瑞西民法』（法学新報社、一九一一年・明治四四年）によれば、同法九〇条では、婚約が約束により成立するが、同九一条では訴求できないことが定められ、同九二条はつぎのようになっている。「婚姻豫約者ノ一方カ重大ナル事由ナクシテ婚姻豫約ニ違反シタルカ又ハ自己カ責ヲ負フヘキ事由ニ因リテ自己又ハ相手方ヨリ婚姻豫約ヲ解除スルニ至リタル場合ニハ婚姻ヲ予見シテ善意ヲ以テ為サレタル準備ニ対シ相手方其父母又ハ父母ニ代リテ行為シタル第三者ニ相當の賠償ヲ為スコトヲ要ス」。また、同九三条では、「身上ニ重大ナル損害ヲ受ケタル場合ニハ」、過失ある相手方に対し慰藉料を請求しうる旨が規定されている。

(21) 当時のドイツ民法の婚約概念（Verlöbnis）には、内縁も含まれていたという確証はないようである。ハインリッヒ・デルンブルヒ著＝瀬田忠三郎・山口弘一・古川五郎合譯『独逸民法論第四巻親族・相続』（東京専門学校、一八九九年・明治三二年）［日本立法資料全集別巻一一〇・信山社版］二一一頁以下や三潴信三「独逸法ニ於ケル婚姻豫約」法学志林九巻二号（一九〇七年・明治四〇年）一四頁、同「承第二号」同巻五号（一九〇七年・明治四〇年）二三頁は、当時の婚姻予約・婚約法をかなり詳しく紹介しているが、「同棲」には言及していない。なお、戦後の研究としては、田村精一「婚約の法的保護に関する一考察—ドイツ法との比較考察」『国際法及び親族法』（信山社、二〇〇八年）三五七頁所収（初出・法学雑誌六巻四号〈一九六〇年〉六四頁）のほか、これを受けた佐藤良雄『婚姻予約の研究』二五一頁（「フェルレープニスの機能」）などがあるが、佐藤は、フェルレープニスの概念はわが国では田村論文などが「婚約」と訳してきたが、特に第二次世界大戦後のドイツの判例では同棲・事実婚も含んで使用されているとする（二七〇頁）。山田晟執筆「ドイツ婚姻法」宮崎孝治郎編『新比較婚姻法Ⅲ』（勁草書房、一九六二年）八九六頁も、西ドイツでは、事実婚は婚約の一場合とみられるかぎり、婚約としての保護をうけうる」（東ドイツではその保護はない）とする。また、本沢巳代子執筆「西ドイツの事実婚」太田武男・溜池良夫『事実婚の比較法的研究』（有斐閣、一九八六年）によれば、わが国でいう婚姻意思のある男女の共同生活については「婚約（Verlöbnis）のはん疇に属する問題として、その取扱いが云々されているようである」としてドイツの学説を引用している。しかし、少なくとも、わが国の民事連合部判決当時では、佐藤の指摘するライヒ裁判所の四判決例（いずれも関係成立時は未成年者）では、同衾ないし性的関係のある男女関係（妊娠・出産の例もあるようだが）でしかないことは、佐藤みずから認めている（同二五九—二六〇頁）。さらに、中山秀登「ドイツ民法典婚約諸規定の成立過程：第一二九八条から第一三〇二条まで」流通經濟大學論集二九巻二号（一九九四年）二九頁は、丹念に「議事録」等によりながら立法当時の議論を紹介しているが、そこでは事実婚を含むとの趣旨の議論はみられないようである。また、「フェルレープニス」の「訳」それ自体については、中山秀登「ドイツにおける婚約の法的構造」法学新報九八巻七・八号（一九九二年）一七九頁とそこで引用されている「佐藤良雄」の見解を参照のこと。

一方、スイスの「近代社会」でも、事実婚ないし婚外性関係は道徳的に非難されていたのみならず、「婚外同棲」が刑事告訴の対象ともなっていたので、当時では不当破棄に対する救済を求めるような者は皆無であった、とされている。松倉耕作執筆「スイスの事実婚」太田武男・溜池良夫『事実婚の比較法的研究』（有斐閣、一九八六年）二八七頁以下、二九五頁参照。なお、スイスで内縁保護が議論されるようになったのは、各カントンにより一様ではないものの、ドイツなどと比べてずっと遅れているようである。

(22) 当時の西洋法の状況、Pothier の見解については、本書「第一章」の「5近世・近代と婚約観」を参照のこと。

(23) 当時のフランス法の状況については、本書「第一章」の「5近世・近代と婚約観」とそこで引用した文献を参照のこと。ちなみに、一八三八年フランス破毀院判決については、その当時のフランスの学説では婚約不履行による損害賠償責任を認めていたことから、そこにいう「婚姻の自由」とは、「深い思索を経ずに直ちに佛蘭西革命の自由という観念と結合して他を省みなかったのではないかと思ふ」という見方もある。近藤綸二「佛法に於ける婚姻豫約に関する一事例‐佛蘭西破毀院判例の紹介（其ノ一）」正義一二巻七号（一九三六年・昭和一一年）一九四頁以下、一九八頁。

(24) 当時の法律新聞一〇〇一号（大正四年三月二〇日）一頁は、「婚姻豫約有効判決」を紹介・賞賛する前書きで、「婚姻豫約無効判決ありし為、婚姻契約を軽視するもの多く、随って従来の判例が要求したる美風良俗は、却って破壊され来れるを以て也」としていた。

(25) のちに来栖・前掲注（1）一六一頁は、裁判所が法律的形式を踏まない婚姻関係の保護の必要性に迫られていたに違いないとしたうえで、「問題が婚姻予約の効力として取上げられている以上之を有効とすることは民法の婚姻関係を明確にせんとする要求と表面上衝突しない」と述べている。これも一つの見方ではあるが、これだけでは、やはり消極的な評価に止まる。

(26) 中島玉吉「婚姻ノ豫約」京都法学会雑誌一〇巻六号（一九一五年・大正四年）一四‐五頁は、本判決の立場を支持して、予約不履行の効果として有形無形の損害を認めたこと自体には賛じているが、諸外国の立法例を通観した上で、その効果が「英米法」と比肩するほど「強大ナルモノ」であることから、判旨の理由付けでは不十分であり、正義公平論は成文法や慣習法が欠缺している場合にのみ認められる、とする。今日では、唄・前掲注（3）「再検討（二・完）」法時三一巻三・四号（一九五九年）八九頁、同・前掲注（3）「著作選集」九三頁も積極的な論拠は何ら示されていないとするが、このような評価には俄に従い得ない。

(27) 川井・前掲注（10）一四頁。

(28) 本書「第一章」の「第三節イタリア旧立法の婚約法・2サルデーニャ王国」を参照のこと。

(29) 本書「第一章」の「第二節イタリア法の変遷・5近世・近代と婚約観」を参照のこと。

(30) ちなみに、瀬川信久「梅・富井の民法解釈方法論と法思想」北大法学論集四一巻五・六号（一九九一年）四〇一頁によれば、梅の解釈学では法解釈は社会・国家に奉仕するものと考えられており、正義衡平という価値を具現するという意識は希薄であるとされている。また、具体的な財産法に関する梅の各判例研究を通観したうえで、文理解釈・論理解釈が主であって、「条理」による解釈は見られない、と評価している（同四一四頁）。

(31) 穂積重遠「婚姻予約有効判決ノ眞意義」法学志林一九巻九号（一九一七年・大正六年）一頁以下、八頁、一七頁、二五-七頁が、このような視点を論理的に明らかにしている。穂積によれば、民事連合部判決の動機目的は、「入籍を拒まれた内縁の妻の不幸を救済慰藉することにある」とされ（八頁）、婚姻予約とは、単純婚約を指すものであって、本判決の事案のように婚礼儀式を挙げた当事者はすでに夫婦であることから、この段階になって誰が一体将来婚姻をなす意思を持つことがあろうか、という疑問を縷々述べている。すでに、岡松参太郎も同旨を述べていた（後掲注(40)を参照のこと）。今日では、太田武男『内縁の研究』（有斐閣、一九六五年）九二頁も、本判例は「その法的救済の法理を見出すに急なる余り、当該夫婦の実態ないし本質を捨象していた点に問題が存したこと」を指摘したうえで、本判例の「仮託した法理」は、不当破棄救済以外では、「凡そ役立ちえないものであった」と極論している。川井・前掲注(10)一一九頁も、同様に「仮託論」に従っている。唄・前掲注(26)「再検討二・完」九五頁（同・前掲注(3)「著作選集」一〇九頁）も、試婚論を前提としているが、やはり仮託論にも好意的である。

(32) 穂積論文が引用している東川徳治「支邦法上ヨリ観タル婚姻ノ豫約」法学志林一九巻八号（一九一七年・大正六年）三三頁は、口頭若しくは一片の書付による届出をもって婚姻とし、届出前の行為を婚姻豫約ないし準備というのは、わが国の婚姻習俗に反し、門外漢の者には喫驚するものであるとしたうえで、大審院が婚姻豫約有効論で賠償責任を認めたこと自体は、何らの責任がないことよりもまさるとしても、金銭的な保護では、女子の節操を弄ぶ成金者には効果がないので、事実婚主義を採るべきことを力説していた。そのために、わが国に影響を与えてきた支邦法を紹介した上で、日本法の届出婚は法治国の本体とはいえないなどとして、厳しく批判している。

(33)　穂積・前掲注(31)一二一-二二頁。
(34)　穂積・前掲注(31)二六頁。
(35)　穂積・前掲注(31)二五-六頁。なお、後に穂積は、婚姻豫約は成文法にも慣習法にもないので、「條理を以て斯く裁判するのだと説明したら、最も宜かったろう」としている。同『親族法』(岩波書店、一九三三年・昭和八年)二七七頁。
(36)　来栖・前掲注(1)一六三頁。
(37)　穂積・前掲注(31)一四頁。
(38)　牧野英一『民法の基本問題第2編』(有斐閣、一九二五年・大正一四年)九八-一二二頁。ただし、婚姻予約が事実婚を構成するに至らない程度のものである場合には、その保護の程度を社会通念にしたがって考えるべきであるとする。
(39)　広中俊雄『民法解釈方法に関する十二講』(有斐閣、一九九七年)三一頁参照。広中は、「当時」では、内縁は「私通」とされていたのだから、準婚理論は「制定法に反する解釈とならざるをえない」とする。しかし、民事連合部判決は、民法典で意識的に規定が設けられなかった「婚姻予約」につき、法の「欠缺補充」を行い、方法的にみて注目すべきものであった、としている。さらに、本判決の説示(「事実上夫婦同様ノ生活ヲ開始スルニ至ルコトアリ」)をとらえて、「夫婦同様ノ生活」は重視されていないとしたうえで、本判決は「婚姻ノ予約」一般に関する欠缺補充をしたものと評価している。重要な視点が明らかにされており、「法解釈論のテクニック」という面からいえば、きわめて示唆深いものがある。しかし、そのような結論を断定的に導き出すには、文言の字面だけではなく、なおより綿密な調査研究が必要であろう。広中も、この時期にいたるまで、「婚約有効判決」を見逃していたようである(同三〇頁参照)。
(40)　ことに大審院の論理構造を形式的な面から批判する立場としては、儀式婚によってすでに婚姻が成立しているということから、大審院の予約構成は成り立たないとする厳しい批判がある。岡松参太郎「婚姻届出義務の不履行(一)-(四・完)」法律新聞一〇一六号(一九一五年・大正四年)三頁、同一〇一七号(一九一五年・大正四年)三頁、同一〇一八号(一九一五年・大正四年)三頁、同一〇一九号(一九一五年・大正四年)三頁は、婚姻契約説に立ち挙式により婚姻は成立するので、届出は単なるその表徴にすぎないという基本的立場を明らかにしたうえで、本件では既に婚姻が成立しているので、予約の不履行は観念し得ないが、ただ「届出義務の不履行」が問題となるに過ぎないとする。しかも、そもそも、わが国では、諸外国とは異なり、婚姻予約なる社会的制度は存在しないし、また、かかる予約に拘束力を認めるのは危険でもある、という。穂積の分析と共通するところがあるが、婚姻予約が社会的制度とはなっていないというのは、予約論の有する技術性と大審院の政策的意図とが十分に理解されていない批判であろう。

ちなみに、その後も同様の観点から婚姻契約と届出とを区別し、婚姻は婚姻契約によって成立し、届出はその効力要件に過ぎないとした上で、内縁の実体があれば、婚姻届の強制履行ができるとする立場が散見される。たとえば、戦前では、平田慶吉「婚姻契約とこれに関する諸問題」法と経済（立命館出版部）二巻二号（一九三五年・昭和一〇年）六五頁は、かかる立場から、民事連合部判決の論理構成を牽強附会と批判している。戦後では、武井正臣「婚姻届出履行請求権－試論」『内縁婚の現状と課題』（法律文化社、一九九一年）二三頁［初出、『現代家族法の課題と展望（太田武男教授還暦記念）』（有斐閣、一九八二年）六七頁］も、同様の立場から、婚姻は届出以前に成立しているというのが国民の意識であるとした上で、内縁の実体があれば、届出の履行請求ができるとする。届出請求権を前面に押し出したこと自体については、傾聴に値するものであったと思う。ただ、その強制履行を一般的に認めることは、届出を単に報告的届出と解するにしても、とにかく届出婚主義を制度として堅持している現行法の下では決して容易ではない。

(41)　法典調査会・民法議事速記録第一三七回（明治二八年一一月五日）『日本近代立法資料叢書第六巻』（商事法務研究会、一九八四年）二八－九頁（梅謙次郎）。

(42)　岩田・前掲注（15）五九、七〇、一七三頁などは私通関係との相違にことのほか注意を払っている。また、永田菊四郎『内縁と私生子』（嚴翠堂、一九四三年・昭和一八年）二〇頁なども、内縁と私通関係との相違につき、言及している。

(43)　横田秀雄「婚姻ノ豫約ヲ論ス」日本法政新誌第一八巻二号（一九二一年・大正一〇年）九－一〇頁（老川寛監修『家族研究論文資料集成・明治大正昭和前期編』第一八巻婚姻（2）五九八－九頁［クレス出版、二〇〇一年］による）。横田は[1]判決の直前の大正二年に大審院部長に命ぜられており、少なくともこの論文を公にした時もその職に就いていたし、その間も婚姻予約破棄事件につき、自ら第三民事部の裁判長として本判決直後の判決を含めて、いくつかの判決を宣告している。ただし、横田が民事連合部「婚姻予約有効判決」の裁判に参加していたかどうかについては、意見が分かれている。この点については、手塚豊「日本の名裁判官　その二・横田秀雄」法セ三五号（一九五九年）六〇頁は、参加していたと断言している。これに対して、唄・前掲注(26)「再検討(二・完)」八六頁注(1)、同・前掲注(3)「著作選集」八六頁注(1)によれば、横田正俊『父を語る』(巌松堂書店、一九四一年・昭和一六年)を引きながら、同著で横田正俊が「父が〈民事〉第三部の部長をし而も右判決〈婚姻予約有効判決〉に対しては父が深く関係して居たことを私は聞いている」(同著二九八頁)と叙述している点について、唄が横田正俊に照会した上で、第三民事部の新設は本判決の結審後(大正三年一二月)であり、また、深い関与とは私的な意味であろうとの事情を聴取したうえで、本判決の原本にも横田秀雄の名が記載されていないことから、正式には参加していなかった、と判断している。ちなみに、横田秀雄は退官後に「大阪朝日新聞」(昭和三年一二月二八日から一〇日間)に「法窓思ひ出草」というタイトルでみずからが関与した裁判例や裁判官の心得などについて述懐しているところ、著名な大正一五年の「男性貞操義務判決」(刑事事件)については言及しているが、「婚姻予約有効判決」には触れていない。それ故、形式的には、唄の判断が正しいものと思われる。問題は、実質的にも無関係であったと言えるかであり、当時の彼の影響力の大きさを鑑みれば、正俊の著書は、そのことを判断するうえでは、貴重なる情報となろう。本書が、敢えて横田秀雄論文を紹介する所以である。なお、横田秀雄(昭和一三年没)は、明治三四年に大審院判事となり、大正一二年には大審院院長(昭和二年退官)になっている。

(44)　横田・前掲書(43)一〇頁。

(45)　特に「傍論性」を強調したのが、唄・前掲注(26)「再検討(二・完)」九〇頁、同・前掲注(3)「著作選集」九七頁であり、訴訟法学者である中村宗雄の判決文言に依拠した形式に過ぎる傍論説を引きながら、従来の民法学説がこの点を明確に認識していなかったというような趣旨を述べている。唄は、このことと関連づけて、本判旨の論理構造を批判的に分析しているが、ことに、損害賠償責任を否定した本判決の「結論」につき、予約無効によるものでもなく、また、予約有効であるから不法行為による損害賠償を認めるというものでもないので、予約の有効無効と不法行為の成否との間に特殊な屈折があるとして、いわゆる請求権競合論との関連にまで言及している。唄・前掲注(26)「再検討(二・完)」九二―三頁(同・前掲注(3)「著作選集」一〇一―一〇四頁)。そのうえで、かかる傍論が「その事案や裁判過程から全く遊離して抽象的に喋々されること、本件の如く甚だしいものは他に例をみない」とまで極論している(唄・前掲注(26)「再検討(二・完)」九四頁、同・前掲注(3)「著作選集」一〇五頁)。二宮周平執筆「内縁」広中俊雄・星野英一編『民法典の百年Ⅰ』(有斐閣、一九九八年)三五五頁も傍論とする。今日では、傍論説が通説的理解と言ってもよいが、しかし、吉田邦彦『家族法(親族法・相続法)講義録』(信山社、二〇〇七年)九〇頁は、川島武宜・唄孝一らの厳格な先例拘束理論には懐疑的であり、かなり柔軟な解釈をしている。本書も同様の念を禁じ得ない。これほど重要な説示部分が事案・裁判過程から遊離した傍論などという唄の形式論は、多分に抽象的な判例分析手法の形式論理から演繹されたものと思われ、到底支持できるものではない。

(46) 川井・前掲注(10)一一四頁。

(47) ちなみに、当時の大審院判事については、つぎのような「横田正俊」の述懐が興味深い。「私の父が大審院判事になった明治三四年頃には、判決理由を詳細に書くとぼろが出やすいというようなことから、判決理由は三下り半をもつて尊しとするといった気風が大審院内にあり、……できるだけ判決理由を書くべく努力した父などは、とかく白眼視されたそうであるが、……」。横田正俊「末広厳太郎先生を語る」ジュリスト別冊法学教室三号(一九六二年)四四頁。同『父を語る』九〇―二頁にも、同趣旨の秀雄自筆の論稿が引用されている。

(48) 川井・前掲注(10)一一〇頁。当時は「請求原因」に規定される手続構造をもっていたとされている。ただし、本書が指摘した実体法上の理由にも留意すべきであろう。実際、原告が一貫して「不法行為の請求」しかしていなかったが、主張の実質が不当破棄であったので、これを「違約」と評価して、原告の請求を認容した東京控訴院判決がある(後述参照)。当時の裁判実務が、そうした形式論にのみ支配されていたかどうかは、にわかに判断し難いところもなくはないからである。

(49) 唄・前掲注(26)「再検討(二・完)」八七頁、同・前掲注(3)「著作選集」八五頁。

(50) この未公表判決については、佐藤良雄『婚姻予約および認知未発表判決の研究』(システムファイブ、二〇〇五年)一〇七頁、一一一頁参照。

(51) 川井・前掲注(10)一一二頁。

(52) すでに、二宮周平『事実婚の判例総合解説』(信山社、二〇〇六年)七頁も、内縁も含む婚姻予約論を立論していた前記の「森論文」に注目している。ただ、この森論文は、内縁を含めて婚姻予約の無効論を堅持していた当時の裁判例を前提・批判していたことを見逃すべきではない。また、森論文は、当時すでに婚姻予約有効論を説いていた下級審裁判例を念頭に置いていたという事情もある。

(53) ちなみに、この「横浜地裁明治三五年判決」は、今日でも注目されている裁判例の一つである。利谷信義「身分行為の意思（性格・存在期間）」ジュリ五〇〇号（一九七二年）一八八頁によれば、判例は、届出を身分行為の成立要件としたことから、「届出の欠如」ひいては身分行為の「不成立」の場合を身分行為から排除したが、このことを明らかにした初期の裁判例がこの横浜地裁判決であり、本判決は届出時の自由意思を重視して届出の履行請求が許されないことを宣言したところ、かかる判例の立場は、これ以降一貫している、とされている。一方、太田・前掲注(31)七三頁注(4)によれば、この裁判例が内縁につき「婚姻予約」概念を初めて使用した判決とされている。いずれにしろ、今日では、そのように断定するためには、「民事判決原本」の精査・探索が必要となろう。

(54) 中川・前掲注(6)「婚姻の儀式（五）」九〇〇頁も、内縁事例として引用している。ただし、中川論文の引用判決年（明治三三年）は誤記である。

(55) 横田・前掲注(43)二頁以下では民事連合部判決を挙げた上で、「事実上の夫婦」という概念と「婚約」と言う概念を使い分けており（四-五頁、七-八頁参照）、とくに「婚約」の成立要件につき「結納」とリンクさせて詳論していることから推知して、当時の大審院判事によれば、元来は婚姻予約概念を本来の意味での単純婚約の意味で使用していたことを推知することができよう。この点は、後の婚約事例の紹介・分析に際して、再度、検討する。

(56) 穂積・前掲注(31)二一頁以下、二五-六頁は、判例による「補充的立法行為」という視点を析出して、民事連合部判決を彼のいう「判例法」の好例としている。

(57) 広中・前掲注(39)三一頁は、そのように解している。

(58) 中島・前掲注(26)一頁以下。

(59) 中島・前掲注(26)六-七頁。

(60) 中島・前掲注(26)七-八頁。

(61) 横田・前掲注(43)二-四頁。

(62)　横田・前掲注(43)四-五頁。

(63)　横田・前掲注(43)七-八頁。これに対して、藤田善嗣「婚姻豫約論(一)」日本法政新誌第一六巻一二号(一九一九年・大正八年)九二頁は、債権契約説から説き起こし、契約自由の原則から要式主義は不当であるとしたうえで、真意の有無は契約解釈の問題に帰するという。しかし、藤田の反論は、契約一般(もともと、それは有償契約を軸とするものである。)に基づく形式論に過ぎるものであって、身分法上の契約はギブアンドテイクの論理で割り切れるものではない、とするのが横田説と思われる。横田説の含蓄のある底意を見逃してはならないであろう

(64)　横田秀雄は、本論文公表の直後の大正一三年五月(「司法官會同にて」)に「形式的論理主義の解釈論」で結論を出すことで満足し、「其の国民生活に及ぼす効果如何を顧みざるの弊を矯正し、社会の通念に適合する妥当なる結果を得ることに努め、以て法律と実際社会とを調和」させることの重要性を指摘していた、という。横田・前掲注(143)『父を語る』一四四-五頁。婚姻予約論に関する横田の柔軟な解釈論は、このような基本姿勢によるものであろう。

(65)　石坂・後掲注(69)一五五頁。中島も、本判決が不法行為によるべきではないとしているのは、本件のように、はじめから誠意を以て婚約した場合であり、婚姻意思あるもののごとく装う場合には、不法行為の要件を具備することは、いうまでもない、という(中島・前掲注(26)一六頁)。最近では、大村・前掲注(1)「婚姻予約有効判決(1)」八四頁も、石坂に好意的である。これに対して、唄は、いずれであるか不分明であるとする(同・前掲注(26)「再検討(二・完)」九三頁、同・前掲注(3)「著作選集」一〇四頁)。

(66)　この種の事例としては、差しあたり、東京控判昭和六・七・二八新聞三三一〇号五頁、同昭和七・二・二七新聞三三九七号一三頁、同昭和九・二・二八新聞三六九七号七頁を指摘しておこう。いずれも「貞操の蹂躙」が不法行為とされている。

(67)　唄・前掲注(26)「再検討(二・完)」九三頁以下(同・前掲注(3)「著作選集」一〇五頁以下)は、「真の判決理由」(いうところの「先例価値的裁判規範」)の発見の重要性につき言及しているが、同九四-五頁(同一〇七頁)では、Xの請求が排斥された理由として、事案が「内縁」的なものではなかったこと、Yの責任がそれほど重くはなかったことなどの可能性について、述べている。しかしながら、そのような「書かれていない事実」が本判決の結論を導く上でいか

ほどの重要性をもったかは、知る術はない。

(68) Xからの提訴がなかった事情については、唄らが当事者や親族に試みたインタビューから窺知しうる。ことに家族が「世間の風評」を懸念したことから、Xは、その後、急ぐようにして「再婚」の男性のもとに嫁いだという。また、本訴を提起したのも、Xの父（訴訟マニア的性格がなくはない）の意思が決定的なものであったという事情もあるようである。唄＝佐藤・前掲注（8）「続・再検討（二・完）」三八頁以下、唄・前掲注（3）「著作選集」一二八頁以下参照。

(69) 石坂音四郎「婚姻豫約ノ効力」（民法判例批評）法協三五巻四号（一九一七年・大正六年）一四二頁。この石坂論文は、大正六年三月に中央大学講堂で実施された都下諸大学学生討論会で石坂が提出した論題（「婚姻豫約は有効か無効か」）に起因する論稿であり、これに対して穂積重遠は、有効論の主論者として登壇したという（穂積重遠「民法五十年」法時二〇巻一号〈一九四八年〉四頁）。なお、大村・前掲注（1）「婚姻予約有効判決（1）」八一・八四頁は、近時の男女関係の多様化のもとで、契約法理の適用可能性の観点から、石坂論文のもつ意義を再評価している。

(70) 石坂・前掲注（69）一四六-七頁。

(71) 石坂・前掲注（69）一四八-九頁。

(72) 石坂・前掲注（69）一五二-三頁。

(73) 岩田・前掲注（15）二二五頁は、婚姻予約契約という「身分上の契約」が現行法の制度に加えられたと評価している。この限りでは、私見もこの岩田説を支持したい。

(74) 岡松・前掲注（40）「婚姻届出義務（二）」四頁は、前述のごとく、わが国では婚姻予約は存在しないとするが、「婚姻予約」自体は身分の変更を生ずるので、債権契約ではなく、親族法上の行為であるところ、大審院が債権契約説をとっているとして批判する。

(75) 曄道文藝「婚姻豫約ノ効力及婚姻豫約不履行ニ因ル賠償責任ト訴ノ原因」（民法判例批評一六）京都法学会雑誌一二巻四号（一九一七年・大正六年）八一頁。なお、曄道は、本大審院判決が、スイス法やドイツ法の立場と非常に酷似しているとして、その比較検討をしている（同八三頁以下）。

(76) 曄道・前掲注（75）八六頁。

(77) 曄道・前掲注 (75) 八九-九〇頁。
(78) 曄道・前掲注 (75) 九〇頁。
(79) たとえば、藤田・前掲注 (63) 八七-八頁を参照。藤田も、岡松説に反論を加えながら、債権契約説を採り、予約は婚姻とは違うとして、予約不履行は損害賠償義務を生ずるも、婚姻の自由は奪われることはないとする。また、芸娼妓との夫婦約束が必ずしも真意にあらずとはいえない、と批判し、ことに、一方に真意があるときが多いので、心裡留保の規定で処理すべきである、という (同八九頁)。また、債権説の難点を指摘する石坂説にも反論を加えている。石坂が、婚姻予約は自由に解約できるので豫約には法律上の拘束力がないに等しいことのほか、その債務を訴求・強制執行できないので債務とはいえない、としていたが、これに対して、藤田は、任意に解約できる契約もあるし (委任のごとし)、また、民法上強制履行をなしえない債務も認められている、と批判する (九〇-一頁)。一方、和田宇一『婚姻法論』(大同書院、一九二九年・昭和四年・第三版) 七二一-五頁も、親族法上の契約は限定主義であるところ、民法典は婚姻予約につき何ら規定していないという理由で、それは債権契約であるとし、かかる予約は婚姻とは異なり、身分関係の創設を目的とするものではなく、単に債務関係の発生を目的とするので、双方の要件・効果は異なっても問題はない、という。
(80) 横田・前掲注 (43) 一一-二頁。

二　婚約事例と婚姻予約論

1　知られざる「婚約有効判決」

民事連合部判決の事案は「内縁事例」である、という評価が当時から今日までの通説的理解であるが、学説のなかには、そのこと自体は認めながらも、判旨の「論理構造」からみて単純婚約をも念頭に置いていたとする見解も若干散見された(81)。本書も、すでに婚約事例も含むものとして言及してきたが、ここで、そのことをより具体的に論証することが必要となろう。連合部判決の判決理由の文言ないし説示の仕方を根拠にするだけでは、所詮は水掛け論になりかねないからである。そのためには、一方では、婚約法制の沿革を踏まえることが必須の課題になることは前述のとおりであるが、他方では、民事連合部判決と不即不離の関係にある別の婚約事例の歴史的意義を正しく認識することが前提となろう。それが、つぎの[2]判決であるので、ここでは本判決を中心として、そのような事情を実証的に分析してみよう。

本判決は、先述したように、当時の学説のみならず戦後の学説でも半世紀以上にわたって見落とされていたものである。「穂積重遠」や「中川善之助」のほか(82)、戦前・戦後の錚錚たる著名な研究者も同様であった(83)。しかも、「唄孝一」ですら、本件の東京控訴院判決（第二章[11]判決）が法律新聞に公表されていたので、上告されたことは間違いないが、「その結果は公表されていない」と確言したうえで、債務不履行による損害賠償請求事件であるので、その結果を是非知りたいとしていた(84)。この意を承けて、本判決を発見させたものは、「未公表判決」を執拗に追い求めた佐藤良雄らのたゆまぬ一途な研究心であったものと思われ(85)、佐藤の研究姿勢には深く敬服するとともに、その業績は高く評価されてしかるべきであり、本書もその多大な恩恵に浴している。いちいち細部にわたって引用を避けたところもあるが、本判決に係る情報それ自体はすべて佐藤論文のお陰である。おそらく佐藤の研究がなければ、本書もまた通説と同じ道をたどったであろう。

ただ、佐藤は、「当初」のいくつもの論文において、これを「知られざる未公表判決」として報告していたことから、内縁学説も含めて、今日でも、学説によっては、未公表との思い込みがあってのことと思われるが、一部の学説を除いて、ほとんど注目されていないので、あえて本判決を内縁事例と対比させて分析することとした。また、本書は、いわゆる「公式判例」であることを自覚した以降の佐藤自身による本判決の位置づけには、不満があるので、事実審での詳細な審理状況等は佐藤論文に譲るとしても、すでに明らかにした本書の基本的姿勢から、必要な範囲内ではあるが、やや詳細に検討することとした。

ことに本判決が当初より内縁学説に知られていたならば、民事連合部判決に係る戦前からの通説的理解も随分と変わっていたのではないかと思われるので、今日の婚約・内縁学説も、本判決と直接に向き合って、二つの判決の相互の関連も考慮しながら、改めて民事連合部判決を再評価すべきであるとの問題を提起したいと考えている次第である。加えて、本判決の存在によって、「穂積重遠」、「中川善之助」、さらには、「我妻栄」などの説く内縁論は、関連する論述部分の重要なる修正を余儀なくされることについても、あわせてここで付言しておかねばならないであろう。その後遺症は、今日でもなお残存している。わが学説史上、極めて希有な例といえるのではなかろうか。

2　事件の概要

[2]　**大判大五・六・二三民録二二輯一一六一頁**

〔事実〕　事案はやや不分明なところもあるが、X男とY女が明治三五年七月中に結納を授受したうえで、同年七月二〇日をもって婚礼の儀式を挙げる旨の合意もされたが、Yから一方的に破談の申し入れがなされ、その後、Yは他男と婚姻した。そこで、Xは、婚姻予約不履行に基づく損害賠償とXがYに渡した書状の返還とを求めて提訴したが（明治四五年七月）、一審では、Xの請求はいずれも棄却された（婚約事件については、東京地判大正二・一・二一新聞八四一号一三頁・第二章[10]判決参照）。Xは控訴し、控訴審では両訴訟が併合審理されたところ、東京控訴院（民事第二部）でも控訴はいずれも棄却された（婚約事件については、東京控判大正三・七・二五新聞九六五号二七頁・第二章[11]判決参照）。この当時では、民事連合部判決がまだ登場していなかったので、地裁も控訴院も「婚姻予約無効論」に依拠したからである。

しかしなお、Xは大審院に上告したが（大判大正三年（オ）第七一二号事件）、当時の訴訟法が規定していた口頭弁論（旧民訴四三九条）の期日にXが出頭しなかったため、Yからの申立てによって、欠席判決（大正五年一月二〇日）がなされ、上告は棄却されたという（第一事件と略す）。しかし、Xは、直ちに大審院に対し欠席判決の故障を申し立て、同[11]判決等の全部破棄を求めた（大判大正五年（ケ）第三号事件）。その間に、すでに民事連合部判決が宣告されていたので、大審院では、欠席判決が廃棄されるとともに、東京控訴院の[11]判決等も破毀されたうえで、同控訴院に差し戻された。

本件（第二事件と略する）は、かかる破棄差戻しを宣告した上告審判決である。[86] 以下の判旨では、物権的請求権の部分は割愛し、婚姻予約の有効無効に関する説示のみを取り出してみよう。

〔判旨〕（破毀差戻し）「案スルニ婚姻ノ予約ハ将来婚姻ヲ為スヘキコトヲ目的トスル有効ノ契約ニシテ法律上其履行ヲ強制スルコトヲ得スト誰モ若シ当事者ノ一方カ正当ノ理由ナクシテ違約シタルトキハ其他方ハ違約者ニ対シ違約ヲ原因トシ婚姻ノ予約ヲ信シタルカ為メニ被リタル有形無形ノ損害ノ賠償ヲ請求シ得ヘキコトハ当院ノ判例トシテ認ムル所ナリ（大正二年（オ）第六二一号大正四年一月二六日民事聯合部判決）本件ノ事実ハ原裁判所ノ確定スル所ニ依レハ要スルニ当事者ハ将来婚姻ヲ為スノ意思ヲ以テ婚姻ノ予約ヲ為シ明治三五年七月中XヨリY方ニ結納ヲ送リ尚ホ同年七月二〇日ヲ以テ婚姻ノ儀式ヲ挙クルコトヲ定メタルニ拘ハラス遂ニYニ於テ正当ノ理由ナクシテ違約シタルヲ以テ茲ニ損害賠償ヲ求ムト云フニ在ルコトハ判文上明白ナリ然ラハXノ本訴請求ノ原因ハ前示ノ法則ニ徴シ正当ナルニ拘ハラス原裁判所ニ於テ之ヲ排斥シタルハ違法ニシテ其判決ハ破毀ヲ免カレサルモノトス故ニ本上告論旨ハ結局理由アリト云ハサルヲ得ス」

3　民事連合部判決との相互関連性

(1)　内縁事例と婚約事例との総合評価

上記の[2]判決（第一民事部）は、民事連合部「婚姻予約有効判決」直後の最初の婚約事例であり[87]、しかも、本裁判の第一事件（第二民事部）は、内縁事例が第一・第二民事部の連合審判に付された当時に、すでに大審院に係属していたという。[88] 第二事件自体が大審院に上告されたのは、民事連合部判決の後ではあるが、その判旨では、まさしく連合部判決の準則がそのまま引用されているのである。第二事件が第一事件と実質的には同一事件であり、単に手続上の問題からその解決・判決が引き延ばされたにすぎないことや、すでに第一事件の原判決である大正三年七月の東京控訴院判決（第二章[11]判決）が婚姻予約無効論を説示していたことのほか、[2]判決がこの東京控訴院判決を破棄して差戻したという事実も併せ考慮するならば、当時の大審院では、民事連合部の内縁事例と本件の婚約事例とが同時に審議されていたことは明らかであるので、当然のことながら、当該連合部では、かかる「婚約」事件を他方で睨みながら、双方の事例を比較考慮して、一つの準則を創造したものと考えて大過ないであろう。

具体的にこの間の事情ないし推移をやや詳しく分析してみよう。当時の大審院は、一方では民事連合部判決（内縁事例）の原判決・水戸地裁大正二年一〇月二一日判決（ひいては、その上告審であった東京控訴院大正二年三月八日判決）、他方では本件原判決である東京控訴院大正三年七月二五日判決を、それぞれ同時に審議していたものと思われる。しかも、大正三年一二月一五日付けの法律新聞九八二号一二頁によれば、内縁事例は、大正三年一二月八日に民事連合部の審判に付されたということなので、これに間違いがなければ、その時に民事連合部が設置されたこととなろう。(89)

そこで、先ず内縁事例が大正二年一一月末頃までには大審院に上告されていたはずであり（当時の上告期間は一ヵ月、その起算日は送達からである。旧民訴四三七条）、これが受理（大正二年（オ）第六二一号）されたうえで、当時の大審院事務配分によれば、まず「部」に事件が係属したことになるが、その事件番号が「奇数」であるので、おそらく第一民事部で内縁事例が審議されていたものと思われる（この当時では、まだ第三民事部は存在しない。）。その後、かなりの期間を経て、翌三年の八月頃までには婚約事例（第一事件）も上告され（大正三年（オ）七一二号）、この婚約事例は、まず第二民事部で審議された。つまり、婚約事例が上告された当時には、内縁事例はまだ第一民事部（部長・田部芳）で審議されていたこととなる。その後、上記のように大正三年一二月八日に第一・第二の民事連合部（裁判長・田部芳）が設置されたというのだから、内縁事件も婚約事件もまず「部」で審議され、内縁事例はかなり長期間審議されていたところ、その間に婚約事例が上告されたので、大審院は、内縁事例と婚約事例とを統一的に処理するために、民事連合部を設置したとみて、ほぼ間違いなかろう。この婚約事例は、一審当時から、興味深く法律新聞で取り上げられ（法律新聞八四五号一九頁「熱心な婚姻豫約有効論者」大正二年二月二八日付け）、さらに東京控訴院で原告が敗訴したことも報告されていた（法律新聞九六六号二一頁「結婚破談の損害賠償」大正三年九月三〇日付け）。世間でも耳目を集めていた事件であり、大審院も、かかる婚約事例が既に東京控訴院に係属している事実を当然認識していたはずであるので、あるいはその上告をまっていたとも考えられなくはないが、その断定は留保するとしても、事実上は内縁事例の審議のなかで婚約事例もあわせて考慮したうえで、一本の婚姻予約有効論を採用したものといえるのではないか。その後の婚約事件・第一事件（第二民事部）は欠席判決に終わったが、それと実質的に同じ請求である第二事件は、第一民事部（部長・田部芳）で審議されている事情も（それが事務配分による面があるとしても）、上記の推測をより確実なものとする補強資料となるであろう。(90)

さらに敷衍すれば、民事連合部の原判決は不法行為構成で内縁の不当破棄を救済したが、かかる不法行為構成は、先述したように、当時の「東京控訴院」の婚姻予約無効論が前提とされていたところ、民事連合部は、かかる〔2〕判決の原審（東京控訴院）判決は、婚姻予約を「婚約」と同視した上で、同じくその無効論を墨守していたし、また、「婚姻予約無効論」それ自体を排斥するために、「婚姻予約有効論」を一般的に掲げて、みずからの立場を鮮明にしたといえよう。「一般的指針」を宣言する必然性があったというしかない。

したがって、この〔2〕判決は、何よりも先ず形式的には連合部判決の準則を「再確認」したという意味において刮目すべき先例であるといえようが、それに加えて、連合部判決自体の婚姻予約有効論には婚約事例もすでに含まれていたことを裏から証明しているという意味においても、その存在は極めて重要性をもつものであったことから、決して見落とされてはならない裁判例であったのである。(91)しかし、今日でも、無視される傾向が強い。(92)

(2)　「婚姻予約」有効判決の論理構造

以上のように位置づけることができるとすれば、何故に民事連合部判決が「理由部分」の冒頭で、やや唐突にも見えなくはない「婚姻予約有効論」を「一般論」として説示したのか、その疑問が氷解するであろう。つまり、単なる内縁有効論を採用することにはとどまらず、「婚約＝婚姻予約」無効論をも克服することが、連合部判決の主要なテーマであったことが窺知しうるのである。すでに検討したように、大審院の事実婚主義時代における内縁では、婚姻予約概念を使用する必要がなかったので、旧民法からの立法過程からいっても、婚姻予約は婚約のみを指していたことは明らかであり、当時の裁判官もこのことを当然の前提としていたであろう。現に田部芳は「法典調査会」のメンバーでもあった。これに対して、届出婚主義時代の内縁については、すでに検討したように、婚姻予約概念を婚約事例（第二章[4]判決参照）にも内縁事例（同[5]判決参照）にも使用してきたが、当初はいずれにも無効論をもって対処してきた。梅起草委員のいうように、「届出」を決め手にすれば、婚約であれ内縁であれ届出前の男女関係は公序良俗に反するものであり、いずれも婚姻予約無効論のもとに把握し得たからである。このような大審院判例の推移からいえば、「婚姻予約」の有効論を打ち出すためには、まず本来の婚姻予約である婚約の無効論を克服する必要があったであろう。婚約を無効としたままで、内縁を保護するためにのみ「婚姻予約」概念を利用して予約有効論を導入・展開することは、論理的に飛躍しすぎることもさることながら、そもそも婚姻予約概念自体の迷走でしかない。偏頗な自己矛盾といってもよい。したがって、その一般論としての婚姻予約概念には、当然のこととして、婚約事例も含む趣旨であったと解さざるを得ないであろう。それが論理的にも、また、婚約＝婚姻予約法制の沿革から見ても正当であることは、すでに言及してきたが、[2]判決の存在は、偶然に連合部判決と関連したものにすぎないとしても、上記のような解釈の正当性に確信を抱かせるものとなろう。

以上のように解することによって、その後に大審院判例に登場した内縁保護事例や婚約保護事例とも整合的に解することが可能となるように思われる。ことに通説的理解では婚約事例の最初の大審院判決例と称されてきた著名な「大審院昭和六年二月二〇日判決・新聞三二四〇号四頁」（いわゆる「誠心誠意判決」）が、何故に「公式判例」とされなかったのか（私撰の法律新聞等に掲載されているにとどまる）という疑問も学説では提起されていたが(93)、当時、「婚姻予約」事例としては、儀式不要という点も含めて、すでに公式判例が存在していたことから(94)、「誠心誠意判決」は準則のみならず事案でも先例的価値が低い裁判例であったと評価されていたものとも推測され、これで長年の疑問も払拭できるのではなかろうか。

4　本判決の歴史的意義

(1)　婚約事例の意義

「佐藤良雄」によれば、本判決は、初めて婚姻予約有効論を具体的に適用した裁判例であるとともに、「単純婚約事例」という意味でも、その先例的意義が大きいとされている。[95] たしかに婚約事例としては最初の積極事例であるという点では、先例としての意義が大きいことは間違いない。しかも、「通過儀礼」を踏んだ上での婚約事例であるので、佐藤が強調するように、「誠心誠意判決」での男女関係とは異なり、ある意味では典型的な婚約事例ともいえることから、その意味でも重要であり、この判決例をまず引用するのが、今後の民法学では、必須の課題となろう。

ところで、本書のように既に民事連合部判決が婚約事例も前提としていたと解釈し、しかも、その婚姻予約有効論が「傍論」とは言えないとする立場では、本件は、結納の授受によって男女間の将来の「婚姻意思」が明確であって婚姻予約の成立が疑問のない事例であるので、連合部判決で明らかにされた一般的指針としての準則をそのまま適用したに過ぎないことから、それ自体の「先例性」という観点からみれば、そうした「事例的意義」を有するものにとどまることとなろう。本件の判例集の「判決要旨」に婚姻予約に関する部分が欠落していたことも、このこととは無関係ではないはずである。民事連合部判決は、本事案のような婚約ケースを前提とした上での婚姻予約有効論であったので、本判決では、殊更に新しい判断を示したものとは考えられていなかったのではなかろうか。

その点の断定は留保しておくが、むしろより重要であるのは、民事連合部の婚姻予約有効判決が婚約事例も前提としていたという事実を客観的・具体的に実証する裁判例であるという点にあり、その意味では、本判決の歴史的意義は特筆に値しよう。したがって、かかる観点から、本判決を分析・論評する必要があるので、つぎにこの問題の検討に移ろう。

(2)　本判決（[2]判決）と民事連合部判決の射程

「佐藤良雄」は、本判決を評して、「当然に連合部判決の機能範囲の内にあったということは困難である」としたうえで、事案については、連合部判決は「『内縁』的であったものでなく、また本判決は『純粋婚約』というべきほどのものではないので、本件は、連合部判決の機能範囲のかなり近くに位置していた」と述べている。そこで、婚姻予約有効判決が、初期においては、擬制・仮託論と称される傾向があったが、必ずしもそうとはいえず、むしろ、本判決は「通常の意味に近い婚約をレファレントとしていたことの例証となる」と述べている(96)。曖昧な表現を使用しているので、理解するのに困惑するところもあるが、要するに、上記の指摘は、いわゆる「生の事実」を重視して、試婚論を前提としたうえで、かかる生の事実の面から、民事連合部判決と本判決との関連性を述べているようである。しかし、いずれにせよ、きわめて歯切れの悪い評価がなされているとの批判を甘受しなければならないのではないか。本判決の「書かれた判決理由」では民事連合部判決の準則をそのまま再確認しているのであって、佐藤の評価はこのような客観的事実を結局は無視したに等しいこととなろう。もともと本書とは基本的な立場の相違があるとしても、民事連合部判決と本判決の論理構造自体に対する認識を曇らせてしまっているように思われ、「書かれた判決理由」を極めて軽々に扱っているとしかいいようがない。また、本書が既に指摘したように、「婚姻予約」概念の歴史的経緯（単純婚約から内縁へ）の認識も不透明である。唄孝一らとの共同研究のなかで分析してきた民事連合部判決の評価（「試婚」の事例としての位置づけ）との整合性に腐心しているのではないか、との疑念すら生ずる。また、かかる佐藤の消極的評価は、みずからが「未公表判決」としていた段階での評価をその後もそのまま再確認しているものにすぎないことから、「公式判例」であったという事実は、ほとんど無視されているように思われる。

ここでの問題の核心は、佐藤がいうところの事実関係が接近している双方の事件を前にして、同じ裁判所（裁判長・田部芳と裁判官・田上省三は共通している。）が同じ論理で同時期に処理したという歴史的事実をどのように「評価」するかにある。本判旨は、わざわざ大正四年民事連合部判決を引用し、結納のなされた事実（婚姻意思の存在）

を確認したうえで、破棄責任の可否つまり「正当理由の存否」を再審議させるために、原審に差し戻しているのである。

要するに、大審院の立場では、「将来婚姻する意思があると評価しうる男女関係」であれば、いわゆる内縁事例も婚約事例もともに「婚姻予約」論に含ませる趣旨であったということは明白であり、民事連合部の「婚姻予約有効判決」はそのことを明らかにした先例であることが、本判決の存在によって、裏から論証されたこととなろう。

佐藤が指摘するように、従来の学説が本判決を見落としていたというならば(97)、連合部判決と本判決との客観的な意味関連を改めて問い直すことが理論に課された責務となり、その意味においても、本判決は学理上は極めて重要な判決例であるといえよう。何故に見落とされたのか、その点の検証が別途必要となろうが、むしろ仮に本判決を含めて民事連合部判決を評価した場合に、はたして従来の通説的理解をそのまま堅持できるかという視点が必須のものとなり、この問題を再検討することこそが、喫緊の課題ではなかろうか。

そうとすれば、まず「婚姻予約」概念が内縁保護のために利用され、それから言葉の本来の意味での「婚約」も含まれるようになったという従来の内縁学説の評価が適切かどうかである。「婚約＝婚姻予約」法制の沿革から考えても、むしろ逆に、民事連合部判決は「婚約＝婚姻予約」概念に内縁を含ませたという方が、自然ではなかろうか。民事連合部判決に至るまでも、すでに[4]判決（第二章）は婚約事例で婚姻予約無効論を採っていたが、[6]判決（第二章）は内縁事例で、同じく「婚姻予約」無効論を展開していたという事実も決して軽視してはならないであろう。民事連合部判決では、一般論として独自の婚姻予約概念が明確にされ、同判決では内縁事例につき、[2]判決では婚約事例につき、それぞれ具体的な判断を示したものということとなろう。

実際、かりに[2]判決の婚約事例が先に大審院に上告されていたならば、どうなっていたであろうか。先述のように、[2]判決を見落としていた「穂積重遠」は、かりに連合部判決の事案が単純婚約であったとすれば、かかる婚約を保護するために婚姻予約有効論は採用されなかったであろうと評していた(98)。しかし、この穂積の推測は婚約法制の沿革から言っても、あきらかに誤認であるが、さらに[2]判決を前提とするならば、かかる婚約事例についても、婚姻予約無効論を克服するために連合部審判に付されていたことは間違いのない事実であろう。そうとすれば、婚約事例でも、予約有効論を展開した連合部判決の一般論については、何ら変更はなかったはずである。そのうえで、内縁事例では、内縁に関する「挙式同棲」や「届出」に触れている説示部分が新たに付加されたことであろう。仮にそのような歴史的事実があったとすれば、内縁問題を重視していた当時の学説では、双方の事例を決して見落とすことはなかったかも知れないし、また婚姻予約概念に内縁が含まれるようになったことを明確に認識できたであろう。たまたまの歴史的偶然が、内縁学説を誤解の道に導いたとまで言うつもりはないが、いずれにしても、[2]判決を見逃したのは内縁問題に傾斜しすぎた結果ではなかろうか。前記「穂積重遠」の見解が、そのことを如実に物語っているわけである。婚約法制の再確認を必需とする所以でもある。以上のことを前提とすれば、婚約・内縁の保護の可否は、要は（将来の）「婚姻意思」が認定できるか否かにあり、そのような事情がありさえすれば、私通関係とは区別されるので、破棄事例では、あとは正当理由の有無に論点が移行する、ということになり、本判決は、連合部判決の一般的・抽象的な論理を承けたうえで、かかる論理構造に即して、その具体的な適用をしながら、婚姻予約有効論を再確認しているものと評価しなければならないであろう。したがって、佐藤のいうような「機能範囲」の内外を云々すれば足りる問題とは、そもそもレベルを異とするものではないか。佐藤がこのような消極的で曖昧な評価に終始したのは、本書のような立場にたつと、民事連合部判決における男女関係が「試婚的なもの」であったという、唄らとともに構築してきた論理そのものが、その根底から動揺することを懸念したことによるのではないか、との疑念すら生じかねないのである。

ともあれ、「婚姻予約」概念それ自体については、[2]判決が戦前・戦後を通して長期間にわたり発見されないまま見逃されてきたことから、従来の学説では曖昧なまま推移したと言わざるを得ない。本書は、この問題に一石を投じたつもりではあるが、その歴史的暗部に光りを当てることができたか否かは、諸賢の批判をまつしかない。

(81)　島津一郎「内縁－婚姻予約有効判決」判例百選ジュリ二〇〇号（記念特集「重要百判例」）（一九六〇年）一七頁も、そのように読んでいる。また、田村精一「婚約破棄の責任」（判例総合研究）民商四〇巻三号（一九五九年）五五頁も、通説は民事連合部判決が婚約の有効性まで判示したものではないとしていると解釈したうえで、「この判決の用語法と、論理の進め方から判断すると、婚姻予約と云う言葉は内縁及び婚約の双方を含めたものとして使用されており、又この双方に対する法的価値判断がなされているものと解するのが妥当と思われる」と述べているのが、参考となろう。ただし、これらの学説は、婚約事例[16]判決の存在を知らない段階での見解である。広中・前掲注（39）三一頁も、判旨の文言のみであるが、本判決が夫婦共同生活を重視していないことから、「婚姻予約一般」に関する準則である、と鋭い分析をしていた。他方で、沼正也『親族法準コンメンタール（婚姻Ⅰ）』（信山社、一九九八年）二五九－二六〇頁は、届出婚主義下では婚約も内縁もその前段階として統一的に上位概念である婚姻予約で捉えられるべきものであり、はじめに内縁ありきではなく、むしろ「さいしょに婚約ありきを出発点として内縁におよんだ判決」であるとする。ここでの沼の論述には、先述（本書第二章一四九頁注（83））したような曖昧さはない。具体的な論拠は示されていないが、婚約の学説史を前提にした指摘であり、その直感力には敬服する。

(82)　「穂積重遠」は、前掲注（31）の論文公表後の判例研究で、事実婚主義の立場から、民事連合部の婚姻豫約有効論を批判しながらも、「純粋な婚約を有効とした明白な判例は、……少なくとも大審院にはなかったと信ずる」としていた（「親族法相続法判例批評（7）・善良の風俗に反する婚姻豫約」法協三九巻一一号（一九二一年・大正一〇年）一一五－六頁。）また、同『親族法大意（改定版）』（岩波書店、一九二五年・大正一四年）五七頁でも「判例もまだ婚姻豫約其ものの法律上の効力を認めるに至らない」としていたし、さらに、同『親族法』（岩波書店、一九三三年・昭和八年）二六八頁でも、大審院昭和六年の「誠心誠意判決」を掲記するにすぎない。他方で、「中川善之助」「人事判例研究」法学志林三三巻七号（一九三一年・昭和六年）五三頁も、「誠心誠意判決」の論評のなかで「大審院判決として未だ単なる婚約の理解に関して下されたものあるを聞かなった」としていた。その後でも、中川善之助『民法3』（岩波全書、一九三七年・昭和一二年・第三版〈初版一九三三年〉）五〇－一頁は、「判例も長い間、婚約の効力を認めなかった」としたうえで、民事連合部判決は内縁事例であり婚約事例ではなかったが、「最近に至りその誤り易き用語を融通流用して婚約不當破棄者の責任を問ふやうになつて来た」として、「誠心誠意判決」を引用していた。戦前戦後の「我妻栄」がこれをそのまま承継して、ほとんど定説となってしまったようである。我妻栄『民法教材Ⅵ親族法』（岩波書店、一九四二年・昭和一七年）一五九－一六二頁、同『親族法』（有斐閣、一九六一年）一八九頁を参照。そこでは[2]判決は見落とされている。

(83)　たとえば、戦前では、外岡茂十郎『増訂親族法概論（九版）』（敬文堂、一九四一年・昭和一六年）も、連合部判決につき、「真ノ意義ニ於ケル婚姻豫約カ有効ナリヤ否ヤハ此ノ判決ノ全ク与リ知ラザル所ニ属スル」として、穂積論文を引用している。また、谷口知平『日本親族法』（弘文堂、一九三五年・昭和一〇年）二一二頁以下も、「婚姻の豫約及び内縁」という節を設けて、種々の大審院判例を引用するが、[2]判決は欠落している。戦後では、柚木馨『親族法』（有斐閣、一九五〇年）一五三頁も、外岡と同趣旨のことを述べている。また、高梨公之『日本婚姻法』（有斐閣、一九五七年）五一頁、青山道夫『家族法論（第三版）』（法律文化社、一九六三年）七四頁、中川淳『親族法逐条解説』（日本加除出版、一九七七年）一七八－九頁も、民事連合部判決が内縁事例（消極例）であるとするとともに、最初の「婚約事例」を昭和六年の「誠心誠意判決」に求めて、[2]判決には言及していない。高梨公之「婚約の破棄」『家族法大系Ⅱ・婚姻』（有斐閣、一九五七年）一頁以下にいたっては、持論の婚約無効論を強調しながら、婚約事例で無効論を説いた古い大審院明治三五年判決（第二章[4]判決）を引用すらしているのである（同九頁）。同じく婚約無効論をとる岩垂肇「婚約破棄の責任」民商四二巻二号（一九六〇年）三〇頁も、基本的に同様である（同『民法研究』（法律文化社、一九八五年）一一九頁以下所収）。他方で、山下博久「婚姻予約法の一研究－内縁に於ける法と道徳の一考察」政経論集八巻二号（一九五八年）別一頁以下は、ローマの沿革から諸外国の状況をフォローしたうえ、わが国の沿革と明治期以来の判例をかなり詳細に追跡した労作であり、通説的理解の下で連合部判決の論理矛盾を強調するが、ここでも[2]判決は欠落している（三六頁以下）。さらに、太田武男『家族法判例集成－日本家族判例の系譜』（京都大学人文科学研究所、一九六四年）八〇頁（「婚約」の款）でも、[2]判決は欠落している。

(84)　唄・前掲注(26)「再検討（一・完）」九二頁注（1）、同・前掲注（3）「著作選集」一〇〇頁注（1）。

(85)　かかる[2]判決については、当初、佐藤良雄が「未公表判決」として各論文で事実審も含めて詳細な報告をなしていた。佐藤良雄「藤井対武田事件－大正四年連合部判決直後における『婚約』保護の一事例（資料紹介）」社会科学研究一四巻五号（一九六二年）九三頁、同『婚姻予約の研究』（千倉書房、一九六九年）一七五頁以下所収。さらに、その後、佐藤良雄「婚姻予約（内縁）判例小史・序説」経済研究三九号（一九七二年）一二五頁、一四二頁以下、同「藤井対武田事件－大正四年連合部判決直後における『婚約』保護の一事例に関する補遺」経済研究四三号（一九七三年）一七三頁でも、事実審や大審院の資料を補完しているが、なお「未公表」としていた。実際、佐藤は、これらの論文で、[2]判決は「私撰」によるものであるが、公式判例と同価値があるので、学説が婚姻予約有効判決の論理を初めて適用した積極例が大正八年三月二八日大審院判決であるとしていることに批判を加えている。ところが、佐藤良雄・関彌一郎「判例家族法の再検討のために－婚姻予約ないし内縁（四）」社会科学研究二七巻一号（一九七五年）一二三頁では、「民事判決録」を典拠とするに至っている。遅くともこの段階で公式判例に登載されている事実を認識したものと思われる。同「知られざる判決－婚姻予約有効判決の周辺」成城法学一六号（一九八四年）八六頁注（9）、八七頁でも、再びこの判決例を連合部判決と共に取り上げたうえで、「公式判例」であったという事実を述べており、この論文を収録した最近の佐藤良雄『婚姻予約および認知－未発表判決の研究』（システムファイブ、二〇〇五年）三四頁でも、その経緯に触れているが、ただ「客観的に記述している」にすぎないので、佐藤自身がいつ公式判例である旨に気づいたのかは、不分明である。佐藤にとっては、未公表であれ公式であれ、判例としては同価値であるという基本姿勢があるので、とりたてて問題視する必要がないのかもしれないが、本書にとっては、わが国のすべての内縁学説が公表事例を見落としていたという歴史的事実こそが大問題であって、そもそも従来の通説的理解そのものが改めて問い直されるべきであるという視点が不可欠のものとなるわけである。実際、前述のように、穂積、中川（善）、さらには我妻らの著作自体の「修正」すら必要なのである。佐藤がこのことに何も触れていないというのも不可解である。

（86）　本件の二つの訴訟の第一審から大審院に至る経緯については、佐藤・前掲注（85）『婚姻予約』一七七頁以下などの諸論文が詳しく追跡している。なお、本件の差戻審（未公表判決）である東京控判大正五・一〇・九同年（ネ）四一一号事件（民事第一部）では、男性からの慰藉料請求（金二五〇円）と書状四通の返還請求が認容されている（同一九三頁）。

（87）　佐藤＝関・前掲注（85）「判例家族法の再検討（四）」一二六頁は婚約事例とする。佐藤・前掲注（85）『婚姻予約』一九六－七頁も、性的関係があったものとも推測されるが、いずれにせよ婚約事例として位置づけている。佐藤・前掲注

(85)「判例小史」一四四頁は、他の大審院の婚約事例（誠心誠意判決など）と比較しながら、むしろ本判決をもって婚約保護の「典型的なリーディングケース」ともいえる、としている。最近の佐藤・前掲注（85）『婚姻予約・認知』三四頁以下でも、同趣旨が指摘されている。これに対して、太田武男は、佐藤論文（同・前掲注（85）「判例小史」）を引用したうえで（したがって、「未公表判決」と考えているようである。）、本件は婚約事例であり、内縁事例ではないことから、内縁事例の「積極例」としては、大判大正八・三・二一（民録二五輯四九二頁）であることを強調・再確認しているが、これは従来の自説との整合性を説いているものと思われる。太田武男『現代の内縁問題』（有斐閣、一九九六年）二三頁、二九頁注（6）（初出、太田武男執筆「日本の内縁」太田武男・溜池良夫編『事実婚の比較法的研究』〈有斐閣・一九八六年〉一四頁、一八頁注（6））。本書にとっては、かかる問題の意義もさることながら、むしろ、本文で述べたように、民事連合部判決との直接的な相互関連性にあるが、太田論文は、内縁問題に傾注しているので、遺憾ながら、単に積極例の先例如何というのみである。

(88) 内縁事件と婚約事件とが同時期に大審院に係属していた事実については、大正三年一二月二〇日付けの法律新聞九八三号一五頁（見出し「婚約の効力に関する上告事件」）が報じている。佐藤＝関彌・前掲注（85）「判例家族法の再検討（四）」一二四頁でも、この事実を記している。

(89) 内縁事例は、水戸地裁の判決日やその事件番号の年号（大二（オ）六二一号）から判断すると、連合部に付されるまでに一年以上経過している。連合部で審議されてから、約一ヵ月ほどして、婚姻予約有効判決が出されているが、いずれにしても、当時としては、かなり長い期間を「部」ないし「民事連合部」での審議に費やしているのは、事実上、婚約事例との関連を含めて審議していたものと推測しても大過なかろう。

(90) ちなみに、佐藤・前掲注（85）「補遺」一七八頁では、「大正三年一二月当時、両事件はともに大審院に繫属していたものとみてよいであろう」とし、[2]判決が連合部判決の法理の形成に寄与したという想像・仮説を述べるとともに、本件の原告である「藤井宇平」が婚姻論に造詣が深く、彼の主張が連合部判決にも影響を与えたのではないかとも述べている。佐藤が、本判決と民事連合部判決との関連に気付いていた点は注目に値するが、その仮説や推論の論拠については、残念ながら、それ以上の説明はない。

(91)　その後の学説では、国府剛『婚約（増補）』（叢書民法総合判例四四）（一粒社、一九七七年）六五頁、人見康子執筆「婚約・内縁・結納」谷口知平・加藤一郎編『新版・民法演習5親族・相続』（有斐閣・一九八一年）二頁、太田武男『親族法概説』（有斐閣、一九九〇年）二〇八頁、同『判例・学説家族法（増補版）』（有斐閣、一九九一年）六頁注（2）、さらには同・前掲注（87）『現代の内縁問題』一九頁注（6）は、いずれも本判決を「未公表判決」としていた佐藤の諸論文を引用するのみで、まだ「民録」には気が付いていない。その後（一九九八年）に公刊された沼・前掲注（81）でも、この文献は当時の学説・判例をほとんど隈無く渉猟して本書も多大の恩恵をうけているのであるが、この問題については、おなじく佐藤の著書によりながら「未公表」としている（同二六五頁）。なお、沼は[2]判決が結納返還義務に関するもので、破棄責任等認容にかかるものでないとしているが、これは不正確である。いずれにせよ、この当時では、一般に学説は未だ公式判例であることに気が付いていないということであろう。大正の初期から戦後のこの当時まで本判決を見落としていたという事実は、不可思議というしかないが、それはともかくも、今日の課題・理論の責務は、かかる両判決を前にして、そのことの歴史的意義を改めて問い直すことではないか。

(92)　佐藤論文の公表後における婚約・内縁学説でも、[2]判決はほとんど無視されているといっても過言ではない。たとえば、石川利夫執筆「第二章婚姻」島津一郎編『判例コンメンタール民法Ⅳ親族（増補版）』（三省堂、一九七八年）一二三、一二五頁は、民事連合部判決と昭和六年の「誠心誠意判決」を指摘するのみである。久貴忠彦『親族法』（民法学全集九）（日本評論社、一九八四年）一四二頁、一四七頁、中川良延執筆『民法コンメンタール（20）親族1』川井健・西原道雄ほか編（ぎょうせい、一九八八年）三八八頁、泉久雄「婚約の成立」（判例にみる家族法の世界）法教一〇三号（一九八九年）四六頁、大森政輔執筆「婚約・内縁」林良平・大森政輔編『判例民法親族法・相続法』（青林書院、一九九二年）二五-七頁、川井健『民法概論5親族・相続』（有斐閣、二〇〇七年）八頁、本沢巳代子「婚約の成立」家族法民法判例百選（七版）（二〇〇八年）四〇頁、木幡文徳「内縁の法的性質・不当破棄」同判例百選（二〇〇八年）四四頁、梅澤彩執筆「婚姻外の関係」能美善久・加藤新太郎編『論点体系・判例民法（9）親族』（二〇一〇年）一六一、一六六頁などでは、いずれも本判決に言及すらしていない。「未公表」という思い込みがあるからであろうか。なお、管見のかぎりであるが、さすがに二宮・前掲注（45）三五七頁や中川高男『新版親族法・相続法』（ミネルヴァ、一九九五年）八九頁注

（2）では、佐藤論文を引用して、本判決と「民録」が引用されている。ただし、二宮・中川高男が引用しているそれぞれの佐藤論文は、いずれも「未公表」としていた時期の各論稿であり、佐藤自身が「民録」を典拠とした論稿は引用されていない。佐藤論文の変遷については、本書の注（85）を参照のこと。二宮周平や中川高男も、本判決が公式判例であったことの歴史的意義を軽視しているように思われる。その他、管見の限りであるが、「婚約有効判決」を引用している著作としては、小野幸二「婚約の不当破棄と相手方の保護」日本法学六五巻四号（二〇〇〇年）一三二―四頁や宮崎幹朗『婚姻成立過程の研究』（成文堂、二〇〇三年）二五頁・四一頁注四二があるが、これらは佐藤論文には全く触れず、単に民録を引用しているにとどまる。

（93）中川・前掲注（82）「人事判例研究」五四頁は、誠心誠意判決が「民事判例集」に採録されなかったことを「甚だ遺憾に思ふ」としていた。中川善之助は、この判決を婚約自体に関する当時の「新判例」と誤解していたからである。この判決に至るまでは、「大審院判決として未だ単なる婚約の理解に関して下されたるものあるを聞かなつた」（同五三頁）と断言していた。

（94）内縁事例であるが、この種の先例である大判大正八・六・一一民録二五輯一〇一〇頁（儀式不要判決）もすでに存在したことは、周知の事実である。

（95）佐藤＝関・前掲注（85）「判例家族法の再検討（四）」一二六頁、佐藤・前掲注（85）『婚姻予約・認知』三七―八頁。

（96）佐藤・前掲注（85）『婚姻予約』一九九頁。国府・前掲注（91）六五―六七頁も、佐藤良雄の研究によりながら、本判決を紹介し、本文で紹介した佐藤の見解を支持したうえで、婚約にも婚姻予約有効論が下級審裁判例では現実に機能してきたとする見解（田村精一「婚約破棄の責任」（判例総合研究）民商四〇巻三号〈一九五九年〉七三頁）に賛意を表している。この評価それ自体は正当であろう。

（97）佐藤良雄が指摘するように、学説が見逃した一因として本判決の「判決要旨」の書き方が影響していたのかもしれない。本件の判決要旨では、書状の返還請求事件のみを取り上げ、「所有権ニ基ク物ノ返還請求権ハ、其所有権ノ一作用ニシテ之ヨリ生スル独立ノ権利ニ非サレハ、所有権自体ト同シク消滅時効ニ因テ消滅スルコトナシ」とされているのみである。佐藤＝関・前掲注（85）「判例家族法の再検討（四）」一二五頁と佐藤・前掲注（85）『婚姻予約・認知』三四、三八頁注（3）は、本件は男女間の物品（書状）返還請求が中心となり、民録の「判例要旨」にも婚姻予約有効論がまったく出ていなかったことが、その発見を遅らせたことの要因ではないか、という趣旨を述べている。そうなのかも知れない。ただ、本判決は物権的請求権の消滅時効に関連する「新判例」でもあり、学説がこれに関心がある限り、同時に婚姻予約問題にも気が付いたはずである。いずれにせよ、「穂積重遠」や「中川善之助」が、この判決を引用していなかったことも、大きな要因となっていたであろう。彼らの「権威」が多分にあったように思われる。

(98) 穂積・前掲注（31）一四頁。穂積によれば、単純婚約事例で婚姻豫約無効論を採った第二章[4]判決（明治三五年）は、連合部判決によっても、「全然打破顚覆セラレタトハ云ヒ得ナイ」とされる（六六-七頁）。同『親族法大意』（岩波書店、一九一七年・大正六年）六六-七頁でも、婚約保護は解釈上困難としていた。しかし、その後、同・前掲注（82）『親族法』二三九頁以下では、予約概念に判例は段々と「純粋の婚姻豫約」を含ませている様であるとしたうえで、「結納と云う様な社会的に認められた形式を以てする『婚約』」と「単純な『夫婦約束』」とを区別して、後者は必ずしも保護されないとしていた。

三　結　　語

本書での一つの問題関心は、「学説上、民事連合部判決が内縁のみの先例的裁判規範として確立したのは何故か」という疑念に触発されていた。「唄孝一」らは、試婚論を掲げて、かかる通説的内縁学説の根底を動揺させようとしたが、唄らも過去半世紀以上にわたって通説的内縁学説が堅持されてきた歴史的事実そのものは否定すべきもなかった(99)。本書は、唄の立場には与しなかったが、別の経路から、その疑念を解明するために、かかる通説的内縁学説が、婚約法制に対する認識を曖昧にしたまま、内縁保護に傾斜しすぎた結果である旨の主張を縷々述べてきた。そのことが、結局のところ、「婚約有効判決」［2］判決）を見逃すという異例の事態につながり、ひいては判例のいう「婚姻予約有効論」に対する分析を曇らせてきたように思われる。ここでは、それらを整理する余裕はないので、最後に、戦前・戦後を通して、通説的内縁学説をリードしてきた「中川善之助」の論理（その影響力も含めて）を改めて分析するとともに、婚約に関する若干の学説を指摘した上で、将来の方向性をも展望することによって、本章のまとめに代えたいと思う。

1　民事連合部判決と「中川理論」

(1)「婚姻予約有効判決」と内縁保護

民事連合部判決の婚姻予約有効論の登場によって、婚姻予約が「婚姻の自由」を拘束するとの批判も、[100]また婚姻予約無効論自体も、これ以降では、いつの間にか雲散霧消と化したように思われる。もっとも、無効論からの若干の批判がなかったわけではない。[101]この婚姻予約有効判決後の判例の推移は、将来の課題として、ここでは、連合部判決に家族法史上の画期的意義を認めながらも、本判決に内在する論理的難点を指摘する中川善之助の立場（通説的理解を代表する見解）を中心としながら、あわせて若干の学説を検討したいと思う。いうまでもなく、ここで中川「身分行為」理論一般を検討しようとするものではない。[102]

中川論文は、内縁問題をローマ法時代にまで遡って説き起こし、最後に明治民法制定前の儀式婚の伝統や事実婚時代の大審院判例にも触れたうえで、婚姻予約有効判決の評価にまで及んでおり、[103]これ自体の研究については、本書も多大の恩恵に浴している。ここでは、婚姻予約有効判決の中川の評価に焦点を合わせることとなるが、中川は、まず当時の石坂、曄道、中島の立場の共通点を指摘し、これらの学説は大審院判決が真の婚姻予約につき説示していると考えているが、これは、「法の天秤の動き」や「社会的力」を正視したものとはいえないと批判したうえで、判例を動かし、法の秤に新しい目盛りを付けさせたものは、「事実一個の立派な婚姻関係であった」とする。[1]判決での男女関係は「当時の社会意識上は殆んど欠くる所なき婚姻関係」であり、「ここに社会的観念形態（Soziale Ideologie）自体の力学的転形」が介在したともいう。[104]中川の事実主義的家族観の面目躍如とするところであろう。さらに、[1]判決では、届出拒否による損害賠償としてのみ捉えられているが、内縁問題は「入籍問題」としてのみ考えるべきものではないとした上で、「儀式も届出もない性的結合と雖も相当年月の間継続的に生活協同し来ったものは即ち婚姻関係に他ならない(105)」と断言する。[1]判決当時の裁判官、学者によれば、まだまだ内縁問題は入籍問題であったが、それが故に、大審院が「婚姻豫約」なる別個の概念に仮託して事件を解決し得たものである、と結論づけている(106)。

穂積重遠らの理論を承けて、内縁保護の論理を一歩進めたものといえよう。周知のごとく、かかる中川理論は、さらに展開したうえで、まもなく「準婚理論」にまで立ち至る(107)。その動機・目的は、既に指摘されているように、おそらく家制度からの婚姻の解放にあったものと思われ、それ自体は評価できる点があるとしても、本書の立場からみれば、いうところの婚姻予約仮託論については、判例に内在的な論理的批判としては十全でないことは、繰り返して言及してきた。しかし、このような中川の評価は、戦前の「末川博」論文でも基本的には支持されており、末川によれば、実際上の不都合を避けるため、民事連合部判決が婚姻予約不履行として「事実上成立している婚姻」を救済・保護したものであり、婚姻予約構成は「こじつけ」であるが、法律上の技巧としてはやむをえないともいえる、と解していた(108)。さらに「我妻栄」の権威が(109)、かかる解釈を不動のものにしたといえよう。

本書は内縁問題を直接の課題対象とするものではないので、内縁理論については、この程度で収めておきたいが、一言すれば、中川の評価にも、「婚姻予約仮託論」が大前提にあることから、あまりにも内縁問題（しかも事実主義）に傾斜しすぎており、届出婚（ないし届出義務）を念頭においている本判決のもつ真の客観的な意義に対する認識が曖昧にされていたように思われる。

なるほど、本判決を動かしたものは、いうところの社会的力であったかもしれない。しかし、その保護の実体は何かといえば、内縁であれ試婚であれ、はたまた婚約であれ、とにかく関係を一方的に破棄された者の社会的な評価、名誉・名声であったといわねばならない。ことに挙式同棲後に破棄された女性については、「疵者」、「出戻者」という風評は避けられない。大審院判決[6]（第二章）では、そのこと自体をわざわざ認めていたし、連合部判決も「違約」構成を採りながら、なお名誉侵害に言及している。現に、連合部判決の原告（女性）の家族もそのような社会状況を慮り、家族がすみやかに原告を再婚者のところに嫁がせたという。(110) 単なる婚約でも通過儀礼を経て社会的公認を得たならば、世間は同じ評価をしたはずであり、ここに慰藉料を認容した動機があったものと思われる。実際、以上のような被害法益を擁護するためには、梅が用意した不法行為的救済では内在的限界があったからである。

梅が強行しようとした近代的な婚姻制度・届出婚主義の歴史的意義は否定し得ないとしても、届出婚が当時の社会の実態に合っていたとはいえなかったことは後代の歴史が明らかにしている。その意味では、婚姻予約有効論はむしろ当時の社会的実態に即した論理であったともいえるのであって、近代的な届出婚と事実婚とを見事に調整したところに[1]判決の歴史的・画期的意義があったと評価することができるであろう。あくまでも、法律婚を前提とし、それを経由した上での内縁保護にすぎないのである。梅が貫徹しようとした届出婚主義は存外早い段階でその一角が崩れたこととなるが、決して、中川理論のように正当婚姻と内縁関係とを曖昧にする論理ではない。

この限りでは、民事連部合判決につき、「唄孝一」らが指摘するように、問題は、届出を欠くが実体が夫婦同然であるから保護すると言うのではなく、まだ夫婦ではないが、「婚姻以前的性格」に着目し、なお賠償させることにあったという評価は、(111) 内縁保護にのみ目を奪われてきた通説的理解に反省を迫る視点であって、ある一面の真理を突いているかもしれない。しかしながら、それでは何故にかかる婚姻以前的性格の男女関係の一方的破棄に対して、判例が「予約論」を介して保護を与えたのか、その実質的価値判断と具体的な論拠とが明らかにされねばならないであろう。そのためには、判例のよって立つ由来にまで遡り、同時に民事連合部判決に至るまでの判例の内的な連続性をたどりながら、判例の内部にまで深く立ち入って分析する姿勢が求められるのであり、かかる問題が明らかにされないかぎり、真に本判決をトータルに分析し得たとはいえないのではなかろうか。民事連合部判決の事案は、内縁ではなく、試婚ではないかという疑念を旗幟として、たとい連合部判決自体に潜在する「先例価値的裁判規範」（内縁保護の論理ではないこと）を明らかにすることに成功したとしても、婚姻予約論と内縁・試婚問題とをいかにして調整するかというレベルでの課題・難問については、何も解決されていないのである。せいぜい、判例のいう婚姻予約概念は内縁と婚約には尽きず、その中には「種々の男女形態が連続体として存在している」ことを明らかにしえたにすぎない[112]。

しかしながら、本書は、そのような捉え方自体にも疑問があることは前述したが、ことに「先例価値的裁判規範」と「先例機能的裁判規範」とを区別するという分析視角を墨守するならば[113]、なおのこと[2]判決を見落としていたことは、致命的な欠陥といわざるを得ない。また、その後において、[2]判決の存在に気付いたとするならば、改めて、いうところの「先例価値的裁判規範」の意義を問い直すべきではなかったか[114]。いずれにしても、民事連合部判決のいう「婚姻予約概念」が本来的には婚約を前提とした上で、内縁もこれに取り込まれたとする本書の立場からいえば、少なくとも不当破棄事例では、もはや「試婚」論自体の法的意味はないといわざるをえない。

(2)　婚姻予約有効判決と「届出履行義務」論

「中川善之助」は、先述のように、内縁の実体保護に焦点を合わせて民事連合部判決を分析したので、その反面、彼はまた、婚姻予約論は「入籍問題」としてのみ捉えるべきではないという趣旨のことも指摘していた。それは、当初の学説では、内縁の実体よりも、婚姻予約に基づく届出義務の可否の側面から、損害賠償責任を論じていたことによるものと思われる[115]。また、当時の下級審裁判例では依然として届出を請求する事例もあったし、また、連合部判決でも、原告は婚姻届出の履行義務を要求し、判旨自体も挙式同棲後の「届出」に言及していたという事情もあった。

しかし、その後の学説では、中川説の強い影響力のもとに内縁の実質に傾斜して、やがて予約論ひいては届出義務論への関心は徐々に希薄化する[116]。実際、実務家でも、戦前においては「今日我國の法曹は『婚姻豫約』とさへ聞けば直ちに事實上夫婦生活を営んでゐる男女の協同體を想起するほどであつて」、それが事実婚を意味するものであることを認識しなければならない[117]、とまでいわれるような状況になっていた[118]。

ところが、大審院は、内縁保護という面もさることながら、むしろ婚姻予約論を堅持するとともに[119]、かかる届出義務も明確にしてきた。この届出義務を通して届出婚制度との調整を企図していたことは先述の通りであるが、それに加えて、おそらくは届出の事実上の履行の奨励をも企図していたものと思われる。かかる推測の一つの論拠として、先に引用した大判昭和一九・三・一六（民集二三巻一七七頁）を指摘しておこう。敗戦直前の事例であるが、挙式同棲中の内縁の妻Xが夫Aとの婚姻・婚姻届出を望んでいたところ、Aの死亡によりついにその望みを果たせなくなったことから、Aに代わり求婚の申入れをなし婚姻予約を成立せしめたAの父・戸主であるYに対して損害賠償を求めたものである。原審は、YがAから婚姻届出の委託を受けたことも、それを阻止した事実もなく、A自身は子が生まれるまでは内縁関係で何ら支障がなかったので届出が遷延していたにすぎないとして、Xの請求を棄却した。しかし、大審院は、戸主たるYには婚姻に内諾を与え、その依頼に基づき子に代わり相手方に求婚の申し入れをなし婚姻予約を成立せしめた関係にある場合には、「相手方ニ対シ遅滞ナク届出ノ手続ヲ実現シ以テ法律上婚姻ヲ完成セシムヘク協力スヘキ責務アルモノニシテ」と述べたうえで、子の依頼の有無をとわず、そのように解するのが「条理上相当トスヘシ」とした。しかも、Aが当時、小学校訓導の職にあり、国民道徳をもつて子弟を教導すべき任にあったので「自ラ内縁関係ヲ継続シ居ル如ハキ忍ヒ難キ所ナリシコト察スルニ余リアリ」として、Aが十数年間の久しきにわたって内縁関係に甘んじてきたのは、何らかの事情があるにも拘わらず、原審はこの点を看過している、として破棄差戻しがなされている。(120)

この判決からみれば、一定の限定は必要であるものの、大審院は、戸主である父にすら届出義務の履行協力の「責務」を認めていたので、いわんや婚姻予約の当事者自身には、挙式同棲したならば「すみやかに届出をなすべき義務」があることを前提としていたこととなり、現にそのような趣旨を述べていた（「YハAト協力シテ戸籍上ノ届出手続ヲ実現スヘキ義務ヲ負担スルモノト謂ヘサルヘカラス」）。一般に、家制度下では、親同士が婚姻のお膳立てをする傾向があり、本件でも、Aの懇請を受けてYがX女の父に結婚を申し込んでいる。決して、本件に特有なことではないので、本判旨の趣旨は、当時、普通に行われていた家同士の婚姻にも妥当する論理であろう。本人のみならずその家の両親にも届出履行の協力を「条理上の責務」であるとするならば、届出が慣行となり、一般社会生活に浸透・定着するうえで、婚姻予約有効判決にも一定の寄与が期待されていたのではないか。かえって、届出義務との関連では、判例が婚姻予約有効論を長く堅持したことにこそ一つの歴史的な意義があったと評価することも可能であろう。民事連合部判決の登場を「遠因」として、戦後において婚姻の届出義務の履行が国民的な慣行とまでになったかどうかは別として、少なくとも大審院がそのような政策判断を有していたということだけは、確言できるであろう。実際、当時、本判決の直前に臨時法制審議会（大正一四年）が届出婚と儀式婚との二元主義の立場をとったうえで、儀式婚では、一定の期間内での「届出義務」を課していたが[121]、この立場は、その後の「民法親族編改正案第七七五条以下」（昭和一一年）と「人事法案五七条以下」（昭和一六年）でも堅持されており、上記の昭和一九判決の立場は、かかる一連の立法作業と密接に連携するものであろう。

加えて、かかる視点は、当初の内縁につき大審院が事実婚主義を採り、これを前提として「婚姻届出履行請求権」（「送籍」強制）そのものを認めていた歴史的事実とも無関係ではないように思われ、民事連合部「婚姻予約有効判決」は、かかる意味においても、決して単なる仮託論とはいえないわけである。

かつて「我妻栄」は、婚姻予約有効論と準婚理論との関連について、後者が「内縁関係を婚姻の予約という一点だけから捉えることをせずに、合意を起点として生ずる実質的な夫婦共同生活関係自体を合法的な一種の男女結合関係として理解しようとする」ところに、予約論に比して遙かにすぐれている、と論じたことがあり[122]、かかる我妻の評価は、いうまでもなく中川理論をそのまま承継したものであるが、かかる中川・我妻説の権威が、戦前戦後の内縁学説一般を代表・象徴する立場となった。

しかし、中川・我妻の内縁論では、いつまでも事実婚がそのまま温存されることとなり、婚姻制度を曖昧な二元主義の状況に放擲する結果となろう。そもそも、すでに言及したように、ここにいう婚姻予約概念とは、判例によれば、特殊の身分法上の概念であるので、単なる財産法上の予約概念で理解していること自体に問題があることのほか、中川理論では、すでに指摘されているように、婚姻を「制度として構築」するという法制の建前を崩壊せさることにもなりかねない。制度としての婚姻はただ一つであり、かかる届出婚に事実婚を究極的には収斂させるという論理がどうしても必需となるところ、このような視点からいえば、むしろ判例婚姻予約論の方が優れているであろう。届出婚が最善の法律婚であるならばともかくも、そのように断定できないことは、立法当初より、事実婚ないし儀式婚の問題提起があり、その後も事実婚方式の立法論が登場していたことからも明らかであろう。そうとすれば、届出婚を前提として、そのうえで、それと調和させながら、事実婚夫婦の保護を探し求めることこそが理論の責務である。(123)

判例理論が予約という一点に焦点を合わせたものにすぎないとの分析も、婚姻予約が特殊の「身分に関する契約」であるという視点をもっていた判例の立場を軽視しすぎているのではないか。本書の立場からいえば、婚姻予約論と準婚理論との単なる併置・比較優劣だけでは、判例を客観的に分析したことにはならない。婚姻予約に届出義務を結合させれば、かかる予約は、関係成立時の合意と共に、その後の夫婦の実質を予定したものとなり、現に存在する夫婦の実体は、かかる予約論によってカバー・保護されると考えることができるであろう。「届出義務」との緊張関係にある夫婦共同生活であると構成すれば、「関係離脱の自由」は否定され、その不当破棄にたいしては損害賠償責任が課されることの論拠が明確になるはずであるし、また、かかる関係が形成されている限りは、その後、内縁を多面的に保護してきた個別の大審院判例についても、ある程度までは整合的・統一的に整序できるのではないか。(124)

一方、内縁それ自体は婚姻法が予定している男女関係ではない。いかに夫婦としての実体を強調しても、婚姻夫婦にはなりえない。そこに、解釈論としての限界があるので、双方の矛盾をそのまま放擲する事実主義は、解釈論者の責務にそわないであろう。(125)むしろ、その矛盾をそのまま素直に受容したうえで、一方では、内縁の保護を図りながら、他面では、「内縁の減少に努めるべき責務」を自覚すべきであった。(126)むしろ、大審院こそが、このことを明確に認識していたわけであり、かかる相互の矛盾を究極的に解決するためには、婚姻届出を奨励することしかできなかったであろう。大審院のいう「届出義務」論は、かかる意味での政策判断にも規定されたものともいえよう。「中川善之助」

は、連合部判決の「結論」との関連で、この判決を「正しくもっともはつらつと活きている判例である」と賞賛したが[127]、かかる評価は、「届出義務」を通して内縁を根絶しようとした姿勢にも認められるべきものである。また、「穂積重遠」が、儀式婚主義を採りながら、他方で、さしあたりの対策として「婚姻の即日届出」も提唱していたが、その趣旨がここにあったとするならば、その限りで、是としよう[128]。

ところで、当事者間でこのような婚姻予約が成立しうるためには、少なくともこれまでの裁判例からも窺知しうるように、当時では「媒酌結婚」が前提とされていた。つまり、当時の家制度を前提とすれば、当事者間の婚姻意思を軸として形成された男女関係が双方の家族による「集団秩序」の中に位置づけられていたという評価が成り立つこととなろう。家制度の問題を別とすれば、そこに本書のいう「社会的婚約・内縁」論が潜在していたこととなるわけである。かかる視点を析出することによって、すでに検討した民法典施行前から婚姻予約有効判決が登場するまでの婚姻習俗との連続性が見て取れることのほか、なお連綿として、本判決後でも、「家」を軸として行われていた「通過儀礼」が裁判例の中でもいかに重視されていたかという事情をよりよく理解することが可能となるように思われる（この問題は、次章以下に譲る）。

2 婚約保護の論理構造

(1) 「婚約・内縁」二分論

「中川善之助」は、民事連合部判決が内縁保護のために予約論を借用したにすぎないとしたが、その半面で、内縁のほかに婚約という男女関係を明確にして、その保護の必要性を説いた。このような内縁と婚約を区別する視点は、中川準婚理論の特殊性と無関係ではないとしても、それ自体は判例理論に整合していたといえるであろう。これに対して、「二宮周平」は、連合部判決では婚姻予約という概念で捉えようとしている男女関係は明確にされておらず、「婚約・準備行為・挙式・同居までの婚姻成立過程を正当な婚姻に至る過程として正当なものとして評価してい

(る)」として、これらすべての関係が婚姻予約として構成される可能性を含んでいた、という。そのうえで、後代の判例は、「継続的な婚外関係まで不当破棄救済の対象としていった」という判断をしている。[129] このような評価は基本的には支持できなくはないのであるが、しかし、かかる評価には一定の留保が必要であろう。

一般に判例のいう婚姻予約には、基本的には中川のいう婚約と内縁とが含まれていることは明確であって、ことに民事連合部判決では、抽象論としては内縁と婚約との双方を含む用語として使用されていることは先述のごとくであるが、具体的に保護しようとした男女関係自体についても、その原判決の事実認定を前提とする本判旨を素直に読めば、それ自体としては限定的であり、決して曖昧とはいえない。「二宮周平」はこれを試婚と評価する唄孝一らの立場に従っているものと思われるが、あくまでも挙式して同棲した男女関係が問題となっているので(先述のように、「事実上の婚姻」と認定されている。)、判例の立場から言えば、範疇としては内縁であることは明確である。たしかに大審院は、婚約と内縁とを明確に「規範的概念」として区別していたとは断定できないが、民法典施行前からの従来の判例をみれば、司法省達四九号に依拠した事実婚主義時代の判例と比較しても、民事連合部判決が、内縁を念頭においていたことは間違いのない事実であろう。また、無効論を採る[6]判決(第二章)でも、挙式同棲して夫婦生活が数年経過した場合には、「世人は予約者タル女子ヲ以テ妻ト看做シ」としていた事実を見逃すべきではない。

加えて、婚約事例である[4]判決(第二章)の男女関係と事案を比べれば、それが内縁でないことは明らかであるし、また内縁事例の[1]判決と婚約事例の[2]判決とを対比しても、婚約事例である[2]判決では「挙式同棲」したことの説示はない。結納を授受したときに、将来の「挙式の日時を取り決めた」というにすぎない。実際、[2]判決の原審(東京控訴院)では、男性が、すでに慣習により「婚姻が成立していた」と主張したにの対して、判旨は、「将来ニ於テ婚姻ヲ為スヘキコトヲ約シタル当事者間の合意ニ過キス」と応接する傍ら、「婚約」と「婚姻予約」とを同視すらしていたことも見落としてはならないであろう(第二章[13]判決を参照のこと)。

したがって、少なくとも当時の大審院では、挙式同棲したが、ただ届出を済ましていない男女関係を内縁ないし事実婚と判断していたものと考えられる。いわゆる「正式の結婚式」が相当程度において重視されていた事情を窺知しうるのである。これに対して、[2]判決の事案のように、結納を取り交わした段階でいまだ挙式同棲に至らない男女関係は、「婚約」になると判断していたものと思われる。それが、当時の婚姻習俗でもあったからである。このような事情は当時の法状況や裁判実務からいえば自明のことであったはずである。実際、先述のように、「横田秀雄」も、「婚約」と「事実上の夫婦」とを明確に区別していた。そうした婚約と内縁の区別論は、次章において、その後の判例の展開のなかでも、さらにフォローすることとする。

したがって、[1]・[2]判決では、その男女関係が当時の婚姻習俗による通過儀礼を践んでいたわけであるので、それぞれ内縁ないし婚約という社会的事実としての男女関係は明確であったが、その後、大審院は、事案との関連もあるが、おそらくは正義衡平という法の固有の価値を実現するために、婚姻意思ないし婚姻予約のみを根拠として、その保護の可否を決めるようになったので、予約概念が拡張された結果、やや流動的なものになったということではなかろうか。つまり、民事連合部判決は、予約概念に単純婚約に加えて内縁を含ませたが、さらにその後の判決例では、予約概念が、事実として緩やかに評価されるようになったといえるものの、そこには婚姻意思による歯止めがあり、この時期以降は、ことに私通と婚姻予約との区別が一つの難題となるわけである。あるいは、そこに「ことば」の操作が潜むようになったかもしれない。

三　結　語

ともあれ、民事連合部判決が予約概念の中に明確に内縁も含ませたという意味では、わが国独自の婚姻予約概念の発展的契機ともなっているようにも思われるので、この婚姻予約有効判決の登場によって届出婚と事実婚とが明確に具体的にも峻別された上で、双方を調整するという意味での近代的な婚約・婚姻観が具体的に形成されたといえるであろう。婚姻予約有効判決が不分明である点は、たしかに二宮のいうように、いかなる男女関係が婚姻予約概念（内縁ないし婚約）のもとに捉えることが可能か、という問題レベルにあるとしても、それは事実認定の問題に過ぎず（「夫婦共同生活」ないし「婚姻意思」の具体的な識別基準・考慮事情いかんの問題）、婚姻予約が規範的概念であるかぎり、一般に、それに常につきまとう問題に過ぎない。それ故に、大審院は「内縁・婚約」二分論によりながら、他方で「私通」という技術用語を対置させて、婚姻予約として捉えられる男女関係の枠を限定したものと思われる。ただ、双方を区別する決め手が「婚姻意思」のみであることから、婚姻予約の成否をもっぱら証明責任問題（考慮事情）に放擲したところに、問題が残されたといえよう。そのため「横田秀雄」が儀式を殊更に強調せざるを得なかった所以でもである。

加えて、その後の裁判例が、「継続的な婚外関係」の不当破棄まで保護したという点についても、[130]一定の留保が必要である。判例では、少なくとも「婚姻意思」を確認したうえで（ないしはそのような原判決の認定を前提として）、かかる男女関係の保護を認めているという点が、とくに強調されるべきである。[131]だからこそ、民事連合部判決以降、ことに下級審の裁判官としては、そのような意思のない男女関係である「私通」との区別を余儀なくされているわけである（この問題は次章に譲る）。なお、「二宮周平」は、[2]判決を民事連合部判決の後の婚約事例として、佐藤良雄論文によりながら、単に紹介しているにすぎないが、[132]本書とは、この点でも基本的な視座を異とすることは、以上のような理由によるものである。

(2)　婚約と非婚

学説では、後代の判例がいわゆる「非婚」ともいえるような男女関係にも婚姻予約論を適用してきたと評価する向きもあるが、このような評価は個人の価値評価の問題にとどまり、判例が婚姻意思を前提として保護しているかぎりは、判例の内在的な論理に即した評価とは言えない。この問題は、本書のつぎの課題としているが、いずれにせよ、連合部判決のいう「婚姻予約」概念の可能性を語るためには、まず[2]判決が有する客観的意義に対する認識が不可欠である。

加えて、判例の婚姻予約論が、[133]主として試婚的な関係を対象としており、それ以外では、個別的に対応していた、という「二宮周平」の評価も、たしかに内縁に限定すれば機能的にはそのような面がなくはないが、やはり問題を残していのではないか。やや現象面にとらわれすぎた解釈であり、試婚であれ内縁であれ、はたまた単純婚約であれ、通過儀礼ないし挙式・同棲によって「婚姻意思」が明確であれば、婚姻予約概念で把握されており、通過儀礼を欠く男女関係の場合では、とくに私通（規範概念）との区別のために、婚姻意思の有無が争点となり、したがってまた、裁判所の婚姻意思の評価がかなり不分明となる傾向があったというのが正当であろう。

いわゆる「非婚」という形態はたしかに社会的事実としては存在するといえようが、少なくとも判例の立場に即して、その内在的な論理構造を客観的に分析しようとする立場からみれば、判例によって婚姻予約と認定された男女関係を「非婚」と評価することは、余程の不合理性があるならばともかくも、極力差し控えるべきであろう。男女関係の類型の予断をもって、裁判例の事実認定それ自体を批判することは、決して容易なことではないからである。ここにいう婚姻意思は単なる事実ではなく、規範的概念として「機能」していたというべきであり、その評価根拠事実が、これまでの裁判例では、「書かれた事実」や「書かれた理由」のみでは、必ずしも明確ではない裁判例もあったことは確かであり、このようなグレイゾーンにある男女関係については、いまだその明確なる方向性（考慮事情ないし判断要素の具体化）を定めかねているという評価が妥当ではなかろうか。

別の観点からみれば、そこに判例理論の内在的な限界が如実に露呈しているわけである。男女関係ないし身分行為の特殊性による面もあり、もともと曖昧で多岐に分かれる男女関係につき婚姻意思のみに頼りすぎて何らかの外形的表象をもって成立要件としなかったことに起因する難点と思われるが、いわゆる「非婚関係」をも保護するほどに柔軟な婚姻予約論であったというのは、判例に冷水を浴びせるに等しい結果となろう。[134] 後のいわゆる「誠心誠意判決」も、[135] その誠心誠意の合意のほかに、婚約当事者間に特殊の「身分上の関係」が生ずることを前提としていたが、合意の「誠心誠意」性のほかに、ことに後者をどのように読み解くかは難問であるとしても、決して一部の学説がいうような「非婚」とは、[136] 到底理解しえないし、また、そのように理解してはならないのである。「理論の責務」は、そのような曖昧な男女関係に対する法的保護の可否において、差し当たっては、いかなる考慮事情が重視されてきたかに

三　結　語

つき、可能なかぎり探索することであろう。

3　民事連合部判決後の学説

(1)　「婚約保護」否定論

戦前の学説で通説的理解とはやや別の視点から婚約や内縁を体系的・理論的に根拠づけようとした学説もあった。その一人が「杉之原舜一」であり[137]、本書とは根本的に対立する立場であるので、その主張の要旨を検討しておこう。つぎのように通説的立場を批判する。判例のいう婚姻予約に基づく「将来に於て適法なる婚姻をなすべき義務」とは強制も訴求もできないので「自然債務」といわざるを得ないが、そうとすれば、婚約破棄が婚姻予約不履行となり損害賠償請求権が成立するという構成は、理論的根拠を欠くこととなる。婚姻意思は婚姻当時にあれば足り、婚約が婚姻の予約の履行行為であると言う必要はないので、婚約の法律関係的性質は否定すべきである。ただ、「社会的生活関係としての婚約は、反って、法律上の婚姻が成立する過程としてもっとも自然にして正常な生活関係でさえある」ので、これは不法行為的な救済の対象となる[138]。また、婚姻予約から内縁関係を除いたうえで、内縁関係が法律関係として保護されるのは、夫婦協同生活関係自体であり、純粋に「準婚関係」であることによるので、内縁の婚姻予約的な性質を否定しなければならない、として[139]、結局のところ、「婚姻予約概念」の意義を全面的に否定している。

しかし、婚約が社会生活上正常な生活関係であるというならば、それをそのまま法律構成すれば足りよう。財産法上の形式的な自然債務論などを持ち出して、法律関係ではないとする必要はないはずである。婚約によって当事者が負担する債務は、いわれるような自然債務だけではない。婚姻が成立するよう誠実に交際して、婚姻届出を履行すべき義務を負担すると考えるならば、判例がいうように、それは特殊の身分行為に関わる契約ないし合意によるものなのであり、そもそも単なる財産上の債務として把握することができるような義務ではない。具体的にも、第三者との二重の婚姻予約関係は許容されないという拘束力もある。契約法の考え方は応用可能であることは言うまでもないが、これを財産法上の契約と変わらないということも、事柄の核心を捉え切れていない。ことに通常は「性的関係」が絡む男女関係の実態に即した法律構成が求められているのではないか。

(2)　「婚約」重視論

これに対して、「清水兼男」は、婚姻に至るためには「婚約」のプロセスが必須のものであるとして、その重要性を認識していた。本書の視点と一部相通ずる面があるので、見逃せない学説である。清水も、[2]判決を見落としていたので、民事連合部判決の「婚姻豫約有効論」については、通説的理解に従っており、かかる内縁保護の判例理論を「事実に反し社会観念に遠ざかるとの非難を免れ得ない」と見ていたが[140]、婚約と内縁の法律的性質をつぎのように構成していた。

まず、従来の学説では、身分法上の法律行為について、直接に身分の変動を生ずる行為と将来身分関係の変動を為すべき権利義務を生ずる行為とを区別するという基本的な視角が欠落しているので、石坂音四郎の説くように婚姻予約を親族法上の法律行為と認めることに困難をきたしていたとする。清水の視角からみれば、婚姻は身分の変動を生ずる身分行為であるが、婚約は将来婚姻をなすべき権利義務を生ずる一種の身分行為であると解される。これ対して、内縁は、婚約の履行としてなされるべき婚姻の一部のみが履行せられた状態であるので、それ自体を目的とする法律行為ではなく、いわば婚約の「不完全履行の状態」にある特異な性質をもつものである、と構成されたうえで[141]、婚約とは異質のさまざまな効果が付与される。つまり、婚姻の「実質的部分のみが実現せられた状態が内縁なのであるから、内縁の夫婦は相互に婚約に基づく効力として依然として内縁を法律上の婚姻たらしめるべき届出の権利義務を有する」[142]。したがってまた、その義務不履行の場合には、損害賠償請求のみならず、その現実的な履行強制も可能である[143]、という。

婚約を重視したうえで、内縁を婚姻にいたる中間形態と位置づけているのは、届出婚を公序と捉えていたからであり、中川善之助のように内縁それ自体のみを取り出して独自の保護の対象とするのは現行婚姻制度と調和しない、と考えていた結果と思われる。婚姻と内縁との単純なる二元主義を否定したこととなろう。そのため「届出義務」に注目していた点は、高く評価されるべきであった。ただ、届出の現実的履行を一般的に認めるのは、行き過ぎではなかろうか。いずれにしても、清水説は、判例の立場とは整合しない面があるが、判例の立場を理解することに当面の課題を限定している本書の視角からみても、その発想においては、刮目すべき見解である。

なお、内縁自体については、他にも「栗生武夫」など注目すべき見解もあるが(144)、差しあたり、これで収めておきたい。

(3)　小括

すでに戦前でも、中川理論の圧倒的な影響力のもとで、学説では、判例婚姻予約論とは袂を分かち、婚約と内縁とを峻別する立場が確立していたが、他方で、杉之原のように婚約の有効論に疑問を呈する見解もあり、この消極論は、戦後でも根強いものがある(145)。しかし、「婚姻予約上の債務」なるものが保護しようとしている実質的な生活利益は、内縁夫婦ないし婚約者としての社会的な名誉・名声を含む特殊な法的地位とかかわるものであって、かかる身分上の利益を道義的なものとするよりも、法的な利益とした方が、婚姻秩序全体を維持する上でも、はるかに優れた技法であろう。杉之原らには、そのような視角が欠落しているが、それを保護の眼目に措くことこそがヨーロッパでの婚約法制の歴史的成果でもあり、かつまたそれがわが国の婚姻習俗と整合していたのである。

ことに、そこでの男女関係の発端から「性的関係」に至るまでのプロセスを広い意味での婚姻法秩序のなかに取り込んだうえで、今日では、その性的関係自体がもつ社会文化的な意義を法的にも明らかにしなければならない時代を迎えているように思われる。そうした当事者間の人間関係においてこそ、将来を見据えた上での「男女間の新たな社会的生活関係」を創り上げるという意思が潜在しているものと客観的に「評価」することができるからである。ともあれ、この問題も別の機会に譲りたい。

4　社会的婚約秩序論と通過儀礼

(1)　通過儀礼の社会的意義

婚約事例[2]でも、結納の授受がなされていたことはすでに検討した。そのような儀式の意味は、内縁との関連で言及してきたことが、ほぼそのまま妥当するであろう。大審院判例が、「婚約」当事者間の届出義務につき、どのように考えていたかは、事例も少ないので不分明であるが、論理的には、結納の授受は挙式を前提としているので、ここでも当事者双方に届出に協力すべき義務を観念することは、可能であろう。民事連合部判決のいう「其契約ハ当事者カ相互間ニ将来婚姻ノ成立セシコトヲ欲シテ誠実ニ之カ実行ヲ期シ其確乎タル信念ニ基キ之ヲ約スヘキモノナルコトハ其契約ノ性質上当ニ然ルヘキ所ナリ」とは、かかる婚姻予約有効論が婚約も前提にしていたとするならば、少なくとも結納を終えた婚約関係にも、そのまま妥当するからである。

実際、[2]判決では、この種の通過儀礼の重要性が社会的にも認められていたことを伝えているように思われる。むろん、当時では家制度と婚姻が直結していたので、婚約・婚礼の儀式も家と家との関係でなされており、当事者の「私的了解」(自立性と自己決定)が起点となって社会的に承認をうるというプロセスをたどるものではなかった可能性が大である。しかし、婚姻は人生の重大事と位置づけられていたことは当時でも変わることがなかったことは判例の説示から明らかであり、その限りでは、家や村落秩序を後景においているとしても、一定の慣行に従って、そこで承認された社会的な秩序の中で、結納や挙式が行われていたことは間違いのない事実である(146)。

判例では、「婚姻意思」の有無が重視されるので、本書が取り扱った大審院・下級審裁判例でも、かかる通過儀礼を確認しながら、その婚姻意思の認定が慎重になされていたように思われるが、このことは、いうまでもなく法的には通過儀礼が単なる「証拠方法」でしかないにもかかわらず、なお、当事者間の合意と通過儀礼とが渾然一体となっていた側面も否定し得ないように思われる。民事連合部判決が挙式同棲を重視していたのも、また、婚約事例の[2]判決が結納の儀礼に言及していたのも、決して偶然ではない。少なくとも当時としては、公序としての「婚約・内縁無効論」を克服するためには、通過儀礼を軸として形成された「社会的な力」に依拠しながら、婚姻予約有効論は自己の地歩の基盤を確立しようとしていたものと思われる。正義衡平論や信義則は、そのための法的装置ではなかったか。

そうだとすれば、婚姻予約は、財産法上の予約（債権契約）ではあり得ないし、また、単なる合意でもない。社会的に公認された特殊の身分法上の合意として構築されたものと評しえよう。ところが、その後、大審院は、内縁でも婚約でも、この種の通過儀礼は婚姻意思の単なる徴表にすぎないとしたが、これはいったん確立した婚姻予約有効論のもとでの具体的な成立要件の問題であり、この場合には、通常行われる通過儀礼を強調する政策的な必要もなかったし、また、これを必須の要件とする論理的必然性もなかったのであろう。おそらくは「横田秀雄」の影響力が濃厚にみられるように思われるが、ここではより一層、女性救済という政策的判断が顕著である。それは、判例の立場からいえば、法の固有の価値としての「正義衡平」（家制度からの個人の解放）の実現であったかもしれない。たしかに先例機能的裁判規範の形成よりも、個別正義の実現こそが本来的な裁判の課題である。したがって、通過儀礼を履践した男女関係とそうではない男女関係との区別を完全に放棄したというわけではないようにも思われる。むしろ理論としては、儀式不要が原則であるというような単純な通説的理解ではなく、双方の関係をどのように調整・構築するか、以上のような判例史のなかで分析することが求められているように思われるが、このことは、その後の判例の展開をフォローするなかで検討することとなろう。(147)

(2)　当事者間の「合意」の意義

ともあれ、判例婚姻予約有効論は、家制度下での男女関係において、実質的には女性を家から解放して、女性救済という機能面では、たしかに深甚の力を発揮しえたものといえよう。したがってまた、この論理そのものは、家制度が崩壊し、「個人の尊厳」が憲法的価値を獲得した敗戦後でも、当然のこととして受け容れられたことは、いまさら改めていうまでもない。否むしろ、今日の家族法学でも、この種の個人主義や自己決定権に信奉する論者は跡を絶たない。その歴史的意義は否定し得ないが、かかる価値を止揚した新たな家族像が模索されるべき時代を迎えたように思われる(148)。改めて、「家族の中の人間」とは何かが問われている(「ペルソナ概念」の深化)。家族法学一般のあり方にまで深入りすることは本書の目的ではないが、当面の具体的な解釈論についていえば、婚姻予約とは、財産法上の契約ないし合意とは異質の合意であるという視点を前面に押し出す必要があろう(149)。

婚約であれ内縁・婚姻であれ、その成立時においても、また存続中においても、当事者双方の種々の合意は、それ自体としてひとり独自の意義をもつものではない。当事者間の特殊の社会関係があってこその合意ないし行為態様であり、その合意・行為態様の社会的意義を的確にくみ取ったうえで、法定の要件・効果との距離・親疎をはかりながら、これを合理的に読み解くことが必須の課題となろう。

本書は、大審院判例の立場から、つまり、それ自体の内部に立ち入って、その内部から判例理論の論理的展開の軌跡を描き出すことに努めたが、その結果、わが国独自の「婚姻予約」論が誕生したものと評価し、決して、学説のいうような批判が全面的に妥当するものではないことを明らかにしたつもりである。しかし、その反面、わが判例理論は、女性救済という政策判断にとらわれすぎた面もあり、結果的には曖昧な「単なる合意」に軸足を置くことに傾斜したことから、婚姻意思の認定にあたって私通・情交関係との区別を曖昧にするという技術面での問題を残したように思われる(150)。かくして「秘密裡の男女関係」に対する事実評価が不透明なまま推移し、そのことが、結局のところ、社会的な公示・承認という暗黙の婚約秩序をいつの間にか風化させ、ひいては自由奔放な男女関係に対する評価を曖昧模糊にするような結果を招来して(151)、今日に至っているようにも思われる(152)。通過儀礼のもつ意義を近代的な婚姻法秩序のなかでどのように変容させるかという課題については、立法論でもあったが、判例の法創造的な解釈の余地も残されていたように思われる。

とまれ、民事連合部判決後の推移をたどることを通して、そこから何を析出できるかは、本書のつぎの課題であるが、その際、婚約も内縁も、「届出婚」との関連を論理的に整序することが必須の課題となろう(153)。

(99)　唄孝一「内縁解消の正当事由」『家族法大系Ⅲ離婚』(有斐閣、一九五九年)二二六頁、同・前掲注(3)「著作選集(内縁ないし婚姻予約解消の正当事由・その1)」二〇六頁。民事連合部判決の「先例機能的裁判規範が内縁保護にあったことは否定すべきもない」と断言している。ちなみに、本論文には、[2]判決を「未公表判決」としていた佐藤論文の引用もないので、この当時の唄には、まだ、かかる「婚約有効判決」の存在自体の知見すらなかったものと思われる。

(100)　のちに我妻栄は、民事連合部判決が予約を強制しえないというのは、事の性質上、届出当時に当事者の意思に反するならば、無理にこれを成立させても将来当事者の利益にはならないという実質的理由によるものであると解すべきであり、「婚姻の自由」を拘束するというような抽象論のもとで推論すべきではないとしたうえで、もしこれを自由意思の拘束と考えるならば、「総ての債権契約(或いは少なくも予約)は無効と云わざるを得ない」と主張していた。『判例民事法大正一一年度』二六七-八頁(ただし、本件は婚姻予約に関する裁判例ではない)。一方、これより先に、藤田・前掲注(63)「婚姻豫約(二)」同一七巻一号(大正九年)八〇-八一頁は、予約無効論が婚姻届出当時の自由意思を強調して予約が自由意思を拘束するので公序良俗に反すると解したことに対して、届出は婚姻を公示し当事者の意思を確保して婚姻関係の堅実を期する制度にほかならないので、これをもって直ちに婚姻成立に対し完全なる自由意思を要すると解するのは法律の趣旨とはいえない、としているのが注目される。ちなみに、かかる藤田の届出制の趣旨に関する解釈自体は、その後、中川善之助らの内縁保護学説の一つの論拠につながっているように思われる。

(101)　「民事連合部判決」の直後では、「婚姻の自由」と「法律に規定がないこと」を根拠として、判例に反対する有力な学説もあった。たとえば、仁井田益太郎『親族法相続法論(全)』(有斐閣書房、一九一五年・大正四年)一二〇-一二二頁は、詐欺的な婚姻予約についてのみ不法行為による財産損害を認めるにとどめている。また、高窪喜八郎(弁護士)「婚姻ノ豫約ヲ論ス」法律評論第四巻二号(一九一五年・大正四年)三一頁も、同じく婚姻予約無効論を擁護するが、この高窪論文の指摘する点については、当時の社会背景を考える上では参考に値しよう。つぎのようにいう。民事連合部判決は、挙式後同棲をなしたる内縁夫婦の保護のみならず、一般的に婚姻豫約の効力を認めたものとみなければならないが、それは自由婚姻を促す動機となるところ、わが国では若年の男女の鑑識力が不十分であるし、また家族関係者の同意のない婚姻は失敗しやすいので、社会状態や民法の精神に反することとなる。また、婚姻豫約の効力を裁判で争うと、その評判だけで良家の娘は一生の運命を奪われるなどと述べた上で、届出を重視する従来の無効論の立場から有効論の論理に対し種々の反駁を加えている。梅謙次郎の立場や法典調査会での議論に忠実にしたがっているところに、興味深いものがある。梅が生存していたならば、おそらく同趣旨の反論を加えていたのではなかろうか。一方、弁護士の松原祐馬「婚姻豫約（事実婚）不履行に関する節操権蹂躙損害賠償事件に付ての疑義」新聞一三六〇号（一九一八年・大正七年）四頁は、民事連合部判決の論拠が曖昧であり、途中で変心した破棄ケースでは故意過失による不法行為は成立しないし、また、債務不履行と構成しても、これを予約・債権契約として「届出の債務」や「同棲の債務」を認めるのは穏当を欠くので、社会的見解としては至当であるが、確乎たる根拠が明確にされていない、と批判していた。さらに、昭和時代に入っても、まだ無効論に固持する論稿がみられる。西村勘之助（弁護士）「婚姻契約及びその豫約を論ず」法学新報三八巻五号（一九二八年・昭和三年）二九頁、四七-五二頁は、民法上、婚姻予約やその不履行による損害賠償責任は一切規定されていないので、これは契約といえるものではなく単なる事実上の契約にすぎないとして、沿革や比較法などにも言及しながら、民事連合部判決を批判している（この論文は同氏の「遺稿」である）。

(102)　ことに「身分行為の独自性」を確立した中川理論に対しては、有力学説の批判は跡を絶たないが、本書は、そのような総論的観点に容喙する能力はない。差しあたり、水野紀子「中川理論—身分法学の体系と身分行為理論—に関する一考察」山畠正男・五十嵐清・藪重夫古希記念『民法学と比較法学の諸相Ⅲ』（信山社、一九九八年）二七九頁の批判が手厳しく、中川理論（身分法・身分行為論）による解釈論上の種々の「弊害」が指摘されている。なお、梶村太市執筆「中川家族法学の今日的意義」辻村みよ子・水野紀子編『家族-ジェンダーと自由と法』（東北大学出版会、二〇〇六年）三三七頁（同『家族法学と家庭裁判所』（日本加除出版、二〇〇八年）一頁以下所収）は、代表的な批判学説を簡潔に整理し、かつ中川理論を擁護しているのが参考となる。少なくとも、中川理論から何を学ぶべきか、という姿勢をもって再検討することは必要であろう。

(103)　中川善之助「婚姻の儀式（一）—（五）」法協四四巻一号（一九二六年・大正一五年）三九頁、同二号（一九二六年・大正一五年）二五二頁、同四号（一九二六年・大正一五年）六七一頁、同五号（一九二六年・大正一五年）八八九頁、同六号（一九二六年・大正一五年）一一〇〇頁以下。古代のゲルマン法からローマ法の研究を経て、明治民法典成立の前後にまで及ぶ歴史的研究であるが、特に婚姻儀式の公示性（社会的承認）という視点を軸としながら、夫婦共同生活という事実の持つ意味を念頭において、立論されているように思われる。

(104) 中川・前掲注(103)「儀式（四）」九〇三頁以下。

(105) 中川・前掲注(103)「儀式（五）」一一〇七頁。中川によれば、届出がなくとも「儀式」があれば、その時から、内縁の効果が与えられ、さらに儀式もない場合には、「相当期間の経過によってその婚姻意思が顕著になるに及んで初めて内縁効果を享け得るものとなる」（同・一一二二頁）と構成されている。儀式がない場合には、ローマ法のウーズスに近い観念（一種の時効取得的効果）を基礎としている。本書の立場からいえば、挙式同棲とそうでない同棲とを区別している点については、学ぶべきものがある。ただ、中川によれば、夫婦は三類型に分断されることとなり、その結果、すでに批判学説によっても指摘されているように、届出婚制度が空洞化されるので、届出婚制度を廃棄するならばともかくも、これを維持するかぎりは、事実婚を届出婚に収斂させうる論理が必要であろう。そうでなければ、婚姻の二元主義を温存することとなり、解釈論上の難題が残されていたように思われる。

(106) 中川・前掲注(103)「儀式（五）」一一一二頁。

(107) 「中川善之助」は、当初は、まだ準婚という用語は使用していなかったが、その後、届出のない夫婦を「不正統婚姻」と称し、夫婦財産制などの規定を「内縁に準用しても差し支えがない」としていたが（『略説身分法学—親族相続法の社会法律学』（岩波書店・昭和五年）九五頁、一六〇頁）、まもなく『民法3（親族相続法）』（岩波全書、一九三三年・昭和八年・初版）八二頁では、「内縁の準婚的性質（これを逆に言えば非豫約的性質）」と称して、これを明確に理論構成するに至っている。同『身分法の基礎理論—身分法及び身分関係』（河出書房、一九三九年・昭和一四年）九三頁も準婚的取扱いについて述べている。太田・前掲注(87)『現代の内縁問題』二四頁は、内縁の準婚的性質を初めて指摘したのは、前記の中川『民法3（親族相続法）』ではないかとしている。なお、中川の婚約・内縁論は、戦後も堅持され、中川が急逝する直前に公刊された著書『新版民法大要・親族法相続法』（勁草書房、一九七五年版）の中でも、婚約保護（三九頁以下）と準婚理論・内縁保護（七〇頁以下）について言及されている。本書は簡潔な概説書風の著書であるが、中川が自らの「身分法学の全体系を盛った唯一の理論的作品である」と自認する（同著一九五五年「全訂版序」を参照）ものである。

(108) 末川博「婚姻でも婚姻でない内縁」改造一六巻九号（一九三四年・昭和八年）一八頁。

(109) 我妻・前掲注（82）『親族法』一九五頁。

(110) 唄＝佐藤・前掲注（8）「続・再検討（二・完）」四一頁、唄・前掲注（3）「著作選集」一三六頁。

(111) 唄＝佐藤・前掲注（8）「続・再検討（二・完）」四二頁、唄・前掲注（3）「著作選集」一三八頁。

(112) 唄・前掲注（99）「内縁解消の正当事由」一二六頁、同・前掲注（3）「著作選集」二〇六頁。

(113) 唄・前掲注（26）「再検討（二・完）」九五頁、同・前掲注（3）「著作選集」一〇九頁。

(114) 唄孝一「いわゆる誠心誠意判決‐大判昭和六年二月二〇日」家族法判例百選（別冊ジュリ・新版）（一九七三年）一〇頁注（5）、同・前掲注（3）「著作選集」二〇一頁注（5）では、「未公表」としていた佐藤論文を引用しているのみである。ちなみに、唄孝一は、その後、ある講演で「婚姻予約」について言及しているが、そこでも「擬制概念」としての婚姻予約について、持論を述べるにとどまっている。唄孝一「『婚姻予約』そして『死亡』―法概念とは何か」（講演）上智法学論集四三巻一号（一九九九年）一三四頁。

(115) 戦前の内縁学説については、来栖・前掲注（1）一六二頁が整理しているが、そこでは、石坂、中島、曄道文藝らの当時の学説は事実婚が成立していることを知らなかったわけではないにもかかわらず、「入籍問題」として捉え、「其の事実そのものに法律上意義を附することは出来ず、専ら婚姻豫約の有効無効論を争った」と批判されている。ただ、中島・前掲注（26）七‐八頁は、すでにいち早く、婚姻の式が終われば、既に婚姻が成立しているので、大審院がこれを「予約」というのは「理論上矛盾する」と付言していたので、この限りで来栖の批判は当たらないであろう。

(116) たとえば、来栖・前掲注（1）一七〇頁は、従来の内縁学説を検討して、「未だ内縁の法律的構成は多少物足りなさを感ぜしめる」とし、「内縁という特殊関係に結ばれた者の間の加害行為を、判例のやうに豫約不履行とすることは不可だとしても、一般の不法行為としてしまうということは、内縁の特殊性を見失ふことになる」という我妻栄の言説を引用しながら、従来の「内縁論の進路は正しい」としたうえで、つぎのような問題点を指摘していた。内縁夫婦が婚姻届を提出した場合に、この届出は、いまだ婚姻にない男女がなすところの法定の届出（民七七五条）ではあり得ないという従来の学説の評価を踏まえながら、この場合の届出の効力は補充的立法行為によって定立すべきであるとし、結局のところ、ここにいう届出は効力要件としての届出と解するのがよい、という。また、婚姻は、終生の共同生活を目的とする男女の結合であるというのは、要を尽くしているとはいえず、むしろ、婚姻は嫡出子の要件である男女の性的結合であり、しかして、嫡出子とは相続法上の子の種別であるとしたうえで、婚姻届が他の男女関係との区別を目的としたのであれば、内縁には、婚姻効果のうち相続関係上の効果のみを拒むべきである、としている（同一七一頁）。

(117) 小石壽夫（裁判官）「判例を中心として観たる『内縁』の諸問題（一）」法曹会雑誌一〇巻一〇号（一九三二年・昭和七年）二一頁。なお、小石は、その後も、とくに理論的な側面から、内縁の成立・効果・解消を通して、準婚論を一貫している。小石執筆「内縁」穂積重遠・中川善之助編『家族制度論集-法律編・婚姻Ⅰ』（河出書房、一九三七年・昭和一二年）一六七頁。

(118) ただし、沼正也『親族法の総論的構造（新版）』（三和書房、一九七五年）七七頁、七八頁注(30)が、「将来法律上の婚姻をなすべき義務（婚姻の届出を為すべき義務）」を明確に自覚していたのは慧眼である。もっとも、本書の立場とは異なり、この義務を単に内縁当事者間の扶養義務などと同列のものとして併記しているにとどまる。このことは、沼が、後述のように、「準婚理論」自体を否定していることと関連するものと思われる。

(119) ちなみに、最高裁は、準婚判決を採用した後でも、大審院時代の民事連合部判決等を引用しながら、「婚姻予約不履行」構成をとって、内縁の不当破棄責任を論じている。たとえば、最判昭和三七・一二・二五家月一五巻四号三八頁を参照のこと。これを「二元主義」とする学説の評価は、単純にすぎよう。

(120) なお、「本件判批」の我妻栄『判例民事法昭和一九年度』二四巻四四頁、福島四郎・民商二〇巻五・六号（一九四六年）一六頁は、いずれも本判決の結論に賛成している。

(121) 「臨時法制審議会」での審議の状況とその後の戦前での改革案や学説の状況（賛否両論）については、太田・前掲注(31)「内縁の研究」六〇頁、六四-六九頁以下を参照。この法案の審議・起草には、当初から「穂積重遠」が関与していた。「儀式婚を原則として届出婚でこれを補充しようとした」という（穂積・前掲注(69)「五十年」七頁）。これに対して、岩田新「判例婚姻豫約法と民法改正要綱（一）（二・完）」民商一巻四号（一九三五年・昭和一〇年）二三頁、同巻五号（一九三五年・昭和一〇年）三〇頁は、判例の事実婚主義を踏まえた改正が求められているという立場から、改正案は判例との整合性を欠くので、「公然夫婦として生活を始むること」で足りると批判していた。

(122) 我妻・前掲注（82）『親族法』一九五頁。

(123) 戦後では、すでにこの論理的矛盾を指摘する学説もあった。田中実「財産分与の一考察」法学研究二八巻七号（一九五五年）五六一頁。さらに、ほぼ同様の立場から、準婚理論を早くから厳しく批判していたのは、沼正也『民法における最善性と次善性（新版）』（三和書房、一九八〇年）一五六頁［初出、「法律婚主義の混迷」総合法学五巻七号（一九六二年）］であった。「法律婚主義を堅持しつつ、内縁を準婚視するということは、近代的法思惟の範疇にあらざる非近代的思惟範疇での見解とわれわれは評さざるをえない」とし（一六六頁）、その保護の論拠を「要保護性」、つまり、国家の理想を一歩後退させても、目前の要保護者を保護しなければならないという近代法の一つの基本・不可避的使命と性格から、合法的でない一定の男女関係の保護が認められる、とする（一六七‐八頁）。他方で、沼によれば、民事連合部「婚姻予約有効判決」とその後の展開は「近代的思惟の窓からみるときは、驚くべき堅実な態度と評すべきものである」と評価する反面で（一六四頁）、最高裁の「準婚理論」は「判例の進むべき道を誤ったもの」だと極論する（一六七頁）。沼による「準婚論」の批判はある程度理解しうるが、いうところの「要保護性」論によって事実上の夫婦を保護することは、結局は、そのような要保護性の可否の問題も含めて立法当初から予測されていた（つまり国家的保護が否定されていた）のであるから、沼の論理からいえば、やはり民法典の立場と矛盾することになるのではないか。これを「私的保護法」と称してみても、所詮は、一種のトートロジーであり、公益的側面をもつ男女関係のあり方にかかわる価値判断を裁判官にいわば白紙委任するのに等しいこととなろう。また、いかに準婚の効果ではないことを強調しても、所詮は社会的な意味での「夫婦」を保護することにほかならないのだから、そのような社会的事実があってこその国家的保護ではないか。沼自身も、「一応」は婚姻法上に登場してこないが、結局のところ、かかる要保護性を「生活協同関係ないしは性結合関係に立つ男女の間に分配せらるべき保護」と規定して、この保護を契機に「内縁関係が婚姻法中に導かれる」というのであるから（同『親族法の総論的構造（新版）』〈三和書房・一九七五年〉七六‐七七頁）、彼のいう「峻別の論理」としての近代法的思惟なるものにも大きな陰りがあるといえよう。ともあれ、かかる超法規的な国家的保護を観念するという論法は、たといそれを憲法的価値に依拠させるとしても、民法の解釈論としては無理があり、民法典の届出婚主義（婚姻法秩序）のなかで、それと調整しながら、一定の限度内で内縁夫婦を保護してきた判例婚姻予約法とは、容易には整合しないので、にわかに支持しがたい。

(124) 従来の内縁関係に認められてきた扶養・婚費分担等の権利義務も、夫婦の実質と届出義務不履行を観念すれば、婚姻規定の類推適用が容易に認められる。これに対して、届出自体に直結する保護は、届出義務を強制しえない限りは、認められない。また、重婚的内縁関係については、夫婦の実質があっても、このままでは届出義務を観念できないので、かかる内縁は当然には婚姻予約概念には取り込めないが、正当婚姻が完全に形骸化して、その届出・戸籍の法的意義が実質的に消失すれば、その時点で内縁当事者間の届出義務が顕在化するというかたちで、構成することが可能となろう。これに対して、近親婚的内縁関係は、そもそも当初から届出義務を観念しえないので、基本的には保護を享受しえない結果となろう。この場合には、時の経過によって、その違法性を払拭できない公益に関わる要件が問題となっているからである。これを保護するためには、婚姻予約論とは別の論理が必要である。以上のような結論は従来の裁判実務とも整合するのではないか。

(125) 沼説と類似の発想から準婚理論を厳しく批判する学説としては、水野紀子「事実婚の法的保護」石川稔・中川淳・米倉明『家族法改正への課題』（日本加除出版、一九九三年）六九頁以下があり、事実主義としての準婚理論は、民法の婚姻制度を空洞化させるとして、原理的にこれを否定する。最近でも、同「内縁準婚理論と事実婚の保護」『法の生成と民法の体系—無償行為論・法過程論・民法体系論（広中俊雄先生傘寿記念論集）』（創文社、二〇〇六年）六一一頁以下において、持論を再確認している。水野は、沼のいう内縁保護の論拠である「要保護性」の論理を疑い、みずからは一般的な「契約理論」によるべきことを提唱しているが、これを支持する学説もある。学説の状況については、森山浩江執筆「非婚夫婦と準婚理論」小田八重子・水野紀子編『新家族法実務大系Ⅰ婚姻・離婚』（新日本法規、二〇〇八年）二二一頁に簡潔に整理されており、森山自身は、水野説を深めている。たしかに、これらの批判には容易に反論しがたい側面もあって傾聴に値するが、判例が内縁や婚約につき「身分に関する行為」であることを前提として一定の効果を認めてきたこと自体に格別の不合理があるとも思えないので、判例が将来においても個別的な合意による処理にスイッチを切り替えることはないであろう。かりに当事者間の個別合意の集積として男女関係を把握するとしても、その合意の解釈にあたっては、結局のところ、個別合意なるものを派生させる社会的な人間関係や「具体的な動機」を考慮せざるをえず、そのような合意の由来と合意の中身とを切り離すことができないとすれば、それは単純なる「契約」ではなく、やはり身分（夫婦の実体ないし愛情・性的関係を起因とする人間関係）があってこその契約といわざるを得ない。これを独自の身分行為として捉えることも不可能ではないので、この限りでは、まだまだ中川身分行為理論から学ぶべきものが少なくない。判例のこれまでの努力も、一方では、現行の婚姻制度の堅持と、他方では、婚姻外の男女関係の保護との相互の矛盾・調整にあったといえよう。また、準婚理論が、理念としては、その効果をいわゆる「一括」してきたのも、かかる特殊の人間関係を後景に置いていたからであろう。制度的な矛盾をあるがままに受容したうえで、内縁保護の隘路を模索することも、解釈論の責務である。たとえば、黒木三郎『婚姻法の近代化』（勁草書房、一九六六年）二二六-二三三頁のように、通説的準婚理論が法律婚と準婚理論とを併置させるのは論理矛盾であるとし、むしろ、届出主義を後退させて、内縁の要件を厳格にする一方で、婚姻規定を最大限に準用して、事実婚主義に傾斜する方途もありうる。また、小池隆一「婚約、内縁及び婚姻」法学研究四一巻一号（一九六八年）一頁も、同じく婚姻制度と内縁とは矛盾すると解するが、内縁はあくまで事実にすぎないので、内縁を婚姻法秩序の中に位置づける準婚理論を批判しながらも、届出婚にも問題があり、内縁は日本に特有の社会的条件による過渡的現象であり、現に存在する婚姻に類似した内縁関係を保護する必要性も否定できないことから、その限りで「暫定的に準婚関係として取り扱わざるを得ない」とする。いずれの説も、窮極的には、内縁の発生を根絶することを念頭においた論理であろう。大審院判例が「届出義務」を強調・奨励し、内縁を根絶しようする姿勢を示したのは、内縁保護の政策判断が苦渋の選択であったことを物語っているように思われる。少なくとも事実婚が婚姻予約論によってカバーされている限りは、準婚理論は単なる事実主義ではない。それ故、準婚理論を原理的に否定するのは行き過ぎであろう。なお、棚村政行「わが国における同棲法の展開と課題」青山法学論集三二巻三・四号（一九九一年）五五〇頁は、同棲の実態（長期ないし短期など）に応じて、準婚理論と契約理論を使い分け、二者択一的ではない柔軟な解決手法を提唱している。

（126）　高梨公之「改正と内縁の処遇」法律時報三一巻一〇号（一九五九年）一〇九〇頁は、「われわれはいかような手段でも利用して、内縁の減少に努力すべきであ（る）」とし、また、山主政幸「法律婚主義の機能―法制審議会身分法小委員会の仮決定をみて―」法律のひろば一二巻一〇号（一九五九年）二四頁、同『家族法論集』（法律文化社、一九六二年）一九四頁所収は、近代的な法律婚が真に確立していない限りは、「学者・実務法律家・立法者のなすべき仕事は、いかにしたら法律婚主義を徹底することができるかであって、いかにこれを緩和すべきか、ではない」としていた。沼・前掲注（123）『最善性と次善性』一六九頁も同様の立場から、これらの学説を引用する。この限りでは、沼説を支持できる。しかし、先述のように、大審院は、すでに連合部判決当時から、「届出義務論」を意識しながら、内縁保護の半面、かかる責務を自覚的に果たしてきたといえよう。したがって、内縁保護を身分法秩序から放擲することが近代的婚姻法の要請である、とする沼の立場は、一面的にすぎるものであり、わが国の婚姻習俗とはそわないし、判例の「準婚理論」の意義・機能を正しく評価しているともいえないのではないか。

(127) 中川善之助『民法　活きている判例』（日本評論社、一九六二年）一一四頁。

(128) 穂積・前掲注（35）『親族法』二七八頁。穂積が、「立法論」として民法施行前における「純事実婚主義」への復帰を提唱していたのは、「届出義務」を念頭においていたこととなろう。

(129) 二宮・前掲注（45）『民法典百年』三五六頁。

(130) 二宮・前掲注（45）『民法典百年』三五七頁。また、二宮は、内縁事例を事実上の夫婦と試婚とに区別して紹介しながら、婚姻予約有効論を用いて本来の意味での内縁関係を初めて救済した例が大判大正八・三・二一民録二五輯四九二頁としている（同『民法典百年』三五七頁）。たしかにそうなのだが、本件は、予約論自体は連合部判決の準則のなかで処理された事例に過ぎず、挙式・同棲があるので婚姻予約の成立が認められたうえで、それを前提としながら、むしろ「正当理由の可否」に論点があった例と評した方がより正確ではないか。また、立場の相違かも知れないが、[2]判決とその後の婚約・内縁事例とを共に連合部判決後の事例として単に同レベルのものとしてのみ位置づけることについては、疑問があり、二宮の判例の評価には、一般に唄・佐藤の影響がかなり強いように思われる。

(131) 中川淳『家族法の立法と解釈』（同朋社、一九九七年）二〇三頁以下（「内縁保護の法理について」）は、従来の判例が婚姻予約論ないし準婚理論において「婚姻意思」を決め手にして内縁や婚約の当事者を保護してきた事情について、何度も繰り返して言及している。そのうえで、中川淳自身は、今日のような男女関係のあり方の多様化の時代では、予約論にしろ準婚理論にしろ、婚姻意思を重視して保護の論拠を求めるよりも、男女の共同生活自体をより重視する考え方にシフトし、社会経済的にみて共同生活に継続性があれば、それを保護すればよいのではないかという問題を提起している（同一一五頁）。もはや、婚姻意思を擬制したり推測したりするのは無用・有害であるという趣旨であろう。たしかに、これによって保護の範囲もひろがり、証明責任も簡易化されるというメリットがあり、一つの見識ではあるが、ここでは財産法のもとでの「継続関係」重視の考え方を採り入れることには慎重でなければならないであろう。中川淳説では、内縁や婚約を現行の「婚姻制度」のもとに置くことが困難となり、改めて、家族法という強行法のなかで、その保護の論拠を提示しなければならなくなるのではないか。ただ、共同生活の継続性ということのみで、婚姻に準じた保護を与えるのは、「届出」を軸とする婚姻制度自体に亀裂を生じさせるおそれがあるように思われ、それでは、公序としての婚姻制度を空洞化させる結果となるのではなかろうか。むしろ婚姻意思のある男女関係とそれがない男女関係とが現に存在するのだから、双方の区別を前提とした論理の方が無難であろう。婚姻法の「秩序」に取り込むことが許される男女関係は、あくまでも現在ないし将来の「婚姻意思」を認定できるものに限定すべきであり、「婚姻意思」をどのように解するかということとも関わるが、どのように広く解釈しても、社会観念上、婚姻意思が認められないような男女関係については一般法理ないし一般原則にゆだねるのが妥当であろう。なお、その他、現代の内縁問題を要領よく整理した論稿としては、野沢紀雅「事実婚の法的規制」ジュリ一〇五九号（一九九五年）八七頁があり、準婚理論と婚姻法体系との調整問題などが簡潔・的確に指摘されている。

(132) 二宮・前掲注(45)『民法典百年』三六二頁。

(133) 二宮・前掲注(45)『民法典百年』三六二頁。

(134) このような事情も、別稿で検討することとしよう。なお、二宮も、別著の判例分析では（同『事実婚の判例総合解説』〈信山社、二〇〇六年〉二〇頁以下）、挙式を欠く場合の「婚姻意思」の評価の仕方の問題点と重要性を指摘しており、この限りでは、本書も多大の教示を受けている。

(135) 大判昭和六・二・二〇新聞三二四〇号四頁は、つぎのように説示している。「所謂婚姻ノ予約ナルモノハ結納ノ取交

三　結　語

セ其ノ他慣習上ノ儀式ヲ挙ケ因テ以テ男女間ニ将来婚姻ヲ為サンコトヲ約シタル場合ニ限定セラルヘキモノニ非スシテ男女カ誠心誠意ヲ以テ将来ニ夫婦タルヘキ予期ノ下ニ此ノ契約ヲ為シ全然此ノ契約ナキ自由ナル男女ト一種ノ身分上ノ差異ヲ生スルニ至リタルトキハ尚婚姻ノ予約アリト為スニ妨ケナキモノトス」

(136) 唄・前掲注（114）家族法判例百選新版一〇頁、唄・前掲注（3）「著作選集」二〇〇頁は、ここでも事実を先行させて「誠心誠意判決」における男女関係を「非婚」の類型にあたると評価している。しかし、これを非婚事例と断定すれば、先行・後続判例との間に「断絶」が生ずるであろう。本書の立場では、そのような解釈を採用できないことはいうまでもないが、とにかく同判決も「身分に関する関係」が必要であることを明言している事実を決して見落としてはならない。

(137) 杉之原舜一「法律関係としての内縁」法時一一巻二号（一九三九年・昭和一四年）一二頁、同『判例親族法』（日本評論社、一九四〇年・昭和一五年）四三頁、九四頁。

(138) 杉之原・前掲注（137）「内縁」一四-五頁、同『判例親族法』五二-五四頁。

(139) 杉之原・前掲注（173）「内縁」一六頁、同『判例親族法』五七頁。

(140) 清水兼男「内縁の法律関係」法政研究五巻二号（一九三五年・昭和一〇年）一頁、三三頁。

(141) 清水・前掲注（140）二二頁。

(142) 清水・前掲注（140）三一頁。

(143) 清水・前掲注（140）四四頁。

(144) たとえば、「栗生武夫」も独特の解釈論を提唱している。彼は、ローマ法や近世教会法などの婚姻制度から説き起こしたうえで、日本法の婚姻を「無方式の合意」と「届出」との結合による行為であると構成するので（二元構成）、未届婚姻でも婚姻要件の一部を具備していることから、これでも婚姻の前段的効果が認められるとする見解を採っていた。栗生武夫「婚姻の方式」法学論叢一七巻五号（一九二七年・昭和二年）七三五頁、同『婚姻立法における二主義の抗争』（弘文堂、一九二八年・昭和三年）一三五頁以下所収。婚姻の成立を段階的に捉えているので、この限りでは清水説に似た面もなくはないが、内縁関係では、それが永続的性結合の関係ではあるとしても、「夫ないし妻としての権利ないし地位を取得しようとする意思」を要しないので、婚姻の前段的効果とは捉えない点で根本的な相違がみられる。また、婚姻意思と届出を一体化する通説・判例の立場（婚姻意思の要式主義、意思と届出との一元構成）とは、そもそも出発点が異なる。かかる栗生の立場からみると、民事連合部判決については、「合意のみあって届出なき場合」の男女関係であるので、「婚姻の成立要件が未だ完了していない間に、すでに一定の前段的効果を先発する、届出に協力する義務」が問題となっていると解釈され、内縁自体を有効とみとめた判決ではない旨が強調される。栗生によれば、真の内縁法は婚姻制度の外にあるべきものとされるので、内縁を認めた最初の先例は儀式不要とした大審院大正八年六月一一日判決であり、この判決では、届出もなく、婚姻意思の合致もなく、ただ、「同棲意思の合致」ある男女関係を適法・有効として保護したからである、という。栗生武夫「ローマの内縁と日本のそれ（一）」法学志林二八巻九号（一九二六年・大正一五年）三一-三三頁、同著二一三頁以下所収（二一八-二二一頁）。栗生の立場は、内縁自体を婚姻とみる中川説とは懸絶の感があるとしても、日本の判例内縁法が近世婚姻法の一元主義を破る「一革命」であるとする見方と、民事連合部判決の形式的な準則自体に対する実質的な評価は、結局のところ、中川善之助の立場と基本的には変わるところがないであろう（現に栗生は中川論文を引用して自説を述べている）。しかし、判例の内在的な発展の契機を見逃し、自説のなかにやや強引に判例を取り込もうとしているように思われる。

(145)　たとえば、高梨・前掲注（83）「婚約の破棄」二頁以下は、婚約無効論の立場から、契約説に対して種々の鋭い批判を浴びせている。その賛否は別にして、一読に値する。また、「島津一郎」は、杉之原論文を引用して、婚約は単なる社会関係にすぎないので、不法行為とするようである。島津一郎執筆「婚姻-婚約」中川善之助編『注解親族法』（法文社、一九四九年）一四九頁。その後、島津は、内縁に関する論文のなかで、大正一四年以降は「権利侵害」要件が違法性にシフトしたことから、不法行為構成により違法性の裁量を裁判所にゆだねるのが妥当だとし、その方が、家事事件・人事訴訟の非訟化という傾向にも合致するという（島津・前掲注（81）ジュリ二〇〇号一七頁）。婚約についても、予約論を採らないので、同趣旨に考えているのであろう。島津は、実務家が婚約と内縁とを区別しないで、婚姻予約概念に固執するのは、婚約とも内縁とも区別が付かない男女関係が多いこと、またそれらと私通との境界も曖昧なことから、そうした現代の男女関係の曖昧な現象に起因するものだと推察したうえで、将来の動向を睨みながら準婚理論判決が一つの転機となるとしていた。しかし、準婚理論が登場した後も、裁判例が不法行為構成に転じたわけではなく、当事者の主張の仕方にもよるが、婚姻予約論に従う裁判例も少なくない。これに対して、二宮・前掲注(134)『判例総合解説』一一-二頁は、最高裁も含めて、婚姻予約不履行構成との「二元的立場」につき解説してる。婚約事例では、主として不当破棄責任が問題となるので、まだまだ予約不履行構成が少なくない。不法行為構成であれ債務不履行構成であれ、婚約を単なる社会的事実としてではなく、法的な意味での行為としていることの証左であろう。婚約それ自体が無効というのは、今日でも、人々の法意識に合致しないのではないか。ことに、何らかの儀礼をともなう婚約には、婚約そのものとしての一定の社会的評価がなされていることは、否定し得ない事実であり、これを単なる一般的救済である不法行為法に依拠させるのは、明治期からの判例の内在的な展開を無に帰するにひとしい結果となろう。内縁当事者との身分関係の濃淡は否定し得ないとしても、婚約の「身分契約」としての実質を極端に軽視した論理というしかない。高梨の諸批判も、克服し得ない批判ではないので、不必要に技巧的な解釈論は、「法家の弊」といわれかねないこととなろう

(146)　ちなみに、高梨公之執筆「内縁」中川善之助・青山道夫ほか編『家族問題と家族法Ⅱ婚姻』(酒井書店、一九六八年)二九七頁、三一八-三一九頁は、婚約の社会的実態について論じ、婚約は届出を予約することもありうるが、むしろ事実婚の予約であるように取り扱われ、届出は「約旨外の事後手続」と理解されていることが多いとしたうえで、「タルイレ程度の婚約違反に対しては、一般意識はむしろ沈黙し、ユイノウの場合でさえその返還や倍返しが問題になるくらいであった」という。持論の婚約無効論に固執した上での「現象面」にとらわれすぎた解釈ではなかろうか。そのような社会的実体が在るのかどうかも疑わしいが、かりにそのような予断のもとで解釈論を構築しようとしているならば、少なくとも判例の論理構造とは著しい懸絶が生ずることとなろう。

(147)　たとえば、単なる一例であるが、東京控判大正一四・八・一〇評論一五巻民一五〇は、両家の同意のもとに「結納」が授受された事案で、「茲ニ本件当事者間ノ婚姻豫約ハ確実ニ成立シタル……」と判示している。当時の裁判実務の実相を知るうえで注目すべき判決例であろう。

(148)　八木秀次「〝自己決定権〟と家族秩序」憲法研究二七号(一九九五年)七一頁以下は、近代法的なリベラリズムに依拠した個人主義を軸とする家族論の問題点を抉摘し、家族構成員は「家族共同体・家族秩序」の中にあってこそ、個人として尊厳されべきる個体となり、わが国の現行家族・婚姻制度もこのことを前提としている、とする。八木は、個人優

位・自己決定権優位の価値観による家族主義は、かえって家族を崩壊させる結果にもなりかねないことに警鐘を鳴らしているが、この限りでは、その一般論につき同感の念を禁じ得ない。ただし、ここでの当面の課題は、個別の問題ごとに、かかる視点を具現しうる具体的な論理を発見することであろう。

(149) 杉之原・前掲注(137)『判例親族法』は、前述のように、婚約は法律関係ではないとするが、「事実関係としての婚約」の成立を考える上では、裁判例が参考になるとして、つぎのように述べているのが興味深い。婚姻は、非打算的で相互に信頼しあうところに成立するので、婚約も、将来夫婦としての協同生活関係に入ることにつき一応の合意では十分ではなく、「確定的な合意」が必要である。誠心誠意判決などの裁判例も「合意の確実性」を要件としていると考えられる。結納等の慣習上の儀式は、婚約の形式要件との関連で議論すべきではなく、「婚約についての合意の確定性の側面から観察すべしとするのが、わたしの態度である」(同著一〇一–二頁)という。横田秀雄が儀式を強調していたのも、基本的には同趣旨のことと思われる。

(150) たとえば、下宿先の娘と下宿人であった学生との関係(一子出生)を「私通」とした大判昭和六・五・二七新報二五九号一四頁と「誠心誠意判決」との整合性が、往々にして問題視されているところである。

(151) かつて、川島武宜「婚姻予約について」ケース研究三一号(一九五五年)二頁は、判例のいう婚姻予約概念について、事実婚的な関係も含むので曖昧であり、社会学上の概念とは明確に区別する必要があるとしていた。さらに、婚姻前の男女関係の破綻の責任がいずれにあるのか不透明であることが多いので、性的関係があったということで男性に責任があるというのは古い考え方であるとし、近時の欧米諸国の例(エンゲージメイトのない性関係)を引きながら、そうした婚前関係は基本的には各自の自己責任という考え方がすっきりしているとしたうえで、「予約」という概念構成では、無理がでてくるので、これにとらわれない解釈論が必要である、と実務家に向けて説いていた。社会的実態の重要性を改めて教えられ、その趣旨は傾聴に値する。ただ、婚姻予約論が単に結論を導くための「理くつ」ないしテクニックとするのは、問題であろう。婚姻予約論を深化させることこそが、曖昧な男女関係の法的分析のための定規として不可欠であり、それがひいては個別の正義の実現に近づくための必須のプロセスでもある。たとえば、下記の注(153)の松本暉男の研究を参照のこと。

三　結　語

(152) この関係では、今日の男女関係の実態の一班を知りうるうえで、最近の最判平成一六・一一・一八判時一八八一号八三頁の事案が興味深い。ところで、本判決は、男女間のいわゆる「パートナーシップ関係」の一方的破棄事件を消極的に解決したところ、その論理のなかで、「関係離脱をしないことの合意」がなされていないことに殊更に言及している。この種の「合意」を本判決との関連でどのように理解するかは、しばらく措くとしても（たとえば、吉田克己「本件判批」民商一三四巻三号四八四頁のような見方もある。）、いずれにせよ、そうした消極的な形式論等に頼り、既存の論理で演繹的に結論を導くならば、男女間の特殊の生活関係に切り込むことは困難であろう。かつて、婚姻予約無効論に呪縛されて、内縁関係の形成が「双方ノ任意」によることから、「関係離脱ノ自由」があることを強調して論理演繹的に不法行為責任を否定した大審院判決（第二章[6]判決を参照）を彷彿とさせる。ここで、社会の実態に現存する男女関係を蘇生させた民事連合部「婚姻予約有効判決」の歴史的意義を改めて強調しておきたい。

(153) 松本暉男「わが民法の婚姻予約有効論の展開－婚約法理についての一つの考え方」私法二六号（一九六四年）一八七頁以下は、従来の学説では、婚姻合意と婚約合意との関連が不分明であると批判したうえで、婚姻成立という制度原理から婚約法理を導出するため届出行為にいたる段階を次のように三段階に区別する。婚姻への意思が個人の心理にとどまり、社会的承認がない段階（「届出合意を含まぬ段階」）。当事者が婚姻への意思を社会的に公示し、かつ、社会的に承認されうるための手続きをとる段階。当事者には配偶者選択の自覚があり、フォーマルな身分関係が生ずる。この段階でみられる慣行的な儀式が婚約成立のシンボルとなるかは、地域の慣習による。第三段階は、届出意思を具体化する時期であり、結婚式がなされることもある。第二段階（婚約）は、「届出合意への到達可能性の具体化した段階」であり、婚姻合意の法的保護に必要不可欠な段階であるので、婚約無効論は、成り立たないとする。結論的には、本書と近似し、届出婚制度下での「届出」を重視しながら婚約段階を位置づける視点は刮目に値する。ただ、男女関係の事実的な発展的プロセスを類型化するのみで、婚約・婚姻予約有効論と「届出義務」との一般的な関連には、言及されていない。三段階ないし三類型を横断しうる統一的な分析指標が必要ではなかろうか。

第四章　婚姻予約有効判決の受容と定着

一　問題の所在と課題

1　問題の所在と視点

（1）大正四年の民事連合部「婚姻予約有効判決」（大〈民連〉判大正四・一・二六民録二一輯四九頁）は、単に婚約・内縁を保護したことにはとどまらず、制定法自体を改変したという意味でも、わが判例法史上からみて画期的な裁判例であったが、このような事情は、すでに前章で検討した。しかも、内縁については、当時のドイツ・フランス・イタリア民法のみならず、民事連合部判決の直前に施行されたスイス民法ですら、その保護を否定していたので（公序良俗違反）[(1)]、わが民事連合部判決は、世界法史的な観点からみても、この方面において、まさしく金字塔を打ち立てたものと評価しえないわけではないのである。

本章では、前章を承けて、「婚姻予約有効判決」公表後の判例の推移をたどることが、主たる課題となる。前章では、婚姻予約有効判決が内縁のみならず婚約も含む論理構造を有していたこと、および予約論の効果として「届出義務」が前提とされていたことを明らかにしたが、本章では、その後の判例の展開を分析することによって、かかる私見の立場を更に再確認するとともに、民事連合部判決があえて不法行為構成を排斥した理由についても、より一層具体的に裁判例を通して検証することが予定されている。加えて、戦前までの「家制度」のもとにおかれた婚約・婚姻予約法の閉塞状態にも言及しながら、一面では、なお一定の論理的な展開をみせるとともに、他面では、女性救済という面に急なあまり、その要件事実を曖昧なままにする結果を招来したことなどの事情ないし問題点を析出したいと考えている。ことに、婚約と私通関係との区別を不透明にして裁判官の自由裁量を許容する余地を残したが、そのことが、結局のところ、かえって女性救済という機能を十全には果たし得ない結果に繋がったことは否定し得ない事実である。ある種の自縄自縛の状態に陥ったようにも思われる。

大審院判例によれば、婚約としての婚姻予約の要件事実の核心は「将来において婚姻をなすことの意思」（以下では「婚姻意思」と略することもある。）の存在であるが、これは単なる事実というよりも、一種の規範的概念と捉えた方が正確であり、その考慮事情は単純ではない。結納や樽入れなどの儀式があれば、容易に認定できるが、単純なる口約による夫婦約束はいうに及ばず、秘密裡の性的関係ないし同棲中における結婚の「約束」ですら、結局のところ、その成否の命運は裁判官の価値判断に左右される面が強いからである。婚姻予約有効判決の歴史的意義の評価は衆目の一致するところであり、本書もこのことに異論を述べるものではないとしても、社会的事実としては性的関係を伴う類似の男女関係であるにもかかわらず、ある場合には婚姻予約が認められ、ある場合にはそれが否定されていたとするならば、抽象的な女性救済という正義・衡平論が具体の場では十全に機能せず、結局は個別正義が部分的にせよ犠牲にされていたといわねばならないであろう。そうとすれば、婚姻予約有効論の論理構造ないしはその「解釈の仕方」そのものが十全ではなかったということとなり、単に事案による結論の相違といって済まされる問題ではない。また、内縁、試婚、単純婚約、あるいは非婚という社会的事実レベルの区別を重視した分析でも、この難題を克服することはできないように思われる。仮に、その責めの一班が理論にあったとするならば、改めて、自戒の念をも込めて判例の推移を再検討することが、解釈論者の責務であり、かつ、ここでの重要な課題となろう。

(2)　ところで、婚姻予約不履行をめぐる裁判では、その請求認容の前提として、まず「婚姻予約」の成立が証明・認定されなければならないことはいうまでもない。かかる予約の成否に関する判例の立場について結論的なものを先取りして一言すれば、この当時の裁判例においては、いわゆる「内縁」ケースでは、慣習上の挙式を済ましたうえで、同棲していたならば、たといその同棲期間が短期間であるとしても（本書はこれを「実生活に入ること」と評価した。）、基本的には、婚姻予約の成立が認められたうえで、関係の破棄責任は肯定される傾向があったように思われる。(2) 民事連合部判決での内縁もそのような内縁であった。この種の内縁関係（いわゆる「試婚」なる男女関係）の生成は、当時の媒酌結婚に起因するものと思われるが、(3) その反面、媒酌・挙式がなされていない、いわゆる秘密裡での同棲が単なる情交関係ないし私通とされるケースもあったことを考慮すると、ある大審院判決の説示から明らかなように、(4)「正式の結婚式」を挙行することが普通の婚姻形態であるという当時の婚姻習俗を念頭におくならば、法的にも「内縁」につき通過儀礼のあるケースをもって婚姻予約とするという「原則論」が多くの裁判例の裡に潜在していたと評価しえないわけではない。それは、証明責任の観点からいえば、村落秩序や家秩序を後景において行われる「通過儀礼」によって「確定的な真意のある婚姻意思」を事実推認することとなり、もはやその反論は著しく困難になるということを意味しよう。これに対して、単なる同棲では、その推定力はさほど強力ではないし、また、そうした単なる同棲が戸主や両親の意思に反すると、適法なる内縁とは認められなくなる可能性もあった。実際、この種の内縁を解消して戸主ないし両親の家に帰還するよう命令されても従わないならば、事情によっては離籍や廃除が認められることもあり得たのである。その意味では、この種の男女関係は、実体法的にみても、脆弱な関係といわざるをえない。

なるほど、判例によれば、通例儀礼はあくまでも単なる証拠とされているので、原則的内縁ケースと、これに準ずる内縁ケースとは、類型として自覚的に区別されていないとしても、かかる分析視点を介在させることによって、むしろ判例の立場をより系統的・統一的に整序できるように思われる。(5) 前章では、婚姻意思に通過儀礼がともなう場合には、単なる当事者双方の結婚の合意（いわば「裸の合意」）にはとどまらず、それを核にするとしても、それを裏付け、かつ強固な関係にまで昇華させうる「社会的な力」が働いているという立場を明確にした所以でもある。(6) 一部の学説が指摘する「試婚」か否かも、(7) それが媒酌結婚・挙式によるものであるかぎり、内縁の「成否の判断」では重要性をもたないことも、説明が可能となろう。ことに昭和期に入ると、下級審裁判例では、挙式・同棲に注目するような例が目につくようになっているが（後述参照）、これはおそらく、婚姻習俗のほかに、儀式婚主義を採用した「臨時法制審議会の改正案」（大正一四年）の影響もあるのではないかとも思われるので[8]、かかる観点からも、分析する必要があろう。加えて、内縁準婚論の台頭や内縁保護に係る社会保障法関連の特別法の制定も[9]、決して軽視し得ないものがあろう。

他方で、「婚約」の方に目を転ずれば、その成立要件ないし要件事実は「将来夫婦となることの合意」のみであるとされてきた。この主要事実の証明は、いうまでもなくさまざまな間接事実の総合評価によるものであり、単純なる合意事実の認定にはとどまらない。ここでも、慣習上の儀式などによって将来の婚姻意思が明確なケースとそうではないケースとを区別しているように思われる裁判例もあるので、自覚的に要件事実論という視角も織り込んだ上で双方の具体例を識別するならば、あらたな視点が析出されよう[10]。加えて、大正一〇年一一月一九日の「法曹会決議」の「婚姻豫約ニ関スル件」では、「父母の同意」を婚姻予約の積極的な成立要件としたが[11]、この決議の影響にも注視しなければならないであろう。

以上のことを前提としたうえで、単純婚約のケースでも、その論理構造からみて、同趣旨の準則が妥当すると思われる内縁事例にも視野を拡げながら、改めて判例婚約法を総合的に検討してみよう。基本的には、儀式不要とした、いわゆる「誠心誠意判決」を中心として、その前後の裁判例を区別して検討することとした。この判決以降、ことに婚約と私通との区別が一層困難となった事情も明らかになるであろう。

(3)　周知のごとく、判例のいう「婚姻予約」については、婚約と内縁とに区別するのが伝統的な通説であるが[12]、これに対して、「唄孝一」や「佐藤良雄」は、いわゆる「試婚論」を旗幟としながら、正当婚姻に至るまでの男女関係を「連続体」として捉え、判例のいう「婚姻予約」概念もそのような内容をもっていると解しているようである[13]。本書は、社会的事実としては、そのような連続体としての捉え方が間違っているとは思わないが、判例の要件事実論からいえば、「婚姻意思」が必須の要件となるので、法的には「内縁・婚約」二分論があってはじめて「婚姻予約」なるものが概念として機能しうるものと思われることから、かかる予約概念を前提とする限りは、婚姻に至る前段階の男女関係でいずれでもないような関係を想定することは極めて困難であろう。裁判官も、当然のことながら、内縁と婚約との区別を念頭に置きながら、当該の男女関係において婚姻予約が成立しているか否かを判断しているはずである。そうでなければ、「具体的な婚姻意思」の判断に支障をきたすからである。前章で明らかにしたように、民事連合部判決当時でも、すでに大審院の判事は、時代の婚姻習俗や社会文化に起因する曖昧な男女関係（「足入れ」とか「客分」のほか、婚姻意思を欠く「単なる同棲」）の存在を十分に承知のうえで、これを克服するために通過儀礼と婚姻意思を強調しながら、「内縁・婚約」二分論を採用したものと考えられる。[14] ただし多くの裁判例は、内縁と婚約とを概念的には区別しないで「婚姻予約」概念を使用していることも事実であるので、判例の分析では、そのような視点も含めて検討することとした。

なお、いうまでもないが、あるテーマに関して大審院判決が登場したときには、その準則が下級審裁判例においてどのようにして受容（ないし変容）されていくのか、そのプロセスを見極めるという視点も不可欠である。加えて、民事連合部判決に対する学説の批判、ことに「穂積重遠」が強調した「仮託論」[15] での議論を意識しながら、婚姻予約論を説示している判決例もあるように思われるので、そのような観点も織り込んで分析している。[16] いうまでもなく、婚姻予約に関する裁判例は夥しいほどの蓄積があり、また多数の研究業績が蓄積している。本書は、これらの先行業績の恩恵に浴しながら、本書の視角から分析しているので、一般的かつ網羅的に学説や裁判例を掲記しているわけではないことをお断りしておきたい。[17] ことに当時の社会的秩序のもとで行われてきた婚約・事実婚は、単なる当事者間での秘密裡での性的関係ないし同棲とは、社会的にも法的にも異質のものである、という視点（社会的婚約秩序論）を後景において、関連する裁判例を分析したいと考えている。

2　具体的な課題

(1)　大審院民事連合部判決によって婚姻予約が有効であるという一般論が確立したことから、これ以降においては、いかなる要件があれば、婚姻予約が成立するのか、その積極要件と消極要件に関心が向けられるのも自然の成り行きであろう。この種の要件事実論の展開については、すでに婚姻法自体の歴史的展開からも学ぶことができるが、婚約・婚姻予約法でも、「婚姻」の要件との関連で、その類推適用の可否が議論されてきた経緯がある。そこで、かかる視点から、裁判例の推移と判例の論理構造を分析することとした。

積極要件としては、当事者間の合意の重要性はいうまでもないが、単純なる合意だけでは、「私通」や「妾」との区別が困難となる。予約有効判決前では、内縁も含めて婚姻届出前の男女関係は、すべて公序良俗違反の男女関係（私通）と解釈することが判例の基本的立場であり[18]、この限りでは、私通と法的保護に値する男女関係との区別は明瞭であったが、これ以降は、両者の区別が極めて曖昧となる。ことに婚姻習俗としての「樽入れ」や「結納」、その他、婚礼儀式等の通過儀礼の要否が議論されており、幸いなことに、裁判例でも、この種の事例が登場している。先述のごとく、すでに大審院当時から、内縁についても、単なる婚約についても、ともに慣習上の儀式は不要と解されているところ、内縁については、基本的には「同棲」という事実が必要とされているので、婚姻意思の認定にあたって必ずしも挙式は重要因子とはならないが、単純な婚約事例では、慣習上の儀式がなされていないときには、将来の婚姻意思を何をもって認定するのか、極めて困難な事態に直面する。

他方で、戸主ないし両親の同意、婚姻適齢などの障害要件のほかに、とりわけ重婚的内縁ないし重婚的婚約の適法性が問題となるが、この種の事例もすでに散見される。

なお、婚姻予約との関連で、当事者双方ないしその親族間で一定の金銭の給付契約ないし授受がなされることもある。単なる贈与のほかに、予約不履行の場合の「違約金」として意味をもつ契約も少なくない。この種の契約の有効性については、それが婚姻予約を直接間接、強制することにつながりかねないので、すでに西欧諸国でも古くから議論されていたが[19]、わが国の判例の立場はどうか。この問題についても、婚姻予約有効判決の登場後は、必ずしもその効力を否定するような傾向にはないことが[20]、大変興味深い。

加えて、民事連合部判決は、婚姻予約の破棄があっても、それが「正当ノ理由」によるものであるならば、賠償責任はないとした。そこで、本判決以降の下級審裁判例では、予約の成立に疑問がなければ、当事者間の争点は、かかる正当理由の有無に集約されることとなった。さまざま事情が登場しているが、その大半は「内縁事例」である。ここでは、婚約破棄責任においても有用な事情を中心として検討することとした。

ともあれ、以上のように、民事連合部「婚姻予約有効判決」が前提となって登場してきたと思われる裁判例を特に重視して、その判例の推移を常に念頭におきながら、裁判例を幾つかの事件類型に区別して検討することが、本章での当面の課題である。

(2)　本章では、裁判例の紹介のなかで、慰藉料額の判断基準・指標と具体的な額についても、可能な範囲で言及することとした。「額」については[21]、裁判官の自由裁量にゆだねられているとともに、当事者の請求・主張とも関連するので、いわゆる相場なるものを析出することは困難であるが、多数の判決例の集積によって、おおまかな方向性が示されていないわけでもないので、そのような点にも留意しながら、特に認容額が多い事例や逆に少ない事例に注目している。

なお、慰藉料額の判断指標については、当初の大審院判例は、被害者側の地位や職業などの諸般の事情を斟酌して判断し、被害者が職業を有しない場合でも、その属する家の職業を斟酌しても不法ではないとしたうえで、その判断は事実審の専権に属するとしていたところ[22]、その後、加害者側の事情を斟酌しても不法ではないとされたため[23]、ここで取り上げた下級審裁判例も、そのような考慮事情を指摘した上で、具体的な額を判示する傾向がある[24]。

（1）　この点については、本書「第三章」第一節の「4・外国の立法例の影響」を参照のこと。先進国では、いずれも公序良俗違反として無効とされ、なかでも刑事罰をもって内縁を禁圧した国もあった。

（2）　判例一般の評価としては、二宮周平『事実婚の判例総合解説』（信山社、二〇〇六年）二二頁も同様の認識を述べているのが参考となる。ちなみに、穂積重遠『親族法』（岩波書店、一九三三年・昭和八年）二五三頁は、「折合いがよかったら籍を入れる」という一種の「試験結婚」につき言及したうえで、この場合も内縁と考えていたようである。

（3）　当時の「媒介婚」については、戸田貞三『家族と婚姻』（中文館書店、一九三四年・昭和九年）六八頁以下参照。わが国での婚姻のほとんどが「媒介婚」であるので、当事者間での強い内的合一化は相当の期間を要するところ、その進行中は一種の「試婚」のごとき意味を有し、その間は婚姻手続（届出）をしばらくまち、離別があっても既婚者（所謂出戻り）という痛切なる非難を避ける傾向が強いというような趣旨を述べているが、この種の婚姻習俗は判例の分析においても参考となる。ただ、狭い村落共同体のなかでは、挙式・同棲後の「離別」が問題視されるのであって、社会的事実としては挙式・同棲が「正式の結婚」であることから、社会的評価という面に限定すれば、婚姻手続の有無のみに固執すべきではないように思われる。この関係では、内縁を一方的に破棄された妻について、大審院みずからが「出戻者」とか「疵者」とかの社会的風評がある事実を指摘していたことが想起されるべきであろう（大判明治四四・三・一五民録一七輯一六九頁）。

（4）　大判大正一二・一二・二七大正一二年（オ）第七〇七号（親権喪失請求事件）は、内縁破棄が問題となったケースではないが、夫死亡後幾許も経たない間に妻・母が他の男性と関係をもったことが「私通」（不品行）とされたところ、その判断の決め手になったのが、「正式の結婚式」をしていなかったことであった。そこに「社会的承認」が受けられなかったことの事情を読みとることができるであろう。この未公表判決については、佐藤良雄『婚姻予約および認知―未公表判決の研究』（システムファイブ、二〇〇五年）一八二頁に収録されている。

（5）　ちなみに、明山和夫「内縁の成立に関する一考察」家裁月報一一巻三号（一九五四年）一頁、四六頁、五二頁以下は、婚外関係について、本来の内縁や婚約とはいえないが、さりとて私通関係として全面的に法的保護を否定するのは問題であるので、その中間的な類型を析出したうえで、かかる保護を限定的に考えているが、このような見方も参考となる。

(6)「社会的秩序」による婚約・内縁論については、本書「第一章」の「第一節-2本書の課題と視点」および「第三章」の「第二節-4社会的婚約秩序論と通過儀礼」を参照されたい。

(7)試婚論を旗幟として民事連合部判決などを再検討する唄孝一・佐藤良雄らの一連の研究については、差しあたり、唄孝一『家族法著作選集第三巻―内縁ないし婚姻予約の判例研究』(日本評論社、一九九二年)三頁、二一頁、七一頁および一一一頁など、佐藤・前掲注(4)『婚姻予約・認知』一三頁などを参照。かかる視点は、婚姻予約有効判決等の分析では、いわれるほどの重要性を有しないことについては、本書「第三章」の「第一節-2大審院の基本姿勢」を参照のこと。そこでは、大審院は、いわゆる試婚という婚姻習俗を熟知した上で、婚姻挙式と夫婦が実生活に入ることを判断指標として、試婚も含めて内縁と評価している旨に論及している。

(8)「臨時法制審議会」の改正案については、差しあたり、太田武男『内縁の研究』(有斐閣、一九六五年)五八頁以下を参照のこと。同改正案は「届出義務」も明記していた。

(9)大正一二年の改正工場法(一五条)と同一五年の同施行令改正(八条・一二条)、大正一三年の改正鉱業法(八〇条)と同一五年の鉱夫労役規則の改正(二一条・二五条)をもって先駆的な特別法とし、戦前でも断片的ではあるものの、さまざまな社会保障関連の特例的措置が法定されている。また「届出義務」との関連では、昭和一四年の委託・郵便による戸籍届出制度が興味深い。これは、事実上の婚姻関係が成立していながら、届出を済まさない間に軍事や公務に従事中に死亡した場合の救済措置である。この間の事情については、二宮周平『事実婚の現代的課題』(日本評論社、一九九〇年)二一頁以下参照。

(10)穂積・前掲注(2)『親族法』二三九頁は、すでに婚姻予約・婚約について、結納というような「社会的に認められた形式」がある場合と単なる口約の「夫婦約束」の場合とを区別して、後者は必ずしも保護されないとしていた。このような視点それ自体は、慧眼であったと思う。ただし、穂積は、事実婚の保護には積極的であったが、婚約保護については、もともと全面的に否定していたので(同『親族法大意』〔岩波書店、一九一七年・大正六年〕六六-七頁)、上記のような区別論が妥協的に主張されている面も否定できないことに注意すべきであろう。

(11)法曹記事三二巻四号(一九二二年・大正一一年)二八-三〇頁。

(12) 中川善之助『新訂親族法』(青林書院、一九六七年) 一四六頁以下、我妻栄『親族法』(有斐閣、一九六一年) 一八八頁以下、末川博『新版民法(下ノ二)－親族』(千倉書房、八版・一九六六年) 六六頁以下。

(13) 唄・前掲注(7) 七頁以下、一三七頁以下、一四七頁以下、佐藤・前掲注(7) 二三頁。

(14) この問題については、本書「第三章」の「第一節-2大審院の基本姿勢」で詳論した。媒酌結婚や婚約儀礼、さらには婚姻意思のない「単なる同棲」すらが問題となっていたので、岡松参太郎や横田秀雄らも、すでにこの種の男女関係に言及しながら、婚約・内縁問題を論じていたからである。判例も、たとえば、結納の返還に関する事例であるが、大判昭和六・二・二八民録二三輯二九二頁は「婚姻」と並べて「婚約」なる用語を使用している。

(15) 内縁保護のための予約有効論が「仮託論」にすぎないとして、婚姻予約有効判決の結論を高く評価しながらも、その論理構造を厳しく批判したのが、「穂積重遠」である。穂積重遠「婚姻豫約有効判決ノ眞意義」法学志林一九巻九号(一九一七年・大正六年) 八頁、一七頁、二五-七頁を参照。これを承けたのが、中川善之助(差しあたり前掲注(12) 一四八頁注(2)を参照)、我妻・前掲注(12) 一八八-九頁、末川・前掲注(12) 七二頁などであり、その権威によって内縁学説では、ほぼ定説となった観すらある。

(16) 婚約ないし内縁の判例の総合的な研究に関する文献としては、古くは、岩田新『判例婚姻豫約法解説』(有斐閣、一九三五年・昭和一〇年)、永田菊四郎『内縁と私生子(第二版)』(厳松堂、一九四三年・昭和一八年) などのほか、実務家である小石寿男の「判例を中心として観たる内縁の諸問題(一)(二)(三・完)」法曹会雑誌一〇巻一〇号(一九三二年・昭和七年) 一九頁、同一一号(一九三二年・昭和七年) 二九頁、同一二号(一九三二年・昭和七年) 二七頁などがある。戦後では、田村精一「婚約破棄の責任」(判例総合研究) 民商四〇巻三号(一九五九年) 四八頁、太田武男『内縁の研究』一〇二頁以下と三一三頁以下(特に「後編・内縁判例集成」の収録裁判例、国府剛『婚約(第二版)』叢書民法総合判例研究(一粒社、一九八六年)、太田武男『結納(第二版)』叢書民法総合判例研究(一粒社、一九八六年)、二宮・前掲注(2)『事実婚の判例総合解説』などに負うところが大である。これらの先行業績のほか、本書では、細部にわたっていちいち具体的に引用しないこともあるが、唄孝一・佐藤良雄・関彌一郎らの研究になる「未公表の裁判例」(都立大学法学会雑誌一巻一号〈一九六〇年〉以下および社会科學論文集二五巻六号〈一九七四年〉以下)も重視したことは、後述の通りである（それぞれ「都法」、「社研」と略する。）。なお、「佐藤良雄」には、「知られざる判決─婚姻予約有効判決の周辺」成城法学一六号（一九八四年）七九頁、同「判例婚姻予約法の知られざる展開（上）（中）（下）」成城法学一七号（一九八四年）三頁、一八号（一九八四年）三五頁、一九号（一九八五年）四一頁、同「続・判例婚姻予約法の知られざる展開（上）（中）（下）」成城法学二一号（一九八五年）一頁、二二号（一九八六年）六一頁、二三号（一九八七年）三三頁、同「事実婚をめぐる判例法の展開」加藤一郎・水本浩編『民法・信託法の展開』（四宮先生古希記念）などがあり、これらを収録した著書が、同・前掲注（4）『婚姻予約および認知─未発表判決の研究』である。本書では、この著書（『婚姻予約・認知』と略する。）のみを引用する。

(17) 佐藤良雄『婚姻予約の研究』三頁（初出「判例における婚姻予約の研究」社研一七巻五号（一九六六年））、一二六頁（初出「婚姻予約の成立方式に関する試論」社研一四巻五号（一九六三年））では、膨大な判例を計量的な視点から分析している。本書は、そうした計量的分析では、かえって判例の内在的な展開の契機を見落とす虞もあると考えていることから、佐藤論文とは判例分析の基本姿勢を異とするのみならず、そもそも問題意識が異質であるので、いちいちの引用は避けた。ことに何故にそうした統計的事実が認められるのか、その評価を根拠づける「論理」が示されていないかぎりは、本書にとっては、とくに魅力のある判例研究・分析とはならないからである。ただ、そこで指摘された種々の事項や一般的傾向なるものは、結論に至る「考慮事情」として参考となることもあるので、断片的かつ限定的ではあるが、引用させてもらうこともある。

(18) このような立場は起草者である梅謙次郎の影響によるものであることについては、本書「第二章」の「第二節-2梅と土方の婚約観論争」を参照のこと。

(19) この問題については、イタリア旧立法の起草段階から常に問題となっていた。本書「第一章」の「第三節・イタリア旧立法の婚約法」を参照のこと。この種の違約金ないし贈与につき明文の規定を置いている立法例（イタリア現行法七九条、ドイツ民法一二九七条二項など）も少なくない。

(20) この種の違約金の効力については、佐藤・前掲注（4）『婚因予約・認知』九四頁を参照のこと。

(21) 穂積重遠「親族法相続法判例批評（八）・婚姻予約不履行の事実と慰藉料の額」法協四四巻四号（一九二二年・大正

一一年）一一二頁は、大正九年上半期の下級審裁判例四件を列挙して簡略な批評を試み、持論である「婚姻予約仮託論」に触れたうえで、その末尾では（同一一九頁）、慰藉料額について、「先づ以て五六百円と云う所が原則的ミニマムであろうか」と述べていた。たしかに、後述のように、本書が取り上げる下級審裁判例では五〇〇円程度の認容例が少なくない。ちなみに、大村敦志「婚姻予約有効判決（1）被侵害利益②精神損害」法教三五一号（二〇〇九年）七八頁注2［同『不法行為判例に学ぶ‐社会と法の接点』（有斐閣、二〇一一年）一〇五頁（一〇六頁）以下所収］によれば、民事連合部判決の一審当時の二〇〇円（原告の請求額）を米価と消費者物価指数から現在の価値に換算すれば五五万円前後になる、という。これだと、上記の平均的な賠償額である金五〇〇円の現在価値は、一三七・五万円程度となる。

(22)　大判大正五・五・一一刑録二二集七三二頁（猥褻並附帯私訴の件）。原判決が原告・幼児の名誉侵害を認めながら、わずかに一〇円の慰藉料しか認めなかったので、原告側が上告審でつぎのように反論した。原判決が職業を斟酌して慰藉料額を決めたことのほか、幼児である原告の父の職業等を斟酌したことも違法であると主張したが、大審院は、いずれの主張も排斥した。

(23)　大判大正九・五・二〇民録二六輯七一〇頁。本件では、日刊新聞社の記事による名誉侵害が問題となっているが、その慰藉料額（五〇円認容）につき、原審が加害者側の事情も斟酌して決定したので、被告側が、それでは加害者側が巨万の富を有していると莫大の慰藉料の支払義務があることとなり不当である、として上告したが、棄却されている。

(24)　当時の大審院判例の「慰藉料」に関する準則や具体的な判断指標については、千種達夫執筆「慰藉料額の算定」『総合判例研究叢書民法（四）』（有斐閣、一九五七年）九二頁以下が参考となる。

二　「婚姻予約有効判決」後の動向

1　婚姻予約の成否

「婚姻予約有効判決」の登場によって、予約の成立論自体がどのような推移のもとで深化したのか、まずは、そのプロセスないし展開の契機を明らかにしなければならないであろう。したがって、予約有効論を前提として、そこから派生する問題（具体的な要件、正当理由の有無、付帯契約の効力など）に関する判例の立場については、本書では、予約有効判決の展開として位置づけているので、次章での課題とする。

民事連合部判決の登場によって、その後に、これを承けた同趣旨の下級審裁判例が続出している。まず、本判決の直後、とりあえずその四、五年までに登場した裁判例に限定して、かかる準則の定着度を検討しよう。公表された裁判例のうちで婚姻予約の成立が認められているものは、内縁については、すべて慣習上の挙式後に同棲しているケースであるが、以下、そのうちで、いくつかの例を掲記しておこう[25]。たちまち連合部判決が定着した事情が判明するであろう。なかでも「足入れ」ないし「客分」（いわゆる試婚）の成否が争われた事例もあり、興味深い。これに対して、単なる「情交関係」にすぎないと評価された事例も登場しているが、この種の事例では通過儀礼の存在が認定されていない。

(1)　婚礼儀式がなされた事例

通過儀礼のなされているケースでは、問題なく、婚姻予約の成立が認められているので、争点は正当理由の有無にある。「正当理由」自体の可否の問題は別に検討するが、ここでは、民事連合部判決の具体的な説示ないし準則を念頭に置きながら、婚姻予約の成否に関する判決例の姿勢に注目する。

(ア)　まず、いくつかの「内縁事例」を時系列的に取り上げて、主として慰藉料を肯定した例をみてみよう。

(a)　民事連合部判決の翌年である大正五年に登場した裁判例については、網羅的に列挙しておこう。このことによって、同判決の影響力の大きさが判明するであろう。

[1]　東京地判大正五・三・六新聞一一三五号二九頁（内縁）

〔事実・判旨〕　X女とY男とは、第三者の周旋により結納を取り交わし婚姻の儀式を挙行して将来婚姻を為すべきことを予約したうえで、大正四年七月二三日以来「事実上夫婦同様の生活」をしてきたが、Yが理由なくして離別を迫った。Yは、妾関係や私通の抗弁を提起したがいずれも排斥された。判旨は、Yは「婚姻の豫約に拘束せらるべきこと勿論にして」、離別を迫り本件契約を履行しないので、「之が為め原告に生じたる有形無形の損害を賠償すべき義務あるや洵に明白なり」としたうえで、金五〇〇円の損害賠償を認容した。

[2]　長野地判大正五・三・九「判例」一巻民一三一頁（内縁）(26)

〔事実〕　X_1男の五女であるX_2とY男とは、媒酌人のもとで結納を授受したのち、明治四五年一二月二三日に挙式後、X_2は、Y方で同棲し、大正元年九月一〇日に初産の慣習に従って実家に戻り同月二四日に出産を済ませたのち、同年一一月一八日にY家に帰宅した。ところが、大正三年四月二五日に突然、Y側が一方的に離別を申し入れ、同年五月二日にX_2を実家に戻した。Yは「性に合わない」といい、Yの親は「家風に合わない」というのみである。Xらは、出産後に入籍を懇請し、その協議の結果、大正二年九月一〇日にX_2は婚姻届書に署名調印してこれをYに交付したが、ついにYは婚姻届出をしなかった。Xらは、慰藉料金二〇〇〇円のほかに、婚姻費用二〇〇円や調度品など金三〇〇円の財産損害を求めて提訴した。

〔判旨〕　「婚姻豫約ハ婚姻成立上ノ普通経路ニ属シ公序良俗ニ反セサルヲ以テ」、本件当事者の如く、結納を授受し儀式の挙行のうえ、同棲することは、わが国の「慣習上容認シ居ル所」である。したがって、理由のない不履行によって、「相手方ノ被害ハ有形ノ財産上ノ損害ニ止マラスシテ貞操ノ翻弄品位聲誉ノ毀損等無形ノ損害アルコトハ蓋シ此豫約ノ性質然ラシムル所ナリ」。X_2は、永年貞操を弄ばれ、空しく婚期を逸し、品位聲誉を毀損されたので、その無形の損害は甚大である。慰藉料については、Y家は県税等級一等にして相当なる資産家であり、X家もこれと大差がないので、金五〇〇円をもって相当とする。財産損害については、不分明であるので、認められない。

なお、本件では、女性側の父親も婚約不履行による損害賠償を男性側（その父親）に対して請求しているので、判旨は、婚姻予約の当事者は「婚姻セントスル双方ニ限リ之カ豫約ヲ為シ得ル」と判示して、父の請求を排斥している。

［3］　東京区判大正五・五・三新聞一一六四号二二頁（内縁）

〔事実・判旨〕　X女の主張はこうである。Y男と大正二年一二月中に婚姻予約を結び、翌年一月末に挙式したうえ、同棲したが、大正三年八月中にYが離別を強要した。いったん男子と同棲し、一児を挙げたことから、その品位を毀損され無形の損害を受けたので、金一五〇円と婚礼費用などの財産損害を請求する、として提訴した。これに対して、Yは、Xはその性質が放肆で従順ではないのみならず、Yの資産状態に不満の念を抱き、みずから離別を求めてY方を退去したものである、と反論した。判旨は、XYは大正二年一二月中に婚姻予約を結び挙式・同棲したが、XがYの資産状態に不満の念を抱き、みずから離別を求めたものであるので、不履行の責任はXにあるとして、その請求を排斥した。

［4］　名古屋控判大正五・一〇・三新聞一一七八号二四頁（内縁）

〔事実・判旨〕　X女とY男とは従兄妹の関係にあり、明治四五年三月二〇日に媒酌により慣習上の結婚式を挙げ、Xは、大正三年四月二一日まで、三カ年余にわたりY家で「内縁の妻」として同棲して、その間に妊娠・出産した。ところが、Yが、大正三年一二月中にA女と婚姻した。Yは離別の正当事由を多数あげるとともに、離別につき合意があったと主張したが、いずれも認められなかった。判旨は、挙式後同棲が三年に及び、その間に子を懐妊したXを除外してA女と婚姻したのは「Xに対して重大なる侮辱を加えたる者にしてXの被りたる精神上の苦痛甚大なること之を懶察するに余りあり」として、慰藉料金一〇〇〇円を認容。

［5］　大阪控判大正五・一〇・一三新聞一一八二号二四頁（内縁）

〔事実・判旨〕　X女とY男とは、媒酌により大正三年一月二五日親族知己とともに婚礼の式を挙げた上、婚礼後大正四年一月二四日まで、XはY方で同棲した。したがって、「婚姻の予約が成立したることは明白である」。ところが、Yは、Xを実家に強いて帰らせ、大正四年八月二四日にYは他女と婚姻した。それ故、婚姻予約の実行しないことが正当の理由に基づくものか、これを審究する。「抑も婚姻の豫約は、誠実に之が実行を期し確乎たる信念に基き之を為すべきものたること其契約上当然なるを以てこれに相当する重要なる理由あるにあらずんば之が履行を拒み最初の目的を水泡に帰せしむ能わざるや多言を要せず」。而も本件のように一年近くも同棲し事実上夫婦の関係を維持している場合は、「当事者は将来適法なる婚姻を締結すべき重大なる道徳上の義務あるものと謂わざるべからず」。本件では、妻が裁縫に通ぜず、また、夫の営業の用向きに間に合わないというのは、要するに「家風に合わない」という単純な事由によるにすぎないので、正当理由にはならない。かくして本判旨は、夫婦としての共同生活をしていたにもかかわらず、婚姻を拒絶したことにより、「Xの品位声誉が毀損せられ且つ精神上多大の苦痛を蒙り為に無形の損害を生ずるに至りしことは経験上の原則に照らして疑いなき処なり」として、連合部判決に忠実に依拠しながら判示している。損害額については、Xは初婚なるも婚約当時、機械工場の見回り役をなし、父は文部省の嘱託として相当の地位にあること、Yは米商として多数の雇い人を使用し、相当の資産があるので、無形損害は金八〇〇円が相当である、とした。

(b)　つぎに、大正六年から七年にかけての裁判例を列挙しておこう。ますます、民事連合部判決が下級審裁判所に浸透していく状況が明らかとなるであろう。

[6]　東京控判大正六・六・一六新聞一三四一号一七頁（内縁）

【事実・判旨】　X女とY男とは大正元年一二月二三日に婚姻の式を挙げて、以降夫婦として同棲し、Xは入籍手続を求めたが、Yは婚姻届出に応じなかった。その間に男児が産まれたが、大正三年四月頃媒酌人より突然離婚の申し入れがあり、翌月、Yは、愛情がないとか性に合わないとかの口実をもうけて、Xを実家に立ち帰らせた。Xの兄が交渉した結果、Yはいったんは入籍して子どもを嫡出子としたうえで、離別することに同意したが、その約束も果たさなかった。判旨は、つぎのように判示している。「思ふに婚姻は其性質上之を強制し得ざるものなるが故に婚姻豫約の当事者の一方が正当の理由なくして其義務に背き婚姻を為すことを肯んぜざるときは他の一方は相手方をして強いて婚姻をなさしむることを得ず、……其違約者は之が為め相手方の被りたる精神上の苦痛に対しても其損害の賠償を為すの義務あるものとす」。XYの実家はいずれもその地域において「相当の地位および名望を有するものなる」ことを推知しうること、既に男児を出産していることなどの事情を斟酌すれば、金五〇〇円の慰藉料をもって相当とする。

［7］　東京控判大正六・一〇・五新聞一三五五号二三頁（内縁）

【事実・判旨】　X女とY男とは婚姻の式を挙げて、大正四年五月一四日以降、XはY方で同棲し事実上の夫婦関係を結び、婚姻予約が成立した。以来、Xはその履行を切望していたが、Yは中途で謂われなく婚姻の意思を変更し、大正五年三月中に離別を迫り、かつ他より妻を迎えた。したがって、豫約の履行を拒絶した事実が認められる。慰藉料額については、Xは、大正五年六月二四日に女児を出産していること、Yが他に妻を迎え入れたため煩悶の余りヒステリー症に罹患したことなどの事情から、金五〇〇円をもって相当とする。

［8］　大阪控判大正六・一〇・六新聞一三二三号二九頁（内縁）

【事実】　X女とY男はともに未成年者であるが、両親の許諾の下で、媒酌により婚姻予約を締結し、大正五年三月二五日にY方で婚姻の式を挙げ、その後同棲していた。ところが、同年六月二日、XはYの許諾を得て実家に立ち帰った。その帰省中に、Yの母が、Xの父宛の書面によってXが大切な物を大事にできないことや嘘をつくことなど人物技量につき逐一短所を挙げて非難攻撃したうえ、Xの父に対しその猛省を求めたところ、Xの父もYの母に反省を迫った。その間、媒酌人が再三、Y家にXを呼び戻すことを勧めたが、結局のところ、翌年の二月に至るまでYもYの母もXの帰還を峻拒したことから、Xは、相当の期間を定めて催告した上、予約を解除した。

【判旨】　「抑婚姻は人生の大事なれば忽ち行ふべからざるは論なしと雖も男女が既に予約を結びて婚姻の式を挙げ同棲し来たりたる以上何ら正当の事由なくして違約するを許さず若し正当の事由なくして違約するときは相手方特に婦たる者は之がため終生の不幸を招くことなしとせざるを以てその受くべき苦痛の甚大なるべきは多言を要せざる所……」。Yには何ら正当の事由がないので、その損害賠償の責に任ずべく、慰藉料額については、Xが同棲当時、未成年者で初婚者であり、高等女学校卒業にして小学校教員の検定試験合格者という事実等を斟酌すれば、金五〇〇円をもって相当とする。

［9］　和歌山地判大正七・四・一九新聞一四〇五号二一頁（内縁）

【事実・判旨】　Y男は、Aらの媒酌により何度も交渉した結果、ついに大正六年一〇月六日、X女宅で結婚式を挙げて事実上の夫婦関係を結んだ。Yは結婚式の当夜、明日にでも入籍することを約しながら、同年秋の収穫まで猶予を乞い、同年一二月にAらが入籍を迫ったが、結局のところ、Yは、Xに実家に帰るよう強要し、その後、大正七年一月中に離別の意思を言明した。判旨は、大正六年一〇月六日に「将来婚姻を為すべき予約を結びたるものと認定す」としたうえで、Yに「本件婚姻予約不履行の責めあること疑いを容れ」ないので、「有形無形の一切の損害を賠償すべき義務」があるとした。損害額については、Xの父はもと資産家であったが、現在は小学校の使丁となり、Xは職工又は下女の労務に従事したものであるので、金四〇〇円をもって相当とした。結婚式当時の酒宴等の費用三一円（財産損害）も認められた。

[10]　東京地判大正七・五・一五評論七巻民三三四頁（内縁）

〔事実・判旨〕　被告は、結納の取替しや儀式同棲のごときは、婚姻の一過程にすぎないので、婚姻予約ではないと争った。これに対し、判旨は、婚姻豫約は、婚姻とは異なり、要式行為ではないが、「当事者間ニ婚姻予約成立シタル後之レカ成立ヲ確保スル為メ相互ニ結納ノ金品ヲ取替セ且ツ婚姻ノ儀式ヲ挙行シタル上同棲スルヲ以テ通常ノ事柄ニ属スル」ので、「当然ニ予約ノ成立シタルモノト推断スルヲ妥当トスル」とした。被告が儀式・同棲等を認めながら、それらを「婚姻ノ一階程」と称して、その前提たる予約の成立を否定する抗弁は到底採用し得ない、という。

(イ)　「婚約事例」も登場している。一般に、婚姻予約破棄事例の大半は内縁事例であり、婚約事例は、下級審裁判例においても、数は少ないところ、つぎの大審院判決（第三章[2]判決）は、内縁事例ではないと考えてよいので、その意味では、希少価値のある裁判例である。

[11]　大判大五・六・二三民録二二輯一一六一頁（婚約）

〔事実・判旨〕　結納の儀式を終えたうえで、婚礼の式の日時を取り決めたが、女性がこれを一方的に破棄して、他男と婚姻した。一審・原審は、その当時の大審院の婚姻予約無効論に従って、男性の損害賠償請求を棄却したが、本判旨は、民事連合部判決の準則（婚姻予約有効論）を引用したうえで、原判決を破棄した。差戻審（東京控判大正五・一〇・九）では、女性が婚姻予約不履行の事実とX主張の請求額（金二五〇円）を認めたので、男性側の慰藉料請求がそのまま認容されている。(27)

予約有効論は、事実としては女性救済に道を拓いたことは間違いないことであるが、論理自体は中性的なものであり、婚姻予約を一方的に破棄された男性も、当然のことながら、その恩恵に浴する。本判決は、そのような事例であり、かつ、連合部判決直後の刮目すべき判決例である。しかし、本判決が「公式判例」であることにつき、従来の内縁・婚約学説が長く見落としていたことでも、注目しなければならない裁判例であろう。(28)

(2)　「客分」や「足入れ」の成否が争われた事例

(a)　下記の二例は、同一事件の一審と控訴審の判決であると思われるところ、破棄した男性側が女性を「客分」として迎え入れたことを抗弁としたが、認められなかった。本書にとっては、極めて重要な裁判例であるので、やや詳しく検討してみよう。

[12]　東京地判大正八・三・一〇評論八巻民一九八頁（内縁）

〔事実〕　大正三年二月、二名の媒介によりX女がY男の妻となるべき約束のもとに、Yから結納として金一〇〇円が交付され、Y家で「内祝言」が行われた。以降、大正五年四月までXYは同棲した。ところが、その後、Yは、XがY家に入ることを拒絶し、入籍手続を峻拒した。Xは豫約を解除して、損害賠償を請求した。これに対して、Yは、いまだ「正式の結婚式」を挙行していないので、「客分トシテ取扱ヒタルニ過キナイ」と反論した。

〔判旨〕　大正三年二月に「将来正当ニ婚姻ヲナスヘキ契約」が成立した。正式の結婚式を挙行しない事実は、豫約の成立を否定する事由とはならない。「客分トシテ待遇ヲ受ケル事実」を認めるに足りる証拠はない。「婚姻ノ豫約ハ一種ノ身分上ノ契約ニシテ純粋ナル債権契約ヲ以テ目スヘキモノニアラス」。「愛情ト信義トヲ骨子トスヘキ婚姻豫約」では、上記のYの行為によって、その給付は履行不能に陥っているので、解除なくして履行に代わる損害賠償を請求しうる。

本判旨は、婚姻に至るまでの「通過儀礼」と「同棲」とを認定した上で、婚姻予約の成立を認めている。正式の婚礼式がなかったことから、男性側は「客分」であると反論したが、否定されている。結局は、「婚姻意思」の有無が予約成否のカギとなり、それが予約の唯一の要件事実となっているので、「客分」という曖昧な婚姻習俗は、これによって整序されていることとなろう。それが、民事連合部判決の立場でもあったものと思われる。

［13］　東京控判大正九・一二・一四評論一〇巻民九六頁（内縁）

〔事実・判旨〕　Y男は、大正三年一月末に結納金一〇〇円をX女方に贈り、同年二月中Y方で内祝言を挙げたうえで、XとYは同棲した。その間、Xの兄が再三婚姻届出の履行を請求したが、Yは構えてこれに応じなかった。大正五年四月中、Xは病気療養のため家人の許可をえて実家に赴き、約一ヵ月後に帰来したところ、YはXの入家を拒絶して、絶縁を通告した。Xは慰藉料を求めて訴求。Yは、「正式の儀礼」が行われていないので、婚姻の豫約は成立しないとするとともに、Xを「客分」として取り扱い「妻トシテノ待遇ヲ与ヘタルコトナカリシ」と反論した。しかし、判旨は、つぎのように説示した。正式の儀礼の挙行と親戚知友への披露は、法律上も慣習上も、婚姻予約の成立要件ではない。客分として取り扱い妻としての待遇をあたえていなかったことにつき、証人等の供述があるが、それは儀式的に妻として披露したる事実がなかったことを認めうるに過ぎず、「当事者間ニ於テスラ婚姻予約ハ未タ成立スル程度ニ達セサリシトノ事実ヲ認ムル資料ト為スニ足ラス」とした。金一〇〇〇円の慰藉料を認容。

控訴審でも、「仮祝言」しか行われていなかったので慣習上の挙式をして結婚したわけではないというのが、夫側の主張であった。これは、ある意味では、典型的な「足入れ婚」を問題にしていたこととなろう。掲載誌からは、子の出産の事実は認められないので、二年以上も同棲して妊娠の兆候がなかったことから、理由なく破棄されたのかも知れない。Xの兄が婚姻届出に固執していた所以でもある。親族としては、当然の心配事であったはずである。本判旨も、この種の婚姻習俗に対して消極的な評価をしたものといえようか。かかる事例からみても、すでにこの種の習俗自体に疑念が持たれていたこととなろう。

(b)　破棄した男性が地方の「足入れの慣習」の存在を抗弁とした事例もある。

［14］　土浦区判大正八・六・二三新聞一五八九号一九頁（内縁）

〔事実・判旨〕　X女の慰藉料請求につきY男側に正当事由（Xが生来怠惰で農作業に励まないこと）があるとして、Xの請求を排斥した事例であるが、Yが抗弁とした「地方の慣習」も掲載誌には記述されており、Yは「ある期間男女同棲したるうえ相互の意思投合し長く連添ふべき見込み立ちたる暁初めて正式に婚姻を為すべき慣習あり」と反論した。Xはこれを争ったが、しかし、判旨は、この慣習の存否自体には何も直接応接していない。

妻分、娘分とか、あるいは客分とかいわれる男女関係の実態は、地方によっても異なるものであろう。また、イギリスなどの先進諸国の社会文化の影響が本格化した大正期に入っても、そのようないわゆる慣習が維持できたのかどうか、将来の研究に待ちたい。

(3) 通過儀礼のないケース(「秘密裡の男女関係」)

つぎの例は、原告である女性が未成年者であり、親の同意を得ていなかったことから、当事者間には性的関係があったが、婚姻予約の成立が否定されている。当時の裁判例に登場しているのは、大抵は通過儀礼があるケースであり、これはそのような儀礼がなかったものとして位置づけることが可能であろう。

[15] 東京控判大正九・一・二二新聞一八二〇号九頁

【事実・判旨】 詳細は不詳。原告・控訴人は、大正八年五月二九日に被告との間で婚姻予約をなし、その時から「情交関係」を継続してきたが、同年六月下旬に被告が正当の理由なくして一方的に破棄した、と主張して慰藉料を請求した。判旨は、つぎのように説示する。当時、原告は、未成年者であり、何人の同意も得なかったし、漸く成人に達しても、家にある父母がいるにもかかわらず、その同意を得ていなかった。民法の規定(七七二条一項、二項)によれば、親ないし後見人等の同意が必要であるところ、「之等の者の同意を得ずして情交を継続したる本件の如き場合は、縦令当事者が将来婚姻を為すの意思表示を有したりとするも之を以ては法律上の拘束力を生ぜざるものと認むるを相当とする……。」

本件の男女関係は内縁ではない可能性が高いので、当事者が口約で結婚の約束をしたうえで、情交関係を結んだのかもしれない。内縁ならば、婚姻年齢・両親の同意を特に問題としない大審院判決があったので、それを決め手にして、逆の消極的な結論を出すことはなかったはずである。おそらく単なる秘密の情交関係と評価したものであろう。なお、通過儀礼の法的意義や婚姻予約と私通との区別については、別に改めて取り上げることとする。

（4）小　括

婚姻予約の成立を認めた事例では、当時の婚姻習俗に従って、媒酌人を立てたうえで結納の儀や婚礼の儀式が挙行されている[29]。民事連合部判決の事案と共通するものであり、その説示も連合部判決に依拠していることは明らかである。民事連合部判決が下級審裁判例の中にたちまち浸透し、かつ受容されている事情が明らかになっている。しかも、同判決直後に登場している下級審裁判例の事案を見てみると、一方的に破棄・離別された時期は、連合部判決からかなり前段階の例が少なくない。とくに大正五年段階での判決（[2]・[3]・[4]・[6]判決参照）では、そのような傾向にあり、民事連合部判決を認知してから、提訴に及んだと考えてもあながち的外れとはいえないのではなかろうか。

いずれにせよ、当時、内縁の破棄問題が社会的な問題となっていた時代背景のなかで、婚姻予約有効論が社会的にも待望されていたことが窺知しうるのではなかろうか。また、いわゆる「試婚」論が克服されている事情も、[12]・[13]・[14]判決からも、再確認できるであろう。

ところで「穂積重遠」は、大正五、六年代の若干の下級審判決例を掲記して、これらの裁判例はすべて婚姻挙式後に一方が婚姻届出の提出を拒絶したことから、婚姻予約不履行責任が問題とされているところ、かかる男女関係の実体はすでに夫婦であるので、持論の「仮託論」から、このような裁判例の「婚姻予約」構成を批判している[30]。民事連合部判決に対する彼の批判が、同趣旨の下級審裁判例にも及んでいるが、このような批判には問題があることは、私見は前章で詳論した[31]。ただし、穂積が婚姻届出の拒絶が予約不履行の原因となっている事情を指摘していたことについては、注目する必要があろう。

2　婚姻予約と入籍問題

民事連合部判決は、内縁当事者間での入籍問題に言及していた。私見は、この婚姻予約有効判決では、すでに予約のうちに「届出義務」が内含されていることを指摘した。民事連合部判決後に大審院は「届出義務」そのものを明確にしたが、(32)ここでは、入籍問題につき、当事者、特に妻側がどれだけ強い関心を持っていたかにつき、大審院や下級審裁判例の認定事実ないし請求原因事実から、そうした事情を析出して、後の大審院の立場に至るまでのプロセスを分析してみよう。そのように争われてきた入籍問題こそが「届出義務」の明確化に繋がったことは、ほぼ間違いないように思われるので、ここでとくに取り上げた次第である。

(1)　婚姻届出請求事件

連合部判決直後に、届出をなす旨の「合意」に基づいて婚姻届出それ自体を請求した事例がある。大審院は届出の履行は強制履行に親しまないとしていたが、その旨の合意があれば、履行請求を認めても特に不都合はないという趣旨の新たな問題提起がなされているが、いずれにせよ、婚姻届出時の自由な婚姻意思を尊重する立場からいえば、たとい事前に合意があったとしても、やはり履行強制を認めるわけには行かないであろう。

[16]　札幌地判大正五・六・二七新聞一一六〇号二八頁（内縁）

〔事実・判旨〕　X女の主張によれば、大正四年一二月一九日に媒介によりYと夫婦関係を結び、同日、Y宅で祝宴をひらき爾来、同棲して婚姻の届出をなすことも約したが、Yが大正五年四月一二日に村上某とともに他所に潜伏して、病気と偽って同棲に応じない。そこで、Xは、「婚姻の届出を為すべきことを約し居りたる」ことを理由として婚姻手続を求めるとともに、同居も請求した。判旨は、立法の趣旨を詳細に述べて、届出は婚姻の成立要件であり、「社会通俗の観念に於いて性交ある男女同棲を……所謂事実上の婚姻なりと為し以て法律上夫婦たるの効力を認めんとするが如きは畢竟俗念に駆られて立法の趣旨を没却したるもの」と判示した上で、同棲があり「届出を為すの予約」があったとしても、そのような請求は失当であるとした。

原告は、おそらく事実婚主義時代に認められていた届出請求（「入籍」強制）に準じて、本訴を提起したものであろう。ただし、民法典では、婚姻届出を成立要件としていたし、民事連合部判決でも、その強制履行はできないとしていたことから、当事者間で「届出をなすことの合意」があったと主張したものと思われる。しかし、そのような合意に契約としての効力を認めるならば、届出婚自体の立法趣旨が崩れることとなる。本判決は、かかる合意の効力を否定したが、これを別の観点からみれば、この種の男女関係が契約法理による処理に親しまないことの一つの証左となろう。

たしかに、事実婚主義時代では、その送籍を認めていたが、これは、事実婚自体が法律婚であり、届出はその「報告的趣旨のもの」と解されていたことによる面が強いと思われるので、そのような入籍強制が認められていたものといえるであろう。

なお、本判旨は、別の説示部分で「届出義務」それ自体も否定しているが、それは強制履行との関連で否定しているものと思われる。本判決の解決としては、それで必要にして十分であるからである。

(2)　妻側の入籍要請

挙式同棲後は、妻側としては、一刻も早く入籍手続がなされることを希求するものであろう。そのような事情が認定されている事例については、すでに紹介した裁判例（[2]・[6]・[9]・[12]・[13]・[16]判決）からも判明するが、ここでは、それに加えて、いくつか興味深い例を挙げておこう。

(a)　つぎの事例[17]では、挙式後、約一ヵ月後に入籍を求めたが、拒絶されている。事例[18]では、長期間にわたって内縁関係が継続していたが、同じく妻側の入籍要請が夫によって拒否されている。

[17]　東京地判大正九・六・一一評論九巻民五三九頁（内縁）

〔事実・判旨〕　X女とY男とは、婚姻予約をなし大正五年一二月八日に夫婦としてY方に同棲した。翌年一月ころにXの代理人を介して入籍の交渉がなされたが、Yは予約の履行を拒んだ。Yは、Xに居睡の習癖があり、また心臓病である、との反論をしたが、そのような証拠がなく、ただ、単なる衰弱にすぎないとされて、Xの請求（慰藉料五〇〇円）が認容された。

[18]　東京地判大正一一・五・八新聞二〇〇五号八頁（内縁）

〔事実・判旨〕 X女（当時二一歳）とY男は、明治四二年九月に慣習上の婚姻の儀式をあげて婚姻予約をなし、以来大正一〇年一月五日まで（一三年間）Y方で同棲し、事実上の夫婦関係を継続した。その間、婚姻届出がなされなかったので、同日にXはY方から立ち去ったが、婚姻予約が履行されなかった責任がいずれにあるのかを判断するうえで、入籍問題が一つの論点となった。Yは、Xや媒酌人による入籍方（「即ち正式に婚姻届手続を履行すべきこと」）の「懇請」にもかかわらず、つねに理由を示さず態度を曖昧にしていた。Xからの賠償請求に対して、Yは、Xが戸主であるので、事実上入籍不能などの事情を指摘して反論したが、女戸主が婚姻のため隠居することは容易にその目的を達しうるとして、Xの請求（慰藉料額一万円）が認容されている。

(b) つぎの控訴院判決でも、入籍問題が争点となっている。なお、一見すると、内縁事例で「婚約不履行」と説示していることから、婚約と内縁を区別していないように見えるので、そのように評価する向きもある。しかし、「届出」との関連に注視しながら、仔細に検討すれば、そのような評価には問題があるように思われるので、やや詳しく分析しよう。

[19] 東京控判大正一一・六・二七評論一一巻六〇四頁（内縁）

〔事実〕 X女とY男とは、大正五年八月下旬ころに「婚約」して、同年一二月中より同棲した。X方より「本件婚姻の届出手続」をなすべき要請を受けたが、Yは、結局のところ、同棲と入籍手続を拒絶した。Yは、「婚約を履行しないこと」につき、つぎのような正当理由があると反論した。大正六年五、六月ころ、Xは毎日約二、三時間ほど午睡する。心臓病なりと称して日常の家事、ことに食器類の取り扱いが不潔であり、Yの母に一任して自らはしない。中元の挨拶のため実家に帰宅する際に、挨拶が済めば直ちに帰宅すべきを厳諭したが、数日間滞在した。相応な反物を与えたにもかかわらず、家風にあわない不相応な縞柄の衣類を着用する。そこで、Yの親は、同居に耐え得ないことから、別居を言明した、という事情を述べた。

〔判旨〕 Xは多少の座睡の習癖の事実のほか、身体にも健康を欠くところがあり、Yの母が日常の家事を多少補助していた事実は推知しうるが、他に特段の事情が伴わないかぎりは、かかる一事をもっては、いまだ「婚約ノ履行ヲ拒否スルニ付キ正当ノ事由アルモノト謂フヲ得サルハ勿論」である。漫然と「同棲及入籍手続ヲ拒絶シ居リタル事実ヲ窺知スルニ難カラス」。したがって、Xは婚約不履行により多大の苦痛を受けたことから、Yは、その苦痛を慰藉するために、金五〇〇円の慰藉料を支払う義務がある。

本件では、たしかにXYの男女関係は、すでに内縁関係に移行している。それにもかかわらず、本判決は、「婚約」の不履行による損害賠償責任を認めている。それは、おそらく、本件では入籍手続の履行の可否が当事者間の重要な争点となっていたことによるものと思われる。当時、民事連合部判決に対する有力な批判的学説（穂積重遠など）が、内縁であるならば、婚姻予約論は整合しないと厳しく論難していたが（予約有効論の「仮託論」）、本件の当事者は、むしろ本来的な意味での「婚姻予約」＝「婚約」を前面に押し出して、届出請求を拒絶したことの正当事由の可否を論点としていたものと思われる。民事連合部判決は、「将来婚姻をなすことを目的とする合意」が婚姻予約であるとしたが、そこにいう「婚姻をなすこと」とは、婚姻届出のことを意味していると解する学説もあった。つまり、入籍問題は、当時の解釈では、「婚約」段階を論拠とする方が、論理的には整合していたといえよう。東京控訴院も、当然のことながら、内縁の不当破棄問題は認識していたはずであるが、婚約段階での当事者の合意に依拠しながら、当事者の主張に応接したものと考えるべきであろう。実際、本判決は、まず「婚約」が成立したことを認めたうえで、つぎに同棲に移行した事実を認定している。そもそも、この当時で婚約と内縁とを混淆するような裁判官は、およそ想定できないことである。

むしろ、本判決は、「控訴院レベル」でも、婚姻予約の効果として「婚姻届出」を明確に認識していた事例としての貴重な先例的意義を有するものとしての位置づけが妥当であろう。したがって、この種の判例の字面を捉えて、婚約と内縁とを区別していない裁判例もあるというような評価は、認識不足といわざるを得ない。

他にも、内縁事例で、事件名が「婚姻予約ノ不履行ニ基ク損害賠償請求控訴事件」とされているが、判決理由では「婚約不履行」とされている事例がある（東京控判大正一二・一二・四新聞二二一三号二〇頁など）。これも、内縁と婚約とを区別していないと評価すべきではなく、むしろ内縁事例でも、破棄責任については、婚約の不履行として構成することを敢えて選択した事例というべきであろう。

(c)　つぎの例は、夫側が夫婦で子女を挙げたら婚姻手続をする旨の合意があったと反論しているが、そのような主張が排斥されている。

[20]　札幌控判大正一五・一一・一三判例集未登載（内縁）(33)

〔事実・判旨〕　X女は、大正一二年二月中にY男と挙式し、Y家に入家した。しかし、大正一三年三月一一日にYは姑とともに「家風に合わない」と称して、XがY家から立ち去るのを余儀なくさせた。「婚姻拒絶の意思」との関連で届出をしなかったことが問題となったところ、Yは、夫婦が子女を挙げたら婚姻手続をすることをXが諒承していたと反論した。しかし、Yは、Xの両親から入籍手続を求められことがあるが、そのうちに手続をすると述べた事実があることなどから、Yが婚姻届出をしなかったことにつき、Xが了承していたという事実はないとされ、「Xハ終生ノ不幸ヲ招キタルモノナル」ものとしてYの賠償責任が認められた。その慰藉料の額は七〇〇円であるが、Xが当時二四歳であること、同棲期間が約二年間におよぶこと、その他Yの社会的地位などの諸般の事情が斟酌されている。

本件は、大判昭和二・二・二六新聞二六七〇号七頁の原審の判決であり、上告審では、損害賠償の前提として婚姻予約の「解除」の有無が論点となったが、先例（大判大正八・三・二一民録二五輯四九三頁）に従って、解除の必要性がないとされている。なお、一審では(34)、Yは婚姻を拒絶した事実はなく、むしろXが無断で実家に帰り、その復帰方を懇請したが、Xがこれを拒絶したと判断された結果、Xの請求は排斥されている。

(d)　つぎの例は、妻が出産している事例であるが、婚姻後、たびたび入籍手続を求めた事実が認定されている。

[21]　東京控判大正一二・八・三新聞二一八七号一八頁（内縁）

〔事実・判旨〕　X女（二六歳）とY男は、大正九年一二月六日に媒酌により婚姻予約をなし、挙式の上、事実上夫婦として同棲した。翌一〇年九月に女児が誕生。結婚後、媒酌人を介して、Xは度々入籍手続を求めたが、その当時に既に夫婦円満を欠き愛情がなくなっていたことから、Yはこれに応じなかった。正当理由として、昼夜を問わず居眠ること、裁縫等の家事の技芸がないこと、年齢を詐称していたことなどが主張されたが、いずれも排斥された。

慰藉料については、X家は宅地一一二〇坪、山林宅地田畑一九町歩余、貸家二四戸、貸金一五〇〇〇円を有し、Y家は田畑山林二三町歩余を有することのほか、当事者の身分、Xの学業の程度（高等小学校二年退学）を参照して、金一五〇〇円とする。

(3)

(ア)　入籍手続の拒否と「違約」の成否

下記の大審院判決の二例では、入籍手続の拒絶自体が予約不履行の要因とされ、その損害賠償の請求原因となっている。原判決は、女性側の請求を認めたところ、いずれの判旨も、これを維持している。

[22]　大判大正九・一〇・一三第三民事部大正九年（オ）六四二号事件　判例集未登載（内縁）[35]

〔事実〕　X女とY男とは、媒酌により大正七年四月二八日に挙式し、同年七月初旬まで同棲して、Xは誠意をもってYとその養母に仕えたが、養母がみだりにXに不快の念を抱き、Yも理由なくしてXを嫌忌した。そこで、Xが実家に帰っていたところ、Yが離別を申し入れた。Yは、離別に正当理由があり、また離別につき合意があったと反論したが、控訴審（東京控判大正九・六・二三評論九巻民五三六頁）は、これを認めなかった（慰藉料二〇〇〇円）。これに対して、Yは、婚姻予約有効論が法則に反すると主張するとともに、「婚姻届出義務の履行期限」が到来したか、また到来したにも拘わらずその履行をしなかったかどうかにつき、原判決は審究していない、などと主張して上告した。

〔判旨〕　（上告棄却）「婚姻ノ予約ハ我国法上有効ノ契約ニ係リ当事者一方カ正当ノ理由ナクシテ之ニ違背シ婚姻ヲ為スコトヲ拒否シタル場合ニ於テハ其ノ一方ハ相手方カ其約ヲ信シタルカ為メニ被リタル有形無形ノ損害ヲ賠償スルノ責ニ任ス可キモノナルコトハ夙ニ本院判例ノ認ムル所ニシテ今尚之ヲ変更スルノ必要ヲ認メス」。原判決は、Yが離別の意思を表示して確定的に予約の履行を拒否したことを認め、Yも婚姻届出によって夫婦たる身分関係を確立させる意思が絶対にないことを表示して予約に違反している事実を認めているので、届出の履行期限到来等の事実を審究する必要はなくなっている。本件のごとく、挙式のうえ同棲したような場合には、「当事者ハ遅滞ナク戸籍吏ニ婚姻ノ届出ヲナシ以テ夫婦タル身分関係ヲ確立セシムルヲ当然トナスニヨリ」、すでに婚姻の届出を履行する期限が到来しているので、不履行の責めに任ずべきは勿論である。

[23]　大判大正一三・四・一四新聞二二五四号二一頁（内縁）(36)

〔事実〕　X女は、大正二年七月の初めころY男と結納をとり交わし媒酌・挙式のうえ事実上の夫婦として同棲した。当時、Xは A家の戸主たる地位にあったが、同年一一月に A家と離縁し生家に復籍の上、長兄とともに媒酌人を介してたびたび婚姻届出の手続をYに対して請求したが、Yはこれに応じなかった。その後、Xは女児を出産し、その前後にわたり届出手続を迫ったが、これを遷延し、その後数年を経過して、Xが二子を出産したところ、その間も再三家族と共に届出手続を請求した。ところが、Yは、養子の身分で亡き先妻との子が成年に達するまでは届出を見合わせる旨の養父の遺言があるなど称して、その猶予を求めて届出に応じなかった。ついにXは、大正八年夏ころに実家に立ち戻った。原審は、婚姻予約後に同棲すれば、速やかに婚姻届出をなすことは当然のこととし、正当理由なくして婚姻予約の履行を拒絶したものとした。Yは、婚姻届出を絶対に拒絶したものではなく、一時猶予を請いたるもので、Xが真に即時入籍を希望するならば、これを拒むものではなかったなどと反論して上告した。

〔判旨〕（上告棄却）原判決はYの抗弁を排斥したので、Yが「終始入籍ヲ拒絶シタルモノト認定シタル趣旨」と解すべきである。また、Yが養父の遺言を理由に大正二年一一月以来今日迄、「Xノ再三ノ請求アリタルニ拘ラス遂ニ入籍ヲ肯セサル事実ヲ確定シタ」ので、この事実をもって、Yが入籍を拒絶したものと認定したのは相当である。Yの主張には正当理由は認められない。

内縁破綻の要因が同居拒絶のほか、入籍拒絶である事例もあり、上記の二例では「入籍拒絶」が決定的な要因となっているが、X側の請求もこの事実を根拠としている。これを婚姻予約不履行の根拠とするならば、大審院や原審の立場では、挙式により婚姻予約が成立したうえで、同棲したならば、当事者間に「届出をなすべき義務」が生ずることを暗に認めたこととなろう。「唄・佐藤」も、[23]判決をもって大審院が「届出義務」を「不履行の中心にすえた最初の大審院判決」としている(37)。正確には[22]判決をもって、その嚆矢というべきであろうが、いずれにせよ、一般に裁判例では「届出義務」が認められていたといっても過言ではない。その後も、同趣旨の大審院判例（大判昭和一〇・一〇・二六大審院裁判例九巻二六〇頁）が続いている。

なお、[23]判決は、「正当理由」に関しても著名な大審院判決であるが、あわせて、慰藉料額でも注目すべき事例であり、一審では金三〇〇〇円、原判決では金五〇〇〇円の慰藉料が認められている。(38) 控訴審では、Xは名字帯刀を許され、維新後は権区長または戸長の職を勤めたこともあり、現時も土地十数町歩を所有して居村では上流階級に属し、Yも名古屋市内で多数の土地建物を所有する資産家と認定されている。同時に、Yが養子で先妻との子女との関係のことを考慮して届出を遅疑していたので、「其心事ノ諒トスヘキモノアル」ことも説示されている。

(イ)　つぎの東京控訴院判決は、[23][24]判決よりもいっそう端的に予約不履行の責任と婚姻届出手続の拒絶を直結させているので、婚姻予約に基づいて「届出義務」を認めているものと解して大過なかろう。

[24]　東京控判大正一〇・一二・六新聞一九三九号一七頁

〔事実・判旨〕　X女（控訴人）は、Y男（被控訴人）と大正七年一二月中に媒酌により婚姻予約をなし、同月二四日に挙式同棲し、以来大正八年五月一六日までYと夫婦として同居した。しかし、同月一一日にXはYに対し同月一四日までに「婚姻届出の手続」をなすよう催告したが、Yが不履行したので、同月一六日に予約を解除する旨の通知をした。Yは合意解除の抗弁をしたが認められなかった。予約不履行の理由は、要するに「家風にあわないところに存する」ので、これでは正当理由にはならないとされ、本判旨は「予約履行ノ催促アリシニ拘ワラズ被控訴人ニ於テ婚姻届出ノ手続ヲ為サザリシモノナレバ被控訴人ニ豫約不履行ノ責任存スルモノ」と判示する（慰藉料五〇〇円）。

(ウ)　もっとも、夫側が入籍手続を拒絶すること自体が、常に予約関係の「違約」になるわけではない。それでは、ここにいう違約とは何か。入籍拒絶との関連でどのように考えるかにつき、つぎの具体例は、問題を含んでいるが、一つの参考例となる。

[25]　長崎控判大正一二・一二・二五新聞二二二一号二一頁（内縁）

〔事実・判旨〕　X女は、Y男と明治三三年六月ころ媒酌により婚姻豫約の上、内縁の夫婦として同棲してきたが、大正一〇年九月一四日に福蔵等を介して、また、同月一七日には内容証明郵便をもって、「婚姻届出」をなすべきことを催告したところ、Yがこれに応じなかったため、Xは同年一〇月一九日に実家に立ち帰り、そのためYとの内縁関係が断絶した。Xは、その直後に損害賠償を求めて提訴。判旨は、単に予約の履行を怠ったことだけでは、「不履行ノ事実アルモ」、これを予約履行の拒絶と認め得ない限りは、直ちに賠償責任が生ずるものではない、とした。具体的には、内縁関係成立以来二〇有余年間にわたり婚姻の届出を為すことなくして別に故障がなかったにもかかわらず、突然そのような要請をしているが、この事実によって内縁関係が断絶している。Yはそのような催告に対しXの誠意を疑い即刻届出の手続をなしがたい旨を言明しているにすぎないので、これをもって、予約を破棄して履行を拒絶したとはいえない。

本判旨は、本件の男女がなんの支障もなく二〇年以上にわたって内縁関係を継続してきた事実を重視し、突然、一方が入籍手続を求めること自体が合理性を欠き、かえってそれが内縁解消の要因となっているとしている。一見、もっともらしい理由を述べているが、婚姻届出の手続をとることが予約の履行になると解したうえで、夫側にその不履行の事実があることを認めているにもかかわらず、結局は、妻の行為態様を非難して賠償請求を否定した。

予約と届出義務との関連を念頭に置いている点は評価できるとしても、内縁の事実主義に傾斜しすぎた論法を採っているので、結局は、予約有効論の趣旨を曲解していることとなろう。予約有効論と「届出義務」との関連について、理解不足があるといわざるをえない。具体的にも、本件では、Yは、過去二度にわたって他女と私通関係を結んだことが認定されているが、Xがこれに耐えてきた事情からいえば、安定的な身分関係を求めたとしても、何の疑念があろうか。また、突然、Xが婚姻届出を求めたことを殊更に強調し、過去再三にわたって要請した事実・証拠がないとしているが、このような評価自体も短絡にすぎる。そうした証拠のあるなしではなかろう。きわめて現実感覚の希薄な裁判官であったが、大審院（未公表判決）もこれを是認しているようである。[39] あるいは、「入籍問題」を軽視して「事実」を重視する内縁学説の影響があったのかも知れない。[40]

それはともあれ、本裁判からも、内縁の妻にとって、入籍問題がいかに関心の強いものであったか、如実にみる思いがする。

(4)　婚姻届出と慣習

挙式後六ヵ月程度は入籍手続をしない旨の当該地方の慣習があるとされた事例がある。

[26]　東京控判大正一二・六・二七新聞二二〇一号一七頁（内縁）

〔事実・判旨〕　大正一〇年三月二七日に挙式、同年七月一日まで同棲した。妻は、夫が予約履行の意思なく、同居に耐えない行為があるとして、実家に帰った。しかし、夫には、多少の儀礼を欠くところがあったが予約の履行意思なしとは認められず、かえって妻の帰来をまって詫状も書いた。ところが妻がこれでは承知せず、さらに夫が重大なる侮辱を感じるほどの内容の「詫状」（詳細は不詳）の差し入れを求めたことから、結局は破綻した。妻の請求は棄却されたが、その判旨のなかで、夫が婚姻届出をしなかったことについて、「六ヶ月位ハ入籍手続ヲ為サヽルハ当事者地方ノ慣習存スルヲ以テ」、この事実から予約不履行があるとはいえないとしている。

本件では、妻が夫に社会的相当性を欠くような必要以上の詫状を求めたことが要因となって、夫婦関係が破綻しているので、夫側に正当理由があるとしたものである。したがって、婚姻届出に関する慣習自体から、夫側の正当理由を認めたものではない。単に予約不履行の事実を判断するための資料にすぎない。むしろ、この種の慣習をもちだしたのは、予約不履行の前提として予約に基づく「届出義務」の存在を明確に認識していたからであろう。

(5)　小　括

予約不履行が同居拒絶によることもあれば、入籍拒絶によることもある。「穂積重遠」は、大正期の下級審裁判例を論評して、「もう今日では『事実上ノ結婚ヲ為シナガラ正当ノ理由ナクシテ婚姻ノ届出ヲ為スコトヲ拒ミタル者ハ相手方ニ対シテ損害賠償ノ責ニ任ス』と云ふ程度の判例法が確定している」と述べている(41)。この限りでは、穂積重遠も、婚姻予約に基づく「届出義務」を念頭に置いていたといえよう。大審院の[22]・[23]判決や東京控訴院[24]判決も、そのような趣旨の判決例として位置づけることが可能であろう。

ところで、昭和期に入って、事実上の夫婦関係にある妻が、夫には無断で婚姻届をなし、夫もそれを知りながら、以後、数ヵ月間同棲していた事実があったとされる事案で、婚姻の成立は認められないとした大審院判決（大判昭和二・三・一五新聞二六八八号九頁）がある。事案は不詳であるが、原審が婚姻の成立を否定したので、妻側が「既ニ媒酌人ノ下ニ正式ニ結婚ノ盛典ヲ挙ケ爾来円満ニ夫婦トシテ同棲シ其ノ間ニ結婚ノ届出アリタルコトヲ知悉シテ猶同棲ヲ継続シ居リタルカ如キ場合ニ於テハ婚姻ノ意思ナシト云フカ如キハ全ク立法ノ精神ニ背反スルモノト云ハサルヘカラス」と上告した。しかし、大審院は「婚姻ハ当事者双方ノ意思ニ基ク有効ナル届出アルニ依リ初メテ成立スルモノナルニ依リ本件当事者間ニ有効ナル婚姻届出ノ存在セサルコト前記原審認定ノ如クナル以上縦令本来無効ナル届出ニ基キ当事者間ニ戸籍簿上婚姻関係ノ存在ヲ認メ得ヘク且当事者間ニ右届出後数月間同棲ノ事実アリトスルモ之ニ因リ婚姻ノ成立ヲ認ムルコトヲ得サル」とした。

結局のところ、この当時の大審院は、届出婚制度を前提としながら、婚姻届出当時の当事者の婚姻意思を極めて重視していたことから、たとい内縁夫婦の一方が他方の無断届出を承知していたとしても、なお正当婚姻を選択しなかったという一方の婚姻意思を尊重していたこととなろう。判例理論の当否は別にして、婚姻予約段階で、夫婦間で届出履行の合意があったとしても、その強制履行を認めないという立場（[16]判決）とも整合しているように思われる。しかし、そうした立場と婚姻予約に基づいて「届出義務」自体を認めるという考え方とは、無論、矛盾するわけではない。むしろ予約段階の抽象的なレベルでの「届出義務」があればこそ、届出当時の自由なる婚姻意思の重要性が活きてくることとなろう。

3　婚因予約有効論と不法行為責任の可否

(1)　「詐欺誘惑の論理」

民事連合部判決は、不法行為構成では婚姻予約の不当破棄による損害賠償を請求することはできないと宣言した。

しかし、それは「離別」につき過失責任は問えないとしたのみであり、関係成立当時に詐欺的行為などがあり「婚姻意思」が当初からないにもかかわらず、それがあるかのように相手方を誤信させて関係をもったという場合にまで、その保護を排斥するという趣旨でないことは、いうまでもない。かかる特殊の不法行為責任（「詐欺誘惑の論理」）については、元来は、女性の名誉・節操それ自体が独自の法益になっているので、予約の有効無効論とは分離して、それ固有の保護問題を独自に論ずることが可能であるからである。

もっとも、男女関係のなかで、関係が破綻したときには、当初から婚姻意思がなかったということの証明は決して容易ではない。ことに、通過儀礼を済ましていると、それは著しく困難となる。これに対して、重婚的な婚姻予約のケースでは、関係が破綻すれば、詐欺的行為性が顕著となろう。以下、関連する裁判例を分析してみよう。

(ア)　詐欺的行為を否定した事例　つぎの大審院の「未公表判決例」は、いわゆる内縁破棄事例であるところ、判決当時ではすでに一般に婚姻予約有効判決の存在が知られていたが、何故か、破棄された女性は、「違約」に基づかないで、男性側の詐欺的行為を徹頭徹尾に追及して、結局のところ失敗している。その理由は定かではないが、男女間のトラブルで、かかる関係の形成において一方の詐欺を証明することがいかに困難であるかを示す一例として位置づけることが可能であろう。また、予約不履行構成と不法行為構成との機能的関連を考える上でも、重要な先例と思われる。

[27]　大判大五・三・一五第三民事部大正四年（オ）一一〇三号事件　判例集未登載(42)（内縁）

〔事実・判旨〕　X女はY男方に「客分」として迎え入れられた上で、挙式を後日に延ばしたまま事実上の夫婦として、約三ヵ月間同棲していたが、結局は破談となった。Xは、Yが婚姻意思がないにも拘わらず、その意思があるかのように装って同棲したうえ、一方的に関係を解消したことから、Xの貞操権を侵害したものである、として不法行為責任を追及した。原審（東京控判大正四・一一・一九）は、婚姻豫約不履行の事実ありしことは認められ得るが、Xの主張するように初めから婚姻意思がないにも拘わらず、これを装いXの貞操を弄ぶというような事実はない、とした。大審院も、これを堅持している。

(a) 本件の婚外関係は民事連合部判決の事案とは大差がないのに、X女は、「違約」を理由として提訴していない。原判決当時では、既に婚姻予約有効判決が出ていたので、原判決は、その趣旨のことをXにわざわざ説示・示唆していた。「被控訴人〈Y男〉ニ於テ婚姻予約不履行ノ事実アリシコトハ或イハ之ヲ認メ得ルカ如クナレトモ」としていたにもかかわらず、Xは、あくまでもYの当初からの詐欺的行為を非難することに固執した。しかもXは、原審が婚姻予約不履行があるとしたのは「違法」である、とまで主張している。つまり、Xは、Y側としては相互に「偕老」(終生仲良く連れ添うこと)の見込みがたてば、本祝言を挙げるという趣旨であったことから、Yには当初から「婚姻意思」がなかったということをみずから自白しており、この事実を前提としないのは違法である、という趣旨の主張をしていた。しかし、裁判所は、そのことから婚姻意思の偽装を自白したものとはいえないとして、「婚姻意思」の存在は否定し得ないと判断している。

事案の詳細が不詳であるが、そこにいう「客分」とはアシイレといわれている婚姻習俗であるので、それに従った儀式(仮祝言)があったこととなり、たとい、Y側が相互に「偕老」の見込みがたてば本祝言を挙げるという趣旨であったとしても、婚姻意思自体を否定するのは無理であったように思われる。両者の立場からいえば、Xには当初から婚姻予約の意思があったにもかかわらず、Yとしては、アシイレによる試験婚に合格してから、XをY家に正式に受け入れるというのだから、もともと同じ土俵の上での関係形成ではなかったからである。しかし、Xとしては、三ヵ月も同棲した上で、一方的に格別な理由もなく破棄されれば、この点において騙されたという意識は捨てきれないものがあったであろう。その意味では、事実上はダマサレタに等しい。Xが、このことを一貫して主張した所以でもある。ところが、当時の婚姻習俗からいえば、かかる儀式は当然のことながら将来の婚姻を予定したものであるので、婚姻意思を否定するのは、著しく困難であろう。民事連合部「婚姻予約有効判決」の事案も、社会的事実としては足入れに近い男女関係が問題となっていたが、事実審も大審院も「事実上の婚姻」として法的に評価したことは、すでに検討した通りである(43)。したがって、Xとしては、予約の成立を前提としたうえで、破棄の正当理由の有無を論点とすべきであったが、個人的感情に固執し過ぎたためであったのであろうか、その主張の論拠が生硬なままに終わったように思われる。Xは、何故に不法行為的構成に固執したのか、その具体的な事情は不分明である。「佐藤良雄・関彌一郎」は、Yに婚姻意思がないとの確信がXにはあったのか、あるいは予約有効論に異論があったのか、というような疑問を提示している(44)。

ところで、「佐藤良雄」によれば、本判決は「先例」としてはそれほど大きな問題を含んでいないとされている。すでに、婚姻予約有効判決が不法行為構成を否定していたからである(45)。また、これとの関連で、ここでは婚姻予約有効論と不法行為的救済が「二者択一的な、両立し難い法律構成である」という視点が必要である、としている(46)。

たしかに、佐藤らの指摘は重要であり、本書の視角と一部共有しうるものがある。ただし、このような二つの対立する法的構成が、梅・土方論争に起因するものであり、それを承けて判例が展開してきたという事実を見逃してはならないであろう。かかる対立が、ひいては双方の「婚約観」の基本的姿勢に関わるということである。したがってまた、このことと密接に関連するが、両者は、いわれるような単なる二者択一的立場にあるのではない。すなわち、不法行為的構成（「詐欺誘惑の論理」）は、婚姻予約無効論があってこその論理であるという視点が不可欠であろう。本件でも、婚姻予約が詐欺によるものであり婚姻意思がなかったという事実の証明がいかに困難かということを如実に示しているのであり、むしろ、婚姻予約有効論は、ある意味では、つまり「機能」的にみれば、かかる証明困難な詐欺的行為に基づく不法行為的救済を克服するために登場してきた論理なのであり、このことは前章で、「横田秀雄」論文にも依拠しながら、客観的にも明らかにされていた事情を述べた(47)。そのことを本判決の論理構造が裏から証明しているると考えるべきであろう。佐藤らによる事実重視の分析だけでは、かかる視点の析出には限界があるように思われる。本書の立場からいえば、本判決は、以上のような意味での貴重な先例的意義を有しているので、民事連合部判決の定着・展開を理解する上では、ことのほか重要視されるべきこととなろう。実際、本判決は第三民事部に係属し、裁判長は「横田秀雄」である。横田論文[48]が公表されるまでの判決例である点に注目しておきたい。

(b)　本判決の重要性は、もう一つある。民事連合部判決でも、女性側は、男性側にもともと当初から婚姻意思がなかったという主張（「詐欺誘惑の論理」）を一審から一貫して繰り返し強調していた。逆に、男性側は、区判決段階では「足入れ」による祝言を済ませたので、婚姻意思があったと反論していた。これに対して、原判決は、ささいな理由で破棄した行為態様を取り上げて、その「離別」に過失があるとして一般的な過失不法行為責任を認めた。民事連合部は、かかる不法行為構成では離別・破棄による慰藉料を請求できないとして、そもそも不法行為構成自体を排斥した。

つまり、民事連合部判決によれば、「関係成立」当初に婚姻意思があるかぎりは、不法行為責任（「詐欺誘惑の論理」）を問えないし、また「離別」自体（関係成立後の「心変わり」）も「一般的な不法行為責任」によって保護できないとされたこととなるが、この[24]判決は、かかる連合部判決の論理（前者の「関係成立時」の論理）を使って、女性側の請求を棄却したこととなろう。逆にいえば、連合部判決が不法行為構成を排斥した理由が、この[24]判決を通して、より一層明確に再確認できるわけである。あわせて、民事連合部判決が「足入れ」ないし「試婚」ではないことも、明らかにされているように思われる。

なお、[24]判決も、民事連合部判決前に訴えが提起されているが、民事連合部判決と同時期に大審院に係属していた可能性はない、ということである[49]。ただ、「横田秀雄」が私的には民事連合部判決に関与していたとすれば、本判決と民事連合部判決との機能的な関連を決して見逃してはならないであろう。

(イ)　詐欺的行為を認めた事例

(a)　下級審裁判例では、不法行為責任を認めた事例が散見される。

[28]　東京控判大正一五・三・一三　評論一五巻民二五一頁（内縁）

〔事実〕　X男は、大正一二年二月一一日にY女（二〇歳）と媒酌のうえで挙式・同棲し、大正一二年七月二四日に男児が生まれたが、Yは、予約当時、すでに妊娠四、五ヵ月に及び、他の男性との性的関係の結果、妊娠して出産したことが判明した。Xは、欺罔行為により婚姻予約を締結させたとして、名誉侵害による不法行為責任を追及した。

〔判旨〕「訴外岡本寅太郎、青柳玉吉ハ被控訴人（Y）カ品行正シキモノト信シテ右媒酌ヲ為シタルトコロ被控訴人ハ既ニ他ノ男子ト性交ノ結果其子ヲ妊娠シ右予約当時既ニ其妊娠四，五ケ月ニモ及ヒ居タルカ為メ予約ノ日ヨリ僅カニ百六十四日目ニシテ十分成熟シタル男児ヲ分娩シタルニ依リ控訴人（X）ハ之ヲ憤リ為メニ右婚姻予約ハ当事者間ニ於テ破棄セラレタル事実ヲ認ムルニ足ルカ故ニ右事実ニ徴スレハ反証ナキ本件ニ於テハ被控訴人ハ右婚姻予約ノ当時既ニ妊娠ノ事実ヲ知リナカラ之ヲ秘シテ控訴人ヲシテ被控訴人ニ右ノ如キ性交懐胎ノ事実ナキモノト誤信セシメタルニ因リ右婚姻予約ハ成立シタルモノト認ムルヲ相当トス被控訴人ハ大正十一年十月二十五日夜他ノ男子ニ強制姦淫セラレテ妊娠シタルモ其妊娠ハ之ヲ気付カサリシモノナリト主張スレトモ之ヲ認ムヘキ信用スルニ足ル証拠ナキヲ以テ右妊娠ヲ気付カサリシトノ主張ハ之ヲ排斥ス然ルニ凡ソ或婦人カ既ニ甲男子ト性交ノ結果現ニ妊娠シ居ルニ拘ラス之ヲ秘シテ乙男子ヲシテ斯ル事実ナキモノト誤信セシメ式ヲ挙ケテ自己ト婚姻ノ予約ヲ締結セシムルカ如キハ善良ノ風俗ニ反スルコト勿論ニシテ其婦女ハ則チ之ニ因リ乙男子ノ面目ヲ毀チ名誉ヲ害スルコト明ナルヲ以テ控訴人ハ右事実ニ依リテ其名誉ヲ毀損セラレ精神上苦痛ヲ感シタルモノト認ムルヲ相当トスサレハ被控訴人ハ控訴人ニ対シ相当ノ慰藉料ヲ支払フヘキ義務アルモノト云フヘク又其予約カ前示ノ如キ事情ニテ破棄セラレタル場合ニ於テハ其予約ノ為メ控訴人ニ生シタル財産上ノ損害モ亦之ヲ賠償スヘキ義務アルモノト云ハサルヘカラス仍テ進ンテ数額ノ点ニ付キ按スルニ控訴人ハ慰藉料トシテ金五百円ヲ請求スレトモ控訴人カ従業者三名ヲ使用シテ家具ノ製造ヲ業トシ其年収約金三千円ニシテ小学校卒業程度ノ教育ヲ受ケ明治三十一年六月二十八日生ニテ且初婚ナルコト並ニ被控訴人ハ予約当時年令二十才ニシテ小学校卒業程度ノ教育アルコトハ当事者間ニ争ナキトコロナルヲ以テ叙上ノ事実ヲ綜合参酌シテ其慰藉料ハ金百円ヲ相当ナリト認ム」

本件では、他の男性の種を宿していた女性がそれを秘して婚姻予約をなすこと自体が、相手方男性を騙したこととなり、それを名誉侵害として不法行為責任が肯定されているので、このタイプの事件類型は、そもそも婚姻予約有効判決の射程外といえよう。本件のXは、婚姻予約の「締結」それ自体を主張し、判旨もこれを認めているが、そうした事情を不法行為の請求原因と構成したものであり、予約不履行・違約の方は主張していなかったという。本件での婚姻予約自体が公序良俗違反ということになれば、予約不履行は成り立たないからであろうが、事実として婚姻予約・内縁が成立していたことは、不法行為責任の前提となる重要な事実であり、そのことは、挙式・同棲によって明らかになっていた事案である。なお、本件は、慰藉料のほかに財産損害（婚姻費用）をも認めた事例であることのほかに、慰藉料の考慮事情も明らかにしているところ、この種の裁判例では、男性側の請求であったことと関連があると思われるが、その賠償額が他の事例に比べて著しく低額（金一〇〇円）である点に注目しておこう。

(b)　つぎの事例は、いわゆる重婚的婚姻予約事例である。本件は「誠心誠意判決」後の裁判例であるが、関係成立当時の「詐欺的言動」を捉えて、不法行為責任を肯定しているので、便宜上、ここで取り上げることとした。

[29]　東京控判昭和六・七・二八新聞三三一〇号四頁（内縁）

〔事実〕　X女は、Y男と昭和二年一〇月二二日に正式に婚姻の儀式を挙行して、事実上の夫婦として同棲したが、その後、離別された。ところが、関係成立当時（判旨は「婚約当時」という）に、Yには妻がいた。妻とは不和であったが、何ら適法な婚姻解消の事実はなかった。それにもかかわらず、Yは、妻とは離別して今は女児一人と同居生活しているにすぎないので、婚嫁されたき旨の申し込みをなしたところ、Xは、これを信じてその申し込みを承諾したものであった。Yは、昭和四年四月ころXから離別の要求を受け、ついに同年六月二五日頃に実家に立ちもどった。そこでXは、慰藉料金三〇〇〇円のほか、物品の返還を訴求した。判旨は、金三〇〇円の慰藉料のみを認容した。

〔判旨〕　「凡て有婦の夫が更に他の女子と婚姻の豫約を為すも該豫約は公の秩序善良の風俗に反し無効なること多言を要せざるところなるを以て斯の如き事情を知りたらんには何人と雖も被控訴人（Y）の如き有婦の男子とは婚姻の豫約を為さざるべきを通常の事例なりとす然らば控訴人（X）が前示の如く被控訴人と婚姻の豫約を為し事実上の夫婦として同棲するに至るたるは畢竟前記の如く被控訴人が無婦の男子なるが如く装ひ控訴人を欺罔したる結果に外ならざれば被控訴人は前示所為により不法に控訴人の貞操を蹂躙し因て其の自由名誉身体上の権利を侵害したるものと論断せざるべからず」。被控訴人は、控訴人が妻のあることを承知の上で婚約を成立させたものであるから、自分には不法行為責任はないと反論しているが、「控訴人を欺罔して之と同棲し依て右所為により既に控訴人に対する不法行為を構成せしめたる以上縦令其の後に至り控訴人を離別し且つ離別に付正当の事由存したりしとするも」、その不法行為責任は免れない(50)。

本判旨は、慰藉料額を評価する際、つぎのような事情を認定している。女性が二八歳で、小学校五年程度終了の学歴であること、被控訴人と同棲前に一度他に嫁したる事実があること、女性の実家は芸娼妓の紹介を営み、多少の資産があり、同業者間では相当の声望を有すること、女性は大正一〇年ころ吉原で三、四ヵ月は娼妓となった事実などを指摘したうえで、男性が婚姻しているかどうかは戸籍調査すれば容易に知りうるので、この点において女性にも「軽率の誹りなしと謂ふを得ざる」と付言する。これに対して、男性側は、沼津市で多額の資産を有する貸座敷業者である。なお、物品の返還請求については、退去の際に引渡しを受けた以外、更に衣類等の物品は請求しない旨を約定したので、その請求は排斥された。

ところで、本判決の論理は一つの考え方を示したものであり、合理性があると思われるが、のちの大判昭和一五・七・六民集一九巻一一四二頁は、たとい節操が蹂躙された事実があるとしても、「自己ニ存スル不法ノ原因ニ因リテ生シタル損害」であるので、民法七〇八条の「精神」から、保護されないとした。「二宮周平」は、本判決の論理はこの大審院判決によって否定されたと評価している(51)。そのように解し得なくもないが、本判決では、女性は男性に妻がいることを知らなかったことが認定され、かつそのことを前提とした論理を立てているところ、大審院判決の準則のなかでは、「乙ニ正妻アルコトヲ知リナカラ、之ヲ為シタル甲は、……」とあり、原審での事実認定でも男性が離婚手続の準備中であることを女性が認識していたことが認定されているので、事案に重要な相違があるという評価が正しいであろう。後者に立てば、本判決の論理は、今日でも十分に通用しうる。

ちなみに、最高裁判決では、いわゆる重婚的婚約事例で、男性に正妻のあることを知りながら、妻と別れて結婚するという詐言を信じて情交関係をもった女性（未成年者）側の不法行為に基づく慰藉料請求について（婚約破棄としては請求していないが）、民法七〇八条との関連で、両当事者の「不法性を比較する」という手法によって、男性側の不法性が著しく大であるので同法の精神に反しないと構成して、不法行為責任にも同条の精神を及ぼしながら女性を保護した事例もある（最判昭和四四・九・二六民集二三巻九号一七二七頁）。

(2)　不法行為の請求を「違約」と評価した事例

内縁を破棄された当事者が不法行為を請求原因として慰藉料を請求した事例であるが、その主張事実が「終始婚姻予約不履行の事実に外ならざること弁論の全趣旨に徴し明瞭なる」ことから、「訴えの原因には変更なし」として、「違約」による損害賠償責任を認めたものがある

[30]　東京控判大正九・四・一四評論九巻民四九二頁（内縁）

〔事実〕　X女とY男とは、大正六年一一月一五日に媒酌により婚姻予約を締結し、慣例によりYの生家で「結婚の式」をあげた。婚姻届出は、Yが東京商船学校を卒業した上でなすことも合意され、爾来、大正七年三月に至るまで同棲したが、大正七年七月中にYが一方的に離別を申し入れた。Xは、慰藉料を請求したが、原審当時から不法行為を理由として請求した。「違約」を請求原因としなかったので、民事連合部判決との調整問題もあったが、本判決は、この点を巧みに推論している。

〔判旨〕　Xは、Yの不法行為を原因として慰藉料を請求すると釈明しているが、「被控訴人（X）カ原審以来請求ノ原因トシテ主張セル事実ハ終始婚姻予約不履行ノ事実ニ外ナラサルコト弁論ノ全趣旨ニ徴シ明瞭ナルヲ以テ被控訴人ノ当審ニ於ケル右釈明ハ単ニ法律上ノ見解ヲ開示シタルニ過キサルモノト認ムヘク訴ノ原因ニハ変更ナシ」と判示した。そのうえで、Yは、Xが素行不良であると反論したことに対して、そのような事実はないことから、離別には何等の正当理由はないとされた。「而シテ婚姻予約ノ当事者ノ一方カ正当ノ理由ナクシテ其約ニ違反シ婚姻ヲ為スコトヲ拒絶シタル場合ニハ相手方ニ対シ其被リタル有形無形ノ損害ヲ賠償スヘキ責ニ任セサルヘカラサルハ当然ナルヲ以テ控訴人（Y）ハ被控訴人（X）ニ対シ前示違約ニ基キ被控訴人ノ被リタル精神上ノ損害ヲ賠償スヘク相当慰藉料ノ支払ヲ為スヘキ義務アルモノトス而シテ……ニ依リ認メ得ヘキ被控訴人ノ教育社会上ノ地位年令等ヲ参酌シ本件慰藉料ノ額ハ金七百円ヲ以テ相当ナリト認定スヘク其範囲ニ於テ被控訴人ノ請求ヲ認容シタル原判決ハ正当ナリ」

民事連合部判決は、離別につき不法行為による慰藉料を請求した原告女性側の請求を排斥するにあたり、「違約」によるべきであるとの理由で破毀自判した。この判断の根拠について、川井健は、当時の訴訟手続が「請求原因」に規定されるという事情を指摘していた。(52) そのような傾向があったのかも知れないが、上記の控訴院判決では、かなり柔軟な判断をしている。民事連合部判決が原告の請求につき破毀差戻しの宣告をしなかったのは、単に手続的理由だけではなく、実体法上の理由があったものと思われるので、私見は、そのような事情を前章で明らかにした。(53) 先述した[27]判決では、原告は被告には婚姻意思がなかったという関係成立時の詐欺的行為を捉えて不法行為構成に依拠しながら請求したので、これはそのような事実は存在しないことから棄却され、民事連合部判決でも、原告は同趣旨の主張していたので同じく排斥されたが、本件では、そのような主張（「詐欺誘惑の論理」）ではなく、あくまでも離別の不当性を争っていたので、違約構成ではなくとも、それは単なる法律上の形式の問題にすぎないと解されている。この控訴院判決からも、いわゆる「詐欺誘惑の論理」との関連で、民事連合部判決を読み解かねばならないことが、より一層客観的に明らかにされていると考えても大過なかろう。

(3)　一般的不法行為責任と慰藉料

(ア)　つぎの例は、内縁関係にある夫が同棲中に妻を淋毒に感染させたことから、婚姻予約不履行に基づく慰藉料のほかに、不法行為による慰藉料も認容している。

[31]　大判大正九・四・二七大正九年（オ）第二五三号判例集未登載（内縁）(54)

【事実・判旨】　X女とY男は大正六年二月二五日に媒介により挙式のうえ事実上の夫婦として同棲したが、同棲数日にしてXが疾病に罹り一時Y宅から病院に通院したが、その後、実家に帰って引き続き通院または入院して療養中に、Yが病気を理由に婚姻を拒絶する旨を通知した。そこで、親族間で協議がなされたが、同年六月にYが他女と挙式のうえ同棲した。

控訴審（大阪控判大正八・一二・一五新聞一六四八頁一三頁）では、Yの婚姻予約不履行には正当の理由がないとして、金四〇〇円の慰藉料と婚姻の宴会費用二〇円が認容された。同時に、XがYと同棲後に発症した疾病である「急性淋毒性尿道炎」については、Yが入営中に淋疾に罹患し、挙式後同棲した時にこれをXに感染させ、その結果、Xが同疾病を発症した事実が認められた。そこで、Yは故意過失によりXの身体を害したものと判断され、不法行為による損害賠償として、慰藉料四〇〇円と入院治療費相当額二八〇円四〇銭の財産損害（八二日間、一日一円二〇銭割合）が認容された。大審院も、かかる原判決の判断を是認した。

(イ) つぎの例は、予約当事者間の紛争ではなく、男性の親族・兄が女性の人物評価をねつ造して、離別を正当化しようとしたことから、かかる意味での名誉権侵害が認められた事例（未公表判決）である。それ故、不当な離別による名誉侵害ではなく、それとは別の名誉侵害一般の保護であるが、その実質は、妻・女性としての名誉の侵害ともいえる内容をもった事案である。

[32] 大判大正五・一二・一大正五年（オ）九一七号判例集未登載[55]（内縁）

〔事実・判旨〕 X女は、大正三年二月二三日にA男と結婚して同棲したが、AがXを嫌い、約一ヵ月後にXを実家に帰らせた。ところが、Xを離別する事由がなかったことから、Aの兄Yが、Xは女子の用を弁じない不具者であるという虚偽の事実をねつ造して他人に公表した。そこで、Xが、名誉毀損を理由に慰藉料を請求した。原審は、Xの婦女子としての名誉が毀損されるとともに、Xの社会上における位置状況等に照らしても、その名誉権を侵害されたものであるとして、Xの教育程度のほか地位や年齢等を斟酌して金二〇〇円の損害賠償を認容。大審院も、これを是認している。

本件は、いわゆる内縁に関する事例であるが、単純婚約でも同様の事例が考えられるところ、このような虚偽の事実により婚約者の名誉を侵害すれば、同じ処理が可能であろう。たとい真実であっても、同様のことが妥当しよう。ともあれ、本件でも、わずか一ヵ月後に結婚が破綻している。

ところで、「佐藤良雄・関彌一郎」によれば、本件は、一般的には名誉毀損による慰藉料を認めた先例としての意義があるが、そのうえで、本件の訴提起時は連合部判決前と推測され、当時では婚姻予約の破棄責任の道が閉ざされていたことなどの事情から、Yの兄の名誉毀損行為のみを捉えて慰藉料を認めた本判旨の動機は、婚姻外男女関係

（本件では試婚と推定する）を保護することにあった、とされている[56]。たしかに、そのような側面がなくはないので、このような現実感覚は高く評価しうる。ただし、これをより正確に法的に分析すれば、一方的に破棄されたことに加えて、性的不能であるかのような虚偽の事実を公表されたことによって、社会的に「疵者」同然とされたことに対する保護というべきであり、そこに内縁当事者ないし夫婦としての名誉・名声の侵害があると解することによって、これまで検討してきた婚約ないし内縁の破棄責任自体と共通の基盤のうえにおくことが可能となるし、また、名誉毀損一般の保護を認めたこととの整合性も明確になろう。双方の保護を分離して考察するのは、事態適合的ではないのではなかろうか。

4　小括――民事連合部判決の定着状況

(1)　婚姻予約有効論の定着化

以上の判決を見ただけでも、連合部判決直後からすでにその判決の定着傾向が看取されるといってもよいであろう[57]。理由らしき理由もないまま、一方的に内縁関係を破棄された妻側の憤りが、一気に吹き出したかの観すらあるのである。公表例は、その氷山の一角にすぎなかったものと思われる。当時の婚姻習俗は媒酌結婚を通例としていたが故に、それはまさしく家と家との紛争であった。民事連合部判決直後の裁判例（[2]判決）では、婚姻予約という契約の主体として、当該男女のほかに「家長」が登場していた所以でもある。

これを別の観点からみれば、当時、足入れや客分という婚姻習俗のもとでは一方的に離別しても「不縁」として許容されていた、という社会的事実ない社会的規範そのものの存在に疑いを差し挟む余地があると考えても、決して不合理ではないことを意味しよう。たとい、そのようないわゆる慣行がもともとわが国にあったとしても、この当時では、すでに内部から部分的に破砕していたのではないか、という疑念すら生ずるのである。少なくとも、裁判所はそのような曖昧な男女関係の存在を克服していたといえよう[58]。たとえば、昭和期の裁判例（横浜地判昭和五・八・二七新報二三三号二〇頁）には、媒酌による婚約・結納を経て挙式したが、わずか二泊しただけで、夫が「年回りが悪い」という理由で不当破棄した例があるが、ここでも「事実上の夫婦関係を結びたるもの」と評価しているのである。民事連合部判決での内縁関係を彷彿とさせるものであろう。

ともあれ、社会規範の点は将来の課題とするが、本書では、さらに婚姻予約有効判決から派生する諸課題をいくつかの視点から分析し、その論理構造が精錬されていくプロセスを次章で検討してみよう。

(2)　挙式・同棲婚

民事連合部判決は、挙式同棲婚に言及していたこともあって、婚姻予約の成立を認めた上記の下級審裁判例では、すべてそのような慣習上の婚礼儀式が挙行された事実が認定されている。いわゆる「媒酌結婚」が当時の婚姻習俗であったことが判明するが、そのような儀式がなされている以上、試婚とは解されていないことは、前述した。すべて「夫婦」として評価されていると考えて大過なかろう。逆に、そのような儀式がなされていない事例では、婚姻意思が否定されている（[15]判決参照）。なお、通過儀礼の法的意義は、別に検討する。

(3)　届出請求権

民事連合部判決は、婚姻届出につき、その強制履行を否定していた。実際、下級審裁判例（東京地判大正八・五・一一評論八巻民四三八頁）には、婚姻予約に基づいて届出手続を訴求した例もあるが、むろん否定されている。それでは、当事者・両家の間に届出に関する「合意」があった場合には、どうかという問題は残されていたかもしれない。そこで、かかる事実を根拠として、婚姻届出自体を訴求している事例が登場したが（[16]判決）、裁判所は、これを排斥した。届出当時における婚姻意思を重視し、届出自体を婚姻の成立要件とする届出婚主義からいえば、当然の帰結であろう。これを認めるならば、まさしく「婚姻の自由」が拘束され、私的自治によって公的な婚姻制度の趣旨が崩壊する結果となるからである。婚約のみならず、すでに事実上の夫婦関係にある男女間でも同じことが妥当する。

この問題については、かつて「我妻栄・有泉亨」が次のように述べていたことが、大変興味深い。婚姻は儀式によって成立し、届出を婚姻の効力発生要件と解する立場では、内縁は婚姻として成立しているが、民法上の効力は否定されるものとなり、これを準婚として理解することが容易となるのみならず、「一歩進めればさきに述べた婚約はこれを強制できないという原則も、すでに成立している婚姻（すなわち内縁）については、適用がなく、裁判所は婚姻の効力を生ぜしめるための届出を命ずる判決を下すことができるという考え方も不可能ではなくなる」としたうえで、「近時挙式と届出を一致させる風習が行き渡っていることなどを考えるとそこまで踏み切るにはなお検討を要する」としていた(59)。

このような見方については、かつて大審院が「事実婚主義」のもとで婚姻届出請求権を認容していた歴史的事実を念頭に置いていたものと思われるが、戦前・戦後をとおして、内縁当事者間における「婚姻届出請求権」を認めようとする学説は、数は少ないとしても依然として根強いものがある(60)。もっとも、届出が報告的届出に過ぎないとすれば、そのような立場にも一理あるが、本書では、差しあたり、届出婚制度を大前提としたうえで、準婚夫婦の保護の論拠としては、抽象的なレベルでの「届出義務」を観念することにとどめている。

(4)　「届出義務」

民事連合部判決では、婚姻予約によって「婚姻をなすべき義務」が認められているので、これを「届出をなすべき義務」と置き換えて、損害賠償請求権はその不履行によるものと構成することは可能であろう。連合部判決当時の論評は基本的にはそのような立場にあったが(61)、婚姻予約論が内縁保護のための仮託論であるとの評価が大勢をしめるに至り、学説が事実婚保護に傾斜すると、やがて届出義務論は衰退する(62)。しかしながら、戦後でも、これに言及ないし注目する学説もあった(63)。

一方、大審院では、婚姻予約論は堅持されており、大審院判例（[22]・[23]判決）も、挙式・同棲後は当然「入籍手続」をなすべきであり、これをしないこと自体が婚姻予約不履行になると断じているので、このような説示を別の観点からみれば、届出義務違反によって損害賠償責任が認容されているものと評価することができるであろう。[23]判決では、実際に入籍手続を繰り返し要請している事実が認定されているので、それに応接した面もなくはないが、[22]判決では、そのような事情は詳らかではなく、むしろかなり抽象的な観点から、届出なるものが挙式同棲後における「夫婦の身分」を確立するための当事者間での責務であるという側面が顕著になっているように思われる。

もっとも、単に一方が同居を拒絶して内縁関係が破綻して、届出拒否が問題となっていない事例もあるので、届出義務が裁判例一般に通ずる明確な準則とはなっていないことも、否定できない。ただ、それは裁判での現象面にすぎず、一方的な離別・婚約破棄が「違約」であるならば、そこに婚姻予約上の届出義務違反が潜在していると評価できるのではないか。特に婚姻の実体があれば、「離婚」の場合に準ずる保護を与えるのだという単純なる準婚理論では、一種の循環論法に陥ることとなるであろう。届出を婚姻の成立要件としている現行法制のもとで、届出をしていない事実上の夫婦に何故に婚姻に準ずる保護を与えることが可能であるのか、その論拠が示されていないからである。「事実上の夫婦」の保護という価値判断が「さきにありき」といわねばならない。

ともあれ、婚姻予約に基づく「届出義務」を重要視している本書にとっては、今後も、判例が進展する中でさらに続けてこの問題をフォローする必要があるので、機会あるごとに繰り返して注視することとなろう。

(5)　「不法行為責任」との関連

民事連合部判決が創設した「婚姻予約有効論」のもとでは、「特殊の不法行為責任」としての「詐欺誘惑の論理」の機能する場は少ないことも判明したように思われる。かえって、挙式同棲のある場合には、かかる論理を援用しても、それを理由とする不法行為責任は排斥されている（[27]判決）。関係成立時に婚姻意思がなかったことを立証するのは、事実上著しく困難であることが容易に推知しうる。他方で、離別に過失（不法行為責任）があったという主張も、この当時の判例理論からすれば、もはや意味がなかったであろう。

このこととの関係で注目すべき事例は、不法行為で請求したにも拘わらず、裁判所がこれを「違約」構成に捉え直して、その請求を認容した[30]判決であろう。本件の原告は、単なる「離別の不当性」を追及していただけであるので、

[30]判決は妥当な判断をしたものと思われる。これに対して、原告が被告側の「婚姻意思の欠如」に固執した場合には、裁判所としても、これを「違約構成」に捉え直すことはできないことから、上記のように請求棄却とした[27]判決もまた合理性がある。双方の判決を照らし合わせて考えると、民事連合部判決が「詐欺誘惑の論理」に軸足を置いた原告側の不法行為責任を排斥した理由が極めて明瞭となるのではなかろうか。

一方、不法行為責任が認められているのは、重婚的婚約ケースである（[29]判決）。その他では、とくに一方配偶者の人格的利益を侵害する行為態様が問題とされている（[31]・[32]判決。[28]判決もこれに近い。）。これは、ここで問題としている単なる「心変わり」の不当性ないし不当離別をいうのではなく、詐欺的行為などの行為態様が、婚姻予約関係を前提としつつ、それ自体として独自の人格的利益の侵害をもたらすものと評価された場合であると解すべきであろう。

(6)　婚姻契約と婚姻予約

ところで、大審院は、正当婚姻の当事者間では、たとえば夫が他女と内縁関係や私通関係に入ると、そのこと自体が正妻に対する貞操義務の違反であるとして、これによって夫婦関係が破綻すれば、他女のほかに、夫も妻に対して「不法行為」による損害賠償義務を負うと判示した（大判昭和二・五・一七新聞二六九二号六頁）(64)。もっとも、これは刑事事件の理由中での説示部分であるが、この大審院刑事部判決の「中間決定」としての大決大正一五・七・二〇（刑集五巻三一八頁）が、かの著名な「男子貞操義務違反事件」（裁判長・横田秀雄）である。本決定は、妻側（妻から委託を受けた者）が夫に貞操義務を強要しても、恐喝罪にはならないとしたが、その理由中で、「配偶者ハ婚姻契約ニ因リ互ニ誠実ヲ守ル義務ヲ負フ」とし、また、不誠実な行為によって「共同生活ノ平和安全及幸福ヲ害スル」ことは、「婚姻契約」上の義務に違背し「他方ノ権利ヲ侵害スルモノ」と説示して、「貞操義務ヲ強要スル権利」はないとした原判決を破棄している(65)。民事連合部判決は「婚姻予約」を「婚姻ヲ為スコトヲ目的トスル契約」とし、「誠実ニ之カ実行ヲ期」すべきことを宣言した。その後の判決（大判大正八・五・一二民録二五輯七六二頁）では、婚姻予約の当事者は契約に基づいて「婚姻ヲ為スヘキ義務」を負担し、「婚姻ヲ為スコトヲ求ムル権利」を有することが認められたが、そこに婚姻契約と婚姻予約との密接な相互関連性を看取することができるのではなかろうか。後者は第三者に対する不法行為訴訟ではあるとしても、一般に婚姻・婚姻予約当事者相互間での権利義務を強く意識している点に注目しておきたい。予約当事者間での「届出義務」につながる論法であろう。

ともあれ、以上のような一連の関連判例を通して、かかる「届出義務」なるものの通奏低音の響きが聞こえてくるわけである。

(25)　下記に掲記した裁判例は、主として岩田・前掲注(16)と太田・前掲注(16)三一三頁以下の収録裁判例を参考にするとともに、未公表判決例は、唄＝佐藤＝関・前掲注(16)の文献によっているが、若干の例については、それらには採録されていない事例も含まれている。

(26)　この私撰の判例集『判例』(厳松堂、一九一六年)は、大正五年(一九一六年)以降の数年間で廃刊になっているようであるが、当時の下級審裁判例(民事、刑事、行政事件)が蒐集されている。なお、穂積・前掲注(15)「婚姻豫約有効判決」八頁では、本件のほか、若干の裁判例がこの『判例』から引用されている(東京区判大正五・五・三、東京地判大正五・九・二〇、大阪控判五・一〇・一三、東京控判大正六・二・五、東京地判大正六・七・四)。本書では、法律新聞に掲載されている事件は同新聞を引用している。

(27)　本件については、佐藤・前掲注(17)『婚姻予約』(「藤井対武田事件」)一七五頁以下が詳しい。

(28)　本件は民事連合部判決と同時期に大審院で審議されていたので、判例のいう「婚姻予約」概念には、内縁のみならず婚約も含まれていたことなどの事情については、本書「第三章」の「第二節・婚約事例と婚姻予約論」を参照のこと。

(29)　佐藤・前掲注(17)『婚姻予約』一六一頁は、婚姻予約の成否の判断において、通過儀礼がかなりの重要な要素となっているという。

(30)　穂積・前掲注(15)「婚姻豫約有効判決」八頁。

(31) 本書「第三章」の「第一節-五婚姻予約有効論の論拠(5)婚姻予約仮託論」を参照されたい。

(32) 本書「第三章」の「第三節-1民事連合部判決と中川理論(2)婚姻予約有効判決と届出履行義務論」を参照されたい。とくに「届出義務」については、婚姻予約論が「事実上の夫婦生活」を予定した論理であることのほかに、「内縁撲滅の政策的意図」があったことなどを指摘した。

(33) 唄孝一・佐藤良雄「判例における婚姻予約（七）―未発表資料を求めて」都法四巻一号（一九六四年）一五四頁

(34) 唄＝佐藤・前掲注（33）「判例における婚姻予約（七）」一四六頁。

(35) 佐藤・前掲注（4）『婚姻予約・認知』一〇七-一一二頁。本判決は上告理由が多岐にわたり、長文の判決文であるという（一〇八頁）。本書では、とくに関連する一部分を引用した。

(36) 本件の一審と原審の判決は、唄孝一・佐藤良雄「判例における婚姻予約（5）」都法三巻一・二号（一九六三年）三〇二頁に収録されている。

(37) 唄＝佐藤・前掲注（36）「判例おける婚姻予約（五）」三二〇頁。

(38) 一審と原審の判決は、唄＝佐藤・前掲注（36）「判例おける婚姻予約（五）」三〇五頁、三一四頁を参照のこと。

(39) この未公表判決（大判大正一三・五・三第三民事部大正一三年（オ）一二三一号事件）については、佐藤・前掲注（4）『婚姻予約・認知』一八九頁以下に収録されている。

(40) たとえば、小石・前掲注（16）「（三・完）」二八頁以下は、判例のいう婚姻予約とは事実婚にほかならないという当時の中川準婚理論に依拠しながら、「婚姻届出義務」の拒絶のみでは直ちに予約不履行にはならないとしたうえで、本判決が内縁破棄を入籍拒絶とはとらえず、「事実上の離婚」である旨を判示した「好例」として引用し、その結論も支持している。

(41) 穂積・前掲注（21）「判例批評」（一九二二年・大正一一年）一一八頁。穂積は、判例の婚姻予約論を批判して、事実上の夫婦であれば、「余計な苦心をせずに直截に事実を語ってもよさそうなものだと思う」との持論を付言している。

(42) 本判決はいわゆる「未公表判決」であるが、佐藤良雄・関彌一郎「判例家族法の再検討のために（四）―婚姻予約ないし内縁」社研二七巻一号（一九七五年）一三一頁に掲記されている。

(43)　本書「第三章」の「第一節1-2大審院の基本姿勢(2)内縁と試婚」を参照のこと。挙式同棲を前提とした上で、一審・原審ともに「事実上の婚姻」を認定している。
(44)　佐藤＝関・前掲注（42）「判例家族法の再検討（四）」一三五頁。
(45)　佐藤・前掲注（16）『婚姻予約・認知』三五頁。
(46)　佐藤＝関・前掲注（42）「判例家族法の再検討（四）」一三四-五頁。
(47)　この問題については、本書「第三章」の「第一節-1内縁事例と婚姻予約論」の「2．婚姻予約有効論と不法行為的救済」および「6．横田秀雄論文の意義」を参照のこと。
(48)　横田秀雄「婚姻ノ豫約ヲ論ス」日本法政新誌第一八巻二号（一九二一年・大正一〇年）一頁（老川寛監修『家族研究論文資料集成・明治大正昭和前期編』第一八巻婚姻（二）〈クレス出版、二〇〇一年〉五八九頁による）。
(49)　佐藤＝関・前掲注（42）「判例家族法の再検討（四）」一三三-四頁。たしかに、第三民事部が新設されたのは、民事連合部判決が結審（大正三年一二月）した直後であったので（唄・前掲注（7）八六頁）、佐藤らの判断は正しいものと思われる。
(50)　本件については、岩田・前掲注（16）一〇二頁、二宮・前掲注（2）『判例総合解説』三五頁を参照のこと。
(51)　二宮・前掲注（2）『判例総合解説』三五頁。
(52)　川井健『民法判例と時代思潮』（日本評論社、一九八一年）一〇九頁（第三章「婚姻予約有効判決」）。
(53)　民事連合部判決では、原告女性は、一貫して男性側に「婚姻意思がなかったこと」（「詐欺誘惑の論理」）を理由として不法行為責任を追及していた。民事連合部は、婚姻予約に基づく請求のみを認めたうえで、破毀自判したが、予約論は「婚姻意思があること」を前提とした論理であるので、そのままでは差し戻すことができなかったものと思われる。この問題については、本書「第三章」の「第三節-3．婚姻予約有効論と不法行為的救済」を参照のこと。上記本文での東京控訴院の事例とは、その点で事情を異としよう。
(54)　佐藤・前掲注（4）『婚姻予約・認知』一〇六頁。
(55)　本判決は、佐藤＝関・前掲注（42）「判例家族法の再検討（四）」一四二頁に収録されている。なお、本件の控訴院判決（東京控判大正五・七・一大正三年（ネ）五八五号事件）は、評論五巻民七三三頁や「判例」第一巻二七二頁に収録されているが、この控訴審判決については、末川博『権利侵害と権利濫用（末川博法律論文集Ⅱ）』（岩波書店、一九七〇年）七三二頁は、社会的評価を害する虚偽の事実の流布による名誉毀損の先例として掲記している。

(56) 佐藤＝関・前掲注（42）「判例家族法の再検討（四）」一四五-六頁。

(57) 佐藤良雄・関彌一郎「判例家族法の再検討のために−婚姻予約ないし内縁（五）」社研二七巻五・六号（一九七六年）二五二-三頁は、主として大審院判決を中心としてみているが、そのような判断をしている。

(58) 民事連合部判決当時でも、裁判所はすでに曖昧な婚外関係（足入れ、事実上の夫婦、さらには婚姻意思のない単なる同棲）の存在を十分に承知の上で、このような曖昧な男女関係を克服するために「内縁・婚約二分論」を採用したというのが、私見の立場である。この問題については、本書「第三章」の「第三節-2．婚約保護の論理構造（1）内縁・婚約二分論」を参照されたい。

(59) 我妻栄＝有泉亨『民法三親族法・相続法』（勁草書房、改訂版・一九六三年）七一頁。この著書は、ダットサンの愛称で著名な「概説書」ではあるが、台本は「有泉」が作成し、我妻との議論のうえで、完成させたという（初版の序）。なお、その後の改訂版でも、本文で引用した部分の叙述はそのまま維持され、現在に至っている。我妻栄＝有泉亨＝遠藤浩『民法③親族法・相続法』（第二版・二〇〇五年）六〇頁。簡潔な教科書タイプであるが、ここでの問題については、本質を突いたフレーズとなっている。

(60) 戦前では、平田慶吉「婚姻契約とこれに関する諸問題」法と経済（立命館出版部）二巻二号（一九三五年・昭和一〇年）六五頁、清水兼男「内縁の法律関係」法政研究五巻二号（一九三五年・昭和一〇年）三一頁、寺澤眞人「内縁の破棄若は破棄誘致に因る損害賠償責任」司法協会雑誌九巻一・二号（一九四三年）九四一頁などが「届出義務」の強制履行を認めていた。ただし、婚約重視の清水は「届出義務」を婚約の効力とするが、寺澤は、事実上の婚姻という一種の身分から派生する効果とする。戦後では、仁平先麿「内縁の法理」国士舘大学大学院政経論集一七号（一九七二年）一三九-四〇頁、一五〇頁も、届出強制に好意的であり、そうすることが内縁の婚姻化ひいては婚姻尊重につながるので、今後の検討課題とする。さらに、武井正臣「婚姻届出請求権−試論」『現代家族法の課題と展望（太田武男教授還暦記念）』（法律文化社、一九八二年）六七頁［同『内縁婚の現状と課題』（法律文化社、一九九一年）二三頁以下所収］は、同趣旨の他の先行学説（山中康雄『民法（総論・総則・家族・相続）』二〇七頁）も引用しながら、婚姻は届出前に成立しているとしたうえで、内縁当事者間において届出の強制履行を認めることの必要性と論拠を詳論している。

(61)　この当時の学説（石坂音四郎、中島玉吉、曄道文藝ら）の状況については、来栖三郎「内縁の法律関係に関する学説の発展」東京帝国大学学術大観法学部政経学部（一九四二年・昭和一五年）一六一頁［『来栖三郎著作選集3』（信山社、二〇〇四年）一頁、解説・岩城謙二］で的確・簡潔に整理されているが、来栖自身は当時の学説が「入籍問題」としてのみ考えていたことを批判している。

(62)　この立場を象徴・代表するのは、内縁保護を体系的に構築しようとした杉之原舜一『判例親族法の研究』（日本評論社、一九四〇年・昭和一五年）六九頁であり、杉之原は、内縁には「婚姻予約的性質」は認められないとする準婚理論の立場を突き詰めるとともに、破棄による損害賠償との関連でも「将来戸籍上婚姻の届出をなすべき義務といふが如きものが、法律関係としての内縁の合意に基いて発生しうる余地はない」と断言する。同じく、小石・前掲注（16）「(三・完)」二八-九頁も、婚姻予約の本質は「事実婚」であると解するが、「届出義務の不履行」それ自体は認めたうえで、ただそれは単なる損害賠償義務の有責事由に過ぎないとして、本書が批難した[25]判決を高く評価している。

(63)　戦後でも、婚姻予約有効判決との関連で「届出義務」に明確に言及する学説も散見される。たとえば、田中実「財産分与の一考察」法学研究二八巻七号（一九五五年）五六一頁、沼正也『親族法の総論的構造（新版）』（三和書房、一九七五年）七七頁、七八頁注（30）を参照のこと。ことに沼は、判例の婚姻予約構成を高く評価し、準婚論は大きな誤りと見ている。

(64)　ちなみに、末川・前掲注（55）五三三-五頁は、不法行為の成立要件の観点から、いちいち民法七一〇条にいう人格的な「権利」の侵害を問題とすると、その保護範囲が狭くなることを懸念して、本文の大審院判決においては、要するに婚姻制度の精神や公序良俗の観点から夫や他女の行為が「違法」であることを認めるための前提として「権利」を云々しているに過ぎないという趣旨の解説をしている。周知の「権利侵害から違法性へ」というテーゼのなかで上記の大審院判例を分析しているが、これも一つの見識であろう。ただ、大正一五年の中間決定では、「婚姻契約」が強調されているので、末川の解説だけでは、いまだ不十分といわざるを得ない。おそらくこの横田裁判は、婚姻契約に至る前段階での男女関係に係る民事連合部「婚姻予約有効判決」との関連を強く意識したものと思われる。

(65) 本件では、妻から依頼を受けた者が他女と関係を結んだ夫と交渉して一定の金銭を受領したことから、それが「恐喝罪」になるかどうかが争われたところ、原審は、夫には貞操義務がないので、そのような行為は恐喝罪になるとしたが、大審院は法令違反があるとしてみずから事実を再審議したものである。当時の旧刑訴法四四〇条によれば、事実の確定に影響を及ぼすべき法令違反を理由として原判決を破棄する場合には、決定をもって事実を再審議する旨を言い渡すとされているので、大審院は本条によりみずから事実審理をしたものである。本「中間決定」については、差しあたり、中川善之助「『夫の貞操義務』に関する裁判例に付て」法協四五巻二号（一九二七年・昭和二年）二二二頁を参照のこと。中川自身は、横田裁判を消極的にしか評価していないが、そのことなども関わって、「牧野英一」との論争があるところ（「夫の貞操義務に関する判例に付いて－中川法学士に応ふ」法協四五巻三号〈一九二七年・昭和二年〉四三六頁などの論文）、ここでは割愛する。

第五章　婚姻予約有効判決の展開

一　婚姻予約の性質と通過儀礼

「民事連合部判決」では、婚姻予約の有効性が認められたが、当事者間の婚姻意思のほかに、いかなる積極要件が必要とされるのかは必ずしも明確ではなかった。事案は挙式同棲後の破棄事例であり、判旨が「挙式」に言及していたこともあって、当時の学説には、連合部判決は一定の儀式を要件事実としている、と解した論評もあったが、(1)儀式自体の要否は不分明であった。

先述した民事連合部判決後の下級審裁判例のうちで婚姻予約の成立を認めた事例では、すべて「慣習上の儀式」の挙行が認定されていたので、特に問題は生じなかった。しかし、かかる通過儀礼を経由していない男女関係については、何をもって婚姻意思を認定するかという問題が残されていたといえよう。この問題に応接した大審院判決が下記の[1]判決であり、明確に儀式は不要とされている。これによって、女性救済の道が著しく拡大したことは間違いない。しかし、その半面、単なる私通か、それとも内縁ないし婚約かの識別が困難になったといえよう。そのような事情にも留意しながら、この当時の判決例を分析してみよう。

一方、「民事連合部判決」は婚姻予約の破棄を「違約」というのみで、その性質が不分明であることから、当時から、婚姻予約は債権契約か、それとも親族法上の契約かについて、議論があった。同判決を素直に見れば、一種の身分契約とする趣旨が十分に読み取れたはずであるが、このような議論にも、一応の決着がつけられている。

1　身分契約としての婚姻予約

つぎの大審院判決は、婚姻適齢の規定（旧規定七六五条）が婚姻予約にも適用されるかという問題との関連であるが、婚姻予約が単なる債権契約ではなく、「親族法上の契約」である旨を明らかにしている。

(1)　大審院判決

[1]　大判大正八・四・二三民録二五輯六九三頁(2)（内縁）

〔事実〕　X女とY男とは大正四年六月ころ婚姻予約を締結し、約二年間ほどYの家で夫婦として同棲したが、Yが単身渡鮮して予約を不履行したので、その破棄責任が問われた。婚姻予約当時、男性が一五歳余で婚姻年齢一七歳に満たなかったことから、その婚姻予約の有効性が論点となった。そこでYは、たとい婚姻予約が成立していたとしても、婚姻適齢の要件を満たさないので、その予約は無効である、と争った。原判決は、婚姻の予約は将来適法に婚姻をなすことを目的とする「債権契約」であり、婚姻とは全く別個の契約であるので、予約当時には婚姻適齢の要件を満たしていなくとも無効とはならないとしたうえで、金三〇〇円（一審も同額を認容）の慰藉料を認めた。Yは、「凡ソ予約ニハ後日契約ヲ為シ得ヘキ内容乃至条件ヲ知悉シ之カ本契約ヲ締結スルノ意思表示アレハ足ルノ程度ニ之ヲ定メ置カサレハ予約トシテ之ヲ認ムル能ハサルモノ」であり、売買の予約でもそうであるところ、況んや身分契約である婚姻予約でも将来の婚姻の成立に必要な程度の意思表示であるべきである、などと主張して上告した。

〔判旨〕　「因テ按スルニ婚姻ノ予約ハ将来ニ於テ適法ナル婚姻ヲ為スヘキコトヲ目的トスル契約ナルモ之ニ因リテ婚姻ノ成立ヲ強制セラルヘキ債務ヲ生スルモノニ非スシテ単ニ正当ノ理由ナクシテ違約シタル場合ニ於テノミ違約者ハ予約ノ不履行トシテ相手方ニ対シ損害賠償ノ責ニ任スルニ過キサルモノトス故ニ原院カ之ヲ以テ債権契約ノ如ク説示シタルハ其当ヲ得スト雖モ婚姻ノ予約ハ婚姻ノ成立スル前提事項タルニ止マリ其成立ヲ強制セラルヘキ債務ヲ生スルモノニ非スシテ婚姻其モノトハ全ク別箇ノ契約ナレハ民法第七百六十五条ノ婚姻年齢ニ達セサル者ノ為シタル婚姻予約ト雖モ上告人ノ如ク当時既ニ年齢十五年五箇月ノ未成年ニシテ意思能力ヲ有スル者ノ為シタルモノナル以上ハ自己ノ行為ノ何モノタルカヲ弁

識シテ為シタルモノナルヲ以テ其契約ハ婚姻ノ予約トシテ無効ニ非ス然レハ原院カ予約当時上告人カ十七歳未満ニシテ婚姻能力ナカリシニ拘ハラス無効ノ契約ニ非サル旨ヲ判示シタルハ結局相当ニシテ本論旨ハ理由ナシ」

本判決は、「民事連合部判決」の準則を再確認したうえで、婚姻予約が「債権契約」ではない旨を明言している。もっとも、本判決は、婚姻予約が「身分契約」であると明言しているわけではない。ことに上告理由では、原判決が債権契約としたことに対して「身分契約」である旨の反論をしていたので、大審院がこれに直接応接していないことから、慎重な判断が必要であろう。しかし、債権契約説を明確に否定したうえで、婚姻それ自体と婚姻予約とは別個の契約であることから、一五歳程度をもって予約締結上の意思能力があると判断しているのは、親族法上の身分的行為としたうえで、単なる財産的法律行為と区別していることは明らかである。当時、「穂積重遠」らによる連合部判決の「論理構造」に対する厳しい批判があったので(3)、慎重な対応をしていたものと思われる。また、当時の学説では、有力なる債権契約説も少なくなかったことのほか(4)、「横田秀雄」が身分行為説を主張した論文は、まだこの当時に登場していなかった(5)。しかし、その後、おそらく「横田論文」の影響が大きかったのではないかと思われるが、大正一〇年法曹会決議では、明確に「身分契約説」が採用されるに至っている(6)。さらに、戦前では、実務家の「小石壽夫」が、民事連合部判決等の判例を引用しながら、判例も暗黙のうちに、このことを認めているとしていたが、みずからも身分契約説に賛じている(7)。いずれにせよ、裁判実務では、身分契約説に固まっていたといえよう。学説も、身分契約説が主流である(8)。

なお、本件での具体的な解決の観点からいっても、男性が一七歳まで同棲していたことから、たとい婚姻年齢を考慮するとしても、時の経過によって、いわゆる瑕疵が治癒されているので、実質的にも、これを無効とすることは、著しく正義衡平に反する結果となったであろう(9)。

(2)　下級審裁判例

加えて、すでに下級審裁判例では、「親族法上の法律行為」としたり、明確に「身分契約」と断定したりする例が登場している。

[2]　盛岡区判大正七・五・三〇新聞一四二六号一八頁（内縁）

〔事実・判旨〕　X男はA女と婚姻予約を締結したが、Xが出役中にAが他の男性Yと蜜通して一子を懐胎した。そこで、XがYに対して不法行為による損害賠償を請求した事件である。「婚姻ノ予約ハ異性間ニ於テ将来適式ノ婚姻ヲ為スコトヲ目的トスル契約ニシテ之ニ基キテ婚姻ノ儀式ヲ挙ケ事実上早ク已ニ夫婦ノ生活ヲ為ス者少シトセス而シテ世人モ之ヲ認メテ真実ノ夫婦ノ如ク思惟スルハ我邦従来ノ慣習ナルヲ以テ我民法中此予約ニ付キテ何等ノ規定ヲ存セス又此予約ニ基キテ婚姻ヲ強要スルヲ得サルカ故ニ之レヲ無効ナリトスルヲ得ス寧ロ親族法上ニ於ケル一種ノ法律行為ヲ以テ之ヲ目スルヲ至当トスヘク従ツテ此予約ヲ為シタル男女間ニハ一種ノ法律関係相生シ互ニ信義ヲ守リテ相当ノ時期ニ正式ノ婚姻ヲ成立セシムルコトヲ勉ムヘク故ナク之カ成立ヲ妨ケタルトキハ違約ノ責ヲ免レサルハ勿論時ニ或ハ不法行為タルコトアルヘク故ニ第三者ニ於テモ亦須ク両者ノ関係ヲ敬重シ敢テ之ヲ冒涜スルヲ得ス」として、Xの請求を認容。賠償額については、屈強な男性が「一婦人ニ見捨テラルルモ為メニ一生ノ不幸ヲ招クカ如キ虞アルニ非ス」、女子が貞操を蹂躙された場合とはその趣旨を異とするので、「精神上ノ苦痛モ決シテ之ヲ深刻ナリト認ムルヲ得ス故ニ此点及原被告ノ一家及ヒ社会上ノ地位其他諸般ノ情況ヲ斟酌シテ其損害賠償ヲ金百円ナリト定ムヘシ」

[3]　東京地判大正八・三・一〇　評論八巻民一九八頁（内縁）

〔事実・判旨〕　事案は、第四章[12]判決を参照のこと。「婚姻ノ予約ハ一種ノ身分上ノ契約ニシテ純粋ナル債権契約ヲ以テ目スヘキモノニアラス苟クモ其愛情ト信義トヲ骨子トスヘキ婚姻予約ニ於テハ」、YがXをしてY家に入れず、「入籍手続ヲ峻拒シタルカ如キ場合」には、予約の給付は不能となるので、予約の解除をしなくとも、賠償請求ができる。

上記の下級審裁判例では、[1]判決とは事案を異とするが、それぞれの事案との関連で、婚姻予約の性質を深めており、「婚姻」を前提とする「男女間の法律関係」の特殊性を強調したうえで、信義則による処理を念頭に置いている。

2 「通過儀礼」の法的意義

(1) 大審院の立場

婚姻予約が身分契約であるとすれば、これに何らかの形式を必要と解する立場も十分にあり得たが、大審院は、民事連合部判決後間もなく、儀式は不要であるとして、通過儀礼を践んでいない男女間の合意でも、婚姻予約が成立しうることを認めた。これが一般に「儀式不要判決」として著名な次の[4]判決である。ただし、事実関係に注意すべきであろう。

[4] 大判大正八・六・一一民録二五輯一〇一〇頁(内縁)

〔事実〕 X女は、両親の知り合いであるYの懇請により家事手伝いとしてY方に寄寓中にYと関係をもち、帰宅後妊娠していることが判明した。Xの両親がYに掛け合ったところ、Yは、いずれ他所に赴任すれば、その際にXを妻として受け容れる旨を約束した。ところが、Yは、Xが一女を出産しても、この約束を守らないため、Xが提訴。Yは、XYの関係は私通関係であるとするとともに、慣習上の儀式も伴っていないことなどを理由として、婚姻予約は成立していない、と争う。原審・東京控判八・一・三〇はXの請求を認容。(10)

〔判旨〕 「婚姻ノ予約ハ事実上或種ノ儀式ヲ伴フコトナキニ非スト雖モ其儀式ハ予約ノ成立要素ニ非サルハ勿論効力発生ノ条件ニモ非スシテ唯予約ノ締結ヲ表彰スル社交的典礼タルニ過キス故ニ何等ノ儀式ヲモ挙ケスシテ婚姻ノ予約ヲ為シタル場合ニ於テモ其予約ハ適法ニシテ有効ナリト謂フヘク儀式ナキノ理由ニ依リ婚姻ノ予約ト私通関係トヲ同一視スヘキモノニ非ス何トナレハ前者ハ将来ニ於テ婚姻ヲ為スコトヲ目的トスルニ反シ後者ハ全然其目的ヲ缺如スレハナリY所論ノ如キ実験法則ハ存セサルノミナラス又其援用ニ係ル当院判例ハ婚姻ノ予約ハ特別ノ方式ヲ要スルコトヲ判示シタルモノニ非サレハ之ニ依リテ本件ヲ律スルヲ得ス然レハ則チ原判決カ叙上ト同趣旨ノ理由ニ依リ本件ノ婚姻予約ハ有効ナル旨判定シタルハ相当ニシテ本論旨ハ理由ナシ」

本件の男女関係は、内縁か婚約かは必ずしも明瞭とは言えないが、原判決が「夫婦としての交情を継続し、その間に一女を挙げるに至りたる」との事実を認定したことが前提とされているので、一般に内縁事例とされている。[11] 本件のYは、民事連合部「婚姻予約有効判決」を引用して、そこでは慣習上の儀式がなされているからこそ、婚姻予約として保護されたものであるとし、そうでない男女関係は私通関係に過ぎないと反論したので、とくに儀式の要否が論点となったが、大審院はこれを一蹴した。ただし、本件では、儀式はなされていないが、「夫婦の実体」があったことのほかに、Yは、Xが妊娠後には婚姻するという「約束」をXの両親に対しても表明したことを「自認」しているし、[12] 相互に妻、夫という文言を使用した文通もしていたようであるので、この種の間接事実から婚姻予約と評価したものと思われるが、必ずしも明確な事実関係は認定されていない。[13] しかし、単なる秘密裡の男女関係ではなく、少なくとも「当事者間に結婚の合意」（私的了解）があることに加えて、夫婦としての「社会的な承認」も認められる男女関係と評価されたものと思われる。

ともあれ、本判決によって、私通関係と婚姻予約との分岐点が（将来の）婚姻意思の有無にあるという一応の識別基準は明確にされた。ただし、「婚姻予約有効判決」前では、両者の区別は「婚姻届出」であったが、婚姻予約も有効となれば、「婚姻の意思」のみで足りるのか、それとも何らかの形式ないし儀式が必要かという問題に帰着するところ、本件では、単に消極的に儀式不要とされたにすぎないので、問題は、通過儀礼がなされていない場合に、ことに秘密裡の男女関係について、いかなる規準によって婚姻意思を認定しうるかに集約され、それ自体はさまざまな間接事実によって推認するしかないことから、結局のところ、私通関係との区別の問題は将来に残されたといわざるを得ないであろう。

本判決は、私通か否かは、事実認定の問題として、Yの反論を一蹴しているが、婚姻意思の認定には一定の評価が必須のものとなり、ときどきの時代背景のもとでの「社会通念」によって判断されるべきものであることから、その点につき問題を残したといえよう。[14] 民事連合部判決が婚姻予約を有効と判断するうえで、社会通念も考慮したことを決して忘れてはならない。いわゆる内縁事例でも「単なる同棲」等の男女関係との識別が困難なケースも見られ、この難題は戦後の裁判例にも引き継がれて、今日でも未解決のままである。[15] ことに私通と同様の情交関係を伴うことの多い単純婚約事例では、なお一層区別が微妙なケースがあることは、すでに一般によく知られたところである。つぎに以上のことを念頭に置きながら、下級審裁判例を検討してみよう。

(2)　下級審裁判例の状況

儀式は、判例では単なる証拠であるが、婚姻予約が「真意による合意」ないし「確定的意思」でなければならないという立場からは、単なる証拠以上の意味をもつこともありうる。この当時、婚約の成否が争われた一連の事例が登場しているが、地方の婚約・婚姻慣行による通過儀礼がきわめて重視される傾向がみられるので、この種の儀礼がなされると、「婚約」の成立を否定することは著しく困難となる。以下、いくつかの事例を検討してみよう。

(a)　つぎの例では、「樽入れ」とともに、「婚礼の式の日取り」などの合意がなされていることから、いっそう婚約の成立が認められ易くなっており、本判旨もそのような趣旨を判示していると考えて大過ない。

[5]　東京控判大正一五・五・一新聞二五七四号一四頁（婚約）

〔事実・判旨〕　X男（控訴人）はY_1女（被控訴人）と大正一二年一二月二九日にA夫妻の媒酌のもとで「樽入れ」の儀式を行ない、大正一三年一月一九日に結婚の式を挙行することを約束したが、Y_1が同年一月九日に媒酌人の妻を介して「相性や方位が悪い」と称して破談を申し入れた。X男は、慰藉料の支払いを求めて、Y_1とその父であるY_2に対し訴えを提起した。判旨は、当事者間に婚姻予約が成立したかどうかにつき、「右当事者間ニX主張ノ如ク大正一二年一二月二九日訴外A夫妻ノ媒酌ニ依リ婚姻ノ予約成立シ地方ノ慣習ニ従ヒ樽入ト称スル儀式ヲ行ヒタル事実ヲ認ムルニ十分ナリY両名ハ右婚姻ノ予約成立ノ事実ヲ否認シ単ニXトY_1トノ間ニ縁談アリタルニ過キス然カモ該縁談ハ予約ノ程度ニ達スルコトナク破約トナリタルモノニシテ大正一二年一二月二九日右Y_1カ自宅ニ居リテ祝酒ヲ飲ミタルコトハ相違ナキモ之ハ前記Aヨリ強ヒラレタル為メXト婚姻スルノ意思ハナカリシニ拘ラス止ムナク飲ミタルニ過キスト抗争スルモ該事実ヲ肯定スルニ足ルヘキ措信スルニ足ル証拠ナキヲ以テ右Y等ノ抗弁ハ之ヲ採用セス而シテXトY_1間ノ婚姻ノ式ヲ大正一三年一月一九日挙行スヘキ旨約シタル事実ハY_2ニ於テ之ヲ認ムルノミナラス前記Aノ証言ニ徴スルモ明カナレ」とした。Yらが主張する相性・方位が悪いことについては、「相性方位悪シトノ如キ事由ハ社会通念上之ヲ以テ婚姻ノ予約ヲ破棄スルニ足ルヘキ正当ナル理由トハ到底認メ難ク」と判示したうえで、Y_1にのみ慰藉料金八〇円（請求額は九二〇円）の支払いを命じた。その慰藉料額の判断に斟酌された事情としては、X家の資産は中流程度以上であること、本件予約成立から破談まで幾ばくもなく、また結納も取り交わしていないこと、Xは現在他女と婚姻同棲していることが指摘されている。なお、本件の当事者は同じ部落のもので、氏も同一である。

(b)　つぎの事例も、「樽入れ」によって婚約の成立を認定している。

[6]　東京控判昭和五・一二・一六新聞三二三一号一〇頁（婚約）

〔事実〕　X男は、法定推定家督相続人たるY女家の婿養子となるため昭和三年一〇月二八日「樽入れ」の式を挙げて、同一二月七日に挙式を予定していたが、Yは、Xのような人物では到底一家の平和を維持し円満な家庭は想像できないとして、一一月中に婚約を解消した。Yは、「所謂樽入は、X主張の如きものにあらずして、樽入の納入後結納を取交わして始めて予約が成立するに至るものなり」と主張したが、一審でも、当審でも、「婚姻予約ノ成立」が認められ、Xの慰藉料請求のほか、「得べかりし利益」の損害賠償も認容された。破棄の理由は不詳であるが、Yの母がXを熱しやすく冷めやすい性格であると評価したことが原因とされている。

〔判旨〕「YカY家ノ法定ノ推定家督相続人ニシテ訴外Aノ仲介ニヨリXヲY家ノ婿養子ト為サンカ為メ昭和三年一〇月二八日所謂樽入ノ式カ挙ケラレタルコトハ当事者間ニ争ナシ……各証言ニ依レハ右樽入ノ式ハ媒酌人A立会ノ下ニ訴外B、C等近隣ノ人々モX方ニ招待ヲ受ケタル上挙行セラレタルモノナルコト本件当事者地方ニ在リテハ儀式ニヨリテ婚姻及養子縁組ノ予約カ既ニ成立セルコトヲ外部ニ発表スルモノトナルコトヲ認メ得ヘク従ツテ右樽入ノ式カ挙ケラレタル以上ハ婚姻ノ予約成立シタルモノト認ムヘキヲ以テ樽入ヲ為シタル後ハ猥リニ之取消シ得サルハ勿論婚約当事者双方ハ正当ナル事由ナキ限リハ該予約ニ基キ誠実ニ婚姻ヲ為スヘキ義務アルヤ勿論ナリ而シテYハ昭和三年一一月中Xニ対シ右樽入ヲ取消シ右予約ノ履行ヲ拒絶シ爾来婚姻ノ届出ヲ為スニ至ラサリシハ本件当事者間ニ争ナシYハXノ如キ人物ハ到底一家ノ平和ヲ維持シ円満ノ家庭ハ想像シ得ヘカラサルヲ以テXトノ婚姻ヲ断念シタルモノニスキサレハ樽入ヲ取消シ婚約ノ履行ヲ為ササルモYニ於テ其ノ責ヲ負フヘキ限リニアラサル旨抗争スレトモY提出援用ニカカル全証拠ヲ以テスルモYカ右予約ノ履行ヲ肯ンセサルヲ正当ト為スニ足ル事由ハ毫モ之ヲ認ムルヲ得ス」

本件では、「樽入れ」の儀式が行われたものの、結納の交換は未履行であったので、Y側はそのことを理由として婚約の成立を否定したが、判旨は樽入れで足りるとした。要するに、婚約自体につき慣習上の儀式がなされれば、結納は婚約が成立した後の儀式という趣旨であろう。たしかに、社会的にも、結納は婚姻挙式を準備する前段階の儀式という意味合いが強いように思われる。本判決が予約の効力として「誠実履行義務」と「届出の履行」につき言及している点を銘記しておかねばならないであろう。

なお、慰藉料については、Yの父が地元の町長であること、Yは資産家の家督相続人であり、女学校を卒業していること、Xは中流農家に生まれ、商業学校卒業後日本郵船に就職していたが、これを退職し、ここに再就職することができないこと、XYともに予約成立後は一日も早く婚姻の成立を熱望していたことなどの事情から、金八〇〇円とした。さらに、財産損害として、日本郵船での生涯の賃金による純総収益三六〇〇円（年収一五〇円、五〇歳までの二四年間）から、将来は薬剤師としての相当額の収入も所期しうるので、それによる収益を控除すれば、金一千円が相当である、とした。この種の逸失利益を認めた事例は珍しい。

(c)　「結納」の取り交わしがあれば、なおのこと婚姻予約の成立は否定し難い。つぎの例は、そのような趣旨を明らかにしており、結納の事実に基づいて「婚姻予約の成立」を積極的に認定している。本件では、結納を受納した女性側が不当に婚約を破棄している。

[7]　東京控判大正一四・八・一〇新聞二四五二号五頁（婚約）

〔事実・判旨〕　大正九年二月中にX男（被控訴人）はY女（控訴人）に対しYの父Aを介して婚姻の申込をなし、YもAを通じてその承諾の意思表示をなした。同月一八日にXはBを使者としてYの代理人たるAに結納を交付し、Aがこれを受納した。そこで、判旨は、かかる結納の授受があったので、「茲ニ本件当事者間ノ婚姻ノ豫約ハ確実ニ成立シタ」と認定している。ところが、同年は申年であったので、これを忌みて婚姻の式を延期したところ、同年一一月にXは歩兵聯隊に入営したが、大正一一年四月には病気のため除隊となり、入院加療の結果全快して健康が回復したので、XはYに対し婚姻の式を挙げることを求めたが、Yがこれを拒絶した。Xは、さらに大正一二年六月下旬Yに対し七月三日限りで婚姻予約を履行すべき旨を催告し、かつ同日限りで履行しないときには、当該予約を解除する旨を通知したが、結局はYがこれに応じなかった。そこで、判旨は、Xは「Yの不履行に因り精神上大なる苦痛を受けたるものと認むべくYは之に対し慰籍料として相当の損害賠償を為すべき義務あるものと云はざるべからず」と判示した。双方の家はともに村内で相当な生活をしていることなどの事情により、金二〇〇円の慰藉料（請求額は六〇〇円）を認容。

3　非婚関係と婚姻予約

(1)　私通関係

(ア)　「野合」とされた事例　前述のように、婚姻予約には儀式は不要とされたことから、私通関係との区別が曖昧になった。以下の裁判例は、このような事情を明らかにしているので、特に事案に注意しながら分析してみよう。つぎの大審院判決例は、「未公表判決」であるが、男女関係が「野合」とされて「婚約」の成立が否定されている。その考慮事情が非常に興味深い。

[8]　大判大正八・七・八第一民事部大正八年（オ）四六六号　判例集未登載[16]（婚約）

〔事実・判旨〕　大正六年旧暦一〇月二日より、Y男は、X女と情を通じ、それ以降、たびたびX女方に忍び行き、情交を重ねたうえ、時には金品を与えていた。大正七年旧正月八日夕にもX方に忍び行き、翌朝Xの母に発見され、母からXを連れ帰るよう迫られたことから、やむを得ずYはXを自家に伴って帰宅した。Xは、婚姻予約不履行による損害賠償を請求した。一審は請求の一部を認めたようだが、原審は「野合」としたようである。Xは、つぎのような理由により上告した。情交をかさねたうえで金品を与えたのは、婚姻予約の成立を前提とするのが経験則である。女性の生命ともいえる節操を男子に放任することは経験則上あり得ないことだからである。また、原審は野合としたが、野合の事例は通常は遊女・娼婦の外には存在しない。さらに、Xの両親よりXを連れ帰るよう迫られたとしても連れ帰る必要はないにも拘わらず、自家で同居したのは、婚姻意思なくしてはなしえない。

大審院は、Xの主張するような経験則はないとするとともに、たといXを自家に同伴した事実があるとしても、婚姻予約の成立を認めたものとは解し得ない、とした。

本件は、民事連合部判決の裁判長「田部芳」のもとで下された判決である。三ヵ月間の情交関係と同伴帰宅とが争点となっただけであるので、後代の「誠心誠意判決」の事案とは相当程度の開きがある。まったくの「私的な情交関係」とされ、婚姻の「事実上の約束」すら認定されていないので、判旨の論理からいえば、かかる結論も、やむを得ないのかも知れない。しかし、一審では、とにかくXの請求が認められたので、それが婚約の成立を認めたのか、不法行為によるのか、その点が不分明であるのは残念であるが、女性救済という観点からみれば、やや微妙な判決例である。

いずれにしても、大審院が単純婚約の成立に係る考慮事情を消極的なかたちではあるが、明らかにした点は重要である。ことに男性が女性宅で女性との情交関係を女性の母に発見され、その母から自家に連れ戻るよう迫られたのを受け入れたという事情は、たしかにXが主張するように重要な事実であるが、これだけでは十分ではないとされた。当時としては、女性が情交関係を結べば、他男との通常の婚姻は難しい。そのような社会的評価が母をしてかかる行為・言動に至らしめたものであろう。社会的な評価を落としたことによる責任があるという面に焦点を合わせれば、婚約の成立を認めたうえで、慰藉料の「額」で調整することも可能であったが、大審院は、将来の「婚姻の意思」に固執したといえよう。これが認められるためには、なおその上に、女性が妊娠したとか、長期間の同棲があったとかの事情が必要であると考えられたのかもしれない。また、本件の母が双方の情交関係を発見した当時に、その男女関係を承認して何らかの婚約の儀式を行っていたとすれば、婚姻意思を否定することは困難であったように思われる。

当時の婚姻習俗を考えれば、大審院の立場が不合理であったともいえないであろう。

ところで、「佐藤良雄」は、本件でも前記の儀式不要判決[1]と同様に儀式なく情交関係を継続した男女関係が問題となっているところ、たまたま[1]判決は発表されて先例として大きな影響力をもったにも拘わらず、本件は未発表であったので、儀式不要判決とは異なって先例としては機能しなかったものであり、それ故、当時の大審院には、二つの方向が併存していたということを確認しておく必要がある、と論じている(17)。この点の指摘には一理あると思う。ただし、「書かれた理由」を尊重する立場からいえば、本件は、「婚姻の意思」がなかった男女関係であるので、その保護を否定されたのは、判例の論理からいえば当然の帰結であり、いうところの二つの方向性なるものも、当然のことながら、すでに儀式不要判決でも予定されていたものであろう。本判決をもってその方向性が明らかになったという指摘は間違ってはいないとしても、すでに二つの方向性は先例の準則に内含されていたものであり、要は「証明責任」の問題であることから、むしろ婚姻意思の証明がいかに困難であるかという事情を示す一事例として位置づけた方が、より意味のある判決といえるように思われる。佐藤の立場を理解できないわけではないが、ことさらに、未公表判決の意義を強調するまでもなかろう。単なる事例判決に過ぎず、未公表とされたのは、それなりの理由があってのことではなかったか。

ことに「儀式不要判決」では、当事者、特に破棄者である男性が将来の婚姻を約束した事実が認定されている。それをもって直ちに婚姻意思とは断定しえないことはいうまでもないが、少なくとも、判例の立場から言えば、本件のような単なる継続的な情交関係ないし同棲だけでは、婚姻意思の認定には、慎重に対応せざるをえなかったものであろう。

いずれにせよ、大審院が何をもって具体的な識別基準としているのかが不分明であり、「将来の婚姻意思」なる事実が単なる事実ではなく、規範的概念となっているので、そこに大審院の「準則」の曖昧さがみられ、その評価を裁判官にいわば白紙委任しているに等しいことから、別の側面での問題点を潜在させていたといえよう。「佐藤」がいうように、儀式不要判決と「さして大きな相違のない男女関係」につき、本判決が「野合」とした具体的な論拠が明らかにされるべきであったが、消極的な対応に甘んじている。単なる事例判決であり、継続的な情交関係ないし同棲だけでは、容易には婚姻意思が認定されないことを明らかにしたケースでしかなく、私通概念を認める判例の立場からいえば、当然の帰結でもあり、それ以上の先例的な意義をもつような裁判例とはいえないこととなろう(18)。むしろ、「儀式不要判決」は、女性救済を急ぐ余り、別の面では個別の正義を犠牲にする危険を孕んだ論理となりうる可能性を秘めていたといえよう。本判決の意義は、むしろそのような問題点をいみじくも露呈したというところにあるというべきである。

(イ)　「正当の結婚式」がなされていない事例　　私通関係に関する当時の大審院の立場の一端を示す例として、内縁破棄事件ではないが、つぎの裁判例[9]（親権喪失請求事件）も指摘しておこう。夫死亡後に幾ばくもなく他の男性と情交関係を結んだことが、子の親権喪失事由（「著しい不行跡」）に当たるかが問題となった例であるが、「正当の結婚式」がなされていなかったことを決め手にして、私通と判断しているので、当時の婚姻慣習の重要性が見て取れよう。儀式不要判決を単純に受け止めてはならないことを示す事例として位置づけておきたいと思う。

[9]　大判大正一二・一二・二七第二民事部大正一二年（オ）第七〇七号事件　判例集未登載(19)

〔事実・判旨〕「上告人ノ夫Aは大正七年二月一日ニ死亡シタルモノナル処上告人ハ同年末以来他ノ男性ト私通関係ヲ結フニ至リタルト云フニ在リテ而モ此ノ情交関係ハ正当ノ結婚式ヲ経タル後ニ生シタルモノナリトノ上告人主張ノ事実ハ原院ニ於テ否定セラレタモノトス然ラハ上告人ハ夫ノ死亡後幾許モナク濫ニ他ノ男性ト私通シタルモノニシテ……」として、親権喪失を認めた原判決を維持している。

ここでは、「正当の結婚式」というが、従来の裁判例が明らかにしていた「慣習上の儀式」のことであろう。当時では、「寡婦」ないし「未亡人」ともいわれていたように、貞婦は二夫に交えず、との風潮があったこととも関連するものと思われるが、夫死亡直後における妻の再婚が決して容易ではなかったので、秘密裡の男女関係と同視されたのではなかろうか。

(2)　「妾」との区別が問題となった事例

私通関係と「妾」との区別は必ずしも明確ではない。そもそも私通関係自体が多様な男女関係を含む曖昧な男女関係であるからである。しかし、その沿革からいって、[20]「妾」とは、少なくとも女性が男性側から継続的な生活費等の経済的支援をうけて夫婦同然の生活をしている場合が念頭に置かれているし、また、通常は「妻子ある男性」との関係を指しているものと思われる。たとえば、夫が妾をもつことは、妻に対する重大なる侮辱にあたるとした事例もあるので、[21]この種の事例では、妾関係はかなりはっきりした関係として理解しうる。

このような男女関係は、いうまでもなくここにいう婚姻予約関係ではないが、社会的事実としては曖昧な男女関係もあり、内縁に酷似するものもあるので、決して単純ではない。[22]この当時の裁判例で「妾」の関係が争点となった事例を取り上げてみよう。

(a)　つぎの事例は、芸妓と伯爵との婚姻の約束に基づく同棲関係であったので、伯爵が妾関係にすぎないと反論したが、かなり特殊な経緯と事情があったことから、真の婚姻予約と認定されている。

[10]　東京地判昭和三・八・六新聞二九〇八号六頁（内縁）

〔事実・判旨〕　X女は新橋花柳界の芸妓であり、Yは伯爵であったところ、Yの懇請・主導のもとに双方が同棲したが、間もなく、Yが他女と婚姻したことによって、XYの関係が破綻した。Xが婚姻予約不履行に基づいて慰藉料と出産費用相当額を請求した。これに対して、Yは、Xとの関係は「妾として之を迎え入れたるに過ぎない」と反論した。判旨は、つぎのような事実を認定した上で、XY間に「婚姻ノ予約」が成立していたと判示して、Xの請求を認容した。Yは大正一〇年一〇月ころXを某宴席で見知り、Xに対して同月に結婚の申し込みをした。Xは身分不相応なることから、これを辞したが、Yは、母も元芸妓であり、Xの操行の正しきことは知っているし、芸妓たることはいささかも差し支えなく、配偶者の選択は母より任せられている旨を伝えた。Xは、親族と相談したところ、親族は、Yの風評がよくないので、断念辞退すべき旨を訓戒した。しかし、Xは、Yとの結婚を希望したことから、母ら親族を説得して、大正一一年一月二〇日、Yが借り受けた新居で、Yの弟二名とXの母等の親族立会のもとに内祝言を挙げた。Xは、当時、花柳界において名声があり、その落籍のためには二万円以上を抱主に支払う必要があったが、Xは、同日から客室に侍らず、みずから落籍し、Yがその費用を拠出したのではなかった。また、新居には、Yの弟三郎も同居し、同人はXを姉と呼んでいた。

本件の男女関係については、女性が元芸妓であったという点のみが予約の障害事情となりうるが、単なる同棲でもないし、秘密裡の男女関係でもないことは、明白であるので、「内祝言」もなされていることから、婚姻意思を認定することには、さほど困難はなかったであろう。

そのほかに、芸妓との婚姻予約を認定した事例としては、東京地判昭和六・三・六新聞三二五一号一三頁があり、一七歳の芸妓奉公中の原告と資産家の被告が親族立ち会いのもとで「内祝言」の形式を践んで同棲したが、わずか五ヵ月足らずで被告が正当事由なくして破棄したことから、慰藉料五〇〇円および生活費としての贈与の未履行分三〇〇円（三ヵ月相当）の損害賠償が認められている。

(b)　つぎは、内縁破棄事例ではないが、夫死亡後に他の妻子ある男性から世話をうけることが親権剥奪の理由になるかというかたちで争われたところ、その男女関係は世間では「妾」関係と称することが多いので、ここでも妾関係を考える上で参考となる事情が認められるであろう。

[11]　大判昭和四・二・一三新聞二九五四号五頁

〔事実〕　歯科医の夫が死亡したことから、妻がその遺児を将来歯科医とするため、妻子のある歯科医の男性と同棲したことが、「著しい不行跡」になるかが論点となった。原判決は「苟くも親権者として其の子女を監護教育すべき任に在る者が其の情を知り乍ら妻子ある他の男子と同棲し之と夫婦同様の生活を營むが如くは其の目的の如何を問はず之を認容すべきに非ざることは一般社會の通念に照し明白なるを以て」、著しい不行跡に該当すると判示した。

これに対して、上告理由は、常磐御前の例も引きながら、「原判決が妻子ある男子の妾となり之と同棲するの一事を以て直に著しき不行跡と爲し山崎家の幼茅を守り他日の大成を期し以て家名を不朽に傳へんとするの悲壮なる動機目的に闘する抗辯を一蹴し事實の審理を爲すに至らずして上告人に敗訴を言渡したるは反面に於て生活の資を失ひ二人の幼兒を拉して路頭に彷徨し一家覆沒の危険に臨むことを強ゆるものにして一に理想に執着して人間の實際生活を無視するの誹を免れず」との論陣を張った。

〔判旨〕　大審院は、この上告理由を容れて、つぎのように判示した。「按ずるに親權を有する寡婦が妻子ある他の男子と其の情を知りつゝ同棲するが如き行爲は素より擯斥すべきものたること論を俟たずと雖其の者の社會上の地位身分資力其の他特殊の事情の如何に依りては未だ以て親權を喪失せしむべき著しき不行跡と目するを得ざる場合あるべく裁判所が親權の喪失を宣告するに際りては單に親權者に右の如き擯斥すべき行爲ありたる事實のみを以て足れりとせず須らく其の事案に付前記各種事情の如何を審究參酌し果して親權の喪失を來すべき著しき不行跡なりや否を認定することを要す」。原判決は、そのような諸事情を斟酌していない（破棄差戻し）。

本判旨は、妻子ある男性の世話を受け、これと夫婦同様の生活をすることを「妾」と評価しているわけではなく、上告理由が、この種の男女関係を「妾」と表現していたにすぎず、判旨では、むしろ原判決を引用した別の説示部分では、「私通」という用語を使用している。しかし、本判旨は、一戸を構えて夫婦同様の生活をしている原審認定の事実についても説示しているので、おそらくこの種の男女関係を「妾」に相当するものと考えていたようにも思われる。実際、女性側の上告理由ですら、これを「妾」としていたので、当時の世間では、かかる男女関係を妾と考えていたのであろう。

(3)　妾契約を無効とした事例

(a)　妾契約につき、真正面から応接した事例は、おそらく下記の一連の下級審裁判例であろう。いずれも、無効な契約であるので、いつでも関係を破棄することができる、とされている。

[12]　関東廳地判昭和三・七・五新聞二八七四号一六頁

〔事実・判旨〕　X女は、Y男と大正一一年一〇月ころ、Xが奉公中の旅館で情交関係を結び、その後、YはXに神戸市で一戸を構えさせたうえで、生活費を支給して情交関係を継続していた。昭和二年五月には、Xは、Y宅に一時仮寓していたが、同年一〇月にYの妻が旅行中から帰宅したため、大連市の某旅館に移転したことから、XY間の妾関係は解消した。判旨は、現行民法の一夫一婦制のもとでは、事実上妾関係をなしたりとするも、かかる契約は公序良俗に違反して無効であるので、「当事者ハ之ヲ継続セサルヘカラサル何ラ権利義務ヲ有セサルモノトス」。したがって、妾は最初より貞操を蹂躙されることを承諾予期したるものであるので、「妾夫」が一方的に破棄しても、その相手方は慰藉料を請求することはできない。

[13]　大阪地判昭和四・三・一三新聞二九五九号五頁

〔事実・判旨〕　明治四四年一二月ころ、Y男は、X女（当時一八歳）を、その母親の承諾のもとに「妾」とし、Xに適当な商売をさせるか、またはその終身間扶養するかを約束した。以降、YはXに一戸を構えさせ、毎月相当なる生活費を支給した。しかし、大正一四年七月ころにXが精神病を患い、現在は大阪脳病院に入院加療中である。正妻ある男子が他の婦人と情交を結び、「凡ソ夫婦同様ノ関係ヲ継続スルコトヲ内容トスル所謂妾契約ナルモノハ、我民法所定ノ一夫一婦制ノ婚姻制度ニ背シ、公ノ秩序善良ノ風俗ニ反スル事項ヲ目的トスル無効ノ契約ニシテ……」、いつ破棄しても妨げないので、扶養料給付の契約を履行する義務はない。

上記の[12]判決については、「岩田新」によれば、妾契約の中身が不分明であり、何をもつて妾契約の要素としているのかは判然としない、とされる。婚姻意思のない点にあるのか、同棲していない点にあるのか、それとも生活費の支給を受けている点にあるのか、不分明である、という(23)。たしかに、妾関係の構成要素は不分明であるので、定義づけるのは、困難であろう。ただ、ここで重要なのは、二重の婚姻意思は認められないということであり、それ以上、積極的に妾関係を定義づける必要はなかろう。夫婦としての同棲の実態がいわゆる妾関係の方に移行して、婚姻関係が形骸化すれば、それは重婚的内縁と称してもよいし、生活費の支給も、通常は男女関係を継続するためには必要な要素となる、と考えておけば、十分である。要は、男女関係の実態に焦点を合わせて、その保護の要否を考えていくのが合理的であろう。一方、[13]判決は、妾関係とそれに付随している扶養契約とを区別しているので、「岩田新」によれば、そうした解釈は大胆に過ぎるとされ、夫婦同然の関係を設定する契約が妾契約であれば、その内容として扶養義務が含まれるので、別個の財産契約を認定するのは、いたずらに法律関係を複雑にする、と批判されている(24)。ただ、いうところの財産契約とは、一応は区別して考えることも可能であろう。常に、そうした扶養契約が無効となるわけではないからである。[13]判決も、そのようなケースのあることを予測しているのではなかろうか。たとえば、後掲の[15]判決を参照のこと。

(b)　つぎの例は、未公表判決であるが、「合意による私通」と評価して、法的保護を否定している。ただし、その実態は妾契約といえる男女関係である。

[14]　大判大正一〇・七・九第三民事部大正一〇（オ）四一七号事件　判例集未登載(25)

〔事実・判旨〕　未成年者であるX女の雇主たるY男（四八歳）がXと情を通じ懐妊させた。Yには推定家督相続人がいなかったので、その臨月にXは年上の妻の承諾を得てYを「妾」としてもらいうけるため、Yの保護者と結納を取り交わしたという(26)。一審・原審はXの請求を棄却。大審院も「合意上ノ私通ハ別段ノ事実ノ伴ハサル限リ各人ノ権利ヲ害セサル行為ニシテ不法行為ヲ成スモノニ非サル」として、上告棄却。

本件のＸＹの関係は、「佐藤良雄」が指摘するように、家制度下の特殊な「前近代的色彩の強い男女関係」であろう(27)。当時としては、その結論はやむを得なかったとしても、今日的な視点から言えば、X女を救済するための論理はいくつか考えられる。佐藤は、雇主たる地位を利用して懐妊させ、かつ男女間の年齢差を考慮すると不法行為の成立可能性があることなどを指摘する。その論拠としては、今日の判例の立場からいえば、七〇八条の類推適用により、双方の不法性を比較して、不法行為の要件である「違法性」の問題とすることが可能であろう。

(c)　つぎの事例では、妻帯の男性と女性が愛人関係の継続中に締結した養育委託契約等の有効無効が問題となっている。

[15]　岡山地判昭和二一・三・三新聞二六六五号六頁

〔事実・判旨〕　X女はY男と、かねてより「情交関係」を結んでいたところ、大正一二年四月一四日にYとの間に一子を分娩したが、その子についてては、協議の上、Yの正妻との間の嫡出子として出生届をなした。大正一三年八月二五日に、Yは、その子の養育をXに委託するにあたり、養育費月額一〇〇円を支払うこと、もしその経費を支払わず、Xに対する愛情を絶ったときには、一時金五千円を支払う旨の契約を締結した。

Yは、XYの男女関係は公序良俗に反する事項を目的とするものであり、これと不可分の関係にある当該契約も無効と反論した。しかし、判旨は、Yの主張は認めながらも、養育方の委任による養育費用の支出に関する事項、愛情関係の持続に関する事項、およびその不履行による違約金の支払いに関する事項に区別して、たとい愛情関係が絶たれても、Yは当該委任の本旨に従ってその子を愛撫養育することができるし、幼児の看護には実母にまさるものはないので、当該委任契約は「妾関係ノ維持又ハ確保ノ為ニ締結セルモノト認ムルヲ得ス」とした。

妾関係ないし愛人関係の維持・継続のために金銭等の給付を目的とする契約は公序良俗に反して無効と解されているが、本判決は、愛人・実母による子の養育に係る委託契約自体については、愛人関係に起因・付帯するものの、それとは分離した独自の契約と評価している。男性側が子をつくるために女性を利用したという側面があるとすれば、このような判断も必ずしも不当とはいえないであろう。

愛人との間の子を自己の「家」に入れるときは、「嫡母庶子」とするのが法的に認められた形式であるので、自己と妻との間の「嫡出子」として入籍しているのは、むろん違法であるが、愛人との間の子を自分の「家」に入れるということでは、実質的には、双方に径庭はない。それ故、このような子に係る養育委託契約自体を愛人関係から分離するという論法も、当時の法制度からみて違法とは断定できないので、本判決の示した解決もありえよう。(28)

(1)　中島玉吉「婚姻ノ豫約」京都法学会雑誌一〇巻六号（一九一五年・大正四年）六～七頁。

(2)　一審（山口地判大正七・七・一九）と原審（広島控判大正八・一・三〇）の判決については、それぞれ唄孝一・佐藤良雄「判例における婚姻予約（四）－未発表資料を求めて」都法二巻二号（一九六二年）八四頁、九〇頁を参照（本資料は唄・佐藤らの共同討議によるものとされ、執筆主体が「東京都立大学家族法研究会」となっているが、ここでは便宜上、唄・佐藤と略した。）。なお、唄らによれば、本件男女関係は、男性の年齢が低いが、婚約ではなく、試婚的なものから準婚的なものへ移行しつつある段階とみてよいとする（同九五頁）。

（3）穂積重遠「婚姻豫約有効判決ノ眞意義」法学志林一九巻九号（一九一七年・大正六年）六頁・一七頁。

（4）暐道文藝「民法判例批評（四十）九七婚姻豫約ノ法律上ノ性質及婚約能力」法学論叢二巻六号（一九一九年・大正八年）一一七～八頁は、本判決が婚姻豫約の性質を曖昧にしているとして、持論である債権契約説を採ったうえで、婚約は婚姻とは全く別個の契約であるので、婚姻適齢の規定は婚姻豫約には適用されないとして、その限りで判旨を評価している。同「所謂婚姻ノ豫約ノ大審院判決及ヒ其論評ニ就テ（一）（二）」立命館学誌九号（一九一七年・大正六年）一頁、同一二号（一九一七年・大正六年）一頁、でも、ドイツの議論やわが国での議論に言及しながら、身分契約説を批判している。和田干一『婚姻法論（再版）』（大同書院、一九二六年・昭和四年）七二一～五頁も債権契約とする。

（5）横田秀雄「婚姻ノ豫約ヲ論ス」日本法政新誌一八巻二号は大正一〇年に公表されている。

（6）大正一〇年一一月一九日法曹會決議要録上巻四九七頁によれば、「婚姻ノ豫約ハ将来婚姻ヲ為サントスルノ契約ニシテ、身分契約ノ成立ヲ目的トスルモノナレハ一種ノ親族法上ノ契約ニシテ債権契約ニアラサルヲ以テ、債権契約又ハ財産契約ニ関スル法律行為ヲ前提トスル規定ハ之カ適用ヲ受ケサルモノトス」とされている。

（7）小石壽夫「判例を中心として観たる内縁の諸問題（一）」法曹会雑誌一〇巻一〇号（一九三二年・昭和一七年）二七頁、二九頁を参照。

（8）中川善之助『日本親族法』（日本評論社、一九三五年・昭和一〇年）一八〇頁は、婚約も「身分法的合意」とし、また、同三九頁は、内縁についても、届出がなくとも婚姻の実態が不完全であるとはいえないので、要式性のない身分行為であるとする。岩田新『判例婚姻豫約法解説』（有斐閣、一九三五年・昭和一〇年）二〇五頁も「身分上の契約」とする。さらに、永田菊四郎『内縁と私生子（再版）』（巌松堂書店、一九四三年・昭和一八年）三〇～三一頁も「婚姻類似の身分的契約」とする。於保不二雄「判例研究」（大判昭和一五・七・六民集一九巻一四号五六頁）『家族法と家庭裁判所』（日本加除出版、二〇〇八年）三七九・三八四頁［初出、法学論叢四四巻一号〈一九四一年・昭和一六年〉］は、大審院は明確には身分契約につき述べていないが、「身分行為の法理をもって解決すべき時にまで来ているのではあるまいか」とする。これに対して、谷口知平『日本親族法』（弘文堂、一九四二年・昭和一七年）二二〇頁は、内縁についても、法律上は「全くの他人」として取り扱われるので、婚姻予約は身分的な性質を有しないとする。

(9)　ちなみに、唄＝佐藤・前掲注（2）「判例における婚姻予約（四）」九四頁は、本件の先例価値的規範を問題として、一七歳を超えた段階の破棄事例であることに注目し、一七歳未満で破棄した場合までは包含しないとも考えられるとし、「婚姻適齢に達しなくてもその結んだ婚姻予約は有効である」といいきれるか、疑問が残るとする。しかし、判旨は、一五歳程度でも予約締結の意思能力があると明言しているのだから、そのような疑問は理解しがたい。むしろ、一七歳で破棄したのだから、なおのこと破棄責任は免れないとしたものであろう。そのように読むのが自然である。

(10)　本件の原判決のほか、本判旨の論評については、唄孝一・佐藤良雄「判例における婚姻予約（二六）」（佐藤・関執筆）都法一五巻一号（一九七四年）二四一頁以下参照。控訴審の判決理由のみは、評論八巻民二八三頁に収録されている。

(11)　中川・前掲注（8）『日本親族法』二七八頁、谷口・前掲注（8）『日本親族法』二三四頁、高梨公之「内縁の成否と儀式」家族法判例百選（新版）（一九七三年）一四頁、国府剛『婚約（増補）』叢書民法総合判例研究（一粒社、一九八六年）八頁、二宮周平『事実婚の判例総合解説』（信山社、二〇〇六年）一六頁など。これに対して、唄＝佐藤・前掲注（10）「判例における婚姻予約（二六）」二四四頁以下、唄孝一『内縁ないし婚姻予約の判例研究－家族法著作選集第三巻』（日本評論社、一九九二年）二〇七頁・二〇八頁注（5）は、持論の男女関係の形態の「連続体」という視点から、婚約でも内縁でもない男女関係（「非婚」）ではないか、という疑問を述べている。佐藤良雄『婚姻予約および認知－未発表判決の研究』（システムファイブ、二〇〇五年）八四頁も「婚姻予約」というのみである。

(12)　唄＝佐藤・前掲注（10）「判例における婚姻予約（二六）」二五六頁は、本件男女関係を「非婚」という評価の伏線とする趣旨と思われるが、Y男は「婚姻予約に関する合意」ないし結婚の「約諾」を否定したものと思われる、とする。また、同二五七頁では、いずれ妻として貰い受ける趣旨の事実は「上告理由にあらわれる事柄にすぎない」とし、原判決ではこの事実は認定されていないとしているが、これは形式論にすぎるように思われる。この事実は上告理由で夫が「自認」していたものであるので、原判決でも、そのような事実は当然に前提とされていたものと思われる。また、原判決からも、夫は「結婚の合意」をしたことを前提としたうえで、儀式や両親の同意の有無を争点とし、そのような事実がない関係を「私通」として抗弁したものと思われる。そうでなければ、「夫婦としての交情」の存在を認定することが著しく困難となろう。なお、次注（13）の中川の解説を参照のこと。

（13）　中川善之助「婚姻儀式（五）」法協四四巻六号（一九二六年・大正一五年）一一〇三〜四頁は、男性側の証拠方法をみると、女は必ずしも男の妻として同棲してきたという点については、極めて薄弱であり、「社会的に果たして婚姻関係なりと謂い得るやは尚ほ多大の疑問の様にみえるが、おそらくは判決の事実摘示の文字以上に両当事者の関係は謂はば婚姻的であったのであろう」とする。なお、中川は同時に社会的にも儀式の意義が希薄化してきたことを指摘している（同一一〇四頁）。

（14）　佐藤・前掲注（11）『婚姻予約・認知』九〇頁は、かかる大審院判決の立場は、「一般の常識に反するものである」とし、裁判例は合意のほかに儀式や情交関係・同棲の事実を予約成立の指標として掲げてきたという。すでに、岩田・前掲注（8）二五七頁も、婚姻意思は外部にはあらわれないので、実際上の基準にはならないとしていた。

（15）　この問題は、二宮・前掲注（12）一七頁以下参照。

（16）　佐藤良雄・関彌一郎「判例家族法の再検討のために—婚姻予約ないし内縁（五）」社研二七巻五・六号（一九七六年）二八四頁以下に収録されている。

（17）　佐藤・前掲注（11）『婚姻予約・認知』九三頁。

（18）　ちなみに、佐藤＝関・前掲注（16）「判例家族法の再検討のために（五）」二八六頁は、本件の当事者は、前記の儀式不要判決を参照することができなかったものと推察している。佐藤・前掲注（11）『婚姻予約・認知』九一〜二頁も、その可能性を指摘する。

（19）　佐藤・前掲注（11）『婚姻予約・認知』一八二頁。

（20）　周知のごとく、明治初期の「新律綱領」が妾を二親等と定め、同八年二月の太政官指令は、妾として夫方戸籍への入籍方法を指示したが、間もなく「畜妾」制度が廃止された。その制度史はしばらく措くとして、妾に関する裁判例を研究する著書としては、村上一博『日本近代婚姻法史論』（法律文化社、二〇〇〇年）一〇五頁以下が興味深い。たとえば、入籍されていない「事実上の妾」の法的地位はどうかという裁判例や、民法典施行後の妾契約の有効・無効論などに関して、未公表を含む数少ない裁判例を分析している。本書にとって重要と思われる例は、民法施行後の妾契約を必ずしも公序良俗違反とはいえないとして「一種の雇用契約」と評価したうえで、その給料の支払いを命じた下級審裁判例である。ほかに、妾を「一種の雇人」として「証人」の資格を否定した大審院明治二六年六月一五日刑事判決もある。後者は本書にとってはあまり意味がないものであるが、いわば「雇い人」の立場にあることが重要な判断の指標となっている事情を窺知しうる。これらの判決については、村上・同一五二頁、一五〇頁を参照のこと。

(21)　大阪地判昭和三・七・二五新聞二八八九号一四頁。X女は、夫Yが妾Aとの関係を絶つことを条件として、Aの産んだ子を引き取り、これを養育した。XはYに対して重大なる侮辱を受けたとして、Yに対して不法行為に基づいて損害賠償を請求したところ、判旨は、「婚姻外ニ於テ之ニ類スル共同生活を目的トスル所謂妾ナル私通関係ハ、之ヲ容認スルコトヲ得ス。……婚姻ノ存続中夫カ妻以外ノモノヲ所謂妾ト為シ、之ト私通関係ヲ継続シテ、妻ヲ顧ミサルカ如キハ、正ニ善良ノ風俗ニ背クノミナラス、妻ノ名誉ヲ害シ、之ヲ侮辱スルコト甚シキモノト謂ハサルヘカラス」として、不法行為によりXの請求を認容した。本件については、岩田・前掲注（8）六六～七頁も参照のこと。

(22)　ちなみに、民法施行前の妾関係が施行後も温存されると解する立場もある、和田・前掲注（4）『婚姻法論』一一二頁は、民法施行法六二条が施行の際「家族たる者」は施行後は家族たることを得ざる者といえども、これを家族とする、と規定しているので、「妾として一家の家族たりし者」は施行後も家族資格を失わない、としている。

(23)　岩田・前掲注（8）六六頁。これに対して、一時的な性的関係が私通であり、継続的な性的関係が妾関係である、とする見解もある。穂積重遠「妾」法律学辞典四巻（一九三六年・昭和一一年）二六二〇頁、永田・前掲注（8）二一頁。

(24)　岩田・前掲注（8）六八～六九頁。

(25)　佐藤・前掲注（11）『婚姻予約・認知』一四五頁。

(26)　佐藤・前掲注（11）『婚姻予約・認知』一四七頁。

(27)　佐藤・前掲注（11）『婚姻予約・認知』一四八頁、一五三頁

(28)　岩田・前掲注（8）六〇～六一頁も、本件を解説するが、とくに批判はしていない。

二　婚姻予約の成立要件

婚約・婚姻予約が有効となるための具体的な要件については、一般に婚姻の成立要件との関連で議論されてきた歴史的経緯がある。婚姻予約が有効とされると、必然的にそのような問題点が浮上する。わが判例法もこの種の問題に直面することとなるので、以下、重要な事項に限定して検討してみよう。大半は内縁に関する事例であるが、婚約法にも共通する課題となりうるものである。

1　戸主の承認と婚姻予約

戸主の承認は「婚姻」の要件となっており（旧七五〇条一項）、その同意のない届出は原則として受理されないが（旧七七六条本文）、当事者が戸籍吏の注意にもかかわらず、あえて届出をしようとすれば、受理されることとなっていたので（同条ただし書）、婚姻自体については、戸主の同意は積極要件ではなかった。ところが、戸主の同意をえないで婚姻をすれば、その一年以内であれば戸主は「離籍」することができたし、離婚後の復籍を拒むこともできたので（旧七五〇条二項）、この離籍権は、実際上、家的な統制手段としては強力なものであったといえよう。(29) 離籍されると、扶養請求権も相続資格も失ったからである。そこで、内縁としての婚姻予約の成立にも、戸主の承認が必要かという問題が生ずる。この承認は、「家の戸籍」をつくる上での承認である面が強いので、その側面を重視すれば、内縁については別途の考慮も可能であるが、当時の家制度のもとでは、戸主が反対すれば、違法とされた。違法な男女関係となると、それは結局のところ、私通にほかならない。

(a)　つぎの大審院判決は、そのような事情を明らかにする先例として注目に値する。

[16]　大判大正五・一二・二一新聞一二三〇号二五頁（内縁）

〔事実・判旨〕　X女はA男と十数年にわたり内縁関係を続け、その間に一子を儲けたが、Xの非行が新聞で公表され、Xの実家であるY家の信望を失墜させる行為があったことから、戸主・父であるYが自己の住所へ転居を命じたところ、Xがこれに応じなかったので、Y家から離籍された。Xは、Yが転居のために定めた期間がわずか七日間であったので、その相当性・不当性を争って離籍登記の抹消を求めた。原審は、Xの請求を認めたが、大審院は、そもそも「内縁関係」には戸主たるYの承認が必要であり、その承認がないものとすれば「私通不行跡の事実たるに止まり」、その居所指定の期間の相当性は問題にならない、として、原判決を破棄した。差戻審（東京控訴院）は、Xの請求を棄却し、さらに再上告審判決（大判大正八・六・二三）でも、新聞記事の事実の如何をとわず、Yの監督権の行使の正当性が認められている。[30]

内縁につき戸主の同意を必要とするならば、婚約もまた同趣旨と解さざるを得ないであろう。当時の戸主ないし親の監督権のもとに婚約・婚姻の自由が制約されていたことを如実に物語る裁判例でもある。もっとも、私見のように、婚姻予約が「届出義務」を生ずるとするのが判例の立場であるという観点から見れば、内縁も「家籍」との密接な関連があるので、戸主の承認が必要であるとした上記の判決例は、その意味では、正しい判断をしたこととなろう。「民事連合部判決」が届出履行につき説示していたことと整合するので、逆にいえば、本判決も「届出義務」を観念していたことの例証となるわけである。

なお、本件の後始末として、AがXの父に慰藉料として五万円を交付した事実が、別件の裁判から明らかにされている。本件当事者間の訴訟でつぎのような未公表の別件（大判大正一二・四・四大正（オ）八四〇号債権確認請求事件）があるという。[31]X女とA男との婚姻予約はAの申入れで解消されたが、Xの精神的苦痛を慰藉するために、AはXの父・戸主であるYに対して五万円を交付した。Aは面目のため直接これをXに交付することを欲しなかったので、YがXの委託を受けることなくして自己名義でAとの間で当該贈与契約を締結したものであった。Yがその一部のみをXに交付して残額を手元に保管したことから、Yに対する贈与か否につき紛争が生じ、Xがその債権の確認を訴求した。大審院は、この五万円は婚姻予約取消しに関する慰藉料としてXが受け取るべきであるところ、YはXの委託を受けることなくXのためにする意思をもって自己の名において上記贈与契約をしたので、Yの行為は事務管理になるとした。

とまれ、このような慰藉料の交付が任意でなされている事実も、「民事連合部判決」が社会生活のなかでも定着しつつあったことを明らかにするものとして、評価することができるであろう。さらに、本件の原審も大審院も、明確に「内縁関係」という用語を使用している点を決して見落としてはならない。「民事連合部判決」直後の裁判例であることにも注目しなければならないであろう。

(b)　つぎの事例も、戸主の同意が内縁の成立要件となっていることを明らかにしている。

[17]　大判大正一三・二・二八第一民事部大正一二年（オ）第七七六号事件　判例集未登載（内縁）(32)

〔事実・判旨〕　推定家督相続人であった女性Yに対して、Yの内縁関係が戸主であるXの意思に反するとして「廃除」が申し立てられた事件である。原審は、Xが老境に入り、その家督をYの妹に譲るために、Yの廃除を申し立てたが、Yの内縁関係は亡父の遺志に基づき母の勧めによるものであり、何ら非難の余地なし、と判示した。大審院も、原判決の事実認定を前提にして、原審がYA間の内縁関係が戸主の意思に反するものではないことを判断したものであると評価した。

本件では、婚姻予約が戸主の意思に反しない事情が明らかにされている。それは、内縁関係の形成につき、「両親の承諾」があった事実がほとんど決め手になっている。論理的には婚約の場合も同様であるとは必ずしも言えないとしても、婚約レベルでも将来の「婚姻の意思」が必須要件であるから、家制度下では、戸主や両親の反対があれば、その婚姻意思を認定することは事実としては著しく困難であったはずである。そのことをこの種の事例から学べば足りよう。

(c)　ただし、戸主の同意は「事実上の婚姻」に対する同意で足り、いったん挙式に同意を与えた限りは、婚姻届出自体に対する同意については、特段の事情がない限りは、不要と解されていることに注意すべきであろう。本書にとっては、重要な説示があるので、簡単に紹介しておこう。

[18]　大判大正一二・一二・二七民集二巻六九六頁（内縁）

〔事実〕　X男は、A女と明治四三年五月に父Bと親族一同の同意のもとにBの家で結婚式を挙行し、事実上夫婦として同棲したうえで明治四四年一一月二一日に戸主Bの連署なくして婚姻届出をなした。ところが、Bは婚姻届出には同意していないという理由でXを離籍した。Xは、B死亡後にその家督相続人Yに対して、離籍手続の取消しを訴求した。原審は、戸主の同意は届出の時に必要であるので、Bの戸主権の行使は正当であるとした。その理由として「我邦従来ノ習俗ニ於テ婚約成リタル時ハ先ツ婚姻ノ儀式ヲ挙ケ之ト共ニ夫婦トシテ共同生活ヲ開始シ婚姻届出ハ其ノ後ニ為サルルヲ普通トスル状態ナルモ法制上婚姻ハ届出ニヨリ始メテ成立シ其ノ前ニ於ケル挙式若ハ共同生活開始ノ事実ハ婚姻成立ノ経路トシテ普通行ハルルト云フニ過キスシテ之ニヨリ婚姻成立スルモノニ非サレハナリ」とした。

〔判旨〕（破棄差戻し）「然レトモ結婚式ハ男女ノ婚姻ノ合意ヲ象徴スルモノナレハ戸主カ家族ノ結婚式挙行ニ同意シタル事実アレハ其ノ戸主ハ家族ノ婚姻ノ合意ニ付同意ヲ為シタルハ勿論反証ナキ限リ他日婚姻ノ届出ヲ為スコトニ付予メ同意ヲ為シタルモノト解スルヲ相当トスルヲ以テ原判決ノ認定セル如ク戸主Bカ上告人（X）ノ結婚式挙行ニ同意シタル以上ハ同人ハ上告人ノ婚姻ノ届出ニ付予メ同意ヲ為シタルモノト謂ハサルヘカラス斯ノ如ク戸主カ予メ婚姻ノ届出ニ付同意ヲ為スコトハ法律上有効ニシテ戸主ト雖濫ニ其ノ同意ヲ取消スコトヲ得ス唯婚姻ノ届出以前ニ於テ一家ノ維持発達ニ悖戻スル重大ノ事由カ婚姻合意者ニ発生シタル場合ニ限リ之ヲ取消スコトヲ得ト解スルヲ相当トス」

上記の原判決[33]は破棄されたが、その説示部分で、婚約の重要性を指摘する点は見逃せないであろう。婚約と内縁は明確に区別されている。一方、大審院は、戸主の承認との関連ではあるが、挙式の重要性を指摘している。すでに挙式に同意することは、婚姻届出に同意することが内含されているという。これは、原判決がいうように、挙式すれば届出をするのが普通であるという婚姻習俗を前提としたものであろう。「結婚式ハ男女ノ婚姻ノ合意ヲ象徴スルモノ」とは、挙式と婚姻意思との不可分一体性を述べたものといえよう[34]。ことに本件のように、子の出産があれば、なおのこと届出がなされるものである。その限りでは、本判決も、「届出義務」を前提とした論理構造をもっていたこととなろう。親にも届出協力義務を認めた後の大審院判決を準備していたものと思われる。実際、本件の第一審は、戸主において家族の「婚約」と挙式に同意した場合には、「戸主ニ於テモ婚約ノ履行ヲ尊重スベク」、その婚姻届出を拒むことができない、としていた。

2　婚姻予約の消極要件

(1)　婚姻適齢

婚姻障害事由が婚約ないし内縁の障害事由となるかにつき、参考となる事例が登場している。前掲[1]判決は婚姻適齢に達しない男性のした婚姻予約でも、婚姻と婚姻予約とは別個の契約であるので締結当時に相応の意思能力があれば有効であるとした。内縁関係が婚姻の実体を具備するものとすれば、その論理には問題が残されていたが、同棲中に婚姻適齢に達していたという原判決の認定を前提としているので、その限りでは、是認できよう。

ところで、単純婚約の場合には、婚姻の実体もないので、本判旨のいう予約の論理がそのまま妥当することとなり、婚姻意思の能力がある限りは、婚姻適齢に達していないとしても、婚約自体は有効と解してよいこととなろう。実際に結婚するときには、婚姻年齢に達していることが必要であるとしても、本判旨の論理から言えば、一五歳程度であれば、有効に婚約をなしうる意思能力を具備しているし、また、その後同棲している間に婚姻年齢に達すれば、内縁としても有効ということとなる。当時の婚姻慣習からいえば、一五歳程度でも、とくに問題がなかったということであろう。後に同趣旨の大審院判例が登場している。

(2)　両親の同意

両親の同意については、婚姻法の規定上は、戸主の同意とは異なり、婚姻の積極要件ではなく、年齢制限があるに止まるとともに、時の経過によって、その瑕疵が治癒されるものである。婚姻年齢と同趣旨の判決がある。

[19]　大判大正八・六・一一民録二五輯一〇一〇頁（内縁）

〔**事実・判旨**〕　事実関係は、前記[4]判決を参照。本件のY男の年齢は当時三〇歳に満たなかったので、婚姻ならば家に在る父母の承諾を要するものであったことから（旧七七二条）、この点も論点となったが、判旨は婚姻と婚姻予約とは性質を異にするので、その承諾は不要としている。「婚姻豫約ト其ノ目的タル婚姻トハ法律上同一ノ性質ヲ有スルモノニ非サレハ婚姻ニ適用スヘキ法規ハ当然婚姻ノ豫約ニ適用スヘキモノト謂フヲ得ス」。

両親の同意は、その後の大審院・下級審での裁判例でも問題となっており、大正一〇年一一月一九日の「法曹会決議」(35)では、民法七六五条の法意から、満二五歳に達していない男女の婚姻予約については、両親の同意を積極要件と解するに至った。「横田秀雄」の影響もあるように思われるが、学説の評価において必ずしも一致しない面もあった。これに対して、戦後の最高裁判決（最判昭和二八・六・二六民集七巻六号七六六頁）には、内縁事例の婚姻予約には旧七七二条の適用がないとする例があり、今日では、このような解釈が一般的である。(36)実際上も、父母の同意は、近親婚や重婚の禁止規定とは異なり、公益性の弱いものであるので、旧規定でも、時の経過（取消事由を知ってから六ヵ月、婚姻届出から二年）によって治癒されるものであった（旧七八四条）。

ただし、問題は単純ではない。秘密裡の男女関係については、その「婚姻意思」自体の有無を認定するにあたり、裁判例では、両親の同意が実際上きわめて重視されてきたことであり、双方の両親の承諾がないことから、成立を否定した事例が決して少なくないのである。

(3)　女戸主の婚姻予約

つぎの例では、夫婦が民法施行直前に挙式同棲したが、ともに「戸主」であったため、「婚姻」の成立が否定されている。「事実婚主義」時代の例であり、破棄事例でもないが、施行後の婚姻予約についても、同趣旨の解釈が妥当するであろう。

[20]　大判大正一四・一二・二六民集四巻七七四頁（内縁）

〔事実・判旨〕　父と内縁関係にあった女戸主の母と父の庶子との間に「嫡母子の関係」が成立するかが争われたが、その前提として、夫婦間の婚姻の成否が論点となった。女戸主は廃家または隠居しない限りは、婚姻はできないので、たとい婚姻式を挙げて事実上の夫婦生活に入っても、無効とされ、結局、嫡母子関係も否定された。ただし、その後、女戸主たる身分を離脱すべき手続をとることが推定しうる場合には、予約は有効とされている（大判昭和七・七・八新聞三五四一号一四頁）。

(29) 家制度と旧婚姻法下での「戸主の同意」の法的意義については、差しあたり、西村信夫『戦後日本家族法の民主化（上巻）』（法律文化社、一九七八年）二〇八頁を参照のこと。

(30) この事件については、佐藤良雄・関彌一郎「判例家族法の再検討のために(四)」社研二七巻一号（一九七五年）一二〇頁。控訴審判決である名古屋控判大正五・六・一〇明治四三年（オ）三四八号事件については、唄孝一・佐藤良雄「判例における婚姻予約(二)」都法一巻二号（一九六一年）一三四頁、同差戻審の東京控訴院大正八年一月二〇日大正六年（ネ）五五号事件については、唄孝一・佐藤良雄「判例における婚姻予約(三)」都法二巻一号（一九六一年）一五五頁を参照のこと。唄孝一は、Xが敗訴した要因（主要な動機）は、同控訴院判決が指摘する「非行」にあり、単に戸主の同意の欠如だけではなかったと推測し、その非行の中身はX夫婦の起こした悪質な詐欺事件であるとしたうえで、その旨を報ずる当時の新聞記事も掲記している。なお、再上告審判決（大正八・六・二三）については、唄・佐藤「判例における婚姻予約(二七)」（佐藤・関執筆）都法一五巻二号（一九七五年）二五五頁以下に収録されている。本判決が新聞報道の真実の有無に関わらないとしている点が新たな論点とする（同二六六頁）

(31) 本判決については、唄孝一・佐藤良雄「判例における婚姻予約(二八)」都法一九巻二号（一九七九年）二一七頁。原判決の「事務管理」論を是認している。佐藤・前掲注(11)『婚姻予約・認知』一七五～七八頁も参照。

(32) この法定推定家督相続人廃除請求事件は、佐藤・前掲注(11)『婚姻予約・認知』一八五頁に収録されている。

(33) 穂積重遠によれば、原審の判断は、当時の下級審裁判例が分家に対する戸主の同意と「分家届出の同意」とを区別していたので、このような伝統的解釈論にしたがったものとされている。穂積重遠「本件判批」民法判例研究録（一二六）法協四二巻二号（一九二四年・大正一三年）二四四頁。

(34) 穂積・前掲注(33)二四一頁は、「結婚式ハ男女ノ合意ヲ象徴スルモノ」という説示を「特に注目すべき所」とし、

「事実上の結婚式を多少法律上の問題にしかかって居ること」であると述べている。

(35)「大正一〇年一二月一七日法曹会決議」法曹記事三二巻四号二八〜三〇頁。同決議は、予約の不履行により違約者に損害賠償の責任を負担させるとともに、相手方の名誉・財産上の不利益を惹起して当事者に重大な影響を及ぼすので「軽々ニ之ヲ取結フコトヲ得サル」のみならず、民法七七二条を設けたる法意から、男女が婚姻適齢に達していても、満二五歳に達しない限りは、父母の同意を要し、同意なくして為された予約は取り消しうる、としていた。

(36) 本件事件（最判昭和二八・六・二六）については、太田武男「本件判批」民商二九巻五号（一九五四年）三六六頁、能見善久「本件判批」法協九六巻六号（一九七七年）七六〇頁の論評がある。

三　婚姻予約の破棄と「正当理由」

婚姻予約の成立に問題がないとされると、破棄した当事者は次に正当理由の抗弁を提起することとなる。これまで本書が検討してきた事例からも明らかなように、内縁や婚約については、大抵は通過儀礼が践まれているので、結局のところ、当事者が「挙式同棲して婚姻予約をなし」というのが判旨の決まり文句にすらなっている観があり、したがって、そうした事例では「正当理由」の存否が主論点となるわけである。

「内縁」については、伝統的な準婚理論によれば、内縁の解消は離婚と同視されるので、一応は、「離婚原因」が規準とされ、判例も同じ傾向にあると解されてきた(37)。ただし、実質的には不履行の責任が争われているが、形式的には「正当理由」が争点となっていない事例もあることは、すでに指摘されているので(38)、それらも含めて検討している(39)。また、いわゆる「破棄誘致責任」ケースも散見されるので、この種のタイプにも一応は留意しながら検討してみよう。

一方、「婚約」については、この当時では、裁判例は極めて少ないので、学説の関心は判例分析に焦点を合わせるまでにはいたっていないようである(40)。婚約事例は、すでに通過儀礼ケースで紹介したので、ここでは内縁事例を必要な範囲で検討する。

1　大審院判例

「民事連合部判決」後に「正当理由」の可否が論点となった大審院判例があるので、「未公表判決」も含めて検討してみよう。

(1)　初期の裁判例

大正六年には、「婚姻予約有効判決」後の「未公表」の婚姻予約不履行判決が登場している。大判大正六・一・二四(第三民事部大正五年(オ)一〇二八号事件)[41]の事案は不詳であるが、内縁破棄事例で正当理由がないとされ、女性側の請求が一部認容されたもののようである。本件は、「佐藤良雄・関彌一郎」によれば、連合部判決後で「正当事由」を評価した最初の判決であろうとされているが、その具体的な内容は不分明なので、事例的意義は少ないという。佐藤自身も、「歴史的な意義」を強調するが、正当事由の中身が不詳なので、先例的意味では重要性が乏しいとする。本件でみるべき点があるとすれば、破棄した男性側の防禦手法であり、女性側が「離別に同意していた」という趣旨の書証(本人の作成したものではないと認定)に基づいて反論をしているところであろう。[42]なお、その後、下級審裁判例では、この種の「関係解消についての合意」は、破棄者側の抗弁としては常套手段となっているが、問題は、その中身である。通常は、免責も含むような合意の成立については、認定が厳しくなるものと思われる。

(2)　正当理由がないとされた事例

この種の例は内縁では多数に上る。ここでは、婚約破棄を念頭において、参考となる若干の事例を中心として検討してみよう。[43]公表例では、夫側の履行拒絶につき、正当理由がないとされた事例が大半にのぼる。いくつかの事例をあげておこう。

(a)　つぎの事例は、「婚約不履行事件」とされているが、実質は内縁であるところ、破棄の「正当理由」のほかに、男性の父が届出を拒絶したことが、本人の「代理行為」になるかが論点となっている。

[21]　大判大正七・五・二九第三民事部大正七年（オ）第二七〇号事件　判例集未登載[44]（内縁）

〔事実・判旨〕　事案が不詳であるが、X女とY男（大学に通学中であるらしい）とは見合いの上、大正二年の末に婚姻予約を締結したが、Xが度々実家に立ち帰っていた。大正四年にXが実家に帰還していたところ、Yらが電話でYらのもとにXが帰還することを拒んだ。そこで、Xは、Yが「入籍に応じないこと」を理由に婚姻豫約を解除して損害賠償を請求した。Yは、結婚すれば同棲する義務があるにも拘らずXは婚家に居付かず気ままに実家に立ち帰っていたので、入籍に応じないことにつき、正当理由がある、と抗弁した。また、入籍手続に応じなかったのは、YではなくYの父Aであるので、Yは一切これに関与していないと争った。原審は、正当理由をみとめず、また、入籍手続については、「父母の家にある若年の男女が婚姻を為すに至りその届出手続等の交渉に付き父母を以て代理せしむるを通常とする事例に鑑み」れば、反対の事実が認められない限りは、本件のAはYを代理していたものであるとするのが相当であるから、Yの主張は認められないとした。大審院も、控訴審判決を維持した。

なぜXがたびたび実家に立ち帰ったのか詳細は不分明であるので、これだけでは正当理由にはならないという趣旨が必ずしも明瞭ではなく、したがって、双方の事情が総合考慮されて判断される正当理由の中味を分析するうえでは、あまり参考となる事例ではない。しかし、本件の婚姻予約は、親の意向に従ってなされたものであることは、ほぼ間違いなく、本件にいう「代理」とは、単なる入籍手続の「代行」ではなかったように思われる。実質的には、双方の自己開示が不全のまま、見合いから結婚に至ったものであり、それが故に、当初より破談となる要因を孕んでいたものといえよう。

ところで、本件でも、婚姻予約に基づく入籍手続の協力請求の可否が論点となっている。その協力を理由もなく拒絶したことから、予約の解除が認められているので、正当理由の有無の判断との関連ではあるが、予約により「届出義務」の生ずることが前提とされているものと考えても大過なかろう。しかも、上記の「届出の代理」から判断しても、かかる届出が夫の父の意思に左右されていた事情も明らかである。

(b)　つぎの事例は、いわゆる「破棄誘致責任論」の前兆のある裁判例とされている。

[22]　大判大正一三・五・三第三民事部大正一三年（オ）第二三一号事件判例集未登載[45]（内縁）

〔事実〕　X女とY男とは明治三三年六月以来、内縁関係を二〇数年にわたり継続してきたが、大正一〇年九月にXは内容証明郵便で婚姻届出の履行を要求した。Yは一〇年前に他女と私通した事実があり、また現に別の女と私通していることから、Xは、それを不安に思って、このような請求をしたようである。Yがこれに応じないので、Xは実家に帰り、これによって内縁関係が断絶した。Xが損害賠償を請求したが、原審（長崎控判大正一二・一二・二五新聞二二二一号二一頁・第四章[25]判決参照）では請求棄却。

原判決は、単に予約不履行の事実があっても、これが「予約不履行ノ拒絶ト認メ得サル限リハ之ヲ以テ婚姻予約違背アリタルトシテ直ニ損害賠償ノ義務アルモノト謂サルコト単純ナル一般的債権契約ト其ノ趣ヲ異ニスル婚姻予約ノ性質ニ鑑ミ洵ニ明白ナルトコロナリ」とし、それまでXから履行を求めてYがこれを拒絶したことがなかったのに、突然、届出手続の履行をもとめて、Yがこれに応じなかったことから、Xが実家に帰ったのであって、Yが予約を破棄したわけではない、とした。そこで、Xの方が予約を破棄したかたちになったので、Yにその破棄につき過失があるか否かが問題となった。原審は「婚姻予約者ノ一方ハ自ラ其履行ヲ拒絶セサルモ他ノ一方ヲシテ其履行拒絶セシムルニ至タルタルニ付キ其ノ責ニ任スヘキ過失アルトキハ之ニ対シテ被リタル損害ヲ賠償スヘキ義務アルコト勿論」との一般論を述べたうえで、本件では、Yは他女とは私通したがXとは離別すると約したわけではないので、Yの身分ないし社会的地位からみれば、二〇数年来の内縁関係を破棄するにつき正当理由があるとも、またこれにつきYに過失あるものともいえない、とした。

〔判旨〕　大審院も原判決を維持した。Yには履行拒絶の事実がないとした判断は適法である。また、Yの過失についても、他女との私通は十数年前のものであり、また別の他女との私通は「内密ノ裡ニ行ハレタモノ」であって、Xを離別して他女と同棲することを約したものではないので、Xをして婚姻予約を破棄させるほどの「重大ナルYノ非行ト云フニ由無シ」と判定した原判決は何等違法ではない、などとして、上告を棄却した。

「佐藤良雄」は、この判旨の論理に疑問を呈しているが、(46)本書も同感の念を禁じ得ない。いずれにせよ、内縁関係を破綻させたのは、一方的に実家に帰ったXの方であるとしても、なぜ実家に帰らざるをえなかったかといえば、それはYの女性問題であった。他に情婦をもちながら、夫婦関係を維持しようというのは、虫がよすぎるというXの反論にも一理あろう。このような場合を称して、婚姻予約の「破棄誘致責任」というが、(47)原判決は、そのような論理構造を明らかにしているので、注目されている。本大審院判決も、かかる破棄誘致責任の論理を前提としているので、その上告審判決として重要な裁判例といえよう。(48)

(c)　「我が儘で姑に口答えすること」が、破棄の正当理由となるかが問題となった事例もある。

[23]　大判大正一四・一一・二五第三民事部大正一四年（オ）第八八〇号事件　判例集未登載(49)（内縁）

〔事実・判旨〕　X女は、Y男方（中流の農家）でYと同棲していたが、Yの母に冷遇され、大正一三年三月に事後Xとは言語を交えない旨を告げられたことから、Yに訴えたが、「母の行動については如何ともなしがたいので不満ならば出て行け」と告げられた。そこで、Xは止むを得ずY家を去った。その後、Xが復帰を求めたところ、Yは、我が儘で姑に口答えするという理由で、これを拒絶した。原判決は、Xの請求を認容。大審院も、これを維持した。ただし、Xは我が儘で姑に口答えするというだけでは正当理由にはならないが、「其ノ内容タル言動ノ如何ニ依リテハ婚姻予約破棄ノ理由タルコトモ之ヲ得ヘシト雖」と説示した。

我が儘で姑に口答えすることもその行為態様によっては内縁破棄の正当理由になりうるとしているのは、注目すべき点である。「家風に合わない」ことから離別するというほど極端ではないとしても、やはり家制度下での特殊な離別の態様といえるのではないか。

(3)　正当理由があるとされた事例

(a)　つぎの判決も未公表判決であるが、相手方の尊属心に加えた「重大なる侮辱」が正当理由となる旨を明らかにしている。

[24]　大判大正七・一〇・三第二民事部大正七年（オ）第七三〇号事件　判例集未登載(50)（内縁）

【事実・判旨】　X男とY女とは、大正四年五月八日以来同棲し、円満に過ごしてきたが、Y女の母の死亡に際し、Yが同年八月二八日に実家に帰ったところ、XがY方に来訪して弔詞を述べることをしなかったので、Yの父Aがこれを非難し、人を介して離別を申し入れた上、Aは、同年九月一日にはYの道具類の引き取りを求めてX家に赴いた。その際、Aは、XがYに三度の食事も満足に与えていないというようなことを言ったことから、Xは憤激のあまり、「十能をもって打掛かからんとし打殺す」旨を放言したという。結局、XYの同棲は三、四ヵ月で解消した。

Xが婚姻予約不履行に基づいて損害賠償等を請求したが、これに対して、Yは「正当理由」を抗弁とした。判旨は、原判決と同様に、直系尊属に対して重大なる侮辱を加えたときは、動機の如何に拘わらず、婚姻予約を破棄することができるとしたうえで、Yの行為が一時の憤激に出でたるものとしても、「Xノ言動カ相手方ノ尊属親ニ対スル重大ナル侮辱ナルコトヲ妨サルヲ以テ」、予約破棄に正当事由があるとした。

この「未公表判決」は、正当理由の判断において離婚原因を規定する条文が基準になる旨を初めて判示した例として重要である、とされている(51)。それもさることながら、結局のところ、家と家の関係破綻が内縁の破綻を導き、ひいてはその関係破綻の事由が内縁自体の正当理由となっているところに、正当理由に斟酌される事情の不明瞭さが見られる。本件では、むしろXの賠償請求は信義則上許容しえないとすれば、それで足りたのではないか。

(b)　つぎの[25]判決では、内縁破棄につき、「同居に耐えざる虐待」があったことから、正当事由が認められているが、当時の妻の立場を理解する上では、重要な判例である。ただ、婚約破棄事例との関連では、あまり参考となるものではないので、簡略化しておこう。

[25]　大判昭和五・一一・二九新聞三二一〇号一二頁(52)（内縁）

【事実】　X男とY女は媒酌により昭和三年二月八日に婚姻予約のうえ同棲して、X方の自作農を兄夫婦とともに手伝っていたが、「仕事過重繁忙ヲ極メ普通農家ニ成長セル被上告人（Y）ニ取リテハ其ノ負担余リニ過大ナリシ結果労働ニ堪ヘス遂ニ病気トナリタル」ところ、Xの「父母ハ毫モ被上告人ヲ労ハル心アルナク病人ナル被上告人ニ対シ尚且過激ナル労働ヲ強ヒテ止マサリシカ為」、Yは同年五月にX方を立ち去った。Xから賠償請求。

〔判旨〕「若シ婚姻予約者ノ一方ヨリ同居ニ堪ヘサル程度ノ虐待ヲ受クル等婚姻生活ノ持続ト相容レサル事故発生スルニ於テハ仮令婚姻予約ヲ履行セサルモ之ヲ履行セサルニ付正当ノ事由存スルモノトシテ因テ生スル損害ノ賠償ヲ為スノ責ナキモノト解スルヲ相当トス」ところ、本件では、Y側に正当理由があるので、原判決は正当である。

(4)　「債務不履行」自体が否定されたケース

つぎの[26]判決は、「未公表判決」であるが、夫の同居拒絶があっても、妻側の行為態様に問題があったことから、予約不履行にはならないとされた珍しい事例である。夫側に「正当理由」があるので賠償責任を負わないとする論理を敢えて排斥することもなかったが、解釈技法としては、このようなケースも考えられるであろう。

[26]　大判大正一四・三・三第二民事部大正一三年（オ）一〇一〇号事件　判例集未登載[53]（内縁）

〔事実・判旨〕　X女とY男は大正一〇年五月六日に挙式のうえ、同月二〇日まで同棲してきたところ、Xが、不謹慎にも自己の従前の素行不良に関して疑惑を抱かせるに足りる言動を敢えてしたことから、Yは、Xには情夫がいるものと思惟して、いったん実家に帰らせた。その疑惑が晴れたので、Yは復帰同棲を承諾したが、Xを復帰させるためには、X方が過大の金員（金二五〇〇円）を要求したので、結局は復帰の交渉が不調に終わった。そこで、原審（東京控判大正一三・一〇・一）は、Yには「同棲拒絶ヤ入籍手続不応等本件婚約不履行ノ事実ナカリシ事実ヲ推知」し得るとし、大審院も、これを是認している。

2　下級審裁判例

下級審裁判例では、どのような事情が「正当理由」の可否において斟酌されていたであろうか。すでに本書が別の視点から紹介した裁判例のほかに、いくつかの具体例を検討してみよう。

(1)　正当理由が認められなかった事例

この種の事例は枚挙に遑がないといわれるほど、多数に上っている。代表的なものと思われる事例をいくつか挙げておこう。興味深いのは、「夫婦双方に責任のあるケース」や「夫婦双方に責任がないとされたケース」である。

(ア)「相性があわない」、「家風に合わない」という事由では、正当理由にはならないとされた事例が散見される。

[27] 東京控判大正九・六・二三評論九巻民五三六頁（内縁）

【事実・判旨】 事案が不詳であるが、つぎのような事情があった。X女とY男は大正七年四月二八日に挙式のうえ、同七月初旬まで同棲し、XはYとその養母に誠意をもって奉仕したが、養母が濫りに不快の念を抱き、Yも理由もないのに嫌忌して、Y家に留まるのを困難な状況に漸次醸成した。同年七月中旬中にXが病気療養のため実家に寄寓中にYが離別を申し入れ、確定的に婚姻予約の履行を拒絶した。合意解除の事実は否定され、正当の理由なくして不履行したとして、慰藉料額については、Xの年齢、社会上の地位等に照らして、金二千円の支払義務を認めた(54)。

[28] 東京控判大正一〇・一二・六新聞一九三九号一七頁（内縁）

【事実・判旨】 X女（控訴人）とY男（被控訴人）との間に大正七年一二月中に媒酌人を介して婚姻予約が成立し、同月二四日にY方で挙式のうえ、その時から大正八年五月一六日まで双方は夫婦として同棲していた。しかし、Yがその間婚姻の届出をしないことから、Xは、大正八年五月一一日に同月一四日までその手続をなすべき旨を催告したが、これが履行されないので、同月一六日にXは婚姻予約を解除する旨の通知をした。Yは合意解除の抗弁を提起したが、その事実はないとされた。破棄の正当理由につき、判旨はつぎのように説示した。「本件予約ノ履行ヲ拒絶スル事由ト為ス所ノモノハ常套的ナル家風ニ適セザルトノ点ニ存スルコトヲ認メ得ルニ止リ」、「而して其所謂家風ニ適セザルトノ事由ハ婚姻予約ノ履行ヲ拒絶シ得ベキ正当ノ理由ト認メ難キヲ以テ」、YはXに対し慰藉料を支払う義務がある。慰藉料額は、当事者の地位年齢等を斟酌して金五〇〇円とする。

(イ) つぎの例では、夫が妻との同居を嫌って家出した後に他女と同棲している。破棄の理由として、妻の父に「前科」があったことが主張されたが、これでは正当理由にならないと判示されている。

[29] 東京控判昭和四・三・二二新聞三〇三八号九頁（内縁）

【事実・判旨】 X女（被控訴人）とY男（控訴人）は、大正一五年一月上旬に婚姻予約をなし、以来、Y方で同棲していたところ、Yが同年四月一一日に無断で家出をした。Yは、Xとの同棲を嫌い、漂泊の旅に出るので、気の毒だが果敢なき縁も運命と諦めよとの手紙を書き送って、婚姻予約を破棄した。Yの父は、Yの家出はXの責任として、XをY方から退去させたので、Xは実兄のもとに身を寄せ、媒酌人がXの復帰方を再三にわたってYの父に懇請したが、父はこれを肯せず、結局のところ、Yは同年七月に他の女性と同棲した。Yは、破棄の正当事由として、Xの父に前科があったことを主張したが、そのような事実は、「未以テ被控訴人Xトノ婚姻豫約ヲ破棄スル正当ナル理由ト為スニ足サルモノト云フヘキ」と判示。慰藉料額については、Xが豫約当時二二歳であること、Xが尋常高等小学校と町立女子技芸学校を卒業し、X家は田畑五六反と家屋敷を有する中流の農家であること、Yは無資産だが、その父は東京に貸長屋一二軒のほか、郷里に田畑五六反を所有する建物請負人であることなどの事情を斟酌して、金一千円を認容した。

形式的には、妻の父の「前科」が正当理由の主張事実となっているが、実質的には、「性が合わない」ということでしかないであろう。正当事由にならないことはいうまでもない。

(ウ)　つぎの例でも、同棲後間もなく夫が妻を嫌って暴力を振るうなどしたことから、破綻しているが、極めて短期間で破綻している。結局のところは、「性があわない」ということに尽きるのではなかろうか。

[30]　東京控判昭和五・七・三新聞三一六二号七頁（内縁）

〔事実・判旨〕　X女（被控訴人）とY男（控訴人）とは、昭和二年一二月一五日に媒酌により婚姻豫約をなし、同棲したが、昭和三年二月四日にXが実家である兄A方に年始に赴いていたところ、Yが電報でAにXを預かりくれと申し入れ、その後も引き取り・入籍を懇請しても、これを拒絶した。Yは、XがYとの年齢差一五歳につき懊悩しYの身辺の世話を嫌い愛情もないなどと、さまざまな反論をしたが、いずれも排斥された。慰藉料については、Xが地元高等女学校卒業後、上京して二、三年間ほど某方で行儀見習いをした後にYと同棲したこと、実家の兄が印刷業を営み中流の生活をしていること、Yは、洋服店を経営して数千円の財産を有し、相当の生活をしていることなどから、金八〇〇円が相当であるとされた。

[31]　東京控判昭和五・九・二九新聞三一九四号九頁（内縁）

〔事実・判旨〕　X女（控訴人）とY男（被控訴人）とは、昭和二年四月中、媒酌にて婚姻予約をなしたうえで、同月三〇日に挙式・同棲したが、昭和三年三月二七日にXが家出した。Xが家出をしたのは、Yの侮辱的な言動（お前のような不器量なる女をもっていることは肩身が狭いので、縁を切るから出で行け、のごとし）や情婦をもっていること、さらにXが家出する前夜には、Xの着衣が破れるほど、Xの顔面四肢を強打したことなどによる。Yのさまざまな反論は排斥され、Yは結局「婚姻豫約ヲ履行スルノ意思ナクシテ昭和二年四月中婚姻の式挙行後昭和三年三月下旬ニ至ル迄テXノ貞操ヲ弄ヒタルモノニ外ナラスト謂フヘキ」であるとされた。慰藉料については、Xが高等小学校程度の学歴を有し、初婚であり、地元において相当の資産を有する農家の娘であるが、Y家は田畑山林一八町歩を有し村内では中流の生活を営んでいることなどの事情から、金八〇〇円を認容した。

(エ)　妻が同居を拒んでも、その拒絶が夫の行為態様に起因している場合には、妻の慰藉料請求に対して夫側には正当理由がないとされる。先述した「破棄誘致責任」と称されるものである。

(a)　公表例では、つぎの裁判例が最初の事例ともいわれている(55)。

[32]　東京地判大正八・九・一八評論八巻民一〇八七頁（内縁）

〔事実・判旨〕　X女とY男は大正六年五月一四日に華燭の典を挙げたが、旬日を出でずして、Yは、放蕩にひたり、ついにXは淋毒に感染して子宮内膜炎に罹患した。しかし、Y方はXにとかく温情を欠き、苦境に陥いったことから、Xは円満な共同生活をなすべきことの百方斡旋尽力したにもかかわらず、Yは外泊勝ちでXを省みなかった。そこで、XはY方から立ち去った。Yは、Xが帰来したら、いつでも入籍の用意があるので、予約の履行を拒絶したものではない、と争った。判旨は、Yの行状から、Yが「暗黙ニ婚姻予約ノ履行ヲ拒絶シタル事実ヲ認ムルニ十分ナリ」とした。Yは、Xが擅にY方を退去したものであり、予約を履行しないことに正当の理由があると反論したが、Yの冷酷な態度があった以上、たといXが擅に退去したとしても、それを予約不履行の正当理由とすることはできない、と説示した。慰藉料額については、当事者の社会的地位と原告罹病の事情を斟酌して、金三千円を認めた。

本件は、X女がみずからの意思でY方を退去し、Yの方では予約の履行意思がある旨を表示しているので、破棄誘致ケースの側面が見られる。(56) しかし、判旨は、Yが放蕩三昧した行状やXによる円満な夫婦生活への尽力を考慮して、Yの方に「暗黙の履行拒絶」があるとしたものであろう。

(b)　つぎの裁判例でも、同趣旨の事案が問題となつている。

[33]　横浜地判昭和五・八・二七新聞三一六八号六頁（内縁）

〔事実・判旨〕　X女はY男と昭和二年四月二四日に媒酌により婚約を結んだのち、同年四月三〇日に結納を交換しY宅で挙式して婚姻予約をなしたうえ、二泊して、事実上の夫婦関係を結んだ。その後、同年六月ころ、Yは、Xが二四歳でYとの年齢差からみて「年廻りが悪い」ので、媒酌人を介して婚姻予約の合意解約を申し込んだ。ところが、同三年一月にYは前記申込みを撤回して、予約の履行を申し出でたので、媒酌人は、「不貞行為なき限り婚姻を拒絶せざる趣旨の証言」を求めたところ、これをYが拒絶したので、結局、Xは、かかる条件を付けないかぎりはYに嫁ぎ難いので婚約を破棄するするのほかなし、と応答した。判旨は、Yが年回りを理由に婚姻予約を拒絶した事実がある限りは、上記のような条件につき一札を要求するのは当然の措置であり、本件予約を不履行にしたのは、X側ではなく、正にYにある。X側の条件は、Yが本件婚姻豫約を拒否するのを余儀なくせさせるほどの不当な条件とはいえない、とした。慰藉料については、二日間同棲して事実上の夫婦関係を結んだ事実のほか、双方の資産状態、年齢や学歴等を考慮して、金五〇〇円を認容した。Yは、結納金二二〇円で、袴料三〇円であるので、Xは一九〇円の利得をしていることから、これを慰藉料額算定において斟酌すべきである、と争ったが、判旨は、別個の問題として排斥している。

本件は、Xが予約を破棄したのはYの責任であるので、端的に予約不履行の責任はYにあるとしている。破棄誘致責任ケースとして捉える立場もある。(57)

(2)　正当理由が認められた事例

公表事例では、男性側の責任が認められた事例が圧倒的に多いので、女性からの賠償請求に対して正当理由が認められた事例は珍しいが、この種の裁判例を中心としながら、他にもいくつか興味深い例を掲記しておこう。

(a)　つぎの例では、「発作性のヒステリー病」に罹患していることが破棄の正当理由になるとされている。

[34]　東京地判大正七・八・七新聞一四六四号二〇頁（内縁）

〔事実・判旨〕「原告には数年前より強度のヒステリーの持病あり毎年春秋の二季に発作したるものにして大正六年四月二九日被告と同棲当夜に於ても亦発作し其症状軽からざるにより被告は将来を慮りて右婚姻の履行を拒絶したる事実を認むるに足れり果して叙上の如く将来妻たるべき者にして症状の軽からざる発作性のヒステリー病あるに於て仮例婚約を履行して婚姻を為すも夫婦の和合及び家庭の円満を望み難く延て婚姻の目的達すること能はざる虞あるを以て斯の如き場合に夫たるべき者が婚姻予約を履行せずして婚姻を肯んぜざるは正当の理由あるものと云ふべく従って被告は本件予約に付不履行の責を負はざるものと認むるを相当とす」

(b)　つぎの例では、夫の父が危篤状態にあったにもかかわらず、妻が脚気の病気療養を口実に他に転地したことなどの事情から、夫の不履行につき正当理由があるとされた。

[35]　東京地判大正八・一〇・二二評論八巻民九八七頁（内縁）

〔事実・判旨〕X女とY男は、大正五年五月二八日に婚姻予約をなし、同年一一月二〇日に同棲して事実上の夫婦関係を結んだ。しかし、同六年六月にYが同棲を拒絶した。その理由はつぎのような事情にあった。Yの父が同年四月二五日ころ病勢昂進して余命幾ばくもない旨の診断をうけ、親族一同がその看病に努めていた折りから、Xは軽度の脚気を口実に無断家出した。Yらは大いに驚き、探索の結果、親族方に滞在していたことから、いったんは同伴帰宅したが、翌日、実母とともに病気療養のため直ちに上京したき旨を申し入れ、Yの反対にもかかわらず、敢えて上京した。「命旦夕ニ迫レル病父ヲ顧ミス急迫ナラサル自己ノ病気療養ノ為メ夫タル可キ者ノ意ニ反シ強イテ他ニ転地スルカコトキハ妻タラントスル者ノ誠意ヲ認メ難キを以テ」、YがXの行動を「孝道ニ反スルモノ」とみなして、予約の履行を拒絶しても、正当の理由がある。

(c)　つぎは、夫が強烈な性欲者で妻がこれに耐え切れずに実家に帰り、予約が破綻したが、妻には正当理由があるとされた事例である。逆に、妻が慰藉料を請求していれば、認められていたはずである。

[36]　高瀬区判昭和二・七・五新聞二七五四号一七頁（内縁）

〔事実・判旨〕　X男はY女と大正一四年一二月二二日に挙式・同棲した。Xは、強烈なる性欲者であり、過度の性交を要求し、Y女を「性的玩弄の具に供したる」ほか、Yに情夫がいると疑い故なく呵責殴打擲や監視したため、重大な侮辱または同居に耐えざる虐待があるとされた。

(d)　つぎの例では、妻が眠り過ぎることから、夫の商売にも影響が出ていることなどの事情があって、正当理由があるとされている。

[37]　東京控判昭和六・二・一七新聞三二四七号一五頁（内縁）

〔事実・判旨〕　X女とY男は、昭和三年五月四日に媒酌の上、結婚式を挙げた。同年一一月に妊娠し、翌四年七月に出産している。ところが、XがY宅を何らの断りもなく行く先も告げずに立ち去った。そこで、Xが家出をせざるを得ない事由があったかどうかが論点となった。判旨は、当事者の各言い分に応接して縷々述べているが、特にXの居眠りによる夫婦間の争いごとにつき、つぎのような判断をした。昭和三年八月ころ、XがYより早く九時ころに寝たことから、YがXを起こして顔を殴打したほか、翌四年一月ころYが居眠りをしたことに対してXが出て行けと怒ったという供述もある。また、同月一五日の休日に徒弟の衣類の仕立てを命じたにもかかわらず、ことさら必要もない編み物をなし、Xの命に従わないため、Xを突き飛ばしたことも認められなくはない。Yの各行為は「多少穏和を欠くの嫌いあると謂ふに止まり前記各事情の下に行われたる各行為は未だもってXをしてYと同居するに耐えざらしむべき虐待又は重大なる侮辱なりと謂い得ざる」ものである。

本判旨の事実認定につき、やや懸念されるのは、居眠りがXの妊娠とは関係がないとして、Xの主張を一蹴したことである。妊娠中の妻に対する夫側の配慮に欠ける行為態様に対して、いま少し慎重な分析が必要ではなかったか。

(e)　つぎの例では、夫側に破棄責任があったが、妻の行為態様が決め手となって、賠償責任が否定されている。

[38]　大阪地判昭和二・五・一三評論一六巻民一一七八頁（内縁）

〔事実・判旨〕　X女はY男と大正一三年六月二七日に媒酌により婚姻予約をなし、以来同棲した。ところが、Xは同棲後幾許もなくYには妾がおり、妾との間に二児がいる事実を感知したことから、それを常に言ふらすため、YがXを殴打するなどして、家庭に風波が絶えず、Yは、冬期中暖を取らしめないようにするなど、Xを甚だしく冷遇した。その間、媒酌人より婚姻届出の手続をとるよう申し出があったが、YもY方の養子であり、七、八年は養子縁組の手続をとらなかったので、婚姻の入籍はまだこれをする要なしとしていた。さらに、Xの母からも同様の要請がなされたところ、これに対して、Yは、手切金四〇〇円を交付するから、離婚すると言明し、ついにXをして実家に帰ることを余儀なくさせた。

ところが、Xは大正一四年六、七月ころ、近所の者にYは老齢の養母と破倫の行為ありとの虚偽の事実を吹聴し、その旨を記載した紙片をY方の表に掲げんとした。判旨は「Xの所為は、Y並びにその尊属親に対して重大なる侮辱を与えたものと謂ふべし」と判断し、このような行為があれば、到底婚姻関係を継続させることはできないので、Yには、この点において正当の事由がある、とした。

たしかにXの行為は尋常ではなかったが、本判旨が認定しているように、そこに至るまでのYの行為こそが、その要因となっているので、Xの行為のみを非難したのは、片手落ちといわざるをえない。尊属親に対するXの行為態様も、Yの養母が入籍手続に同意しなかったという事実もあったので、慎重な判断がなされるべきではなかったか。当時の時代ではやむを得なかったのであろうか。むしろ、責任を認めたうえで、賠償額で調整すべきであったように思われる。

(f)　つぎの例では、嫁と姑とが折り合いが悪いので、嫁が実家にかえり、夫が姑と別居すれば、円満な夫婦関係が回復したかもしれないが、結局のところ、そのように推移しなかったので、嫁が夫に対して慰藉料を請求したが、認められなかった。

〔39〕　横浜地判昭和四・七・一六新聞三〇六一号一六頁（内縁）

〔事実・判旨〕　X女とY男は昭和二年三月中、媒酌により挙式・同棲し、同年六月初めころXが勤務多忙なため実家から通勤したい旨を申し出た。しかし、Yの母は顔色を変えて怒り出したため、Xは実家に寄寓することとなった。媒酌人の仲介で、Yが母と別居することでXが復帰することに話がまとまったが、経済上の問題があり、その別居の実現が困難になった。結局、YはXの帰宅を強いて求めることができないし、Yも復帰することを希望しないという状態となり、Xが衣類調度品の返還を求めるという事態に立ち至った。判旨は、この程度では不履行の責任ありとはなし難い、とした。

(3)　双方に帰責事由があるケース

男女の双方共に責任があるとされ、諸般の事情から、賠償請求が排斥された事例もある。つぎの裁判例は、再婚者同士で、男性が女性に賠償請求したものである。

[40]　熊本地判大正一二・四・五評論一二巻民二四一頁（内縁）

〔事実・判旨〕　X男とY女との間で、大正一一年四月一〇日に媒酌により婚姻予約が成立した。以来、同年七月一三日まで同棲していたが、同年七月一三日に盆会墓参に際して、些細なことで口論となり、Yは激昂して翌日、実家に立ち帰り、Xからの復帰の要請にも応じないまま、同年一二月二七日に他男と事実上の婚姻をなした。「判旨」は、Xからの復帰の要請を無視して「他人ト婚約シXトノ予約ヲ無視スルカ如ハ」恕すべからざる行動であり、「婦徳ヲ欠クノ甚タシキモノト謂ワサルヲヘカラス」と判示した。しかし、Xの方にも、将来短気で、年齢がYよりも二〇歳も上であるにもかかわらず、最も厳粛な祖先の祭祀を営む盆会墓参のさいに夫婦喧嘩をしたり、かつて双方が婚約後にY方での祝宴準備に構えてその招待を謝絶したりするなどして、「平生Xカ妻タルYヲ遇スルニ其道ヲ得サリシコトヲ窺知シ得ヘクYカXトノ予約ヲ無視スルニ其当ヲ得サリシコトモ正ニ其一素因ヲ為シタルモノト認ムルニ躊躇セス」。そのうえで、双方の職業社会的地位（普通の農民）、ともに再婚者であること、Yに対する処遇などの事情から考慮すれば、Xには、「社会上ノ真価ヲ傷ケラレ名誉面目ヲ失墜シタル事実」はなく、単に「感情ノ興奮的苦痛ヲ受ケタル事実アルヤモ知レスト雖モ」、これでは慰藉料請求の原因とはならない、とした（X敗訴）。

妻側にも婦徳に反する行為態様があるところ、そのような行為態様になった一因として、日頃から夫側の妻に対する処遇が道に外れていた事情などが指摘されている。要するに、夫婦共に破綻の責任があり、夫側の責任が重たいことのほか、夫の被害法益も取るに足らないことから、妻に対する賠償請求が排斥された事例であると解してよいであろう。

(4)　双方ともに無責であるケース

つぎの事例では、男女ともに有責行為がなく、外界の事情によって、内縁が破綻しているので、本訴・反訴いずれの賠償請求も排斥されている。

[41]　大垣区判昭和三・一二・一八新聞二九四〇号六頁（内縁）

〔事実・判旨〕　X男はY女と昭和二年九月二九日に媒酌により挙式・同棲した。Yは、同年一二月一五日に実家に立ち帰り、Xがその復帰を再三要請しても、Yの母がこれに応じなかった。判旨は、婚約破棄責任を論ずるには、「当事者の本人の意思に因るや将又外界の強要威圧竟に斯かる結果に立至りたるものや否やを審案するを要し」という立場から、つぎのような事情を認定して、結局のところ、いずれの責任も認めなかった。XがYを俺の女房ではないから出て行けと罵った事実については、一時の感情による不用意な言語を発したるもので、この一事で豫約不履行責任を認めることは出来ない。他方、Yの責任については、家を出て復帰の要求に応じなかったのは、夫婦仲が別に悪くなかったが、Yの話具合では、舅が嫁に挑むため居づらかったと証人は思ったという供述もあり、また、Xが粗暴で父と喧嘩するという証言もあり、あるいは、Yが家を出たのは、Xの父が悪いとの証言もあり、これを総合すれば、Yが復帰しないのは、Yに婚姻破棄の意思があるからではなく、他に格別の事情が存在するゆえである。結局のところ、「当事者間の婚姻〈婚姻予約〉は当事者双方の負責行為以外の事情に因り維持することが能わざるものにして之を以てX又はYの責任なりと論ずるは正当成らざるものとす。」

「石川稔」は、本件末尾の説示を捉えて、これを破棄誘致責任の一態様としているようであるが[58]、あえて破棄誘致責任という必要性はないのではないか。客観的には内縁関係が破綻しているが、その破綻の要因がいずれの主体的な帰責事由によるものとはいえない、としたにすぎない。無用な一般化は避けるべきである。

3 小　括

(1) 婚約事例

すでに検討した通過儀礼ケースでは、婚約の成立が認められたうえで、破棄責任が問われているが、この種の場合には、正当理由の有無が明確であった。「相性・方位が悪い」とか〔[5]判決〕、「理由なく届出や挙式に応じない」とかの事例〔[6]・[7]判決参照〕である。

(2) 内縁事例

ここで検討した事例は主として内縁ケースであるが、この種の事案では、当事者がすでに共同生活関係を形成しているので、「正当理由」の判断に斟酌される諸事情は、原告・被告のさまざまな行為態様などの事情であり、どれが決定的な事情であったのかを判断することは、決して容易ではないことも少なくない(59)。この種の「規範的概念」については、その考慮事情を具体化する作業が重要であるが、この当時では、ほとんどの裁判例が内縁事例であるので(60)、それは将来の課題としておきたい。ここでは、婚約破棄を考えるうえで参考となりうる裁判例に限定した所以でもあるが、すでに、さまざまな破棄事情のある裁判例が登場している。

象徴的なのは、周知の「家風にあわない」とか「性に合わない」とか称される理由である。裁判例では、「常套的ナル家風ニ適セザルトノ点ニ存スルコトヲ認メ得ルニ止リ」（東京控判大正一〇・一二・六新聞一九三九号一七頁）といわれているように、この種の理由が正当理由にならないことは当時の裁判所にも十分に認識されていた〔[27]・[28]・[30]・[31]判決のほか、[23]・[25]・[29]判決もこれに近い。〕。将来においても、この種の事例は多数に上る〔後掲の大審院判決[48]・[49]も同旨〕。たしかに、いきなり同棲生活を開始しても、円満な夫婦生活を維持しうるかは、容易には見通すことはできないので、「相性が悪いこと」から破綻したということだけで、直ちに破棄された側が責任を負うというのも、問題である。当時の「媒介婚」は、そのような破綻の危険を孕んでいたといえよう(61)。

それ故、いわゆる「足入れ」ないし「客分」など、いわゆる「試婚」は、そのような事態に対応する一つの方途であったように思われるが、問題は、円満な関係を維持修復するために、関係当事者が相互にどのような努力をしたかであり、ここで登場してくる裁判例の主流では、夫の「家側」が一方的に妻の行為態様を非難中傷することに終始しているように思われる。(62) 離別が「先にありき」であり、理由のない理由で破棄されている実情がある。裁判所としては、それをそのまま受け容れることはできなかったであろう。

ともあれ、婚約事例は少ないが、婚約の破棄についても、双方の「家の意向」に左右されていた事情が窺知しうるのではないか。

(37)　中川善之助『略説身分法学』（岩波書店、一九三〇年・昭和五年）一六〇頁は、離婚規定の類推適用を主張し、判例も「不言の中にこの趣旨を実行して居る」とされる。小石・前掲注（7）「内縁（三・完）」三〇頁も、婚姻予約の本質は事実婚であるという前提のもとで、離婚と同視して、判例も正当事由を「ゆるやかに取り扱っている」と分析している（同三六頁）。戦後では、太田武男『内縁の研究』（有斐閣、一九六五年）一八六頁以下も、離婚原因に相当する事由が「おおむね『正当理由』と判断されてきた」として、いくつかに類型化するが、離婚裁判の場合と同様に、とくに虐待・侮辱的な行為がかなり多いとしている。

(38)　唄・前掲注（11）二一八頁は、そのようなケースを含めて、概要図を示しているのが、大変、参考となる。ちなみに、「被告に不履行・破棄の事実がないとされた場合」の一つとして、「双方に責のない事情ありとされた場合」が指摘されており、これは間違いないと思われるが、「双方に責めの事情あり」とされたケースでも、賠償責任を否定したものもあり、論理的にも、この種のケースが想定できよう。いずれにせよ、結局のところ、唄によれば、「正当理由」という「ことば的操作」にのみとらわれるべきではなく、双方の責任の比較が裁判官の裁量によって総合判断される面が強いことも否定できないので、種々の法的技法にも注意すべきこととなろう。なお、唄は、ド民一二九九条が規定するケース（原告が不履行しているが、被告にその責任があるとされる場合）を特に興味深いとして注記する（同二二〇頁注22）。いわゆる

「破棄誘致責任」のケースであり、ことに戦後、最判昭和二七・一〇・二一民集六巻九号八四九頁の登場によって注目されるようになったが、本件は性病を治療しない夫が内縁関係の「継続の意思を表明している」ケースであるので、この種のケースでは、婚姻予約の「履行不能」という論法を使って妻を保護していることに注目すべきである、という。一方、婚約については、すでに田村精一「婚約破棄の責任」（判例総合研究）民商四〇巻三号（一九五九年）六八・七〇頁は、当時の裁判例によれば、婚約の成立を認めた上で正当理由があるとした例がないことから、婚約の認定を厳格にして、正当理由の事情は婚約成否の認定において考慮されている、と評価していた。たしかに、そのような面があることは否定できない。

(39)　「破棄誘致責任」については、石川稔「婚姻予約の破棄誘致責任－判例における破棄者保護の論理について（一）（二・完）」民商四九巻三号（一九六三年）二六三頁、同五号（一九六四年）六七〇頁が詳しい。唄論文を承けた上で、主として戦前・戦後の下級審裁判例を分析しているが、裁判例が一応は予約不履行理論を前提にしながらも、さまざまな論理構成（履行不能、契約解除等）を採っている事情を明らかにしたうえで、そのような多様な論理構成は「婚姻予約判例法が具体的妥当性を求めて苦悩しつつ発展してきた一つの姿」（同「(二完)」六九三頁）を提示していると結論づけている。判例を緻密に分析して潜在的な破棄誘致事例の再発見に努めており、その眼識には敬服するが、やや強引に破棄誘致論を展開しようとする傾向もあるので、本書では、典型的な事例に限定している。結局のところ、裁判例は、当事者双方の諸事情を予約成立段階から破綻に至るまでの経緯を詮索しながら、事案に即して個別具体的に対応しているので、婚約・内縁が破綻した事実を認定した上で、その主たる責任がいずれにあるかを判断してきたといえよう。「婚姻予約有効判決」の形成した要件事実にそのまま当て嵌まらない事例があるのは、いずれが原告になるかによっても左右されてくるので、いわば当然のことであり、そうした論理構成の多様性が判例法発展での「苦悩」といえるかは、なお綿密な検討が必要とされよう。

(40)　中川・前掲注（37）『略説身分法学』九九〜一〇〇頁は、婚約法の沿革を述べた上で、内縁判例を念頭に置きながら、婚約法理の必要性を強調して、「判例が内縁に関して誤り用ゐたる婚姻豫約なる語を奇貨とし、之を利用して内縁判例をそのまま婚約にも適用せんとするに至るやも計られない」という懸念を述べているにとどまる。同・前掲注（11）『日本親族法』一八四頁も同旨。なお、戦後では、太田武男『親族法概説』（有斐閣、一九九〇年）二〇四頁は、婚約解消の正当理由については、夫婦の実態を有する内縁の場合のように、「離婚原因に該当する事由の類推が、直ちに許されうべき筋合いではない」としているが、離婚事由に該当する事由があれば、正当理由になるともしているので、要するに、内縁の場合よりも「緩やかに解釈する」という趣旨であろう。国府・前掲注（11）七二頁はそのように見ている。

(41) 佐藤=関・前掲注（16）「判例家族法の再検討（五）」二五一頁。

(42) 佐藤・前掲注（11）『婚姻予約・認知』五九〜六〇頁。

(43) 戦前の裁判例については、岩田・前掲注（8）二三三頁以下、永田・前掲注（8）六四頁以下、小石・前掲注（7）「内縁（三・完）」三頁以下で、正当理由の具体的事情が列挙されている。その体系化を試みようとしたのが、唄・前掲注（11）二一八頁以下であろう。

(44) 佐藤=関・前掲注（16）「判例家族法の再検討（五）」二六五頁以下に収録されている。

(45) 佐藤・前掲注（11）『婚姻予約・認知』一八九頁。

(46) 佐藤・前掲注（11）『婚姻予約・認知』一九二頁。

(47) なお、石川・前掲注（39）「破棄誘致（一）」二七〇頁以下は、裁判例にいう「破棄」と「不履行」という用語の使い方にこだわり、事実のみの場合と責任の価値判断を含む場合とがあるとするが、いずれにしても、要件事実論からいえば、婚姻予約不履行の事実があっても、「正当理由」の抗弁ないしそれに相当する事実・事情のレベルで、責任の有無が判断されることとなるので、本書ではとくに留意していない。むしろ、判例が破棄・不履行責任を認める場合は、届出拒否・届出不能か、同居拒絶か、あるいはその双方の事情による、という指摘（同二七四頁）があり、こちらの方はたしかに重要であろう。

(48) 佐藤・前掲注（11）『婚姻予約・認知』二〇五頁。

(49) 佐藤・前掲注（11）『婚姻予約・認知』二一二頁。

(50) 佐藤=関・前掲注（16）「判例家族法の再検討（五）」二七三頁以下に収録されている。佐藤・前掲注（11）『婚姻予約・認知』六〇頁も同判決を取りあげている。

(51) 佐藤・前掲注 (11)『婚姻予約・認知』六三・一一八頁。
(52) 本件の第一審と控訴審判決については、唄孝一・佐藤良雄「判例における婚姻予約（六）」都法四巻一号（一九六三年）一六〇頁以下に収録されている。コメントもあるので、それに譲る。
(53) 佐藤・前掲注 (11)『婚姻予約・認知』二〇七頁
(54) 本件の上告判決（Yの上告を棄却）である大判大正九・一〇・一三は、佐藤・前掲注 (9)『婚姻予約・認知』一〇七頁以下に紹介されている。
(55) 石川・前掲注 (39)「破棄誘致（一）」二六五頁。
(56) 石川・前掲注 (39)「破棄誘致（二・完）」六八一頁は、破棄誘致事例の一つとしている。
(57) 石川・前掲注 (39)「破棄誘致（二・完）」六八六頁。
(58) 石川・前掲注 (39)「破棄誘致（一）」二八二頁・二八三頁注 (4)。
(59) 内縁事例については、唄・前掲注 (11) 二二二〜三頁が、原・被告のそれぞれの有責事情をいくつかに一応の類型化を試みているのが、参考となる。唄によれば、実質的には、原告と被告との行状の比較考慮により左右される面が強いので、裁判官の裁量の余地（非訟的側面）が少なくない、とされている。もっとも、この種の規範的概念については、常につきまとう難題であり、ここでの特殊の問題ではない。
(60) 唄・前掲注 (11) 二三一頁以下は、従来の裁判例をつぎのように七つに類型化して検討している。①「原告の行為の有責性が問題となったもの」が、まず挙げられている。これは、被告の不履行・有責性との相関関係で正当理由ないし責任の有無が判断されている事例であるので、もっとも普通のタイプである。さらに原告が女性か男性かに応じて、それぞれケースを細分化する。②「おやその他との関係を問題とするもの」では、被告と原告のそれぞれの親の同意の有無や親に対する侮辱的行為などが指摘されている。③「原告の健康状態に関する問題」。④「原告の財産状態に関する問題」。⑤「原告の属性に関する錯誤」では、原告の異性関係などが指摘されている。そのほかに、⑥「相性、迷信など」、⑦「性格の不一致など」が付加されている。他方で、「離婚原因」の事情も加味する裁判例もあるところ、佐藤・前掲注 (4)『婚姻予約・認知』五七〜八頁は、「正当理由」との異質性を前提とした上で、「男女間の解消を正当化しうる規範的事由という観点」からみて、双方に共通する問題があることは明らかである、としている。

(61)　戸田貞三『家族と婚姻』（中文館書店、一九三四年・昭和九年）六八頁。わが国では、婚姻は「媒介婚」である結果、「婚姻当事者にあっては婚姻は一種の試婚の如き意味を持つ」という。

(62)　唄・前掲注（11）二三六頁も、前掲①類型のうちで、原告女の有責性が問題とされている戦前の裁判例では、夫に対する誠実義務違反というよりも、「ヨメ」としての適否に関するものが多い、という。太田・前掲注（37）『内縁の研究』一九〇頁以下も、同趣旨の事情を述べている。

四　婚姻予約と結納

1　結納の法的性質

今日では、結納が慣習に従って授受されると、結納の授受が婚約の成立を前提としているので、通常、婚約の成否は重要な論点とはならない。しかし、沿革的には、結納の法的性質なり機能なりが問われるのは、婚姻予約が有効であるとの論理があってこそのことである。したがって、結納の法的論議も「婚姻予約有効判決」の展開のなかで位置づけられねばならないであろう。婚姻予約が婚姻の自由を拘束することになって公序良俗違反となるならば、将来の婚姻約束の履行確保を目的とする結納も適法行為として法的に位置づけることは、特別の規定でもない限り、極めて困難となるからである。

裁判例では、結納の返還の可否が論点となり、下記の事例もこの問題をめぐる具体例であるが、それは、ある意味では現象面にすぎない。むしろ、この当時における結納の真の意義は、婚姻予約有効論を導き、かつそれを裏支えする重要な契機となっていたことに求められるべきであるので、かかる隠れた機能を決して見逃してはならないのである。

そのうえで、「婚姻予約有効判決」後は、予約と結納との関連が問題となり、予約不履行により結納の返還が義務づけられることの論拠が問われることとなる。不履行を解除条件とする構成も可能であるが（解除条件付贈与説）、後述のごとく、大審院はそのような理論を採用していない。しかし、いずれにせよ、結納は、当事者双方に婚姻予約の履行を自覚せさるという意味では、予約の履行を確保するという機能をもつ一方で、破棄が現実化すれば、受贈者（通常は女性）の精神的苦痛を慰藉する意味もあるであろう。なお、通常は、結納は相互に交換されることとなるので、交付した男性側が不当破棄した場合には、女性側は、受領した結納金の返還義務を免れるとともに、交付した結納金の返還請求も可能ということとなろう。

2　裁判例の分析

(1)　大審院判例

(ア)　つぎの例は、未公表の裁判例であり、事案の詳細もよく分からないところがあるし、また、結納の法的性質について何も述べていないので、先例的意義はほとんどないといえようが、返還を認めた「公式判例」と比較しながら検討する必要もなくはないので、一応、紹介しておこう。

[42]　大正五・三・三大正四年（オ）九九九号事件　判例集未登載(63)

【事実・判旨】　事案は不詳であるが、本件は結納品の返還請求の当否が問題となった事例である。X男が、結納品は、同棲若しくは挙式にいたらず破約となるか、又は同棲若しくは挙式しても受贈者の行為若しくは発議により直ちに破約するに至ったときは、贈与者に返還されるべきは、わが国一般に行われている慣習であると主張して上告したが、判旨は、そのような慣習はないと判示して、Xを敗訴させた。

「佐藤良雄・関彌一郎」によれば、本件は、結納に関する最初の公式判決である後掲の大正六年の[43]判決の前に存在し、かつ、同判決によって本判決の立場が覆されたという点において、その意味があったとしている。(64) あわせて、本判決の男女関係については、同棲挙式にいたらず破約があったのか、同棲挙式後破約されたのか、その点が不分明とするが、しかし、性的関係があったものと推測している。(65) もしそうだとすれば、本件での結納も、破棄された女性の救済に資するものとなったであろう。本件では、おそらくは、男性側に破棄の正当理由がなかったものか、あるいは世間体からいわゆる双方の合意解消というかたちをとったものとも推測されるが、いずれにしても、破棄されたこと自体の評価は、女性の社会的な境遇を著しく不利な状況に追い込むことになるので、結納は実質的にはその救済という意味があろう。

ところで、佐藤は、次の[43]判決と比べたうえで、結論のみならず法律構成も異なるとしているが、そもそものような比較に親しむとは思われない。本判決は、文字通りの「事例判決」に過ぎないのに対して、この公式判例[43]は、結納の性質につき、大審院としての「一般的指針」を明らかにしたものと思われる。仮に、当該地域で行われている慣習がXの主張のようなものであれば、その慣習が尊重されたであろう。本判旨は、わが国ではそのような「一般的な慣習」もなければ、「当事者の居村に於いても」そのような慣習の存在は認められないとしているからである。したがって、両判決の説示は矛盾・対立するのではなく、むしろ相互補完的とすらいえよう。

いずれにせよ、挙式同棲がなくとも、その前に「結納の取り交わし」が行われる婚姻習俗があったこととなり、このような場合には、通常は婚約自体の成否の問題は生じないということが明らかにされているが、他方で、結納なるものが婚約の単なる証明問題にとどまるのか、それとも婚約の実体法上の問題（成立ないし効力問題）に関わるのか、そのような議論が残されている。

(イ)　上記の未公表判決例[42]は、文字通りの事例判決であり、結納の法的性質には言及していなかったが、つぎの公式判決は、この点を明確にしたうえで、結納の返還の可否につき、かなり詳しく論じている。リーディングケースというに相応しい事例である。「誠心誠意判決」後であるが、便宜上、ここで紹介しておこう。

[43]　大判大正六・二・二八民録二三輯二九二頁（婚約）

〔事実〕　Xの長男とYの二女との間には、大正三年三月ころ婚約が成立し、同月一〇日にX家よりY家に対して結納金として金一千円と、酒肴料として金五〇円とが引き渡された。その後、Xの家系に関する新聞紙上の誹謗があり、またY家より持参すべき嫁入道具荷物の箇数等につき双方の間に意見の対立が生じたことなどによって、結局は同年八月双方合意の上で婚約が解除された。そこで、XはYに対し先に授受された結納金ならびに酒肴料の返還を求めて提訴した。

第一審では、X敗訴。原審（大阪控判大正五・一〇・三〇新聞一一八六号二三頁）は、つぎのように判示して、結納金のみの返還請求を認めた。「抑も結納なるものは、男女の婚約成りたるに当りて嫁聟の両家より相互に又は一方より他の一方に金員布帛の類を贈るの礼を謂ふものにして、其目的は之を以て婚姻予約の成立したる一の徴証と為すにあると同時に其希望せる婚姻の将来に於て成立することを予期して親族関係より生ずる親愛なる友情を厚くせんが為めにするものなることは、我国一般の国風にして顕著なる事実なりとす。然れば結納なるものの法律上の性質は、一の贈与なれども決して被控訴代理人所論の如き単純なるものにあらずして、其贈与は法律行為の内容上婚姻の予約を証すると共に将来の婚姻成立を前提として其親族関係より生ずる相互間の友情を厚ふすることを目的とするものと謂はざるべからず。故に若し婚姻の予約解除せられ其前提せる婚姻成立するに至らざるときは、証すべき予約の消滅すると共に温情を致すべき親族関係生ぜざるを以て、給付の目的は一は既に消滅に帰し、一は不発生に因りて達する能はざるが故に、受益者は以上の目的に出でたる給付を自己に保留すべき法律上の原因を缺くものと謂はざるべからず。故に此場合に於ては、（中略）其利益の存する限度に於て民法第七〇三条の規定により之を給付者に返還するの義務あるものとす」。Yが上告したが、棄却された。

〔判旨〕　「因テ按スルニ、男女ノ婚姻成立ニ際シ嫁婿ノ両家ヨリ相互ニ又ハ其一方ヨリ他ノ一方ニ対シ結納ト称シテ金銭布帛ノ類ヲ贈ルハ我国ニ於テ古来行ハルル顕著ナル式礼ニシテ、目的トスル所ハ、其主トシテ婚姻予約ノ成立ヲ確証スルニ在ルモ両者ノ希望セル婚姻カ将来ニ於テ成立シテ親族関係ノ生シタル上ハ、相互間ニ於ケル情誼ヲ厚クセンカ為メニ之ヲ授受スルモノナルコトモ亦我国一般ノ風習トシテ毫モ疑ヲ容レサル所ナリ。故ニ、結納ナルモノハ他日婚姻ノ成立スヘキコトヲ予想シ授受スル一種ノ贈与ニシテ、婚約カ後ニ至リ当事者双方ノ合意上解除セラルル場合ニ於テハ当然其効力ヲ失ヒ、給付ヲ受ケタル者ハ其目的物ヲ相手方ニ返還スヘキ義務ヲ帯有スルモノトス。蓋シ、結納ヲ授受スル当事者ノ意思表示ノ内容ハ単ニ無償ニテ財産ノ移転ヲ目的スルモニアラスシテ、如上婚姻予約ノ成立ヲ証スルト共ニ併セテ将来成立スヘキ婚姻ヲ前提トシ其親族関係ヨリ生スル相互ノ情誼ヲ厚クスルコトヲ目的トスルモノナレハ、婚姻ノ予約解除セラレ婚姻ノ成立スルコト能ハサルニ至リタルトキハ之ニ依リテ証スヘキ予約ハ消滅シ又温情ヲ致スヘキ親族関係ハ発生スルニ至ラスシテ止ミ、究局結納ノ給付シタル目的ヲ達スルコト能ハサルカ故ニ、斯ノ如キ目的ノ下ニ其給付ヲ受ケタル者ハ、之ヲ自己ニ留保スヘキ何等法律上ノ原因ヲ欠クモノニシテ不当利得トシテ給付者ニ返還スヘキヲ当然トスレハナリ」

本件の婚約当事者はいずれも未成年者である。したがって、結納金の授受も、両家の間でなされているので、その返還請求権の当事者も両家の家長である。本件では、結納を授受したのちに祝言の儀式も済まされているが、同棲の事実はないように見られるので、単純婚約の破棄事例といえよう。原判決も本判旨も「婚約」という概念を使用している。

本判旨の重要性は、なによりもまず、「婚姻予約有効判決」を承けたうえで、予約段階での贈与契約である結納の性質を明らかにしたことであろう(66)。予約が無効とされていた段階では、本判旨の論理はそもそも成り立たないからである。これを別の観点からみれば、本判旨が指摘するように、結納とは、将来の婚姻を前提としてわが国の古来より行われてきた慣習上の儀礼であるところ、かかる慣行を法的保護の対象とするためにも、婚姻予約有効論の登場が期待されていたこととなろう。民事連合部判決の論理は、かかる意味において、わが国の婚姻習俗にも裏付けられていたものであり、本判決がそのことを実証するとともに、婚姻予約有効論が具体的に定着した証左となるものといえよう。民事連合部判決に対する擬制とか仮託とかの批判は、到底成り立ちがたいものであったといえよう。

加えて、結納の性質論自体についても、わが国での婚姻習俗の実体に配慮した極めて穏当な論理を明らかにしている。「其主トシテ婚姻予約ノ成立ヲ確証スルニ在ルモ両者ノ希望セル婚姻カ将来ニ於テ成立シテ親族関係ノ生シタル上ハ、相互間ニ於ケル情誼ヲ厚クセンカ為メニ之ヲ授受スルモノ」とし、また「結納ナルモノハ他日婚姻ノ成立スヘキコトヲ予想シ授受スル一種ノ贈与」であるとして、婚姻を前提とした特殊な目的贈与と解している。理論的には、解除条件付贈与とも構成できなくはないが、たとい黙示構成であるとしても、婚姻予約の不履行を解除条件なるものに構成するのは、わが国の婚姻習俗に沿わないことに加えて、そもそも婚姻予約の当事者双方の合理的意思の解釈という面からいっても、極めて拙劣であろう。およそ結納を授受する当事者が予約の不履行を条件（しかも黙示構成となる。）とするなどという論法は、たとい法の技術性を強調するとしても、本来的に「無償と善意」に起因する結納そのものの存在を否定するに等しいからである。わが国の社会道徳的観点から見ても、将来の「破談」を予定した贈与とは、それ自体倫理的に矛盾しているので、採りえない論法である。ヨーロッパ諸法でのこの種の贈与とは、その趣旨を異とするものであるので、軽々にそのような論理を持ち込むべきではない。

ところで、結納が「取り交わされる」とは、交換的になされるのではなく、両者は二つの一方的な無償行為の取り交わしにすぎないのであって、そのことによって善意・無償の合意が積み重ねられることとなり、ひいては双方の情宜を厚くするとともに（一方的贈与とは異なる別の有意な機能がそこに潜在している。）、婚姻意思を確証していることとなるが、本書の立場から言えば、結納は将来の婚姻意思と一体化した行為になるとともに、同時にその意思の確実性を表象・担保するものといえよう。

なお、この当時、「嘩道文藝」は、つぎのように本判決を論評していた。結納が確証となることは意思表示の内容といえるが、親族間の相互の情宜を厚くするのは結納自体の法律効果ではなく縁由ないし事実効果にすぎない。また、親族その他の第三者間、または第三者と婚約者との間で行われるときは、解除条件付贈与と解すべきであり、判例が婚約当事者間での結納とそれ以外の当事者間でのそれと区別しないで論ずるのは、論旨不分明である。また、判旨は合意解除による場合につき判示するが、いやしくも理由の如何を問わず結納による利得は原則として不当利得になる、と[(67)]。やや形式論にすぎるのであって、結納が交換されることを通して形成される双方の情宜のほか、この種の無償行為では、有償行為とは異なり、特殊の人間関係を後景におきながら、その動機・目的こそが重視されるべきであるので、ドイツ法流の一般的な法律行為論の借用は差し控えるべきであろう。

(ウ)　結納交付者側が、結納の授受に際して、婚姻不成立を「解除条件とする旨の合意」があったと主張したが、そのような事実はないとされた事例もある。

[44]　大判昭和三・一一・二四新聞二九三八号九頁（内縁）

【事実・判旨】　X男とA女間で大正一三年六月に婚約が成立して、同年七月三日にAの父に結納金が交付されたうえで、同一五日に挙式して約一年間にわたり同棲生活したが、翌一四年七月六日に婚約を合意解除した。そこで、XがAの父の相続人Yに対し結納金の返還を請求した。Xは、結納は後日婚姻が成立しない場合にはその効力を失なう趣旨の解除条件付贈与であると主張した。これに対して、大審院は、結納は婚姻前の儀礼として一般慣習に従って行われるものではあるが、その契約の内容は一様ではなく、慣習上の結納がすべて解除条件付贈与であるとはいえない。本件では、そのような解除条件でなされた意思の表示の事実はないので、原判決がXの請求を排斥したのは違法ではない。

本件は、事例判決であるとしても、結納を解除条件付贈与と構成することは、事実としても困難であることを明らかにしている。それは、婚姻慣習に反する法律構成であるからであろう。先述のように、法の技術性に依拠するとしても、これはわが国では実態にそわない論理であり、判例のように「目的」つまり行為の前提・基礎と解する方が事態適合的である。

(2)　下級審裁判例の状況

(ア)　つぎの例では、内縁成立後一ヵ年ほど経過した時に妻が死亡したことから、夫が結納品の返還を請求したが、判旨は、大審院判決に従って、その請求を排斥している。

[45]　松山区判昭和四・七・二新聞三〇一〇号一三頁

【事実・判旨】　Y男とA女とは昭和三年三、四月ころ事実上の婚姻をなし、その際、Yが嫁入支度品とともに、結納品として白地の鳳凰の丸帯一筋および金台彫刻指輪一箇をAに交付した。ところが、昭和四年二月一五日にAが死亡したため、

Yが占有中の結納品に対して、Aの相続人がその所有権の確認と引渡しを請求した。Yは、Aの死亡によりYにおいて返還を受けるべきものと反論したが、判旨は、結納品は婚姻の成立を予想してなされる一種の贈与であるので、「縦令内縁タリトモ一旦夫婦関係成立シタル以上ハ右予想ハ実現セラレ結納ノ目的ハ遂ケラレタモノ」であるとして、Xの請求を認容した。

(イ)　婚約を破棄した側が、みずから交付した結納の返還を請求するのは、不当であろう。信義則違反や権利濫用の構成が可能であるが、この当時では、まだそうした構成は登場していない。もっとも、つぎの事例では、結納を受領した女性側の不当破棄によって婚姻予約が破棄されたところ、女性側の返還すべき結納の額から結納返しとして交付した結納金を控除して返還する旨の主張が排斥されている。判例の論理からいえば、当然の帰結であろう。

[46]　東京控判昭和六・七・一四新聞三三一四号五頁（内縁）

〔事実・判旨〕　X男（被控訴人）とY女（控訴人）との間に「事実上の婚姻」が成立したが、Yが正当理由なくしてこれを破棄した。結納の授受・挙式があったことから、慰藉料のほか、挙式費用の賠償請求とともに結納の返還義務も論点となっている。結納については、X側が結納の返還を求めたのに対して、破棄したY側がその半額以上に相当する返戻（結納返し）をしているので、YはXの請求は不当であると争った。判旨は「元来相互ノ誠意アル履行ニ因ル婚姻ノ成立ヲ予想シテ贈与セラレタルモノト認ムヘキ右結納金ハ違約者タル控訴人（Y）ヨリ之ヲ被控訴人（X）ニ返還スヘキハ当然ナリト謂フヘク控訴人ハ右結納受領当時其半額以上ニ相当スル金員ヲ控訴人方ヨリ返戻シタルヲ以テ金額ノ返還ヲ請求スルハ失当ナル旨抗争スレトモ本件ノ如キ場合ニ於テ予約違反者ヨリ相手方ニ返礼ノ為交付シタル結納ハ特別ナル合意ナキ限リ之ヲ相手方ニ返還スヘキ結納ト差引ヲ為シ得ヘキモノニアラスト解スルヲ至当トスル」とした。

(ウ)　いわゆる「結納倍返し」の慣習　　結納が授受されると、破談になった場合には、それを放棄ないし倍返しすることによって、当事者双方は互いに損害賠償等の一切の責任を問わない趣旨の慣習があるといわれることがある。このような慣習の主張がなされたが、認めなかった裁判例がある。

[47]　東京控判大正一一・六・一八新聞二〇九四号一三頁（内縁）

〔事実・判旨〕　挙式・同棲したが、夫が挙式当時用意されたもの以上の法外の調度品を求めたため、破談となり、夫の破棄責任につき正当理由がないとされた。夫が、当事者居住の地方では「婚姻豫約の際交付する結納金は男より予約を履行せざるときは之を放棄し互いに何らの請求を為さざる慣習ありて本件に於いても右慣習に依りて結納金を授受したもの」であるとし、夫はその返還請求を放棄するので、妻も賠償請求権を有しないと反論した。判旨は、「某証人の証言に依りては斯かる慣習の存在を認め難く……」と判示。

(63)　佐藤=関・前掲注(30)「判例家族法の再検討(四)」一二八頁以下に収録されている。

(64)　佐藤=関・前掲注(30)「判例家族法の再検討(四)」一二八〜一三〇頁。

(65)　佐藤=関・前掲注(30)「判例家族法の再検討(四)」一二八頁、佐藤・前掲注(12)『婚姻予約・認知』四三頁も同旨。

(66)　結納の性質に関する判例・学説については、差しあたり、太田武男『結納(第二版)』叢書民法総合判例研究(一粒社、一九八六年)一一頁以下を参照。学説では、手付説、贈与説、両者の折衷説のほか、贈与説にも解除条件付贈与説(中川善之助の見解)と目的的贈与説があるなどの状況が整理されており、太田自身は、目的的贈与説をとる(同一一〜一三頁)。一般に大審院判例は、目的贈与説をとるとともに、結納を婚姻予約の証拠とするが、下級審裁判例では解除条件説をとるものがある一方で(同一六頁)、単なる証拠ではなく、その要件とする例も皆無ではない旨に言及している(同二〇頁)。なお、結納の法律上の問題点は、いうまでもなく婚約ないし内縁が破棄されたときに、その返還請求の可否というかたちで具体化するが、この問題は本書では将来の課題とする。さしあたり、太田が、このような問題点を多角的に検討しているので(同一八頁以下)、これに譲る。ただし、太田の整理の仕方について、若干の問題があると思われるのは、「婚姻予約有効判決」が公表される前と後の下級審裁判例を区別しないで整理している点であろう。本文での大審院判決からも明らかなように、予約有効論を前提として結納の性質論を論じているので、当然のことながら予約無効論時代の裁判官にとって、そのことが足枷なっていたからであり、現に結納を婚姻予約と解して無効と解釈していた事例すらあるのである。この点は、本書「第二章」の「三の4・婚姻予約無効論と結納の法的性質」を参照のこと。

(67)　曄道文藝「本件判批」法学論叢第二巻六号(一九一九年・大正八年)一一二頁。

五　その他の問題

1　婚姻予約と解除

(1)　婚姻予約の解除と損害賠償請求権

(a)　婚姻予約不履行に基づく損害賠償請求について、その賠償請求のためには予約の解除が必要か否かが争われた事例もあるが、下記の大審院はその要をみないとしている。この問題も「婚姻予約有効判決」を前提とするとともに、そのうえで予約につき契約一般の原則が適用されるかという問題が生じてくるところ、婚姻予約では、離別の事実が客観的に明らかであれば、解除をまつまでもないという趣旨であろう。(68) 内縁に関する裁判例ではあるが、婚約についても、同様に考えても特に問題はない。

[48]　大判大正八・三・二一民録二五輯四九二頁（内縁）

〔事実・判旨〕　X女とY男は大正三年三月に媒酌人を介して婚姻予約をなし挙式したうえで、同五年二月まで同棲したが、Yの実父が資産家であるものの非常な節約家であり、Xがその意を迎えることができなかったことから、一方的に離別された。原審は、その一事で離別したのは正当の理由にはならないとし、大審院は、「民事連合部判決」を引用したうえで、損害賠償を請求するためには解除は不要とするとともに、原判決の判断を是認した。

原審での事実認定は必ずしも明確ではないが、Yの実父が厳冬でも十分な火気を供しないことやXの分娩に必要な布団を自費で用意させるような倹約家であることを例示として挙げ、そのような実父の意を迎えることができなかったという事情を指摘した上で、これのみでは正当理由にはならない、と判示した。大審院は、原審の事実認定を前提とした上で、Yの主張は「家風に合わない」というにとどまる、と結論づけている。

約二年間の夫婦としての同居生活があったので、家風に合わない、という一事でもって離別しても、それだけでは正当理由にはならないとしたのは正当であろう。それが真の離別の理由であったのかは、知る由もないが、とにかく、本件では、当事者双方の争いというよりも、Yの実父との相性ないし紛争が軸となっている。大審院が「家風に沿わない」と称した所以でもある。なお、慰藉料額については、二年間の同棲、懐妊（死産）したことなどから、金二千円が認容されている。(69)

(b)　つぎの事例も、婚姻予約不履行による損害賠償を請求するためには、その解除は不要であるとした。

[49]　大判昭和二・二・二六新聞二六七〇号七頁（内縁）

【事実】　X女はY男と大正一二年二月に挙式同棲。YはXに同棲中一銭の小遣いも与えず、見込み無しとして時々辞柄を構えては実家に帰らせたこともあり、大正一四年三月に、ついにYは実母とともに「家風に合わない」との理由でXに立ち去りをせまった。Yは、子どもができるまで婚姻届出を出さないことはXも了解ずみなどと反論したが、原審は、慰藉料七〇〇円を認めた。Yは、損害賠償を請求するためには予約の解除が必要であるなどと主張して、上告したが、大審院は、これを排斥した。

【判旨】　「然れども原判決は証拠に依り上告人（Y）が正当の理由なくして被上告人（X）との間に於ける婚姻の予約に反し婚姻を為すことを拒絶せることを認定せるものとす而して斯の如く婚姻予約の当事者の一方が正当の理由なくしてその約に違反し婚姻を為すことを拒絶したる場合には其の者は相手方に対し之が為に蒙りたる有形無形の損害を賠償すべき責に任ずべきものにして相手方が損害賠償の請求を為すに付先づ婚姻予約の解除を為さざるべからざることなし之れ当院従来の判例とする所なり（大正八年（オ）第百十八号同年三月二十一日言渡）」

(2)　婚姻予約の合意解除と破棄責任

つぎに婚姻予約を当事者が任意に合意で解除することは、無論可能であるが、その場合に、一方に破棄責任があるとしても、免責されるのかという問題がある。この種の合意は、「正当理由」の可否の判断と絡む問題でもあるが、便宜上ここで若干の裁判例を分析しておこう。

(ア)　つぎの大審院の「未公表判決」では、男女の婚約関係の解消につき、双方の親と兄が登場している。ことに女性の妊娠が浮上すると、もはや秘密裡には処理できなくなる。親族を巻き込まざるを得ないという事情が判明するが、その際に、契約書が取り交わされているのも、注目すべきところであろう。

[50]　大判大正八・一〇・一〇第一民事部大正八年（オ）第六五二号事件判例集未登載(70)（婚約）

〔事実・判旨〕　男女の関係継続の期間等はほとんど不分明であるが、女性が妊娠したということから、その「胎児」を男性が引き受ける旨の契約書が作成されていたという。興味深いのは、その契約の当事者が女性の父と男性の兄であるという事実である。ところが、女性が妊娠したという事実はなかったことから、その胎児引受契約書が「廃棄」されたが、その際、男女間の婚姻予約が双方の合意によって解除されたかどうかにつき、争われた。その胎児引受契約書には、男女が合意で離別する旨の文言もあったからである。原審は、該契約書の破棄によっては婚約の合意解除は証明されていないとして、女性の慰藉料請求（金三〇〇円）を認容した。男性は、すでに予約の合意解除があってこそ、胎児引受契約が成立しているので、原審は双方を混同しているものであり、予約が合意解除された限りは、慰藉料請求権は成立しないなどと主張したが、大審院も、「婚約」ないし「婚姻予約」は合意解除されていないと判示して、原判決を維持した。

本件の男女関係は単純婚約ではなく、同棲があったらしい。たしかに、当事者の主張・書証の中には、「離別」や「離婚」としいう用語が見えている。しかし、それにもかかわらず、大審院は原判決の引用のなかで「婚約」という用語をそのまま繰り返して使用している。おそらく、正式の結婚式がなかったので、婚約と評価されたものと思われる。

ところで、「佐藤良雄・関彌一郎」によれば、本件は、予約を合意解除する旨の記載がある書面を「廃棄」した場合には、合意解除の解除（予約の復活）ではなく、合意解除が存在しなかったと見るべき判決の先例として意味があるとする。(71)資料からは、形式的にみれば、そのようになることは確かである。しかし、そうした形式的な意味での先例として位置づけるだけでは、不十分であろう。むしろ、ここでこそ、「書かれていない理由」を探索しなければならない。

実質的には、妊娠・出産によるさまざまな不利益を考慮して女性側が合意解除に一応は納得したものと思われるので、その前提とされた妊娠の事実がなければ、もはや女性側には何等譲歩すべき事情がなくなったということであろう。予約解除の前提ないし基礎が喪失したが故に、予約の合意解除も成立しなかったという趣旨と解すべきである。女性が私生子を引き取って一人養育することが、いかに難題かは、当時の社会ではいまさら改めていうまでもない。「藁の上からの養子」や捨て子の問題は、このことに一つの要因があったともいえるのである。

(イ)　つぎに下級審の裁判例を見てみよう。

内縁事例につき、当事者間で「離別の合意」の存在が主張されるのは、いうまでもなく、婚姻予約の破棄責任を免れるためであり、破棄責任訴訟では、「正当事由」とともに、この種の抗弁は、いわば常套手段となっているが、容易には認められていない。しかし、合意解除によって、慰藉料等の損害賠償の問題も同時に解決されていたと判断されることもある。つぎの控訴審判決[51]では、そのような事情は曖昧であるが、当事者間での合意による離別が論点となり、離別合意がかなりのウエイトをもって、結局のところ、男性の破棄責任が否定されている。

[51]　浦和地判大正九・四・二九大正八年（レ）第九〇号事件　判例集未登載(72)（内縁）

〔事実・判旨〕　X女は、Y男と大正七年八月二六日に婚姻の予約をなし、同八年一一月九日まで同棲していたが、Xが実家に帰り破談となった。Xは、Yが正当の事由なく婚姻予約を破棄したと主張して、慰藉料を請求した。Xは、Yが他女と同棲するために離別したと主張したが、判旨は、正当事由なくして破棄したことを認めるに足らないとしたうえで、「婚姻予約を履行せざることを合意してYと別れ実家に帰りたるもの」と推認して、Xの控訴請求を棄却した（一審でもX敗訴）。

本件（控訴審）では、正当理由が認められたかどうかは必ずしも定かではない。その反証が不十分であるというにすぎない。一審では、Xが毎夜のごとく他出し、昼寝をして、また近隣で雑談してはYの名誉を侵害したこと、離別の相談のためXを実家に遣わしたのち帰還した際にXが自己の頭髪を切断してYに打ち付けたことなどが主張されているが、これに対して、Xは、何らの過失がなかったと主張している。一審は、Xに何らの過失がないにも拘わらずYが離別したとの事情はないとするとともに、Yの帰責事由は認められないとするのみで、具体的な正当事由が定かではない。結局のところ、事情は曖昧と言うしかないが、この点は控訴審でも同様である。ただ。控訴審では、「離別の合意」が加わっている。一審でもYはかかる合意の存在を主張していたが、これには応接していない。一審での判断は極めて消極的であり、問題を残していたが、控訴審では、正当事由の事実認定ないし評価は消極的ではあるものの、離別合意が推認されているならば、破棄責任は否定されても止むを得なかったであろう。むしろ、控訴審は、ここにこそ結論の決め手を見たようにも思われる。ただし、合意離別の認定も容易ではないはずであり、そのあたりの事情が不分明である。「金銭の授受」が認定されているので、かかる事実が重要性をもったものであろうか。[73]

ちなみに、本件の慰藉料請求事件は本控訴審で確定し、女性が敗訴したが、一審で敗訴後に、女性が請求権保全のため動産に対して仮処分をしたことから、男性側が不法行為による損害賠償を請求したところ、一年余も男性に仕えたにも拘わらず零細な金員でその代償となしたのは不当であるとして、さらに女性側から不当利得返還請求訴訟がなされている。[74]

2　婚姻予約と違約金等

婚姻予約の当事者間で授受される金員、ことに違約金が予約の履行を確保するという意味では、かかる合意の適法性のためには婚姻予約の有効性が論理的に前提とされている必要があることとなる。婚姻予約が無効であり、その合法性を奪われていたならば、そもそも違約金の有効無効など議論の俎上にすら上らないであろう。実際、判例においても、当初は公序良俗違反により無効とする傾向があったことは（大判明治三五・三・八民録八輯三巻一六頁）、別の機会に検討した。[75] したがって、違約金の議論も民事連合部「婚姻予約有効判決」の展開のなかで捉えることが可能であるだけではなく、むしろそのような視点が必須のものとなろう。さらに、広く一般に、婚姻予約有効判決の登場によって、男女関係に伴って授受される金員の贈与契約の有効性が問われなければならないであろう。「性」に対する大審院の姿勢が如実に示される場面でもあるからである。

(1)　「手切れ金」約束の有効性

つぎの裁判例[52]では、私通関係にある男女間において「手切れ金」名目の贈与約束の有効性が論点となったところ、大審院は有効であると判示した。もっとも、本件では、残念ながら、私通と婚姻予約との区別が問題となっていないし、また、その男女関係の実体は不分明であるので、事例的価値は低いが、贈与された金銭が女性の精神的苦痛を慰藉するものである限りでは、婚約破棄による慰藉料と同じ作用を果たしたこととなる。社会的弱者である女性の救済に資する金員であったものと評価して大過なかろう。

[52]　大判大正四・五・一五新聞一〇三一号二七頁

〔事実・判旨〕　X女とY先代は私通関係にあったが、これを絶止する際に「手切金」として金一〇〇円を贈与する旨の約定がなされたので、XはYに対して贈与の履行を請求した。原審は、右約定金契約は公序良俗に反しないとして、その請求を認容。大審院も「私通関係ヲ絶止スルニ際シテ手切金トシテ金百円ヲXニ贈与スルコトヲ約シタルニ止マリテ私通関係ヲ絶止スルヲ以テ目的トシ其対価トシテ金員ノ贈与契約ヲ成立セシメタルモノニ非サルヲ以テ」として、その有効性を認めた。

本件は、「婚姻予約有効判決」の直後に登場した事例であり、もはや単なる内縁関係は私通ではなくなっているので、ここにいう私通とは、婚約でも通常の内縁でもない男女関係ということになるが、重婚的内縁か、または単なる妾関係なのかは原判決等の資料がないので不分明である(76)。

ところで、本件では、男性の相続財産に対して請求したという点を見逃すべきではなかろう。私通関係の解消に「際して」の贈与約束か、解消の「対価」としての贈与約束かは、学説の批判するように、その区別は容易ではないが[77]、それが結局のところ「証明責任」の問題であると解すれば、判例の立場も理解できなくはない。本件では、残された女性の今後の生活を維持するという趣旨ならば、この種の贈与契約の社会的意義が認められてもよい。暫定的な扶養的機能を分担する贈与と解すべきであろう。ただし、一般的には、この種の贈与は、関係解消の慰藉料としての意味をもつ金員とおなじ機能を果たすことになるので、私通関係の当事者間であれば、その解消の際とは通常は紛争が生じていることから、このような場合における贈与については、普通は対価的意味を有するはずである。したがって、これを有効とすれば、私通関係自体を保護した結果となるので、そのようなケースでは、判例のいう解消に「際して」の事実認定ないし解釈が実際上は厳格にならざるを得ないのではなかろうか。

ともあれ、判例のような解釈の妙は、当時の社会経済的背景のもとでは、適法な男女関係から外れる男女間の贈与であったとしても、実質的には弱者たる女性救済の機能を果たし得たものであり、そのかぎりでは、婚姻予約有効論の範疇に取り入れて検討しても、的外れとはいえないであろう。つまり、婚約・内縁解消に際して授受された金員の贈与契約についても贈与の趣旨との関連で有効無効が判断される、と解することができるのではなかろうか。

(2)　約定違約金等の有効性

(ア)　つぎの例は内縁事例であるが、入籍の合意を交わして、その不履行の場合に「違約金」の約定がなされている。原審は、その約定の有効性を認め、大審院もこれを維持している。上告審では、違約金契約の是非が直接の論点とはなっていないが、とにかく婚姻予約有効判決後の初めての判例とされており、注目されるが、単純婚約の場合にも応用できるかは、にわかに判断し難い。

[53]　大判大正八・一一・二一第一民事部大正八年（オ）第七八一号事件　判例集未登載[78]（内縁）

〔事実・判旨〕　X女とY男とは大正元年当時にすでに「多年の内縁関係」にあり、その間に三児を儲けている。ところが、Xが大正元年一一月に家出をしたことから、Yが帰還を促したところ、Xがこれを聞き入れなかったので、三ヵ月以内に入籍手続をすることとしたうえで、これを違約したときには金五〇〇円の違約金を支払う旨の証書を作成した。Xは推定家督相続人であるため、養子を貰い受けた上で、「入籍手続」を待っていたが、Yがこれに応じないことから、当該違約金を請求した。原審では、Yは、一〇数年間同棲し、育児の不便等からXの帰還を熱望したものであり、違約金契約は余儀なくしたものであって真意ではないなどと反論したが、Xの請求は認容され、大審院もこれを是認した。

本判旨は、原判決を維持しただけで（Yの上告棄却）、違約金契約の効力そのものについては言及していないが、事案との対応関係からみて、その効力を認めたものと考えてよいと解されている(79)。

このような契約の効力を認めることには、意見が分かれるところであるが、通常は予約破棄による賠償額を予定するものであるところ、婚姻予約ないし内縁の不当破棄責任を肯定するかぎりは、一応は、その有効性を認めても、必ずしも不当ではないであろう(80)。先述のように、婚姻予約無効判決時代に、これとの関連で、かかる契約を無効とした大審院判決があったが、婚姻予約有効論のもとでも、間接的に婚姻を強制するおそれもなくはないので、慎重な対応が必要ではあるものの、おそらく、Yが入籍することを約束しながら、その履行を長く懈怠していたものと思われ、それが故の違約金契約であったものと推認しうることから、この種のケースでは、無効とするまでもない。また、このような場合には、入籍自体の「履行義務」を強調しても何等の不合理もなかったであろう。

(イ)　つぎの例では、男性が夫婦約束の履行確保のために一定の金員を贈与する旨の合意が書面でなされたが、女性と男性の母親との折り合いが悪くなり、結局は協議で離別したことから、その贈与契約の有効性が論点となっている。

[54]　大判大正一三・一〇・二五第三民事部大正一三年（オ）第四六二号事件　判例集未登載(81)（内縁）

〔事実〕　X女とY男とは、明治四三年四月以降、情交関係を結んで、その後に婚姻予約をなし、大正七年五月にYが「合意同棲中一女子出生に付き今回将来夫婦たることを契約仕候に就いては其の確約たることを保証せん為大正七年七月三一日迄に金五千円を提供」する旨の合意のほか、「相当の理由なくして其の許と離別致候場合にはさらにその際金三千円を手当金として差出」す旨の合意が書面に作成された。その後、XYは大正八年二月に結婚式をあげたが、XとYの母との折り合いが悪かったので、同九年九月に協議で離別した。Xは、上記約定に基づく契約金と違約金を請求した。

原審の東京控訴院（東京控判大正一三・三・一九）は、違約金の請求は理由がないとしたが（[57]判決参照）、予約履行を確約することを保証する趣旨の贈与については、Yが「予約の履行に付き誠意を有することを明らかにするの趣旨」に出たものであるので、公序良俗には反しないとして、これを認容した。Yから上告。予約履行の確保のための贈与金の可否が論点となった。

〔判旨〕（破棄差戻し）上記契約書の記載の「文言上婚姻予約ノ履行ト金五千円ノ提供ト其ノ間何等カノ法律上ノ関係ノ存スルコトハ必然ニシテ婚姻ノ予約カ当事者協議ノ上履行セラレスシテ終了シタル場合ノ如キニ於テモ尚金五千円ヲ給付スヘキ趣旨ノ単純ナル贈与契約ナリトハ実験則上到底解シ得ヘキニ非ス」としたうえで、漫然と単純なる贈与契約と解したのは不法と判示した。

「佐藤良雄」は、当事者は違約金契約と贈与契約とを区別していたことは明らかなうえ、すでに贈与契約の履行期が経過していることもあって、本判旨の論理に疑問を呈している。仮に判旨の結論が妥当とするならば、解除条件付贈与とするのが、相当であると解している(82)。

(ウ)　つぎの事例も「未公表判決」であり、やや特殊な事案であるが、予約不履行に関連して、当事者の一方がいわゆる違約金として「過大の金銭」の預入れを要求した結果、破談となったものである。

[55]　大判大正一四・三・三第二民事部大正一三年（オ）第一〇一〇号事件（内縁）〔[26]と同判決〕

〔事実・判旨〕　X女はY男と挙式・同棲したが、Xの言動から、YはXには情夫があるものと疑惑を懐き、Xをいったん実家に帰らせた。その後、Xの素行不良の疑念が一掃されたため、第三者の仲介で復帰同棲を承諾したところ、X方から過大の金員の預入れの要求がなされた。Yがこれを拒絶したため、破談となった。Xが婚約（ないし内縁）不履行による損害賠償を請求した。原審は、YがXを実家に預けたのはXの不謹慎な言動によること、Yが同棲を拒絶したのは、過大の金員を要請したことによるとして、婚姻予約の不履行がなかったと判示した。大審院も原判決を是認している。

本件は、関係当事者間で違約金の合意があったという事例ではないが、上記のような経緯から、Xの父が、XをY方に復帰させるにつき、XがY家で落ち着くようであれば、これに利子をつけて返還するという趣旨で、二五〇〇円という高額の金員の預入れを求めたようなので、かかる金員をいわば違約金として求め、これを保証として復帰させるという趣旨であったと解されている(83)。そうとすれば、仮にその違約金の額が相当であれば、本件のように、Yが一方的に別居を強いたような場合には、Xの父による金員の要求も適法となりうる可能性があるともいえよう。その意味では、注目に値する事例である。

(エ)　以下では、「下級審裁判例」を紹介しておこう。

(a)　つぎは、重婚的婚約の例であり、その婚姻予約の有効性が問われたところ、公序良俗違反により無効とされたが、その際に締結された婚姻予約不履行に係る約定損害金と生活費の支給特約の有効性並びに当事者間の出生子の養育料に関する合意の効力が問題となった(84)。

[56]　東京地判大正一一・二・一四新聞一九六一号八頁（内縁）

〔事実〕　X女とY男は大正三年七月中に婚姻の予約をなし、Xが一子を分娩して、その養育料として毎月金一〇円宛支給する旨を約した。しかし、Yには配偶者がいたので、離別する場合には相当の金額を支払うこと、およびXとその子の養育料月額一〇円その他生活上必要な費用を支給する旨を合意した。Xがその約束の履行を求めて提訴した。

〔判旨〕「苟くも既に配偶者あるものが更に他女と婚姻の予約を為すが如きは客観的に公序良俗に反する事項を法律行為の内容と為すものなるを以て当事者が之を知ると否とに不拘当然無効なりと謂はざる可からず」。したがって、上記の離別に係る金銭の支給特約は、婚姻予約不履行の場合における損害金の支払特約であるので無効であり、また、Xに係る養育料の支払いも、「前記無効の婚姻の予約の維持を目的とするものにして其の目的公序良俗に反するを以て之亦無効なりと解する」。しかしながら、特約の子に関する分は本件無効の婚姻維持を目的とするものと認め難きが故に有効であり、その額はYの認める一〇円程度が相当である。ただし、この債権は、五年間の時効にかかることから、本訴提起から五年より前の分は時効で消滅した。

(b)　つぎの例では、婚姻予約をなし挙式同棲した夫婦が、「相当の理由」なくして離別したときには、違約金を支払う旨を約定したが、双方が協議納得の上離別したことから、違約金の請求は否定されている。

[57]　東京控判大正一三・三・一九新聞二二五八号二一頁（内縁）

〔事実・判旨〕　X女とY男とは、明治四三年四月以降、情交関係を結び、婚姻予約をなして結婚式を挙げたうえで同棲した。大正七年五月三日にYはXに対して「相当の理由」なくして離別したときには金三千円を支払うべき旨を約定した。XはYと同棲したが、Yの母との関係がひたぶる円満を欠き、大正九年九月に協議納得のうえ離別した。Xは、右金員の支払いを請求したが、判旨は、相当の理由なくして離別したことが前提とされているので、本件事案のもとでは、到底その請求を認容できるものではない、とした。

(c)　内縁の妻の労に報いるため営業資金として一定額の金員を贈与する旨の契約が有効とされた事例がある。

[58]　東京地判大正一五・七・二三評論一五巻民法八五五頁（内縁）

〔事実・判旨〕　大正一一年一月二五日にY男と内縁の妻であるAとの間で大正一三年一月二〇日を履行期とする金三千円の贈与契約が書面で締結された。証書にはAのほかにAの父親Bの名義も記載されていた。大正一四年八月二〇日にこの債権がXに譲渡された。Yは、当該贈与が私通関係に対するもので善良の風俗に反すると主張するとともに、債権譲渡の通知書にはA名義のみでB名義がないので、不適法であるなどと反論した。しかし、判旨は、贈与はAの妻としての労に報いるためにその営業資金としてなされたものであるので、有効であるとした。また、B名義は、Aが女子であるので、その立会人として記載されたものであり、債権者はAのみであるので債権譲渡通知も適法であるとして、Yに支払義務ありとした。

(d)　内縁関係を破棄すれば、不動産の贈与を解除する旨の条件が付された場合には、そのような解除条件は有効か。つぎの判例は、これを有効とした。

[59]　大判大正一〇・三・一第一民事部大正九年（オ）第九九五号事件判例集未登載(85)（内縁）

〔事実・判旨〕　内縁夫婦間で夫が関係の永続を期するために妻に不動産を贈与したが、仮に妻に不行跡があって家出するようなことがあれば、当該贈与を解除する旨の条件が付された。妻が家出して内縁を解消したため、夫が条件の成就を理由に移転登記の抹消を請求した。原審では夫の請求を認容。大審院も原審の判断を是認した。

この種の解除条件付贈与は、珍しい。(86) 婚約ケースでも、同種の贈与は考えられるであろう。タダで貰った物を返すだけであるから、通常は身分的な意思表示を特に拘束することにはならないという趣旨であろうか。

3　第三者による権利侵害

婚姻予約が有効であるとすれば、予約上の権利を第三者が侵害すれば、それは不法行為となるか否かという問題が浮上する。単なる債権侵害とは異なるので、判例は一般に認める傾向にある。

(1)　第三者が婚姻予約の一方当事者と情を通じた場合

第三者が内縁関係にある妻と情を通じたことから、内縁の夫の婚姻予約上の権利が侵害されたことを理由として慰藉料を認めた例がある。

[60]　大判大正八・五・一二民録二五輯七六〇頁（内縁）

〔事実〕　X男はA女と挙式の上、婿養子として同棲していたが、満州守備隊に出役中にY男がこれを知りながらAと情を通じて一子を儲けたことから、Xは名誉侵害による不法行為に基づいて慰藉料を請求した。原審は、X男とA女との婚姻予約につき、「Yニ於テモ之ヲ認メ尊重スル義務アルモノ」と判断し、「此義務ニ違反シタルトキハYニ慰籍料支払ノ義務アリ」とした。これに対して、Yはつぎのように主張して上告した。婚姻予約は違約があれば損害賠償義務が発生するが、予約自体は強制しえないので、それまでは単なる一種の希望にすぎない。それ故、債権関係とはいえないが、債権関係の場合ですら、対人的な権利であるので、第三者による侵害はあり得ない。第三者がその一方と私通するのは道義上は許されないとしても、当事者間に婚姻が成立しない限りは夫婦としての権利も発生していないので、その権利侵害は生じない。

〔判旨〕　（上告棄却）「按スルニ婚姻ノ予約ハ将来ニ於テ婚姻ヲ為スヘキコトヲ目的トスル契約ニシテ右当事者ハ其契約ニ因リ婚姻ヲ為スヘキ義務ヲ負担スルモ法律上之ニ対シ婚姻ヲ為スコトヲ強制スルヲ得ス然レトモ当事者ノ一方カ正当ノ事由ナク予約ニ違反シテ其義務ヲ履行セサルトキハ相手方ニ対シ其不履行ニ因リテ生シタル有形無形ノ損害ヲ賠償スル責アルコトハ当院判例ノ認メル所ナリ（大正二年（オ）第六一二号大正四年一月二十六日言渡判決参照）故ニ各当事者ハ相手

方ニ対シ婚姻ヲ為スコトヲ求ムル権利ヲ有スルモノト謂フヘク唯強制ノ方法ニ依リ其権利ヲ実行スルコトヲ得サルノミ又各当事者ハ婚姻ヲ為スコトヲ強制セラレサル結果何時ニテモ予約ノ解除ヲ為スコトヲ得ヘキモノト解スルヲ相当トスヘク正当ノ事由ナクシテ之ヲ解除シタルトキハ亦如上ノ損害賠償ノ責任ヲ免レサルモノトス而シテ予約者ノ一方カ予約ヲ解除シタルトキ他ノ一方ニ婚姻ヲ為スコトヲ求ムル権利消滅スヘシト雖モ苟モ予約ノ解除セラレサル限リハ他ノ一方ハ此権利ヲ失フヘキ筋合ナク且ツ此権利ハ第三者ニ対抗スルコトヲ得ルモノトス何トナレハ凡ソ権利ハ形成権ノ如キ事実上他人ニ於テ侵害ヲ加フルコトヲ得サル性質ヲ有スルモノニアラサル限リハ親族上ノ権利ナルト物権債権ノ如キ財産権ナルトヲ問ハス何レモ対世的効力ヲ有シ第三者ハ之ヲ侵害スルコトヲ得サル消極的義務ヲ負担スルモノナレハナリ（大正二年（オ）第四二五号大正四年三月二十日言渡当院判決大正三年れ第三三四五号大正四年三月十日言渡当院刑事部判決参照）故ニ第三者カ婚姻予約ノ効力存続中故意若クハ過失ニ因リ予約者ノ一方ヲシテ他ノ一方ト婚姻ヲ為スコトヲ得サラシメタルトキハ予約者ノ一方ノ如上ノ権利ヲ侵害シタルモノナレハ不法行為ニ関スル規定ニ従ヒ之レニ対シ其被リタル有形無形ノ損害即チ財産上ノ損害又ハ財産以外ノ損害ヲ賠償スルノ責アルモノトス原判決ノ確定シタル事実ニ依レハ上告人（Y）ハ被上告人（X）カ訴外Aト婚姻ノ予約ヲ為シ婚礼ノ式ヲ挙ケ事実上ノ夫婦関係ヲ持続セルコトヲ知リナカラ被上告人ノ不在ニ乗シテAト私通シ一子ヲ挙ケタルモノトス故ニ上告人ハ被上告人ヲシテ右私通以前ノ状態ニ於テAト婚姻ヲ為スコトヲ得サラシメ被上告人ノ婚姻ヲ為スコトヲ求ムル権利ヲ害シタルモノト謂フヘク之カ為メニ被上告人ハ其品位名誉ヲ傷ケラレ精神上ノ苦痛ヲ受ケタルモノト認メ得ラレサルニアラサルヲ以テ原裁判所カ被上告人ハ斯カル損害ヲ被リタリト認メ上告人ニ対シ慰籍料ノ支払ヲ命シタルハ相当ナリ」

本判決は、「民事連合部判決」を承けたうえで、「各当事者ハ相手方ニ対シ婚姻ヲ為スコトヲ求ムル権利ヲ有スルモノ」と断じて、対第三者との関係でも婚姻予約自体の保護を認めたところに、画期的意義がある。ところで、「末川博」は、本件にいう貞操義務は、他女の行為の違法性を示すために説示されているものに過ぎないので、本来の権利義務と同性質であるかは、問うところではない、とする。[87] たしかに、本判決の論理は、不法行為の「権利侵害」要件を厳格に解していた当初の大審院判決を前提とするものであるので、一見すれば、歴史的な意義を有するにすぎないようにみえるが、それに加えて、判旨のいう双方の権利義務とは、当然のことながら、挙式同棲したならば、速やかに「届出をなすべきは当然である」という大審院判例の別の論理に繋がるものであり、これを媒介させるならば、そこに「届出義務」が観念されているといえるのではなかろうか。もはや、妻にはいうまでもなく夫に対して届出手続を期待できないので、夫が妻に対して「適法な婚姻関係」の形成を求めることは社会観念上は不可能となったものといえよう。本判旨は、かかる婚姻予約当事者間での「あるべき男女関係」を前提とした論理であるといえるので、単に不法行為の要件論のレベルでの議論にとどまるならば、判例の内在的な展開の契機を見落とすこととなろう。また、本判決は、実質的な被害法益についても、「民事連合部判決」を承けて、「品位名誉ヲ傷ケラレ精神上ノ苦痛ヲ受ケタルモノ」と説示している点を決して見落としてはならない。

なお、以上のような婚姻予約上の権利を絶対権として保護するという立場であるならば、単純婚約の場合でも、婚姻予約として保護されるのであるから、婚約当事者も同様の保護を享受しても不合理ではないであろう。

(イ)　つぎの[61]判決は類似の下級審裁判例であるが、その被害法益についても言及している。本判旨の事案は内縁の妻と情を通じた第三者に対する損害賠償請求事件であるが、一般に婚姻予約破棄責任によって保護される利益の中身を明確にした事例は少ない。単に精神的苦痛を慰藉するための損害賠償と説示されるのが普通であるが、この点を明確にしているので、夫婦間の予約不履行の場合でも基本的には妥当する論理であり、参考とされるべきであろう。

[61]　熊本地判昭和四・一〇・二六新聞三〇六四号六頁（内縁）

〔事実・判旨〕　X男は亡き妻の妹Aと挙式のうえ同棲した。Aはかつて女中奉公していたときに使用者Y（料理店経営）と関係があったが、Yとの関係を絶ち、郷里にもどりXと内縁関係にはいったところ、YはAを呼び寄せ再び関係をもってY方に同居させ、Xのもとに返そうとしないことから、XがYに対して慰藉料を請求した。判旨は、一男一女が婚姻の予約をなし内縁関係を結ぶことは法律上これを保護すべきものなること勿論にして、「之を豫約当事者の側より観察するときは当事者は将来夫婦たる身分を取得すべき社会上の価値即名誉を有すると同時に何人よりも其豫約上の権利を謂われなく攪乱せられざるべき権利即人格権を有す」るものであり、正妻のあるYがAと私通するがごときは、断じて許されない、とした。

(2)　親族が予約を破綻させた場合

つぎの[62]は、親族が内縁関係を破綻させたケースであり、その破棄責任を親族（養父）が負うとされた。第三者が「事故」で内縁配偶者を死亡させるというケースでも、損害賠償請求は認められるが、これとは別のケースであり、婚約の場合にも、親が反対して破断したというケースも考えられるので、簡単に紹介しておこう。

[62]　東京地判昭和四・一一・二九新聞三〇七四号一三頁（内縁）

〔事実・判旨〕　X女はA男と大正一三年九月に媒酌により婚姻予約をなし、結納を取り交わした。同月九日に神宮で挙式し、以来、Aの実兄でもある養父Y方で同棲した。大正一五年八月に女児を分娩した（ただし、間もなく死亡）。XとAとは結婚後互いに愛和していたが、YがAに辛く当たり（Yの妻もXに辛く当たっていたようである。）、結局は、XAの夫婦仲を裂き、その関係を絶つことを企図して、大正一五年一二月一二日には、Xを媒酌人のもとに行かせたうえで、媒酌人にXを離別したと称して引き取り方を申し入れた。XはYとAに復帰を懇願したが、Yはこれに応じなかった。媒酌人がAの意見を求めたところ、Aは離別の意思も理由もないがYの意思に反すると機嫌を損ねることから、離別するものである、と告げた。その後、媒酌人がAに予約の履行を、Yには復帰方をそれぞれ懇請したが、いずれも拒絶された。Xは別訴でAに対して慰藉料を請求し認容されていたが、Yに対しても、慰藉料を請求した。判旨は、Aには離別の意思がないにも拘わらず、Yは実兄にして養父たる地位にありたることから、その離別を余儀なくさせ、離別の決意をやむなくさせたうえ、Aに協力してAをして婚姻予約を破棄させ、婚姻の成立を妨げたものと認められる、とした。慰藉料額は、Aの慰藉料額一千円などを考慮して、金五〇〇円としている。

4　重婚的婚姻予約

ここにいう「重婚的婚姻予約」とは、正当婚姻にある当事者が第三者と婚約したり、または夫婦同然の関係を結んだりすることを意味し、一般に重婚的婚約ないし重婚的内縁と称される男女関係である。もっとも、婚約・内縁当事者が第三者と婚約をするような場合も考えられるし（二重の婚姻予約関係）、また、事情によれば、内縁当事者が第三者と夫婦同然の関係に入って、いわゆる二重の夫婦関係が形成できないわけではないが、当面は、これらの男女関係は考慮外とする。

従来の裁判例では、主として「重婚的内縁関係」が問題となっているが、この内縁問題は今日でも解決していない。この種の内縁の成否とその法的保護の範囲については、これまで多数の判例と研究業績が蓄積しているが(88)、ここでは、婚姻予約の成否を軸として、初期の裁判例を検討することに限定する。

(1)　大審院の立場

(ア)　重婚的婚姻予約は、当然のことながら公序良俗違反となるので、この種の婚姻予約は無効とされる傾向がある。

[63]　大判大正九・五・二八民録二六輯七七三頁

〔事実〕　いわゆる内縁なのか婚約なのかは不分明であるが、婚姻中のY男は、X女に対し、妻と離婚した後には結婚しようと申し入れ、Xがこれを承諾したうえ、その時期が来るまでXに一定額の扶養料を支払う旨の約束をした。Yが約束を守らないのでXが扶養料の支払を請求した。一審は認容したが、原審（浦和地判大正九・二・二八）は、重婚的な「婚約」が九〇条違反であるかぎり、入籍までの扶養料の合意は、かかる無効な「婚約ノ維持ヲ目的トシ之ヲ内容ト為シタルモノ」であるので、これも公序良俗に反するとした（X敗訴）(89)。

〔判旨〕　（上告棄却）「婚姻ノ予約カ原則トシテ有効ナルコトハ本院従来ノ判例ノ示ス所ナリ然レトモ本件ニ付キ原裁判所ノ確定スル所ニ依レハYニハ配偶者アリテXモ其事実ヲ知レルニ拘ラス将来該婚姻ノ解消シタル場合ニ於テ互ニ婚姻ヲ為スヘキ旨ヲ予約シタルモノトス斯クノ如キ婚姻ノ予約ハ我国民道徳ノ観念ニ照シ善良ノ風俗ニ反スル事項ヲ目的トスル法律行為ニシテ全然無効ナルモノト解スルヲ相当トス而シテ本件請求ノ原因タル甲第一号証ノ契約ハ原審ノ認定スル所ニ依レハ前示婚姻ノ予約ニ基キYカXト婚姻ヲ為シ入籍ヲ為サシムルコトヲ得ルニ至ルマテYヨリXニ扶養料ヲ給与スル旨ヲ約シタルモノニシテ右婚姻ノ予約ノ維持ヲ目的トシ之ヲ其契約ノ内容トスルモノナレハ該契約モ亦善良ノ風俗ニ反スルモ

ノニシテ無効ト謂ハサルヲ得ス」

「穂積重遠」は、本判決の結論は正当であるとするが、婚姻予約の持論を振りかざしながら、本件は「純粋の婚約」の例であるが、この婚約の効力を否認する説示の前で、原則として婚姻予約が有効であると前置きすると、純粋婚約をも有効としているように判断されるので、それは将来において誤謬の種をまくようなものである、と手厳しく批判している。[90]穂積は、この当時では、内縁と婚約とを峻別し、婚約の保護を完全に否定し、また、「婚約有効判決」（第三章[2]判決・第四章[11]判決）を見落としていたからである。

一方、「我妻栄」によれば、本件契約は正当な婚姻関係を絶つことを目的とする契約であるので無効とされたものであるとされ、離別すれば一定の金員を給付する旨の契約は婚姻関係を永続させる目的の契約であるので有効とする判決例（大判大正六・九・三民録二三巻一三三一頁）と比較検討されている。[91]つまり、不倫関係を維持する目的の契約は無効であるが、断絶することを目的とする契約または維持とは無関係な契約では有効としているとする、我妻の判例評価の裏のケースとなっている。

ただ、事案との関係であるが、本判決は、「Yニハ配偶者アリテXモ其事実ヲ知レルニ拘ラス将来該婚姻ノ解消シタル揚合ニ於テ互ニ婚姻ヲ為スヘキ旨ヲ予約シタルモノトス」と判示しているので、正当婚姻にある妻の存在を知ったうえで、その地位を敢えて侵害して、それに取って代わろうとする行為態様が、強く非難されている面がある。[92]

なお、本件の男女関係については、内縁か婚約かについては、評価が分かれるが[93]、それは別としても、原審は、婚姻予約という用語を一切使用しないで、「婚約」という用語を使用している。「唄孝一」らは、これに注目しているが[94]、本書の立場からいえば、本件でのＸＹはまだ「正式の結婚式」を挙行していなかったことのほか、「扶養料の合意」をしていたので、たとい同棲があったとしても、法的には、いわゆる「婚約」段階と判断されたものと思われる。決して、婚約と内縁との区別を曖昧にするような判決例ではない。むしろ、「婚約・内縁」二分論を採用していた当時の裁判実務の当然の帰結であろう。

(イ)　ところで、上記判決は重婚的婚約の例であり、この当時の同趣旨の例としては、非公式判列であるが、下記の[64]大判昭和四・一・二五（内縁事例）も同じく無効論を採用している。すでに、この種の重婚的婚約・内縁が無効であることは確定した判例理論であったといえよう。ただし、婚姻していても、予約当時にすでに別居していたり（後の大判昭和一二・四・八民集一六巻四一八頁）、事実上離婚しておれば、有効となりうる可能性が残されていたし、(95)また、先述のように、大審院判例では、重婚的婚姻予約の相手方の善意・悪意の問題が潜在していたので、後述のように、下級審裁判例では、この種の問題が直接、争点となっている事例もある。

つぎの[64]判決は、重婚的内縁の無効論を前提とした上で、この問題の当否を曖昧にした原判決を破棄した例である。既婚男性と私通関係にある女性が男性の離婚後もそのまま従前の関係を継続していたことから、何時の段階で適法な婚姻予約が成立したのかなどの問題点が浮上している。

[64]　大判昭和四・一・二五評論一八巻民二三四(96)

【事実】　X女は、Y男と婚姻予約のうえ、大正九年から同一五年三月ころまで、Y方で家事に勤め、内縁の妻として五年間同棲していた。ところが、大正一五年旧正月にYは酌婦Aを落籍して自宅に引き入れ、Xをはなはだしく侮辱し、Xを同年旧三月に追い出して、実家に立ち帰るのを余儀なくさせ、予約による「婚姻届出ノ義務ヲ履行シナイ」。そこで、原判決（水戸地判昭和三・七・一九）は、婚約不履行を認めて、慰藉料については、当事者の地位や財産状態のほか、Xが五年間にわたりYに仕えた事情などを考慮して、金二五〇円を認容。一審（水戸区判昭和二・六・六）では、Yが金五〇円をXに交付して婚姻予約が合意解除されたとの抗弁が認められたが（X敗訴）、原審は、それで全部が解決したことの証拠がないとして、かかる抗弁を排斥した。

ところが、Yは、上告理由で初めてつぎのような主張をした。当時、Yは他女と婚姻し、大正一三年になって離婚したことは戸籍上明白であるので、Yとの婚姻予約は無効である。したがって、XYの関係は単なる野合であるので、正妻との離婚後、いつ婚姻予約が成立したのか不明であり、従前の私通を継続していたにすぎない。たとい、Yの離婚後に婚姻予約が成立したとしても、五年間の内縁を前提として慰藉料額を認定したのは、不法である、と。

〔判旨〕（破棄差戻し）「凡ソ正妻アル者カ他ノ婦ト婚姻ノ豫約ヲ為スモ其ノ豫約ハ公序良俗ニ反シ無効ニシテ法律上保護ヲ受クヘキモノニ非ラサルコト言ヲ俟タス」。証拠によれば、豫約成立当時Yに正妻がいたことを認めるに足るにもかかわらず、そのことを釈明しないまま、その有無を判断しないのは違法である。

原審までは、重婚的内縁については、一切、争点とはなっていないので、その点に問題が残されるが、とにかく、正妻のいる者が婚姻予約をしても、それは公序良俗に反するものとして無効である、としたことは間違いない。現に原判決がこのことを曖昧にしている点も破棄理由になっている。

差戻審（水戸地判昭和五・三・二〇）では、重婚的内縁の無効論を前提としたうえで、Yが正妻と離婚した後もXYの同棲が継続していたところ、かかる同棲は単なる私通関係に過ぎないので、これが婚姻予約となりうるためには、従来の私通関係を打ち切り、さらに婚姻予約の合意がなされて、その徴表が表れることが必要であるが、本件ではそのような事実は認められない、と判示した（X敗訴）。男性が婚姻中に他女と私通関係にあるときは、その離婚後になされた婚姻予約が有効となるためには、従来の私通関係を解消したうえで新たな合意が必要とされているので、漫然と従来の関係を継続していても、当然には有効とならないという趣旨と思われるが[97]、この点は、大審院の判断ではなく、差戻審の独自の見解であり、その当否については、意見の分かれるところであろう[98]。

問題は、内縁の妻の悪意・善意であるが、本判決からは、その間の事情を知ることはできない。上告理由では、XはYには正妻のいることを知りながら、Yの承諾もなくY家に入り、正妻ともども三人で同居していた、との記述がみえる。

(2) 下級審裁判例の状況

下級審裁判例では、この種の重婚関係につき、どのように判断していたか。若干の裁判例を具体的に検討してみよう。

(a) 下級審裁判例も、重婚的な「婚姻予約」は、公序良俗に反するので、民法九〇条により無効と解している。下記の裁判例は、たとい、予約当事者の一方が善意であったとしても、無効とする。

[65]　東京地判大正一一・二・一四　新聞一九六一号八頁（[56]判決と同一判決）

〔事実・判旨〕「苟も既に配偶者ある者がさらに他女と婚姻の予約を為すが如きは客観的に公序良俗に反する事項を法律行為の内容と為すものなるを以て当事者が之を知ると否とに不拘当然無効なり」として、これに付帯する違約金の合意も無効とする。ただし、子の生活費の合意は有効として、夫に支払いを命じている。

[66]　東京地判昭和三・四・三〇新報一六二号一七頁

〔事実・判旨〕　重婚は刑法上も処罰されるし、民法も一夫一婦制をとっているが、これは「我国古来の一夫一婦を理想とする美風を破壊するものとて謂ふへきを以て如斯意思表示は公の秩序善良の風俗に反する行為として民法九〇条により当然無効なるものと解するを相当とする」。妻が夫に正妻がいた事実をたとい知らなくとも、かかる予約の違法性を阻却させるものではない。

[67]　那覇地判昭和四・二・一二新聞三〇一六号七頁

〔事実・判旨〕　女性から男性に対する慰藉料請求事件である。「原告は妻ある被告に対し同人が其妻との婚姻解消の上互いに婚姻を為すと云うに外ならず元来婚姻の豫約は原則として有効なるは勿論なるも本件の如き豫約は実に道徳観念上善良の風俗に違反する事項を目的とする法律行為なれば民法九〇条の規定上無効なりと謂わざるべからず」

(b)　ただし、先妻との離婚手続のみが遅延していたときには、有効とする例がある。

[68]　名古屋区判昭和二・一〇・二一新聞二七七四号一五頁

〔事実・判旨〕　X女とY男とが婚姻予約を締結した時には、Yは先妻とはまだ戸籍上は離婚していなかった。しかし、これには、Yが離婚届書を先妻に渡して、その手続を先妻に依頼していたが当該届書が不備のため差し戻され、更正のうえ提出されたので、戸籍上の記載が遅れた、という事情があった。判旨は、以上のような事情があってなされた婚姻予約は直ちには公序良俗に反するものとはいえない、とした。

5 不当利得・損害賠償の範囲

(1) 妻の家事労働の評価

内縁の妻が夫の家のために家業や家事労働に従事していることが多いが、このような場合に、その家の家産の維持増大に寄与したというならば、それなりの評価があっても不合理ではない。

(a) しかし、判例は一般的には消極的である。つぎの例では、不当利得として請求しているが、否定されている。

[69] 大判大正七・三・二三第三民事部大正七年(オ)第八七号事件 判例集未登載(99)(内縁)

〔事実・判旨〕 慣習上の挙式のうえ七年五ヵ月間にわたって夫Aの家に同居した妻Xが、Aの父Yに対して、その間の労務の給付による損失につき、不当利得に基づいて返還請求をした事例である。判旨は、婚姻予約が成立したことを認めて、「XがY方に於いてYらと共同生活を営みたるは予約の内容たる将来正当の婚姻を為す可き事を目的として労務に服したるものなれば」、婚姻が成立しない結果、その労務によりYが利益をうけたとすれば、不当利得になることもあるが、他方、XはY方で家族としての待遇をうけ生活上万般の保護はYが負担しているので、婚姻予約のためなりといえども、事実上妻として婦人をむかえるは少なからずの経費の増加を来すので、「特殊の労務」に服して一般生活費を償ってあまりがあるならば格別、婦人の補助的労務によっては補完しえないのを通例とする、とした(X敗訴)。

(b) つぎの大正一〇年[70]判決によれば、内縁夫婦は事実上夫婦同様の生活をなしたるものであり、通常は「当事者双方共互に共同の利益の為めに家事に従事したるものなれば」、妻の勤労に起因する不当利得返還請求権は成立しない、と判示している。

[70] 大判大正一〇・五・一七民録二七輯九三四頁(内縁)

〔事実・判旨〕 挙式後同棲の継続中になした妻の家事労働については、合意離別して実家に帰った場合には、その損失を不当利得としては請求できない。本判決は、「原判決ノ旨趣トスル所ハ元来夫婦カ同居スルハ専ラ夫ノ利益ノ為メニスルモノニアラス夫婦共同ノ為メニ之ヲ為スモノトス本件当事者ハ婚姻ノ予約ヲ為シ慣習上儀式ヲ挙ケ同居シ事実上夫婦同様ノ生活ヲ為シタルモノニシテ右夫婦同居ノ場合ト異ル所ナク当事者双方共互ニ共同ノ利益ノ為メニ家事ニ従事シタルモノナレハ其後双方合意ノ上婚姻ヲ為サヽルコトトナシ上告人（妻）カ実家ニ帰リタレハトテ上告人ノ右同居中ニ為シタル勤労ハ全然其損失ニ帰シ」と判示した。

本件は、内縁夫婦に対して、いわゆる準婚的効果を認めた判決例と評されている。(100) たしかに、挙式・同棲している内縁夫婦を婚姻夫婦と同視しているように思われる。しかし、婚姻予約論を前提としているので、内縁学説のいう純然たる準婚理論とはいえないであろう。むしろ、予約を前提としたうえで、夫婦の実質を述べたものと解した方が、自然であり無難でもある。

(2) 子どもの養育費

同棲中に夫の子を出産した場合には、それが当該夫婦間の子であるならば、その養育費を支払う義務があろう。しかし、つぎの事例では、一時、妻が実家に戻っていた間に夫から養育を委託されたことを根拠にして養育費と被服費の支払いを求めたが、その請求は排斥されている。慰藉料の可否と混同しているようなので、問題のある判決である。

[71] 土浦区判大正八・六・二三新聞一五八九号一九頁（内縁）

〔事実・判旨〕X女とY男は、大正五年四月中、媒酌人により事実上夫婦としてY方で同棲し、大正六年五月五日、その間に一子を儲けた。Xの主張によれば、Yにたびたび入籍を迫ったが、Yは、これに応じなかった。Xは、Yの承諾のもとに実家で出産したので、Yにその旨を通知すると、Yは、嬰児用の衣類を持参し、養育料被服料等については迷惑をかけないので、迎えに来るまで実家で静養する旨を伝えたことから、そのまま実家にいた。ところが、大正七年一月一三日にXがY方に戻ると、態度が一変して虐待・暴力を受けたため、結局は、実家に逃げ帰った。そこで、慰藉料のほかに、同月一三日までの養育料・被服費を請求した。判旨は、Xにも「元来性懶惰放縦なるよりY方に在りても農仕事に励まず家事を閑却し遊予徒に其日を送れる始末なるためYとの間和合せず延いて家庭の円満を欠くに至りたることを看取しうへく」として、相当の事由があるので、慰藉料の請求を排斥した。養育費等についても、Xにも養育する義務があるとしながらも、その費用をYに転嫁せしむべき法律上の根拠はないとして、これを排斥した。

(3)　慰藉料算定基準と斟酌事情

(ア)　慰藉料算定基準については、つぎの例が参考に値する。

[72]　大判大正一一・一〇・二〇第一民事部大正一一年(オ)第七三〇号事件　判例集未登載(101)(内縁)

〔事実・判旨〕　原審(東京控判大正一一・六・二七評論一一巻民法六〇三頁)は、妻が単に座睡の習癖を有し、とかく身体の健康を欠くということだけでは、正当理由にはならないとし、慰藉料の額について、「社会上の地位身分年齢および教育の程度その他諸般の状況を斟酌」して、金五〇〇円と定めた。大審院判決も原判決を是認している。

本件の大審院が、「女子として境遇上其ノ不幸大ナラストセス其ノ精神上ニ多大ノ苦痛ヲ感スヘキハ人情ノ常ニシテ」と判示し、ここでの損害事実は証明不要の顕著の事実であるとしている点に注目しうるであろう。

(イ)　具体的な額については、当然のことながら、事案によってさまざまな結果になっているが、一般的には、五〇〇円前後程度の認容額が圧倒的に多い(102)。しかし、中には、これを超える額や、より低額の認容額の例もある。ここでは、そのようなケースの斟酌事情に留意しながら、いくつかの裁判例を検討する。

(a)　相当程度に高額な慰藉料額を認容した例が散見される。

[73]　千葉地判大正一〇・一〇・一五評論一〇巻民一三三一頁(内縁)

〔事実・判旨〕　原告女は、被告と婚姻の式を挙げ、一時別居したことがあるが、約八年の間にわたり予約を継続し、その間に男児と女児を儲けた。慰藉料は一万円が認容されたが、その他に、原告が五〇歳に至るまで寡婦として生活するための生活費のほか、男児が被告によって、認知され、かつ引き取られるまでの養育費も請求した。判旨は、生活費については、被告が婚姻予約を履行しなくとも、他に配偶者を求めることが可能であるので、必ずしも寡婦として一生を終わることにはならないとして、排斥した。養育費についても、子女の出生は「私通ノ結果」であり、「婚姻ノ予約ニ因リテ生シタルモノト謂フヘカラサル」として、私生子は法律上の父ないし母が扶養すべきものであるから、原告がその私生子を扶養すべきは当然であるとして、これも排斥した。

婚姻予約を形式的に解釈した判決であり、また、内縁の「夫婦の実質」の意義が理解されていない。もっとも、慰藉料は「一万円」という高額が認められているので、実質的には、生活費や養育費の補完的機能をもつものであろう。つぎの例も、妻に一万円の慰藉料を認容している。

[74]　東京地判大正一一・五・八新聞二〇〇五号八頁（内縁）

〔事実・判旨〕　X女は、Y男と明治四二年九月に慣習上の婚姻の儀式をあげて、大正一〇年一月五日まで約一三年間にわたり同棲し、その間、何度も入籍方を懇請したが、Yは態度を曖昧にし、正当な理由もなくして、これを拒絶したため、Xは、ついにY家を退去した。Xは、その間、Y家の資産増大に寄与するとともに、Yの母の病気看護等をしてきた。Xは、二一歳の時にY家に嫁し、専心Y家につくし現在は三〇歳をすぎて、婚期を逸している。「婚姻予約破棄せられたる例多しと雖も同棲一三年の長きに渡り徒らに貞操を蹂躙せられ何らの理由なくして破棄せられたる事件の如きは蓋し稀なりと云ふべく之に対するX精神上の苦痛甚大なるべくして之が慰藉としてXの父弟の地位Xの教育程度XがY家に在りたる間の状況……Yが相当資金を有する点等」を斟酌して、金一万円の賠償請求は不当ではない。

[75]　東京控判大正一二・六・一八新聞二一九四号一三頁（内縁）

〔事実・判旨〕　大正一〇年四月中に婚姻予約が成立。同五年六月に挙式、同棲した。しかし、夫が、挙式当時以上の調度品を求めて、妻の実家と協議が成立しなかったことから、夫は妻を実家に送り届けたことによって、予約が破棄された。調度品不足を口実に破棄したことから、妻の実家の「社会的地位」と「妻の教育程度等」を斟酌して、金一五〇〇円とした。

[76]　東京控判昭和三・一一・一九新報一七二号一九頁（内縁）

〔事実・判旨〕　大正一五年四月一六日に挙式し、同年五月五日まで同棲。同日に妻が実家に帰らせられた。慰藉料額については、妻の父が三万数千円の土地建物を所有していること、双方の父が商売をしていることやその年間売上高（妻の実家は年間四、五万円、夫の実家は一日千円をくだらないこと。）、夫の父の営業成績が相当なること、妻が高等小学校卒後、実業女学校と裁縫女学校を卒業していること、妻が二六、七歳の妙齢をもって挙式したこと、さらに同棲わずか二〇日足らずで局部無毛症という虚偽の理由で離別されたことなどを斟酌して、金三千円とした。

[77]　東京地判昭和三・八・六新聞二九〇八号六頁（内縁）
【事実・判旨】　X女（二二歳）は、芸妓であったが、Y男から懇望されたので、みずから廃業して、大正一一年一月二〇日親族立会のもとで内祝言をなしたうえで、同棲したが、間もなく、Yが他女と婚約・婚姻した（同年一〇月一〇日入籍）。慰藉料額については、YがXの処女性を疑って医師の診断をうけさせたこと、XがYと離別後一児を出産して養育していること、一時芸妓をしていたが、現に廃業していることなどの事情から、金三千円を認めるほか、出産費用四九四円余も認容した。

(b)　これに対して、認容額を制限した例もある。

[78]　東京控判大正一〇・六・二五新聞一八九〇号一七頁（内縁）
【事実・判旨】　大正三年二月一〇日に予約を締結して結納をとり交わした。同月一七日に挙式し、以来同八年八月一六日まで同棲。妻が病児の世話につき夫と姑から注意されたところ、家を出て夜遅く帰宅し、翌日、姑から再度注意されると、これに従わなかったので、夫が出て行けというと再度家出した。これが起因となり、妻の帰来を夫が拒絶して、関係が破綻した。妻は、従前月給二円で雇われていたこと、予約の際、支度料一〇〇円と結納金三〇円が交付されたこと、破棄について、「妻にも軽からざる過失あるもの」として、金三〇〇円を認容。

[79]　岡山地判大正一三・三・三〇新聞二二五七号一六頁（内縁）
【事実・判旨】　一般の男性が原告の場合には、「精神上ノ損害ハ、普通女子ニ於ケル如ク大ナラサルモノアルハ実験則ニ鑑ミ……」として、金一五〇円とした。ただし、結納・挙式関連経費等の損害一二九円余も認容。

(c)　つぎの例は、異常に少額の慰藉料しか認めなかった。

[80]　名古屋区判昭和二・一〇・二一新聞二七七四号一五頁（内縁）
【事実・判旨】　X女とY男は、大正一四年三月末ころ婚姻予約をなしたが、同年八月にYがXを苛責し、実家に立ち帰らせた。復帰の要請を拒絶して、予約を正当理由なく不履行した。慰藉料額については、Yの資産は四、五千円程度、Xには資産なく、先夫との子ども、Yとの間の子ども、および母との四人暮らしであること、将来は産婆の資格を取る予定で

あったが、Yと情事関係を結んだ結果、その放棄のやむなきにいたったこと、Xは一度婚姻していること、さらにYとは本件婚姻予約前に情交関係を結んでいたことなどの事情から、金二〇〇円をもって相当とした。

(d)　つぎの例は、内縁の妻が他男と情を通じたため、内縁関係が破綻したので、その第三者に対する慰藉料請求事件であるが、つぎのように説示しているのが、興味深い。

[81]　盛岡区判大正七・五・三〇新聞一四二六号一八頁(103)（内縁）〈[2]と同一判決〉

〔事実・判旨〕「原告ハ今方ニ屈竟ノ壮年ニシテ前途有望ナリ偶々被告ノ不義背徳ニ因リテ一婦人ニ見捨テラルルモ為メニ一生ノ不幸ヲ招クカ如キ虞アルニ非ス即チ夫ノ孱弱ノ女子カ不徳ノ男子ニ其貞操蹂躙セラレタルカ如キ場合トハ頗フル其趣ヲ異ニスルモノアリ従ツテ其精神上ノ苦痛モ決シテ之ヲ深刻ナリト認ムルヲ得ス故ニ此点及原被告ノ一家及ヒ社会上ノ地位其他諸般ノ情況ヲ斟酌シテ其損害賠償ヲ金百円ナリト定ムヘシ」。

(68)　暐道・前掲注（67）一一六頁は、「婚約違反ニヨリテ婚約ハ既ニ解除セラルルモノ」であるので、ここでは解除の問題は生じないとする。岩田・前掲注（8）二二九頁注二一四も、本判決は違約によって当然解除されたと判断したものと解する。和田・前掲注（4）七三九〜四〇頁も、婚姻予約の不履行は「告知」（解約申入れ）であり、これによって予約は解消するので、解除の問題は生じないとする。他方で、婚姻予約不履行は「事実上の離婚」にほかならないとする立場でも、不当離婚がなされたならば、さらに離婚すべきものは何も残っていないから、解除の不要は自明のこととされる（寺澤眞人「内縁の破棄若は破棄誘致に因る損害賠償責任」司法協会雑誌九巻一・二号〈一九四三年・昭和一八年〉九一八頁）。これに対して、清水兼男「内縁の法律関係」法政研究五巻二号（一九三五年・昭和一〇年）四三〜四七頁は、「婚約重視」の立場から、理論上は解除が必要であるとして、本判決を批判する（清水の見解については、本書「第二章」の「四・当時の学説の状況」を参照のこと。

(69)　本件の一審・原審の判決は、唄孝一・佐藤良雄「判例における婚姻予約（二二）」（関彌一郎執筆）都法一二巻二号（一九七二年）二二七頁以下に収録されている。コメントも付されているので、詳細はそれに譲る。さらに加えて、同「判例における婚姻予約（二五）」（関彌一郎執筆）都法一四巻一号（一九七四年）一三五頁は、その上告審判決を収録して法律新聞からは判事名も引用しているところ、本判決（第一民事部）の裁判官が「田部芳」（裁判長）など民事連合部判決のメンバーと共通することに注目している（同一五一頁注7）。さらに、本判決の事案について、唄らは持論のいわゆる「試婚論」を強調しながら、大審院としては、はじめて「準婚」的といいうる事案を「婚姻予約」の射程距離におさめたと評価している（同一四三頁）。

(70) 佐藤＝関・前掲注（16）『判例家族法の再検討（五）』二八八頁以下に収録されている。

(71) 佐藤＝関・前掲注（16）『判例家族法の再検討（五）』二八九～九〇頁。

(72) 唄孝一・佐藤良雄「判例における婚姻予約（一一）」（石川稔・恒吉壽子執筆）都法六巻二号（一九六六年）二九一・二九五頁。

(73) 唄＝佐藤・前掲注（72）「判例における婚姻予約（一一）」二九九頁注（2）は、金員の贈与に注目する。

(74) この不当利得返還訴訟については、唄孝一・佐藤良雄「判例における婚姻予約（一〇）」都法六巻一号（一九六五年）一五七頁を、当事者間の三つの訴訟の経緯については、同・前掲注（72）「判例における婚姻予約（一一）」三一六頁を参照。ここでは、内縁破棄による女性側からの慰藉料請求事件のみを取り上げている。ちなみに、慰藉料請求権を保全するために妻がなした有体動産の仮差押えについては、婚約訴訟でも考えられるところ、一審・原審は、ともに一審で本訴敗訴後であるならば、特段の事情がない限りは、請求権の不存在を覚知するべきであることから、あえて仮差押えをした妻に過失ありとしたが（五〇円の損害賠償金を認容）、大審院（大正一〇・五・一三）は、かかる覚知の有無は事実問題であり、そうした「一定ノ法則」はないとして、原判決を破棄した（同三〇八～一〇頁）。差戻審では、妻が口頭弁論に欠席したため、妻敗訴の欠席判決がなされている（同三一一～一二頁）。

(75) 本書「第二章」の「三・2民法典施行後の婚約・内縁事例」を参照のこと。

(76) 佐藤・前掲注（11）『婚姻予約・認知』一〇二頁参照。なお、佐藤・同著一〇五頁注（22）は同種の事例として大判明治三三・三・一九をあげているが、この当時の判例の立場では、民法施行後に成立した内縁も私通と解されていたので、そのような紹介の仕方は疑問である。

(77) 我妻栄『新訂民法総則（民法講義1）』（岩波書店、一九六五年）二七二頁は、その区別は不可能に近く、理論としても無意味であるとする。

(78) 佐藤＝関・前掲注（16）『判例家族法の再検討（五）』二九二頁以下に収録されている。

(79) 佐藤・前掲注（11）『婚姻予約・認知』一〇〇頁。

(80) 佐藤・前掲注（11）『婚姻予約・認知』一〇〇頁も同旨を述べる。

(81) 佐藤・前掲注（11）『婚姻予約・認知』一九六頁。

(82) 佐藤・前掲注（11）『婚姻予約・認知』二〇〇〜一頁。

(83) 佐藤・前掲注（11）『婚姻予約・認知』二〇九頁。

(84) なお、内縁の夫が親元で出産する妻に出産の世話一切を委託したことから、特に合意がなかったが、出産費用とその後の三三日間の世話料の支払請求を認めた未公表判決（大判昭和二・一一・一八第二民事部同年（オ）五一七号）があるという。佐藤・前掲注（11）『婚姻予約・認知』二一九頁以下参照。

(85) この所有権移転登記抹消請求事件については、佐藤・前掲注（11）『婚姻予約・認知』一四一頁以下参照。

(86) 佐藤・前掲注（11）『婚姻予約・認知』一四二頁。

(87) 末川博『権利侵害と権利濫用（末川博法律論文集Ⅱ）』（岩波書店、一九七〇年）五三六頁。

(88) 重婚的内縁問題については、差しあたり、太田・前掲注（37）『内縁の研究』一三七頁以下、同『現代の内縁問題』（有斐閣、一九九六年）一八七頁以下が、判例・学説を整理しているので、それに譲る。

(89) 本件の一審と原審の判決は、唄孝一・佐藤良雄「判例における婚姻予約（九）」（関彌一郎執筆）都法五巻二号（一九六五年）四一一頁以下に採録されている。

(90) 穂積重遠「本件判批」法協三九巻一一号（一九二一年・大正一一年）一九〇九頁。穂積自身は、当初は単純婚約の保護には消極的であったところ、判例もそのような立場にあるものと推測しているが、これは明らかに誤謬であり、本書「第三章」で明らかにしたように、既に婚約事例でも、「婚姻予約有効判決」が存在していた。

(91) 我妻栄「判例より見たる『公の秩序善良の風俗』」法協四一巻五号（一九二三年・大正一三年）一〇八頁、一一二〜三頁。

(92) 唄＝佐藤・前掲注 (89)「判例における婚姻予約（九）」四二四頁。これに対して、太田・前掲注 (37)『内縁の研究』一四九頁は、「当事者の善意・悪意を区別して、善意の重婚的内縁は保護に値する旨を判示したような事例、すなわち相対的無効説（相対的有効説）の立場をとった事例は、見出し得なかった」とする。

(93) この点の従来の学説の評価については、婚約説と重婚的内縁説とに分かれている。たとえば、中川・前掲注 (8)『日本親族法』一九二頁は婚約の例として引用するが、我妻・前掲注 (91) 一一四頁は重婚的内縁としていた。唄＝佐藤・前掲注 (89)「判例における婚姻予約（九）」四二五頁によれば、当事者間に少なくとも「同棲」があったことは、ほぼ確実とする。

(94) 唄＝佐藤・前掲注 (89)「判例における婚姻予約（九）」四二〇頁。

(95) 佐藤・前掲注 (11)『婚姻予約・認知』一三二頁は、従来は重婚的内縁ないし妾関係にも法的保護を与えた例もなくはなかったが、本判決のころから近代的一夫一婦制の理念が貫徹されようになってきたという。一般的な観点からの有効無効の判断では、相手方が善意か悪意か、正当婚姻が形骸化しているかどうか、また、正当婚姻の離婚手続が進行中で経過的なものかどうかという事情によって、その保護に差異が生ずるとしている。

(96) 本件については、一審・原審および大審院を経て差戻審にいたるまで、唄＝佐藤・前掲注 (2)「判例における婚姻予約（四）」九六頁以下に、その判決理由が採録され、かつ的確な評釈もついているので、詳細はそれに譲る。

(97) 唄＝佐藤・前掲注 (2)「判例における婚姻予約（四）」一一二頁は、この説示を「看過することができない」とし、予約につき、要式不要とする判例の立場からは、逆の解釈の余地もあったとしている。

(98) ちなみに、今日では、離婚後（正当婚姻の破綻後）の関係が保護に値する関係であるとして、この問題をかなり機械的に処理する下級審裁判例もある。たとえば、最近の大阪高判平成一六・七・三〇家月五七巻二号一四七頁は、いわゆる重婚的な男女関係が長期にわたるが（子も儲けている）、その間に正当婚姻が完全に破綻したところ、「破綻後の三年間余」が夫婦としての実質を備えた内縁関係とする（慰藉料四〇〇万円認容）。

(99) 佐藤＝関・前掲注 (16)『判例家族法の再検討（五）』二五六頁以下に収録されている。

(100) 穂積重遠「本件判批」『判例民事法大正一〇年度』二二四頁は、判例の予約論を批判し、本件では「事実上の婚姻」

があり、法律上の婚姻の場合には不当利得問題を生じないので、「実質上同一な場合も同一ならざるを得ない」といえば足りるという。小石・前掲注（7）「内縁（二）」四〇～四一頁は、扶養義務を認めた判例とする。佐藤・前掲注（11）『婚姻予約・認知』六六～六七頁は、穂積の評価を前提として、準婚的効果を認めた事例としている。太田・前掲注（37）『内縁の研究』一二〇～一二一頁は、やや慎重に、「間接的ではあるが」としたうえで、「夫婦の同居義務、協力・扶助義務」を認めたことを前提とする事例としている。

(101) 佐藤・前掲注（11）『婚姻予約・認知』一六六～七一頁。

(102) 穂積重遠は、大正九年度の下級審裁判例を論評するなかで、慰藉料に斟酌される事情として、「男の不徳さの程度も標準になってしかるべき」とするともに、五、六百円程度が「原則的ミニマムであろうか」としていた。穂積重遠「判例批評－親族法相続法判例批評（八）」法協四〇巻四号（一九二二年・大正一一年）一一九頁。

(103) 本件は[60]大判大正八・五・一二民録二五輯七六〇頁の一審判決である。

六　小　括

以上、基本的には、「誠心誠意判決」が登場するまでの裁判例を中心として、実務において「民事連合部判決」がいかなる影響を及ぼしてきたか、ひいては婚姻予約有効論がどのように展開してきたかについて、いくつかの問題類型に区別しながら、それぞれ検討した。ここでは、次章において「誠心誠意判決」以降の裁判例をフォローするために必要な範囲で、以下、簡単にこれまでの推移・展開の成果を整理をしておきたいと思う。

1　婚姻予約の性質と通過儀礼の意義

(1)　「身分契約」としての婚姻予約

婚姻予約が「身分契約」であるとする立場については、大審院判決を含めて、この当時にほぼ固まったといえよう(1・2・3判決)。ただし、「婚姻」自体とも異なるので、婚姻の消極要件は必ずしも必要とされていない。一五歳程度であれば、意思能力があるので、婚姻適齢の要件は課されないし、両親の同意も形式要件としては不要とされている。ただし、婚姻意思が「確実なもの」と評価されるためには、二人だけの秘密裡の関係では十全ではなく、たとい当事者が夫婦となる旨の口約をとり交わしたとしても、なお私通関係とされることもあり(8判決)、この意味において、「両親の同意」は、家制度下では、事実上は積極要件として機能している。

他方で、家制度下では婚姻に対する「戸主の同意」も軽視しえないものがあるので、婚約や内縁についても、これに反するならば、離籍・廃除になりうる可能性があったが(16・17判決)、このことも、婚姻予約が身分契約として位置づけられる要因となっているようにも思われる。

(2)　婚姻予約の成否と通過儀礼

大審院と下級審の裁判例に登場する夫婦ないし婚約当事者間では、そのほとんどは婚姻習俗に従って通過儀礼がなされている。「民事連合部判決」も、挙式同棲する夫婦を前提として立論していた面もあったし、その後の大審院判決には、夫婦間の争いではないが、「相當ノ儀式」をあげ、「夫婦の実体」があることを内縁夫婦の認定において重視する例もあった(大判大正一一・六・三民集一巻二八二頁)[104]。さらに、大判昭和四・三・一(新聞二九七六号一五頁)は、夫が他女と「婚姻ノ式ヲ挙ケテ内縁ノ夫婦関係ヲ結ヒタル」ことから、重大なる侮辱を理由に正妻からの離婚請求を認めた事件であるが、ここでも、重婚的内縁関係の成立事情として、「挙式」が指摘されている。

しかしながら、他方で、大審院判決は、婚姻予約の成否につき、儀式の挙行ではなく単に「婚姻意思」の有無のみで判断しようとした(〔4〕判決参照)。ただし、具体的な事案を見てみると、「夫婦約束」(私的了解)に加えて、諸般の事情から社会的に承認された「夫婦の実質」ないし「夫婦としての交情」があるものと評価されている。下級審裁判例でも、継続的な同棲の事実により「事実上の婚姻」を推認している例が見られる(〔10〕判決)。

ところが、「単純婚約」事例では、そのような判断指標がないので、いきおい形式的な通過儀礼に頼らざるを得ないこととなる。単なる夫婦となる旨の口約のみで、「婚約」の成否を判断することは、容易ではないからである。実際、「樽入れ」などの儀式が重視されているし(〔5〕・〔6〕判決)、さらに大正一四年の東京控訴院判決(〔7〕判決参照)は、結納が授受された事実をもって、「婚姻予約が確実に成立した」ことを認定している。

したがって、たとい性的関係(情交関係)があっても、これだけでは決め手にはならない(105)。それは内縁の成否に「同棲」が重要性をもつのと比肩するほどの考慮事情にはなっていないように思われる(〔8〕判決を参照のこと)。

この当時、「横田秀雄」は、このことを明確に認識した上で、「結納」等の通過儀礼の重要性を指摘していた。婚姻予約は「身分に関する契約」であり、合意だけでは何時成立したかが不分明なことが多いので、原則として、「結納」の時に成立するとして、このような儀礼が必要であると考えていたのである(106)。すでに検討してきた裁判例に対する横田理論の強い影響力が見られるであろう。加えて、かかる儀礼のない場合でも、社会観念上、「婚姻ヲ為サントスル真意ノ確定シタル以上」は、婚約の成立を認めても、何ら支障がない、としていた(107)。このような「真意」とか「確定的な意思」とかの判断指標についても、後の裁判例、ことに「誠心誠意判決」にも強い影響を与えているように思われる。

一方、「穂積重遠」も、「社会的に認められた形式」(結納など)による婚約と単なる「夫婦の約束」を区別した上で、後者の口約による予約の拘束力については、やや消極的に解していた(108)。下級審裁判例でも、基本的には通過儀礼が婚約の成否の判断を左右しているといってもよい(109)。

問題は、通過儀礼が何故にかくも婚姻意思の認定上重要性をもつのかということであろう。それは、単なる当事者間の合意だけでは、証拠法からみて、真意とか確定意思とかの認定が困難であるということだけではないように思われる。むしろ、家ないし両親の同意のもとでの合意こそが、そうした真意とか確実性とかを評価しうるものとなるからであろう。そうだとすれば、婚姻予約の成立は、当事者間の合意を核としながらも、家的ではあるが集団的な合意によって担保され、それがひいては「社会的な承認」につながっていたことが判明する。

それ故、通過儀礼を践むことによって「社会的な承認」のある婚約・内縁をもって、原則的な婚姻予約と考えられていたと評価することが可能となろう。そのような社会的承認が欠落しているが、なお当該男女関係を保護するべきであるとの価値判断がなされたケースもあり、この種の男女関係、ことに秘密裡の男女関係のうちで、いかなる考慮事情が、そうした婚姻予約の成否につき、重要性をもつのか、このことを可能なかぎり明らかにすることが、次章での課題となる。

なお、戸主の承諾のもとに挙式同棲して婚姻予約が成立したならば、戸主は「婚姻の届出」についても、同意を与えたものと解した大審院判決例（[18]判決）があるが、その理由として「結婚式ハ男女ノ合意ヲ象徴スルモノ」としていることが、ここで特筆されるべきであろう。

2　婚約と内縁との区別

以上の裁判例をみた段階ではあるが、法的にも婚約と内縁とは明確に区別された上で、その成否の可否が論じられているといえよう。樽入れや結納の段階の男女関係は、内縁とは考えられていないからである。東京控訴院[6]判決は、樽入れがなされている婚約事例につき、「婚約当事者双方ハ正当ナル事由ナキ限リハ該予約ニ基キ誠実ニ婚姻ヲ為スヘキ義務アルヤ勿論ナリ」としている。「内縁的なものから婚約的なものへの連続体」なる観念については、[110]強いてこれを強調する必要性はないように思われる。

さらに、「民事連合部判決」直後の大審院判決[43]でも、結納返還請求事件であるが、原審も大審院も明確に「婚約」

について明言していることを決して見落としてはならない。また、未公表判決であるが、婚姻予約の合意解除の有無などが問題となった大審院判決[50]でも、婚約事例につき「婚約」ないしは「婚姻予約」という用語を使用している（本件の裁判長は第一民事部の「田部芳」である）(111)。

一方で、大審院は、この当時にすでに、内縁の概念についても、「民事連合部判決」を承けて、いっそう明確に概念把握するに至っている。大正五年の[16]判決では、「内縁関係」という用語が使用されている。大判大正一〇・三・二（民録二七輯三九五頁）は、内縁の夫が亡妻の家督相続人の選任に関する利害関係人（旧法九四四条）に該当するか否かが問題となった事案で消極判断をしたが、亡妻と「事実上ノ夫婦関係アリタルノミニテハ」と説示していた。また、大判大正一一・六・三（民集一巻二八二頁）は、「未タ婚姻ノ届出ヲ為ササルモ相當の儀式ヲ挙ケ夫婦ノ事実存スル場合ニハ」、夫婦の一方は他方に対し扶養義務があるので、民法三二〇条にいう債務者の扶養すべき者に含まれるとした。前者の判決の一審・原審は、「内縁」という用語すら使用していた。昭和期に入っても、内縁関係の破棄事例ではないが、「内縁ノ夫婦関係ヲ結ヒ」とした例が登場している（大判昭和四・三・一新聞二九七六号一五頁）(112)。「民事連合部判決」登場後の大正時代から昭和期にかけて、大審院はすでに「婚約」といわゆる「内縁」とを明確に区別していた事実が明らかになったが、これは、民法施行以前の大審院判例の推移からみても、当然のことであって、ことさらに強調すべきことではないかもしれないが、今日でも「婚約・内縁」二分論に異を唱えたり、二分論を曖昧にしたりする学説が少なくないので、あえてここで再度確認した次第である。

3　非婚および妾関係

夫婦同然の継続的な同棲がなされても、いわゆる「妾」関係と判断されると、それ自体は公序良俗に反するので、この種の男女関係については、一方的に破棄されても慰藉料請求の問題は生じない（[12]・[13]・[14]判決）。なかには、妾契約に際して、儀礼がなされている例（[14]判決）すら見られるが、いずれにしても、かかる当事者間には、もともと適法な「婚姻意思」が欠落しているので、一応は、婚姻予約との区別がさほど困難というわけではない。妾関係は、前近代的な婚姻法を象徴する男女関係であり、わが国では、永い沿革もあって、民法典施行後でも、既存のものは温存されるとともに、「嫡母庶子制度」は、これを反映したものであったことから、もともと容易には解消しない男女関係なのであろう。

戦後の最高裁判決例（最判昭四六・一〇・二八民集二五巻七号一〇六九頁）でも、この種の愛人関係にある男女間での建物の贈与履行につき、それが不法原因給付となる否かが問題となった事案で、「いわゆる妾関係継続の合意」と説示したものがあり、この種の男女関係のタイプの内実は客観的にも婚姻関係とは相当程度の較差が見られる。区別が困難となるのは、この種の妾関係が継続して夫婦の実態がこれに移行する半面、正当婚姻の側に形骸化の兆候がみられるようになった場合であろう。

これに対して、問題となるのは「秘密裡の男女関係」のケースであり、すでに微妙な判断をした大審院判決（未公表判決⑧）が登場している。通過儀礼がなされていないことから、この種のケースの男女関係については、当事者間の生活関係から婚姻予約の確実な合意を析出し得なかったものと思われる。この種のケースは、将来とも、裁判所を悩ませることとなるが、この問題は、第六章「誠心誠意判決の登場」で再検討する。

4　婚姻予約上の権利義務

「民事連合部判決」を承けて、大審院判決⑹は、「当事者ハ其契約ニ因リ婚姻ヲ為スヘキ義務ヲ負担スル」ことを認めるとともに、「予約者ノ一方カ予約ヲ解除シタルトキ他ノ一方ニ婚姻ヲ為スコトヲ求ムル権利消滅スヘシト雖モ苟モ予約ノ解除セラレサル限リハ他ノ一方ハ此権利ヲ失フヘキ筋合ナク且ツ此権利ハ第三者ニ対抗スルコトヲ得ルモノトス」とした。本件訴訟は内縁事例で、妻と私通関係を結んだ第三者に対する不法行為責任を問うものであるが、その前提として、婚姻予約者双方は互いに婚姻をなすべき権利義務の関係にある、という趣旨を明らかにした。この

「婚姻を求むる権利」とは、具体的には、おそらく婚姻届出をすることによって正当婚姻を作り出す権利を指すものと解釈して大過ないであろう。この判決の当時では、いまだ誠実に婚姻生活の平穏を維持することの利益や内縁夫婦としての生活利益には、権利性が認められていないからである。実際、この大審院判決は、内縁の妻が他男と情を通じたことから、内縁の夫をして、私通以前の状態に於いて「妻と婚姻を為すこと」を得ざらしめた、と説示していた。実質的には「夫婦の排他的な性関係」を保護することにつながるとしても、準婚学説のように[113]、それを前面には押し出していない。予約当事者間での婚姻予約有効論を前提としたうえで、第三者との関係でも、当事者的関係を保護するために、そうした権利構成を工夫したものといえる。むしろ、準婚理論では、内縁関係の継続を拘束する法的な鎖は何もないので、「関係離脱の自由」が認められ、妻が他男と情を通じれば、その時に内縁は自然に解消することとならざるを得ないので、夫が妻に責任を問うのは格別、他男にまで不法行為責任を問うことの法的根拠は希薄ではなかろうか。

ともあれ、ここにいう「婚姻を求むる権利」とは、届出によって婚姻を完成させることにほかならないので、具体的には「届出をなすべき義務」を前提としたものと解釈するしかなかろう。むろん、だからといって、婚姻届出請求の「判決」のみは可能であるというような形式論をしようとするのではない[114]。

5　婚姻予約と「届出義務」

上記4で述べたように、「婚姻を求むる権利」とは、基本的には「届出義務」と同義である旨は、すでに、前章でも明らかにしたように、大審院判決を含めて裁判例の一般的傾向であることについては、具体例を挙げて詳論した。ここでも、それらの裁判例に加えて、なお念を入れるために、さらにいくつかの裁判例を参考資料として補充しておこう。

婚姻予約の性質論との関連で、[2]判決は、「互ニ信義ヲ守リテ相当ノ時期ニ正式ノ婚姻ヲ成立セシムルコトヲ勉ムヘク」と説示している。また、内縁破棄の正当事由の考慮事情との関連であるが、「入籍手続ヲ峻拒シタルカ如キ場合」を重視する裁判例もある（[3]判決）。

東京控訴院[6]判決は、婚姻予約の成立したことを認めたうえで、「誠実ニ婚姻ヲ為スヘキ義務アルヤ勿論ナリ」とし、「予約ノ履行ヲ拒絶シ爾来婚姻ノ届出ヲ為スニ至ラサリシハ本件当事者間ニ争ナシ」とする。

大審院判決[21]では、内縁関係を一方的に破棄した夫が、妻が求めた入籍の手続に応じなかったのは自分の父であり、自分は一切これに関与していないと争ったが、原審は、「父母の家にある若年の男女が婚姻を為すに至りその届出手続等の交渉に付き父母を以て代理せしむるを通常とする事例に鑑み」れば、本件の父は夫を代理していたものであるとし、大審院もこれを是認している。ここでは婚姻届出の手続の履行に際して、夫の父母が登場していることを銘記しておかねばならない。

東京控訴院の[28]判決でも、妻が「届出の履行を催促した」うえで、不履行ゆえに予約を解除しているが、本判決はこれをそのまま是認している。一方、[32]判決の事案では、妻に逃げられた夫が、帰来してくれれば「入籍」する旨を申し出ている。これは、内縁関係を維持する上で、当時の夫婦間では「入籍」問題がいかに重要視されていたかを物語るものであろう。

したがって、法制度の桎梏からなされる「やむを得ない内縁」というよりも、むしろ「夫側の都合による身勝手な内縁」である。同様に大審院判決[53]でも、妻の帰還を求める夫が入籍手続を約束したうえで、不履行について違約金の支払いを合意している。大審院がこれを暗黙のうちに有効としたものであるならば、まさしく、「届出義務」を認めたことと同義であろう。大審院[49]判決では、一方的に破棄した夫側が「婚姻届出を出さないことは妻も了解ずみである」との反論をしているが、このような主張は排斥され、婚姻予約の不履行があるとされている。ここでも、内縁夫婦間では、婚姻届出をしないこと自体が非難されていると考えて大過ない。

なお、婚姻予約が成立したにもかかわらず、「結婚式」の挙行を理由もなく拒絶する例もあるが、このケースでは、差し当たっては、当時の婚姻習俗のもとでは「挙式」自体を誠実に履行することが、「婚姻予約上の義務」となる（[7]判決）。

6　その他の問題

(1)　正当理由

「正当理由」については、「家風に合わない」という事情だけで内縁が破棄されているケースが目に付くが（[27]・[28]判決のほか、大審院判決[48]・[49]も参照のこと。）、これと実質的には同様に、夫婦当事者では円満な共同生活が営まれていたにもかかわらず、両親等の親族が夫婦仲を裂いているケースもみられた。双方ともにこれといった有責性が認められない場合では、結局のところ、賠償責任がないとされざるを得ないであろう（[41]判決）。当事者間では、「性に合わない」という事情も、「媒酌結婚」であるがゆえに、自己開示が不全のままに終わったことによることが要因と思われるが、結局のところ、それは届出婚制度の意義を熟知したうえでの「身勝手な内縁破棄」でしかない。この種の事例では、問題のある裁判例も散見されたが（たとえば、大審院[22]判決を参照）、裁判所は概ね妥当な判断をしてきたように思われる。

「正当理由」の証明責任については、これを論点とした判決例はみられないようである。民事連合部の「婚姻予約有効判決」が「違約」構成を採っていたが、このことから、直ちに挙証責任を論理演繹し得ないとしても、一般に裁判例では、婚姻予約の成立事情と破棄の事実の主張・証明責任は原告が負担しているのに対し、被告側が不履行につき正当理由があると反論・抗弁しているので、被告に証明責任があることは明らかなように思われる(115)。ことに、大審院「婚約有効判決」（第四章[11]判決参照）の差戻審では、女性側が婚約不履行の違法性を認めたことから、男性の請求がそのまま認容されているので、このことから判断しても、判例は、正当理由の挙証責任を被告側に負担させてきたと考えて大過なかろう。

(2)　重婚的内縁・婚約

すでに、「重婚的内縁・婚約事例」が登場している。「妻と別れて結婚する」とは、古今東西、関係を結ぶ際の決まり文句でもあるが、判例では、この男女関係は公序良俗違反になるので、たとい一方的な破棄があっても他方は保護を享受しない（大審院63・64判決）。下級審裁判例では、相手方の善意・悪意を問わないした例があるが（65・66判決）、大審院判例では、相手方が悪意のケースが問題となっている（63判決）。学説でも、善意者との関係および第三者（内縁私生子）との関係では有効であるとする有力な見解があった。[116]

なお、判例によれば、重婚的な男女関係は私通となるが、その私通関係継続中に男性が離婚したケースがある。この場合には、離婚によって当然に保護される内縁となるのかにつき、消極判断を示した例がある（64の差戻審判決）。今日では、正当婚姻が形骸化すれば、不倫関係も重婚的内縁として保護されると解されているが、この当時では、いまだそのような見解には達していないこととなろう。一方、正当婚姻の離婚届出が形式不備で遷延していただけであるならば、内縁として保護されるとした例がある（68判決）。

ところで、この種の男女類型と似て非なる関係に「妾関係」があり、この場合にも、通常、二重の男女関係が形成されているので、重婚的婚約・内縁関係と酷似した側面もなくはないが、もともと「婚姻意思が欠落している」ので、理論的には上記の場合とは明確に区別されるべきであるところ、実際上は不分明なケースも見られる。かかる男女関係も、いうまでもなく公序良俗に反すると解されているが、この種の事例では、婚姻関係にある妻が夫に対して名誉侵害（不法行為）による慰藉料請求を認容した事例がある。[117]重婚的内縁・婚約の当事者間でも、かかる不法行為責任を認めることが可能であろう。ただ、実際上は、婚姻予約の不当破棄による損害賠償として処理されることとなろう。

(3)　慰藉料額

「慰藉料額」については、女性が請求する場合には、平均的な基準としては五〇〇円前後が多いが、ここで紹介した裁判例では、たとえば、一千円（29判決）、一五〇〇円（75判決）、二千円（27判決）、三千円（32・77判決）のほかに、一万円（[73]・[74]判決）を認容した事例もあった。これに対して、男性側からの請求では、たとえば、一〇〇円（[81]判決）ないし一五〇円（[79]判決）とか、二〇〇円（[80]判決）とかの額に限定される傾向が見られる。もっとも、婿養子縁組も絡んでいる[6]判決は、男性に慰藉料八〇〇円と逸失利益一千円の損害賠償を認容している。

(104) 大判大正一一・六・三民集一巻二八〇頁は、内縁の夫に対し強制執行手続を執った一般債権者と日用品を供給した債権者との紛争例で、後者が民法三一〇条にいう「先取特権」を有するとした。その前提として、「未夕婚姻ノ届出ヲ為サルモ相當ノ儀式ヲ挙ケ夫婦ノ事実存スル場合ニ於テハ其ノ一方ハ自己ノ負担ニ於テ他ノ一方ヲ扶養スヘキ筋合ナル」ことから、内縁の妻はその家の債務者の扶養すべき者に含まれる、と判示した。ちなみに、本件の原判決は、「正式の婚嫁」があった事実を強調している。なお、一般に学説は準婚的効力を認めたものと評価している。その直後、大正一二年の工場法一五一条や鉱業法八〇条が「其の収入ニ依リ生活ヲ維持シタル者」として、内縁の妻を保護したことは周知の事実である。

(105) ちなみに、田村・前掲注（38）七〇頁は、判例によれば、「婚約」については、婚姻の自由を尊重しているので、その成立の認定を厳格にして、法的保護に値するほど明確なものに限って成立を肯定する傾向がある、と評価する。そのような裁判例もあるが、一般的にそうだとはいえないであろう。のみならず、「婚姻の自由」を尊重するというのみでは、ここでの問題の解決に資する点はほとんどないように思われる。

(106) 横田・前掲注（5）四〜五頁。なお、横田によれば、結婚式を必要とする説もあるが、これは予約の成立要件ではなく、予約の履行方法であるので、このような説は相当ではないとしていることにも（同五頁）、注目すべきであろう。明確に婚約と内縁とを区別し、婚姻予約が「事実上の夫婦関係」を将来において予定している（予約論によってカバーされている）ものとする私見の立場にかなり近い考え方を示していたようにも思われる。

(107) 横田・前掲注（5）六頁。

(108) 穂積重遠『親族法大意（改訂版）』（岩波書店、一九二六年・大正一五年）五七〜八頁、同『親族法』（岩波書店、一九三三年・昭和八年）二三九頁（結納に関する裁判例を引用している）を参照のこと。

(109) 岩田・前掲注（8）一四八頁は、昭和期の裁判例につき、これを単なる諾成契約と解することは裁判例の実質的意義に適しないとし、「婚姻予約が要式行為であることは略ぼ疑いがないやうである」と評価していた。ちなみに、佐藤良雄『婚姻予約の研究』（千倉書房、一九六九年）一六八頁も、「婚姻予約の指標」につき、「戦前においては通過儀礼に集中していた」とするとともに、戦後では、性的生活関係、当事者の合意など拡散しているという。たしかに、計量的にみれば、そのようになるのかもしれないが、問題は、戦前における通過儀礼を予約成立論との関連でどのように「評価」するかであり、また、戦前でも、すでに「秘密裡の性的関係」が継続している男女関係につき、裁判所が悩まされていたわけであるので、裁判例が婚姻予約の成否の判断において、どのような考慮事情を斟酌していたか、および何故にそのような事情が重視されてきたかにつき、「通過儀礼がなされたケース」との関連で分析することが肝要である。

(110) 唄・前掲注（11）七頁以下、二二四頁などを参照のこと。かかる曖昧な捉え方は、法的概念の擬制という予断をもって、「婚姻予約」概念なるものを捉えているが、それは何よりも婚約制度の歴史的認識の欠如に起因するものと思われる。

(111) 佐藤＝関・前掲注（16）「判例家族法の再検討（五）」二九二頁。なお、「佐藤・関」は、本判決が婚約とも婚姻予約とも述べているので、本件の男女関係は一義的ではないとしている（同二八八頁）。しかし、判決理由の頭書では「婚姻予約不履行」につき述べて、その後は上告理由に応接する傍ら、「婚約の解除」と繰り返して述べているので、むしろ、「婚約としての婚姻予約」につき判示しているものであることから、大審院判決としては、極めて自然であり、内縁事例ではなく、婚約事例と判断したものと考えるべきである。むしろ重要なのは、書証や当事者の主張では「離婚」とか「離別」とかの用語が使用されているにもかかわらず、これを承けた上で、婚約概念を使用していることであろう（同二九〇～九一頁を参照のこと）。

(112) 未公表判決であるが、大判大正一四・一一・一一同年（オ）第八六二号仮処分事件（佐藤『婚姻予約・認知』二一一～一二頁）も、「内縁ノ夫婦トシテ同居セリ」というフレーズを使用している。ちなみに、「沼正也」によれば、民法典施行前に大審院判決で「内縁」という用語が登場した事例としては、大判明治二六・一一・二四同年四二七号「内縁取消請求事件」であるという。沼正也『財産法の原理と家族法の原理（改訂版）』（三和書房、一九六三年）五〇九～一〇頁を参照のこと。

(113) 加藤一郎「本件判批」(内縁の妻と通じた者の賠償責任) 家族法判例百選（新版）別冊ジュリ四〇号（一九七三年）二五頁。

(114)「中川善之助」は、内縁につき婚姻予約概念を使用することには厳しく批判するが、本書が本文で引用した[60]判決の文言に従うと、婚約の場合には、『婚約を実行せよ』との訴えも、『婚約に従って婚姻届出をせよ』との訴えも許され、ただ、強制し得ないこととなる、とする。中川の戦後の著作であるが、同『新訂親族法』（青林書院新社、一九六七年）一五四頁を参照のこと。届出義務を認めることに好意的な立場自体は、評価しえなくもないが、ドイツ法流の演繹的な概念思考が強い。「身分行為の特殊性」からいっても、そのような訴えを認めることには問題が多い。婚約や内縁が破綻した男女間では、無用有害な判決となり、現に、下級審裁判例は請求自体を棄却している。

(115) 唄・前掲注（11）二一〇頁も、大審院「婚約有効判決」には言及していないが、従来の多くの判決での判決理由に現れる裁判過程から、被告に立証責任があるものと解されているようである、としている。ただし、唄は、先述のように、裁判官の裁量の余地か少なくないとしているので、立証責任の問題自体は、それほどの重要性をもたないと考えているようである。

(116) 中川・前掲注（8）『日本親族法』二七九頁、谷口・前掲注（8）『日本親族法』二二六～二二七頁、永田・前掲注（8）四五～六頁を参照。太田・前掲注（37）『内縁の研究』一一五頁は、我妻の相対的効果説（『親族法』一九七～二〇〇頁）に示唆を受けて、内縁の保護を個別具体的に検討するという基本的立場から、重婚的内縁の不当破棄については、悪意の当事者は保護に値しないとするが、日常家事取引の連帯責任では、重婚的・近親婚的内縁にも適用されるとしている。

(117) 大阪控判昭和二・七・一四新聞二七二四号六頁は、妻帯の男性が正妻の不在中に下女と私通関係を繰り返し、その間に私生子二名を儲けたところ、このことは、正妻の名誉を毀損すること大であり、妻は夫により「重大なる侮辱をうけたるもの」として、その慰藉料請求を認容。大阪地判昭和三・七・二五新聞二八八九号一四頁も、「而シテ夫婦ハ相互ニ誠実ヲ基調トスル共同生活ノ平和ト幸福ニ協力スヘキモノニシテ、婚姻ノ存続中夫カ妻以外ノモノヲ所謂妾ト為シ、之ト私通関係ヲ継続シテ、妻を顧ミサルカ如キハ、啻ニ善良ノ風俗ニ背クノミナラス、妻ノ名誉ヲ害シ、之ヲ侮辱スルコト甚シキモノト謂ハサルヘカラス」として、不法行為による賠償請求を認容した。岩田・前掲注（8）八三頁によれば、大阪控判での私通関係は七年間も継続し、正妻は実家にばかり帰ってしまっているので、もはや事実上は妻ではなかったと見られなくもないが、ただ、あくまでも法律上の妻として認められているので、正妻を保護するのは当然であるが、離婚した場合には、他女との事実上の同棲はもはや不倫とはいえない、とする。もっとも、そのような場合でも、もともと妾関係では、たとい夫婦同然の関係であっても、「婚姻意思」がないことが前提となっているので、たしかにもはや不倫とはいえないが、果たして保護に値する男女関係に昇格するのかは、慎重なる判断が求められよう。この種の男女関係は、いうまでもなく、ここにいう婚姻予約関係ではないが、社会的事実としては曖昧な男女関係もあり、内縁に酷似するものもあるので、決して単純ではない。

六　小　括

第六章　「誠心誠意判決」とその後の推移

Ⅰ　「誠心誠意判決」の登場

一　婚約事例と合意の「誠心誠意」性

民事連合部「婚姻予約有効判決」によれば、「将来婚姻を為すべきことを目的とする契約」が婚姻予約であるが、はたしていかなる場合にかかる予約（合意）の成立が認められるのか。すでに、下級審裁判例でも、また学説においても、秘密裡の男女関係は、基本的には私通・婚姻外関係と解されていた。しかし、他方で婚姻予約には、儀式は不要とされていたので、単なる合意のほかに何か必要とされるものがあるのかという問題につき、大審院の見解が期待されていたように思われる。これに応えて、将来婚姻する旨の予約につき誠心誠意性がみとめられれば、婚約として保護される可能性がある旨を明らかにした大審院判決が登場した。それがつぎの非公式[1]判決である。ところが、この判決の直後に、類似した事案であるにもかかわらず、私通とされて、その保護を否定した判決例[2]がある。両判決の権衡が問題視されているので、本書も、差しあたり、この二つの判決を検討して、双方の論理構造を分析してみよう。はたして、学説が指摘するような判例婚姻予約論の曖昧さによるものであろうか。

加えて、かかる双方の判例の登場によって、これ以降に、ことに下級審裁判例では、いっそう婚姻予約と私通関係との区別が難題となる。双方の事案からみて、必ずしも截然と区別できないからである。たしかに、婚姻予約の成否は価値判断であるので、当然のことながら、事案に応じて、その可否が分かれるのは避けられないことである。儀式不要として合意に依拠した限りは、性的関係のもとで夫婦の約束をした男女関係につき、いずれかに決断しなければならないことはいうまでもないが、問題は、何を根拠として、そうした結論を導いたのかであり、この点が曖昧である。そこに「ことばの操作」があるとすれば、慎重な判決例の分析が求められるであろう。取り敢えず、可能なかぎり、その考慮事情をフォローすることにつとめたいと考えている。

1　「誠心誠意判決」の論理構造

(1)　事件の概要

つぎの「誠心誠意判決」は、従来、通説的婚約学説によって婚約の「リーディングケース」とされ、本書も、これまで折に触れて何度も本判決に言及してきたが、ここで、「唄孝一・佐藤良雄」らの収集した事実審判決例等の裁判資料も参考としながら、(1) やや詳しく本書の視点から分析・検討してみよう。

[1]　大判昭和六・二・二〇（第五民事部）新聞三二四〇号四頁（婚約）

〔事実〕　X女とY男との間で大正七年一二月二七、八日ころに夫婦約束が成立した。この当時に情交関係があったようであるが、Yは当時一五歳八ヵ月、Xは五歳（ないし六歳）年上であり、両者は従姉弟の関係にあった。その後も関係を継続し、大正九年一一月二五日にXが一子を出産した。出産にあたり、その子がYの子であるかにつき、双方の親族間に紛争が生じ、結局は子を里子に出すこととなり、一応は話がついたようであるが、その後、一〇年ほど経過してXは、三〇歳まで婚姻をまったところ、結局のところ、Yが他女と事実上の婚姻をしたため、予約の「履行不能」を理由として、損害賠償を請求した。一審（高知地判昭和三・四・一〇）では、予約の成立と他女との事実上の婚姻による「履行不能」が認められて、X勝訴（慰藉料五〇〇円）。原審（大阪控判昭和五・七・三一）も、大正七年一一月一二日の情交関係やY

がXに宛てた書簡などに基づいて、大正七年一二月二七、八日ころに婚姻予約があった事実を認めた。Yは、婚姻適齢に達していないので取り消す旨を主張したが、将来適法なる夫婦関係を生ぜしめる契約なので、婚姻適齢に満たない者が締結したとしても、当然には無効とならないとしたうえで、Yが成年に達した時（大正一二年四月一六日）から既に五年が経過していることを理由として、取消権は消滅した、とした。Yは、さらに、婚姻の意思表示をしていないし、かりに意思を表示したとしても真意でないことを知りうる可能性があったなどと反論したが、そのような事実は認められないとした。かえって、「XはYの婚姻予約の履行を期待し他に嫁し付くことなく三〇才を過ぐる今日迄独身生活を続けつつあること」に徴すれば、Yの抗弁は採用できない。しかして、Yは、五年前に他より嫁を迎え子を儲けているので、予約は「履行不能」となった、とした。慰藉料額については、上記の予約不履行に至るまでの認定事実を指摘したうえ、当事者双方の社会的地位、教育程度、資産状態および家庭状況などを抽象的に指摘して、一審認容額の五〇〇円を三〇〇円に変更した。

これに対して、Yは、つぎのような理由で上告した。XYの婚姻予約は、当時Yは婚姻適齢になかったので、Yが一七歳になるまでに婚姻することを目的とした予約なのか、それとも将来婚姻適齢に達したときに婚姻することを目的とした予約なのかどうかにつき、原判決が確定していないのは、違法である。また、当時Yは小学校六年生であって、肉欲旺盛なるX（二〇歳）に挑発されて関係をもったものであり、婚約が成立するためには慣習により必要とされている結納などの儀式がなされていないので、私通野合の関係にすぎない。仮にこれを婚約とするならば「世間普通の男女間の遊戯的享楽の大部分は婚姻予約と見ざるべからざる不当の結果」となる、などと争った。

〔判旨〕（上告棄却）原審は将来婚姻適齢に達した後に婚姻することを約したものであると判示したことは明瞭であるとしたうえで、さらに婚姻予約の成立要件については、つぎのように説示して、上告理由に応接した。

「所謂婚姻ノ予約ナルモノハ結納ノ取交セ其ノ他慣習上ノ儀式ヲ挙ケ因テ以テ男女間ニ将来婚姻ヲ為サンコトヲ約シタル場合ニ限定セラルヘキモノニ非スシテ男女カ誠心誠意ヲ以テ将来ニ夫婦タルヘキ予期ノ下ニ此ノ契約ヲ為シ全然此ノ契約ナキ自由ナル男女ト一種ノ身分上ノ差異ヲ生スルニ至リタルトキハ尚婚姻ノ予約アリト為スニ妨ケナキモノトス」。

原判決の証拠を総合すれば、かかる事実が認められないことはない。

(2)　本判決の論理構造

(ア)　婚約成否の論拠　本判決が、XYの関係につき、婚姻予約の成立を認めて、私通とは判断しなかった具体的な事実関係については、原判決の認定事実を前提としているので、必ずしも明確ではない。原判決でも、この点は明確ではないが、その全体の説示から判断すると、当事者間の情交関係、その間に妊娠・出産したこと、Yが上京後もXに書き送った書状、Xが三〇歳になるまでYとの婚姻を熱望していたこと、であろうか。いうまでもなく、情交関係当時に婚姻予約の成立を認めているので、その他の事情は、その認定された成立当時の事情ではないが、当事者間の結婚約束の成否ないし真実性を認定するためには、当然のことながら、婚約破棄に至るまでの諸事情を総合判断して評価するしかないので、そうした事情を考慮事情としても、非難には当たらないが（要件事実論と証明手法とは区別しなければならない。）、それにしても、原審での事実評価には、たしかにやや曖昧なところが残されている。

仮にXが出産当時に当事者間の関係が破綻し、直ちに提訴していたとするならば、破棄責任が認められていたかどうかは極めて疑わしい。原判決の実質的な価値判断としては、「XハYノ婚姻予約ノ履行ヲ期待シ他ニ嫁シ付クコトナク三十歳ヲ過クル今日迄独身生活ヲ続ケツツ」、長期間にわたりYとの結婚を待ち続けていたことにあったものと思われる。実際、原審は、慰藉料認定の説示の中でも、「Xハ婚期ヲ過クル今日迄Yノ予約履行ヲ熱望シ独身生活ヲ続ケツツアリタル事実」を再確認している。このような事実、換言すれば婚約の誉れ・声誉こそが、婚姻予約論による女性保護の眼目であることは、「民事連合部判決」でも、あるいは婚姻法制の歴史でも明らかにされているからである。破棄された女性にとって、ことに当時では、再出発は決して容易ではなかったであろう。現に、そうした被害女性を目の当たりにして、一切の救済を否定することは、「民事連合部判決」のいうように、まさしく「正義公平」に悖ることとなったであろう。また、女性の信頼を裏切った行為態様は信義にも著しく反する。まさしく女性の青春を奪い取ったに等しいからである。

ところで、本件では、婚姻適齢との関連でも争われている。たしかに、Yが情交関係をもち、婚姻予約の成立した時は、当時の尋常小学校六年生であったようであるので、はたして婚姻に対する認識があったか疑問が提起されるのも、理解できる。ただ、当時Yは一五歳を過ぎていたので、この年齢になれば、単独で意思表示ができるとする先例があった。そこで、原判決は、両親の同意がない意思表示と構成し、「取消し」の問題としたうえで、その期間が経過したので、意思表示が確定するという総則の規定を援用している。以上のような同意要件と取消構成の論理は、あきらかに「横田秀雄」論文の影響であろう。そこで、本裁判と関連する範囲で、下記では節を改めて横田論文を簡単に紹介しなければならないであろう。

(イ)「履行不能」論　一審も原審も、Yが他女と事実上の婚姻をしたことを理由として、Xとの婚姻予約が履行不能になった、と判断した。ここにいう履行不能とは何か、必ずしも明瞭ではないが、原審では、予約は「将来適法ナル夫婦関係ヲ生セシムルコトヲ目的トスル契約」としているので、ここにいう「適法な婚姻」の成立とは、単なる同棲ではなく婚姻届出を指し、それが期待できなくなったことを意味しよう。他女との関係は、単なる情交関係ではなく、原判決がいうように、Yが五年も前から妻を迎え入れ子も儲けている事実が重要である。したがって、実質的には正当な理由なくして一方的に破棄したことにほかならない。本件は内縁ケースではなく、したがってYの同居拒絶という事実が問題とはならないので、本件のような「二重の婚姻予約関係」ケースでは、一方の不当破棄ひいては「履行不能」とは、結局のところ、婚姻予約に基づく「届出義務」違反となることが明らかにされている、といえよう。(2)

2　「横田秀雄」論文の影響

本判決や原判決には、「横田秀雄」論文の影響が強いように思われる。原判決との関連でいえば、横田は、総則規定の適用を広く認めており、両親の同意のない婚姻予約については、「取消し」が可能であるとしていた。また、本判決の「誠心誠意」基準との関連では、婚姻予約の成立要件につき、つぎのように論じていた。婚姻成立（届出）に至るまでの普通の経緯を重視して、当事者双方で、または媒酌人を介して結婚の同意がなされると、「結納」を交換して挙式のうえ同棲するというプロセスをとるが、一方が届出をしないことから、「違約」の問題が生ずるところ、予約が何時成立するかについては、結納前は一応は婚姻の同意があるとしても、熟慮再考の余地を残し婚約を拒む自由を留保したものと推測できるので、「結納の授受」によって当事者の婚姻意思が「確定する」と解するのが社会観念に適する。もっとも、これは普通の場合であって、結納の授受がなくとも、「婚姻ヲ為サントスル眞意カ確定シタル以上ハ」、婚約の成立をみとめることに何等支障がない。結婚式を挙げたり、同棲したりすることは、婚約の要件ではないが、それを推定すべき重要な証拠となり、その他の場合には、個別事情により判断するしかない[3]、と。

右の「横田」説によれば、婚約・婚姻予約の成立が曖昧なことが多いという事情が明確に認識されている。そこで、「結納という儀式」が重視されるが、これは当事者の婚姻意思の眞意ないし確定的意思を確認するための方途であり、その要件事実そのものではないが、結納という儀式を重視した趣旨は、婚姻予約が財産契約ではなく身分契約であり、身分に重大なる変更をもたらすことによるものと思われる。したがって、通過儀礼のない場合には、将来夫婦となる意思の認定は慎重になされるべきであることから、青年少女が「両親ニ秘シテ将来夫婦タラントノ誓約」をしても婚姻予約は成立しない、と解していた。そのためには、「正式の結婚の申込み」と「正式の同意」が必要であるとする[4]。このような慎重な姿勢は、本判決に強い影響を与えているものとみるべきであり、「誠心誠意」とは、結納等の「慣習上の儀式」がなくとも、それによって担保されるほどの「夫婦となろうとする眞意」が必要であるという趣旨に解すべきであって、「誠心誠意」でありさえすれば、儀式は不要である、というような一般化は厳に差し控えるべきであろう。通過儀礼による男女関係と比肩するほどの確実な合意による関係の形成の必要性を説いているものと思われる。しかし、事実主義に傾斜しすぎた中川理論は、ここでも、そうした不用意な一般化に拍車をかけたのではなかろうか。

ところで、本判決は、誠心誠意による合意をなし、「一種の身分上の差異を生ずるに至りたるときは」という条件を付している。これは、合意のほかに、かかる要件が加味されているのか、それとも婚姻の予約をなしたる結果を述べているに過ぎないのか、必ずしも明らかではない。しかし、横田は、婚姻予約を「身分上の行為」としていたので、そのことを意識した判決と考えて大過なかろう。

しかしいずれにせよ、この判決は、当面の事件の解決のために儀式は不要であり真意があれば足りるとしたにすぎず、一般論を述べたものではない。横田論文の真意を全部述べたものではなかったことは、明らかであるが、これ以降、婚約についても、儀式のもつ意義がいっそう稀釈化されたことは否定し得ないところである。

3 当時の学説の評価

(1) 中川善之助の論評

本判決に対して当時の中川善之助は、つぎのように論評している。(5) 従来の婚姻予約判決では男女間に必ず挙式・同棲が伴っていたところ、本判決が単なる夫婦約束としての「婚約」を取り扱ったものであるとして、その重要性を指摘する。つまり、本件は判例にいう「婚姻予約」のなかに単なる婚約もふくまれることを明らかにしている、とする。今日の学説レベルからいえば、この点の認識自体はあきらかに誤謬であることは、すでに検討した。(6)

ところで、中川によれば、内縁は「断じて婚姻の予約関係でもなく、また試験婚関係でもない」。内縁は夫婦関係であるので、その不当破棄は離婚賠償と同一の精神に基づく責任として処理されるべきであるので、両者の責任根拠は異なることから、内縁離婚を婚姻予約論で処理するのは、理論的に誤りである、(7) とする。

中川論文は「穂積重遠」の単純婚約・内縁区別論を承けていることは明らかであるが、「唄孝一」が指摘するように、この中川説によって、いっそうはっきりと両者の区別が学説に定着したといえよう。(8) 加えて、婚姻予約・婚約は、婚姻適齢にはない未成年者でも単独でなしうることが再度確認されている。すでに婚姻予約・内縁ケースでは（五章[1]判決）、判例によって、婚姻適齢の適用がないとされていたので、婚姻予約論からいえば、特に新判例ともいえないが、婚約との関連では、無視し得ないからである。むろん、同[1]判決でも明らかにされていたように、婚姻についての判断能力ないし意思能力が前提とされていることはいうまでもなく、一五歳程度にでもなれば、そのような能力があると解されている。もっとも、本件の原判決は、前述のように、法定代理人の同意のない意思表示は「取消し」可能であるが、すでに取消しの制限期間を経過しているという論法をとり、「総則規定」を適用しているが、これは、「横田論文」の影響であろう。

(2)　その他の学説

「谷口知平」は、この当時では、本判決の誠心誠意の立場を支持して、婚姻予約が成立するためには、儀式は必ずしも必要ではないとしたうえで、「誠心誠意将来夫婦たるべきことを約束すれば成立する」としていた。ところが、「果たして誠心誠意であったか、眞意を以てする真面目な自由な意思決定に基づいてなされたものであったか、男女相互の諧謔的遊戯的気分で取交わした痴言乃至は恋愛によって狂った瑕疵ある意思に基いたものではなかったかの認定はまことに困難である」ので、「どうしても或程度までの公然性或は客観性がなければならぬものと考える」と付言していた(9)。

「近藤英吉」も、本判決を引用しながら、「少なくとも、慎重なる考慮の結果斯くの如き合意がなされない限り、婚姻予約としてその効力を認むべからずものと信ずる」としていた(10)。

4　いわゆる「非婚論」について

「谷口知平」によれば、本判決の事案からみて、戦前の上記論述ではＸＹの情交関係は「婚外の男女関係」ではなかったかというニュアンスもなくはないが、戦後の論文では、婚約無効論を説きながら、「情交関係に入った、いわば誘惑（seduction）の事件であ（る）」と明言するようになった(11)。つまり、本書のいう「詐欺誘惑の論理」が適用される事案であると断定している。

「唄孝一」も、谷口の立場を援用しながら、本件では、純粋婚約ではなく、単なる「非婚」ないし情交関係が婚姻予約の名もとに保護されたと解したうえで、中川説を批判して、通説が認める先例的価値（婚約の無方式性）に疑問を呈している。[12]たしかに、Xは出生子を里子に出して養育もしないまま一〇年間も婚姻の履行があると信じて待っていた、というのは、Yが主張するように、そのまま信ずるわけには行かない面がなくはないからである。そのかぎりでは、唄のいうところにも一理ある。若い男女にありがちな一時的情熱に浮かされた情交関係という面も否定し得ないし、果たして出生子がYの真の子であるのかも、疑念がないわけではない（一審で認定されているのみ。）。しかし、それにもかかわらず、裁判所が婚約の成立を認めたのは、子どもの問題を当事者双方と親族間で一応は処理したことが男女関係の存在とXがYの子を妊娠した事実を推測させることに加えて、二〇歳代の一〇年間というかけがえのない期間を無為に徒過させたという事情が重要な意味を有していたのではないか。上記のように、原判決が、一〇年間他に嫁ぐことなく婚姻を期待して待っていたことを特に重視した所以でもある。出産するまでもかなり継続的な情交関係があったことは明らかであり、かかる事実も加味すれば、私通関係と断定することも容易ではない。本判旨が「身分上ノ差異」なるものを付言せざるを得なかったわけである。

ことに、Yは、一方では婚姻予約の成立を否定しているが、他方では、予約の成立を前提とした上で、婚姻適齢や儀式の必要性などを根拠に反論しているところ、いずれも先例があるので、反論としては不適切であったのみならず、仮定抗弁レベルではあるとしても、かえってYの主張は予約自体の成立を前提としていたところもなくはなかった。ことに原判決は、Yが婚姻予約の「取消し」を主張したのに対して、すでに時効期間が経過しているとして、その主張を排斥したことにも注目する必要があろう。

要するに、私通・非婚とは評価しなかったという事実が重要なのであり、したがって、ここでは「書かれた判決理由」に従っておくことこそが無難なのである。唄孝一は、「書かれていない理由」から、非婚説に従うのが「無難」とするが、[13]そのような根拠は判旨のどこからも窺知しえない。自らの持論である男女類型論の予断をもって、とくに

「身分の関係」という判旨の説示を封殺しているが、このような解釈論は到底支持できるものではない。むしろ、本件では同棲がないという事実は確定しているので、内縁ではないということは間違いのない事実であり、それに加えて、本判旨のいう「結納等の慣習上の儀式」に係る説示を素直に読めば、「婚約」を指していることは明らかであろう。大審院[11]判決（第四章）の典型的な婚約事例と比較していえば、同判決が結納の儀式がなされたことの事実認定をした上で、婚姻豫約の破棄責任を認めていたことをここで再度想起しなければならない。誠心誠意の合意が非婚関係を前提としているなどという推論こそ、暴論といわれても止むを得ないであろう。事実関係の評価でも、本書が指摘した「時の経過」などの事情が認識されていないし、「身分の関係」の評価も不十分である。まずは判例の論理にたって、そこから「内観」することこそが先決であろう。

ただし、本件では、XY間の当初の情交関係は両親にも知らされていなかったので、かかる秘密裡の男女関係では、その婚姻意思の認定が相当程度の困難を裁判官にしいるものである、という事情を特に銘記しておかねばならないであろう。本判決が、単なる婚姻の約束のみにとどまらず、その合意の「誠心誠意」性と「身分の関係」を強調する必要性があったのは、「私通」との区別を明確にするためであったものと思われる。秘密裡の情交関係は往々にして私通と認定されてきた経緯があり、本件のYが私通であることを殊更に強調した所以でもある。

他方で、この当時では、すでに不法行為の要件が緩和されて、「法律上保護に値する利益」であれば、救済されるようになっていたが（大判大正一四・一一・二八民集四巻六七〇頁）、判例法上は、婚姻予約の破棄に対する不法行為的救済は法的には言うまでもなく事実上も封殺されていた。この種の男女関係において男性側の「詐欺的言動等の悪質な行為態様」（「詐欺誘惑の論理」）を立証することは極めて困難であるからである。ことに本件では、Y男が未成年者であるので、成年の女性であるXが騙されて情交関係をむすんだという「谷口知平」の仮説は、そもそも成り立ち難いであろう。しかも、「詐欺誘惑の論理」は情交関係をもった当時に婚姻意思がなかったとの証明が必要であるが、一〇年間も婚姻を待ち続けた女性が、いまさら騙されたなどという主張は、社会観念上も、無理と言わざるえないのではないか。

むしろ、秘密裡の男女関係なるものは、「単なる双方合意の上での性的関係」ないし性的享楽を旨とする関係に過ぎないと評価される傾向があったので、その間隙を埋めるために、本判旨は、「誠心誠意」規準によって女性を救済したものと思われる。また、「身分の関係」については、Xが妊娠することを通して、XYの関係が親族にも周知の事実となり、いったんは親族合意のうえで新生児の措置がなされるとともに、時の経過も加味されることによって、その限りで「社会的な承認」があったと評価したものではなかろうか。

ともあれ、以上のように解することができるとすれば、判例は、いつの間にか、婚姻予約当事者の身分法的な法的地位ひいては婚約当事者としての生活利益の保護に一歩踏み出していたものと評価することができるであろう。(14)

5　儀式不要と「誠心誠意」規準の意義

本件では、Yが事実としても婚姻の約束をしたのかどうかは不分明であるが、Yは、たとい婚姻約束があったとしても、それは「肉欲遊戯の一時的放言」であり、「真意」ではなかった（ないしX女は真意でないことを知り得た）と反論している。また、Yは、原判決は私通・野合と婚姻予約とを混同している、とも批判するが、大審院の「誠心誠意」準則は、儀式不要を指摘したこともさることながら、むしろ上告理由にいう私通野合との区別に応接した面が強いように思われる。婚姻予約の要件として儀式が不要であることは、すでに公式先例があり、それは内縁事例ではあったが、婚姻予約には婚約も含むことはすでに明らかになっており、本判決で初めて婚約事例が婚姻予約論に含まれることが明らかになったものではないので、儀式不要の説示は、先例を再確認したものというべきであろう。このように解して初めて公式判例とされなかったことの理由も納得できるのではないか。

したがって、原則として「慣習上の儀式」が不要であることを積極的に肯認した判決例というものでないように思われる。先の内縁事例（大判大正八・六・一一民録二五輯一〇一〇頁）も、単なる同棲だけで内縁の成立を認めたわけではなく、当事者間に夫婦約束の合意があり、それを前提とした「夫婦としての振るまい」があり、ひいては「社会的な承認」があったと考えてよい事例である。

そうとすれば、「誠心誠意」準則のもとでも、少なくとも、秘密裡の情交関係では何らかの夫婦約束（事実としての合意）を「推知」させるような事情が必要とされよう。本件原審でも、情交関係があった後にYがXに当てた書簡が重視されている。内容は不分明であるが、おそらく将来を誓いあったものであろう。無論、それは単なる裸の事実・合意に過ぎないが、これを前提として、その後の継続的な情交関係や妊娠・出産の事実、および親族が子どもの問題を含めて協議したことなどを総合考慮したうえで、婚姻予約の成否が評価されているように思われる。

むろん、当事者が結婚の約束をしたとしても、婚姻は人生の重大事であり、軽々に放言したにすぎないような場合もあるのは、経験則からも容易に窺知しうるし、諸外国での婚姻予約論もそのような事情については、すでに明らかにしているところである。

そこで、当事者間の約束の真意が問われるのであって、その真意は客観的な諸事情によって判断するしかない。本判決は、Xが真意ではなかったと反論したのに対して、真意であったとした原判決の判断を支持したに過ぎないので、積極的かつ具体的な判断指標なり、考慮事情なりを明らかにしたものではない。もっとも、だからといって、「誠心誠意」なるものを合意の単なる「修飾語」と称したり、「その内容の乏しさによって、数々の具体的な指標の自由な跳梁を許してきた」と揶揄したりするのは(15)、いかがなものか。その「誠心誠意」性に生命を与えるよう解釈することこそが、解釈論者の責務であろう。

この点では、実務家の「叶和夫」の見解が注目に値する。叶は、両者の要件が必要であるとした上で、本判決のいう誠心誠意とは、合意の確実性・確定性を指し、「一種の身分上の差異」とは合意の公然性ないし公示性をいうものと解して、婚約の成立要件として、確実性のほかに、公然性・公示性も必要であるとしている(16)。婚約破棄の保護は、「婚約状態が夫婦関係へ進化する相当程度の可能性を有する至った状態であること」が必要であり、その具体的指標が確実性と公然性であるとしている。

このような解釈手法それ自体は基本的には支持できる。たしかに、「一種の身分上の差異」とは、叶のいうようにも解釈できなくはないが、ただ、単なる公然性とするならば、戦後の最高裁判決との調整が困難となろう。そもそも公然性ということ自体も、学理上はともかくも、裁判規範としては、極めて不透明である。

（1）一審、原審および大審院の判決は、唄孝一・佐藤良雄「判例における婚姻予約（一四）―未発表資料を求めて」（佐藤良雄執筆）都法八巻一号（一九六八年）二三三頁に収録されている。本書もこれとそのコメントを参照した。

（2）石川稔・「婚姻予約の破棄誘致責任（二・完）」民商四九巻五号（一九六四年）六七四～五頁は、本件のように予約当事者が第三者と結婚したという事実以外に破棄と構成できるものがない事案では、「履行不能」と構成するしかなかったことから、同居拒絶のような事実がある事案（ここでは「破棄」と構成しうる。）とは、区別すべきことをとくに強調している。かかる指摘自体は重要であるが、そのうえで、ここにいう「履行不能」の内実を正確に見極めることが先決であろう。やや現象面に拘泥しすぎた分析ではなかろうか。

（3）横田秀雄「婚姻ノ豫約ヲ論ス」日本法政新誌一八巻二号（一九二一年・大正一〇年）四～六頁。

（4）横田・前掲注（3）「婚姻ノ豫約ヲ論ス」七頁。さらに同三頁は、つぎのように述べている。婚姻豫約については本人が自ら判断することが必要であるところ、その判断の可否は婚姻適齢に達して初めてこれをなしうるので、「当事者カ婚姻適齢に達シタルコトヲ必要トシ其以前ニ為シタル豫約ハ法定代理人ノ同意ヲ得タル場合ト雖モ無能力者ニ於テ之ヲ取消スコトヲ得ヘキモノト断セサルヘカラス」。また、婚姻につき両親の同意を要する場合には、予約についてもまた同意が必要であるので、「父母ノ同意ヲ得サル当事者ハ之ヲ理由トシテ豫約ヲ取消スコトヲ得ヘキモノトス」という。

（5）中川善之助「所謂婚姻豫約に非ざる婚姻ノ効力」（人事判例研究）法学志林三三巻七号（一九三一年・昭和六年）五三頁。

（6）大判大正五・六・二三民録二二輯一一六一頁は、結納を終えた男女間の典型的な婚約の破棄事例であるが、判旨は「民事連合部判決」を引用している。

（7）　中川・前掲注（5）五六頁。同『日本親族法』（日本評論社、一九三五年・昭和一〇年）一七九～一八〇頁。
（8）　唄孝一『家族法著作選集第三巻－内縁ないし婚姻予約の判例研究』（日本評論社、一九九二年）一九九頁は、この中川の見方が「通説」となったと評している。
（9）　谷口知平『日本親族法』（弘文堂、一九三五年・昭和一〇年）二二四～五頁。
（10）　近藤英吉『親族法講義要綱』（弘文堂、一九三八年・昭和一三年）七六頁、七七頁注（7）。
（11）　谷口知平「婚約無効論－婚姻予約有効論への若干の反省」民商三九巻四・五号（創刊二五周年記念・私法学論集下、一九六〇年）五〇九頁、同『家族法の研究（上）』（信山社、一九九九年）六一頁以下所収。
（12）　唄・前掲注（8）一九九～二〇〇頁（同八頁、一一頁、二六〇頁なども同旨を述べる）。
（13）　「佐藤良雄」らによるYからの聞き取り調査が興味深い（ただし、一方的な聞き取り調査である）。唄＝佐藤・前掲注（1）二五五頁以下参照。Yと本件大審院判事とのやりとり、Xに他の男性ができて、これにそそのかされてXが本訴を提起したこと、Y敗訴後にYがX方に乗り込み談判したことから、実際は賠償金を支払わなかったことなどの陳述が記録されている。唄・前掲注（8）二〇〇頁以下参照。無論、このような聞き取り調査にも影響をうけて、本件事案を非婚と判断したわけではなかろう。
（14）　ちなみに、水野正利「いわゆる誠心誠意判決」愛知論叢五号（一九六九年）三三頁は、唄の男女関係類型論に示唆を受けながら、本件の男女関係につき、婚約・内縁とも異なる婚外の男女関係であるが、非婚でもない類型として「準縁関係」なるものに該当するとしたうえで、その不当破棄については、共同生活を目的とする契約関係の破棄として一般理論による保護を与えれば足りる、としている（五八頁）。少なくとも一方に婚姻意思がある点に非婚との相違をみているようであるが、唄説よりも事実関係に拘泥しすぎた論理ではなかろうか。
（15）　唄・前掲注（8）一九八頁。
（16）　叶和夫「婚約をめぐる諸問題（一）」民事研修二八九号（一九八一年）一四～一五頁。

二　「婚姻予約の真意」と公然性

1　事件の概要

つぎの判決例[2]では、継続的な情交関係の中で女性が妊娠・出産していたが、原審は婚姻予約の成立を否定して女性側の賠償請求を否定した。原判決当時では、まだ「誠心誠意判決」は宣告されていなかったので、女性側の代理人は、上告理由でも、予約の誠心誠意性には言及していないが、婚姻予約制度は不遇になく薄幸の女性を保護するために認められたものであり、婚姻予約については、履行強制ではなく不履行のみが問題となり、予約不履行のためにのみ存在するともいえるので、通常の債権契約とその不履行との関係のように形式的に考察すべきではなく、予約不履行制度を認めるに至りたる条理を推敲すべきである、などとの一般論を掲げて、上告している。しかし、大審院は、原判決の事実認定をそのまま維持して、上告を棄却した。その事実関係の詳細は不分明のところもあるが、つぎのような関係が認定されているので、これを前提としながら、本判決を分析してみよう。

[2]　大判昭和六・五・二七（第三民事部）新報二五九号一四頁(17)

〔事実〕　X女（当時二〇歳）は、Y男（当時二一歳）が早稲田大学予科の在学当時である大正九年六月一六日からXの母方に下宿中、Yと同年九月中以降から長く情交関係を結び、その結果、Xは大正一四年六月一四日に一女を出産した。当時、Xは夫と死別して母方に同居していたようである。ところが、大正一四年三月Yが大学卒業後に郷里に帰り、他女と婚姻をした。そこでXが婚姻予約不履行による損害賠償を請求した。Xは、YがXに書き送った書状にも夫婦約束の契りがなされていることなどから、大正九年一二月に母の承諾を得て婚姻の予約を締結したと主張した。一審は原判決から推知してXの請求を一部認めたようだが、原審・東京控訴院（昭和五年一一月八日判決）は、当時、二一歳のYと二〇歳の

Xが情交関係を結んだことは当事者間に争いがないとしても「将来真ニ適法ナル婚姻ヲ為スヘキ予約を締結シタリトノX主張ノ事実」は認められないとして、Xの請求を排斥した。X側は、XYの関係は、単なる情交関係ではなく、「公然たる事実上の夫婦関係」であり、大正九年から同一四年に至るまで継続され、その間に一子を挙げているので、特別の事情がない限り、かかる関係は社会観念上、婚姻予約の結果であるといわざるをえないなどと主張して、上告した。

〔判旨〕　原審の認定事実を前提として、大審院も予約の成立を認めなかった。つぎのように説示する。公然たる事実上の夫婦であったということはYの認めざる所である。Xが提出援用の全証拠によるも「之ヲ認ムルノ外ナキモノニ非ス」。証拠によれば、「Yカ長クXト情交関係ヲ結ヒツツX家ニ同棲シ其ノ間一子ヲ儲ケタルコトハ之ヲ認メ得ヘシト雖モ原審ノ認定シタル所ニ依レハYハ当時二一歳ノ学生トシテX方ニ下宿中Xト如上関係ヲ生シタルモノニシテ斯ル事情ノ下ニ於テハ仮令右事実アリトスルモ社会観念上必シモ婚姻予約アリテ爾リシモノナリト解スヘキモノニアラス」。

本件裁判所の裁判長は「柳川勝二」である。かつて、柳川は、下級審裁判官時代（明治時代）に、婚姻予約に関する論文をものし、当時の梅謙次郎の所説に従って、「婚姻予約無効論」を開陳していたことが、想起される。(18) それはともあれ、本件は、誠心誠意判決の直後に宣告されており、原判決はそれ以前に出されているので、当事者間では「誠心誠意」性が論点とはなっていない。(19) そのことを前提とした上で、本判決を分析してみよう。

2　私通関係の考慮事情

(1)　「事実上の夫婦」とは

本件と「誠心誠意判決」とを比較しながら検討してみよう。本判決では、「長く情交関係を継続していたこと」およびその間に「一子を儲けたこと」という事実は認められているので、この限りでは、誠心誠意判決の男女関係と酷似する。しかし、本件では、Xが婚姻予約を締結したと主張した当時とは、特にY男が学生としてX方に下宿中であり、その間に男女関係が生じたことが重視されているように思われる。

これをどのように評価するかであるが、下宿中の学生が、下宿先の娘とその母の承諾のもとに継続的な関係をもって夫婦の約束をしたとしても、それは将来夫婦になることの予約をしたことにはならないという根拠は薄弱であろう。ただし、本件では、X側は「事実上の夫婦関係」が成立していたと主張しているので、学生が、しかも下宿先の娘と下宿先で夫婦同然に振る舞っていたとしても（Xの主張）、夫婦として独立の生計を営んでいたわけではないので、社会観念上、内縁夫婦とはいえない、と評価したのかもしれない[20]。そうとすれば、判旨にも、一理はなくはないであろう。しかも、このように夫婦約束と同棲生活を一体として評価され、社会観念上夫婦としての保護が認められないとすれば、結局は、判例のように予約（婚約）部分だけを取りだして保護する立場でも、その約束には婚姻意思が欠落していることとなり、法的に保護される予約ともならないこととなろう。本件では、「婚約」の不履行については、一切主張されていないが、同じ結果になったものと思われる。

一方、「誠心誠意判決」では、男性は、関係成立当時は尋常小学校六年生で一五歳八ヵ月しか経過していない。しかも、女性は、五、六歳も年上であったので、こちらの男女関係の方は、単なる秘密裡の情交関係であり、誠心誠意性がなかったとされても、決して不当ではなかったように思われる。それにも拘わらず、一種の「身分の関係」が生じているとされたのは何故か。当事者間には同棲の事実がなかったので、夫婦関係を一方的に破棄したと主張したのではなく、文字通り、「将来の婚姻を予約したかどうか」という点に争点が集約されていたことのほか、そのような単純婚約の成否を左右する考慮事情として、先述したように男女双方の親族が出産した子について協議していたこと、および、予約後、女性が長期間にわたって予約の履行（婚姻の成立）を期待していたことが重要な意味をもっていたものと思われる。

(2)　「公然性」の趣旨

本判旨は、長期間の情交関係と出産という事実があっても、本件のような男女関係では社会観念上「婚姻予約」があったとはいえないという判断をしたが、その前提として、上告理由が主張した「公然たる事実上の夫婦」であったことの証拠はないとも述べているので、全体としてみれば、「公然性」を婚姻予約のメルクマールの一つとして指摘しているものといえよう。(21) 少なくとも、この種の男女関係が公然性をもつものではないと評価したことは間違いないし、また、そのような男女関係が社会通念上夫婦ともいえないとしたことも、確言できるであろう。したがって、単に上告理由に消極的に応接したものではないので、本件の男女関係は、結局のところ、「私通」と判断されたものといわざるをえない。(22)

それにしても、判旨のいう「公然性」とは何か、上告理由に応接したものであるが、積極的には明らかにされていないので、容易に理解しうるものではない。通過儀礼があれば、それは公然性を徴表するものではあるが、それは要件ではないことは判例では確定しているので、ここにいう公然とは、おそらく当事者双方の戸主ないし両親の承諾を指すものと考えて大過なかろう。あるいは、それに加えて、近隣の者や友人・知人などの周囲への告知も含まれるかも知れないが、とにかく、この種の社会的に承認された関係を指しているものと思われる。本件の事実関係から判断して、当事者間だけの夫婦約束ないし合意ではそれが必要要件であっても十分要件ではない、という趣旨であろう。つまり、「公然性」とは、結局のところ、夫婦約束の「真意」ないし誠心誠意性を担保するための一つの判断指標と考えられているのかもしれないが、むしろ結論を説明するための論理に近いものであろう。そこに「ことばの操作」が潜んでいるように思われる。

通過儀礼を伴う男女関係、つまり典型的な婚約関係では、この種の公然性を強調する要をみないので、結局のところ、典型的な婚約に準ずる関係にまで昇華させるための用語ということになるのではなかろうか。いずれにせよ、大審院がかかる曖昧な用語を使用したことから、ますます下級審裁判例に混乱を生じさせたといえよう。

(3)　「詐欺誘惑の論理」

本判決の結論の妥当性が問題とされている。実際、「誠心誠意判決」と比べて、どこがどのように違う男女関係なのか、結局は、裁判官の価値判断に左右される面が強いので、本件の結論の当否につき、学説からは疑念が出てくるのも避け得ないところである。[23]もっとも、この当時の判例が、婚姻予約の認定において、通過儀礼を重視していたことの反映であるとすれば、本件のXがその証明に成功しなかったことによるものであり、単なる事例判決の域を出ないものでしかないので、予約不履行論に限定すれば、その結論の当否に対しても、全く合理性を欠くものとの批判も容易ではない。しかし、本件の事案からみて、Yには、もともと婚姻意思がなかったか、ないしは曖昧であったのではないかとの、疑問がある。結婚ばなしを口実に情交関係を継続していた節が見られるからである。そうとすれば、「詐欺誘惑の論理」による救済の可能性が開かれよう。

X側の代理人がいうように、たとい明確な前約がないとしても、おそらくは「Yは甘言」をもって当時夫と死別して悲嘆のなかにあったXに言い寄り、子どもまで産ませているのだから、この母子を「終生所謂日陰者タルノ悲境ヨリ救フ」べき責任をYに負わせても、けっして不当ではなかったであろう。判旨の論理によれば、婚姻予約を認めるのが困難であるとしても、この種の事案ではYの甘言による情交関係であるのだから、「詐欺誘惑の論理」による不法行為責任が認められる可能性があったように思われるが、X側は、一貫して、婚姻予約論に終始している。かつて、大審院判決で、婚姻予約の成立が認められる可能性があった男女関係で、一貫して「婚姻意思」がなかったことを「不法行為責任」の論拠とした事例（27）があったが、本件は、それとは逆のケースであり、むしろ不法行為責任を追及すべきではなかったかとも考えられるが、一審では、おそらく予約の成立が認められたので、思いがそこまで至らなかったのであろう。訴訟戦略としても難があったのではないか。少なくとも、予備的に主張すべきであった。そうすれば、貴重な先例となったものと思われる。[24]

（17）　本判決と原判決については、唄孝一・佐藤良雄「判例における婚姻予約（二四）」（石川稔執筆）都法一三巻二号（一九七三年）一一七頁以下に収録されている。

（18）　柳川勝二「婚姻ノ豫約ニ付テ」日本法政新誌六巻五四号（一九〇二年・明治三五年）一頁。もっとも、その後は婚姻予約有効論の立場にある。同『日本親族法要論』（清水書店、一九二四年・大正一三年）一四四頁。

(19)　本件原審の判決日が昭和五年であるので、当事者も原審も、「誠心誠意判決」（昭和六年）の存在を知らなかったことは間違いない。実際、X側は、誠心誠意判決には一切言及していないし、原判決も、そうである。大審院は、内縁関係として判断したので、誠心誠意判決には言及はしなかったのか、不分明である。

(20)　太田武男『内縁の研究』（有斐閣、一九六五年）一〇八頁注（1）は、本判決につき、学生が下宿先で同棲生活をしていたので、「社会的には、夫婦共同生活の実ありとは認められない事案」と評価している。これに対して、唄＝佐藤・前掲注（17）「判例における婚姻予約（二四）」一二九頁は、社会観念を基準としたので、公然性の意味は必ずしも明らかではないとする。しかし、この点については、上告理由で、Xが「単純ナル情交関係ニ非スシテ公然タル事実上ノ夫婦関係タリシ」事実や六年間の継続的な関係などを根拠に婚姻豫約が成立していると繰り返して強調していたことに応接して、判旨は「公然性」に言及しているので、判旨みずからも、この種の通過儀礼を欠く秘密裡の男女関係では、公然性を一つの判断指標としたものと思われる。

(21)　穂積重遠『判例民事法（昭和六年度）』一一巻四一〇頁。

(22)　我妻栄『親族法』（有斐閣、一九六一年）一九八頁は、本判決の男女関係を私通とするが、唄＝佐藤・前掲注（17）「判例における婚姻予約（二四）」一三一頁注（6）は「言い過ぎ」とする。しかし、これはいわゆる「生の事実」を重視する唄らの基本姿勢によるものであると思われるが、判例の立場では、予約が否定されているので、「私通」（これは規範的概念である）以外のなにものでもない。

(23)　我妻・前掲注（22）『親族法』一九八頁は、結論につき「すこぶる疑問である」とする。唄＝佐藤・前掲注（17）「判例における婚姻予約（二四）」一三〇頁も、「何故法的保護が与えられないのか疑問が残る」とする。

(24)　柳川・前掲注（18）『日本親族法要論』一四五頁は、婚姻意思がなく単に一時相手を瞞過せんがために豫約をした場合は無効であるので、豫約不履行としては救済を求め得ないが、「不法行為ヲ理由トシテ之カ請求シ得ルモノトス」としていたことから、本件でも、詐欺誘惑の論理に依拠すれば、その可能性があったものと思われる。

三 婚姻予約の成否と通過儀礼の意義

誠心誠意判決は、婚姻予約の要件事実として、一方では慣習上の儀式を不要としたが、他面では将来の婚姻の意思につき「誠心誠意」つまり「真意」を要求した。この真意という要件はすでに民事連合部判決でも指摘されていたが、これに儀式不要が加わったので、これらの外面上の要件事実論がその後の下級審裁判例を事実上支配することとなる。基本的には、誠心誠意判決と同様に、性的関係が長期間に及び、女性が妊娠出産しているならば、特段の事情がない限り、婚姻予約の成立が認定されている。継続的な同棲があれば、これも積極的な判断要素となる。

これに対して、問題となるのは、慣習上の儀式が一応は行われているが、それが完結するまえに、破談となっているケースであり、婚姻予約の成立が否定される傾向がある。儀式は不要ではあるが、いったん儀式が行われると、それが途中で中絶している事実が重視されているようである。ある意味では、儀式のなかに婚姻予約意思が内含されているともいえようか。あるいは、婚姻意思と儀式が一体化しているようにもみえる。

たしかに、儀式が進行半ばで中絶したりするのは、当事者が途中で「翻意」した結果であるが、その翻意（関係離脱の自由）が社会的にみて是認できるかどうか、その価値判断に左右される問題であろう。裁判官の個人的価値判断が、客観的な評価によって覆い隠されているともいえようか。

以下、再び、本書の当初の視点を前提としながら、通過儀礼ないし婚姻予約の成否や入籍問題などに焦点をあわせて、裁判例を問題類型ごとに整理しておこう。

1　通過儀礼のある男女関係

下記の[3]と[4]の判決では、内縁事例でいずれも挙式のうえ同棲しているが、そうした儀式については言及しないで、婚姻予約の成立を認定している。(25)

(a)　つぎの事例では、結納の取り交わしも婚礼もあったが、特にそうした儀式を問題とはせずに、「事実上の婚姻」を認定し、婚姻予約の成立を前提として、その破棄の正当事由と結納の返還請求の可否を論じている。

[3]　東京控判昭和六・七・一四新聞三三一四号五頁（内縁）

〔事実・判旨〕　X男とY女が昭和三年三月七日に「事実上の婚姻」をしたが、同年四月一三日にY女がX方より無断退出した。同年六月一八日にXはYに対して通知到達後七日以内に婚姻手続をするよう催告したところ、同月二八日にYがX方から荷物を搬出し、予約を履行しなかったので、Xは、予約を解除して、結納の返還とともに、婚礼費用相当額と慰藉料の損害賠償を請求した。Yは、合意解除がなされたと争うとともに、正当理由として、X家の血統には癩病の疑があると反論したが、そのような証拠はないとされたうえで、Xの請求は認容された。結婚式費用相当額（金六一八円余）のほか、慰藉料については、Xが「盛大ニ海産物商ヲ営ム家」の長男で、Y女の家もこれに劣らず社会的地位があるなどの事情から金三〇〇円とされている。（結納の返還請求については、後記参照）

本件では、極めて短期間しか同棲していないので、ここでは、結納・挙式が重要性をもったものと思われ、「事実上の婚姻」という評価のうちに、通過儀礼が含まれているという判断が可能であろう。したがって、判旨の形式的文言のみで、本判決が通過儀礼にとくに言及していないから、それを不要とする大審院判例にしたがったものと速断するのは問題である。むしろ、予約の成立を当然のこととして、その不履行の可否を問題としたものと解すべきである。

(b)　つぎの例は父母の同意のもとに挙式同棲したうえ、別居後も関係を続けて妊娠したケースであるが、挙式同棲直後に別居したことから、婚姻予約の成否が論点となっている。

［4］　東京控判昭和九・三・八新聞三七〇二号一七頁（内縁）

【事実・判旨】　X女とY男は昭和五年四月一三日に挙式して、翌六年四月二六日まで夫婦としてY家（自作農）で同棲した。ところが、XとY家の祖母、父母等の親族との折り合いが悪くなり、Yは、Xを一時実家に帰らせ、機をみて再び同棲できるよう父母等を説得して婚姻予約を履行する旨を告げ、別居後も関係を続けて、その間にXは一子を分娩した。ところがYが、Xには盗癖があるとして、「一家を為して行くこと」が不可能である旨を通告したうえで、その翌日、他より嫁を迎えた。判旨は、「互いに其の父母の許を得て婚姻の豫約を為して同棲し又別居後も情交を継続しその間妊娠するに至り後故なくXとの婚姻豫約を履行せざるものなれば」（原文カタカナ）、慰藉料の賠償義務があり、「畑約一町余を有する自作農」であるので、金七〇〇円をもって相当とする、とした。

本件では、挙式後同棲して夫婦関係があったとみられるので、内縁関係の成立については問題のない事例である。妻が夫の家族と折り合いがつかず、一時別居して、結局は破談となったことから、予約の成否が論点となったものであるが、とくに予約の成立には問題がなかろう。本件では、正当理由の可否が主たる論点となっている。

2　通過儀礼のない男女関係

(1)　同棲ケース

(a)　儀式がなく、単に同棲していたにすぎないが、婚姻予約の成立が認められた事例もある。「誠心誠意判決」直後の肯定事例として注目しておこう。

［5］　東京控判昭和六・一二・一二新聞三三六九号一二頁（内縁）

【事実・判旨】　X女は夫と死別後戸主となったが、Y先代（裁判所書記）とは、大正五年以来、大正一五年六月まで同棲していたところ、Y先代は、Xに対して親に話して籍にいれる旨を話したことがあるが、結局は、果たさぬまま、昭和二年に死亡した。そこで、X女はA（Y先代）の相続人Yに対し婚姻予約不履行に基づく慰謝料を請求した。Xは、Aとは同一下宿先で懇親の間柄となり、大正四年四月下旬に将来夫婦となることを誓って情を通じたと主張したが、Yは、Xが

Aを甚く恋慕して追跡し、Aがこれを拒絶したにも拘わらず、六日町に転勤した時に、強いて下宿先で同棲したものである、と反論した。判旨は、上記夫婦の誓いを直接認定するに由なきも、XAは、同下宿先を出て、一家を借り受けて同居したる事実、Aが今しばらくまてば親の機嫌をとって入籍する旨をXに告げた事実、六日町に下宿する際、家主にいずれ家内が来る旨を告げたのち、そこで同棲した事実のほか、一般に普通の夫婦として認められていた事実があり、さらに大正五年から大正一五年六月まで同棲していた事実などを総合すれば、大正四、五年ころに婚姻予約が成立したことを推認できる、とした。

「穂積重遠」は、本件の上告審（大判昭和七・七・八民集一一巻一五二五頁）の判例批評のなかで、大判大正八・六・一一（第五章[19]・儀式不要判決）と誠心誠意判決を引用しながら、本件の内縁関係は「所謂ズルズルベッタリに発生したもの」であるが、それでも婚姻予約たるに差支えないとされている点に注目すべきである、としている。[26]もっとも、上告審では、慰藉料額の事実評価の可否のみが論点となり、婚姻予約の成否は問題とはなっていないので、正確には、この種の大審院判決とはいえないであろう。

なお、穂積によれば、Y側からの上告があり、本判決と同日に上告が棄却されているが（後掲の正当理由に関する[28]判決参照）、こちらの方が判例集の掲載に値するという。[27]いずれにせよ、穂積は、原判決の判旨が正当であるとしているが、たしかに、婚姻予約の成立を認めたことには、何ら問題はないように思われる。

(b)　つぎの裁判例でも、儀式には言及しないで、同棲していた事実を指摘して、婚姻予約の成立を認定しているように思われる。儀式があったのかは不分明であるが、同棲期間は約一六年間に及んでいる。

[6]　東京控判昭和六・三・二三新聞三二五七号一三頁（内縁）

【事実・判旨】　事案は不詳である。X女は、明治四二年中に前婚を解消した上で、Y男と婚姻の予約を締結して、「事実上の同棲」をしてきた。この関係は、大正一五年一〇月まで継続し、その間、X女は、「婚姻豫約の履行を請求した」が、ついにその履行が為されなかった。判旨は、その同棲の期間において「徒に貞操を弄びたるものと謂ふべくXは為に甚大なる精神的苦痛を受けたること勿論なるが故に……」（原文カタカナ）と判示して、三人の私生子がいることのほか、Yが相当の資産家で社会的地位もあるので、慰藉料五千円を認容した。

男女の共同生活がこのような長期間に及び、その間に出生子もいればなおのこと、夫婦としての共同生活とみても、不合理ではない。また、そうした内縁関係を一方的に破棄した者の責任は重たいであろう。慰藉料が極端に高額である点も肯ける。本件でも、妻が予約の履行を請求したとあるのは、同棲している夫婦であるので、婚姻届出のことを意味しよう。

(c)　つぎの例では、儀式も父母の同意もない男女関係であったので、男性側が婚姻予約の成立を否定したが、長年にわたって情交関係を継続した末に同棲した事実があったことから、婚姻予約の成立が認められている。

[7]　東京地判昭和一〇・四・一六新聞三八三三号四頁（内縁）

〔事実〕　X女とY男は、大正九年一〇月頃より看護婦・医師として同じ診療所に勤務中に相知るようになり、大正一五年五月中頃より情交関係を結ぶに至った。昭和三年の春にYが独立して、Yが家賃に相当する生活費を補助する条件のもとにXも一家を構え、Yは毎月数回X宅に宿泊した。その間、Xが予約の履行を求めると、Yは母の承諾を得るまで辛抱せよと答え、この関係は五ヵ年を経過した。その後、昭和八年一一月、Yの母の承諾があり、X女は父の同意の下にY家の主婦として同家に入ったが、一ヵ月もしないうちにYが暴力を振るったので、Xは傷害を受け治療のためY家を出て郷里に帰った。Yはその後、Aと婚姻をした。

〔判旨〕「同（大正一五）年五月中XとYとの間に将来婚姻を為すべき旨の婚姻予約成立し其の結果右の如き情交関係を結ぶに至りたるものなる事実を認め得べく……Yは右婚姻予約は婚姻の儀式を伴はず又当事者の父母の同意なかりしものなれば無効なりと主張すれども斯る儀式は婚姻予約の成立要素に非ざるは勿論効力発生の条件にも非ず又婚姻の予約を為すには民法第七七二条所定の家に在る父母の同意を要せざるものと解すべきものなればYの右主張は採用するに由なし」。不履行による慰藉料は八〇〇円、傷害による慰藉料は一〇〇円とされた。

本件では、単なる情交関係のみの段階で婚姻予約の成立が認められているが、その後、両親の同意の下に、男性が女性を自分の家に迎え入れているので、このような事情も考慮に入れて、単なる性的享楽を目的とした情交関係とはいえないものと判断したのであろう。もっとも、仮に情交関係の段階で関係が破綻していたとすれば、微妙なケースとなったのではなかろうか。なお、婚姻予約を内縁とする立場では、継続的な同棲が内縁関係の成立の要件とされる傾向があるが、本件では、別居中にすでに婚姻予約・内縁が認められているとして、かかる判旨を支持する学説もある。[28]しかし、同棲中の事実も含めた総合判断によって、予約の成否を判断したものであろう。双方をそのように厳格に区別する必要性・合理性は、乏しい。

(d)　つぎの判決例は、慣例による挙式がなされていないし、しかも、一時、男女関係が中絶しているが、同棲中に女性が出産しているという事案で、婚姻予約の成立を認めている。

[8]　東京地判昭和九・四・一二新聞三七〇四号一一頁（内縁）

〔事実・判旨〕　X女とY男とは、大正一三年四月一九日に媒酌人もなく挙式もしないで婚姻予約をなし、同棲したうえで、女児を儲けて、大正一四年一一月初旬ころ、Yの発意によりYはXに一三〇円の金員を与えて関係を絶った。ところが、XがYに関係の復活を迫り、双方の親族の了解のもとに、Yは再度、婚姻予約を結び、昭和二年五月ころに再び同棲するようになったが、結局のところ、昭和二年一一月二〇日に関係が破綻した。

(e)　次の事例は、誠心誠意判決の事案と類似の点がみられ、当事者は従姉弟関係にあり、年齢も女性の方が五歳上である。秘密裡に関係をもっている間に妊娠・出産しているが、男性の母の反対があって、結局のところ、関係が破綻したようである。

[9]　東京地判昭和一五・五・六新報五九五号一九頁（婚約）

〔事実〕　X女（三一歳）とY男（二六歳）とは従姉弟であったが、Xは昭和一一年六月からYの母Aの招きにより家事手伝のためY方に同居するようになり、同年一〇月中にXYは互に夫婦となるべきことを誓約して婚姻の予約をなした上で、Y方の一室で情交関係を結び、その後も関係は継続していた。ところが、Xが懐胎したため、Yは他に一室を借り受けて、ここにXを住まわせたところ、Xは間もなく男子を出産した。XはYに同棲と入籍を求めたが、YはAの反対を理由に拒絶したので、Xは慰藉料を求めて提訴した。これに対してYは、仮に婚姻の予約があったとしても、それは母の承諾を予約の効果発生の停止条件とすることの諒解があること、また、Aには秘密の裡に行われ、結納の取り交しはなく、Aの反対があったので、このような婚約関係は未だ法律上保護に値するものとはいえないとするとともに、仮に婚約が成立していたとしても、破棄につき正当の理由があると主張した。

〔判旨〕「婚姻ノ予約ナルモノハ結納ノ取交セソノ他慣習上ノ儀式ヲアケヨツテ以テ男女間ニ将来婚姻ヲナスコトヲ約シタル場合ニノミ限定セラルヘキモノニアラスシテ男女カ誠心誠意ヲ以テ将来ニ夫婦トナルヘキコトヲ確約シタル場合ニ於テモ尚婚姻ノ予約成立セリトナスニ妨ナキモノニシテ固ヨリ父母ノ同意ヲ伴フコトヲ要セサルヲ以テYノ〈前示〉主張ハ採用シ難シ既ニシテ婚姻ノ予約カ父母ノ同意ヲ要セサルモノナルコト前段説示ノ如クナル以上仮ニXY共ソノ婚姻ニ付Yノ母ノ同意ヲ得ル能ハサルコトヲ熟知シ居リタリトスルモソノ予約ニ付母ノ同意ヲ停止条件トナササルヘカラサルノ論理的必然性ナカルヘク又斯ル条件ヲ附シタリトノ事実ヲ認ムルニ足ル何等ノ証左ナキヲ以テ〈前示〉ノ主張モ採用シ難シ」。また、破棄につき正当事由はない。

本件の男女関係は、男性の母の目を盗んで秘密裡になされてきた。女性が妊娠したので、同棲と入籍を求めたが、男性が関係の破棄を求め、母の承諾がないと、結婚ができないと反論したものであろう。おそらく、関係継続中も母の承諾につき、話が出ていたはずであり、男性が母の承諾を条件として約束した旨の主張をしているのも、そのような事情を推知させる。その意味では、本件の男女関係は秘密裡でなされ、性的享楽を目的としていたとも言えなくはないが、とにもかくにも将来の婚姻につき母の承諾を条件としていたこと自体は、男性が自認するところであり、このことは男女間では夫婦となる旨の約束があった事実を推知させるので、本判旨もそのような観点から、両親の承諾は予約成立の要件ではないとして、婚姻予約の成立を認めたものであろう。女性の出産・妊娠という事実も、そのような約束の真意を裏書きしているように思われる。

(f)　つぎの例では、もともとは単なる情交関係ないし重婚的婚姻予約であったが、正妻が死亡したことなどの事情から、男女の同棲によって婚姻予約の成立が認められている。

[10]　佐賀地判昭和一六・八・一新聞四七二六号二九頁（内縁）

〔事実・判旨〕X女は、A経営の工場の女工として働いていたが、大正一一年ころからAの正妻が病臥中であることを熟知しながら、私通関係を結んだ。Aの妻が死亡し、その後、昭和七年九月ころ、Aは本宅を離れ、近隣の別宅でXと同棲した。同棲中XAは一般に夫婦と認められ、Aが死亡したところ、相続人Y（遺産）に対するXの損害賠償請求が認容されている（詳細は[56]判決参照）。

(2)　両親の承諾と婚約の成否

(a)　つぎの大審院判決例では、結婚の申入れを受けた女性が、一応はこれを受け入れたものの、国元にいる両親の承諾をとくに条件としたことから、結局のところ、その承諾がなかったので、婚約の成立が否定されている。

[11]　大判昭和一〇・四・八裁判例九巻九二頁(29)（婚約）

〔事実〕X男は、Y女が実姉Aの嫁ぎ先で家事手伝いをしていたところ、Aを通して結婚を申し込んだ。Yとしては国許の両親等の承諾があれば申込みに応ずる趣旨を述べたので、Xより依頼を受けたB女が、Yの実家を何度か訪れ、三回目にAを同伴して訪れたときは、戸主である兄Cより親兄弟が異存なければ宜敷く頼むと言われた。ところが、Aは、後に親兄弟の賛成を得られないので結婚を見合せられたいとの書面を受けたが、この反対の通知を受ける前にBに対し田舎の方は自分が納得させると引受けて結納の取交しをなす話を進めていた。親兄弟反対の通知を受け困惑したAが、昭和五年四月七日にB方でXより結納を差し出されたのに対し、拒み兼ねて受領証に記名したうえで、結納はB方に預けてきた。その際、同一三日結婚式を挙げること、それまでB方にてYを預ることにも内諾を与えて帰宅し、翌日YをB方に遣わした。その事実を知ったCが一三日朝Yを連れ戻したので、Xは、婚姻予約の不当破棄による損害賠償を請求した。一審・原審は婚約の成立を認めたうえで、破棄につき正当理由がないとした。

〔判旨〕（破棄差戻）一審では、Xの釈明によれば、媒酌人BとXの姉の間に結納の授受および挙式取決めのかたちが一応整えられた事実を肯定したにとどまり、「確定的ナル婚姻予約ノ成立及結納ノ授受アリタル事実ハ之ヲ否定シタルモノナルコトヲ領スルニ難カラス」。故に「原審カ其ノ準備手続ニ於ケル供述ヲ以テ直ニ婚姻予約ノ成立及結納ノ授受アリタルコトノ自白ト做シ之ニ基キ本案ヲ断シタルハ失当ナリト云ハサルヘカラス加之婚姻予約ハ言フマテモナク専ラ一族ノ和親ヲ念トスヘキモノナレハ一般ノ風習上近親者タル父兄ノ意思ヲ尊重シテ取結ハルヘキ性質ノモノニ属シ原判示ニ従フモ本件婚姻ノ予約ニ付テハ国元ノ両親ノ同意ヲ条件トシタルモノナルコト明ナルカ故ニ当時年齢二一歳ノ未婚処女タル上告人（X）カ被上告人（Y）ト婚姻ヲ予約スルニ当リ一旦国元ニ於ケル父母ノ同意ヲ得タリトスルモ判示ノ如ク其後上告人ノ兄Cヨリ其ノ同意ヲ与ヘタルニ付紛議ヲ生シタルコトヲ理由トシ予約取結ノ延期方ヲ上告人ノ姉A等ニ申出テタル以上該予約ノ性質ニ鑑ミルモ特別ノ事情無キ限リ一旦与ヘラレタル父母ノ同意ハ右ニ依リ撤回セラレタルモノトシ予約ハ竟ニ成立スルニ至ラサリシモノト認ムルヲ相当トスヘシ」。

差戻審（東京控判昭一一・七・一八新聞四〇五五号五頁）は、つぎのように判示した。事情を知らないYは、Bから結納の入れた紙包みを受け取ったので、嫁にもらった身体なりと言われこともあり、両親の同意があったものと考えてB家にそのまま滞在していたが、A方に立ち戻って初めて両親の同意のないことを知ったことなどの事情から、婚姻予約の成立を否定した。Xから再上告されたが、棄却されている。

本件では、両親の同意が婚約の成否を左右したものといえようが、それも本人Y女の婚姻意思の重要なる一部となっていたものであろう。一般論として両親の同意を必須の要件としたものではないことは、いうまでもないが、当時の婚姻習俗からすれば、このような結論も理解し得ないではない。いずれにせよ、本件での具体的な婚姻意思の成否の判断に際して、両親の同意がないことが「誠心誠意性の評価障害事由」となっていることは否定し得ないであろう。

ところで、本件では、一審・原審は、予約が成立したと認定したが、大審院は、その認定方法に違法があるとした。たしかに、結納と挙式の取決めという婚姻予約の認定においてはことのほか重要なる考慮事情について、事実審は、やや安易に認定しているのではなかろうか。すでに検討したように、こうした儀礼がなされたとしても、その儀式が完成するまでに一方が翻意したならば、予約は完結していないとする下級審裁判例もあり、これ自体は、身分行為における自由意思の尊重という基本理念からいっても、正当であろう。大審院は、単に原審の事実認定に容喙したのではなく、そうした予約成立論の原則論から、破棄したものと思われる。少しく敷衍すれば、婚姻予約の成立プロセスは、仲人を介して、両家が婚約の儀式を経た上で結納をとり交わし、通常、その時に挙式の日取りなどを決めるのであるが、これによって当事者双方の婚姻意思が確定的なものとなるので、かりに本件でもこのような形で進行すれば、無論、予約が成立したことを否定できないところ、本件では、そこに至るまでに、両親の同意と結納の授受に瑕疵があり、両親の同意は撤回され、結納の授受もYの意思を無視してBらが強引に進めたものであり、いわゆる正式な手続を践んでいなかったことから、ここに大審院がメスを入れたものといえよう。本件を担当した「池田寅二郎裁判長」等の洞察力には敬服する。これを見逃したとすれば、正義が実現されなかったこととなろう(30)。

とまれ、本人同士の結婚の意思は認められるが、家制度のもとでは、家の同意が決定的に重要であったことを物語る事例である。

(b) つぎの例は、男性側の母親が反対していたが、「誠心誠意判決」を前提としたうえで、合意の「確約」という指標のもとに婚姻予約の可否を論じている。

[12] 東京地判昭和一五・五・六新報五九五号一九頁(婚約)

〔事実・判旨〕 詳細は[9]判決を参照のこと。従姉弟間で、X女(三一歳)がY男(二六歳)の母の招きで家事手伝いのためY方に同居した際に、双方が結婚の誓約をした上で関係をもったところ、Xが妊娠したのでYが別に一室を借りて出産せさた。XはYに同棲・入籍を求めたが、Yはこれを拒絶した。Yが母の同意が条件であると反論したが、「男女が誠心誠意をもって将来夫婦となるべきことを確約」すれば、婚姻予約が成立するとして、合意の「確約」に依拠した判断をしている。

3　通過儀礼が完結していないケース

(1)　樽入れの儀式が完結していないケース

[13]　水戸地裁土浦支判昭和六・七・三〇新聞三三〇四号九頁（婚約）

〔事実・判旨〕　原告（男性）は、昭和五年三月一五日に被告（女性）と婚姻予約をなし、同年六月一〇日ころに媒酌人家で被告の家族と媒酌人列席のもとで慣習上の樽入れがなされた、と主張した。しかし、判旨は、つぎのように説示して、予約の成立を否定した。

婚姻予約は、「一男一女ノ結合タル婚姻ノ前提ヲナスモノ」であるので、「当事者間ノ意思表示ヲ確保スルニ足ルヘキ事実ノ存在スルコトヲ要スヘキハ、言ヲ俟タス。而シテ之ヲ確保スル爲メ慣習ニ因リ相互ニ結納ノ取替ヲ爲シ、且婚姻ノ儀式ヲ挙テ同棲スルヲ以テ普通ノ事例ト爲スカ故ニ、尠クトモ当事者タル男女カ將來夫婦トシテ共同生活ヲ営ム意思表示ノ明確ヲ期セサル可ラス。……被告本人カ原告本人ノ申入レニ応シ、昭和五年三月一五日頃直接又ハ媒酌人ヲ通シ、原告ト將來婚姻ヲ爲スヘキ旨ノ意思表示ヲ爲シタリト認ムヘキ確証ナク、又証人ノ証言ニ徴スレハ、原告ノ所謂樽入レ式ナルモノハ、媒酌人タル右両名カ酒肴料トシテ金二圓ヲ被告家ニ持参シ、被告ノ父夫婦及被告ノ祖母カ居合セタル際、固メ酒ヲ飲ミタルニ止マリ、其際結納ノ日取リ又ハ挙式ノ取極メ等ヲ爲シタルコトナク其儘退散シタルニ過キサルカ故ニ、右事実ヲ証人ノ証言ニ照シテ観察スレハ、被告居村地方ニ於テ婚姻ヲ爲ス場合ニ於ケル一般ノ慣例トシテ、先ツ前樽又ハ内樽ト称シ、媒酌人カ酒代ヲ持参シテ嫁ノ家ニ至リ、主人ト共ニ祝ヒ酒ヲ飲ミ、他日交渉シテ本樽入ノ式日ヲ定メ、其当日ニハ角樽、叺、魚等ヲ持参シテ祝意ヲ表シ、其際結納ノ取極メ、挙式ノ日取リ等ヲ協定スル順序ニシテ、原告ノ所謂樽入レ式ナルモノハ恰モ前樽又ハ内樽ノ式ニ該當シ、原告ノ尊属親カ媒酌人ニ対シテ単ニ婚姻ノ内約ヲ爲シタルニ過キサルモノト認定シ得ヘキカ故ニ、之ヲ以テ当事者本人ニ於テ法律上婚姻ノ豫約ヲ爲シタルモノト速断スルカ如キハ、人生ノ大典タル婚姻豫約ノ実情ニ適シタルモノト解シ難キハ勿論、被告居村地方ニ於ケル慣習ニ副ハサルモノト謂ハサルヲ得ス。」

本件の事案は必ずしも明確ではないが、当事者間には情交関係がないようであり、「純然たる婚約の成否」が論点となっているところ、判旨は、当事者の意思、本件では被告が原告と婚姻する旨の意思表示がなかった、とした。そのように推認した根拠は、当該地域での婚姻習俗にあり、本件では、正式の「樽入れ」が完結したものではなく、いわゆる「前樽」などの行事がなされたに過ぎないことから、単に「婚姻の内約」があったに過ぎないとした。破談となった事情は不詳であるが、原告の主張によれば、「家事上の都合による」とされている。

この裁判例からも窺知しうるように、純然たる婚約ケースでは、婚姻予約という真摯な合意は、結局のところ、儀式と渾然一体となっていることが判明する。要するに、慣習上の儀式自体が開始したが途中で中絶して完結しなかったという事情が婚姻予約・婚約成立の評価障害事由とされているが、いずれにせよ、一定の儀式がないと、容易には婚約がみとめられない事情が判明する。別の観点からみれば、完結した儀式のうちに婚姻予約の意思が内含されているともいえなくはなかろう。

ところで、「高梨公之」は、樽入れの慣行を検討した結果、婚約がタルイレにおいて行われ、それは当事者直接の約束ではなく、「仲介者による、家の承認を得てなされる」ものであり、「当事者直接の約束を、内諾化し、タルイレを条件にするものに化する」ので、婚姻自由の理想からいえば、問題がある旨を指摘しているが、とにかく、「婚約成否の判断にはタルイレの存否を考えないでは済まされない」と評価したうえで、このような立場から、本判決に対して疑問を呈している(31)。たしかに、当時の家制度下では、当事者の自由な意思は、通過儀礼の背後に押し遣られているので、たとい正式の樽入れが両家の合意のもとで済まされたとしても、予約当事者である男女の自由意思があるとはいえないであろう。その限りでは、高梨の評価は正当である。しかし、逆に、そのプロセスが完結するまでに儀礼が途中で頓挫すれば、双方の家の合意はいうまでもなく、通常は、その背後に潜在している当事者双方の意思もまた等しく霧消と化すのではないか。おそらく被告も納得のうえでの破談ということとなろう。このような場合には、身分行為の特質からいっても、「関係離脱の自由」は可能なかぎり許容されるべきであり、そもそも本件事案では、被告である女性の「影」すら見えてこないので、判旨の論理には特に問題がないように思われる。後述のように、この時期に同趣旨の一連の判決例が登場しているので、以下、検討してみよう。

(2)　結納の「交換」が完結していないケース

つぎの例は、男性が結納を交付したが、女性側が「結納返し」をする前に破談となったので、婚姻予約・婚約の成否が論点となったところ、判旨は、婚約の成立を否定している。先の例と同様に、儀式の「一定のプロセス」を重視して、その完了をもって、予約の成立と解したものと思われる。

[14]　長崎区判昭一三・一二・二三新聞四三七一号一三頁（婚約）

〔事実・判旨〕　X女は、ABの仲介によりY男と昭和一二年一〇月一七日にB方で見合いをした結果、双方納得の上での婚約の話が成立した。同月二五、六日ころに結納としてY男が現金一五〇円を贈与したことから、XもYに羽織袴を贈る準備をして、結婚式を挙げる予定になっていたところ、一一月一〇日ころにYが一方的に婚約を破棄した。破棄の理由は、Xの主張によれば、つぎのようなものであった。Xの生まれた年月日が悪く、Xと結婚するする男は何人といえども必ず死亡する恐ろしい女性であり、Y家には病人絶えず、その財産は減失して、Y自身は自殺するに至るというような事情であった。Xは、婚姻予約不履行と名誉侵害とによる慰藉料一千円を請求した。

判旨は、「案スルYニ於テX主張ノ如クXヲ悪口シテ其ノ名誉毀損シタ事実ハ之ヲ肯認スヘキ何等ノ証拠ナク又Xノ主張スルカ如キ未タ結納ノ交換ヲモ了ラサルカ如キ程度ノ本件ニ於テハ未タ所謂婚姻ノ予約成立シタルモノト認メ難キヲ以テ其ノ不履行ニ因ル損害賠償ノ請求モ亦之ヲ認容スルニ由ナシ」とした。

本件では、婚約自体の儀式は行われていない。見合いの日に双方が気に入ったので、結婚の話にまで及んだのであろう。そこで、男性が結納を交付したが、女性からの結納返しがまだなされていない間に、破談となった。当事者間には同棲や情交関係もなく、挙式の日時も決めていない。掲載誌では、Yは、「原被告間ニ原告ノ所謂婚姻カ成立シタルコトハ認ム」とあり、あるいは婚約の誤植かもしれないが、いずれにしても破棄の正当理由を争っていたように思われる。しかし、判旨は、結納の「交換」がなされていないことを決め手にして婚姻予約の成立それ自体を否定した。

本判決が、何故に「結納」の授受を婚約成立要件としたのか、説明不十分であるが、ただ、原告が自認するように、情交関係がなく、挙式の日時も決めていなかった段階であるので、そのような事情が重視されたのかもしれない。その結論については、賛否意見が分かれるところであるが、結納の儀式が完結していなかったことから、「関係離脱の自由」を重視した事例として、注目しておこう。

なお、本件での破棄理由は、必ずしも明確ではない。判旨は、そもそも婚姻予約が成立していないと判断したことから、その理由については、言及していない。しかし、Xの主張するような理由であったとすれば、無論問題とはならないであろう。

(3) 挙式日を決めたが、「婚礼式等の協議が不調」となったケース

つぎの例では、「合意の確実性」が必要であるとされている。結納等の儀式のなかで、女性が婚姻の届出をすることをいわば条件とすることに固執したので、男性側の譲歩があったものの、結局のところ、婚礼式等の協議が成立しなかった事例であるが、判旨は、予約が成立していないものとした。

[15] 東京地判昭一二・五・二五新聞四一三九号三頁（婚約）

〔事実〕 X女は昭和五年に事情を知りながら妻あるY男と情交関係を結んだのち、YがXをして一戸を構えさせて「妾関係」を形成した。その関係を継続中に、Xは、Yの子Aを懐胎・出産し（昭和六年二月）、他方で、Yの妻は昭和五年一一月に死亡した。その死亡後、Yの母が後妻を迎えるよう勧めていたので、Yは、XAの母子の将来を考えて、従来、妾関係あったXを後妻とすることを決意して、一応、Xの父の承諾も得て両者間に婚姻すべきことの合意が成立した。ところが、その後、XがAの入籍を婚姻の条件としたことから、Yがこれを庶子としたものの（昭和六年七月）、縁談が遅々として進捗しなかったので、Xが警察署人事相談部に問題を持ち込んだ結果、その斡せんで、再度、円満に解決すべきことを誓約し、ようやく昭和六年八月の吉日を挙式日とすることとなった。ところが、Xが挙式前に届出をなし、かつ嫁入

り荷物を整えない限りは挙式同棲をしない旨を要請したことから、Y側が挙式後一ヵ月以内に届出をすることを保証する旨を説いたが、これを峻拒したため、ついに破談となった。Xが婚姻予約不履行責任を求めたが、Yは挙式に至らず縁談解消した場合には、たとい縁談の合意があるとしても、婚姻予約は成立していない、などと反論した。Yは昭和七年二月に後妻を迎えたようである。なお、Y家は資産家であり、X（高等女学校卒）は一万円の慰藉料を求めている。

〔判旨〕「按ずるに彼の婚姻の予約なるものは将来適法なる婚姻を為すべき旨の男女間の合意にして此合意を表彰せんが為に一般に行はるる結納の取交其他習上の儀式の如きは固く之を以て予約成立の要素又は効力発生の要件なりと解すべきものに非ざると雖も抑も婚姻は人生に重大なる一期を画くするものにして終生の吉凶禍福も概ね之に懸る所而も婚姻の予約は此婚姻を目的とする契約に外ならざるを以て其合意たるや互に真意を以て之を為し其決意極めて慎重を期せざるべからざるものにして換言すれば先づ合意の確実性を具有することを要するものと謂わざるべからずされば婚約当事者に於て仮令一応将来互に婚姻すべき旨の意思の表示ありたるときと雖も其の単なる一応の意思の表示ありたるに止まり結納の取交婚姻の儀式或は同棲又は入籍等の重要事項に関する協定中に之等の事項に付当事者の意思に不一致あること判明し其協定成らず惹いて縁談不調となりたるが如き場合に於ては婚姻の意思は其の確実性を欠き結局予約は其成立なかりしものと称するを相当とすべし」

本件のXYの男女関係（妾関係）は、Y男の婚姻中に生じているが、婚姻予約の時期は、正妻の死亡後であるので、その点は問題になっていない。むしろ、一応は婚姻の合意が成立したが、Xは、婚姻の届出につき、自己の主張に固持しすぎて、結局は協議が成立しなかったので、自らが関係破綻の要因を作っているように思われる。結論としては、やむをえないであろう。

本判旨は、そのような事情を考慮しながら、婚姻の意思の「確実性」が必要であるとして、婚姻意思を極めて厳格に解しているのではなかろうか。Yの主張も、一応は婚姻の合意の成立を認めているが、挙式の重要性を論点とした。本判旨も、これを容れたものといえよう。したがって、婚姻意思の確実性の消極的事情として「挙式、同棲、入籍等の重要事項の協定につき、双方の意思表示に不一致があること」を指摘しているものの、一般論として、かかる合意を求めているというよりも、むしろ本件での婚姻意思の認定において、これらの事実を重視しているものと解するのが無難であろう。本件でも、婚姻に至るまでの過程において、窮極的にはそれを目的とする種々の合意の積み重ねが、大なり小なり双方の責任で破綻したということになるのではなかろうか。やや特殊な事案であることを見落とすべきではない。

ともあれ、「眞に婚姻をなすべき意思の合致」を婚姻予約の要件事実としているので、これは明らかに「誠心誠意判決」や儀式を重視した横田理論を念頭に置いていることだけは、間違いのない事実であろう。

4　非婚関係と婚姻予約

先述のように、婚姻予約の成立については、かなり微妙な例があった。婚姻予約の成立が否定されたことから、当然に、それが私通となるものではないことも判明した。文字通り、婚姻予約に至るまでの過程としての男女関係の存在もあった。これらは、婚約ではないが、さりとて私通というものでもない。単に消極的に婚姻予約が「不成立」とされたにすぎない。通常は、情交関係もない男女関係であり、そもそも社会的に許容しえない男女関係という評価もなされていない。単に予約成否の問題にとどまる。これに対して、積極的に「私通」そのものであるとされた事例が少なくない。秘密裡の性的関係であるが、つぎにこれらの事例を分析してみよう。

(1)　婚姻予約が否定された事例

先述した大判昭和六・五・二七〔2〕判決）では、成年に達した男女間の継続的な情交関係で、子も儲けているが、「公然性」という判断指標が強調されて、婚姻予約の成立が否定された。この種の男女関係が、判例のいう「私通関係」と考えて大過ないであろう。かかる判例と同じ方向性に流れている下級審裁判例も少なくない。以下では、この種の秘密裡の婚姻外男女関係が問題となった裁判例を紹介しておこう。

(a)　つぎの例では、父母の同意がないことから、私通とされている。

[16]　東京地判昭八・二・一六新聞三五二五号五頁

〔事実〕　X女（明治三七年生）は大正一三年二月に他男との一年四ヵ月程度の内縁を解消した後に、同年五月ころより、当時某大学予科在学中のY（明治三二年生）と卒業後に婚姻することを約して情交関係を結んだ。同棲はしていないが、数日を隔ててYの訪問を受け、情交関係を継続して、時には郊外に散策旅行等をしていたところ、その間の昭和五年一月に男児を分娩した。

〔判旨〕　必ずしも慣習による挙式は必要ではないとしても「少トモ女二五歳未満、男三〇歳未満ナル場合ニ於テハ、当事者双方婚姻ヲ為スコトヲ約シ、共同生活ヲ営ムコトナク単ニ情交関係ノミヲ継続スルハ、双方トモ其家ニアル父母ノ同意ヲ得タル上ナラサルヘカラス。然ラサレハ将来婚姻ノ届出ヲ為スニ付父母ノ同意ヲ得ル能ワサルコトアルヘク、正当ナル婚姻関係ニ入ル期待希薄ニシテ、斯ル場合ニ於テ法ヲ以テ保護スルニ足ル婚姻ノ予約成立シタリト言フヲ得ス」

X女は判決当時は三〇歳、Yは三五歳になっているにもかかわらず、判旨は、情交関係を結んで婚姻を約束した当時の年齢（Xは二一歳、Yは二五歳）では、婚姻適齢ではなかったとして、親の同意を婚約の要件とした。しかし、この判断は、明らかに大審院の立場と矛盾する。その実質判断は、X女が他男との内縁の解消直後にYと関係をもっていることにあったのかも知れない。またYが学生の身分であったことも、影響があったであろう。しかし、書かれた理由は、「両親の同意」であり、婚姻の要件をもって婚約の要件に準ずるものとしているが、これは、先述した大正一〇年一一月一九日の「法曹会決議」に影響をうけたものと思われる。しかし、これでは婚約自体の独自の保護を否定したことになる。妊娠までしている女性の救済の途を閉ざしたことになり、大審院判決の意義が理解されていないように思われる。もっとも、このような判決を招来させたのは、大審院判決の曖昧さにもその要因があろう。(32)

(b)　つぎの例では、女性の父は二人の関係を承諾していたが、男性の母や親族には隠れて同棲を継続していたことから、「公然性がない」として、私通関係とされている。先の大審院判決に影響を受けたものであろう。

[17]　東京地判昭八・二・二四新聞三五四九号七頁

〔事実〕　X女（一五歳）は、Y男（二七歳）が母名義で菓子等の製造販売の傍ら喫茶店を開店した際に雇われ、Y宅で日夜起居を共にするうちに、昭和五年一月ころYと密かに情交関係をもつに至った。その直後の二月にYが入営し、Xは親元に引取られたが、間もなくXYは従前の関係を復活した。Yの除隊後、同年一二月三一日より同六年一〇月一一日まで借家（間借り）で同棲したが、この関係につきXの父の承諾は得たが、Yの母には秘密裡のままであった。Xが婚姻手続を求めて提訴したが、「公然性」が問題となり、私通関係とされている。

〔判旨〕　「然リ而シテ所謂婚姻予約ノ成立ニハ通常行ハルル処ノ結納ノ取交セ及婚姻ノ挙式等ノ手続ヲ履践セストモ苟モ当事者間ニ於テ互ニ将来婚姻ヲ為ス意思ヲ以テ事実上ノ夫婦生活ヲ営ム以上之ヲ目シテ所謂婚姻ノ予約アリト認ムルニ妨ケナキモ而カモ此契約ノ成立ニハ之ヲ単ナル私通関係ト区別スル為メニハ訝マサル程度ノ公然性アルコトヲ要スルモノト謂ハサルヘカラス然ルニ今之ヲ本件ニ付キテ見ルニ前段認定ノ如ク当時Xカ未成年者ニシテYモ又未タ所謂自由結婚ヲ許サルヘキ年齢ニモ達セサルニ不拘先ツ当事者カ密カニ相通シ其ノ後婚姻ノ結果其ノ家ニ入ルヘキY家ニハ之ニ現存スル母アルニ拘ラス之カ承諾ナキハ勿論親戚知友等ニ対シテ一片ノ通知ヲ発セス否寧ロ之等ニ隠シ密カニ他家ノ一階ヲ間借リシテ之ニ同棲シ居リタル有様ニシテ毫モ公然性ノ認ムヘキ者ナク尤モ其ノ間右同棲ニ付キXノ父ノ許諾ハ之ヲ得タルカ如キモXノ父ノ供述ニヨレハ右同棲カYノ母ニ隠レ行ハルルモノナルコトハ同人モ亦之ヲ承知ノ上同棲ヲ許シタリト謂フニ在レハ要スルニ本件XY間ノ右ノ情交ハ上叙認定ノ事実ニ照シ単純ナル男女間ノ私通関係ニシテ之ニXノ父ノ承諾ヲ与ヘタルハ寧ロ後日至リテXカYノ妾トナルコトヲ黙認シタルモノニ外ナラス到底本件ニ於テ原告カ主張スルカ如キ婚姻ノ予約成立シタルモノト謂フヘカラサルナリ」

本件では、女性が未成年者であり、男性が婚姻同意年齢に達していないことのほか、男性の母には秘密裡の関係であったこと、加えて、親族知人にも何等の説明もないということが、私通関係とされた要因となっている。一時期、間借りして同棲を継続していたことは、重視されていない。かえって女性は「妾」とすら評価されている。「私通関係ト区別スル為メニハ訝マサル程度ノ公然性アルコトヲ要スルモノ」として、明確に「公然性」を要証事実とした(33)。

(c)　つぎの例では、「秘密裡の男女関係」の継続中に女性が妊娠・出産しているが、私通関係とされている。

[18]　東京控判昭和九・七・二〇新聞三七三八号四頁

〔事実・判旨〕　X女は、内縁の夫との間に一子を儲けたが、その新生児が死亡するや、同棲一年四月くらいで大正一三年二月中に強いて離別し、ミシン裁縫師として自活していたところ、同年五月に従兄の慶大医学部生のYと情交関係をむすび、昭和五年中まで旅館などで情交を継続していたが、同棲はしていなかった。昭和六年一月にXは男児を出産した。昭和六年一一月にYは他女と婚姻したが、Xとの関係はXが子を携えてY方を訪れるまでYは自己の両親に秘密にしていた。一方、Xは、大正一三年の八、九月以降、その姉や母、さらには母から父にもXとの関係が知らされたが、いずれも敢えてYの両親に図ることはなかった。また、XはYに対し将来正式に結婚すべき旨の誓約書の差し入れを求めたが、Yがこれを拒絶したこともあった。以上の事実などから、判旨は、YはXと「数年の久しきに亘り情交を継続せるも終始Xと正式に結婚する意思なかりしものにして又Xに対し将来正式に結婚を為すべき旨申込みて、Xの承諾を得、以て婚姻の豫約を成立せしめたる事実」もないとした。また、Yが婚姻意思あるもののごとく装いXを欺罔して情交を継続した事実もないとした。

本件判旨は、男性が情交関係を継続して女性に子どもまで産ませておきながらも、終始、この関係を両親に秘密裡に継続し、女性にも秘密にすることを求めていたという事情を決め手にして、つまり男性側の婚姻意思を軸として、婚姻予約の成立を否定している。女性側のやや消極的な姿勢も、かかる認定に与って力があったように思われるが、このように男性側の態度ないし姿勢に偏って婚姻意思を評価するならば、儀式のない男女関係は、たいていは私通同然という結果になろう。誠心誠意判決の規準はほとんど機能することはない。事案からみても誠心誠意判決のそれとほとんど径庭はない。

結局のところ、保護を否定した実質的理由に帰着するように思われる。本件のXは一度、事実婚と出産を経験している。これに対して、当時、大学生であったYは、まだ世間知らずでもあったであろう。いきおいYの立場ないし意思を重視せざるを得ない。Xとしては、むしろ「戯れに恋」（本件掲載誌のタイトルは「戯れに恋はすまじ」とある。）をしたものとみなされても、やむを得ない面もあった。そのような実質的な価値判断があったと考えて、大過なかろう。

男には実に虫のよい話ではあるが、仮にＸＹの立場が逆であるならば（女性が未婚、男性が既婚経験者）、女性からの慰謝料請求は認められた可能性がある。誠心誠意という基準は、結局のところ、相手方の信頼を裏切った行為態様が「信義」に反するか否という客観的基準にほかならないであろう。

(d)　つぎの例でも、秘密裡の男女関係で、端的に「性的享楽を目的とする、双方合意の上での情交関係」とされている。

[19]　東京地判昭一三・七・四新聞四二九八号五頁

〔事実〕　事務員として勤務していたＸ女は、隣家に間借りしていたＹ男（当時、高等学校入学試験準備中）と知り合い、交際するうちに恋愛関係を生じ、その後、Ｘは大正一三年二月頃に父の家を出て間借りして自炊生活をしていたところ、ここに出入りしていたＹと情交関係を結ぶに至った。その後数ヵ月して、Ｙは一戸を借り受けＸと同棲生活に入った。それ以後、Ｙが大阪に転居した昭和四年四月までは、その間三回別居したことがあったものの、双方の関係は終始継続していた。しかし、挙式はなされていないし、同棲生活につき、双方の父母の同意を得たこともない。かえって、Ｘは別居後の昭和四年一一月から昭和六年春ころまで勤務先の同僚と同居生活をしたことがある。

結局のところ、Ｙは他女と結婚したが、Ｘは、Ｙのもとを訪れ、いったんは納得したこともあったようであるが、結局は、昭和六年に本訴を提起して、婚姻予約不履行に基づく損害賠償等を訴求した。

〔判旨〕　同棲中に、将来正式の婚姻をなすべき旨の予約をしたる事実はみとめられない。認定事実から判断すれば、「Ｘ、Ｙ間の関係は単に性的享楽を旨として苟且に結合したる私通関係に過ぎざりしものにして相互に真摯誠意を以て終生の結合を誓う所謂婚姻豫約と目すべきものにあらざることを認むるを得べし」。

本件掲載誌の法律新聞が「法は性的享楽を保護せず」という「見出し」のもとで、「特報」として本件を掲記した上で、つぎのように解説しているのが興味深い。「自分たちが勝手に好い事をして置いて少し工合が悪くなると裁判所に救を求め、法の力に頼ろうとする。如何に法治国の法律でも、こんな手合いを助ける為に出来ているのではない。『野合』『私通』と云ったものは、単に性的享楽を旨とした行為で婚姻豫約とは凡そ似て非なる存在である、と云うのが裁判所の見解である」と。

実に、要領よく整理された解説である。このような立場が裁判所の見解であったか否かはしばらく措くとして、とにかくこのような立場が、敗戦後の下級審裁判例に承継されたことは間違いのない事実である。本件では、挙式もないし、両親の承諾もないまま、ＸＹはいわゆる秘密裡の性的関係を継続していた。この種の秘密裡の関係は容易には保護されないということであるが、しかし、それと性的享楽を目的とする関係とは必ずしも一致しないことに注意する必要があろう。「誠心誠意判決」の事案では、秘密裡の関係であったが、誠心誠意性が認められていたので、ここにいう性的享楽を目的とする関係とは、婚姻の意思がないということを別の面から表現したものではあるが、秘密裡の関係とは、それを単に一応推知させるにすぎない関係として考えておくのが無難であろう。

なお、本件では、同棲解消のため男性側の知り合いの男性（身元の保証人的立場の者）が刑事と称するものを同伴して、Ｘに関係の解消を迫っている。男性は当時の某市の市長の息子であるらしい。女性も勝ち気なところがあったようである。Ｘとしては自分の方の結婚がうまく行かず、逆に相手方が幸福な家庭を築いている現実をみて、いったんは納得したものの、なお、収まりがつかなかったものであろう。本件のようなケースでは、弱者である女性救済という実質的な理由は、そのままは当てはまらないので、結論としては、正当であるが、上記のような形式論が一人歩きしかねないおそれがあったように思われる。

(e)　つぎの例も、秘密裡の関係で、男性が女性に経済的援助をしていたものであり、私通とされている。

[20]　東京地判昭和一四・一・三一新聞四三八五号一五頁

〔事実〕　Ｘ女は、Ｙ家に昭和六年六月ころより約一年間、女中として奉公し、その後も仕立物を頼まれる関係でＹ家に出入りしていたが、昭和一一年五月ころ料理店で初めて情交関係を結んだ。この関係は月に四、五回におよび、その都度、Ｘは金品の贈与を受けていた。同年一二月ころＸが妊娠し、昭和一三年三月ころにＹはＸのため一戸を借り受け、そこでＸの母とともに居住させて、毎月六五円を支給していた。Ｙは、同年一〇月二五日ころまでは、ここに出入りしていたが、

Xの親族から私生児の入籍問題にからみ多額の金員を要求されたため、次第に疎遠となった。Xは、Yは旧主人たる地位を利用して処女を暴力的に奪い、これを理由に情交関係を強要したなどと主張して、貞操蹂躙による慰藉料一万円を請求した。なお、Yの主張であるが、Yは当時六四歳で妻死亡後に内縁の妻がいるが、内妻との間では子が生まれていないので、生殖能力はないなどと反論している。

〔判旨〕 以上の事実からみれば、XはYの所為に宥恕を与えたものであり、貞操蹂躙による不法行為に基づく損害賠償請求権は「暗黙ノ放棄ニヨリ自ラ喪失シタ」。また、原被告の関係は、「婚姻予約ヲ為シタルモノニアラズ単ナル合意上私通関係ヲ継続シタルニ過キサルモノ」である。

本件では、男性に内縁の妻がいるとすれば、重婚的婚約関係になり、それはとりも直さず私通であろう。そのことは認定されていない。しかし、六四歳の男性との関係であり、しかも経済的援助を受けていたとするならば、たとい妊娠・出産の事実があっても、双方合意の上の情交関係といわれても止むをえず、婚姻予約の成立は極めて困難であったように思われる。いわゆる妾関係に近いものであろう。しかし、不法行為的救済については、十分に可能な関係が継続していたものと思われ、貞操蹂躙による保護を権利放棄で根拠づけたのは、きわめて拙劣である。宥恕は男女関係が継続してこそ意味のある宥恕であるからであり、妊娠・出産させて一戸まで与えた上で、女性側の信頼を裏切っているので、かかる信義違反行為までも免責されるものではなかろう。

いずれにせよ、XYともに秘密裡に情交関係を継続し、ひいては「正式の結婚の約束」もしたことがないとしている。性的享楽を目的とした男女関係と位置づけたものであろう。

(2)　注目すべき裁判例

以上のように、婚姻予約と私通関係との区別については、下級審裁判例ではより一層問題を複雑にしている。両者の相違は紙一重ともいわれるが、まさしく裁判官の裁量に委ねられているような状況にあるように思われる。

(ア)　一つの重要な考慮事情として、両親の同意という事実が注目されるが、ことに秘密裡での性的関係については、単なる私通と評価される傾向が顕著にみられた。この点では、つぎの事例が興味深い。当初の情交関係が私通とされたが、それが発覚して、男性側の親族が嫁として受け容れると、婚姻予約が成立することを認めている。

[21]　妙寺区判昭和六・六・八新聞三三〇八号七頁

〔事実・判旨〕　原告女は、被告居村の養蚕業者に雇用されていた間に被告と「私通」したことが認定されており、被告が父母の同意を求めたが拒絶されたため、原被告の二人が駆け落ちしたことから、被告の父母が憂慮して親族とはかり、余儀なく原告を妻として迎え入れることを承諾したので、ここに婚姻予約が成立した、としている。

このような事例をみても、両親の同意がいかに重要な考慮事情であったかが判明しよう。それが、当時の社会的な習俗であったが、法的にも婚姻予約の成否に極めて重要な意味を有していたものと思われる。

(イ)　ところで、私通であるとしても、妻子ある男性の詐言を信じて情交関係をもった場合には、男性に詐欺的行為があったとして慰藉料を認容した例がある。つぎの例は、「詐欺誘惑の論理」を使用して、女性を救済している。

[22]　東京控判昭和七・二・二七新聞三三九七号一三頁

〔事実・判旨〕　Xは多年某病院に看護婦として勤務し、Yも昭和元年中より昭和二年五、六月頃まで同病院の医員として勤務したことがある。昭和二年一一月頃Yは、当時妻子がいたにもかかわらず、これを秘して某料理店でXに情交をもとめ、XはYの言を信じて身を任せ、爾後、数回情交を通じたる結果、Xは懐妊して、昭和三年七月一三日に双子を分娩した。判旨は「右ノ如ク控訴人Yカ被控訴人Xヲ欺キ、之ト情交関係ヲ結ヒタルハ、是全クYカ故意ニXノ貞操ヲ翻弄シ、惹テXノ名誉ヲ侵害シタルニ外ナラスト謂フヘシ」とする。

重婚的婚約ケースであるが、女性側が善意であったので、婚約破棄として救済することも可能であったものの、男性の詐欺的行為を捉えて、不法行為責任を認めている。

(25)　そこで、岩田新『判例婚姻豫約法解説』（有斐閣、一九三五年・昭和一〇年）二九〜三〇頁は、この下級審裁判例は儀式不要とした大審院判決に従った判決と評価している。しかし、やや皮相的な見方であろう。儀式を不要としたからといって、事実審は婚姻意思の認定を避けられないので、そのためには通過儀礼があれば、これに依拠するのが普通であろう。あえて儀式に言及するまでもないと判断したのではないか。

(26)　穂積・前掲注（21）四〇九頁。
(27)　穂積・前掲注（21）四一〇頁。
(28)　杉之原舜一『判例親族法の研究』（日本評論社、一九四〇年・昭和一五年）六六頁は、内縁が成立するためには「夫婦としての協同生活関係」が必須の要件とするが、本判決を引用したうえで、「必ずしも通常の婚姻生活の如く同棲生活関係に全面的に入ることを必要としない」とする。
(29)　唄孝一・佐藤良雄「判例における婚姻予約（一二）」都法七巻一号（一九六六年）一三七頁以下に一審・原審判決、本判決の差戻判決と再上告審判決が収録されている。唄らの解釈にも要注意。
(30)　唄＝佐藤・前掲注（29）「判例における婚姻予約（一二）」一八二頁は、本件では、「習俗的通過行事（結納の授受）、親兄弟の同意・承認、挙式日の約定、挙式日の延期ないし中止方要請、さらには女子の挙式不参などなどにまで至っている」としたうえで、双方の合意のみを指標とする「単純婚約の範型」（婚姻予約概念）からは、はみでている、とする。あわせて、挙式まで準備しながら、「判決の厳格な要件構成」により保護を否定された原告男性に多少の同情を示しながら、「婚姻予約不成立の認定に違和感を感ずる」（一八五頁）として、その結論に疑問を呈している。前者の指摘は、男女関係の「連続性」を重視する唄らの基本姿勢からの疑問と思われるが、婚姻予約とは規範的概念であり、かかる合意の有無は、いうところの一連の連鎖する諸行為のプロセスを考慮して、総合的に判断されざるを得ないものであり、それらが予約概念で捉えきれないというのは理解しがたい。婚姻予約の要件事実（判例では「婚姻意思」）とその証明手法とは明確に区別しなければならない。ことに婚姻習俗による一連の行為態様ないし行事が途上で頓挫した場合には、婚約ないし内縁は成立しないと解するのは、社会通念でもあろう。下記の三で検討する予定の一連の下級審裁判例を参照のこと。
(31)　高梨公之『日本婚姻法論』（有斐閣、一九五七年）七一〜二頁。
(32)　五鬼上堅磐（弁護士）「婚姻豫約の成立要件」（本件判批）新聞三五三〇号一九頁も、大審院の立場では私通との区別のために当事者の真意をいかなる事実によって認定するかが重大な問題となるとしたうえで、本判決に対しては、婚姻豫約は身分契約であるので、予約時では意思能力を有しておれば足り、父母の同意は届出の時にあれば十分である、と反論する。また、本判決が夫婦としての共同生活を要件としたが、上海事変に出征の艦上で祝言を挙げた一兵士の例を引いて、媒酌人により結納を納めて挙式したが同棲のみが残されているような場合でも、立派に婚姻の予約が成立している、と批判する。

(33) このような本判決のいう「公然性」を支持する学説もある。岩田・前掲注(25)四三頁、四五〜六頁、一五〇頁などは、本判決が「公然性」をもって私通との区別の指標としているとして、このような立場を高く評価しているようである。また、単なる情交関係では婚姻予約を成立させるには十分ではないが、「同棲関係」には公然性がある、というのが判例の真意とする(同一五一頁)。

四　婚姻予約と入籍問題

1　婚姻届出請求訴訟

(ア)　この当時になっても、婚姻予約に基づいて届出請求を訴訟物とした事件がある。いうまでもなく、判例の立場からは、かかる請求は認められないが、内縁関係が継続してきた場合には、妻側が入籍手続を求めたとしても、何の不合理があろうか。ただ、それは、そうした請求は正当であるとしても、その旨の判決を求めることはできない。これはもはや確定した判例理論といってもよい。

[23]　東京地判昭和七・二・一二新報二九二号二八頁(内縁)

〔事実・判旨〕　X女の主張は、こうである。Xは、昭和三年四月三〇日にY男と婚姻予約をなし、XをY家に入籍させる旨を約して、事実上夫婦として同棲してきた。ところが、昭和六年六月ころ、同棲しなくなり、その間、たびたび婚約の履行を求めたが、Yは、昭和六年七月二〇日ころ、郷里の兄の反対を口実に婚姻の履行を拒絶した。そこで、Xは、YにはXをY家に入籍させるべき義務があると主張して、その入籍手続をなすべきことの判決を求めて提訴した。判旨は、縷々、婚姻の自由を強調して、裁判上は届出を請求することはできない旨を説示している。

(イ)　つぎの例は、やや特殊の事案であり、男性が女性に婚姻届出の請求をしているが、その経緯が相当程度に複雑であり、かつ不分明でもある。

[24]　東京地判昭和八・一〇・三〇新報三四七号一六頁

〔事実・判旨〕事案は不詳であるが、X男の主張によれば、XはY女と昭和六年六月一五日に婚姻予約をなし、婚姻の届出は同日より二年後と約定し、それまでは同棲を継続してきたところ、Yがこれに応じないので、本訴により届出を請求したという。これに対して、Yの主張では、YはAと婚姻し、円満に夫婦生活をしてきたが、昭和六年一月ころYがXと知り合い恋愛関係が生じ、同年六月にAの知れるところとなり、結局、改心の誠意を示すときは復縁するとの約束のもとに、同年五月一四日に協議離縁したが、その後も、Yは二人の子どもと共にAと同棲していた。同年六月二〇日ころ初めてAと別居したが、現在まで二年間余はXと交際・文通はないという。

XY双方の主張はともあれ、判旨は、Xの請求は予約上の義務の履行を求めるものにほかならないところ、婚姻は当事者間の自由な意思の合致により成立し他から強制すべきものではないので、予約が成立していても、その意思表示を命ずる判決を求めることはできない、とした。

2　入籍問題

届出の強制履行それ自体の請求は、もはや無理というしかないので、これを繰り返して請求しても、認められないと思うが、内縁夫婦にとっては、とくに妻側では夫婦関係が円満に行かなくなると、一段と「届出」の重要性は顕著になる。円満にいっているような場合には、むしろ「こども」ができてから、婚姻届出を失念していたことを思い出して、あわてて出生届出とともにする夫婦も決して少なくないであろう。たとえば、山口地判昭和八・四・二六（新聞三五五九号五頁）では、内縁夫婦の妻が長男を懐胎したときに「婚姻届出を怠り居ることを気付き漸く昭和七年一二月五日に之が届出を為したり」という事実認定がなされている。これは、その直後に夫が死亡したので、嫡出子としての届出を却下されたことから、その処分を争った事件であるが、通常、この種の夫婦も少なくなかったものであろう。

しかしながら、ここでの慰藉料請求の裁判例に登場するのは、そうした事例ではない。すでに夫婦関係が破綻している場合に、入籍問題が生ずることが少なくないが、かかる入籍問題が内縁破綻とどのような関係があるのかを明らかにすることが、当面の課題である。この問題については、すでに、「誠心誠意判決」前の裁判状況を分析したが、その後も、同様の傾向があることを改めて再確認したいと思う。

(a)　つぎの事例は、妻からたびたび入籍の要請があったにもかかわらず、夫側がこれを遷延させて、ついに離別したという事案で、ことのほか「入籍手続」を重視している点では、注目すべき事例である。

[25]　大判昭和一〇・一〇・二六裁判例九巻二六〇頁（内縁）

〔事実〕　X女は、昭和三年一二月一七日、媒酌によりYと「婚約」を結び、地方の慣習により親族等に披露したうえで、Y方に輿入れして事実上の夫婦関係を継続してきた。X女は、たびたび入籍手続を求めたが、Yは、ゆえなくこれを遷延させた。昭和七年八月中にXが脳溢血に罹り、同年八月中にYの許諾のもとに、療養のためXは実家に帰った。その後、小康をえたので、Xは同年一〇月二四日にY宅に帰来した。Xは翌八年一月四日に母の一周忌に際して実家に帰ったが、それ以来、Y宅に帰来していない。Xは、YがXの帰来を許さないので、婚姻予約を破棄したものであるとして、婚約不履行を理由に提訴したが、これに対して、Yも、Xは再三の督促にもかかわらず帰来しないので、Xが婚姻予約を拒絶したものである、と反訴請求した。

原審の東京控判昭和一〇・四・一一（新聞三八五二号九頁）は、つぎのように判示して、いずれの請求も棄却した。Y

がXの療養中にXに対して病気が全快しない限り帰宅を許さないと告げた事実はないし、また、母の一周忌に際して実家に帰ったことを口実にして、帰来を許さない旨を明確にしたこともないので、Xの請求は認められない。一方、Yは、事実上の夫婦関係が四ヵ年も継続し、妻たる婦女よりたびたび入籍を求められたにもかかわらず、理由なくこれを遷延し、また、相手方に病気が治癒するまでは帰来するにおよばずと申向うるがごときは、たとい眞に婚姻破棄の意思なしとするも、相手方が男子の誠意を認めがたいと考えるに至らしめたので、その挙措は軽率であり、その責任はYにある。

〔判旨〕（破棄差戻し）「上述の如く婚姻豫約ノ成立後数年ヲ経過シ其ノ間上告人側（X）ヨリ度々入籍手続ヲ求ラレタルニモ拘ラス何等正当ノ理由ナクシテ之ヲ放擲セル以上最早被上告人（Y）ニ於テ右豫約ヲ実行シ以テ上告人ニ妻タルノ地位ヲ与ヘムトスル意思ナク且其ノ意思ナキコトカ既ニ表示セラレタルモノト推定スルヲ相当トスヘク……」、しかも上述のように上告人に病気が治癒しないかぎりは帰宅に及ばずと申し聞かせて実家に帰宅させたる事情があるならば、一層如上の推定を強めるものである。

本判旨は、入籍手続を理由もなく拒絶する行為態様をきびしく非難している。これは要するに、挙式同棲した限りは、「届出をなす義務」があるというに等しいであろう。[34]このような状況を承けて、後に真正面からこれを肯認する大審院判決が登場することとなる。なお、「石川稔」は、本件も破棄誘致事例として位置づけている。[35]「被告に黙示的破棄ありとするもの」とし、入籍放置という不作為行為を破棄と推定する点で、やや異質であるとしたうえで、原判決が帰家の催促を妻が拒絶したことを破棄としていることも考慮しながら、結局のところ、「本件は破棄者を保護した事例」[36]という。しかし、上記大審院の判旨からいえば、そのように読み込むのは問題であり、婚姻予約上の義務不履行（入籍拒絶）による不当破棄事例と解すれば足りる。そもそも入籍放置を「不作為行為」と構成するのも、予約に基づく「届出義務」の意義を捉え損ねているというしかない。

(b)　つぎの例も、妻がたびたび入籍を求めたが、夫が理由なくこれを拒絶するなどした結果、妻が離別を決意している。

[26]　水戸地裁下妻支判昭和九・七・二三新聞三七四四号一六頁（内縁）

〔事実・判旨〕　X女は、Y男と媒酌により昭和六年九月一七日にYの養家で挙式して婚姻の予約をなし、爾来事実上の夫婦として同棲した。Yが転勤で一ヵ月に一回くらいしかXのもとに帰るにすぎなくなったが、Yの養父とYの先妻の子と同居して、産婆を開業しながらYの留守を守っていた。その間、XはYに対して数回入籍を要請したが、言を左右にして手続をなさず、料亭の女将のところに寝泊まりすることが少なくなかった。XはYから淋毒を感染させられ、一時休業したことがあったが、Yは全くこれを顧みなかった。昭和八年一〇月下旬ころ、Xは実父に依頼して入籍方を求めたが、Yは養家を出て行きたいので、入籍の如きは第二の問題と称したのち、包み金をして離別を申し入れ、爾来、Xのもとにほとんど寄りつかなくなった。XはYの真意を問いただすため、昭和九年一月に警察署の人事相談部に願出てそこでYと会見したところ、Yが離別の意思を告げたため、将来の見込みなきものと考え涙を呑んで、同年一一月一九日に実家にもどった。訴訟では、Yは抗弁として入籍手続の意思があると反論したが、判旨は、いったんYに違約の行為があった以上、Xはその履行の提供を拒絶して損害賠償を請求しうるとした。慰藉料については、Xの父は保険会社の外勤社員として月収八〇円の収入があり、Xはその長女に生まれ、初婚にして月収三五円を得ていること、Yは吏員として月俸五〇円を所得していることのほか、その他、上記認定事実などから、金五〇〇円を認容した。

本件の推移をみると、Yが入籍手続を拒絶した動機・目的は、明らかに入籍による拘束を嫌っていたことによるものであり、内縁のままであると、いつでも離別できるという側面が顕著にみられるように思われる。家制度下での法制度上の制約というのではなく、単なる身勝手でしかない。このような「わがまま」が、かえって家制度下では許容されていたこととなろう。婚姻の法的知識がなかったというような事情も、少なくとも裁判例では珍しい例に属し、実際、当時の社会生活のなかでも、あまりなかったのではなかろうか。

3　「届出義務」

つぎの大審院判決は父が子に代わって婚姻予約を申し込んだ事例であり、父にも「届出手続」に協力すべき義務のあることが強調されている。かかる父の協力義務は、当然のこととして、内縁当事者間での届出義務を前提としたものであろう。本判旨も、父が「子と協力」して「婚姻届出を為すべき義務」があるとしているのは、子自身の「届出義務」があってこそ成り立つ論理というしかなかろう。

[27]　大判昭和一九・三・一六民集二三巻一七七頁（内縁）

〔事実〕　X女の主張は、つぎのようなものであった。戸主・父であるYは亡長男AとXとの婚姻を内諾し、Aの依頼により原告に求婚の申入れをしたうえで、昭和四年三月に媒酌人のもとに挙行された結婚式にも出席した。その後、AとXとの事実上の夫婦としての同居生活が円満に継続したが、昭和一三年二月にAが死亡したので、ついに婚姻届出はなされることなく終わった。Yが、地方の慣習もあって、子どもが生まれるまでは内縁関係でも何ら支障がないと判断して婚姻届出をすることに協力しなかったことから、Xは、Y（とその妻）が婚姻届出を遅らせたとして、婚姻予約の不履行による損害賠償を請求した。原審は、Yが婚姻届出を阻止した事実もないし、届出の依頼を受けていたわけでもないとして、Xの請求を棄却したが、大審院は、これを破毀して原審に差し戻した。

〔判旨〕　民法七七五条によれば、婚姻はその「届出」がない限りは効力が生じない。したがって、たとい挙式後、長年月にわたり同棲生活を継続しても法律上夫婦関係を生ずることはない。「然レハ婚姻ニ当リ戸主タル父カ之ニ内諾ヲ与ヘ且其依頼ニ基キ子ニ代リ配偶者タルヘキ相手方ニ求婚ノ申入ヲ為シ婚姻ノ予約ヲ成立セシメタル関係ニアル以上相手方ニ対シ遅滞ナク届出ノ手続ヲ実現シ以テ法律上婚姻ヲ完成セシムヘク協力スヘキ責務アルモノニシテ届出ノ手続ニ付キ子ヨリ特別ニ其依頼アリタルト否トニ拘ラサルモノト解スルヲ条理上相当トスヘシ」。Xが一審より主張しているのは、YはAの懇請を入れ、Xの父に対しXをAの妻に貰い受けたい旨を懇望した結果、一家相談の上、XA間に婚姻予約が成立し、挙式同棲したものであるということであるので、X主張のごとき事情によりて婚姻予約が成立したならば、「Yハ当然Xニ対シAト協力シテ戸籍上ノ届出手続ヲ実現スヘキ義務ヲ負担スルモノト謂ハサルヘカラス」。しかるに、原判決は、右のような事情の存在につき何ら顧慮していないし、また、Aは当時小学校訓導の職にあったので、みずから内縁関係を約一〇年間も継続するのは、忍び難きところであるところ、その間の特別の事情につき、首肯しうる理由が必要であるが、この点を看過している。

本判旨は、戸主である父がX家に求婚の申出をしたことを特に強調しているが、かかる事情がなく、単に戸主が内諾を与えただけで子が直接相手方と交渉を進めたような場合でも、同様に解しうるし、また、戸主ではなく、両親の同意が必要である場合にも、同一の理論を適用してもよいであろう[37]。したがって、かなり一般化が可能である。すなわち、当時の婚姻習俗に従って媒酌により親族列席のもとで通過儀礼がなされたような場合には、当事者はいうに及ばず、その両親も速やかに婚姻届出をなすことが条理上要請されているという趣旨に解して大過なかろう。このことは、戸主が婚姻挙式に同意すれば、婚姻の届出をなすことについても同意したものとみなすと解した大正一二年大審院判決の立場（第五章[18]判決）とも整合する。この[18]判決は、先述したように、結婚式に対する戸主の同意がその本体であって、届出に添付すべき戸主の同意書はその同意を明確にするための手続に過ぎないので、それが欠落していても、同意の効力に影響を及ぼすものではない、としたものである。しかも、婚姻の本体が結婚式の挙行にあるかのような説示をしているので、「穂積重遠」をして、「やがては結婚式が婚姻其もので婚姻届はそれを明確にならしむる手続に過ぎぬとの結論に向はないとも限らない」と言わしめた所以である[38]。

もっとも、判例が届出を婚姻の本体とする立場は将来においても堅持されているので、穂積のような一般化には慎重にならざるを得ないとしても、要するに、挙式同棲したならば、すみやかに婚姻届出をなすべきことが、当該家族秩序の中で捉えられている事情を、ここで再確認しなければならないのである。「福島四郎」は、本判決には論理的難点があるとして、戸主の協力責務とは同意権者としてか、または代理機関としてか、また、父が子をして手続を実現させる方法において協力するのか、みずからその手続を実現する方法において協力するのか、不分明であるとするが、反面、そのような形式論を重視するのではなく、父が婚姻豫約を成立させた事情に焦点をあわせたうえで「協力スベキ責務」という道義的性格を暗示し、法律上の義務としなかったのは極めて周到であると評価し、結論にも賛成している[39]。しかし、いうところの「協力スベキ責務」が法律的義務ではないと断定はできないであろう。大審院は、協力して「届出手続ヲ実現スヘキ義務」を根拠として損害賠償責任が認められる可能性を説示しているので、これを単なる道義的義務というのは、本判決の核心を捉え損ねているのではないか。ことに本件のように、第三者たる父にまで損害賠償義務を負担させるためには、そこに明確な権利義務の関係が論理的に前提とされる必要があろう。

(34) 仁平先麿「内縁の法理」国士舘大学大学院政経論集一七号（一九七二年）一三九頁は、本判決を捉えて、さらに間接的に履行強制を認めているものと評価している。そこまでいえるかは、しばらく措くとしても、少なくとも、「届出義務」は明確にしているものと評価してよいであろう。
(35) 石川・前掲注（2）「(二完)」六七九～八一頁。
(36) 石川・前掲注（2）「(二完)」六八一頁。
(37) 我妻栄「本件判批」『判例民事法昭和一九年度』四七頁は、そのように解している。
(38) 穂積重遠「本件判批」『判例民事法大正一二年度』五二三頁。
(39) 福島四郎「本件判批」民商二〇巻五・六号（一九四六年）五四頁。

五　正当理由

この時代でも、正当事由の判断に関する事例が主流となっているが、基本的には、前章で取りあげた事例群と同趣旨の裁判例も少なくないので、ここでは大審院判例を中心として、下級審裁判例は、興味深いものに限定しながら、必要に応じて紹介することとした。

1　大審院判例

(1)　正当理由と信義則

つぎは、内縁事例であるが、理論的には「信義則」に依拠すべきことを明言しているのが参考となる。

[28]　大判昭和七・七・八新聞三四五一号一二頁（内縁）

〔事実〕　X女は夫と死別後に戸主となったが、Y先代（裁判所書記）とは、大正五年から大正一五年六月まで同棲していたところ、Y先代がXに対し親に話して籍にいれる旨を話したことがあるが、結局は、果たさぬまま、昭和二年に死亡した。そこで、X女は相続人のYに対し婚姻予約不履行に基づく慰謝料を請求した。これに対して、Yは、不履行につき、つぎのような正当事由があると反論した。Xは戸主であるので、①入籍を迫るのは不能を強いるものであり、Xとの婚約を履行して届出を為すためには、Xみずから入籍をなしうるような手続をとり、その身分を作出すべきものであること、また、②Y先代の両親がXとの婚姻に反対して、その旨の遺言まで残しているので、孝道上、婚姻は断じてすべきではないこと、さらには、③Y先代が病床中に暴行虐待をしたことを主張した。しかし、控訴審は、つぎのように判示した。①については、Y先代が入籍手続をとれば、Xも戸主の身分を離脱するための手続をとったこと、②との関連では、Y先代は当時すでに三〇歳に達していたので、親の同意は不要であるし、戸主の同意を得ないで婚姻をすれば離籍される虞れがあるのはもちろんであり、また親の意思を尊重することはわが国の美俗ではあるとしても、これをもって正当理由になるものではない。また、③については、Y先代が長年にわたり入籍をなさなかったため、Xがこの点を焦慮して暴行虐待をなしたものと認められるので、この事実も正当事由にはならない。Xに対して金四〇〇円の慰謝料を認容した。これに対して、Yは、同趣旨の反論を述べて上告したが、棄却されている。

〔判旨〕　上記理由の②につき、「婚姻予約ニ依リ当事者ハ婚姻ヲ為スヘキ義務ヲ負担スルモノナレハ婚姻予約不履行ニ付キ正当ノ理由アリヤ否ノ問題ハ信義ノ観念ト婚姻ノ本質トニ鑑ミ之ヲ決スヘキモノト解スルヲ相当ト為ス」べきものであるから、原審が所論の如き事実を認定しながら、論旨指摘のような判示をしたのは正当である、としている。また、その余の反論も理由がないとした。

当時の婚姻予約の破棄理由の特徴的なものとして、上記の②からも明らかなように、両親の反対があった。本件では、Y男は親の意見に従わないことが孝道に悖ると主張しているが、これは家制度の反映である。大審院もかかる反論には慎重に応接したものと思われる。正当理由の判断において「信義則」を強調せざるをえなかった所以である。実際、当時では、原審が指摘するように、戸主の同意がなければ、離籍されるおそれがあり、現に内縁の妻の例であるが、戸主・父の居所指定に反にしたことから、娘がこれを争った事例もあったことは、すでに指摘した（第五章[16]判決）。大審院は、当然のことながら、この判決を意識していたであろう。そこでは、戸主の同意がないことから、内縁自体が違法とされている。したがって、本件のYが、親が遺言までして頑強にXとの婚姻を拒絶していたのだから、いかにXが戸籍の届出を望んだとしても、違法な内縁となり、それ自体としては保護に値しない男女関係であったはずである。Yは、この盲点を突いたわけであるが、大審院は、それでも正当理由にはならないとしたのである。この点で、本件は先例的な意義を有する重要な裁判例であったように思われる。Yの親がそこまで反対したのは、Xに何か問題があったのか、初婚ではなかったことなどが影響していたのかは、知る由もない。本件の原審は、前掲の東京控判昭和六・一二・一二（[5]判決）であり、婚姻予約の成立についても、争われているが、これはすでに紹介した。(40)

なお、興味深いのは、本件のXも慰藉料の額（請求額二五〇〇円、認容額四〇〇円）を争って上告したことであろう（大判昭和七・七・八民集一一巻一五二五頁）。Xは、すでに四五歳になり、事実としてはもはや婚姻はできない年齢であり、生涯独身として生活せざるを得ないし、また一〇数年間の夫婦としての「内助の功」を同金額で慰藉すべきものとしたのは不当であるなどとして上告したが、慰謝料の額は事実審の裁量によるとして、上告が棄却されている。(41)

(2) 正当理由が認められなかった事例

(ア) つぎの例は、「肺結核に罹患したこと」が正当事由になるかにつき、大審院がはじめて判示した事例である。

〔29〕　大判昭和一一・三・一二新聞三九六五号五頁(42)（内縁）

〔事実〕　昭和八年一一月一五日にA女はY男と挙式の上、事実上の夫婦となったが、二〇日あまりした同年一二月一一日にAが重症の肺結核のため入院した。ところが、Yは入院中、入院後の一ヵ月は時々見舞いに来たが、その入院治療費の分担を申し入れないし、その後は一回も見舞いをしなかった。のみならず、翌九年三月一一日に他女と婚姻をした。その後、同年九月一四日にAは病死した。Aが生前に婚約不履行による損害賠償を請求し、Aの相続人がこれを承継した。原審（広島控判昭和一〇・一〇・三〇）は、その賠償請求を認容したところ、Yは、らい病や肺病の血統があれば、この一事により婚約は破棄せられるのは世間周知の事実であり、婚約の履行責任を認めるのは酷に失するなどと主張して上告した。

〔判旨〕「然れども婚約を為し挙式後僅かに二〇日余にして新婦が肺結核なることを発見し入院治療の止むなきに至りたるときは其他の事情如何を問わず之を以て直に右契約の履行を拒否すべき正当の理由となすは早計に失するものとす」。本件では、上記の事実関係のもとで、「徒に婚約の解消を迫りて一掬の同情を寄することなく重症に呻吟せるAを棄つること弊履のごとく婚約解消の事未だ解決せざるに拘らず」、他女と婚姻して、婚約を廃棄したのは、「固より我国古来の美風良俗に反すること勿論にして」、「Aの正当に有する法律上の利益を害したるもの」であり、「婚姻の式を挙げて夫婦生活を営みたるAに於てはまさに其の受けたる精神上の痛苦の甚大なるのみならず婦人としての社会的立場に回復すべからざる損害を被るものと謂わざるべからず。」

本件当時では、肺結核はたしかにYが主張するように、不治の病とされていたのではなかろうか。わずか二〇日ばかりで発病すれば、たとい女性側が不知であったとしても、その婚約履行を男性に強いるのは酷ともいえよう。本掲載誌の法律新聞も、男性がこのような哀れな運命に従わねばならないのか疑問を呈し、むしろ女性側に不履行の原因があるとしている。その見出しは「うかつに婚約は出来ない」として特報の記事にしている。

ところで、本件が内縁事例であることは、判旨からも明らかであるが(43)、「婚約不履行」としている。あえて婚約段階の合意を捉えて、その不履行を問題としたものであろう。いずれにしても、婚約と内縁との区別は明確に認識されている。実際、本判決は「池田寅二郎」を裁判長とする。池田はかつて、イギリス婚約法に依拠しながら婚約としての婚姻予約と同棲とを明確に区別して論じていたからである。[44] したがって、本件男女関係の結合の弱さをしめすために婚約という用語を使用したというわけではない。法的テクニックとして、内縁に入った男女関係のプロセスを認識したうえで、予約不履行という構成をとるために、「婚約」概念を使用したものであろう。

なお、本判決は、肺結核自体を正当事由の可否の考慮事情としたのではなく、これを起因として病状の妻に対してなした夫の行為全体が「善良の風俗に反する」とし、かかる行為態様が妻の「法律上保護に値する利益」を侵害したと説示している。そこで、学説では、大審院の上記説示から、判旨のいう予約という用語は表面的なもので、その真意は内縁を事実婚とみているとして、民事連合部判決との質的な変化をみる見解もある。[45]

また、不法行為に基づくものであるとするが如き傾向をしめす判例と評価するものもある。[46] さらには、妻の肺結核の罹病を起因とする夫のリアクションの不当性を指摘しているので、予約不履行論ですべて処理するよりも不法行為の論理も混在させる方が、より説得的であったとする意見もある。[47] なお、果たして単純婚約でも同様に処理できるであろうか。

(イ)　相手方の身体上の問題点が議論された例もあるが、いずれも正当理由にはならないとされている。

(a)　挙式当日に、女性側が男性に身体的欠陥があったことを認識したことから、挙式の翌朝、女性側の実兄の強い意向で婚姻予約が破棄された。

[30]　大判昭和一三・七・二全集五輯一四号二四頁[48]

〔事実〕　X_1男はY_1女と昭和九年一二月一九日、X方において媒酌により親族列席のもとで挙式した。同夜一一時ころにY_1は実兄のY_2ら親族と共にX方に輿入れしたが、翌二〇日の未明、Y_2はY_1を連れ帰り、婚姻予約を破棄した。破棄した理由は、X_1の身体的欠陥であり、幼児のころの左足左手の負傷により発育稍不全にして跛行の傾があったが、外観上も気付かない程度の軽微なもので商売の貴金属業には支障はなかった。Yらも事前にこのような事情は媒酌人を介して報告を受けていた。ところが、現実にX_1を目の当たりにしたY_2は、予想に反した点があったことから、X_1が手足の利かない不具者であると称して婚約を破棄することをY_1に決断させた。X_1は父X_2とともに提訴した。Yらは、とくにX_1には右前胸部の胸壁に陥没があるところ、このような疾患につき通知を受けていない、と反論した。

原審は、かかる軽微なる身体の欠陥は通知する要はないし、婚約以前にX_1がこれを自覚していた事実はないとして、Y_1のみならずY_2の賠償責任を認めた。賠償額については、翌日に結婚披露宴を開く予定であったので、案内状を出し、料理万端の用意をしていたことから、Xらは精神上重大なる苦痛を被っているが、X_1とY_1とはともに初婚者であり、貞操問題には交渉するところなく、X_1は男子としての面目を失墜したる程度であることのほか、X_1はその後、他女と事実上の結婚生活をしていることなどの事情から、慰藉料は金二〇〇円とし、財産損害については、白金側腕時計と一八金ルビーリングの価格の半額、相当な結婚式費用の計四七二円余を認容した。一審では父親X_2の慰藉料も認められていたが、その失望は、X_1の権利侵害の間接の結果にすぎないことから、「法律上保護せらるべき利益」の侵害はない、とされている。Yらは、配偶者の健康容姿は重要事項であり、とくに胸部は身体の主要部であるので、これを軽微ということで通知する要なしというのは、不法であるなどと主張して、上告した。

〔判旨〕「原審ハ要スルニ婚姻豫約当事者ノ一方カ自覚セサルニ軽微ナル身体ノ欠陥ヲ予メ相手方ニ通知セサルモ相手方ハ之ヲ以テ正当に右豫約破棄ノ理由ト為スコトヲ得サル旨ヲ判示シタルモノニシテ其ノ判示ハ相当」である。

本件での胸部の身体的な欠陥については、それが軽微で本人が自覚していないならば、事前に相手方に通知する必要がない、と判示された。この点は、特に問題がなかろう。ただし、この種の身体的欠陥は、たとい軽微であっても、一生を共にする配偶者にとっては、重要事項となることもあろう。Yが、このような欠陥を本人が認識しないはずはないので、自覚していないとするためにはその反証が必要であると反論したのも、理由がないわけではない。当時の婚姻習俗・媒酌結婚によって、双方の「自己開示」が不十分のまま、いきなり挙式に至っている事情が明らかになっている。破棄の要因は、このことに尽きよう。

ところで、「唄・佐藤」は、本件の男女関係について、持論の試婚論を前提としながら、「婚約から試婚ないし事実上の段階に移行するそれ」と評価している。原審は、結婚式を挙げ婚姻予約が成立したことを認めているが、「婚約と考えているようである」という曖昧な表現を使用し、そのように考えたのは、被告側が「社会的な婚約」の纏った時を問題としていることに少なからずの影響を受けていることは否めないとしている。(49)

しかし、原審は、別のところで「夫婦の実生活に入らんとする同人〈Y女〉を其の寸前に於て翻意せしむるとしアヤ子〈Y_1女〉亦実兄の意思に動かされ友実〈X_1〉との婚約を不履行に終わらしたる事情は……」(50)と明言している説示部分を決して見落としてはならないであろう。あきらかに婚約と「評価」しているものであり、結婚式と同棲とを規準として内縁を事実認定したきた従来の判例の立場と何ら変わるところがない。むしろ、「内縁・婚約」二分論をいっそう明確に浮かび上がらせた事例といえよう。

(b)　女性の顔に痣の痕跡があったことを挙式後に知ったことから、男性が同居を拒絶した例もある。

[31]　大判昭和一八・六・二一法学一三巻三九三頁(51)（内縁）

〔事実・判旨〕　X女は、昭和一六年一一月二三日にY男と媒酌により婚姻予約をなし挙式後直ちにYの任地で同棲したが、同年一二月一一日にYの実母がXY夫婦の新居に来宿した折り、実母がXの顔面にある「痣の痕跡」をみて浅慮なる言辞を告げたことから、Yは、これに心動き将来を危惧懊悩して、理由を告げないまま、その翌日から勤務先の航空隊に宿泊して帰宅しなくなった。XはYに面談してその翻意を促したが、Yは婚姻関係を継続する意思のないことを明言した。一審・原審では、いずれが先に予約を解消したのかも争点となったが、Yが何ら正当理由がないにも拘わらず予約を破棄したと認定された。慰藉料については、Xは女学校卒業後は家事見習いをなし、年齢は二五歳で初婚であり、実父は医業を営んでいるのに対して、Yは文理科大学卒業後に航空隊で教授をしていること、その他、同棲期間などの事情から、金八〇〇円とされた。また、XがYに「支度金」として贈与した一千円と婚姻費用一四三円余の出えんが婚姻予約不履行による損害賠償として認容された。大審院も、基本的には原判決を是認している。(52)

本件では、実際の同棲期間が二二日間、Xの荷物が荷造りされ、実兄宅に寄寓するまでだと、三三日間にすぎないが、一審・原審も、また大審院も「内縁関係」の破棄としている。本件の論理は、婚約の場合にも、妥当するものと考えて大過なかろう。

なお、Yは、Xが痣の痕跡を「にきび」の痕跡と称してあえて虚言的行為をしたこと、また、それが遺伝性疾患であることを立証するため、証人と鑑定とを申請したにもかかわらず、原審がこれを排斥したことを非難したが、大審院は、いずれも証拠方法の問題に過ぎないと一蹴した。その際、鑑定の結果を得たとしても、Xが顔面の痕跡につき「虚言を弄したりとの事実を認め得るに過ぎず」、かかる事実によってはXの請求を排斥するには足らない、とも付言している。おそらく、Yが、たとい痣に気が付かなかったとしても、この程度の痣の痕跡をことさらに取り上げて予約を破棄するような行為態様は信義に反するという趣旨と思われる。

(3)　正当理由が認められた事例

つぎは、妻のやや異常な態度が原因となって夫婦関係が破綻した事例であり、夫側に正当理由があるとされた。正当理由があるとされた事例としては、珍しいので、やや詳細に紹介しておこう。

[32]　大判昭和一四・五・二全集六輯二一号一七頁(53)（内縁）

【事実・判旨】　本件は大判昭和一二・二・二六全集四輯四号四〇頁の差戻後の再上告審判決である。その一審・原審によれば、X女はY_1男と昭和四年三月二〇日に婚姻予約をなし同日挙式して、昭和七年七月一四日にY_1がXを当時の居住地満州からXの実父A宅に連れ帰り、同所に来合わせていた訴外人には折り合いが悪いので絶縁する旨を告げたのみで、XAには無断で単身帰満したのち、他女を妻として迎え入れたことから、婚姻予約不履行が認められた。慰藉料については、AとY_1との間では正当理由なくして不履行すれば金一千円を支払う旨の契約がなされ、Y_2らが重畳的に債務を引き受けていたという事情があったので、一審・原審は、Y_1Y_2に同額の金員の支払を命じた。しかし、大審院は、原判決のいう正当理由の判断は不透明であり、Xの日頃の挙措が不履行を惹起するにつき何らかの素因を与えている余地がないとも言えないなど判示して、これを破棄した。

差戻審は、つぎのような事実を認定して、Y_1の不履行には正当理由があるとした。X女とY_1男は、昭和四年三月二〇日に婚姻予約を締結して同日に挙式し、翌二一日にXは満州国に同行し、同国でY_1と同棲していた。ところが、昭和七年七月一四日にY_1はXを熊本のXの実父のもとに連れ帰り、一人帰満して、その後、手紙で絶縁する旨を伝え、昭和八年三月ころ他女と夫婦関係を結んだ。Xが常に反抗的態度をとり、暴言を吐き、我が儘をなし、理由なく衣類を毀棄し、自殺の擬制をしめすほか、家出をして入院に応じないなどの事実から、日常の挙動とにかく粗暴にしてかつ常軌を逸しているので、このまま同棲を継続するのは、Y_1の会社関係や中卒前の先妻の子にも悪影響を与えかねないと判断して、離別を決意したものであることから、万やむを得ない処置である、とした。

Xは、Xの行為態様はヒステリー疾患によるものであり、Xが積極的に同居に耐えざる重大なる虐待や侮辱を加えたことを認定せずして、単に消極的に同居に耐えない事情があるというにすぎないなどと主張して、上告した。大審院は、原判決の認定した事実によれば、Y_1の行為は万やむを得ないものであり、また、原判決によるも、Xの上記行為がすべてヒステリー症に原因し、かつそれがY_1の与えたるものとは必ずしも解し得ないものである、とした（上告棄却）。

本件では、X女の実父とY_1との間で予約不履行につき「違約金契約」が締結されていた。本件のX（二八歳）は、当時ではすでに適齢期をややオーバーしているし、先妻の子（中学卒業前）もいることのほか、外地である満州で新婚生活を迎えるので、Xの父親が離別のことを懸念して、この種の契約を婿のY_1と取り交わしていたものと推察され、このこと自体、特に異例なことではなかろう。むしろ、本件では、不当破棄の正当理由の判断につき、当初の一審・原審が、Y_1の行為態様のみに依拠したことから、大審院では、Xの日頃の挙措・態度も考慮して、総合的に判断すべき旨を判示したが、これはいわば当然のことであった。おそらく一審・原審も、そのように「実質判断」したうえでの結論であったものと推察できなくはないが、判示部分には具体的に明示されていないので、破棄されたものであろう。

しかし、差戻審では、一転して、Xの挙動の異常さが強調されている。大審院は、Xの上告理由に応えながら、やや慎重に判断して、そうしたXの行為がヒステリー症によるとも、また、Y_1の挙措によるものともいえないなどとして、原判決を是認している。女性からの慰藉料請求訴訟で男性側に正当理由があるとした大審院判決としては、本判決をもって嚆矢とするようであり、しかも唯一の事例という。(54) また、X側にはやや厳しい判断をしているようにも思われる。なお、本判決は、ヒステリー症をもって正当理由の可否を判断した例ではないことは、(55) いうまでもない。

2　下級審裁判例

(1)　正当理由が認められなかったケース

(a)　この時代でも「家風に合わない」という事情やこれに類する事情によって破棄された事例が目に付くので、概要のみを紹介しておこう。仙台地判昭和六・九・一四（新報二七一号二六頁）は、文字通り「家風に合わない」として夫の父親が離縁状を送付し、夫もこれを黙認したことなどの事情から、夫婦関係が破綻した例である。また、東京地判昭和一一・六・一二（評論二五巻民八七二頁）でも、妻が仏教に帰依する婚家の家風にあわず、夫の気性にもあわないことが問題となった。

(b)　同居の親族との折り合いが悪くなって、結局のところ、夫婦関係が破綻した事例も少なくない。実質的には、(a)と同様に「家風に合わない」という事情が破綻事由となっているともいえよう。下記の一連の裁判例は、いずれも挙式のうえ同棲しているが、そうした事情に起因して内縁が破綻している事案である。

まず、東京地判昭和九・二・二四（評論二三巻民三三九頁）では、同居の親族などが妻を虐待したことから、妻が夫と一時別居したが、その間に夫が他女と同棲したものである。東京控判昭和九・三・八（新聞三七〇二号一七頁）でも、妻が夫の両親と折り合いが悪かったことから、妻が一時実家に帰っていたところ、夫が他から嫁を迎え入れている。東京地判昭和一〇・一二・一六（評論二四巻民一一八〇頁）でも、妻と姑と折り合いが悪いことから、夫婦仲が破綻している。さらに、東京地判昭和九・五・一九（新聞三七一〇号一七頁）では、夫婦双方の親族間での軋轢が夫婦関係を破綻させている。

東京地裁飯塚区判昭和一二・一一・二（新聞四二四三号四頁）では、夫からの懇請で夫婦は挙式同棲し、しばらくは仲睦ましい関係にあったが、妻が未だ主婦としての生活に不馴れなため敏活を欠き、時に朝寝をすることがあったことから、夫の家族が夫に離別をせまったという事情があった。Y側がいわゆる「足入れ婚」に類するものと考えていたように思われるが、判旨はこれを明確に否定している。

(c)　夫が妻の貞操を疑うなど、妻を侮辱する行為態様が非難されている事例もある。

[33]　東京地判昭和一三・三・一九新聞四二六三号三頁（内縁）

〔事実・判旨〕　X女は、Y男と昭和一〇年二月三日に婚姻予約をなし、挙式同棲したが、同年六月二二日にXが実家に立ち帰った。Yは、Xの貞操を疑うがごとき言辞を弄し、たびたび暴言を吐いて侮辱するとともに、Xを妻として処遇しなかったことが別居の要因である。また、Yは、かつて梅毒に罹患して、Xに感染せしめた事実もあった。Xが予約不履行による損害賠償と淋毒感染による不法行為責任を請求した。判旨は、婚姻予約は「将来適法な婚姻を為すべきことを約する当事者間の合意」であり「之に因り愛情と信義を以て信頼し婚姻を実現すべき義務を負ふ」としたうえで、「一方が同棲を廃棄し実家に復帰せるときは予約は之により履行不能となりたるものと解するを相当とすべし」と判示した。予約不履行の慰藉料は不法行為責任と不可分の関係にあるので、一本として金八〇〇円を認めたほかに、梅毒感染による子宮内膜症の治療費も認容した。

「石川稔」は、本件を破棄誘致責任の事例として捉え、Xの破棄は、同棲廃棄・実家への復帰という事実として把握され、かなり明瞭であるので、それが故に、「履行不能」という理論構成がとられたという(56)。「原告の破棄を認めた上での原告の保護である」という面があることは否定し得ないとしても、判旨は、適法な婚姻を実現すべき義務を強調しているし、「婚姻予約不履行」ともいっていることから、Yの行為態様によって婚姻届出が不可能になったということを前提とした論法ではなかろうか。

(d)　東京控判昭和九・一二・二八（新聞三六九七号七頁）は、妻が性質我儘で一家の主婦としての素養が欠けると夫が主張したが、それだけでは正当理由にはならないとした。

(e)　妻が不治の精神病に罹患したことから夫婦生活に支障をきたしたとしても、これのみで内縁破棄の正当理由にはならないとした事例もある（大阪地判昭和七・二・二九評論二一巻民四三一頁）。

(f)　同棲後に相手方の容貌に予期しなかった欠点（痣）を発見しても、これのみでは破棄の正当理由とはならないとした例がある（東京地判昭和一四・四・一一評論二八巻民七一二頁）。また、東京控判昭和九・三・八（新聞三七〇二号一八頁）も、女性に盗癖・素行の悪さがあるとしても、その後も情交関係が継続している限りは、破棄の正当理由にはならない、とした。

(2)　正当理由が認められたケース

(a)　妻に「心身に重大な欠陥」があって、性生活に支障がある場合が問題となっているが、高田区判昭和一〇・五・八（新報四〇〇号二六頁）は、「当初ヨリ当事者一方ノ身心ニ重大ナル欠陥アリ之カ為肉体的結合ノ不能ナルトキハ婚姻ノ予約ヲ履行スルモ夫婦ノ和合及家庭ノ円満ハ概ネ之ヲ期待シ難キヲ以テ相手方ハ之ヲ事由トシテ婚姻ノ予約ヲ破棄シ得ヘキモノト謂ハサルヘカラス」とする。

(b)　妻が夫の名義を冒用して夫所有不動産に抵当権を設定するなどしたことから、夫婦関係が破綻した例もある。東京控判昭和六・四・七（新聞三二七一号一一頁）は、およそ妻の特有財産を処分しまたは借財するためにも夫の承諾が必要であり、況んや夫の同意なくして夫の不動産に対して抵当権を設定して借財し、もってその名義を冒用するがごときは到底許しがたき処置であり、かかる行為をした妻を離別するのは洵に正当の理あるものといわざるを得ない、とする。

(c)　妻が気性相当に強く姑に対して口答えする場合もあり、些細のことで実家に立ち帰ったところ、夫は、夫婦間に一子があったこともあり、妻の復帰方を望んだが、妻が遂にこれに応えなかったという事案で、東京控判昭和七・二・二四（新聞三三九九号八頁）は、妻側の慰藉料請求を排斥した。また、女性が夫や姑に従順を欠くとされたことから、夫側に正当理由があるとされた例としては、東京控判昭和七・六・二八（新聞三四五〇号一二頁）がある。

(d)　妻が結婚前に私通で子を出産していた事実を秘したことから、正当事由が認められた例がある。直方区判昭和八・一二・二七（新聞三六五九号一〇頁）は、妻の父が、かかる事実を秘して初婚者と称して夫を錯誤に陥れたうえで婚姻予約をなさしめたことから、夫は重大なる侮辱を受けているので、妻との同居は耐え得ないものというべきである、とした。

(e)　つぎの裁判例は、破棄につき、原告女性側に責任があるとした事例であり、「破棄誘致責任」を否定した好例とされている。[57] 結果的に被告の行為態様が正当化されている。

[34]　東京地判昭和一六・一二・五新聞四七五〇号一五頁（内縁）

〔事実・判旨〕　X女は、昭和一五年三月三一日に媒酌により大工のY男と挙式・同棲したが、結婚前にYには資産があり新築アパートの一室を借り受けて内縁生活に入ることを夢見ていたところ、実際には、大工の親方から無償で借り受けた六畳一間の小屋のような貧弱な家に住むこととなり、結婚生活に幻滅の悲哀を感じていた。そのうえ、Yは、Xに満足のいくほどに小遣い銭を与えず、衣類を買い与えるなどしてその意を迎え入れることも知らなかった。また、近所にいる叔母のオセッカイが痛く嫌であった。さらに、金策のために上京してきたYの母に貯金全額を貸与したので、いよいよ前途に失望したことから、結局のところ、実家に立ち帰り、Y方に戻ることを拒絶したので、内縁関係は「解消」した。判旨は、同棲後二ヵ月も経たないで終生の共同生活の誓いを破ったのは軽率の誹りを免れないとしたうえで、「内縁関係の継続を拒否すべき正当の事由があるとはいえない」と判示して、Xの請求を棄却した。

(f)　つぎの例では、「婚約」にあたり、妻が夫側の親族と別居する旨の合意を取り付けたが、その約束が果たされなかったことなどの事情から、婚約が破綻している。判旨は、「婚約生活ノ将来ノ不安ヲ激成シタルヘキコト当然ナルヘク」として、破綻につき責任なしと判示した。

[35]　大阪区判昭一二・九・八新聞四二〇一号九頁（婚約）

〔事実〕　X男（四二歳）は、昭和一一年七月にAの媒酌により、Y女（三二歳）と婚約して、同月八日に結納と酒肴料（計金三五〇円）をY家に納め、一一月四日を挙式日と定めた。ところが、Yは一〇月二〇日ころに挙式の中止を申し入れた。その理由は、家族との別居を条件としていたにも拘わらず、それが否定されそうになったことのほか、Xの兄がいった軽率な言辞・放言である。Xは、一千円の損害賠償を請求した。

〔判旨〕「Xカ予テ其ノ庶子女ノ外兄ナル訴外B夫妻及著シク婚期ヲ逸セル妹二名ト同居シ居タルヨリY側ニ於テハ媒酌人タル訴外Aヨリノ申込ニ対シ結婚式挙行迄ニ兄妹等ト別居スヘキコトノ言質ヲ得タル上受諾シタルモノナルトコロ其ノ後ニ至リ（1）X家ノ戸主ニシテ実権ヲ掌握セル前記Bニ於テ別居ノ承認ヲ否定シタルカ如キロ吻アリ一抹ノ不満蔽ヒ難キモノアリシ折柄（2）同人カYノ兄ナル訴外Gニ対シ不用意ニモ『弟ハ先妻ヲ大切ニシ過キテ離婚セネハナラヌヤゥニナツタ……大体男ト云フモノハ女ニ悪イコトカアレハ三日ニアケス手ヲアケテ殴ラネハナラヌ云々』ト放言シタルヲYニ於テ聞知シ痛ク衝動ヲ受ケ慊焉タラサルモノアリシカ（3）偶々Xノ先妻DカXト結婚同棲後X家家族ヨリ侮辱虐待ヲ受ケ逃レ帰リタル旨ノ結婚解消ノ経緯ニ関スル情報ヲ聞知スルニ及ヒ婚嫁後ニ於ケル前途ノ不安禁シ難ク昭和一一年一〇月二〇日頃一先ツ挙式ノ中止ヲ申出テ次テ本件破約ノ挙ニ出テタル経緯ヲ窺知シ得ヘシXノ立証ニ依リテハ右認定ヲ覆スニ足ラス抑モ斯ノ如キ場合ニ於テ前示認定ノ如キ事実アラバYカ之ニ不満ヲ感スルハ寧ロ当然ナリト謂フヘク且厳粛ナルヘキ婚約期間中Bカ（2）ニ記載セルカ如キ軽卒ナル言辞ヲ弄スルニ於テハ仮令悪意ノ徴スヘキモノナシトスルモ勘クトモX家ニ於ケル好マシカラサル雰囲気ノ表現トシテ慊焉タラサルモノアルヘキハ容易ニ首肯シ得ラルルトコロニシテ又右（3）ノ事実カ仮令多少公平ヲ欠ク観察ナルコトヲ予想スヘキモノナルニモセヨ（1）（2）ト相合シ婚約生活ノ将来ノ不安ヲ激成シタルヘキコト当然ナルヘク以上事実ニ口頭弁論ノ全趣旨ニ徴シ認メ得ヘキカ如クYカ曾テ婚姻直後夫ニ死別シタル事実ヲ綜合スレハYノ婚姻ニ対スル宿命的先入観念ヨリ斯ル場合常人以上強度ノ不安ヲ意識シタルヘキコト寔ニ諒トスヘキ所ニシテ斯ノ如キハ婚約破棄ニ付正当ノ事由ト目スヘキモナルコト疑ヲ容レス」

(3)　正当理由の判断の微妙なケース。

(a)　つぎの例では、いずれとも解釈できるものであり、まさに紙一重の相違しかないように思われる。

[36]　横浜区判昭和七・四・一八新聞三四〇六号七頁（内縁）

〔事実・判旨〕　X男とY女は昭和五年二月中に媒酌により婚約をなし、翌六年二月二四日に挙式後、X家で夫婦として同棲した。ところが、Yは昭和六年五月二〇日に実家に立ち帰り、正式の婚姻を拒絶した。その経緯はつぎのようなものであった。同居中にYが淋毒性子宮内膜炎と膀胱カタル、さらに卵巣炎に罹ったので、医師の治療をXに懇請したが、Xがこれを認めなかった。Yはこの事実を正当理由としたが、判旨は、このようなことは一般の家庭ではありがちであると判断した。また、Xは毎夜のごとく麻雀にひたり、深更に至ることもあったので、Yがこれを諌止しようとしたため、XY間にとかく和合を欠き、Xは時として罵詈投擲することもあった。判旨は、これも、Xが二四歳、Yは二〇歳の夫婦であり、世上敢えて稀ではなく、夫婦喧嘩の一場合に外ならないとした。さらに、Yの主張によれば、Yが自己の衣服を実姉に貸したことにつき、Xの母はYがX家に長く止まらないものと誤解し、以来Yとのとかく和合を欠くこととなったが、Yはその誤解を認識していたのであるから、その誤解を釈明するとともに、「嫁トシテ姑ニ対シ孝養ノ婦徳ヲ尽シテコソ正ニ然ル可キトコロニシテ」、年齢を考えても、X家を偽って出たのは、いささか軽率の誹りを免れない。かえって、XがYの復帰方を懇請したにもかかわらず、YはXの制止にもかかわらず、自己の結婚調度品を擅に持ち出し、警官まで出てくる事態になり、Xの近隣に於ける面目を失わせたこととなる。結納金三〇円、媒酌人にたいする謝礼金二〇円、挙式費用五〇円のほか、慰藉料としては、XYの地位身分、教育程度のほか、破棄にいたる諸事情を斟酌して、金五〇円を認容した。

判旨が認定した事実を前提とすれば、一人Yのみに婚約不履行の責任があるとするのは、いささか問題があろう。いかに、Xにおいて性病にかんする知識がないとしても、そのことがXに有利な考慮事情とするのは、不合理である。当然、Yがそのような病状の趣旨の説明をしているはずであり、結婚後間もない妻の不安は尋常ではなかったものと思われ、Xから感染した可能性も否定できない。また、結婚後、毎夜のごとく夜遅くまで麻雀を繰り返し、挙げ句の果てに投擲するなどの行為があれば、一層、不信感がつのるであろう。その上、Xの母こそが軽率な誤解をしているのだから、YにはX家に居場所がなかったともいえよう。「姑に対する孝養」も、いかに家制度下のもとでの婚姻であるとしても、一方的に過ぎよう。

(b) 妻には「婦徳ニ欠クルトコロアリタル」ことから、破綻につき一半の責任があるが、なお正当理由にはならず、慰藉料の額で調整したと思われる事例がある。

[37] 東京地判昭和九・四・一二新聞三七〇四号一一頁（内縁）［[8]と同一判決］

〔事実・判旨〕 X女とY男とは大正一三年四月一九日に媒酌人もなく挙式も挙げないで婚姻予約をなし、同棲したうえで、女児を儲けて、庶子とした後に、大正一四年一一月初旬ころ、Yの発意によりYはXに一三〇円の金員を与えて関係を絶った。ところが、Xは子どもを抱えて生計も意のままにならず、Yに関係の復活を迫り、双方の親族の了解のもとに、Yは再度、婚姻予約を結び、昭和二年五月ころに再び同棲するようになった。しかしながら、とかく夫婦円満を欠き、YはXとの同棲を嫌忌して、昭和二年一一月二〇日ころXと子どもをXの母親のもとに赴かし、離別の意思を明確にした。その後、Xは、Yの勤務先にまで度々尋ねては同棲を迫り、Yを責めたことから、Yは勤務先を退職して、郷里に引き上げた。判旨はつぎのように判示した。Xは性格温順を欠きYとの同棲中にも日常の言動が粗暴に流れること少なくなかったが、Yに重大なる侮辱を加えたとはいえない。しかし、Yが離別の決意をしたのは、「温良貞淑ナルヘキ婦徳ニ欠クルトコロアリタル」ことによるので、Xにも予約不履行につき一半の責任がある。慰藉料額については、Xが単に尋常科二年で退学したこと、Yが職を辞した事情、Xには資産がないこと、YやYの父にも別段の資産がないことなどの事情を斟酌して、金四〇〇〇円をもって相当とする。

(40) ちなみに、岩田・前掲注(25)三八〜九頁は、本判旨と控訴審判決を比較総合すると、亡きAは入籍意思が全くなかったと推知されるところ、それにもかかわらず裁判所が信義則を適用して予約の成立を認めたのは、客観的事実のなかに意思の合致が表現されていると判断したものである、と述べている。

(41) 穂積重遠「民事法判例研究録一二〇」法協五一巻一〇号（一九三三年）一三〇頁〔『判例民事法一二巻』四〇九頁〕。穂積は、本件の男女関係が、いわゆる「ズルズルベッタリ」によるが、内縁の成立を認めている点に注目している。なお、本件よりも、別件の方が民集登載の値打ちがあるとも述べている（一三一頁）。

(42) 本件の一審・原審判決と上告審判決については、唄孝一・佐藤良雄「判例における婚姻予約（一六）」（石川稔執筆）都法九巻一号（一九六八年）二三九頁参照。
(43) 唄＝佐藤・前掲注（42）二六五頁は、例の類型論を前提とした上で「試婚的要素と準婚的要素を併せもったタイプ」としている。
(44) 池田寅二郎「婚姻豫約」。池田の見解については、本書「第二章」の「四・当時の学説の状況」を参照のこと。
(45) 寺澤眞人「内縁の破棄若は破棄誘致に因る損害賠償責任」司法協会雑誌九巻一・二号（一九四三年・昭和一八年）六二一頁。
(46) 杉之原・前掲注（28）五六頁注（1）。
(47) 唄＝佐藤・前掲注（42）二六四頁注（3）。
(48) 唄孝一・佐藤良雄「判例における婚姻予約（七）」都法四巻二号（一九六四年）七一頁以下に未公表の一審・原審の裁判資料が収録されている。
(49) 唄＝佐藤・前掲注（48）「判例における婚姻予約（七）」九八〜九頁注(7)。
(50) 唄＝佐藤・前掲注（48）「判例における婚姻予約（七）」八九頁。
(51) 唄孝一・佐藤良雄「判例における婚姻予約（一八）」（石川稔執筆）都法一〇巻一号（一九六九年）一七三頁以下に、一審・原審と上告審判決の全部が収録されている。
(52) 唄＝佐藤・前掲注（51）「判例における婚姻予約（一八）」一九四頁以下は、各判決相互の関連や微妙な相違のほか、本件支度金と結納との関連についても述べている。
(53) 本件は大判昭和一二・二・二六全集四輯四号四〇頁の差戻し後の再上告審判決であり、唄孝一・佐藤良雄「判例における婚姻予約（一三）」（石川稔執筆）都法八巻一号（一九六七年）三四九頁以下に一審・原審・上告審判決のほか、差戻審・再上告審判決まで全部収録されている。
(54) 唄＝佐藤・前掲注（53）「判例における婚姻予約（一三）」三八四頁。
(55) 唄＝佐藤・前掲注（53）「判例における婚姻予約（一三）」三八二頁も同旨。

(56) 石川・前掲注(2)「破棄誘致(二)」六七三頁。
(57) 石川・前掲注(2)「破棄誘致(一)」二八三頁注(3)。

六　その他の問題

1　婚姻予約と消極要件

(1) 婚姻適齢

婚姻予約は婚姻そのものではないので、婚姻適齢の規定が適用されないことは、すでに大審院判決で認められている。これを承けて、大判昭和六・一〇・五(法学一巻三号一一九頁)も、事案・判旨が不分明であるが、予約当時、二五歳であったので、婚姻予約につき父母の同意を不要と判断した原判決は違法ではないとした。

(2) 待婚期間

女性が婚姻解消後六ヵ月を経ないうちに婚姻予約を締結することは、(旧)七六七条の趣旨に違反するかにつき、問題になった事例がある。つぎの事例は内縁の事案であるが、有効と解している。婚約の場合には、どうか。参考となる。

[38] 大判昭和六・一一・二七新聞三三四五号一五頁(内縁)

〔事実・判旨〕 X女は、前夫Aと離婚後六月に満たない間にY男と婚約して同棲したが、約一八年ほど内縁関係を継続して三人の子を儲けたところ、Yが婚姻を拒絶して破棄したので、貞操侵害による慰藉料を請求した。Yは、Xとは離婚前に同棲したことなどを主張したが、排斥されている。

「然レトモ民法第七六七条ハ単ニ女ハ前婚の解消又ハ取消ノ日ヨリ六ケ月ヲ経過シタル後ニアラサレハ再婚ヲ為スコト

ヲ得スト云フニ止マリ再婚ヲ為スニアラスシテ唯其前提タル婚姻ノ予約ヲ為スニ過キサルコトハ何等禁止スル所ニアラサルカ故ニ縦令被上告人（X）カ先夫Aトノ離婚未タ六ヶ月ヲ経過セサルニ上告人（Y）ト婚姻ノ予約ヲ為シタレハトテ之ヲ以テ不法ニシテ無効ノ契約ナリト論スルコト能ハス」

(3)　女戸主と婚姻予約

戸主が婚姻により他家に入るときは、隠居が条件となっている（旧七五四条）。婚姻予約の場合も同様の要件が課されるかどうかが問題となった。民法施行前の事件であるが、積極例（第五章[20]判決参照）があったことは、前述した。大審院は、婚姻と婚姻予約との相違を前提とする基本的立場に依拠しながら、予約当時には、その要件は適用されないとした。

[39]　大判昭和一一・六・一〇新聞四〇〇九号一七頁（内縁）

〔事実〕　事案は不分明であるが、X女がA男と婚姻予約を締結した大正一〇年八月一九日当時にはXは戸主であったが、A生前の昭和二年二月に廃家のうえB家に入った。本件は、XとAの相続人であると思われるYとの間での「慰藉料請求事件」であり、おそらく予約不履行に基づくものであろう。これに対して、Yは、予約当時に婚姻の適格者であることが必要であると主張したが、原審も大審院も、婚姻当時に適格者であれば足りるとして、Yの主張を排斥した。

〔判旨〕「按スルニ婚姻ハ婚姻当事者カ其婚姻締結ノ際ニ於テ民法所定ノ要件ヲ具備スルコトヲ要スルモノナルコト疑ヲ容レスト雖モ婚姻予約ハ当事者カ将来婚姻ヲ締結スルコトヲ約スル予約タルニ外ナラサレハ婚姻予約当事者ハ将来婚姻締結ノ時ニ至ル迄ノ間ニ右ノ要件ヲ具備スルヲ以テ足レリトスヘク必スシモ予約当時ニ於テ之ヲ具備スルコトヲ要セサルモノト解スルヲ相当トス今之ヲ本件ニ付キテ見レハ原審ハ挙示ノ証拠ニ依リテX（控訴人）カA男ト婚姻予約ヲ締結シタル当時ハ戸主ナリシモ其後昭和二年二月廃家ノ上訴外Bノ家ニ入リA生前既ニXハ同人ト婚姻ヲ為スニ何等妨ケナキニ至リタル事実ヲ認定シタルモノナルカ故ニ毫モ違法ノ点ナク之ト反スル見解ノ下ニ原判決ヲ非難スル論ハ固ヨリ採用スヘキ限ニアラス」

この種の事例は極めて珍しい。女性が女戸主であるから、婚姻届出が妨げられ、その結果、内縁を余儀なくされたという家的統制に起因する要因は、公表例からみれば、ほとんど無視してもよい事情であろう。実際上も、この婚姻障害は克服できないほど強固なものでないことが、本判決から窺知しうる。

2 親族・第三者の不法行為責任

(1) 親族の不法行為責任

(a) つぎの事例は、内縁当事者間での紛争ではなく、内縁の夫死亡後に夫の父親や兄弟が内縁の妻を無理やりに追い出したことが共同不法行為となるとされたものであるが、実質的には妻たる地位を侵害したものともいえるので、ここで紹介しておこう。

[40] 大判昭和八・八・一〇新聞三五九二号五頁(58)(内縁)

〔事実〕 X女は、大正九年中にY_1の長男Aと事実上の婚姻をなし、爾来一二年間にわたりY家で同棲して農業に従事してきたが、Aが昭和六年五月五日に死亡した。その間、子がなかったので、当該地方の慣習により婚姻の届出はなされなかった。A死亡後もXはY家にとどまり、Aの遺産を守り稼業に精励していたところ、同年七年一五日午前一時ころY_1のほか、Aの弟であるY_2Y_3が相次いでX方に侵入したうえで、Y_2が、Xの就寝中にその畳を全部引き上げ、電灯を取り外すなどして、Xの立ち去りを強要し、Y_1はこれを指揮するなどしたほか、Y_3もX家の白米を持ち去った。Xは其の日の食事にも事欠くにいたり、結局は実家に復帰することを余儀なくされた。

原審は、内縁の妻として、一二年間にわたり同棲してきたものであり、該家屋が何人の所有に属するとしても、人道を無視し公序良俗に背き「他人の生活安定を害すること甚だしい」として、Yらの共同不法行為責任を認めた。慰藉料額については、つぎのように判示した。Xが現在三五歳であること、A死亡当時Aが住家一棟、宅地一段、田二段二畝および畑八段三畝をY_1よりもらい受けて所有していた事実、Yらは格別に住家を所有し、三名の畑は合計約二町、田は約七段のほか、山林を所有している。これに不法行為の程度等諸般の事情を考慮すれば、慰藉料は金二〇〇円をもつて相当とする(一審は三〇〇円を認容)。Yらは、当該住居はY_1の所有であり、かつ共同不法行為とはいえないし、またいかなる権利を侵害したか不明であり、原審のいう生活利益の侵害だけでは不法行為にはならないなどと主張して、上告。

〔判旨〕（上告棄却）いずれの上告理由も排斥したが、とくに不法行為の成否については、つぎのように判示した。

「住居ノ安穏ハ人ノ生活上最大切ナル利益ニシテ法ノ保護スル所ノモノナレハ何人ト雖濫ニ之ヲ侵スコトヲ得サルハ勿論ニシテ縦令家屋ノ所有者カ居住者ニ対シ明渡ヲ求ムル権利ヲ有スル場合ニ於テモ尚濫リニ之ニ侵入シ実力ヲ以テ居住者ヲ退去セシムル方法ヲ執ルカ如キハ法ノ許ササルトコロナルヲ以テ若如上違法ノ手段ニ出ツルニ於テハ居住者ノ有スル前示権利ヲ侵害スルモノト云フヘク居住者カ該家屋ニ居住スヘキ権利ヲ有スル場合ニハ尚更然ルモノト云ハサルヘカラス」。原判決の確定した事実によれば、「Y等ノ叙上行為ハXカ其ノ住宅内ニ於テ平穏ニ生活スヘキ権利ヲ侵害スルモノト云フヘク此種ノ侵害ハ被害者ノ精神ニ多大ノ痛若ヲ与フルモノタルハ勿論ニシテ而カモ家族ノ事実上ノ妻タルXニ対シ之ヲ保護スヘキ身分ニ在ルY等カ加ヘタル非道ナル迫害ハ一層被害者タルXノ心情ヲ傷ツクルモノアリシハ当然ノ筋合ナレハ加害者タルY等ニ賠償ノ責アルハ勿論ナリトス」。

本件は非公式判決例であるが、戦前においても、内縁の妻の「居住権」をみとめたことで注目されている裁判例である(59)。これは、亡夫の家族に対する居住利益であるが、むろん内縁の夫が内縁を破棄して、同様の行為に出たならば、同じく保護されたであろうことは、本判旨の趣旨から容易に推論しうるであろう。ただし、その前提として、Yらの行為態様の悪質さが強調されているので、単に同居を拒絶したうえで、事実上、夫の家から立ち去りを余儀なくされたり、または帰還を拒絶された事実だけでは、不法行為は成立しなかったものと思われる。そのような場合には、婚姻予約不履行の正当理由の判断によって解決されたものと思われるからである。

その意味では、不法行為責任を肯定した事例であるとしても、本書の問題関心からいえば、やや特殊なケースによるものと評価しうるであろう。

(b)　つぎは、夫が養子であったところ、養母が妻の態度が気に入らないことから、事を構えて夫婦仲をさまたげ、夫も養母に味方して、ついに家から追い出した例であるが、養母にも婚姻予約破棄の不法行為責任を認めている。

[41]　東京控判昭和九・六・二五新聞三七三四号一一頁（内縁）

〔事実・判旨〕　X女とY_1男は、昭和六年三月二九日に挙式して婚姻予約をなし、爾来同年五月二七日までY方で同棲した。Xは同家で同棲したところ、Y_1とY_2は、Xが食事拵やY_2の看病等をなすに際して、意に満たないところがあり、些細なことで、事を構えては、Xを詰問したり投擲したりして、結局のところ、YらはXを強要して媒酌人方に引き取らせた。Xは復帰方を懇請したが、Y_1はY_2が好まざることを理由としてこれを拒絶した。

判旨は、「Y_2ハX等カ円満ニ婚姻生活ヲ継続スルヲ欲セスY_1カ自己ノ養子ニシテ恩義ヲ感シ居ルヲ利用シテ故ラニ夫婦仲ノ円満ヲ阻害スル処置ニ出テ以テY_1ヲシテXとの婚姻豫約ヲ破棄センコトヲ決意シテ前段認定ノ如ク該豫約ヲ破棄スルニ至ラシメタ」として、Y_2の行為の不法性を認めるとともに、Y_1の婚姻予約破棄責任も肯定した。

慰藉料については、Y_1の婚姻予約不履行とY_2の不法行為による慰藉料につき、Y_2が二万円の資産をもち、Y_1もY_2の推定家督相続人であることのほか軍人年金四二〇円を有すること、Xの実家は米穀等の仲買をなし中流に近い生活をなし、Xはその長女（二七歳）であり、処女として約五〇〇円の支度を調えて婚姻予約をしたところ、上記のような不法行為ないし婚姻予約破棄をうけたことから、その精神上多大の苦痛を受けたことは明瞭であるので、各自三〇〇円の支払義務が認められた。なお、一審（東京地判昭和八・六・一七新聞三五七〇号五頁）では、物品の毀損による財産損害（約七六円余）につき、Yらの共同不法行為責任を認めているが、控訴審は、その証明は不十分として、これを排斥した。

Y_2のさまざまな嫌がらせ行為は異常であり、判旨も指摘しているように、自己がY_1を養子としたことの有利な地位を利用して、Xらの婚姻を妨げようとしたことは明らかであるので、Y_2の不法行為責任を認めた一審判決は正当であろう。本件の掲載誌では、「姑の嫉妬による婚姻豫約不履行と損害賠償」とされているが、財産損害を否定したことは別にして、慰藉料額があまりに低額に過ぎよう。

(c)　つぎの例では、夫ら親族が、妻の実家から幼児を連れ去ったことが不法行為とされている。

[42]　東京地判昭和八・三・六新聞三五四〇号一九頁（内縁）

〔事実・判旨〕　X女は、昭和三年一〇月一五日にY男と挙式して婚姻予約をなした後、同月二〇日以降、Y方で同棲した。しかし、Xの実父がYら親族にたびたび借金を申し込んだことから、結局のところ、XY間の夫婦関係を継続することがYや親族の嫌忌するところとなり、YはXを実家に帰らせた。Yの婚約不履行責任が認められ、金四〇〇円の慰藉料が認められたが、そのほかに、YらがXが出産して一週間にもたたない乳幼児をX家から抱き去ったことに対しても、「権利の行使として社会観念上許容せらるべき正当なる限界を逸脱し（ている）」と判示した。慰藉料として、Yは四五〇円、共同加功した親族には五〇円の賠償責任が認められている。

(d)　つぎの例も、配偶者の家族の行動が婚姻予約破棄の要因となっているので、本人には債務不履行責任、親族には不法行為責任を認めている。

[43]　大田原区判昭和九・六・三〇新聞三七二四号一七頁（内縁）

〔事実・判旨〕　X女とY男とは両親同意のうえ昭和八年四月に華燭の典をあげ、X・医師の勤務地で同棲をしていたが、「互いに理解し、相愛し、夫婦円満の生活を営み居りたる」ところ、Yの父の子女が、姑に対する礼意を欠く旨の書状をXに送り、また、Yの両親もXの言動を高所より批判観察して、些事を捉えては非難し、Yの意思に反しても、Xを離別することが一家のため、Yの将来のための得策なりとして、同年七月二九日に離別する旨の通知をして、Xの嫁入り道具の一部を実家に送り返した。Xが一時実家に帰り、同年一一月にY方に帰るも、すでに道具一切が送り返されていた。判旨は、Yの家族には世事家庭に慣れない妙齢の初婚者を愛撫し、指導し、かつ啓沃する誠意が欠けていると非難して、Yのみならず（金四〇〇円）、Yの父にも慰藉料（金三〇〇円）の支払いを命じている。

(2)　第三者の不法行為責任

[44]　大判昭和七・一〇・六民集一一巻二〇二六頁

〔事実・判旨〕　内縁の夫の死亡による損害賠償請求権につき、内縁の妻や夫の実父等の親族から加害会社と賠償金を決定し受領する権限を与えられた者が、和解契約に基づいて受領した賠償金を夫の実父に交付した。当該和解契約では、内縁の妻が懐胎していた事実も考慮されて賠償金額が一千円と定められ、かつ将来同人等は事故につき加害会社に対して何らの請求をしない旨の約定が為された。しかし、内縁の妻は、私生児認知を請求するとともに、加害者による婚姻予約権等の侵害があったとして、提訴した。原審は、和解契約の趣旨から、妻の請求は失当とした。大審院も、原判決の立場を維持した。

この判決は、内縁の夫の死亡後に出生した私生子の財産損害を認めた「名判決」でもあるが[60]、あわせて、内縁学説では、一般に内縁の妻に対し夫の死亡による損害賠償請求権を認めたことを前提として、それが和解によって消滅したものと考えられている。判旨自体は、「本件請求権ハ仮令其ノ成立ヲ容認シ得ルトシテモ」と留保しているが、そのように評価しても大過なかろう[61]。

3　内縁破棄と結納返還

(1)　大審院判例

結納の法的性質とその返還問題については、先述のように、すでに大審院の立場は確定している[62]。

[45]　大判昭和一〇・一〇・一五新聞三九〇四号一六頁（内縁）

〔事実・判旨〕　X男はY男の娘であるA女と昭和七年一月二九日にX方において結婚式を挙げて婚姻の予約をなし、爾来同年三月末日まで同棲して事実上の夫婦関係を継続したが、その後に当事者双方合意の上で婚姻予約を解除した。そこで、XはYに対して給付した結納の返還を請求した。Xは、本件結納金は後日婚姻が成立しないときには返還すべき約旨（解除条件付贈与）のもとに授受せられたものである、と主張した。これに対してYは、いったん事実上の婚姻関係が成立したのちに合意でこれを解消したときは、婚姻を協議で解消したときと実質的には異なることがないので、結納金の返還義務は生じないなどと反論した。原判決は、婚姻予約が合意で解除された場合には、特段の事情がないかぎり、当然にその贈与の効力が消滅し、その返還義務が生ずるので、これに反する特約の主張・立証のない本件では、金三五〇円の返還義務があるとした。

大審院は、「然レトモ結納カ一般的ニ所論ノ如キ性質ト目的トヲ有シ其返還義務ハ婚姻予約カ事実上ノ婚姻関係成立前ニ合意解除セラレタル場合ニ限ラス本件ノ場合ニ於ケル如ク事実上ノ婚姻関係成立スルモ其期間比較的短ク而モ当事者間ノ融和ヲ欠キ相互間ノ情誼ヲ厚フスルニ至ラスシテ結納授受ノ目的カ達セラレサル前（法律上ノ婚姻関係発生前ナルハ言ヲ俟タス）ニ婚姻予約カ合意解除セラレタル場合ニモ発生スルモノト解スルヲ相当トスルヲ以テ論旨第一点ノ説明ノ趣旨ニ従ヒ原審カ上告人Yニ対シ本件結納金ノ返還ヲ命シタルハ正当ニシテ所論ノ如キ違法ナシ」とした。なお、Yは、「結納授受ニ際シ婚姻不成立ノ場合ニハ之ヲ返還スヘキ特約」の立証責任はXにあるとも主張したが、「結納ノ返還義務ナキ特約アルニ於テハYニ之カ主張並ニ立証ノ責任アルモノ」であるところ、そのような主張・立証がないとしている。

結納の性質については、すでに先例があり、大判大正六・二・二八（第五章[44]判決）については、前章で検討した。右「特約」に関するケースは前者であり、本判旨は、この判決の趣旨に従うものとしたうえで、後者の事例とは「内容ヲ異ニスル事案ニ関スルモノ」としている。

(2)　下級審裁判例

(ア)　結納の慣行からいえば、女性側が受領した結納に対して返戻（結納返し）をしているのが普通である。男性が不当破棄した場合には、結納の返還はしなくてもよいし、その返戻相当分の返還請求が認められるであろう。これに対して、女性の側が不当破棄したケースでは、結納を返還すべきはいうまでもないが、返戻相当分を控除した金額で足りるのかという問題がある。つぎの例では、そうした女性側の主張が排斥されている。判例の論理からいえば、当然の帰結であろう。

[46]　東京控判昭和六・七・一四新聞三三一四号五頁（内縁）

〔事実・判旨〕　X男（被控訴人）とY女（控訴人）との間に「事実上の婚姻」が成立したが、Yが正当理由なくしてこれを破棄した。結納の授受・挙式があったことから、慰藉料のほか、挙式費用の賠償請求とともに結納の返還義務も論点となっている。結納については、X側が結納の返還を求めたのに対して、破棄したY側がその半額以上に相当する返戻（結納返し）をしているので、YはXの請求は不当であると争った。判旨は「元来相互ノ誠意アル履行ニ因ル婚姻ノ成立ヲ予想シテ贈与セラレタルモノト認ムヘキ右結納金ハ違約者タル控訴人ヨリ之ヲ被控訴人ニ返還スヘキハ当然ナリト謂フヘク控訴人ハ右結納受領当時其半額以上ニ相当スル金員ヲ控訴人方ヨリ返戻シタルヲ以テ金額ノ返還ヲ請求スルハ失当ナル旨抗争スレトモ本件ノ如キ場合ニ於テ予約違反者ヨリ相手方ニ返礼ノ為交付シタル結納ハ特別ナル合意ナキ限リ之ヲ相手方ニ返還スヘキ結納ト差引ヲ為シ得ヘキモノニアラスト解スルヲ至当トスル」とした。

(イ) ところが、つぎの例での内縁の破綻は男性の帰責事由によるものであるが、男性が交付した結納の返還を認めている。理由が示されていないので、先例的価値のない不合理な判決である。

[47] 大阪地判昭和九・五・五新聞三七〇〇号五頁

〔事実・判旨〕 X男は、Y_1女と昭和六年四月三日に媒酌により挙式したうえで、同棲したが、同年八月一日にY_1は実家に立ち帰った。Xは猜疑心と嫉妬心が極端に強く、Y_1の貞操を疑うなど、同居に耐えない重大なる侮辱・虐待があったことから、婚姻予約の不履行につき正当理由があるとされたが、結納の返還については、つぎのように説示する。結納は同地方の風習としてXの父よりY_1の父Y_2に交付された形式をとるも、実質的にはXよりY_2に贈ったものである。結納は婚姻が成立することを予想して授受する一種の贈与であるので、婚姻が成立しない場合には、給付を受けたる者はこれを返還する義務を負うので、Y_2はXに返還する義務がある。

4 合意解除と破棄責任

当事者が合意で婚姻予約を解除したということだけでは、当然には不当破棄責任が免責されるわけではないが、解除の趣旨から一切の賠償責任を免責させるものと解釈されるならば、たとい不当な破棄でも、賠償責任はないとされることとなろう。とくに離別の際に一定の金員が授受されていると、そのように解釈される傾向が強いように思われる。

(ア) つぎの大審院判決では、そのような合意解除が問題となっている。婚姻予約が合意で解除された際に、先になされた土地の贈与契約も合意解除したうえで、今後は当該土地に何らの要求をしない旨の約旨のもとで手切金一五〇円が交付された事例である。

[48]　大判昭和一三・三・一二法学七巻一二六九頁[63]（内縁）

〔事実・判旨〕　X女は、他男と婚姻していたが、昭七年二月二五日、Y男と親族立ち会いのうえで結婚式を挙げ婚姻予約をなし、以来、XはY宅に同棲して事実上の夫婦関係を継続した。Yは、昭和八年一一月九日付けの公正証書で畑二町二反七歩をXに贈与した。また、Yは、本件婚姻予約の成立を停止条件として、Xに本件土地を贈与する旨を約した。しかし、XとYの娘たちとの折り合いが悪く、また、Yの意に満たない行為がたびたびあったことから、昭和一〇年一二月下旬ごろ、婚姻予約の解消を申し入れたところ、Xは他家に間借りして、Yと種々の交渉をした結果、XYは離別し本件土地については今後何らの要求をしない約旨のもとで手切金一五〇円が授受された。あわせて、上記贈与に係る公正証書の正本もYに返却され、婚姻予約と本件贈与契約も合意解除された。しかし、Xは、合意解除は一方的になされたものであるなどとして、不当破棄による慰藉料を請求するとともに、贈与の履行を請求した。

一審（旭川地判昭和一二・一・一四）は、本件婚姻予約が公序良俗に反するとして、Xの請求を排斥した。原審（札幌控判昭和一二・九・一三）は、本件婚姻予約の有効性については、Xが昭和六年九月ころ親族同意のもとで夫とすでに事実上の離婚を遂げて別居し、爾来、本件婚姻予約を締結するまで夫と何らの交渉がなく、また、離婚届は夫が直ちになすべきところ、同人は単に多忙でその手続を延引きし、昭和一二年三月九日に離婚届を提出したことから、このような事情のもとで事実上の夫婦生活を営んだとして、必ずしもこれを咎むべきものでない、と判示した。しかし、上記の合意解除の趣旨から、Xの請求を排斥した。大審院も原判決を是認したが、当事者間の合意で婚姻予約が解除された場合には、「特ニ慰藉料ノ請求ヲ留保スル事跡ノ認ムヘキモノナキ限リ」、さらに慰藉料の請求はできない、とした。

(イ)　つぎの事例は、合意離別なのか、それとも不当破棄であるのかが必ずしも明確ではないが、判旨は合意解除と判断している。

[49]　東京地判昭和八・一二・一三評論二二巻民一三四三頁（内縁）

〔事実・判旨〕　離別に至る事情などが不詳であるが、つぎのような経緯のもとで離別している。XとYとは、大正九年中に「婚約」をなしたうえ、大正一四年五月に媒酌にて挙式し、その後、昭和七年六月には夫婦関係を離別して、双方の荷物調度を引き取った。合意による離別か、Yの不当破棄かが論点となった。離別問題は、XとYの父Aとの金銭問題にあるように思われ、この問題を昭和七年六月二三日にXとBらがB宅で協議して、円満解決の成案がなり、BらがAの了承をうるよう努力していたところ、Xは同月二七日にB方に来てYを離別する旨の伝言とYから受けた「婚約指輪」の返還をBに託した。この伝言等を受けたYも、これを承諾した。判旨は、ここに「XY間ノ夫婦関係ヲ離別シ婚約ヲ解除スヘキ合意成立シタルコトヲ認ムルニ十分ナル」ものとした。また、たといYが夫婦関係の継続を拒絶したものとしても、Xは、その解除に同意している。Xが損害賠償請求を留保した主張はないので、積極的に放棄した事実はないとしても、もはや請求できない。ことに、離別に際して当事者は何らの苦情を申し出でない旨を合意している、と判示した。

本件は、前掲の[48]判決（大判昭和一三・三・一二）とは異なり、当事者間で内縁の解消につき具体的に協議したことの認定事実はないように思われる。[48]判決では、妻が、夫やその連れ子との関係もあって離別もやむをえないとし、その際、一定の金員の贈与がなされている。しかし、本件では、抽象的な権利放棄文言があるにすぎないので、事案が不詳であるとしても、結論の妥当性に疑問がなくはない。

5　私通関係と金員の授受

婚姻予約ないし私通の関係当事者間において金員や物の供与を目的とする契約（いわゆる違約金契約や手切れ金契約など）がなされることがある。そうした合意の有効性が問題となっている。(65)

(1)　私通関係の解消後の金員贈与

私通関係を解消するために金員を授受する行為は、公序良俗に反して無効であることは、すでに確定した判例理論であり、この問題も前章で検討した。しかし、私通関係を当事者間の任意の合意で解消したのちに、一方が他方を慰藉するために金員を贈与することは、必ずしも不当ではない。つぎの例は、そのような事情を考慮して、私通関係の解消の「対価」としての贈与ではないと判断して、その有効性を認めている。

[50]　大判昭和一二・四・二〇新聞四一三三号一二頁

〔事実・判旨〕　A女は、昭和五年ころより昭和八年一月までY男と情交関係を継続していたところ、AとBとがYに正式の婚姻を申し入れたが、これをYが拒絶した。その結果、両者の関係は絶止したが、その際、Yは、Aを慰藉する目的で金員を贈与する契約をBと締結した。この契約の有効性が論点となったが、原審も大審院もその有効性を認めた。

大審院はつぎのように説示する。私通する男女が将来その情交を絶つことを相互に決意した際に精神上の苦痛を慰藉する目的をもって金員の贈与を約束するのは、私通関係の絶止を当該契約の内容とするものではないので、これをもって公序良俗に反するとはいえない。本件の贈与契約も、私通関係の絶止を対価として金員の贈与契約がなされたものではないので、民法九〇条には違反しない。Aは、Yに対しYB間の贈与契約につき受益の意思を表示したものである。

詳細な事実関係は不詳であるので、本件でのAY関係が私通とされた事情はよく分からないが、Yが上告理由で主張しているように、AYは婚姻を約束したことがなく、秘かに密会して情交関係を重ねたものである、というならば、それだけでは、婚姻予約の成立を否定するには、必ずしも十分ではない。将来の婚姻を希望として、そのための手段として情交関係を結んだという主張もしているが、それが善良の風俗に反するともいえない。

Yの上告理由によれば、原判決では情交関係と称されているのみで婚姻予約に基づくか否かは判断されていないという。しかし、金員の贈与契約を有効としたのは、結局のところ、約三年間の情交関係につき、女性の精神的苦痛を慰藉するものであるとされているので、単なる性的享楽を旨とする情交関係ではないという趣旨であろう。そうだとすれば、たまたま贈与契約がなされている場合にのみ保護されたのか、そうでない場合でも不法行為に因る慰藉料を認めたのか、不分明であり、曖昧な論理によって処理されていたというしかない。

(2)　重婚的婚姻予約と金員贈与

重婚的関係にある婚姻予約は無効であるので、これに付帯してなされる金員や物の授受も無効とされている（第五章[63]大判大正九・五・二八民録二六輯七七三頁）が、この時代でも、同旨の判例があることは、後述する（[51]大判昭和一〇・二・八）。

6　重婚的婚姻予約

(1)　公序良俗違反

[51]　大判昭和一〇・二・八法学四巻七号一四五頁

〔**事実・判旨**〕　事案不詳であるが、重婚的内縁関係にある妻Xに夫Aが金品の贈与を約束したが、Aが死亡したことから、妻が相続人に対してその履行を求めた事例と思われる。本件の重婚的内縁は、Aの正妻が大正三年頃に他の男性と出奔したことから、Aが独身生活をしていたところ、大正一三年八月頃にXがAと内縁関係に入っている。ところが、原判決（広島地裁）は、かかる内縁自体が非難すべき行為で法的保護に値しないことから、当該予約違反または死亡の場合に金品の贈与を約束する贈与契約の内容も公序良俗違反であるとした。大審院も、昭和四年八月二四日までXがAの事実上貞節なる妻として夫の病の看護、葬式等一切の任に当たり、そのような状況下で成立した贈与契約であるとしても、契約の内容を適法にするものではない、とした。

本判決は、正当婚姻が完全に破綻し、長く形骸化していた事実があるにもかかわらず、何故に本件内縁を違法な男女関係と規定してしまったのであろうか。そのこと自体、従来の先例にも違反するが、五年間の同棲生活では、当該贈与を正当化するものではないとの実質判断があったとすれば、それは余程の重大なる贈与契約であったのかもしれない。たとえば、「家産自体の贈与」であると、遺留分を考慮しても、当時の家制度を前提とすれば、その存続に重大なる影響を与える結果となるので、このような処理も理解できなくはないが、予約不履行ないしAの死亡を条件とする贈与でもあるようなので、内妻の将来の生活の方途に関わる扶養的意味を有する「単なる贈与」であったようにも思われる。そうだとすれば、本判決は内縁の妻を救済してきた大審院判決とは、明らかに矛盾する。

本判旨によれば、重婚的な「婚約ケース」の場合でも、同じ結果となろうが、その婚姻関係が形骸化しているならば、婚約を無効とする必要は毛頭ない。

(2)　正当婚姻の形骸化と重婚的内縁

つぎの例は、X女が戸主Yによる離籍権の行使の正当性を争った裁判であるが、その離籍無効確認請求の前提として、Xが婚姻している男性Aと事実上の夫婦関係にあるので、そのことが人倫に悖るものであるかどうかが論点となっている。

[52]　大判昭一二・四・八民集一六巻四一八頁

〔事実・判旨〕　戸主Yは養母Aの養子であり、X女もAの養子であるが、XがAやYの承諾のもとに妻子ある男性Bと事実上の夫婦関係に入り、これを十数年間にわたり継続して、その間の子も養育していた。A死亡後にYが、XBの関係は人倫にもとるとして、一家の統制上、Y家に同居するよう居所指定をなしたところ、Xがこれに応じなかったので、離籍された。そこで、Xは戸主権の濫用として離籍処分の無効確認を請求した。原審は、XBが同棲したのはBが正妻と別居した後である事実を認定したが、Bが正妻と婚姻中であることから、XBの関係が人倫・善良の風俗に反するとして、Xの請求を棄却した。

大審院は、つぎのような理由から、原判決を破棄した。Bはかつて婚姻したが、その後は正妻と別居して全く同棲していないし、Xは正妻との別居後のBと「事実上の婚姻」をなし、この関係は同棲十数年に及んでいるというのであるから、Bと正妻との別居が「事実上の協議離婚」によるか、又はこれに類する事由に基づくものであるならば、Xが養母その他の近親者の承認を得てBと事実上の婚姻をなし、これと同棲するのは、かならずしも人倫・善良風俗に反するものではないので、法律上の離婚手続が完了していないという一事をもって、人倫に悖ると判断したのは、不法である。

ここでは、正妻との関係が破綻しているという事情もあるが、それに加えて、妻ある男性との内縁関係も、親族の承諾のもとになされている場合には、必ずしも公序良俗には反しないとしているところが重要である。

(b)　つぎの例は、正当婚姻の存在を知っていたが、いずれ婚姻が解消されるとの言を信じて事実上の婚姻をしたものであるが、公序良俗違反とされた事例である。

[53]　大判昭一五・七・六民集一九巻一一四二頁

〔事実〕　Y男は、自己の妻が姦通して駆落したので、X女に対し、一ヵ月内に妻の離婚手続を完了するので、その後Xと正式に婚姻の届出及び披露をなすと約して事実上の夫婦として同棲したが、結局のところ、婚姻予約はY側の事情で解消された。Xが慰藉料を訴求。原判決は、正式に離婚手続がなされていないことを知りながら、事実上の夫婦関係を結び、将来婚姻が解消した場合に正式に婚姻するという約定は、国民道徳の観念に反するとした。Xは、事実上離婚状態にあり離婚手続のみが未了の場合には、事実上妻のない男性と婚姻予約をしても何等公序良俗に反しないし、また、XおよびXの母は、Yに欺罔され、Yは無知なるXの処女を弄びその貞操を蹂躙したものであるなどと主張して上告した。

〔判旨〕「然ルニ凡ソ甲女カ正妻アル乙男ト事実上ノ夫婦関係ヲ結ヒタルハ正妻カ他ノ男子ト姦通シテ出奔シ離婚手続ノ準備中ニシテ且乙ニハ真実甲ト婚姻スル意思ナキニ拘ラス之アルモノノ如ク装ヒテ甲ヲ欺罔シタルニ因ルカ如キ場合ト雖右事実上ノ夫婦関係ヲ結ヒタルハ公序良俗ニ反スル行為ニシテ乙ニ正妻アルコトヲ知リナカラ之ヲ為シタル甲カ其ノ結果貞操ヲ蹂躙セラレ精神上苦痛ヲ受クルコトアルモ其ノ損害ノ賠償ヲ請求スルハ畢竟自己ニ存スル不法ノ原因ニ因リテ生シタル損害ノ賠償ヲ請求スルモノニシテ斯ル請求ニ対シテハ民法第七〇八条ニ示サレタル法ノ精神ニ鑑ミ敢テ保護ヲ与フヘキ限リニアラス（当院明治三六年（れ）第一三一四号同年一二月二二日判決参照）サレハ原審カ本訴請求ヲ排斥シタルハ結局正当ニ以テ論旨採用シ難シ」とした。

本件では、XYは媒酌人を通して親族同意のもとに婚姻予約を締結している。しかも、Yの婚姻関係が破綻しているのであるから、たといXがYの婚姻の事実を知悉していても、これを公序良俗に反するとしたのは、著しく道義にもとる不合理な判断であったように思われる。当時の学説が本判決を批判したゆえんである。(65)

(3)　下級審裁判例

(a)　つぎの例では、重婚的内縁は公序良俗に反して無効であるとするが、婚姻を秘して内縁関係に入った行為態様を非難して、関係成立時における「詐欺誘惑の論理」で慰藉料請求を認めている。

[54]　東京控判昭和六・七・二八新聞三三一〇号四頁

〔事実・判旨〕　X女は、Y男と媒酌により事実上の夫婦として同棲したが、その後、離別された。媒酌人の話によれば、Yにはかつて妻がいたが既に戸籍上も離別して女児一人と起居をともにしているに過ぎないので、婚姻されたい旨の申入れがあったことから、Xは、これを信じてYの申込みに応じた。しかし、Yは正妻と不和のため別居していただけであった。判旨は、当該婚姻予約は公序良俗に反して無効であり、「何人ト雖モYノ如キ有婦ノ男子トハ婚姻ノ豫約ヲ爲ササルヘキヲ通常ノ事例トス。然ラバXカ前示ノ如クYト婚姻ノ豫約ヲ爲シ、事實上ノ夫婦トシテ同棲スルニ至リタルハ、畢竟前記ノ如クYカ無婦ノ男子ナルカ如ク装ヒ、Xヲ欺罔シタル結果ニ外ナラナレハ、Yハ前示所爲ニヨリ不法ニXノ貞操ヲ蹂躙シ、因テ其ノ自由、名誉、身体上ノ権利ヲ侵害シタルモノト論断セサルヘカラス」。慰藉料の額については、Xが二八歳の時に結婚したこと、その学歴が尋常小学校五年終了程度のものである事実、Yと結婚するまえに一度、他に嫁したる事実、Yの実家は芸娼妓の紹介業を営なむも多少の資産を有し同業者間では相当の声望を有する事実、Xが吉原で三、四ヵ月間芸娼妓をしていた事実などのほかに、Y家は沼津市で多額の資産を有する貸座敷業者であること、YがXの貞操を蹂躙した経緯などの諸事情から、金三〇〇円を認容した。

本件は、重婚的内縁ケースであるが、単なる私通ではなく、挙式のうえ同棲しているので、判旨も、一般論としては公序良俗に反して無効とするが、外形上は、婚姻予約と事実上の夫婦関係の成立を認めている。したがって、類似のケースで、同じく「詐欺誘惑の論理」で善意の女性を救済した事例（[22]判決）とは、かなり事情を異にしよう。

(b)　前記の大審院判決[48]の原審である札幌控判昭和一二・九・一三は、正当婚姻が完全に形骸化しており、しかも離婚手続が単に遅れていたに過ぎないことから、予約の有効性を認めている。本件の内縁についても、親族の立会のもとで挙式がなされている。しかし、本件[48]の一審は、上記の事情があっても、離婚届が為されていないかぎりは、Xが訴外人の妻であることには変わりはないとして、ごく形式論で婚姻予約の成立を否定している。いまだ、大審院の方向性が定まっていない証左であろう。

(c)　つぎは、婚姻中の女性が男性からの求婚に応ずるため協議離婚したうえで、その申入れに応じたが、破談となった事案である。婚姻中に関係をもったというわけではなく、離婚後に婚約しているのだから、今日では、その破棄責任は認められるであろうが、判旨は、女性の行為態様を非難している。

[55]　静岡地判昭和一〇・二・一二新報三九二号二〇頁（婚約）

〔事実〕　X女（二五歳）は、Aと婚姻・同居していたが、婚姻から五年余経過した大正一三年一一月にXの姉が死亡したところ、その夫であったYから結婚の申込みをうけ、これに応ずるため無断で実家に立ち戻ったうえで、大正一五年一二月にAと協議離婚したのちに、当時滞米中のYと婚約した。その後、数年Yの帰国を待っていたが、帰国後数ヵ月経過した昭和七年四月になって、Yは婚約を破棄した。そこで、Xから婚約不履行による慰藉料を請求した。

〔判旨〕「然レトモ婚姻中ノ婦女カ他ヨリ婚約ノ申込ヲ受ケ之ニ応セムカ為他ニ該婚姻ヲ解消セシムヘキ特段ノ事由ナキニ拘ラス協議上ノ離婚ヲ為シテ之ヲ解消セシメ因テ右申込者ト婚約ヲ締結スルカ如キハ我カ国古来ノ醇風美俗ニ反シ到底無効タルヲ免レサルノミナラス婚姻後五年有余夫婦生活ヲ営ミ既ニ二五歳ニ達スル婦女カ右ノ如キ不法ナル申込ヲ受ケテ容易ニ心ヲ動シ他ニ該婚姻ヲ解消セシムヘキ特段ノ事由ナキニ拘ラス右申込ニ応セムカ為敢ヘテ離婚ヲ為シタル上婚約ヲ締結シ後ニ至リテ該婚約ヲ破棄セラレタルカ為有形無形ノ損害ヲ蒙リタリトスルモ幵ハ全ク自ラ禍ヲ招キタル類ニシテ法ノ保護ヲ享クヘキ利益ナシ」

(d)　つぎの例では、女性が妻帯の男性と私通関係にあり、その正妻の死亡後に同棲したケースであるが、当事者双方は一般に夫婦として認められ、女性が一定の親族からも後妻として処遇されていたことから、挙式等の通過儀礼はなされていないが、婚姻予約の成立が認められ、亡夫の家督相続人に対する慰藉料請求権が認容されている。

[56]　佐賀地判昭和一六・八・一新聞四七二六号二九頁（内縁）

〔事実・判旨〕　X女は、A経営の工場の女工として働いていたが、大正一一年ころからAの正妻が病臥中であることを熟知しながら、私通関係を結んだ。大正一四年九月にAの妻が死亡し、昭和七年九月ころ、Aは本宅を離れ、近隣の別宅でXと同棲した。同棲中AXは一般に夫婦と認められ、ことにAの両親やその子女等を除く他の親族からは後妻として処遇され、また、AはXとの婚姻届出をなすべき意思を有していたが、Aの両親が強行に反対したため、その感情が和らぐ時期を待望していたところ、ついにAが昭和一四年一月に死亡した。婚姻予約の成否が争点となったが、判旨は、婚姻予約の成立を認めた上で、Xとの私通関係はY家に風波を生じさせ、両親との不和を醸す要因となったことから、Xの非行は非難されるべきであるとしても、その私通は年長者で雇主であるAの誘惑によるものであるから、不具者で弱き女工であるXとして止むを得ざるに出でたる行為であるとし、その婚姻予約不履行については、Aに全責任があるとした。慰藉料については、不具の身で六ヵ年余、Aの内助に努めたこと、Aは生前、自己の死亡後Xの生活に配慮して相当の財産を分与する旨の意思を有していたこと、現在、蓄積と言うほどのものもなく困窮し、かつ在家の立退きを求められていること、Xが初婚ではないこと、尋常小学校卒であることなどが認定されるとともに、他方で、Yの相続財産は工場や土地建物等を含めて時価三万円以上になることなどの諸事情から、金二五〇〇円が相当であるとされた。

7　損害賠償

(1)　慰藉料額の決定

慰藉料の数額は事実審裁判所の専決事項に属するので、余程の不合理でもなければ、上告理由にならない、と解されている。

[57]　大判昭和七・七・八民集一一巻一五二五頁（[5]は原判決）

〔事実・判旨〕　原判決が、内縁の不当破棄につき、X女の賠償請求を金四〇〇円と認定したが、Xがその認定に対して不服を申し立てた。原判決が斟酌した事情としては、同棲期間が大正四、五年から同一五年六月まで継続したこと、Xが初婚者ではないこと、およびXが夫の病気中に暴行虐待したことなどの事実が指摘されているが、暴行虐待については、夫が長年にわたり入籍をしなかったことによるものであるので、多少の理由がないわけではないが、なおこの事実も考慮して慰藉料額が認定された。Xは、斟酌すべき事情としては、そのほかに当事者の身分信用地位等を斟酌すべきであり、夫は裁判所書記として勤め恩給を受ける地位にあるが、Xは既に四五歳であり再婚もできないところ、十数年にわたって内助の功を果たしてきたにも拘わらず、金四〇〇円では物質的生活一ヵ年の費用に過ぎず、これでは芸妓稼業者の報酬にも劣るなどと主張した。しかし、大審院は、慰藉料の数額については、事実審裁判所の自由裁量による、としてXの主張を排斥した。

本件では、内縁の夫が既に死亡しているところ、妻はその生前には慰藉料を請求していないので、加害者の相続人が相手方となっている。そこで、夫の生前に慰藉料を請求していないと、それは遺産に含まれない、とYが反論した。この反論は、Yが控訴審判決に対して上告した別の事件（前掲[28]判決を参照）でなされているが、大審院は、予約不履行による慰藉料の支払義務は損害賠償請求債務にほかならないので、不履行によって当然発生しているとして、Yの上告を棄却している。

(2)　下級審裁判例

(ア)　すでに紹介した[6]は五千円、[56]判決は二五〇〇円の慰藉料額を認容しているが、ここで、同じくかなり高額の慰藉料を認めた事例を紹介しておこう。現行法下では、「財産分与的要素」が含まれるものといえよう。

(a)　慰藉料七千円が認められた事例がある。実質的には、扶養的要素が含まれているように思われる。

[58]　東京地判昭和七・一一・一七評論二一巻民一一四三頁（内縁）

〔事実・判旨〕　X女は、子爵であるY男の家に行儀見習い中、YとYの母から求められて、大正九年一月ころ婚姻予約をなし、以来、約四年間にわたりYと事実上の夫婦として同棲し、円満な家庭生活をいとなんでいた。大正一二年六月一五日に一子を出産したが、その間に、Yは突然、居宅から出奔した。慰藉料額として、Xが婚姻予約成立当時、二三歳の処女であったこと、同棲機関が四年間に及び、同棲中に一子を儲けたこと、XとX家には資産がないことの事情から、金七千円をもって相当とする、と判示した。

(b)　つぎの例は、二千円の慰藉料を認容している。

[59]　東京地判昭和一二・六・三〇新聞四一六二号九頁（内縁）

〔事実・判旨〕　Y（二九歳）は、他に女性と親密な交際をしていたが、昭和九年一月下旬にX女（二七歳）と結納をとり交わし、同年四月一五日にX女と挙式して同棲した。しかし、同年九月ころには他女との関係が交際にとどまらない程度にまで進み、昭和一〇年四月ころに、このことがXの知れるところとなった。媒酌人と両家が協議の結果、Yは他女との関係を絶つことを言明し、媒酌人に誓約書も差し入れ、あわせてYの誠意を確認するため、一時別居することとなった。ところが、Xが当座の身の回り品を取りにY宅にいくと、Yが、Xの衣類調度品全部、枕箸茶碗にいたるまで持ち出し、出て行けがしの態度をとったことから、結局は、婚姻予約が完全に破綻した。

慰藉料額については、Xが別居を申し出たこと自体も破綻の一要因となっているので、この点は斟酌するとしたうえで、Xは初婚で同棲中も勤務して収入（月収六〇円）があり、その大部分を生活費に充て、Yの病気の母に仕えていたが、Yは収入（月収八〇円）の多くを自己の用に費消して家計を顧みなかったことのほか、XYの所得・経歴・年齢やXの父が資産数千円の不動産を所有する社会的な地位があることなどを総合考慮して、二千円の慰藉料を認容した。

(イ) 異常に少額しか認めなかった例もある。

つぎの例は、女性が妊娠出産しているにも拘わらず、金二〇〇円とした。

[60] 函館地判昭和七・一一・二五新聞三五〇六号一七頁（内縁）

〔事実・判旨〕 X女とY男とは、媒酌により昭和六年七月二四日に挙式して婚姻予約をなしたうえ、夫婦として同棲してきた。昭和七年三月ころ、Xは妊娠のためとかく健康が勝れず、保養のため二回生家に帰ったところ、YもYの父も病気ばかりして生家に帰る者は家に置けないという意向であり、Yの母から生家に帰るよう申し向けられたため、同月二七日にやむなくY家から生家に立ち帰った。判旨は、慰藉料につき、Xが二一歳の初婚者にして、同棲の結果懐妊したこと、Yが漁業を営み居村では中流以上の生活をしていること、および予約を破棄した事情などを考慮して、金二〇〇円をもって相当とする、とした。

本件の内縁破棄の要因については、Y自身の意向よりもYの父の意向が決定的であり、「親カXヲ家ニ入レルコトヲ肯セサル故自分モXヲ復帰セシメルコトヲ得ストテ」、YがXの復帰方を拒んだという事実が認定されている。いずれにせよ、二〇〇円という額は、余りにも低額にすぎないか。

(ウ)　同時期における控訴院判決であるが、妻から慰藉料を請求した事例で、その数額に余りにも懸絶のある二例を紹介しておこう。

(a)　つぎは、慰藉料三〇〇円しか認めなかった。

[61]　大阪控判昭和一三・二・二六新聞四二五〇号四頁（内縁）

【事実・判旨】　X女（被控訴人）とY男（控訴人）は、昭和一一年七月一日に挙式の上、婚姻予約をなし、以来同棲したが、まもなくYはXに冷淡となり、Yは同年八月下旬ころまで数回外泊したうえ、媒酌人にXの引取り方を求めるとともに、Xにも別居を迫ったが、Xがこれに応じなかったので、翌九月早々、みずから自家を退去して、Xを置き去りにした。Yは、Xが強度の近視であり、体臭があるなどと主張したが、近視は当初より認識していたし、体臭はないと判断され、慰藉料については、Xが現在二七歳で義務教育後は女中奉公をなし一五円の月給があり、その後、家政婦に転じてからも日給一円を収得し、二五歳でY方に嫁し初婚であること、Yは職工として月給六五円を得ていること、その他、不履行となった事情などから、金三〇〇円をもって相当とした。挙式費用六五円余も認容された。

(b)　これに対して、つぎの例は、慰藉料二千円を認容している。

[62]　東京控判昭和一七・二・五新聞四七八〇号一七頁（内縁）

【事実・判旨】　X女（被控訴人）とY男（控訴人）は、昭和四年四月一〇日媒酌によりキリスト教婚姻方式で挙式後、同年八月まで同棲したが、Yが性格一致せずと称し、なんら正当理由なくしてXを嫌忌し、家事をさせず同居を拒む態度に出たので、XはYの態度が改まるの待ち、一時親戚のもとに身を寄せていたが、結局は、同五年一月にYはXの荷物を送還した。判旨は、終生の不幸を招来し、その精神上大なる苦痛を被りたるは当然にして、双方の学歴、Xが初婚であること、Yの父は医師であり、これを家督相続したこと（ただしその遺産は相続以前に分与され、Yの相続財産はその一部に過ぎないこと）、Yが耳鼻咽喉科を経営していることなどの事情から、金二千円をもって相当とする、とした。

上記二例では、初婚の女性が何等の理由もなく、ただ気に入らないということのみで、短期間の同棲後に一方的に婚姻予約を破棄されている。その精神的苦痛は東京控訴院の指摘する通りであろう。後者[62]判決では夫が医師であるので、その所得が考慮されたものと思われるが、前者[61]判決では、夫は単なる職工であり、三〇〇円程度が支払い限度と考えられたのかもしれない。若い職工の給料の五、六倍である。他の事例のように男性が農家を経営している場合の方が、相対的により高い額が認められるということなのかもしれない。

(エ)　男性からの慰藉料請求の事例を検討してみよう。

(a)　この時代でも、従来と基本的には相違がなく、慰藉料額は謙抑的に判断されているように思われる。前述した[36]判決（横浜区判昭和七・四・一八）は、金五〇円としている。以下、興味深い例を指摘しておこう。

[63]　東京控判昭和六・七・一四新聞三三一四号五頁（内縁）

〔事実・判旨〕　X男とY女は昭和三年三月七日に事実上の婚姻をなしたが、同年四月一三日にYがXには無断で退去した。Xは同年六月一八日に婚姻届出手続をなすべきことを催告したが、Yは、同月二八日に自己の荷物をX家から引き上げた。Yは、X家には「らい病」の血統があると主張したが、そのような事実は認められないとされて、婚姻費用等の財産損害として金六一八円余が認められ、慰藉料については、Xは資産家にして盛大に海産物商を営む家の長男であり、Y家もそれに劣らない社会的地位を有することや予約破棄の事情などに基づいて、金三〇〇円が相当とされた。

[64]　東京控判昭和九・一一・二八新聞三七九七号五頁（内縁）

〔事実・判旨〕　X男（被控訴人）とY女（控訴人）は、昭和六年一月一五日に挙式して婚姻予約を結んだが、同年五月中にYがX家を立ち去った。その後、Xは、Yの不満の点は今後改めるので、復帰方を求めたが、Yはこれを拒絶した。YはXの家業に慣れ親しまず、むしろこれに対し嫌悪の情すら有することに原因するので、正当理由なしとされ、慰藉料額については、当事者の年齢や職業（農業）、その他、家や本人（Y固有の資産は一千円以上とされている）の資産状況等を考慮して、金二〇〇円とされている。

[64]判決の一審は、東京地判昭和八・三・一七（評論二二巻民四八五頁）と思われるが、一審も同趣旨を述べ、同額の慰藉料を認めている。さらに、一審では、Xが婚姻費用について一千円を請求したが、判旨は、挙式して同棲した場合には、挙式費用と同額の損害を被ったとは認められないとして、金二〇〇円を限度としている。このような考え

方が不合理とはいえないであろう。

[65]　大阪地判昭和六・一一・二七評論二一巻民三四二頁（内縁）

〔事実・判旨〕　X男はY女と昭和五年一月二五日に媒酌により挙式して婚姻予約をなし、爾来事実上の夫婦として同棲し、ともに働いていたが、Xがその収入を示さず、貯蓄もなく生活が豊かにならないことから、家賃の支払いも延滞勝ちであった。Yは、Xの父が一戸を用意することを言明したにも拘わらず、これが果たされなかったので、ついに同年一二月四日に実家に立ち帰った。Yは同居に耐えざる虐待があったと反論したが、そのような事実はないとされ、結婚費用二六七円余のほかに、慰藉料としては、原被告が初婚であること、年齢・職業・教育程度や同棲期間などの事情が斟酌されて、金二〇〇円が認められた。

(b)　これに対して、かなり高額である金七〇〇円の慰藉料を認めた珍しい事例もある。

[66]　大阪地判昭和九・九・二一評論二四巻民三一九頁（内縁）

〔事実・判旨〕　X男とY女とは媒酌による挙式同棲後、わずか二ヵ月ばかりで、Yが実家に立ち帰った。破綻の要因は複雑であるが、判旨は、双方の性格の不一致につき、つぎのように抽象化している。Xは、幼少より店員となり、ひたすら勤勉を旨として徒費することなく、一言にしていえば、律儀な被傭人型である。これに対して、Yは、比較的金銭に不自由なく、華美を好む我が儘な性格で、忍従の徳に欠け、勝ち気で容易に譲らず、他人の意向を察知しない傾向があった。双方の、境遇、経歴、教育、性格等ことごとく相反する両者は、もともと不釣り合いであったが、Yは二五歳で、相当の良縁を求めるには適齢期を失していたがゆえに、Xに多額の貯蓄収入があり、婚姻後は自由安楽な新婚生活を楽しめるとともに、Xより尊敬感謝の念をもつて迎えられると信じて結婚したが、その夢のごとき期待が忽ち幻滅の悲哀と化した。加えて、日常の些事についても、ことごとく一致せず、Yは結婚を悔いて、僅か二ヵ月余で敢然、X家を立ち去った。慰藉料額について、「Yカ一見シテXノ妻タルニ適セザル者ナルコト……明カニシテ」、Xは、この点に深く考慮せずに配偶者の選択を誤ったことから、Yに破棄責任があることは変わらないとしても、Xにおいても、その不幸の苦痛の一半は忍ばざるを得ないので、諸般の事情も考慮すれば、金七〇〇円をもって相当とする。

(58)　本件の一審と控訴審判決は、唄孝一・佐藤良雄「判例における婚姻予約（七）」（関彌一郎執筆）都法四巻二号（一九六四年）五三頁、六〇頁に収録されている。

(59)　中川善之助「本件判批」法学志林三六巻五号（一九三四年・昭和九年）七〇頁は、本件を高く評価し、内縁寡婦は「夫死亡後も尚ほ引き続き、少なくとも相当の期間は、その家に居住し得ることを容認したものといってよかろう」（八〇頁）という。戦後の内縁学説も「内縁寡婦の居住権」を保護したものと評価している。太田・前掲注(20)『内縁の研究』二五一頁注(1)、水本浩「内縁寡婦の居住権」別冊ジュリ四〇号・家族法判例百選（新版）（一九七三年）二六頁などを参照のこと。ただし、これらの学説が準婚理論を背景としながら、居住権保護を認めたという評価に対して、唄＝佐藤・前掲注(58)「判例における婚姻予約（七）」七〇頁は「やや行き過ぎがないであろうか」との疑問を付している。たしかに、居住利益自体が保護されたわけではないし、親族の扶養義務も不法行為の違法性評価にかかわる要素にすぎないとも解されるので、本件の特殊性を重視する唄らの疑問には一理ある。もっとも、民事連合部「婚姻予約有効判決」以来の大審院判例の流れのなかで位置づければ、「内縁の妻」を保護しようとする「思想」は、明確に看取できるであろう。

(60)　末弘厳太郎「法律時観」法時五巻三号（一九三三年・昭和八年）六〇頁。胎児中に父が事故で死亡したことから、父が生存していたならば父の収入により生計を維持しうる利益につき、その損害賠償を七〇九条に基づいて認めたうえで、代理人は、胎児中にかかる胎児の損害賠償請求権を処分する権限は有しないとする。

(61)　本件の差戻審と再上告審の判決については、唄孝一・佐藤良雄「判例における婚姻予約（一五）」都法八巻二号（一九六八年）四六九頁に収録されている。

(62)　本書「第五章」の「四・婚姻予約と結納」を参照のこと。

(63)　本件については、唄孝一・佐藤良雄「判例における婚姻予約（五）」都法三巻一・二号（一九六三年）三二〇頁以下を参照のこと。上告審の判決理由全部のほか、一審・原判決も、同号三二一頁・三二六頁・三三三頁に収録されている。同三三〇頁や三三七頁の「分析」も参考となる。

(64)　婚姻予約ないし内縁に関連（牽連）してなされる贈与契約ないし違約金契約等については、佐藤良雄『婚姻予約および認知－未発表判決の研究』（システムファイブ、二〇〇五年）九四頁以下が裁判例をいくつかに類型化して分析しているので、差しあたり、それに譲る。ちなみに、佐藤によれば、婚姻予約有効判決以降における裁判例で、今日に至るまで違約金条項の効力を否定した判決は存在しないという（同九八頁）。

(65) 我妻栄「本件判批」『判例民事法昭和一五年度』二五四頁、中川善之助「本件判批」民商一三巻一号（一九四一年）一〇八頁は、本判決の形式論を批判する。

七 結語

本書は、「民事連合部判決」のいう婚姻予約有効論を前提としながら、戦前までの判例の推移と展開をフォローする中で、いくつかの重要な問題を検討してきた。これらは、すべて「婚姻予約有効判決」があってこその課題であり、かかる課題に応じて判例の進展・充溢がみられたが、あわせて「婚姻予約有効判決」において潜在していると思われた問題点が、その後の裁判例をフォローするなかでより鮮明になっている事情も明らかになった。

戦前までに登場した裁判例は主として内縁事例であり、婚約事例は数少ないものであったが、いずれにしても、「判例婚約法」は内縁法理と手を携えて展開し、双方を含めて「婚姻予約有効論」は、判例法上、もはや動かし難い論理として定着したといえるであろう。

たしかに、「判例婚約・婚姻予約法」は、内縁の不当破棄に際して、その前段階にある男女関係の保護の論拠として機能している側面もあり[66]、現に裁判例では、内縁解消の責任問題について、婚約不履行と構成した例もなくはなかった。しかし、これは当時の婚姻習俗に起因するものと思われ、たまたま単純な婚約破棄紛争例が少なかったということにすぎない。内縁法理の展開は、婚約・婚姻予約有効論を出発点にしていたという歴史的事実を決して見落としてはならないであろう。他方で、内縁保護の判例法理も、準婚学説からの厳しい批判にもかかわらず、婚姻予約有効論を前提としたうえで、その自己の地位を不動のものにしたといえよう。

もっとも、この時代に至っても、親族法上の契約は法定されたものに限定されるとする形式論を墨守する学説もなくはなかったが(67)、わが判例婚姻予約法は、いっそうの進展を見せてきた。終わりに、戦後の判例法の展開をたどるために必要な範囲で、ここで改めて戦前までの判例理論を本書の視点から整理しておこう。

1　身分契約と信義則

婚約・内縁関係は、婚姻予約概念に包摂され、婚姻自体とは明確に区別されるが、単なる債権契約ではなく、特殊の身分契約であるとするのが大審院の基本姿勢であることが判明した。明文の規定を欠くが、「信義則」によって予約の有効性が根拠づけられているものと考えられる。このことは、「民事連合部判決」が「誠実ニ之カ実行ヲ期シ其確乎タル信念ニ基キ之ヲ約スヘキモノナルコトハ其契約ノ性質上当然ニ然ヘキ所ナリ」と説示し、何度も繰り返して、「信頼」違反（「約ヲ信シテ」）に言及していることからも窺知しうるであろう。「正義公平」論と社会通念にすら言及している。実際、大審院判決（本章[28]）は、婚約不履行の「正当理由」の判断においては、「信義則」によるべき旨を明言している。加えて、「誠心誠意判決」（本章[1]判決）が「適法な合意」の認定基準を「誠心誠意」性に依拠させたのも、大審院としては、信義則を念頭に置いていたものと推知して大過なかろう。下級審裁判例では、明確にこのことを説示する例がある（第五章[2]・[3]判決、本章[33]判決）。

このことは、当時の裁判官がヨーロッパ諸国の婚約・婚姻予約法の基本的立場に通暁していたことを意味しよう。否むしろ、この意味では、積極的にヨーロッパ諸法における婚約法の伝統を承継したものと思われる。

2　入籍問題と「届出義務」

(1)　不誠実な入籍拒絶

「民事連合部判決」は、内縁問題に革命的意義を与えたといえよう。先述したように(68)、この判決の登場を期待していたと思われる紛争例もあった。実際、妻側からの入籍要請を理由もなく遷延していたとみられる事例が、いかに多かったかも明らかになった。現に、昭和時代に入っても、届出請求を訴訟物とする紛争例すら見られたのである（本章[23][24]判決）。これは、判決例によって認定された事実から判断しても、夫側が、戸籍による法的拘束を嫌ったためとしか考えられない。従来いわれていたような、法制度上の制約や法律的知識の欠如による問題というよりも[69]、少なくとも裁判例に登場している事例では、むしろ、婚姻法制上の制約・知識を熟知した上で、いわば逆にこれを利用しながら「不誠実な入籍拒絶」がなされていた事情も判明したといえよう。妻側の方も、入籍の重要性を明確に認識しているからこそ、本書が検討してきた裁判例では、入籍問題が重要な争点となっていたゆえんである。実際、すでに「横田秀雄」も、届出については当事者に「誠意のない場合」等が大半である旨を指摘していたのである[70]。横田は、すぐれて現実感覚に富み、かつ巧みな法技術を駆使した裁判官であり、本書はたびたびこの横田論文を引用したが、それは戦前の裁判例を分析するためには横田論文が不可欠の文献であると判断したからであるが、ここでも教示をうけること大なるものがある。

このような状況の一因となったものは、すでに指摘されているように、当時の媒介婚・媒酌結婚に起因する「試験婚的な婚姻習俗」であったように思われるが、裁判所も、そうした現実を確実に認識していたように思われる。婚姻予約が成立した場合には、すみやかに「届出をなすべき義務」を認めていたのである。このことは、すでに「民事連合部判決」でも予定されていたものと思われる。挙式同棲すれば、「届出」がなされるのが通常である旨の説示があり、現に原告女性側も「届出の要求」をしていたからである。本書は、当初からその通奏低音の響きを聞き分けることに努めたが、さらに後の一連の裁判例の進展・展開のなかで、実際、かかる「届出義務」論が鮮明に浮き彫りにされることとなった。

(2) 届出義務

内縁事例では、夫側の入籍拒絶という事実が正当理由の判断において極めて重要な意味をもっている事情も明らかになった。大正期の大審院判決（第四章[22]・[23]、第五章[21]判決）、さらには昭和期の大審院判決[25]（本章）では、そのこと自体が不当破棄の評価において、ほとんど決定的な決め手となっている。このことは、大審院が、一般に婚姻予約が成立すれば、そこに「届出義務」が生ずるとする見解に立っていたことの証左となろう。

実際、「唄孝一・佐藤良雄」も、大審院判決（第四章[23]判決）の論評のなかで、同[23]判決が明確に「届出義務」につき説示している旨を認めているのである。[71] しかし、その直前の大判大正九・一〇・一三（第四章[22]未公表判決）もあることのほか、とくに昭和期の本章[25]判決は学説でも注目されており、「届出義務」を認めたに等しいとされている。しかも、同趣旨の東京控訴院判決も少なからずあること（第四章[19]・[21]、第五章[6]・[28]判決など）、事実、「婚姻予約とは婚姻届出をなすことの合意である」とした地裁判決もあるくらいである。[72]

加えて、内縁事例の大審院判決（五章[16]・[18]判決）も、「届出義務」を前提とした事例と考えて大過ない。ことに同[18]判決は、戸主の同意との関連で、挙式同棲に同意していたならば、他日の「婚姻届出」にも同意したものとみなした。また、挙式に同意したにもかかわらず届出義務の履行に支障をもたらすような両親の行為態様が非難されているのは（第五章[21]判決）、いっそう強く「予約に基づく届出義務」を押し出しているといえよう。

こうした大審院の立場を前面に顕現させた裁判例が、ついに終戦直前に登場した。当時の「委託又ハ郵便ニ依ル戸籍届出ニ関スル法律」（昭和一五年制定）の立法趣旨とは無関係ではないようにも思われるが、大審院判決[27]（本章）では、本人の届出義務を前提としたうえで、自らが子の結婚を主導した両親にも届出履行の協力義務が課されるに至っている。もはやこれ以上の論究は、不必要であろう。ここで「民事連合部判決」の一つの到達点を確認しうるのである。戦前・戦後の内縁学説（準婚理論）には、以上のような視角が欠落しているが、それは「中川理論」の影響によるのではなかろうか。[73] 予約不履行の裁判例では、かかる届出義務の不履行によって、慰藉料等の損害賠償責任が認められていたといえよう。ことに予約当事者の一方が他の異性と「事実上の婚姻」に入れば、予約の履行が不能とされている事例では、単なる同居義務の履行不能というよりも、社会観念上はもはや「正当婚姻」が期待できないという趣旨と考えられるので、それは届出義務の履行不能ということとなろう。たしかに、同居拒絶によってのみ予約の不当破棄が認められているケースでは、届出義務は顕現化しないことが多いが、そのような場合でも、入籍拒絶と複雑に絡んでいるケースも少なくないし、同居拒絶の背後には、抽象的な届出義務の違反が潜在していると考えることが可能であろう。婚約の不当破棄ケースでは、樽入れや結納によって婚姻予約の成立が認められる場合には、結婚式を理由もなく遷延させるという事態によっても、確定的な破棄意思が確認できるが、この種の場合には、結婚式を挙行しないことが予約不履行と評価される傾向があるとしても、それは「現象面」にすぎないので、ここでもやはり「届出義務」が観念されていると考えることができるであろう。いずれにせよ、判例によれば、「樽入れ・結納」を経て「正式の結婚式」が行われるならば、その後には、「婚姻届出」が予定されているからである。

3 「誠心誠意」規準の功罪

(1) 通過儀礼の法的意義

民事連合部「婚姻予約有効判決」後の当初は、当時の媒酌結婚の婚姻習俗を反映して、社会的には、儀礼がないと婚姻が成立しないと考えられていたことから、裁判例に登場する例も、挙式・同棲婚が圧倒的に多かった。しかし、その後、とくに大正期の終わりころから昭和期に入ると、「秘密裡の男女関係」の裁判例が目に付くようになり、婚約に関する「儀式不要判決」の登場によって、誠心誠意による婚姻意思の存否のみが婚約と私通との識別基準となったが、この識別基準は、一方では女性救済に資する面があったものの、他方では、女性の地位を劣悪な状況に追い込むこととなり、それは両刃の剣となってしまったように思われる。このことは、本章[1]判決と[2]判決との事案に登場する男女関係を一瞥しただけでも、明らかとなろう。要件事実論からみても、きわめて曖昧な概念を軸としているので、本来の要件事実としての機能を十全には果たし得ていないというしかない。

このような重要な結論の相違を裁判官の裁量にゆだねたこととなり（いわば白紙委任したに等しい）、そうした法状況と、当時の家制度からの桎梏が、自由な男女関係のあり方に強い影響を与えた結果、真に女性救済のために機能したのか、ますます混沌としているように思えてくるわけである。抽象的には女性救済という正義論があったとしても、当時の婚姻習俗による通過儀礼は、通常は双方の家秩序のなかで行われるので、そこから外れた「秘密裡の男女関係」では、結局のところ、個別の正義が犠牲にされていた観が見られる。それでは、真に社会的正義や衡平を実現したとはいえないであろう。

「岩田新」は明治期から昭和一〇年三月までの裁判例をほぼ渉猟したうえで、慣習上の儀式がなされているが情交関係をともなわないものは、いまだ裁判上みられないし、「況んや単純なる婚姻約束であって而も情交関係を伴わざるものは、全く見当たらない」と結論づけており、そこから、このことは「単純なる婚姻約束は法律上意義のある行為ではなくて、純粋なる徳義上の契約であることを、物語るものである」と断じている(74)。

たしかに、「口約のみの婚約」が問題となった事例は公表されていないようであり、実際、そうした男女関係に強い拘束力を認めるのは問題であるとしても、仮に同棲がなく慣習上の儀式（樽入れや結納）のみの場合までも、裁判例では徳義上の関係とされていると解するならば、それは裁判例を正しく評価したものとはいえないであろう。事実、同棲関係や情交関係には入らず、儀式だけで終わったと思われる事案で予約の成立を認めた裁判例（第5章[5]・[6]・[7]判決）もあるからである(75)。

とまれ、「民事連合部判決」は、いわゆる「信頼の原則」に依拠していたものと思われるが、「誠心誠意判決」も、もともとは「秘密裡の男女関係」に起因する本件の事案でも、かかる一方の婚約成立に対する「信頼」を保護したものといえる。内縁事例のみならず、婚約事例でも、信義則による処理の重要性が再確認されたといえよう。その限りでは、儀式不要とした「誠心誠意判決」には先例的価値があったといえるであろう。儀式不要の点にのみ、先例的価値を求めてきたのは、問題である。

(2) 誠心誠意と「公然性」

婚姻意思を認定する際には、一方の信頼保護と他方の「婚姻の自由」との調整が不可欠であり、「誠心誠意判決」は、このことを明確にした事例と思われるが、「公然性」は問題となっていなかった。ところが、その直後の大審院判決(本章[2]判決)では、「公然性」がないことから、私通関係と判断されており、これを承けたと思われるような下級審裁判例も散見された(本章[17]判決のごとし)。たとい夫婦約束の合意が証拠によって認定されたとしても、抽象論ではあるものの、公然性を決め手に婚姻予約の成立が否定されることがあるわけである。この本章[2]判決では、学生として女性の実家に下宿していた間の情交関係であることが重視されていたところ、おそらくは、その原被告間の同棲生活には、「夫婦としての交情」(第五章[4]判決参照)が社会的に認められないので、もともと「婚姻意思が欠落している」と評価され、ひいては、そうした男女関係では、内縁はいうまでもなく、たとい婚約として構成するにしても「将来の婚姻意思」を析出し得ないので、「婚約」としての保護も享受しないという趣旨の判決であったものと思われる。

そうとすれば、結局のところ、ここにいう「婚姻意思」とは、「社会的な承認」に左右されることとなり、当該判決のいう「公然性」というのも、そのような趣旨と解される。具体的な考慮事情としては、男女双方の「親の承認」が重要性をもっていたのではないか(76)。

一方「誠心誠意判決」は、単純婚約のケースであり、同棲の事実は認定されていないが、ここでは、婚約の成立が認められた。本件の事案では、たしかに当初は「秘密裡の男女関係」に過ぎないものであり、おまけに予約成立時は男性は未成年者であった。そこで、原判決は、当事者の主張を受けたうえで、予約は取り消しうるとしたが、その「取消権」は成年時から五年の経過で消滅したとした。そうした法的構成の当否はしばらく措くとしても、このことからも窺知しうるように、本件での原被告の関係は「きわめて不安定な男女関係」であったといえよう。それにもかかわらず女性が男性の言を信じて身を任せたうえ、一〇年間にわたり結婚約束を信じて待っていたというのであるから、かかる信頼を保護しないわけには行かないであろう。著しく信義に反する行為であり、男性側の「誠意に欠ける行為態様」が非難されているので、まさしく民事連合部判決のいう「誠実履行義務」に反すると考えられたものと思われる。本件の男女関係が「時の経過」によって「社会的な承認」を得たことから、「身分関係」が成立したと「評価」したものであろう。

秘密裡の男女関係であっても、なお婚約破棄責任を肯定するためには、通過儀礼が践まれた婚約を典型的な形態とし、これに準ずる非典型的な関係と区別したうえで、その要件事実に考慮される事情に留意しながら、破棄責任の可否を判断する方が、判例を全体として調和的に整序できるように思われる。その意味では、「誠心誠意判決」における男女関係は「婚約」といえるとしても、「典型的な婚約」（第四章大審院判決[11]）ではなかった事例である。「婚姻予約」概念は、かかる男女関係をも含めた規範的概念と解することができるであろう。

とまれ、この種の事例では、婚約の成立（婚姻意思）を立証するためには、より重たい事情（評価根拠事実）が必要とされるものであるという趣旨と解すべきであり、社会的事実のレベルでも、決して「非婚」という類の男女関係と解すべきものではないし、また、軽々に不法行為構成に頼るべきものでもない。

(3)　「確定的な合意」

婚姻意思を認定する際には、「確定的な合意」という規準ないし用語も登場する。これも明確ではないが、たとい当事者双方で結婚約束がなされた事実があっても、なお関係から離脱する自由があるとされる場合に、かかる「確定的」という概念が使用されることがある。多分に「横田秀雄」の見解に影響を受けているように思われる。婚姻予約は身分関係に重大な影響を及ぼす合意であるから、軽々に当事者間の約束だけで、その成否を認定できないことによる。相手方の信頼保護と破棄者側の「悔い返しの自由」との調整がどうしても必要となるからである(77)（本章[11]判決を参照のこと）。具体的には、婚約の儀式がなされている場合や双方の両親親族の了解のもとでなされている場合には、もはや関係離脱の自由はないといえよう。

そこで、このこととリンクするが、通過儀礼の進行途上で両家ないし当事者の意向で破談となれば、それは婚姻意思が完結しなかったこととなるので、婚姻予約の成立の前段階と評価されることもある（本章[13]判決）。これも確定的でなかった事例と評価できるであろう。また、結納金を贈与しているにも拘わらず、「結納返し」が未履行であることをほぼ決め手にして、婚約を否定した下級審判決例（本章[14]）がある。その当否は別にしても、これも「婚姻の自由」を尊重して、最終的な決断（確定的な合意）がない段階と考えて、関係からの離脱の自由（「悔い返し」の許容）を認めることが、身分的効果という重要性からみて、かえって合理性があると判断したものと思われる。

また、双方の間に子どもがすでに儲けられており両親合意のもとで婚礼の時期まで決めたが、女性が挙式前の婚姻届出に固執して、挙式後での届出を懇請した男性側の申入れを拒絶したことから、結局は破綻した例でも（本章[15]判決）、婚約の成立が否定されている。このような場合には、婚約の成立を認めたうえで、破棄に正当理由があるとする方途もありえたが、本判旨は、女性側の意思がいまだ確定的ではなかったと判断したものであろう。

(4)　通過儀礼と婚姻意思の社会化

通過儀礼は、判例によれば、あくまでも婚姻意思を推断させる証拠にすぎない。ことに「内縁事例」では、挙式・同棲によって婚姻意思が容易に推断されている。これは内縁の実体の存在に保護の軸足が移行するに応じて、関係の発端である予約という合意の存否はその意義を希薄化するからであろう。しかし、婚姻予約有効論の裁判例では、その生活の実態は、数日間、数ヵ月間の短期間で破綻している例が少なくなかったが、この種のケースで内縁の成立を認定するためには、当時の婚姻慣行のもとでは挙式が重視されざるを得なかったものと思われる。挙式によって「夫婦としての実生活」に入っているならば、社会的には夫婦と認められるべきであると評価されたものであろう。大正四年の民事連合部「婚姻予約有効判決」は、まさしくこの種の好例である。社会的に夫婦として認められる実態の形成がいまだ未成熟な段階では、その婚姻予約の成立を認定するためには、「実生活に入っていること」に加えて、婚姻習俗による「挙式」（正式の結婚式）が強調されざるを得なかったものと思われる。したがってまた、そうした社会通念による判断基準によって、すでに「試婚」は克服されていたわけである。

ひるがえって、婚姻予約の契約の発端を問題とせざるを得ない「単純婚約」については、当事者間における秘密裡の口約束を何をもって担保するか。この種の場合にも、慣習上の儀式があったり、両親などの親族による承諾がなされたりすれば、合意の真実性ないし確実性が担保されよう。

問題は、この種の形式を単に証拠法のレベルにとどめるか、それとも実体法上の要件論に取り込むかである。この課題は、本来は立法論にゆだねるのが妥当ではあるが（たとえば、イタリアのように「婚約証書」を要件とするごとし）、従来の判例の立場を整理すれば、それは単なる証拠ないし証明責任の問題には尽きないように思われる。実体法上の要素にもなっている。裸の「私的了解」（口約の婚約）が通過儀礼を通して形成される「社会的承認」といういわば衣を着ることによって、婚姻予約の成立が認定されていることから、通過儀礼が婚姻意思と一体化している面も否定し得ない。双方の要素が混在していると考えるのが、自然である。裁判例のなかには、婚姻意思が儀式にいわば化体しているかように判断している事例もあったが、このことは、婚姻意思の証明がいかに困難かを示しているわけであり、理論的には実体的要件と単なる証拠とは明確に区別されるべきではあるとしても、ここでの問題の実務的処理にあたっては、その区別が漠然として曖昧な関係になっているのではなかろうか。

そこで、大審院（本章[1]判決）が、婚約の成立について、慣習上の儀式がなくとも誠心誠意の合意があれば足りるとしたのは、単に合意のみを婚約成立の要件と解したというよりも、むしろ儀式があれば問題なく認められるものの、それがない場合には、口約束だけでは予約の認定が困難であることから、とくに誠心誠意と認められる「客観的事情」を必要としたものと解することが可能となろう。主体的な合意の真実性という面もさることながら、単なる口約以上のものが実体法的にも求められていると考えるべきである。換言すれば、原則的には、儀式や親族の同意のある婚約が前提とされたうえで、例外的には誠心誠意のある場合も保護の範囲に取り込むという趣旨と解されることとなり、後者は諸般の事情（性的関係等の間接事実）によって推知するしかないということではなかろうか。そうとすれば、儀式等は単なる証拠ではなくなる。実体法的な要件要素として機能することになるのではないか。儀式と婚姻予約の合意とが一体化しているか、または儀式に合意が化体しているともいえるのではなかろうか。本書は、前者を「典型的な婚約」、後者を「非典型的な婚約」と称した所以である。

ことに、かかる儀式の必要性は、芸娼妓など、性的秩序が緩慢な社会生活をしている者との関係を婚姻予約と認定する際には、不可欠の形式となろう。たとえば、東京地判昭和六・三・六（新聞三三五一号一三頁）では、男性が芸妓奉公中の女性に婚姻の申し込みをなし、当事者と女性の母などが会合のうえ、「内祝言の形式を踏みて」、爾来女性方に男性が往来して事実上の夫婦生活をしていたという事案であるが、婚姻予約の成立が認められたうえで、男性の不当破棄責任が認容されている。第五章[10]判決でも、親族立会いのもとで「内祝言」が行われた事実が認定されている。おそらく、当時の社会では、この種の男女関係は珍しいものではなかったのであろう。

ともあれ、以上のように解釈すれば、その後の裁判例における混迷も、ある程度は系統的・統一的に整序することが可能となろう。儀式が伴わない場合では、双方合意の上での情交関係と例外的に保護される誠心誠意による男女関係との相違は紙一重である。その保護に傾斜させる重要な事実は、基本的には妊娠ないし出産という事実であろう。この事実は、本来的には婚姻関係を基盤とするものであるところ、この事実を通して秘密裡の男女関係が「社会化」せざるを得ないからである。したがって、妊娠・出産がある場合に、婚約の合意を否定するためには、特段の事情が必要とされよう。裁判所としても、慎重な判断が求められている。

4　不法行為構成と「詐欺誘惑の論理」

(1)　婚姻予約不履行と不法行為

「民事連合部判決」が不法行為請求を排斥した理由を探索するうえで、本書は、その直後に登場した未公表の大審院判決（第四章[27]判決）に注目した。本件は「横田秀雄裁判長」のもとで審議されているが、内縁を破棄された女性が、男性側に「婚姻意思が欠如」しているという主張を一貫して、「不法行為構成」に固執したことから、結局のところ、敗訴した。事案は、挙式同棲のある内縁の不当破棄であるので、原審では「違約」構成の示唆があったが、女性は自己の主張を枉げなかった。「民事連合部判決」での原告女性側も同じ主張をしていたことから、この偶然に登場した判決例は、不法行為的救済が否定されたことの事情をわれわれに示しているといえよう。民事連合部判決での原告側が不法行為的救済に固執したのは、婚姻予約無効判決の当時では、内縁成立当時の詐欺的言動を立証しないと救済されなかったので、万やむを得なかったという事情があったが、いずれにしても、そもそも通過儀礼がなされた内縁・婚約関係では、相手方の詐欺的言動を立証することは著しく困難であり、大抵は敗訴するしかなかったであろう。

逆に、婚姻意思が認められる事案では、原告が単に内縁の不当破棄（心変わり）による責任を追及するにあたり、違約ではなく不法行為責任を主張しても、これは「違約」によるものと判断されて救済された例もあった（第四章[30]判決）。したがって、民事連合部判決において、不法行為構成が排斥されたのは、「権利侵害要件」に加えて、実体法的な根拠があったものと考えるべきであり、単に請求の形式の可否の問題ではなかったということとなろう。

(2)　詐欺誘惑の論理

私通関係とされた事例の中には、男性がもともと婚姻意思なくして詐欺的に情交関係を継続していたものと評価しうるものが散見された。当事者間では、もっぱら「婚姻予約」の成否として争われているので、裁判所の立場は不分明であるが、このような傾向になったのは、ある意味では、当時の準婚理論の影響の結果ではなかったであろうか。

準婚学説は、「民事連合部判決」の婚姻予約有効論を否定することに終始した結果、婚姻予約・婚約論のもつ意義は過小評価され、婚約の成否論においても、婚姻意思の有無のみが議論の俎上になっていたにすぎなかった。同時に、準婚学説では、内縁の不当破棄につき、予約の不履行ではなく「一般的」な不法行為責任が主流となっていた。

これに対して、民事連合部判決は不法行為構成を排斥したが、これには特殊な背景があり、そもそも「挙式」がなされ、「実生活に入っていた事案」なので、もともと詐欺誘惑の論理が適用されるような男女関係ではなかったが、準婚論に傾斜しすぎた戦前の内縁学説は、この方面の研究にはあまり関心を示さなかったように思われる。そこで「秘密裡の情交関係」の一方的破棄では、紛争当事者も、「詐欺誘惑の論理」で不法行為責任を問うことよりも、もっぱら予約の成否のレベルで争っていたといえよう。

民事連合部判決は、たしかに不法行為責任を否定したが、それは挙式同棲後の内縁の破棄事例であったので、そこでは「詐欺誘惑の論理」が妥当しないとしたにすぎない。したがって、婚姻意思がないとされる男女関係では、男女の「関係」としては私通となるので、保護を享受しないとしても、詐欺的言動による情交関係であるならば、直接的に女性の人格侵害としての不法行為責任を問うことが可能であったはずである。たとえば、淋毒を感染させたというならば、婚姻予約破棄責任とは別の独自の不法行為責任を認めた大審院判決（第四章[31]判決）もあったが、これと同じレベルの問題として、詐欺・強迫の行為態様自体を非難することができるわけであり、これを保護したものが本来の「詐欺誘惑の論理」であったからである。しかしながら、従来の裁判例では、わが国の婚姻習俗により通過儀礼を践むことが普通であったので、この論理は実際上は機能しなかったが、ただ、重婚的婚姻予約例ではこの論理で善意の女性を救済した例がある（第四章[29]判決、および本章[22]判決。古くは、大審院明治四四年の第二章[5]判決を参照のこと。）。この論法は、かかる「秘密裡の男女関係」でこそ、主張されるべきであったが、遺憾ながら、婚姻予約有効判決の論理を否定した通説的内縁学説は、「準婚理論」と「内縁・婚約二分論」に関心が集中した結果、単に婚姻予約と私通関係との区別論に終始したように思われ、私通関係の中身の分析が十全ではなかったといえよう。

いわば、この「詐欺誘惑の論理」は婚姻予約有効論の裏の問題となり、それ自体が事案との関連で内的な発展を遂げていたならば、判例婚姻予約論の曖昧な欠陥がある程度まで補完されることによって、より以上に、女性救済という政策判断が実現されていたのではなかろうか。むろん、相手方の「関係離脱の自由」に配慮することを忘れてならないことはいうまでもない。この問題については、戦後の「谷口知平」の鋭い現実感覚それ自体は[78]、今日でも、ついに未完成のままで終わっている。戦後の自由奔放な男女関係につき、下級審裁判例の婚約成否論においても、まだまだ「詐欺誘惑の論理」は十全には機能していない。

5　婚約・内縁と社会的秩序論

以上の裁判例の分析からみれば、当時の婚約は単に当事者間の誠心誠意による合意によって成立していたというよりも、むしろ当該男女関係は、その背後にある家族秩序の中で作り上げられていたという方が正確であろう。予約・契約という近代的な法的装置をまといながらも、社会的にはいうまでもないが、法的にも「誠心誠意による合意」なるものが認められるためには、家族のなかで承認されていなければならなかったともいえなくはない。誠心誠意判決の事案（本章[1]判決）も、当初は単なる秘密裡の情交関係ではあったが、子の出産と時の経過により、ゆるやかな意味での家族秩序の中に取り込まれていく過程があったように思われる。類似の事案で否定された例（本章[2]判決）は、まさしく家族秩序の外でなされていた夫婦約束であったといえよう。

他方で、いったん成立した夫婦関係の「存続」も、当該家族の意向によって、その夫婦の命運が定まっていたともいえる。この点を見事に捉えた裁判例が飯塚区判昭和一二・一一・二（新聞四二四三号四頁）である。本件は内縁ケースであるが、妻が夫の親族との折り合いが悪く、夫が親族の意向に主導されて、正当な事由なくして離別したという事例であり、夫婦関係の解消によって女性が被る多大な社会的不利益につき、わざわざ言及している点に注目しなければならない。のみならず、婚姻予約の破棄がひいては社会共同生活一般にもたらす「家庭の平和・安全」という「公的な秩序」にも言及している。加えて、そのような家庭の安全を保持するための夫婦としての責務についても明確に説示している。「互ニ夫婦生活ヲ始メタル後ニ至リ相手方ノ欠点等ヲ発見シタル場合ニ於テハ相戒メテ之カ矯正ニ努メ以テ社会共同生活ノ基本タル夫婦生活ヲ完フスヘキモノニシテ」という。このような判決例は、他にみられないが、かかる視点こそが、本書のいう社会的秩序論と軌を一にするものであり、この当時の判決例としては、特に乱目すべきものである。ほかにも、両親ないし親族の意向が夫婦関係の存続に決定的な影響力をもっていた事例（第五章[23]・[27]・[39]判決のほか、本章の大審院判決[11]など）もあった。

結局のところ、家制度のなかでの婚約・内縁であり、それは個人の犠牲の上に成り立っていた古い共同体ではあるが、いずれにしても、当時の「社会的な力」に依拠した婚約・内縁であり、社会的に承認されることを通して、当事者間の夫婦約束が確定的で真意のある合意、つまり婚姻意思にまで昇華されるということにほかならないのではなかろうか。

ひいては、そうした家族秩序が国家的秩序と整合するものであったことから、そこにより高次の公益的側面が反映していたこととなろう。戦後において、かかる「二重の重層的な秩序」は崩壊したので、内縁については、通説的内縁学説にいう準婚関係がいっそう鮮明になるわけであるが、仮託論として揶揄された「判例婚姻予約有効論」の命運を見極めることは、本書の次の課題である。

6　婚姻予約と準婚理論

本書は内縁ないし準婚理論を直接の研究対象としているものではないが、判例の婚姻予約論を分析するために必要な範囲で当時の通説的内縁学説に言及しておこう。

「中川善之助」らは、すでに指摘したように、内縁の婚姻予約論は仮託論であるとし、内縁は事実上の婚姻であるがゆえに、その実質に即した法的構成を提唱していたが、判例のなかにも準婚論によるしか説明できない事例があるとして、自説の正当性を強調していた。たとえば、内縁夫婦の世帯に日用品を供給した債権者がその債権につき先取特権を有するとした事例（大判大正一一・六・三民集一巻二八二頁）や事故で死亡した内縁の夫の妻に民法七一一条の慰藉料請求権を認容した例（本章[44]判決）などが指摘されている(79)（本章[40]判決も参照のこと）。また、準婚論者は、不当破棄責任の論拠は予約不履行ではなく「不法行為構成」が適切であるとしていた(80)。しかし、百歩譲って、かりにこれらの判例が「事実上の婚姻」を前提としたうえで結論を導いたとしても、大審院は、他方で婚姻予約論を堅持してきたことは否定できない事実であるので、準婚学説の立場からいえば、双方の相容れない論理との調整が課題となるはずであるが、そうした努力を怠り、予約論の批判に終始する傍ら、単に準婚理論によると称された事例のみを引用して、大審院判例には準婚理論に従った事例があるというだけでは、判例をトータルに評価した適切なる分析とはいえないであろう。(81) 単に事実を指摘するだけならば格別、通説的内縁学説は、一般に準婚理論という「論理」でもって判例を分析しているのであるから、判決例全体を論理的に説明する課題（判例の立場に即して「内観」すること）があったはずであるが、遺憾ながら、そのような視点はみられない。「楯の半面」を見たに過ぎず、「事実主義」に傾斜しすぎた判例分析ではなかったか。

戦後、準婚理論を採用した最高裁判決（最判昭和三三・四・一一民集一二巻五号七九〇頁）が登場した後においても、最高裁は、内縁の不当破棄事例につき「婚姻予約」論で処理しているので（最判昭和三七・一二・二五家月一五巻四号三八頁）、このいわゆる二元主義は、一見すれば矛盾しているようにみえることから、双方の論理構成をどのように調整するかという難題が理論に課されていたはずであるが、支配的な婚姻予約仮託論のもとでは、いうまでもなく、そのようなことは期待すべきもない。本書は、そうした裁判例でも、「夫婦の実質」が婚姻予約論にカバーされているとの構成を提唱したが、この種の問題も含めて、今日における判例婚約法の課題と現状を分析することは、次章での課題である。

7　届出婚主義と婚姻予約論

「梅謙次郎」ひいては明治民法典によって採用された「婚姻予約無効論」は、戦前において、すでにほぼ完全に衰退し、判例婚姻予約有効論が自己の地歩を確立したことが明らかにされた。本書は、さらに予約から「届出義務」が観念されていることを一連の裁判例を通して分析したが、そのことが、戦後において「届出」が国民的慣習にまでなったことと決して無関係ではないと考えている。そこに、大審院が婚姻予約論を長く堅持したことの政策的判断が潜在していたものであると判断した。

梅は、届出婚を法律婚とすることを通して、「近代的な婚姻法」の確立に異常なまでの熱情を傾注したが、たしかにこれ自体は梅の先見の明によるものであり、今日では、その功績は高く評価されてよい。そうした届出婚を前提とすれば、婚姻予約論は、届出との緊張関係に立たざるを得なくなり、大審院も、これを意識してきたわけである。本書は、「婚姻予約有効判決」後における一連の裁判例の歩みから、「届出義務」なるものの通奏低音の響きを聞き分けようとした。梅が否定した婚約・婚姻予約有効論から梅が理想とした婚姻の「届出」の義務が派生するというのは、いかにも皮肉な結果となったが、しかし、梅の政策判断それ自体は、長い裁判例の歩みと蓄積のなかで、曲折を経ながらも、判例による「婚姻予約有効論」を通して、真の意味での近代的な婚姻制度として結実したように思われる。

(66) 戦前までの婚姻予約不履行事例の大半は、内縁破棄事例であった。しかし、このことから、判例婚約法理が内縁の解消に際して内縁救済法理としてつくられ、「妻の側よりする離婚宣言の場合における妻の救済」のために採用されたにすぎないという評価は、事実誤認もはなはだしいといわねばならない。谷口・前掲注(11)「婚約無効論」五〇七頁、松本暉男「判例にあらわれた婚約の効力の問題」総合法学二九号(一九六〇年)六四頁。これらの学説は、「婚約・婚姻予約有効判決」を見落としていたことに加えて、民事連合部判決のいう婚姻予約概念が「内縁」のみを意味するものと解釈したことから、婚約法制の歴史的認識が欠落していたように思われる。

(67) 外岡茂十郎『増訂親族法概論(九版)』(敬文堂、一九四一年・昭和一六年)二七五頁は、内縁につき準婚論を支持するが、婚姻予約・婚約については、わが民法では、親族法の契約はすべて法定されるべきものであることなどから、無効論を述べていた。

(68) 本書「第四章」の「二・婚姻予約有効判決後の動向」を参照のこと。

(69) ちなみに、当時の実体調査では、双方が戸主または推定家督相続人であることなど家制度下での障害による場合が多いことが指摘されているが、他方で「法律知識の欠乏」も重視されている。しかし、後者については、その真意は知る術もない。ちなみに、戦前戦後の実態調査を的確に整理したものとしては、太田・前掲書(20)『内縁の研究』八四～八九頁参照。太田は、戦後でも、内縁の社会的な原因について、「家族制度的なものと、法律知識の欠乏によるもの二者に帰する」とする「中島玉吉」の実態調査に基づく指摘がある程度の妥当性をもつ、という(同八八頁)。しかし、裁判例に登場する内縁では、そうした事例は、むしろ珍しい。

(70) 横田・前掲注(3)「婚姻ノ予約ヲ論ス」四頁も、当時の事情ではあるが、当事者が婚姻の届出をしないのは「其一方又は双方に法律上夫婦関係ノ関係ヲ生セシムルノ誠意ヲ缺ク場合又は当事者双方カ婚姻ノ法律上ノ意義ヲ解セサル場合其大部分を占ムルモノト認ムルコト得ヘシ」とする。

(71) 唄=佐藤・前掲注(63)「判例おける婚姻予約(五)」三二〇頁は、大判大正一三・四・一四新聞二二五四号二一頁(第四章[23]判決)が「届出義務」を不履行責任の中心据えた最初の大審院判決である旨を指摘している。

(72) 東京地判昭和一二・六・三〇(新聞四一六二号九頁)は、挙式同棲して「事実上ノ婚姻ヲ為シ以テ婚姻ノ予約換言スレハ聽テ婚姻ノ届出ヲ為シテ法律上ノ夫婦関係ニ入ルコトヲ約シ爾来同棲スルニ至リタルコトハ……」とする。

(73) ちなみに、戦後の中川善之助『新版親族法』(青林書院新社、一九六七年)一五一～二頁は、婚約=婚姻予約論から届出義務を導出するのみならず、その旨の判決も可能だとしているが、これはドイツの学説の影響であろうか。無用な形式論である。せいぜい「家事調停」での合意にとどまるべきであろう。

(74) 岩田・前掲注(25)一五〇頁は、樽入れや結納のみで婚姻予約の効力が訴訟となった例は、「小生はいまだ未當てない」とする。

(75) ちなみに、微妙な例としては[30]判決があり、女性側が男性の身体的欠陥を嫌って、挙式の翌早朝に立ち去っているが、婚姻予約(婚約)が認められた上で、正当理由の有無が問題とされている。男性側の面目が失墜したとしている。その他、樽入れや結納レベルで婚約破棄責任を認めた例もある。

(76) ちなみに、親の承諾が婚姻予約の「成立要件」となるかどうかという問題と、具体的に婚姻予約(婚姻意思)の成立を認定するにあたり、とくに未成年者について、親の同意が必要か否かという問題とは、レベルを異とする。ここにいう

「親の同意」は婚姻意思の存在を具体的に推断するための考慮事情に過ぎない。

(77) たとえば、東京控判大正一四・八・一〇新聞二四五二号五頁は、結納の授受により「確実に成立した」とする。

(78) 谷口・前掲注(11)「婚約無効論」六〇頁は、誠心誠意判決の事案につき、「誘惑」の事件であることを指摘していた。「詐欺誘惑の論理」を指摘していたのは、もともと現実感覚の優れた教授の直感であり、敬服するが、誠心誠意判決での男女がそうであるとするのは、いかがなものか。

(79) 中川・前掲注(7)『日本親族法』二八〇頁、同「『内縁』の法律的意義」中央公論五〇巻四号七〇頁(七八頁)。小石壽夫執筆「内縁」穂積重遠・中川善之助編『家族制度全集・法律編Ⅰ婚姻』(河出書房、一九七三年・昭和一二年)一七三〜四頁、一八五頁も、同趣旨を述べている。

(80) 中川・前掲注(7)『日本親族法』二八〇頁、小石・前掲注(79)一八四頁。共同不法行為の成否については、判例のように「予約不履行」構成では認められないとの批判すらあった。寺澤・前掲注(45)九二五頁以下。また、破棄を決意した当事者を親族が幇助した場合も、不法行為構成では幇助の責任を認めうるが、予約不履行構成では、幇助と破棄との間に因果関係がないので、その責任を認めることが出来ないとする(九二四頁)。

(81) たとえば、その当否は別にしても、岩田・前掲注(25)二八一頁以下は、種々多数の裁判例を総合分析した結果、「婚姻豫約は今日に於いては既に確立した独立(特殊)の法律制度であ(る)」としたうえで、「二重の婚姻豫約」論という結論に達していた。ひとつは、「同棲関係を内容とする婚姻豫約」であり、他は、「慣習上の要式行為に依る婚姻豫約」である、という。この論理を全面的に承認できるかは別として、とにかく、判例婚姻豫約論をきわめて重視していた姿勢は、自説の論理にのみ拘泥した当時の準婚理論よりも、はるかに優れた分析視角を提示したものといえることから、刮目に値する。「届出義務」には言及していないが、ことに、前者の効力として、「法律上の婚姻(登録婚)を成立せしむる効力」や「同棲を適法ならしむ効力」などを指摘しているのは、判例の一面の真理を突いているように思われる。

第七章　判例婚約法の現状と課題

一　問題の所在と本書の課題

1　問題の所在

婚姻外の男女関係が多様な形態をとることは周知の事実であるが、伝統的な判例の立場では、一応は「単純婚約」と「内縁」とに大別され、いずれも将来は正当婚姻を予定しているものと評価されることから、「婚姻予約」と構成されている。加えて、これと似て非なる男女関係として、いわゆる私通・野合または性的享楽を目的とする単なる情交関係なる抽象的な類型が析出されており、この種の男女関係は、婚姻意思が予定されている婚約・内縁とは概念的には明確に区別され、それ自体として保護されることはない。以上のような男女関係は、明治民法下でも問題となり、ことにその識別基準・要件事実や法的保護の内容とかかわって、議論が錯綜していた状況については、すでに検討した。ところが、伝統的な内縁婚も、高度経済成長による経済社会構造の根本的な変革のなかで極端に減少し、届出婚主義が社会にほぼ定着する一方で、自立・自律した男女が、いわゆる事実婚を好んで選択する傾向もみられるようになった。(1) ここに現代的な内縁問題が登場する要因がある。(2)

そこで、具体の男女関係については、婚約ないし内縁に該当する伝統的なタイプのほか、今日では、いわゆる内縁と称されるものにも、そもそも婚姻意思ないし届出意思のないものから、届出意思はあるが何らかの事情でなされていないものまで、実に多岐多様に分かれている。内縁関係については、不当破棄に対する保護のほかに婚姻規定の類推適用の可否も含めて、その法的保護も個別具体的に微妙な判断がなされているのが実情であり、学説も混沌とした状況にあるように思われるが、ここでのテーマである不当破棄ひとつをとってみても、その可否の前提となる男女関係として、そもそも単純なる情交関係と婚約・内縁との関係が曖昧なこともあれば、婚約と内縁との区別も明確な線を引くことが困難なこともある。結局のところ、関係の不当破棄による責任を認容するという実質的な判断が先行し、そのような判断がなされると、それは婚約ないし内縁と評価されているように見えるケースもなくはない。そこで、学説では、婚姻の前段階の関係の区別を放棄して、それを段階的に捉え、問題ごとに判断すれば足りるとする見方もある。(3)たしかに、曖昧なケースもあるが、(4)しかし、今日までの長期間にわたる判例法の蓄積は軽々には扱えないであろう。大審院判例では、内縁を意識している事例は少なくないし、内縁という用語を使用するものもあり、また、「婚約」概念を使用している事例すらある。婚約、内縁等の区別を一応は前提として蓄積されてきた伝統的な判例理論のより実践的な具体化が求められているようにも思われる。双方の区別を曖昧にするのは、結局は裁判官の個人的な人生観ないし婚姻観に委ねることにもなりかねないので、裁量によって個別正義が犠牲にされる可能性がますます高くなろう。解釈論者としてとるべき姿勢ではない。

一方、そうした状況のなかで、婚約法理を見直すことの必要性も提唱されている。「水野紀子」は、かねてより判例理論に批判的であり、原則として財産損害に限定する方向に歩むべきであるとする。(5)当事者の自由な性的関係は、法的保護にはなじまないという基本姿勢は、たしかに首肯しうる。ただし、当事者間の私的な関係も、それが双方の自己開示の蓄積によって、もはや破棄できない段階に達すれば、それは単なる私的な性的関係ではなく、一つの保護されるべき婚外の男女関係といえよう。さらに、この私的な関係を核として、さらに親族・友人・知人との関係まで巻き込んで社会的に公示され、その承認を得たとすれば、単なる私的関係を超えた関係にまで発展したこととなり、極めて強固なものとなるのではないか。

このような社会的に承認された男女関係ないし性的関係は、単なる私的な性的関係、曖昧な「情熱的恋愛」の帰結ではない。社会的な秩序によって肯認された男女関係は独自の法的保護の対象となりうるものであって、これを法益とすることこそが、かえって性的な道徳秩序に一定の方向性を与えることとなるように思われる。

家族社会学の分野でも、従来は性や愛の問題はタブーとされてきたが、性愛も、男女が心身の面で相互に補い合い、支え合い、愛し合ってこそ活きるという意味で捉えられるようになると、性的な関係についても、相互の人間関係を通してはじめて達成されるものと解されることから、男女双方の人格的な主体性と独立性の下で結びついている親密な人間関係であると評価される傾向がでてきているように思われる(6)。このような人間関係が、社会全体のあるべき男女関係の形成に決定的な重要性をあたえるものであることは、いうまでもない。もっとも、家族社会学のように、そのような人間関係に立ち入って積極的に分析することは、当面は不必要であるとしても、少なくとも、かかる人間関係を理由もなく破壊する行為態様は、社会的道義の問題を超えたものとして受けとめるべきであり、法的には、謙抑的に対応すべきことに留意すべきではあるとしても、なお一定の社会的秩序を形成するためには、合理的な範囲内での対応をしなければならないであろう。これまでの判例の推移は、そのような努力の成果であるとも評価することができる。具体的に形成された男女関係を正当な理由なくして一方的に破棄する行為は、社会的にも許容できない違法な行為というしかない。婚約が「契約」として保護されるべきかという視点もさることながら、形成された男女関係という一つの社会的な「関係」ないし「秩序」があり、これを信頼した相手方を裏切って一方的に破棄したという行為態様は、民法の基本理念である信頼の原則からみても、許容されるものではない。詐欺的言動による場合はいうまでもなく、その程度にはならないとしても、結婚すると称して関係をもったり、妊娠させたりすれば、それが双方合意の上での単なる情交関係であるならば格別、少なくとも結婚・婚姻を前提とした通常の男女間では、原則として「信義則違反」ということとなろう。

かつて東京高裁（東京高判平成一二・一一・三〇判タ一一〇七号二三二頁）が、男女三人の生活費分担の合意の有効性を論じた事件で説示した一般論は、まさしく以上の文脈の中に位置づけられるものである。つぎのように説示する。「ところで、婚姻や内縁といった男女間の共同生活は、本来、相互の愛情と信頼に基づき、相手の人格を尊重することにより形成されるべきものであり、それ故にこそ、その共同生活が人間社会を形づくる基礎的単位として尊重されるのである。法は、このような社会的評価に基づいて、この男女間の共同生活を尊重し擁護している（以下略）」と。いうまでもなく、個別の私的な関係での男女関係は、本判旨が説くような理想的なものではないとしても、それらの私的な関係を超えた社会一般の男女関係の性的な秩序は、本判旨が述べるようなものでなければならないし、また、これを目標にして男女関係が形成されることを法が要請するものであろう。そこには「性」に係る客観的なあるべき一定の秩序が予定されているのであって、決して、単に保護に値する多様な男女関係が先にあるのではない。また、単純に憲法規範から演繹的に導き出されるものでもない。婚姻法を軸として形成される「婚姻法秩序」に組み入れることが可能な性的関係のみが法によって公認されるのであって、婚姻意思のない男女関係まで保護の対象とするのは、婚姻法体系の骨格を揺るがしかねないこととなろう。そうした婚姻法秩序とは、何かについては、判例の歴史的推移・蓄積のなかから学ぶしかない。

2　本章の課題

本章では、多岐にわかれる婚外関係のうちで、婚約を軸として、敗戦後から現在までの裁判例の状況をできるだけ客観的に描き出すことを課題としている。そのために必要な範囲で、内縁やその他の婚外関係の事例も視野に入れることとなろう。

婚約の法的保護は、内縁ほど複雑ではなく、主として婚約不履行責任の可否にあり、その前提として、婚約の成立要件を明確にすることに尽きるが、先述のように、この問題は、大審院時代からの難題であるところ、なお、今日でも解決されたとはいえないので、差しあたり、敗戦後から周知の最高裁判決（最判昭和三八・九・五民集一七巻八号九四二頁など）に至るまでの裁判例をほぼ網羅的に分析することとした。かかる最高裁判決が登場すべくして登場した事情が判明するであろう。そのうえで、近時の動向を探るために、いくつかの注目すべき事例を取り上げている。また、婚約の成立が証明されても、「正当理由」の抗弁がまっているので、その判断に斟酌される事情を可能なかぎり具体的に分析しなければならない。ことに近時の下級審裁判例では、「正当理由」の判断を相当程度に緩和した興味深い事例もあるので、その基本姿勢の当否も含めて検討している。

あわせて、重婚的婚約ないしこれに準ずる男女関係の保護の可否についても、重婚的内縁の判例理論と比較しながら、検討しなければならないであろう。単純婚約との相違が明らかにされることによって、婚約それ自体の特質がより浮き彫りにされることに繋がるはずである。加えて、本書は、「詐欺誘惑の論理」の適用の可否が争点となった一連の裁判例をかなり詳細にフォローしている。このケースでの男女間では、「婚姻意思がないこと」が前提とされているので、不法行為責任の可否が問題となるにすぎないが、そこに登場する男女類型に注目した。この種の男女関係も、現代的な内縁関係と密接に関連し、「婚姻以前的性格を有する男女関係」の外延的な一類型ともなりうるからである。

ところで、最近の最高裁判決には、(7) いわゆるパートナーとしての男女関係（特別な他人の関係）の破棄責任が問われた事例が登場した。社会的にも随分と評判となったが、従来の裁判例ではみられないタイプであり、「新たな男女類型」ともなりうる可能性を秘めているので、これも必要な範囲内で取り上げることとした。

（1）　婚姻外男女関係も、同性カップルは別にして、当事者が結婚しているという認識をもっているタイプともたないタイプに分かれ、後者はさらに継続的な性関係を軸としながら、同居生活をしているものと非同居のものに分かれるという。善積京子『〈近代家族〉を超えるもの』（青木書店、一九九七年）一三頁以下。

（2）　現代的な内縁問題の一般的状況については、差しあたり、大村敦志『家族法（第三版）』（有斐閣、二〇一〇年）二二九頁以下参照。同著は、「強いられた内縁」に対して、「選ばれた内縁」という用語を使用する（一二三二頁）。従来の内縁学説でも、中川（善）理論（事実先行性・事実尊重の論理）に依拠した内縁保護の強化には疑問がもたれるようになった。たとえば、太田武男『現代の内縁問題』（有斐閣、一九九六年）八八頁以下は、そうした学説の傾向を評価するなどして、今後の方向性を探っている。また、二宮周平『事実婚の現代的課題』（日本評論社、一九九〇年）一二三頁以下は、「自己決定権」なる憲法上の基本的価値を旗幟として、準婚として保護される男女関係とは別に、事実上のカップル共同生活を「事実婚」と称し、「自己決定権」と「要保護性」論を視点としながら、その多様な生き方としての社会生活関係を保護しようとする。同『事実婚の判例総合解説』（信山社、二〇〇六年）でも、持論を維持しながら、最近の状況（同性カップルなども含めて）を簡潔・的確に整理しているのが（同一九七頁以下）、大変参考となる。一方、沼正也「親族法準コンメンタール（婚姻Ⅰ）」（信山社、一九九八年）二八九頁以下、三一三頁以下は、内縁の論理構造に軸足をおきながら、従来の学説から今日までの学説の展開・状況を渉猟したうえで、自説の「要保護性」論を再確認している。ともあれ、今日の学説では、裁判規範との関連に限定すれば、ことに「重婚的内縁」の保護の限界を見極めることが当面の緊要な課題とされているように思われる。

（3）　鈴木禄弥・唄孝一『人事法Ⅰ』（有斐閣、一九八〇年）一四九頁以下は、婚姻届前の男女関係の結合は千差万別であり、これにいかなる法的保護が与えられるべきかは、「結合の排他性・継続性、同居・家計の共同性の有無、社会ないし周囲のサンクションの有無、婚姻障害の有無等の多様なファクター」によって、個別具体的に判断するしかないとする。そのうえで、かつては準婚概念は内縁を他の男女関係から区別し婚姻に準ずる効果を認めるためには有用であったが、「内縁をふくめて婚姻から一時的結合にいたるまでを連続的に－しかも段階的に区別して－とらえるという今日的課題にとってはむしろ有害無益になってきた」（一五六～七頁）とする。鈴木禄弥『親族法講義』（創文社、一九八八年）八六頁も、婚外関係を段階的に捉えている。さらに、佐藤良雄『婚姻予約の研究』（千倉書房、一九六九年）一三〇頁も、婚約と内縁との区別は、判例のあるがままの認識をさまたげ、判例理論の内在的な理解と批判を不十分にするという結果を招く、という。しかしながら、むしろ区別を曖昧にすることこそが被害者保護の救済可能性を妨げてきたのではないか。婚約・内縁という理念型があってこその多様化ではないか。少なくとも、裁判例は、一方では、婚姻制度、他方では、「婚約・内縁二分論」を前提としながら、多様な男女関係の保護の限界を見極めようとしてきたように思われる。

（4）　佐藤・前掲注（3）七六頁によれば、婚約と内縁は通常対立する概念とされているが、両概念を併用している事件も五件あることには注意が必要としているが、それも婚約の独自性を否定する根拠にはならないであろう。むしろ判例のいう婚約・婚姻予約概念の技術性を見落としているように思われる。つまり、内縁事例でも、「婚約段階の合意」の不履行に焦点を当てるというテクニックが使用されているにすぎない。

（5）　水野紀子「事実婚の法的保護」石川稔・中川淳・米倉明『家族法改正への課題』（日本加除出版、一九九三年）八二頁は、「現在では、内縁に至らない成人当事者間の合意による性関係に賠償が命じられる可能性は、まず考えられないのではないであろうか」とし、大正四年の婚姻予約有効判決に始まる判例の論理は、昭和三八年最高裁判決のように典型的な私通関係にまで拡大され、性的な関係のない婚約不履行までも保護した下級審裁判例に至っては、「いわば暴走とさえ思われる」ほどに広範な適用に及んでいる、とする。前者の男女関係を「私通」と「断定」するのは、「誠心誠意判決」との関連も考慮すれば、行き過ぎであり、後者の男女関係では、通過儀礼が践まれているので、その結論は従来の裁判例の傾向にそうことのほか、「婚約」として保護することが社会通念にも適合しているので、「暴走」というのは、説得力を欠くこととなり、いずれにしても裁判例に対する内在的な批判とはいえないであろう。最近でも、水野紀子「内縁準婚理論と事実婚の保護」林信夫・佐藤岩夫『法の生成と民法の体系（広中俊雄先生傘壽記念論集）』（創文社、二〇〇六年）六一八〜九頁、六二八頁において、婚姻に入る直前まで翻意の自由が幅広く認められるべきこと、男女関係という私的領域への法的介入は極力避けるべきことが強調されている。その基本的スタンスは支持できなくはないが、いずれにせよ、いうところの「自由」とはいったい何なのか、過度にわたるので、理解に苦しむところがある。

（6）　「望月嵩」執筆、森岡清美・望月嵩『新しい家族社会学（四訂版）』（培風館、一九九七年）一三頁以下。

（7）　最判平成一六・一一・一八裁判集民二一五号六三九頁、判時一八八一号八三頁。判旨の論理に対しては、賛否両論にわかれている。本書は「結語」でこの裁判例を取り上げている。

二　学説の状況と本書の立場

1　婚約の法性論

(1)　婚約合意の構成

判例の具体的な分析に入る前に、今日の学説の状況を明らかにしなければならないであろう。[8] 従来、通説といわれる見解によれば、婚約は婚姻ないし結婚しようという合意のみで成立し、結納や慣習上の儀式は不要と解され、これが判例の立場でもあるとされている。[9] しかし、ここにいう合意は、単なる合意というのではなく、「確実な合意」とか「確定的な合意」と解釈されることが少なくない。[10] 最高裁昭和三八年九月五日判決（25判決）を論評した奈良調査官も、「問題は、法的保護に値する将来婚姻をなすべき確実な合意がどのような程度で成立したといえるかということである」と述べている。[11] これに加えて、ある程度の客観性ないし公示性が必要であるとしたり、[12] 公然性を「確実な合意」の判断要素とする学説もある。[13] 従来の判例もこのような表現を使用する傾向があるからである。[14] もと裁判官の「野田愛子」も、婚約の合意には、「確実性・確定性・公然性」が必要とされるとし、最高裁昭和三八年判決は公然性がない男女関係に婚約の成立を認めたとしている。[15] おなじく、もと裁判官の「山川一陽」は、形式や公然性は必要がないが、誠心誠意性が必要とされるので、「単純なる合意では足らず、『確実に夫婦になる』という合意が必要とされる」として、私通・野合とした裁判例のほか、最高裁昭和三八年判決を引用している。[16]

しかし、最近の代表的な学説では、このような限定的な用語を使用していないものがある。「内田貴」は婚姻をなすことの合意で足りるとし、右の最高裁の事案では妊娠中絶や長期間の継続的関係から婚約破棄責任は当然であるとし、[17]「川井健」も、公示がなくとも婚約意思が推認されればよいとして、婚約をゆるやかに認める最高裁の立場に賛成している。[18]「深谷松男」や「二宮周平」も、合意のみでよいとする。[19]ただし、二宮は、破棄責任による慰藉料請求権については、正当理由を広く緩やかに解し、その請求権の成立自体につき厳格な立場にある。[20]「北川善太郎」も、口頭で有効に成立するが、通常は結納の授受などの形式がともなう、とする。[21]「鈴木禄弥」や「松川正毅」は、合意だけで足り、公然性は不必要として、これを明確に排斥する。[22]「松坂佐一」は「諾成的であ（る）」として、大審院の誠心誠意判決を引用する。[23]

一方、「泉久雄」は、「当事者が本心から将来婚姻しようという合意をすれば、それで婚約は成立する」が、世間一般では、結納・樽入れなどによって、「婚約の成立を確実なものにしている」とする。[24]基本的には合意で足りるという趣旨であろうが、その合意につき、やや慎重な立場にあるように思われる。そこで、未成年者について人生無経験といってよい一五、六歳の男女の合意は父母の同意がない限りは、取り消しうるとしているが、この考え方自体は、もともとは「横田秀雄」の説に由来し、[25]「中川善之助」にも承継されており、[26]戦前の判例の中にも、同趣旨を説示するものがあった。

他方で、「佐藤隆夫」は、通説の視点は「社会には生きていない」と批判し、結納授受の慣行が依然として強いし、その金額も低額ではないことから、かえって婚姻の自由を阻害しかねないという懸念を述べている（たとえば両性の合意につき複数の証人を必要とするなどの立法による明確化が課題であるという）。[27]さらに、「山中康雄」は、諾成契約であるが、結納授受を婚約成立要件とする慣習があるときは、それに従うとする。[28]

以上、若干の有力なる学説を検討した限りであるが、必ずしも、一致しているわけではなく、いうところの合意についても、微妙な相違が見られる。

(2)　届出意思を重視する見解

通説は、婚約合意にのみ関心を示しているが、むしろ婚姻・届出に至るまでのプロセス（「配偶者選択過程」）を重視して、届出意思を含まない段階を経由したうえで、当事者が婚姻への意思を社会的に公示して、その承認をとる段階を婚約として位置づけ、さらに結婚式などを通して届出意思が具体化されるとする見解もある。きわめて刮目に価する見解であり、この見解によれば、婚約は婚姻・届出に至る必須の節目となるので、論理的に婚約無効論は排斥されるとともに、私的な了解が社会的に承認されることによって婚約に成熟すると構成する見解（社会的婚約説）と共通する面があるので、私見とも、調和的であるが、「届出義務」を媒介させてはいないので、その点で私見とは異なることとなる。(29)

2　「婚姻予約性」否定説

支配的見解は、婚約を契約として保護することを前提として、その要件事実について議論を積み重ねてきた。ところが、婚約を契約として保護すること自体を否定する見解があり、すでに戦前から存在したが、(30)戦後でも、若干の有力な学説がそうした立場にあり、このような見解は現在でも根強いので、一応、ここで検討しておこう。

(1)　代表的な見解

「高梨公之」は、つぎのような透徹した論理を構築する。(31)婚約が契約であるとするならば、当事者の口約束の合意のみによって直ちに成立し、婚姻すべき義務が生じて、これに反すれば損害賠償義務も当然あるということになるはずであるが、判例や学説では、確実な合意とか、確定的合意とか、あるいは公然性や客観性などを要求する。確実性や確定性などは合意そのものに具有されるべき性質にすぎないので、不確実な合意とか未確定の合意とかは、そもそも合意そのものがないというべきである。(32)誠心誠意性というのも、これに名を借りて、「保護すべき婚約とそうでないものとを識別する価値判断をしているのではないかという疑いがある」。(33)つまり、「婚約違反にすぐに債務不履行責任を課さず、かえって確実性・確定性・公然性等を伴う婚約の違反にのみこれを認めよう」とするのは、「契約理論としては実は矛盾であって」、これらの要素は不法行為における違法性判断の材料として使うしかない、(34)と。

このように述べて、「婚約については、社会的・道徳的効果を生むに過ぎないものとみるけれども、これによって招来され、築きあげられた生活実体の蹂躙が、一般社会通年上許すことができないものとして、違法性を帯有するにいたるときは、ここに法律上の問題として不法行為に基づく損害賠償債権を生ぜしめる」と結論づけている。(35)「谷口知平」も、とくに婚姻の自由な成立を徹底させるためには、契約構成をとることによるデメリットの方が多いことを強調して、契約無効を説き、不当破棄に対しては不法行為構成で対応するのが妥当であるとする。(36)具体的には、契約構成をとると、当事者に違約による賠償義務を意識させ、真に自由なる合意による婚姻成立の支障となるので、婚約無効を強調する方が不自由な意思決定による結婚を防止する実益がある。また、破棄理由の立証は微妙であるところ、契約構成をとると、原告は不履行の事実を主張するだけで足り、被告がこれを立証しなければならなくなるので、先に破棄を申し立てた者が不利となって、結局は婚約破棄の申立てを遅らせることにつながり、気の進まぬ結婚に入って行く心理的強制にもなりかねない、等々。

不法行為構成を支持する学説にも根強いものがある。たとえば、「岩垂肇」は、無効論を前提としながら、予約説では、特に「二重の婚約」を認めざるを得ないなどとして、具体的に不法行為構成の長所を指摘する。(37)その後でも、「小野幸二」は、高梨説を再評価したうえで、不法行為による救済が妥当として、損害賠償請求権の成否は、もっぱら違法性の評価に帰する、という。(38)この立場では、社会観念上婚約の解消が許されない場合に違法性があるとされ、具体的には動機や方法などが公序良俗に反し、著しく不当性を帯びている場合がそうであるとして、債務不履行の場合よりも賠償責任の成立をより厳格に解されている。(39)そこで、単純合意と社会的婚約との区別については、基本的には支持するが、この区別も違法性の評価の問題となり、単純合意の不当破棄では違法性が認定されることは原則としてなく、後述する「社会的婚約」論を援用しながら、この種の婚約では認定されやすくなる、(40)という。

(2)　小　括

契約性を否定する見解でも、とにかく不法行為的にも婚約を保護する可能性は否定し得ないとするならば、それは単なる保護に値する生活利益というのではなく、やはり婚姻の前段階にある生活関係であるからであろう。そうとすれば、婚姻法のなかで、これを構成した方が、その実態に即した理論となるのであって、その社会的な生活関係を捨象する必要性は少しもない。過去において「婚約の自由」ひいては「婚姻の自由」を強調した結果、いかに不当な結果を招来させてきたか、いまさら改めていうまでもない。[41]「婚姻予約論」(「誠実履行義務」)には、それと矛盾する「二重の男女関係」を排斥するという政策的意図が内含されていることを決して見落してはならない。単なる不法行為構成は、法政策的観点からみても、また、判例の立場とも、到底、整合するものではないことのほかに、この種の見解は、世間の良識とも不釣り合いであるので、法技術論に傾斜しすぎた「法家の弊」ともいわれかねないことから、将来においても、判例をリードする見解たり得ないであろう。かつて「梅謙次郎」は、婚約無効論の立場であったが、婚姻予約とは「身体ノ自由モ名誉モ一緒ニ引ックルメテ極マルノデア(ル)[42]」と喝破していたが、この限りでは、今日でも、十分に使用に耐える法性論である。婚約の実質を捨象してまで不法行為構成を採る論理的必然性は全くない。

3　近時の婚約学説

上記のように、従来の伝統的な学説は、基本的には私的な合意を重視する立場にあるが、これに対して、いくつかの注目すべき婚約学説が登場しているので、つぎにかかる学説を検討しておこう。本書の立場にとっても見逃せない学説である。

(1)　社会的婚約論

「植木とみ子」は、家族社会学の成果を援用しながら、婚約の成立論につき、つぎのように述べている。[43]配偶者選択過程は、婚約当事者間の「私的な了解」を経由して、かかる個人的な関係が社会的に認知される段階へと進展する。元来、私的な了解は、双方の自己開示(コミュニケーションを介して互いに双方の性格などの情報をうること)などの一定の過程を経由することによって初めて関係の結晶化にいたるところ、わが国の婚前の男女関係では、このプロセスを踏むことなくして私的了解が比較的早く到来すること(しかも、この時に性関係をもつこと)が少なくないので、関係解消の可能性がそれだけ大きなものとなっている。ところが、法的には婚約は当事者の合意で成立するとされているので、関係形成の不十分な私的了解レベルでの関係を婚約として権利義務関係に転化させるのは、もともと無理がある。このような立場から、植木は、たとい性関係や結納などがあったとしても、配偶者選択過程が未成熟のままであるならば、婚約破棄による慰謝料請求に否定的な立場をとり（近時の下級審裁判例の肯定例にはすべて批判的である）、ただ、一方が婚約・結婚を信じてなした準備行為に起因する財産侵害は肯定する。婚約自体の保護については、非常に厳格な立場にあるといえよう。徳島地裁（後掲29判決）の結納の式が経由されたケースでも、これを単なる形式にすぎず、結納がなされた後に男性が女性の態度に不満が生じて破談となったのだから、これは先に結婚の約束があり、それから交際しているので、配偶者選択過程が逆転していることから、判旨が形式的な結納をもって婚約の成立を認めたのは、疑問であるとしている[44]。また、被差別部落破談事件（後掲30判決）や民族差別破談事件（後掲35判決）も、植村説では、判旨が婚約の成立を形式的な点に求めているとされ、そのことが批判の対象となっている[45]。

たしかに、配偶者選択過程を重視するという姿勢は傾聴に値し、婚約保護の論理を構築するうえで参考にはなるが、しかし、裁判例では、結納や結婚の約束に至るまでのプロセスを慎重に判断しているように思われる。今日では、媒酌結婚が婚姻習俗であったような時代とは異なり、必ずしも単に結納や結婚の約束があったという一事を決め手にしているわけではない。そもそも男女が生涯の伴侶を決断するに際に、いわれるような軽々な判断がなされているとも思われない。たしかに、自己開示に不十分な点がある男女も少なくないであろう。しかし、十分か不十分かは程度の問題であり、結婚の約束当時における双方の自己開示によって結婚ができると判断したこと（自律的決断）それ自体が法的な責任の対象となる自己決定ではなかろうか。結納等の通過儀礼は、その決断の上での社会的な公示・承認にほかならないので、それを婚約ではないというのは、当事者の合理的意思のみならず社会通念にもそわない結果となろう。こうした事例では、婚約の成立を認めた上で、法的な責任は、正当な理由なくして他方の信頼を裏切った行為態様に求めれば、それで十分であろう。婚約の成否の段階で処理すると、生硬な結果（オールオアナッシングとなる。）

となり、裁判官に誤った指針を与えかねない。不当破棄を認めた上で、賠償額で調整することすらできないので、到底、支持できる見解ではない。実際、内縁ないし婚姻中の夫婦ですら、相互に理解しあっているわけではあるまい。植村説では、自己開示の不十分であった結婚当事者では、原則として離別も勝手気ままでよいということにもなりかねないであろう。

(2)　婚約関係二分説

「木幡文徳」は、従来の裁判例を分析したうえで、婚約を「契約的婚約」と「事実的婚約」とに分け、前者は結納の授受や慣習上の儀式などによって、当事者が婚約関係にあるものと認識している場合であり、後者は、このような客観的・形式的な婚約関係が認められないが、男女の関係が緊密化し、周囲が将来結婚するであろう関係を承認した場合であるので、この段階の男女関係にも一種の身分上の関係が生ずるとしている。(46) 具体的な差異は、前者の不当破棄は債務不履行構成とし、後者は不法行為による救済にとどめるので、立証責任や時効期間で差異が生ずるという。しかし、いずれも婚約であり、その破棄責任の違法性は容易に認定されることになるので、この点で婚約と認定されない単なる男女関係とは異質であるとして、判例（㉕最判昭和三八年九月判決）が女性救済という観点から無理に婚姻予約という構成を採ったことを批判し、このケースでは、一般の不法行為による処理が妥当とする。(47)

(3)　婚約関係段階説

「宮崎幹朗」は、従来の通説のいう合意の中身が不透明であるので、具体的に将来結婚するという合意とは何にか、という疑問から出発して、つぎのように主張している。(48) 従来の婚姻予約事例では、通過儀礼があるか、または社会的に承認されている場合のほか、性的関係がある男女関係が保護されているので、単なる諾成的合意のみでは不十分とされている、と評価する。(49) また、試婚論や植木の見解などから示唆をうけながら、婚約といわれるものにもいくつかの類型ないし段階があるので、一つの婚姻届出までのプロセスのなかで婚約を捉えるという必要性があることを強調する。(50) そこで、当事者間での私的な関係では、とくに相手方の信頼を裏切って損害を与える事情がないかぎり、法的問題は生じないが、親族友人などとの関係で社会的に認知されるに至ると社会的な婚約となり、さらに結納などの慣習上の儀式が行われ、結婚式に至るまでの準備行為が進められるような段階になると、その一方的破棄によって相手方に損害をあたえる可能性が大きくなるので、法的保護の対象になり得るとする。さらに、届出までの経過的な内縁ないし試婚的関係も「婚約に対する法的保護」の一面とする。これに対して、これ以外の内縁や意図的な事実婚は、婚約法理では処理できない、と付言する。[51]

婚約から婚姻に至るまでのプロセスを重視しながら、ことに婚約を社会的に評価したうえで、婚約保護の要保護性やその軽重を判断するという視点は、傾聴に値する。また、通過儀礼がなされた場合をとくに重視するという視点も、同感できるし、実務的処理の観点からも、植木説のような生硬な論理ではないので、きわめて穏当な指標を析出しているように思われる。しかし、「秘密裡の性的関係」があるような場合には、いうところのプロセス論のなかで、それが、いかなる意味をもつのか、「私的な婚約」と「社会的な婚約」とを区別しているようなので、自説におけるその位置づけが、いまだよく理解できないところである。「相手方の信頼」を裏切るというだけでは、もともとそれは説明のための論理に過ぎないからである。この種の男女関係こそが、過去において難題とされてきたものであり、現代においても、婚約成否論の焦眉の課題であるところ、判例の立場を是認しているように思われるので、自説の婚姻に至るプロセス論との調整が必要であろう。むしろ、この種の男女関係は、婚姻にいたるプロセスから外れる傾向が強いので、これを「論理的に」にプロセスのなかにどの範囲までどのようにして取り込むのか、その難問を解決しなければならないであろう。これを非婚とする立場もあるが、判例はあきらかに婚約として保護したり、私通としたりしてきたので、単純ではない。少なくとも、この問題の解決の方向性を示唆しないでは、判例婚約法を分析したことにはならないのではないか。また、「新たな男女類型」に対する対応も困難をきたすこととなろう。

つぎに本書は、判例の分析に入る前に、予めこの難題に取り組むことによって、一応の指針を示しておきたいと思う。

4　本書の立場

(1)　婚約の拘束性と関係離脱の自由

まず、私見を開陳する前に、「水野紀子」と「鈴木禄弥」の見解を紹介しておこう。この両説の裡に解決さるべき重要な問題点が潜在しているように思われるからである。水野は、性的自由の問題には必要以上には介入すべきではないという基本姿勢から、先述のように、婚約破棄責任については、合意による性的関係のレベルでは、結婚詐欺などの悪質なケースに限定するのが妥当としている。[52] より具体的・実質的理由としては、婚姻という関係が子育てという長期にわたる家庭を形成することになるので、婚姻に入る直前までは、幅広く意思を覆す自由を認めようとするところにあるようである。

傾聴に値する見解であり、とくに「関係離脱の自由」に注視する姿勢については、基本的には支持したい。ただ、自由な性的関係は当事者間の私的な問題であるとしても、自由意思により「人間関係」を形成した当事者間の責任まで否定することは行き過ぎであり、かつまたその論拠としても不十分ではなかろうか。性的関係が単に性的関係には終わらないというのが、本書の基本的姿勢であり、そこに社会文化的な人間関係が形成されていると考えたうえで、解釈論的工夫が必須の課題となる。戦前からの裁判例にも、そのような傾向が見られるように思われる。

この問題については、「鈴木禄弥」のつぎのような鋭い分析が参考となる。鈴木は、「男女の一応は継続的な関係であっても、一時的同棲関係のように将来永きにわたっての存続が予期されていないものは、法がその存続を必ずしも期待していない、と考えて、それは内縁とは異なり、一方的破棄があっても慰藉料の問題は生じない、とすることも可能である。しかし、かりにもかなりの期間にわたり関係が持続している以上、一方的破棄についての慰藉料の問題が生じうる場合も絶無とはいえぬであろう。要は、一方で具体的な当該の男女関係の諸状況、他方で男女関係存続についての法政策的価値判断によって、結論が異なってくるのである」[53] という。

この鈴木の直感的ともいえる一応の判断指標に注目しなければならないであろう。ただし、そこにいう「関係」の継続性とは単なる事実を指しているとすれば問題が残されるほか、その法政策的判断はいうまでもないので、その政策判断の一応の「規準」が求められていることを忘れてはならないであろう。そうでなければ、解釈論の意義が半減し、その判断を白紙委任された裁判官も当惑するしかない。かえって誤ったコンパスともなりかねないからである。何故にかなりの長期間の関係が保護に値することがありうるのか、その論拠こそが、ここで求められているものなのである。

一方では、私的な性的関係に必要以上に介入することを差し控えるとともに、他方では、一定の継続的な男女関係の保護の必要性とその限界を見極めるための論理を構築することが、ここでの当面の課題である。

(2)　社会的秩序と婚約

(ア)　いわゆる婚約は、婚姻ひいては婚姻届出を将来の目的としてなされるものであることはいうまでもない。逆にいえば、かかる婚姻届出に至ることが予定されている男女関係が、ここにいう婚約ということとなろう。[54]婚姻が単に当事者間の契約ではなく、合意を基礎とするものの、一つの社会的制度であるということからいっても、婚姻を予定する婚約ないしそれを前提とする性関係も、また単なる私的な関係ではなく、あるべき社会秩序ないし性秩序を目指すものであることが基調となるべきであろう。憲法二四条が規定している趣旨は、ここに求められるべきであるので、そこに「公益性」が潜在していると考えることが可能となろう。個人の尊厳はいうまでもないが、それを前提とした上で、個人の基本権の衝突を調整・調和するためには、それを超えたより高次の公的な社会秩序の介在が必要となろう。そうとすれば、かかる社会秩序を媒介させることを通して、憲法二四条にいう「婚姻」には、この種の婚約もまた前提とされているものであると解釈することができるように思われる。そこにいう婚姻当事者間での「相互の協力」を「連帯」と解釈するとすれば、[55]婚約段階からの連帯でなければならないわけである。

たとえば、婚姻にあたり、当事者が貞操義務を相互に負わない旨の合意をしたとしよう。そのような夫婦は、たとい婚姻届出を済まして夫婦共同生活関係が認められるとしても、それは社会観念上夫婦とはいえないし、ひいては法律上の婚姻ともいえないであろう。[56] このような消極的なかたちではあるとしても、法・裁判所は、私的な性関係に介入することによって、ひいては将来における婚姻秩序の退廃をさけ、時代と社会のいわゆる婚姻道徳の形骸化ないし風化を防止する責務を担っているはずである。

同じことは、ここにいう婚約についても妥当する。このような合意のもとに関係を形成してきた当事者が、ことにこれに信頼して性的な関係をもったときには、相互に貞操義務（ないし婚約関係を平穏に維持する義務）を負うと解すべきであり、これを負わないというような合意を認めること自体、婚約概念の迷走でしかない。加えて、かかる婚約を形成した限りは、一方的に破棄することは、相手方の信頼を裏切ることとなり、民法が基調とする信頼の原則に沿わないので、ここでは信義則が働くこととなろう。被破棄者の精神的苦痛の大きさはいうでもないが、そのような行為態様を許容する社会には、わが国はまだ至っていないであろう。否、そうした婚姻習俗を許容するような社会に決してなってはならないのである。

それでは、婚姻届出が予定される男女関係とそうではない男女関係とを識別する基準は何か。つぎにこの問題を検討しなければならないであろう。性的自由（関係離脱の自由）と裏切られた者の保護との調整が必須の課題となる。ここでは、社会学の知見を借用しながら、本書の立場を明らかにしておきたいと思う。

(イ)　家族社会学では、男女が結婚の約束をすることのみではいまだ婚約とはならず、「私的了解」にとどまると構成される傾向が強い。これを起点として、当事者がその合意を親族や友人などの周りに公表して社会的な承認を受けることによって、「婚約」に昇華される、という。[57] つまり、この段階に至って初めて、私的な関係から社会的な関係に転化するわけである。このことは、社会学の成果ということもさることながら、そもそもわが国での婚姻習俗に内含されたものであり、人間性から発露する「婚約者としての振る舞い」ともいえる行為態様と密接に関連するものである。現に、本書が紹介する多くの裁判例では、そうした婚約者としての振る舞いがみられ、裁判所も、かかる事実をそれなりに評価してきた歴史的事実がある。思い起こせば、明治政府が、明治一〇年の司法省達四九号によって、「社会的な承認」のある夫婦や養親子関係につき法律上の婚姻ないし養親子とする旨を宣言したことも、当時の「社会の力」がそれを求めていたからであろう。

以上の視角を借用した上で、これを法的に構成すれば、純然たる恋愛関係では、そもそも当事者を拘束するものは何もないので、道義の問題にすぎないとしても、私的了解（特定人との関係）の段階に入ると、双方の関係は、結婚を意識・前提とした関係となるので、その片足を道義の世界におくとともに、もう一方の片足を法的な世界におくこととなるように思われる。[58] したがって、ここでは少なくとも相手方の誤信を悪用して詐欺的な情交関係を求めたり、財産的利益を取得したりすれば、違法行為となり（「詐欺誘惑の論理」に服する。）、不法行為による損害賠償の問題が生ずることとなろう。しかし、この段階では、婚約破棄責任としての精神的損害賠償責任は、原則として生じないものと考えるのが妥当である。

ことに、わが国における男女間では、まだまだ相互に自己開示がなされていないことがあり得ることに加えて、家族などの周囲の人々の態度にも相当程度の影響を受けることが少なくないので、[59] かなりの発達課題に達しているカップルでも、「配偶者選択過程は、相手を評価しながら展開される選択–拒否の過程であ（る）」ともいわれるからである。[60] それが必ずしも不合理ともいえないので、法的にも「悔い返し」（翻意の自由）のチャンスが認められてもよいように思われるし、そうした心理的葛藤が、ひいては双方の人格的自由ないし自立性の保障にも繋がることとなろう。無用な紛争も予防できるはずである。このような未成熟な段階での男女関係に対する法的介入は、婚姻道徳に導かれるべき男女関係の形成をかえって歪曲することにもなりかねないであろう。たえず、相互の同質性と個性との確認・評価を繰り返しながら、いわゆる打算的な思いも含めて双方の関係が蓄積され、形成されいくものであるならば、そのプロセスの一点を捉えて、法的責任を問うことは、行き過ぎである。

したがって、この種の男女関係が法的な責任問題のレベルにおいて評価されるためには、より具体的な男女関係の分析が必要であり、そのためには、社会心理学での男女・夫婦の関係形成・進展に関する基本的モデルを借用しながら、男女関係の形成プロセスを分析することが、有益な視点を与えてくれるように思われる。

男女の関係の親密度は、相手に対する一方的な態度・印象から始まって、つぎに若干の相互作用によって相手に対する何らかの態度が生じる段階に移行したうえで（表面的接触）、これがさらに相互のコミュニケーションの頻度や内容を通して、二人の親密度が増大していくプロセスをとる。かかる相互関連性にとって重要なものが「自己開示」であるという(61)。このような自己開示がなされず、当事者自身の意思から遊離したまま、婚約儀式がなされたとしても、儀式には特別な意味は持たされるべきではない。たしかに、戦前の裁判例では、媒酌結婚が普通であったので、媒酌人の言を信じて当事者ないし両家が婚礼儀式を挙行すれば、それで婚姻予約が成立するとされるのを普通とした。当時の婚姻習俗の下では、それはそれで特に法的にも不合理ではないと解されていた。したがって、そのような内縁・婚約も有効であり、あとはもっぱら正当理由の存否の問題となっていた。しかし、今日では、そのような自己開示が不完全である、いわゆる婚約関係については、実際上あり得るかどうかは別として、そもそも届出婚にいたる「婚約」としての資格はないといわねばならない。

しかし、逆にいえば、このように男女の関係が自己開示のなかでますます相互性の深まりと共に絆の親密度が増幅された段階に達すれば、もはやこれを一方的に破棄することは道義上はいうまでもなく、法的にも許されないものと考えるべきであろう。丁度、売買などの財産契約での交渉段階で、代金や目的物等の引渡しなどの売買条件の具体化を通して、一定の段階に成熟すれば、正当理由のない一方的破棄につき、損害賠償責任を負担するのと同様の発想である。ここでは、取引条件の交渉ではないので、交換的な関係の具体化ではなく、いつ壊れるかもしれない曖昧な人間関係の蓄積ではあるが、相互のコミュニケーションのなかで親密度が一定の段階に成熟し、結婚への期待が具体化すれば、婚約破棄責任は免れないといえよう。それが、判例のいう「誠心誠意性」ないし「公然性」であるものと思われる。

とくに、そうした「協働的な関係」に加えて、互いにいわゆる損得の計算も加味される「いわゆる交換的な関係」をも意識し出せば、客観的にも婚約意思が明確となろう。私的了解の段階で相当程度の自己開示が積み重ねられ、さらに通過儀礼がなされたり、親族友人らの承認をうけた段階では、通常、なんらかのかたちで自己開示がなされたうえで、婚約ひいては婚姻の決断がなされているはずである。そこでは、「婚約者としての振る舞い」が外部にも表出するのが普通である。それが不十分であることから紛争の要因となることもあるが、とにかく、戦前におけるような媒酌結婚ではないので、婚姻・届出を前提とした通過儀礼を践むまでの一連の自己開示を形成ないし蓄積してきたかぎりは、法的責任を負うというべきであろう。それは、単なる当事者間の私的合意にとどまらず、集団的な合意（社会的秩序）に包まれた合意ともいえるのではなかろうか。したがって、この段階に達しても、まだ自己開示が不十分であることを理由として、責任の存否を判断することは不当・有害である。それを理由とすることは、自己責任の原則を歪曲することとなり、著しく正義公平の観念に反し、信義に沿わない結果となろう。微妙なケースもあるが、婚約の成立を認めた上で、賠償額の量で調整するという技法を決して忘れてはならない。

問題となるのは、単なる秘密裡の私的な性的関係であり、通常、これは婚姻に至るまで双方が自己開示を集積するような男女関係ではないし、具体的に集団的秩序のなかで蓄積されてきた関係でもないので、明らかに、前述した「社会的な婚約」タイプではない。しかし、判例は、一定の前提のもとで、この種の男女関係を「婚約・婚姻予約」として保護することもあった。単なる社会的婚約論では、この男女類型を保護することは困難であるが、本書は、それを保護することが「社会的な秩序」からの要請であるという論理を提唱した。(62) ことに女性が妊娠ないし出産すれば、もはや私的領域の男女関係ではなくなり、「新たな社会関係」が形成されたものと考えるべきであるので、一面では、当事者間の私的な関係形成責任であるとともに、他面では、社会的にも、この種の男女関係を保護することが要請されている、と構成するものである。これを「典型的婚約」と区別して、「非典型的婚約」と称したゆえんである。いうまでもなく、この種の男女関係でも、将来婚姻する意思の存在が不可欠の要素となる。これが認められない場合には、私通と評価せざるを得ないので、その法的保護には、被害者の特別・固有の人格侵害や違法性という一般的不法行為責任の要件が必要とされよう。

ともあれ、以上のような重層的な人間関係を想定すれば、私的な関係も私的な関係にはとどまらず、公的な側面を帯有することとなり、そこに社会的婚約論との連続性を見てとることが可能となろう。なお、内縁概念も多様化している今日[63]、婚約とも内縁ともいえないような男女関係も想定できる。既に検討してきたように、従来の判例は、婚姻意思と「夫婦としての実生活に入ったこと」を要件としているように思われるので、少なくとも破棄責任については、基本的に婚約・内縁二分論に立ちながら、そこからはみ出る男女関係（いわゆる愛人関係など）については、婚姻意思の有無で保護の可否を判断してきたといえよう。

(8)　とくに戦後の婚約学説を整理したものとしては、たとえば中山秀登「わが国における婚約の法的構造-ドイツ法と対比して」法学新報九九巻三・四号（一九九二年）一二五頁があり、この論文は婚約の法的性質論（有効無効論）を軸として纏めている。一方、沼・前掲注（2）『親族法準コンメンタール』一二四頁以下は、戦前からの婚姻予約に関する学説・判例を渉猟している。本書では、主として婚約の成否論の立場から、近時の学説の概要を整理することとした。

(9)　大原長和『新版注釈民法（21）・親族（1）』（有斐閣、二〇〇三年）二七九頁。二宮周平執筆「第四編第二章・婚姻」島津一郎・久貴忠彦編『新・判例コンメンタール民法Ⅱ』（三省堂、一九九二年）二七頁以下では、学説のほか判例も含めて要領よく整理されている。

(10)　我妻栄『親族法』（有斐閣、一九六一年）一八九頁は、儀式等がない場合には、「この合意の認定は相当慎重でなければならない」とし、婚姻という人生の重大事についての合意であるので、「慎重に考慮され、確実に決意し、表示されたものだけが効果意思としての法律的効果を生ずる」とする。中川淳『親族法逐条解説』（日本加除出版、一九七七年）一七九頁、大原・前掲注（9）二八〇頁、有地亨『新版家族法概論』（法律文化社、二〇〇三年）四九頁も、真正かつ確定的な合意さえあれば、婚約が成立するというのが、判例・学説の立場であるとしている。これに対して、中川善之助『新訂親族法』(青林書院新社、一九六七年)一五二頁は、「諾成的であり、何らの方式を必要としない」とするのみである。ただし、未成年者の婚約には父母の同意を要件として、同意のない婚約は取り消しうると解したうえで(同一五〇頁)、父母のない未成年者の婚約成立は「厳格に判断すべきである」としている(同一五一頁)。

(11) 奈良次郎「本件判批」最高裁判例解説昭和三八年度二二四頁。

(12) 谷口知平『親族法』(信山社、一九九一年)五六頁。

(13) 太田武男『親族法概説』(有斐閣、一九八一年)二〇一頁は「誠心誠意判決」を引用して「確実な合意」があれば足りるとした上で、確実な合意認定の要件として「公然性」を指摘している(同二〇八頁注(2))。

(14) 吉田邦彦『家族法(親族法・相続法)講義録』(信山社、二〇〇七年)八三頁は、判例では「合意以上のもの」が必要とされていると評価している。これに対して、塙陽子執筆「婚約の成立」野田愛子・人見康子編『夫婦・親子二一五題』(判例タイムズ社、一九九一年)一三頁は、従来の判例は合意だけでは婚約の成立を認めず、「プラスアルファー」を要求してきたが、最高裁昭和三八年判決は、このような「プラスアルファーの要件を緩和した」と評価している。

(15) 野田愛子『現代家族法』(日本評論社、一九九六年)八一頁。

(16) 山川一陽『親族法・相続法講義(三版補訂)』(日本加除出版、二〇〇五年)三四頁以下。婚約から婚姻義務まで生じないので、婚約破棄は債務不履行ではなく、不法行為であるとして、具体的な場合に損害賠償義務が生ずるに過ぎないとする。

(17) 内田貴『民法Ⅳ親族・相続(補訂版)』(東京大学出版会、二〇〇四年)八七頁。

(18) 川井健『民法概論⑤』(有斐閣、二〇〇七年)八～九頁。

(19) 深谷松男『現代家族法(四版)』(青林書院、二〇〇一年)三七頁、二宮周平『家族法第三版』(新世社、二〇〇九年)一三九頁。

(20) 二宮・前掲注(19)一四二頁。

(21) 北川善太郎『民法綱要Ⅴ(親族・相続)』(有斐閣、第2版・二〇〇一年)三五頁。

(22) 鈴木・前掲注(3)『親族法講義』八～九頁は、判例と基本的には同じ立場にあり、確実性・確定性は契約一般の問題であり、また、公然性を要件とするのも、不当であるとしている。また、松川正毅『民法親族・相続』（有斐閣、二〇〇四年）一六頁も同旨。
(23) 松坂佐一『民法提要（親族法・相続法）』（有斐閣、一九九二年）は「諾成的であ（る）」として、大審院の誠心誠意判決を引用する。
(24) 泉久雄『家族法読本』（有斐閣、二〇〇五年）二八〜九頁。
(25) 横田秀雄「婚姻ノ豫約ヲ論ス」日本法政新誌一六巻二号（一九二一年・大正一〇年）三頁。
(26) 中川・前掲注(10)『新訂親族法』一五八〜九頁は、未成年者側からの取消権を肯定する。
(27) 佐藤隆夫『現代家族法Ｉ-親族法』（勁草書房、一九九二年）六七頁。
(28) 山中康雄『民法［総論・総則・家族・相続］』（法律文化社、一九七八年）一八七頁。
(29) 松本暉男「わが民法の婚姻予約有効論の展開-婚約法理についての一つの考え方」私法二六号一八七頁以下（一九六四年）。
(30) 杉之原舜一『判例親族法』（日本評論社、一九四〇年・昭和一五年）五〇頁以下、九四頁以下。
(31) 高梨公之「婚約の破棄」『家族法大系Ⅱ』中川善之助教授還暦記念（有斐閣、一九五九年）九頁。
(32) 高梨・前掲注(31)二〜四頁。
(33) 高梨・前掲注(31)七頁。
(34) 高梨・前掲注(31)九頁。
(35) 高梨・前掲注(31)九〜一〇頁。
(36) 谷口知平「婚約無効論-婚姻予約有効論への若干の反省」民商法雑誌創刊二五周年記念特集・私法学論集（下）［一九五九年］四九七頁以下。同『家族法の研究（上）親族法』（信山社、一九九一年）所収。
(37) 岩垂肇『民法研究』（法律文化社、一九八五年）一一九頁以下「婚約破棄の責任」（初出、「婚約破棄の責任」民商四二巻三号〈一九六〇年〉三〇頁）。岩垂は、種々の根拠を挙げているが、その理由は、いずれも論理的に成り立つのか、疑問が多い。婚姻予約説では、婚約に縛られて不幸な生活に入る者が少なくない、という谷口説を引用しているが（一二六頁)、何ら根拠のない推論に過ぎないので、これは論外としても、たとえば、契約構成であると、気のすすまない婚約を先に破棄した者が不利に働き、その相手方に有利となるため、解消の申出を渋らせる結果となり、気の進まぬ婚姻に入っていく心理的強制となって、自由婚姻に逆行する、という批判についても、そもそもいうところの心理的強制なるものが契約構成から論理必然的に生ずるのか、極めて疑わしい。また、「二重の婚姻予約」を認めた下級審裁判例を取り上げながら、婚姻予約説では、こうした婚約を有効と解さざるをえないことは、「正に婚約(契約)有効説の破綻を示すものである」と極論しているが(一四〇頁)、むしろ逆に、婚約の存在が婚姻障害になるということは、古くから認められてきた婚約法の基本理念でもある。上記の裁判例は、男性の詐欺的言動を捉えて、その賠償責任の論拠を予約論に仮託した例にすぎない。むしろ、契約性を否定すると、理論的にはそのような二重婚約を容認する結果になりかねないであろう。さらに、長野家裁管内の調停委員に対するアンケート調査の結果に対する「評価」もさることながら、「問いかけ」の設問の仕方にも問題があるように思われる(一三四頁以下)。

(38) 小野幸二「婚約の不当破棄と相手方の保護」日本法学六五巻四号(二〇〇〇年)一三一頁以下。今日における婚姻観・離婚観などの変化を意識しながら、婚約カップルでも、相手方が良き配偶者たりえないと判断したときは、遠慮なく婚約を解消するであろう、という独断のもとに、社会的婚約ですら、「道徳的な婚約」でしかない、とする(一六四～五頁)。「婚姻の自由」なるものに対する誤解もはなはだしい。そもそも一方的な意味での「個人の自由」というようなものは、動物であるならばともかくも、もともと人間の社会生活では存在しないのであり、そのなかでは常に「内在的な制約」(社会的制約)があってこその、個人の自由である。ましてや、「さまざまな合意」を自らの意思で蓄積したうえで、社会的な承認に至るまでの集団的な行動のなかで将来の婚姻を「決断」した者の責任は重たいのであって、いうところの婚約当事者間での自由とは、いったい何か、到底理解しうるものではない。社会の現象面に翻弄されているとしか言いようがない解釈論であるように思われる。

(39) 小野・前掲注(38)一六五頁。このような厳格な立場は、後掲の「家風対立事件」([41]判決)の判旨にも賛成していることから(一六五頁)、その判決の影響をうけたものであろう。

(40) 小野・前掲注(38)一五六頁。

(41)　明治民法典の起草者は、婚約無効論をとったが、その一つの動機は、婚約を楯にとって娼妓などが無思慮な青年から賠償金をとれることを認めると、婚姻風俗が紊乱するというところにあった。ところが、民法典施行後は、かえって無効論が女性を窮地に陥れる結果となっていた。「婚姻豫約有効論」の登場によって、この問題が克服された事情については、本書「第三章」の「一・5婚姻予約有効論の論拠(1)『婚姻の自由』論と婚姻慣行の尊重」の解説部分を参照のこと。
(42)　法典調査会民法議事速記録一三七回（明治二八年一一月一五日）『日本近代立法資料叢書』（商事法務研究会、一九八四年）二八～九頁。
(43)　植木とみ子「婚約」川井健編『講座・現代家族法第三巻』（日本評論社、一九九一年）三九頁。
(44)　植木・前掲注（43）四二・四四頁。
(45)　植木・前掲注（43）四六～四七頁。
(46)　木幡文徳執筆「婚約不履行（不当破棄）の法的構成」森泉章ほか編『民法基本論集Ⅶ家族法』（法学書院、一九九三年）二八頁、三七頁。
(47)　木幡・前掲注（46）三八頁。
(48)　宮崎幹朗『婚姻成立過程の研究』（成文堂、二〇〇三年）一五頁以下（初出、愛媛法学会雑誌二八巻三・四号〈二〇〇二年〉六三頁）。
(49)　宮崎・前掲注（48）二二頁。
(50)　宮崎・前掲注（48）三四頁。
(51)　宮崎・前掲注（48）三五頁以下。
(52)　水野・前掲注（5）「内縁準婚理論と事実婚の保護」六一八～九頁。
(53)　鈴木・前掲注（3）『親族法講義』八〇～八一頁。
(54)　松本暉男「わが民法の婚姻予約有効論の展開－婚約法理についての一つの考え方」私法二〇号（一九五八年）一八七頁は、婚約を「届出合意への到達可能性の具体化した段階」と位置づけ、したがって、婚約無効論は成り立たないとする。これに対して、社会的承認がない男女関係は「届出合意を含まぬ段階」とする。届出との関連を前面に押し出している視点は慧眼であった。

(55)　大村・前掲注（2）三六七頁は、「相互の協力」を「連帯」と読んでいる。

(56)　同居・協力・扶助義務を定める民法七五二条に違反する。大村・前掲注（2）一三〇頁、北川・前掲注（21）四九頁、泉・前掲注（24）七一頁を参照のこと。

(57)　家族社会学の立場では、デイト（date）とコートシップ（courtship）とは区別され、種々の異性とのデイトの経験を通したうえで、特定人とコートシップ（求愛）に入ると、結婚に結びつく交際となり、交際相手は一人に限定されて、関係の解消も簡単にはできず、親密で責任がともなう、とされている。湯沢雍彦『新しい家族学』（光生館、新版・一九九五年）二〇～二一頁、望月嵩『家族社会学入門』（培風館、一九九六年）七六頁以下、森岡＝望月・前掲注（6）二二頁、三六頁、園井ゆり執筆、木下謙治・保坂恵美子・園井ゆり編著『新版家族社会学‐基礎と応用』（九州大学出版会、二〇〇八年）三七頁。この視点によれば、私的了解と婚約との関係はつぎのようになる。私的了解とは、二人が交際相手を結婚の相手と認めあうことであり、婚約とは、この結婚の約束を社会的に公表することと解されているので、私的了解からコートシップが開始し、婚約が成立すると、デイトの関係は完全に終息する。したがって、私的了解から婚約の期間は、デイトの側面とコートシップ側面とが競合し、いわば私的な関係が公的な関係に移行する時期に当たり、「婚約」成立後から結婚までが「本格的なコートシップの期間」とみられているように思われる。

(58)　望月は、大審院の「誠心誠意判決」を引用して、儀式が不要と解されていることから、この私的了解が重要であるとする。望月・前掲注（57）九四頁。その指摘は誤っていないとしても、問題は私的了解がどの段階に達すれば法的責任を生じさせるかである。

(59)　望月・前掲注（57）九五～九六頁、森岡＝望月・前掲注（6）三八～四〇頁は、アメリカの社会学者ルイスが明らかにした発達課題（類似性認知の過程、親近感達成の過程、自己開示の過程、役割取得の過程、役割適応の過程、関係結晶化の過程）を踏むことによって安定性を維持しうることを指摘した上で、配偶者選択はルイスの指摘するように二人だけの関係として展開するのではなく、周囲の人々の態度反応に影響をうけることのほか、魅力ある異性の出現によって、かなりの発達課題に達しているカップルでも関係解消の事態が生じうるので、絶えず関係解消の可能性をはらんでいるとする。

(60) 森岡＝望月・前掲注（6）四〇頁。

(61) 諸井克英『夫婦関係学への誘い』（ナカニシヤ出版、二〇〇〇年）二五頁以下は、レビンガーなどの研究成果によりながら、人間ないし男女の関係度を解説しているが、大変参考となる。

(62) 本書「第一章」の「一・2．本書の課題と視点」を参照のこと。

(63) ちなみに、明山和夫「内縁の成立に関する一考察」家月一一巻三号（一九五四年）一頁、四六頁、五二頁は、内縁ともいえないが、さりとて私通ともいえないような男女類型（「準内縁」）を析出している。

三　婚約関係の法的構成と法性論

1　契約構成と不法行為構成

今日では、婚姻予約の不履行を不法行為として請求しても、これを排斥する理由はないであろう。かつて、大正四年の「民事連合部判決」は、不法行為による請求を排斥したが、このような見解を採ったのは、この当時における判例の厳格な要件論の立場（「権利侵害」構成）によるが、それに加えて、当事者の請求・主張の仕方に起因するものであったものと思われる[64]。したがって、今日の判例は、請求権競合の立場にあると考えて、大過ない。学説では、債務不履行説、不法行為説のほか、いわゆる二元説があるが[65]、基本的には、判例の立場が妥当であろう。不法行為を請求原因とする原告の請求をそのことを理由として棄却する必要はない。たとえば、「内田貴」は、不法行為として構成することもできるが、債務不履行として損害賠償請求する場合でも、「道義的色彩の強いものなので、単に結婚しなかったというだけでは責任は生じない。あくまでも正当な理由のない破棄でなければならない。そのことを法律的に表現して、債務不履行が「違法性」のあるものでなければならない、ということもできる。」としている。[66]「中川高男」も、当事者はいずれでも自己に有利な請求権を主張できる（ただし訴訟物は一個）と解し、このように解することが、「当事者の複雑な意思と多様な実体に対応でき、しかも被害者の保護に役立つ」ことを指摘する。[67]もっとも、形式的な要件事実論からいえば、不法行為構成では、正当の事由のないことは違法性の問題となるので、それを被害者側が主張・立証しなければならないという問題点が残されるが、[68]いずれにしても、婚約の存否が曖昧なケースも含めて、その存否の証明責任については、それを争う側も単に「反証」すれば足りるものではないから、実際上、大差はないであろう。[69]問題は、消滅時効の期間制限であり、債務不履行説では一〇年の法定期間が長すぎることは否定し得ないが、これは、一般に請求権競合論では常に問題となる難題であり、債務不履行構成でも、信義則によって、適切な結論を導くことが可能であろう。そうした効果の相違から「婚約の性質」論を演繹するのは、主客転倒といわねばならない。

2　婚姻締結義務

婚姻締結義務を認めるべきか。純然たる婚約のレベルでは、婚姻届出を強制できないことには、とくに異論はない。しかし、締結義務を認めるかどうかは、単に形式的な問題ではなく、婚約ひいては婚姻制度の捉え方自体と密接に関連する。これは、ドイツの議論でもそうであるようだが、[70]わが国でも、「我妻栄」は、婚姻を成立させるよう「努める義務」を認めたうえで、「義務の履行、とりわけ、婚姻を成立させること（事実上も法律上も）を請求出来ない（通説・判例）」という。[71]ただし、今日の多数説は信義則に基づいて誠実に婚姻をなすべき義務を肯定しているので、我妻説との微妙な相違がみられる。[72]

ところで、「中川善之助」は、わが国の判例は届出の強制履行は認めないが「婚姻を為すことを求むる権利を有する」（大判大正八・五・一二民録七六〇頁）としているので、この立場だと、「婚約に従って婚姻届出をせよ」との判決も適法であるが、この判決によって婚姻そのものを強制することはできないこととなる、としている。[73]夫婦の同居を求める訴えなどと同じ扱いである、ともいう。判例の立場を前提とした解釈であるが、中川自身も同様に考えているのであろう。この点は刮目すべきであるが、その理由が、独逸民法では「訴えの提起を認めていない」（ド民一二八九条）がわが国ではそのような規定がないというに至っては、あまりに形式論に過ぎるように思われ、加えて、内縁については、一転して、そもそも婚姻予約説を排斥するので、「法律上婚姻を為すべき義務」をみとめる見解を否定する。[74]持論の事実主義的立場と概念法学的手法が顕著に見られるので、折角の婚姻締結義務論それ自体も、結局のところ、実体を欠く空虚な論理となりかねないのではなかろうか。

本書の立場では、端的に婚姻予約という契約から「届出義務」が生ずると解するので、当事者双方に「誠実交際義務」が課されるとともに、第三者もこれを尊重する義務を負担するし、また、「二重の婚姻予約」も否定される、と構成することとなる。

3　身分契約としての婚約・婚姻予約

本書の立場によれば、いうまでもなく、婚約は「身分行為」である。[75]財産行為にかかる技法の応用は当然のことながら可能であるが、債権契約とするならば、男女間の特殊の関係の特質を見落とすことにもなりかねない。そもそも財産契約の一般原則は、交換契約を軸として発展してきたものであるので、無償契約の特質も含めた論理構造が不透明であることが少なくない。ましてや、身分上の自由や性的関係が軸となる婚約関係に債権契約のルールを無自覚的に適用するようなことでは、裁判官に誤った指針を与えかねないこととなろう。

実際上の問題点は、総則ないし契約法の規定の適用の可否にあるが、たとえば、未成年者については、両親の同意を要件とし、それが欠けるときには、財産契約の「取消し」制度を準用する学説もある。[76]下級審裁判例にも、そうした例がみられた（誠心誠意事件の原判決）。この解決手法は、「横田秀雄論文」に遡るが、むしろ今日では、未成年者の婚姻意思の認定を慎重にすれば、実際上の不都合はないであろう。かえって「取消し」可能な婚約関係が抽象論であっても一定の期間の経過するまで存在するというのは、身分関係が不安定となり、望ましいことではなかろう。また、婚約破棄につき、単なる不履行ということだけでは、賠償責任は生じない。特に違法性の強い不履行に限定されるべきであろう。

要するに、婚約は、婚姻の前段階にある特殊の契約であり、事情にもよるが、性的関係ないし同棲も公認するような関係ともなるので、単純な契約ではないと構成すべきである。もともと不安定要素を含む道義的・倫理的色彩の濃厚な合意であることを決して見落してはならないのである。

(64) かつて大審院は、不法行為の被害利益を「権利」に限定するという厳格な立場にあったので、いまだ、妻の地位とか婚約者の地位は、当時では、権利とはいえなかった。また、民事連合部判決の原告は、一貫して、被告の詐欺的言動（婚姻意思がないこと）を争点としていたが、正式の結婚式を挙行したうえ、とにかく「実生活に入っている」ので、そのような不法行為に基づく請求・主張は一審段階から否定されていた。原告がそのような主張をしたのは、従前の大審院判例が婚姻予約を無効としていたからである。ところが、民事連合部は、判例を変更して婚姻予約が有効であるとしたが、これは婚姻意思があることを前提とした論理であるので、原告の主張とは矛盾していた。以上のような諸事情により、結局のところ、原告の不法行為的請求は認められなかったものと思われる。この間の事情については、本書「第三章」の「一・3．婚姻予約有効論と不法行為的救済」を参照のこと。

(65) 学説の状況については、国府剛『婚約（増補）』民法総合判例研究（一粒社、一九八六年）八九頁、中山・前掲注(8) 一二九頁以下を参照。中山も、ドイツの判例・学説の契約説の立場に依拠しながら、破棄された当事者の救済（立証責任、時効期間など）という実務的観点からみても、契約説が妥当とし（同一四六頁以下）、婚姻締結義務違反という親族上の義務が損害賠償義務という財産法上の義務にかかわるところの特異な親族法上の契約であると結論づけている（同一五二頁）。なお、同「ドイツにおける婚約の法的構造」法学新報九八巻七・八号（一九九二年）一七五頁は、訳文がやや生硬なところもなくはないが、婚約の契約論を考える上で、ドイツでの学説の抽象論（事実説や信頼関係に基礎をおく法定法律関係説などの論争）が参考となる。ちなみに、第一草案が婚約による婚姻締結義務を否定していたところ、これをギールケが批判し、国民の婚姻道徳を掲げて、婚約破棄責任につき、財産損害だけではなく、損なわれた感情を償う賠償責任も認めるべきであるとして、婚姻締結義務を強調した。その趣旨は、人の人生ないし運命も変えかねないことになり、ひいては性道徳の退廃を懸念したためである。現行法は、これを受けたものと思われるが、履行の訴求を認めない旨を規定するかたちとなったようである。今日のドイツでの通説的見解である契約説は、このような抽象的な締結義務自体は肯定しているという。

(66) 内田・前掲注（16）八八頁。

(67) 中川高男『親族・相続法講義（新版）』（ミネルヴァ書房、一九九五年）九五頁。

(68) 太田武男『学説・判例家族法』（法律文化社、一九七〇年）四九～五〇頁は、この著書の当時のことであるが、不法行為構成が「追々有力になりつつある」としたうえで、双方の長所・短所に言及しながら、不法行為構成だと、被害者の証明責任が重くなるし、また、権利侵害等の要件事実から見て、社会規範によって「不法」という烙印がおされるような行為が必要とされているのに対して、婚約破棄では、そのような行為でないことが多いことを指摘している。なお、国府・前掲注（65）一二二～三頁も、不法行為構成をとる裁判例が目に付くとしている。

(69) ちなみに、岡村道代執筆「婚約の不当破棄」村重慶一編『現代裁判法体系⑩』（新日本法規出版、一九九八年）七頁は、結納や披露宴などの公然性を有しない婚約では、その成立自体の立証が困難な場合が少なくないので、いずれの説でも大差はない、とする。

(70) ドイツでは、締結義務の可否につき、論争があることについては、中山・前掲注（65）「ドイツにおける婚約の法的構造」一七五頁を参照。中山自身は、これを認めている（同一二一頁）。

(71) 我妻・前掲注（10）『親族法』一九〇頁。

(72) たとえば、中川（高）・前掲注（66）九三頁。

(73) 中川・前掲注（10）『新訂親族法』一五四頁。なお、中川善之助は、大審院「民事連合部判決」の立場によれば、「内縁関係に対し『入籍手続に協力すべき義務』といふ法律的効果を一つ与えたといふに止まる」と解していたが（同『親族相続判例総評第一巻』〈岩波書店、一九三五年〉一三八頁）、このような婚姻予約論を内縁について認めても、意味がないと考えていたものと思われる。

(74)　中川・前掲注（10）『新訂親族法』三四〇頁。

(75)　沼正也『墓場の家族法から揺りかごの財産法（新版）』（三陽書房、一九七七年）一八六頁以下、沼・前掲注（8）「準コンメンタール」二七九頁は、「婚約は性という自然的属性の不捨象のうえに立って契約内容が特定的である点を除き、財産法的契約と異質を設けてはならない」として、契約総則や意思表示の一般理論の最大限の適用をみとめ、未成年者の婚約には親の同意を要件とし、婚約解除は債務不履行責任と構成する。

(76)　未成年者の婚約については、主としてドイツでの学説の紹介であるが、中山秀登「未成年者による婚約の法的構造」法学新報九九巻五・六号（一九九三年）二八五頁を参照のこと。

四　敗戦後の下級審裁判例

敗戦後の民法典にも、婚約規定は存在しないので[77]、特に判例の立場が重要となる。敗戦後の婚約事例については、昭和三八年に最高裁判決が登場しているので、差しあたり、婚約成否にかかる裁判例を中心として、この最高裁判決に至るまでの下級審裁判例の状況を分析しておこう[78]。敗戦後でも、基本的には戦前と変わることなく、婚約破棄にかかる裁判事例の数は必ずしも多くはない。とくに男女が性的関係に入っていないときや結納の授受等の財産問題に争いがないときには、あえて訴訟にまでする傾向がなかったことによるものと推測されている[79]。

1　婚約事例

敗戦の下級審裁判例でも、一方では、見合いや結納という伝統的な婚姻習俗に基づいて結婚約束がなされている場合のほか、他方では、秘密理の男女関係の場合でも、婚約の成否が争われているが、後者のケースでは、性的関係があっても私通関係とした事例が少なくない。まず、以下では、婚約成否に関する裁判例を紹介しておこう。差し当たって、最高裁判決が登場するまでの昭和二〇年代から三〇年代にかけての具体例を検討する。

この当時では、まだまだ家制度の伝統が残存し、したがって、媒酌結婚という婚姻習俗によって挙式同棲がなされていたものと思われるが（後掲の最判昭和三三年判決[24]や同三九年判決[61]などを参照）、他方で、そこからはみ出る男女関係も相当数見られる。いくつかの興味深い例をみてみよう。

(1)　昭和二〇年代の裁判例

(a)　つぎの例では、夫婦約束をした当時、男女は未成年者であったが、一時同棲して女性が妊娠していることから、婚約の成立が認められている。

[1]　福井地判昭和二六・二・一〇下民集二巻二号一八二頁

〔事実・判旨〕　X女は、昭和二三年一〇月ころ洋裁見習中に知り合ったY男と夫婦約束をしたうえで、同年一二月半ばころからA方の二階を借用して同棲した。昭和二四年二月にYの兄が死亡したことから、Yは実家に帰還することとなり、Xも当時すでに妊娠していたので、実家で出産するため、Yの迎えに行くとの言を信じて実家にかえり、男子を分娩した。ところが、その後、Yは、婚姻意思のないことを言明して、関係は破綻した。夫婦約束をして同棲した当時、XYは未成年者であったので、両親の同意の有無が争点となったが、判旨は、「婚姻予約は将来において適法な婚姻を為すべきことを目的とする契約」であるので、婚姻の規定である民法七三七条を準用すべきではないことから、父母の同意の有無は婚姻予約の効力等に何等の消長をもたらさない（慰藉料二万円）、と判示した。

(b)　つぎは、結納をとり交わして、挙式したが、挙式の翌日に女性が実家に帰っている事例である。婚約の成立は否定できないので、正当理由が争点となる。実生活に入っていないので、内縁とはいえないであろう。

［2］　仙台地判昭和二九・一〇・二七下民集五巻一〇号一七九一頁

〔事実・判旨〕　X男とY女は、仲介により婚約して、昭和二七年一月一七日結婚式を挙げたが、Yはその翌一八日にXに無断で実家に帰り、一方的に婚姻予約を破棄した。XYは相互に遠方に居住し、写真のみで結納をとり交わしたうえ挙式したことから、Yは、挙式当日に当該地方での俗信である「年回りが悪い」事実を知ったことや容貌が老けていることも重なって、結婚の意思を喪失した。慰藉料については、Xは、未知の間柄であったのに見合もせず、結婚を親任せにして婚約には消極的でむしろ冷淡であったことなどの事情により金一万円とされている。

(c)　つぎは、内妻のある男性が、それを秘して結婚の約束をしている。結婚を口実に性的関係をもった側面が強いが、「婚姻予約」の成立が認められている。

［3］　京都地判昭和二九・一一・六下民集五巻一一号一八二九頁

〔事実〕　X女は、昭和二三年四月ころ、友人を介して妻を求めているY男と知り合い、翌月にYより求婚され、Yは、結婚後は母に仕へ仲良く生活できるように、キリスト教的修養を積み、洋裁等も習つて物心両面にわたって結婚への準備をしておいて欲しいなどとXとの結婚について、いろいろと希望を述べたので、Xはこの申出を受けて婚約を承諾し必ず近い将来においてYの妻となり得るものと信じて、昭和二三年八月以降、数回にわたってYと肉体関係を結んだ。ところが、Yには昭和二一年ころ事実上の婚姻をなして昭和二四年六月一日正式届出を完了した妻のあることが判明した。

〔判旨〕　YはXと婚姻を予約するに際し、故意に内妻のある事実を秘しXを欺いてその純情を弄びその貞操まで奪つたものというの外なくXY間の婚姻予約は当初成立の初めよりYの不純なる動機により成立したのみならず、その後、Yが他女と正式婚姻届出することにより、「履行不能となったもの」であってYに右不履行につき責任があるのは明かである。慰藉料については、つぎのような事情を説示して、二〇万円を認容した。Xは、挙式前にYの真意を確める前に軽卒にも肉体を許したこと、前後四年間にもわたる長期間の性交渉を伴う交際をしながら、Yの身元を調査した形跡がないのは余りにも迂濶であるので、全然過失がなかつたわけではないが、Yの前記厚顔無恥な行為は一時Xを甘美の夢境より責苦の奈落に陥入れ堪え難い痛苦に懊悩せしめたであろうことはたやすく推認しうるところである。

(2)　昭和三〇年代の裁判例

昭和三一年度の経済白書は、「もはや戦後ではない」と明言したことは、周知の事実であるが、このような経済社会状況が男女関係のあり方にどのような影響を与えたかは、必ずしも明らかではない。婚約関係に係る裁判例に登場する男女関係については、戦前と比べてとくに特徴はみられないようである。もっとも、すでに昭和二三年に家庭裁判所が創設されているので、そこでの事件の調査が必要であるが、公表例が僅少であるので、ここではその作業は断念せざるを得ない(80)。

(ア)　下記の例では、いずれも通過儀礼はなされていないが、結婚約束のもとに情交関係を継続し、なかには女性が妊娠している例もある。

［4］　大阪地裁昭和三一・二・二九不法行為下民集昭和三一年度三七一頁

〔事実〕　X女とY男は幼なじみで、Xが一八歳のころに交際を始め、やがて結婚約束の上、昭和二〇年八月ころに情交関係を結ぶようになり、間もなくXが妊娠した。Yは、Xの母から詰問されことから、必ず結婚するが、父の機嫌のよいときに承諾をうるので、三年間待って欲しい旨を伝えるとともに、出生子の養育を委ねた。その後も情交関係を続けながら、Xは、結婚を待っていたが、昭和二四年一二月にYは他女と婚姻した。

〔判旨〕　結婚式を挙げるとか親族に披露するとかの外形的事実（行事）が行われていないが、「右の事実によれば、XYは幼馴染の交際から恋愛に発展し、互に将来結婚すべきことを相誓い、爾来約四年間に亘り同棲こそしなかつたが事実上の夫婦関係を続け、その間一児を挙げるに至つたものであつて、両者間の関係は婚姻予約成立の段階にあつたものと解すべきであり、一時的享楽にすぎない私通関係と見ることができない」。「法律上の婚姻に於ても必ずしもかかる行事を必要とせず、両性の合意のみに基いて成立し、戸籍法の定めるところによりこれを届け出ることによつてその効力を生ずるものであるから、婚姻予約もこれに準じ、当事者が真に婚姻する意思を有し且つこれを約することによつて成立するものと解すべきである」。Yが他女と婚姻することによって、本件予約は「履行不能」となった。慰藉料については、XY双方の資産等のほか、Xが両親等に相談して速かにY方に正式の結婚申入をすることなくYにのみ信頼して簡単に貞操を許し、爾来約四年間に亘つて性交渉を続けたことについてはXも亦軽卒の譏を免れず、又Xが居町に於てY以外の男性と交渉あるやの風評を立てられるに至つたことはXの不徳の致すところでもあり、一部の責はXに於てもこれを負わなければならない等の諸般の事情を勘案して慰藉料の額は金十万円を以て相当であると認める」

［5］　東京地判昭和三二・七・一五不法行為下民集昭和三二年度（上）五五四頁

〔事実・判旨〕　X女は、義兄Aの友人Y男と義兄宅で知り合い、昭和二九年二月ころ、YがXに求婚し、AもXに婚姻を強く勧めた結果、XYは交際するようになった。次第にXも結婚しようと考えるようになり、同年四月に近い将来結婚する旨の約束がなされた。同年五月ころYの強い要請で両者は肉体関係を結び、しばしば関係をもった。ところが、Yは、母の同意を得られなかったため、そのことを口実に昭和三〇年一二月中旬ころに婚約解消を申し入れた。判旨は、「XY間には、X主張の通り婚約が成立し、さればこそXは近い将来Yと婚姻しうるものと信じたところから、その貞操も捧げたのである」とした。慰藉料は、Yの職業は医師（給料月額一万七千円）であること、X（給料月額七千円）が処女であったことのほか、婚約解除に至る事情もあわせて考慮すれば、金一〇万円をもって相当とする。

［6］　東京家裁昭和三四・九・一家月一一巻一一号一二六頁

〔事実・審判〕　X女（申立人）とY男（相手方）は、隣村居住関係から八年前より知り合い昭和二九年にYが大学二年在学当時に互に将来婚姻することを約束して、昭和三〇年八月下旬ころ初めてX方の居間にて肉体関係を結び、爾来Yの春夏の休暇に際しての帰省の都度その関係を続けてきた。Xはその間の昭和三一年五月に男児を出産したが、この出産に先立ち、同年四月ころYはX懐妊の事実を知り中絶を勧めることがあった。その後も昭和三四年四月中にYの勧めによりXは妊娠三ヵ月でYの子の妊娠中絶をしたこともある。Xは、Yより入籍については大学卒業後といわれたので、それを信じて今日に及んだものであるが、Yが大学卒業後に会社勤めをするようになると、親兄弟が反対であるからとてXの入籍を拒否するのみか、出生子までも自己の子でないと主張した。家裁は、何ら正当理由なくして、Yは「Xとの婚姻を履行しないので、認知の点は別として（当裁判所調停委員会は、子の為相手方が任意認知することを期待する）Xに対して損害賠償をするのが相当であり、Xは現在幼児をかかえて親許にて世話になつているのに対して、相手方は○○電機会社の設計担当者として、月収一万円位（日給月給制度）を得ている点」などの事情から、金一〇万円をもって相当とする、とした。

(イ)　下記の一連の裁判例は、事実上夫婦として同棲生活をしていた事実を認定しながら、婚約不履行としている。この種の裁判例は、戦前から存在した。内縁の前段階を取り上げて、その不当破棄責任を問うたものといえよう。

[7]　宇都宮地判昭和三一・三・六不法行為下民集昭和三一年度三九〇頁

〔事実・判旨〕　X女はY_1男と見合いしたときには、結婚には気が進まなかったが、Y_1男の実兄Y_2（世帯主）や媒酌人などの熱意にほだされて、昭和二四年五月二三日に媒酌によりY_1と婚約し、Y方に同居して、もっぱらY方の農業に従事していたが、昭和二九年四月二七日に実家に立帰ったことにより、関係は解消した。Y_1は、もともとは知能が劣るため、生活能力がなかったが、結婚後二年間くらいはまじめに働いていた。ところが、Y_2がY_1らに財産を分与して世帯をもたせなかったため、Y_1が仕事に倦み外泊し遊興にふけるようになって窃盗罪を犯したことから、Y_2の申請でY_1は準禁治産者の宣告を受けた。XはY_2から「お前が嫁に来てからY_1の素行が悪くなつた、実家に立帰れ。」なる旨叱責されたため、Yらとの同居に堪えず実家に帰ったものである。Xは「婚約の破棄」を申し入れた。判旨は、上記の事情やXが必ずしもはじめからY_1の知能の低いことを知っていなかったことから、「Xにおいて本件婚約を解消するにいたつたのは誠にやむを得ないものと解され（る）」とした上で、「Y_1は婚姻予約上の相手方として、Y_2は前記の立場上Xに対して遅滞なく届出の手続を実現し、法律上婚姻を完成せしめるよう協力しなければならない責務があるのにこれを怠つたものとして、いずれもXに対して、それぞれ本件婚約解消に伴うXの精神的苦痛に対して慰藉料を支払う全部の義務があるというべきである」として、Yらに連帯責任を認めた（慰藉料一五万円）。

[8]　鳥取地判昭和三二・四・二五不法行為下民集昭和三二年（上）五〇四頁

〔事実・判旨〕　X女とY男とは、媒酌により結納をとり交わし婚約を結んだうえ、昭和三〇年四月九日に挙式してXはY方に同棲したが、Yの父の封建的家長意識と頑迷な性格から、Xの人格を無視し、干渉・叱責を加えたが、Yも両親の意に迎合して、六ヵ月半程度で一方的に破棄した。判旨は、「一方的にXとの絶縁を宣して遂に婚約を破局に導いたのである」としている。XYの経歴、Yが父死亡により遺産の一部を承継したこと、Xの父が農業により居村で中位の生活をしていること、Xは洋裁の講師を勤め、初婚であることや破棄の経緯などの事情を斟酌して、金二〇万円の慰藉料を認容した。

[9]　浦和地裁熊谷支判昭和三二・六・一七不法行為下民集昭和三二年（上）五三四頁

〔事実・判旨〕　X女は、媒酌のうえY男と見合いをしたうえ、昭和三一年一月一〇日に挙式同棲して婚姻予約をなした。同年三月三日にXが雛祭りに実家に帰宅中、Xは口数が少ないし愛情がないので夫や夫の家族ともうまくいかないということでYから婚約破談の申し入れがなされた。判旨は、「婚姻予約」といいながらも、「結局婚約を破棄されるに至ったものである」としている。「愛情と理解とを以て相たすけ相おぎなって婚姻生活を築いていくところにその任務がある」ので、「多少の欠点があるからといってそれをかぞいあげて婚約を破棄するのでは夫婦はなりたたない」と判示している。慰藉料一〇万円を認容。

[10]　大阪地判昭和三二・八・一〇不法行為下民集昭和三二年度（上）五八五頁

〔事実・判旨〕　X女（四七歳）は、Y（五八歳）と結婚相談所の媒介で昭和二五年四月に同所長等の立会のもとで簡単な挙式のうえ、結納も納めて、Y宅で事実上の夫婦生活を始めた。ところが、Xが病弱であったが十分な医療費を与えてくれなかったこと、XはY宅では十分な休養もできないことから、しばしば親族方に泊まることなどの事情もあって、相互の感情は疎隔した。Yは、婚姻届出を出すつもりでいたが、入籍を思いとどまり、昭和二七年ころから夫婦はいっそう不仲となり、昭和二九年四月にYが別れ話を切り出し、Xがこのままおいてくれと頼んだが、Yが承知しなかったので、同年八月にやむを得ず実家に帰った。判旨は、「Yは正当の事由なくしてXとの婚約による同棲生活を破棄したもの」であるとした。慰藉料一〇万円を認容。Xは、身持ちの悪い前夫と別れて多年の独身生活後に、またまたYとの約四年四ヵ月の同棲が破綻し、現在、無資産の母親宅で同居しながら和裁による収入月二千円程度を得てかろうじて生活していること、これに対してYは、実家で手広く商売をなし相当裕福な生活をしていること、Xが離別後Yから金三万円余の交付をうけていることなどの諸事情が斟酌されている。

[11]　青森地裁弘前支判昭和三二・八・一三不法行為下民集昭和三二年度（上）五九二頁

【事実・判旨】　X女とY男とは、昭和三〇年一月三日にX方で見合いして、同年二月七日に媒酌によりY方で挙式同棲して、同年三月一八日に、Yの家側がXを実家に正当な理由もなく送り帰した。破棄の理由は、YはXの妹と結婚するつもりが、Xの母等の詐言によりXと誤信したこと、およびXが初婚でなかったことなどであるが、いずれの反論も排斥された。判旨は、「婚約破棄」とも「婚姻予約破棄」とも称している。慰藉料は、金七万円である。結納の返還請求の可否も争点となっているが、判旨は、婚姻の成立を条件とするので、特段の事情がないかぎり、婚約が破棄され婚姻が成立しない場合には、受贈者の所有にはならないところ、本件では、婚姻予約が破棄されて婚姻が成立しなかったので、返還すべきである、とした。

(ウ)　婚約しても、他女との関係をもったまま、結婚に対し曖昧な態度をとり続ける者もいる。婚姻意思が曖昧で、そもそも最初から結婚する意思がなくして情交関係を継続しているのではないかとの疑問があるような男女関係もある。つぎの例は、そうした例の典型であるが、「詐欺」との説示はない。

[12]　東京地判昭和三二・一二・二三不法行為下民集昭和三二年度（上）七一〇頁

【事実・判旨】　事案は必ずしも詳らかではない。Y男は、X女に結婚式を挙げることを約束したが、その準備をしないで、口実をもうけては引き延ばしていた。他面、Xは、Yとの関係で四度妊娠しているが、Yの要求により三回堕胎しているところ、Yには他に情婦がいるとの風聞もあるので、Yとの結婚式を促進するため、思いあまって、昭和三〇年一一月には、東京からYの実家に赴いて、その実情を訴えた。Xは、Yの実父Aと兄夫婦Bから結婚の承諾をとりつけるとともに、ABが反対しているYと他女との関係を清算させて早く結婚させるため、Yの兄嫁らがXと同道上京したこともあった。ところが、同年一二月下旬に、Yは、知り合いの他女と結婚式を挙げて、翌年四月に婚姻届出をすませて、「Xとの婚姻予約を履行する意思なきことを明示し、Xとの婚姻予約を理由なく破棄するにいたった」。慰藉料は五〇万円をもつて相当とする。

(エ)　婚約から結婚に至るまで、当事者は躊躇や迷いに陥ることは少なくない。つぎの例では、男性は、婚約段階から女性の勝ち気で積極的な性格を懸念して、女性に頭がおさえられるのではないかとの弱気から結婚を思いとどまろうとしたが、媒酌人らの意向に左右されて、挙式同棲したところ、結局は二週間ほどで破綻している。

[13]　東京高判昭和三二・一二・二五不法行為下民集昭和三二年度（上）七一三頁

〔事実・判旨〕　X女とY男は、Yの従兄弟Aの世話で昭和三〇年一一月中に婚約した。ところが、Xが勝ち気であり男勝りの性格であることを知り、自分が病弱であることから、Aらに結婚の取りやめを申して出たこともあったが、Aがこれに耳を貸さず、また思い直して、Aの媒酌で昭和三一年一月二七日に挙式・同棲した。しかし二七日と二八日に夫婦の関係を結んだのみで、いざ事実上の夫婦生活に入ると、Xの勝ち気な性格から到底将来幸福な生活ができないと考え、結局は、同年二月九日にXを家から出した。判旨は、Yの希望にそわない結婚になる可能性があるので、早晩、破局を免れないというYの意思も、賢明な策であったかもしれないが、それは、「余りにも一方的であり自己本位であって、相手方たるXの立場については殆どこれを考えていない」として、「事実上の夫婦生活に入った以上」は、自分の恣いままに解消することはできないので、性格の相違では正当理由にはならない、とする。慰藉料は、金一〇万円とした。

(オ)　外国にいる男性と写真等の情報のみで婚約したケースもある。手紙のやり取りだけで婚約すると、自己開示が不十分なままに終わり、破綻する可能性が大きくなろう。

[14]　東京高判昭和三三・四・二四下民集九巻四号七三〇頁

〔事実〕　昭和一六年に、双方の親族の仲介で、X女（三一歳）は米国に居住するY男を紹介され、年齢が二〇歳も上であったが結婚を決意し、YもXの写真を見て好意を抱き、結婚を承諾する旨の返信を書き送った。敗戦後も、双方は情愛をこめた文通を重ね、またYは必ずしも生活が豊かでなかったが、敗戦直後の物質窮乏下にあるXにいたく同情してたびたび食料品等を送ったり、また帰国後の婚姻住居購入資金にあてるため実弟に物資を送付したりしていた。さらに、甥の結婚式にもXをYの代理人として列席させていた。Xも、他の縁談を断り、Yとの結婚生活をひたすら待ちわびていたところ、Yは帰国が困難であることを理由に破談を申し入れた。

〔判旨〕　YはXをほとんど妻として処遇しており、婚姻予約が成立していたことは明らかであるとして、「婚姻の挙式及び同居はしなくても、いやしくも婚姻しようとする意思が確定的に表示せられた以上これを尊重すべきは当然であつて、挙式等がなされなくともその効力に影響なく、当事者双方は誠意を以てこれを履行すべき義務あること勿論である」と判示した。なお、「被控訴人〈Y〉が終戦直後の混乱している日本に帰つて職を求め、控訴人〈X〉と結婚生活を営むことが困難であることは勿論、控訴人を米合衆国に呼寄せ彼地において共同生活をなすことが決して容易でないことも、前記認定の事実により窺いえられないことはないが、人生の行路は必ずしも常に平坦ではなく、たとえ一時婚姻予約を履行することの困難な事情があつても、その内にはこれを履行する好機が到来しないものでもないから、当事者双方は隠忍して相当期間これを待つことを要するのみならず進んでその隘路を打開するため、誠意を尽してその実現に努力すべきである。しかるに前記認定の事実によれば被控訴人は相当期間隠忍することをなさずして予約の履行拒絶の挙に出たこと明かであり、またその隘路を打開するため充分の努力をなした事実を認めるに足る証拠がない……」とも説示している。

(カ)　つぎの例では、当事者間に婚約が成立していたことについては、争いがないが、その成立事情と解消の事由を理解するうえで、参考となろう。婚約後に結婚に対する躊躇や迷いが生じて、結局は関係が解消している。双方の自己開示が不十分であることに起因するが、今日でも、この種のケースが散見される。

[15]　東京地判昭和三七・七・五判時三〇九号二五頁

〔事実・判旨〕「原告（男性）は昭和二十五年頃杉並税務署勤務当時から被告（女性）の家に出入し、同二十九年頃右税務署勤務をやめ、その頃から翻訳や経営相談の仕事に携り、その間被告と交際するうち、当時商業デザイナーをしていた被告から申し込まれて前記の如く被告と婚約し、原告の母及び被告の両親もこれを承諾し、以後原被告は婚約者として交際を続け、共に外出し映画を見たり、食事をしたり、買物をしたり、両名が興味を有した写真の技術にいそしんだりし、又原告は事ある毎に被告に土産物その他の贈物をしていたが、その間昭和三十二年十月頃から被告及び被告の両親は原告が金銭的に細かく、その他原告の被告の家族に対する態度が利己的であると感じ、原告に対し冷淡な態度を示すようになり婚約を解消したい旨述べたことあつたが、原告は被告との婚約による交際を望みこれを継続していたところ、被告は昭和三十三年九月二十日頃伊藤萬株式会社東京支店の嘱託として渡米したが、被告は直ぐに原告に対し原告が早く他と結婚してよい家庭を持つことをすすめる趣旨の便りをし、原告が被告に対し血判のある便りをしたことなどから、被告は以後原告から寄せられた数多の便りを開封せずして送り返し、昭和三十三年十一月二十五日付で原告に対し原告との婚約の解消及び絶交を通知する旨の便りをしたこと、そして昭和三十五年暮頃被告は米国から帰国したがその意思に変りはなかつたことが認められ、右認定に牴触する前掲証人、本人の各供述は措信し難い。」

本件では、男女間に性的関係があったのかは不分明である。両親同意のうえでの交際であり、女性が婚約の成立を否定していないのは、おそらく当事者間に「結婚の約束」があったものであろう（被告は示談金一〇万円を支払っている）。しかし、通過儀礼も性的関係もなく、単に「私的な了解」にとどまるものならば、「関係離脱の自由」が認められてもよいので、本件では、双方の「自己開示」が不全のまま、結婚約束がなされたような側面がみられ、今日的視点からは、婚約の成否自体が争われるべき紛争例ではなかったか、とも思われる。

正当理由と財産損害の成否が論点となっているが（慰藉料は請求されていない。）、上記のような金銭的に細かいということでは正当理由にならないとされたものの、交際中に原告が支出した諸費用や贈与については、婚約不履行による財産損害にはならないとして否定されている。なお、原告は不法行為責任を追及したが、判旨は、そのような事実はないとしたうえで、婚約不履行を前提として判断している。

2　「私通」事例等

(1)　昭和二〇年代の裁判例

(ア)　下記の裁判例では、女性が妊娠しているが、いずれも結婚約束の合意に真意がないとされて婚約の成立が否定されている。秘密裡の男女関係では「双方合意の情交関係」と評価されることもある事情が窺知しうる。

[16]　前橋地判昭和二五・八・二四下民集一巻八号一三二八頁

〔事実・判旨〕　X女（当時二一歳）は、Y男（当時一六歳）と昭和一九年一二月ころ恋愛関係になり、お互いの家を人目を忍んで訪れて、一一回ほど情交関係を結んだ。Yが書き送った手紙の中には「将来夫婦となることを心から希求している」旨の文言もあった。二人は、夫婦になることの約束もしたが、両親には秘密にされていた。昭和二一年、X女が妊娠するに及んで、Xは、Yに結婚を申し込んだものの、母の反対にあって、結局のところ、YはXとの関係を破棄した。判旨は、被告が当時未だ思慮分別の十分備わらない満十六、七才の年齢にあったこと、および、両親には秘密にされていたことから、夫婦の約束は「恋愛関係にある男女の睦言ともいうべく、右事実を目して原被告間に誠心誠意を以て終生の結合を誓う婚姻予約が成立したものとは認め得られず、寧ろ右原被告間の関係は性的享樂を旨としたかりそめの結合たる私通関係に過ぎないものと見るのが相当である、出産費用の賠償請求は格別、婚姻予約若しくは貞操蹂躙を前提として」、慰藉料の支拂を求めることはできない、とした。

[17]　大阪地判昭和二六・五・一五下民集二巻五号六五七頁

〔事実・判旨〕　Y男（二五歳）はX女（二一歳）の職場に出入りしている商人で、旅館で前後六、七回にわたり関係をもち、二回目の関係の前に、Yが「親が反対しても一緒になる」といい、X女もこれに同意したが、Xが妊娠するに及んで、関係が破綻した。判旨は、将来を語り合ったのは、二回目の関係の時だけであり、それも「一緒になろう」という約束がどれだけ真面目さをもって語られたか疑問である。結局、それは「所謂閨房の睦言の類を出です、相互間真剣に将来婚姻に至るべきことを約し合ったものと認めることはできない」ので、「単純なる双方合意の情交関係にすぎなかったもの」と判断した。

(イ)　つぎの例では、双方が結婚の約束をして、女性は、他の結婚も断って結婚を待っていたが、「公然性」がないとして、婚約の成立が否定されている。その理由が不透明であり、問題が残される裁判例である。

[18]　千葉地佐倉支判昭和二六・七・一三下民集二巻七号八九二頁

〔事実〕　X女とY男は青年団員として普通の交際をしていたが、Yが満州へ出征後、Xからの慰問文に返信したことが機縁となって急速に相思相愛の仲になり、Yは、手紙で、入営まえから貴女を理想の妻たるべき人と思いつつ遂に一言も口に出さずに別れてきたが帰還後は結婚したいので待っていてもらいたい旨及びこの件については父に一任善処してもらうべき旨を書き送った。Yの父もかねてXを嫁に迎えたいと思っていた矢先であったので、Yの意を受けて、X女の父の承諾を得たうえ、Yにその旨を文書で通知した。

ところが、終戦後、Yはソ連に抑留され、ようやく昭和二四年に復員したが、その間、みるべき話しの進展はなかったところ、XはYの妻になったつもりで、Yの出征中しばしばY家の農耕や家事を手伝うことがあった。また、幾つかあった縁談も断わり、嫁入道具も調達して、Yとの婚姻を待望していた。Yが婚姻に応じないので、Xが婚約の存在を前提として慰謝料を訴求。

〔判旨〕　婚約が成立するためには、「少なくとも当事者たる男女が誠心誠意将来夫婦として共同生活を営む意思表示の明確を期しもって何人も単なる私通野合の関係等と区別してこれを怪しまない程度の公然性あることを要件とする」。本件の事実関係のもとでは、婚姻の予約があったことを一般人をして首肯させるに足りる公然性の要件を具備したるものとは認められず、原告と被告間には、「社会通念上相互に真摯誠意をもって終生の結合を誓う婚姻の予約と目すべき事実はなかった」ものというべきである（X敗訴）。

(ウ)　女性が父親等の承諾を条件として結婚の申し入れに応じたが、結局は、その承諾を得られなかったことから、関係が解消した。いまだ、婚姻の最終的な決断に至る途上にある男女関係であり、性的関係も認定されていないので、婚約の成立を否定した判断は正当であろう。ただ、その理由付けについては、やや不透明な点が残される。

[19]　東京高判昭和二八・八・一九東京高裁民事判決時報四巻四号一一八頁

〔事実〕　X男（判決当時年齢二四歳）は、戦前にY女（同年齢）と知り合い、やがて恋愛関係に入ったところ、昭和二六年一月にYに対し婚姻の申込みをした。その当時、Y女には他の縁談もあったので、Xに対し手紙でその真意を質したところ、Xから婚姻の意思ある旨の手紙を受け取った。そこでYはこれを母に相談したところ、母は、この結婚には不安を覚えるけれども、強いて反対はしないという態度であったので、Yは母の同意を得た旨並びにYの父や兄にも直接その同意を求められたい旨の手紙を書き送ったが、XからYの父・兄に対し同意を求める手紙は出されなかった。Yとしては両親兄弟の同意のない婚姻をする意思はなかったところ、Yの父及び兄は、その後、Xの学歴等調査の結果その意に満たないものがあるとして同意を与えなかった。またYにおいても、Xが自己の学歴を秘し、あたかも一流大学に在学中なるかの如く告げていたことやYの勤務せる中学校の同僚職員との間に情交関係があるとXが誤解するなどのことがあったため、将来に不安を感じ、Xに対し将来の関係を断つ旨の意思を表示した。

〔判旨〕「YがXの婚姻の申込に対し承諾したとはいえ、かくの如きことは本件当事者のような若い男女間には有り勝ちなことで、前示の各証拠を綜合するに双方の一時の情熱に浮かれた行為と認められ、いまだ誠心誠意をもつて将来夫婦たるべき合意が成立したものとは認定し難い。」

(2)　昭和三〇年代の裁判例

つぎは、未公表事例であるが、情交関係の継続だけでは、婚約の成立事情としては不十分とした。双方合意の情交関係であり、結論に異論はなかろう。

[20]　東京地判昭和三六・八・二三昭和三四（ワ）三六四三号事件　判例集未登載(81)

〔事実・判旨〕　X女は、他男と事実上の結婚をして二児を儲けたが、離別したところ、女学生時代から相撲に興味をもち、稽古場に出入りしていた。その当時に、Y（玉乃海）を紹介され、初対面の日に翌日三時頃まで飲食したうえ、付近の旅館にでかけて、情交関係をもった。Xは一〇数回にわたり金品を供与していたが、Yに捨てられたということから、婚姻予約の不当破棄による慰謝料と立替金の返還を請求した。慰謝料請求については、つぎのように説示して、棄却した。婚姻予約が成立するためには、「或は結納を交換し、或は結婚式を挙げ、又はそうでなくても、事実上夫婦として同棲する等の事態により、当事者双方が明示又は黙示の意思表示を以て、真に将来夫婦たるべきこと約定し合う事実があることを要し、単なる性的享楽本位の情交関係では、たとえそれが反復継続されたものであっても、之を以て婚姻の予約にあるとはし難い」とした。立替金の請求も棄却され、「Yの歓心を得んが為」めの贈与とされた。

本件について、「中川善之助」は、女が関係に引きずり込まれたというならば、裁判所の心証もよほどちがったが、本件では立ち上がりは互角の相撲のようであるので、裁判所には不利な印象を与えたかもしれないと述べたうえで、「享楽とか恋愛とか結婚とかいっても、その間にそうはっきりした線の引かれない例は珍しくはない」ともいう(82)。

3　注目すべき裁判例

(a)　つぎの例では、当事者が内縁の不当破棄を根拠として損害賠償を請求したが、判旨は、内縁ともいえないが、さりとて私通関係でもないことから、これを「婚約関係」と評価したものと思われ、そのうえで正当理由の判断をしている。

[21]　長野地判昭和二九・六・一四下民集五巻六号八八四頁

〔事実〕　飲食店を経営するX女は、客であるY（医師）と昵懇になり、Yが結婚を申し込み、Xもこれに応じて、温泉旅行先で肉体関係をもった（昭和二五年三月）。やがて、Yは衣料品等も大部分をX方に置いてほとんどX方で寝食をともにし、昭和二八年春頃までそのような状態が続いた。その間、Xは母や兄弟にYを紹介し、YもXの親族に対して実際上Xの夫であるように振る舞っていた。Yは、Xに対しては再三いずれ正式に結婚の式を挙げて婚姻の届出もすることを約していた。ところが、Yは、経済的な支援を受けていたA家の娘との縁談を進められ、些細のことから、突然Xとの結婚は実兄が反対しており、それを押し切って結婚すれば縁を切るといわれているので、自分はA家の娘と結婚するから別れてくれと申し出た。XはYとの関係で六度妊娠をしており、すべて中絶している。Yは、「情夫情婦関係」に過ぎないと反論したが、判旨は婚姻予約の成立を認めた。

〔判旨〕「YはXに対し相当程度の愛情を抱いていたのみならずXの親身な態度や清らかな心根に対して一種の尊敬を払つていたことが十分推察され……、そのことを前記認定の諸事実と考え併せるならば、Yは決して単に一時の慰みでXに対し結婚を約していたものではなく、真実Xと婚姻し夫婦としての共同生活を営む意思でこれを約していたものと認定することができ、Xも亦将来Yと正式の婚姻をなし得ることを期待してこれに応じたことは前記事実に照し明かであつて、XY間には婚姻の予約が成立していたものと認めるのが相当であり、XY間の関係はY主張のように単なる情夫情婦の関係乃至男女間のいわゆる桃色遊戯にすぎないものとは到底解せられない」。「XY間の関係は正式に婚姻した夫婦或いは婚姻の届出だけが済まないいわゆる内縁の夫婦間で通常営まれるような生活関係とは聊か趣を異にするが、そうであるからといってXY間の関係を単なる男女間の私通関係であると即断するのは相当でな（い）」。慰藉料一〇万円を認容した（XはYからの手切金五万円の送金を受領している）。

(b)　つぎの例でも、当事者が内縁の不当破棄を根拠として損害賠償を請求したが、判旨は、内縁ともいえないが、さりとて私通関係でもないので婚約関係の成立を認めたうえで、正当理由を判断している。

[22]　仙台高裁秋田支判昭和三八・一・二八家月一五巻七号八九頁

〔事実〕　X男とY女は、親が許してくれれば正式に結婚しようと約束して、情交関係を継続し、時としてYはXのアパートで数日間は起居をともにすることもあり、また、Xは、Yに小遣いや身の周り品を与えたりしていた。Xは親の同意を得たが、Yの母や兄が頑強に結婚に反対したため、Yは結婚をあきらめ、Xもやむなくこれを了承した。Xは内縁の不当破棄を理由に損害賠償を請求。一審は一部を認容したため、Yが控訴。

〔判旨〕「これ等の事実からも判るとおり、被控訴人（Y）と控訴人（X）とは大体その住所と生計とを異別にしていたのであつて、両名間にはまだ社会通念上夫婦共同生活と認められるような共同生活の実質が完全にあつたとまでは云えないから、両者の関係をいわゆる内縁関係と見ることはできないと同時に、単なる野合の友愛関係にすぎなかつたと解することも当を得ず、前述のように将来結婚するというかたい意思で肉体関係まで重ねていたのであるから、むしろいわゆる婚約関係があつたものと判定するのが至当である。そうだとすると、本件当事者間に内縁関係の存在したことを前提としてこれが不当破棄による損害賠償請求権を控訴人に対して有する旨の被控訴人の主張は採用し難い。そこで、次に婚約関係の不当破棄の事実の有無について考察するのに、被控訴人及び控訴人間の婚約関係の存在したことは前段認定のとおりであるけれども、他方この婚約たるや親の同意を得ることを条件として締結されたものであつて決して単純な婚約でなかつたこと及び被控訴人から控訴人の母及び兄に対して屡次に亘り熱心に同意を求めたにもかかわらず、ついにその同意を得ることができなかつたため、控訴人は被控訴人との結婚を断念し、被控訴人にその意向を伝えた結果、被控訴人もやむなくこれを了承するに至つたことも、これまた叙上説示したところであるから、かような事実関係の下では被控訴人の主張するような控訴人による婚約関係の不当破棄の事実の存在することは、結局肯定し難い。」

本件では、内縁関係があるとされたならば、上記のような事情では、その破棄の正当事由にはならなかった可能性が高い。婚約であれば、親の同意をいわゆる条件として正当事由の可否の考慮事情とすることは許されよう。

(c)　つぎの例では、婚約当時に女性が他の男性と関係があったが、男性がそれを宥恕して求婚したうえで、同棲しているので、婚姻予約の成立が認められている。

[23]　福井地判昭和三二・一一・三〇不法行為下民集昭和三二年度（上）六七七頁

〔事実〕　X女は、Y男から、昭和二八年一月一日ころから執拗に求婚を受け、Xもその熱意に動かされた結果、同年三月ころより肉体関係をもつようになった。当時、Xはすでに他の二名の男性と情交関係の結果、二児を分娩していたので、いったんは、Yの求婚を拒絶したが、Yがこれを宥恕した上で、求婚したものであった。その後は、Yの母の反対にあったが、YはXと婚姻意思をもって、各地方で期間の長短はあったが同棲生活を送り、その間、YはXを安心させるために文書（内容不詳）を交付している。ところが、Yは、昭和三二年四月一〇日に他女と結婚式を挙げて同棲し、Xとの面会を避け一顧も与えていない。

〔判旨〕「X主張のとおり婚約が成立しこれに基いてXY間は婚姻意思のもとに事実上夫婦として肉体関係し又は同棲生活をなして来たことが認められる」ので、「婚姻の予約が成立していたことは明らかである」とし、破棄につき正当理由がないとした。慰藉料については、Xは当時、二三歳で、実家は鮮魚商をしているが、Xは資産なく家業を手伝っていること、Yは二六歳で、将来は家業の旅館・遊覧船経営を承継する地位にあること、他の男性との情交関係などの事情を斟酌して、金二万円とした。

4　小　括

(1)　婚約成否の考慮事情

私通関係とされた事例も婚約の成立を認めた事例も、基本的には、大審院時代の「誠心誠意判決」に依拠しながら、結論を導いている。公表された事例では、私通と判断した事例も少なくないが、婚約を認めた事例との相違は、きわめて微妙である事情については、戦前の裁判例の状況と異ならない。双方の両親の同意のないことも、通過儀礼がなされていないことも、基本的には婚姻予約の成立の障害事情とはなっていない（[1]・[4]・[5]・[6]・[21]・[22]・[23]判決）。いずれも秘密裡の男女関係であり、[1]判決では、未成年当時からの関係である。[1]・[4]・[6]・[21]判決では、いずれも女性が妊娠ないし出産しているし、[5]・[23]判決では、結婚約束のうえ、一時同棲している。その結論は正当であろう。

他方で、両親に秘密裡に関係を結んだ場合には、たとい継続的な性的関係があっても、さらには女性が妊娠していても、婚約の成立を否定した事例が散見される（[16]・[17]判決）。男性の父親が承諾していたときでも、性的関係がなかったものと推測されるが、やはり婚約を否定した事例がある（[18]判決）。[18]判決では、あるいは性的関係がなかったことによるのかも知れないが、関係の形成に男性の父が深く関わっていることのほか、長期間にわたって女性に婚姻を期待させておきながら、理由のない不当破棄がなされているので、明らかに信義に反するといえよう。「公然性」の例として好んで引用されるが、認定事実と公然性との関連が不透明であるので、そうした例としても先例的価値は低いのではないか。

[19]判決では、女性側によって、父と兄の承諾という、いわば婚姻に条件がつけられていたので、いまだ「確定的な婚姻意思」が将来に留保されていたと考えてよいことから、「関係離脱の自由」が認められてよいであろう。男性側に慰藉料を認める理由は見当たらないので、結論は支持できる。

ところで、[16]・[17]判決では、いずれも女性が妊娠しているが、婚約保護が否定されている。肯定例との相違・識別は容易ではない。[20]判決は、典型的な「純然たる情交関係」といえるので、婚約保護が否定されても止むを得ないが、これと比較しても、[16]・[17]は、それとは同視しえないので、微妙な事案である。

なお、重婚的婚姻予約関係でも、相手方が善意であるケースで、婚姻予約の成立を認めた事例（[3]判決）もあるが、これは、女性がいわゆる善意であったケースである。

(2)　破棄の理由

関係当事者である男性が他女と結婚するというケースは、戦前からの一つの典型的な破棄タイプであるが、この時代でも散見された。この種のケースでは、破棄責任を問うことに問題はない。しかし、その他に、当事者の一方が、将来の結婚生活に躊躇し不安をもったことが起因となって、結局のところ、関係が解消した事例もあった。とくに、それが真剣に悩んだ末での破棄であるように思われるケースもあった。この種のケースでも、[13]判決は、破棄責任を肯定しているが、相手方の信頼を裏切っていることから、基本的には、そのようにならざるを得ないであろう。俗に「性格の不一致」と称されるものであるが、婚約前にそうした事情に注意深く配慮することが求められているからである。この種のケースは、今日においても実際上は決して少なくないものと思われ、後述のように、同種の事例が散見される。

(3)　婚約内縁二分論

(ア)　内縁ケースでも、婚約段階を捉えて、婚約破棄責任を肯定した事例もあった（[7]・[8]・[9]・[10]・[11]判決）。なかには、婚約といったり、婚姻予約といったりして、用語の使い方が混在している例もあったが、これらは、双方の区別を曖昧にしているというよりも、通説の「婚約・内縁二分論」に従ったうえで、通説的準婚理論の影響を受けたものと思われる。

(イ)　本書は、とくに[21]判決と[22]判決に注目した。これらによれば、当該の男女関係は、いわゆる「夫婦としての交情」があるとまでは認められないが、さりとて私通関係ともいえないので、婚約関係として「評価」している。婚約概念がきわめて弾力的に解釈されている事情が明らかにされている。

一方、いわゆる「正式の結婚式」がなされて、「夫婦としての実生活に入った事実」があれば、それがたとい短期間でも内縁と解されていることは、前章で明らかにしたが、そのような事例がこの当時にも存在する。東京地裁昭和三二・五・六（家月九巻五号六三頁）は、新婚旅行から帰って二日目に男性が破棄を申し入れたという事案ですら、慰藉料額の考慮事情のなかで（金一〇万円認容）、「被告との事実上の結婚生活は僅か両三日にしてこれが破局に遭遇し、しかも被告との結婚により妊娠し、しかもその胎児の人工流産を余儀なくせしめられた事実」を認定しているので、内縁関係と解しているものと推知して大過なかろう。

なお、[12]判決の原告女性が、妊娠・中絶を繰り返していることから、「結婚式」の挙行にいかに固執したか、その心情を察するにあまりある。

(ウ)　上記の(ア)(イ)の裁判例の状況から分析すれば、裁判所が、当該男女関係の類型を判断するにあたって、何を一応の識別基準にしているかという事情を窺知できるであろう。すなわち、「婚約・内縁二分論」があってこそ、具体の男女関係を判定できるということであり、これら婚外関係が、本来の婚約・内縁類型からはみ出ることがありうるとしても、当然のことながら、そうしたことが予定された規範的概念であり、特に婚約概念は、私通と内縁との緩衝領域となっているものといえよう。問題は、その判断において、いかなる考慮事情が重視されているかであるが、それは時代と社会通念との影響を受けるものであるとしても、曖昧さが残されており、この時代でも、戦前の裁判例と特に異なるところは見られないように思われる。

ともあれ、以上のような下級審裁判例の状況のもとで、最高裁判決が登場した。つぎに、その検討に移ろう。

(77)　ちなみに、戦後の法制審議会民法部会の「小委員会」（昭和二九年設置）は、昭和三四年六月二九日・三十日の第三回目の民法部会の会議に「仮決定及び留保事項（その一）」を提出したが、その「留保事項中の問題」のなかに、第二章「婚姻」、第一節「婚姻の成立」第一款「婚姻の要件」の第二において、「婚約及び『内縁』につき規定を設ける必要があるか、あるとすれば如何なる規定を設ける必要があるか。一　婚約破棄の場合の効果について規定を設ける必要があるか。二　内縁について規定を設ける必要があるか。」という問題が提起されていた。内縁については、「いわゆる婚姻予約不履行の場合には損害賠償責任を認むべきか」又は財産分与請求権や相続権に準ずるものをみとめるか、という問題も提起されていた。同資料については、法時三一巻九号（一九五八年）八三頁以下に収録されている。なお、財産分与については、いち早く東京家審昭和三一・七・二五家月九巻一〇号三八頁が認め、さらに、重婚的内縁ケースでも、著名な広島高裁松江支決昭和三八・六・一九家月一五巻一〇号一三〇頁は、正当婚姻の形骸化など縷々一般論を述べたうえで、これを認容している。

(78)　戦前から戦後の判例を整理したものとしては、田村精一「婚約破棄の責任」民商四〇巻三号（一九五九年）四八頁、国府剛『婚約（増補）』叢書民法総合判例研究⑭（一粒社、一九七七年）、石川稔執筆「第二章婚姻・一婚約」島津一郎編『判例コンメンタール6』（三省堂、一九八三年）二一頁以下、二宮周平執筆「第二章婚姻・I婚約」島津一郎・久貴忠彦編『新・判例コンメンタール10』（三省堂、一九九二年）二七頁以下などがあり、それまでの裁判例については、いちいち引用することを避けたところもあるが、これらに多くを負っている。本書は、本書の視点から、婚約の成否を軸として、整理している。

(79)　湯沢雍彦「裁判所の事件にあらわれた女性の地位」小山隆編『現代日本の女性-その社会的地位』（国土社、一九六二年）二九一頁。

(80)　ちなみに、湯沢・前掲注（79）二九三頁以下は、家裁での婚約と内縁の調停事件に関する統計資料を引用して、昭和二七年から同三四年までの調停事件数を調査している。湯沢によれば、婚約・内縁事件をあわせると各年間全国で平均して五千件程度が家裁に継続し、東京地裁民事第一部の訴訟事件数から推測すると、訴訟はせいぜい年間二〇〇件から三〇〇件程度とされている（同二九五頁）。一般に内縁事例の方が圧倒的に多く、たとえば、婚約については、昭和三四年度では、全国で七八六件、同年の内縁事例は四三七三件となっている。同年度の婚約事例については、湯沢によって便宜的に類型化されたものとしては、「純粋婚約」は二二四件、「私通的婚約」は五〇八件、「挙式婚約」（性的関係の有無は不詳）は五四件と整理され、女性からの申請が八五・五パーセントとなっている。なお、いずれも東京での受理件数（婚約一六四件、内縁五七〇件）が多いようである。湯沢は、「同棲を伴わない婚約関係の事件数が五〇〇ないし八〇〇件もあり」、また、そのうち性関係のない婚約事件数が「一〇〇件ないし二〇〇件も係属すること」に特に注目している。純粋婚約の事件は訴訟となることはほとんどないのに対して、家裁では調停という形式をとれることによるので、事件数が多くなるというような説明をしている（同二九六頁）。ちなみに、その後の司法統計によれば、婚姻予約不履行事件は「婚姻外の男女間の事件」という項目で整理されているところ、平成五年から平成一六年までは、一二〇〇件数代から一〇〇〇件数代に推移したのち、平成一七年度は九二九件となり、平成二三年度では四八五件に減じている。

(81) 中川善之助「いわゆる玉乃海事件」法時三三巻一二号（一九六一年）二〇頁。

(82) 中川・前掲注（81）二二頁。

五　最高裁判決の登場

戦後になって、周知のごとく、内縁を準婚として保護すること、および不法行為構成も可能であることを明言した著名な最高裁判決が登場した。本章では、もはや内縁事例を取り扱う余裕がないことのほか、判例のいう内縁法理の構造に必要以上に深入りする要もみないので、「婚姻予約」論に関連する範囲でこの種の裁判例を分析しておこう。

1　内縁事例

[24]　最判昭和三三・四・一一民集一二巻五号七八九頁

〔事実〕　X女とY男は、昭和二六年一二月に挙式して同棲したが、XはYやYの姑等と折り合いが悪く、たまたま健康を害していたので、話し合いのうえ、昭和二七年六月に静養のためXが実家にいったん帰ることとなった。しかし、粟粒性結核と診断されたため、引き続き実家で療養していたが、医師の勧めにより、Yの了解の下で、昭和二七年七月二五日から同二八年三月末までY名義で入院した。ところが、YはXの入院中の同三月二二日に荷物を引取る旨の内容証明郵便を送達して、内縁関係を正当理由なくして破棄した。原審は、不法行為に基づく慰藉料と治療費相当額の分担を認容したので、Yが上告。

〔判旨〕　判旨は、民事連合部「婚姻予約有効判決」を引用しながら、つぎのように説示した。「ところで、いわゆる内縁は、婚姻の届出を欠くがゆえに、法律上の婚姻ということはできないが、男女が相協力して夫婦としての生活を営む結合であるという点においては、婚姻関係と異るものではなく、これを婚姻に準ずる関係というを妨げない。そして民法七〇九条にいう「権利」は、厳密な意味で権利と云えなくても、法律上保護せらるべき利益があれば足りるとされるのであり（大審院大正一四年（オ）第六二五号、同年一一月二八日判決、民事判例集四巻六七〇頁、昭和六年（オ）第二七七一号、同七年一〇月六日判決、民事判例集一一巻二〇二三頁参照）、内縁も保護せられるべき生活関係に外ならないのであるから、内縁が正当の理由なく破棄された場合には、故意又は過失により権利が侵害されたものとして、不法行為の責任を肯定することができるのである。されば、内縁を不当に破棄された者は、相手方に対し婚姻予約の不履行を理由として損害賠償を求めることができるとともに、不法行為を理由として損害賠償を求めることもできるものといわなければならない」。さらに、「内縁が法律上の婚姻に準ずる関係と認むべきであること前記説明の如くである以上、民法七六〇条の規定は、内縁に準用されるものと解すべきであり、従つて、前記被上告人の支出した医療費は、別居中に生じたものであるけれども、なお、婚姻から生ずる費用に準じ、同条の趣旨に従い、上告人においてこれを分担すべきものといわなければならない」

本判決は、内縁については「中川理論」を採用したといえるであろう。しかし、中川のほか戦前の内縁学説がほぼ一致して批判し続けてきた「婚姻予約」論を排斥したわけではない。わざわざ判決理由の頭書で「婚姻予約有効判決」を引用していることからも、窺知しうるし、また、本判決前のみならず、本判決後の内縁破棄事件でも、一貫して、「婚姻予約」の不履行責任を認めているからである。たとえば、最判昭和二七・一〇・二一（民集六巻九号八四九頁）は、内縁の夫が性病に罹患し、その治療をしないことから、妻が別居したという事案で、「婚姻予約の履行を不能に陥らしめたものとみとめる」とした。夫には離別の意思はなかったので、いわゆる破棄誘致責任のケースとして著名である。最判昭和二八・六・二六（民集七巻六号七六六頁）は、旧法下での事件であり、父母の同意のないことが論点となったものであるが、「昭和一七年七月頃肉体関係を結び、将来夫婦になることをお互に誓い合い、同年一一月頃から昭和一九年九月迄同棲生活を営み、その間一子を挙げたというのであるから、原判決が右の事実関係に基き両者の間に婚姻予約の成立を認めたのは正当であって、たとえ所論のように当時上告人は満二四年以下であり、右予約につき父母の同意を得る可能性が全くなかったとしても判示婚姻予約の成立をみとめる妨げとなるものではない」としている。(83)

「準婚判決」後でも、最判昭和三六・三・九（家月一三巻七号八七頁・[57]判決）は、婚姻予約（内縁）の不履行を予想して合意された違約金契約も有効であるとした。また、最判昭和三七・一二・二五（家月一五巻四号三七頁）は、事案は不詳であるが、挙式同棲した男女間の不当破棄ケースで、一方が、慰藉料の支払義務一般の可否を争ったようであるが、わざわざ「民事連合部判決」を引用して、婚姻予約の成立をみとめても法律婚主義に反しないことはいうまでもない、と説示する。(84)

本件[24]判決を解説している調査官は、判例変更の手続を避けるために婚姻予約論を排斥しなかったというような意見を述べているが、以上の一連の最高裁判決からみて、いささか認識不足にすぎることはしばらく措くとしても、この準婚判決によって、婚姻予約概念が婚約にのみ限定される可能性があるとする解説も、(85)同じく上記の判決例をみれば、明らかに誤謬であったといえよう。一方、「沼正也」のように、婚姻予約有効論を高く評価する一方で、準婚論は法律婚と矛盾すると批判してこれを完全に排斥するという立場も、(86)一面にすぎるであろう。

理論の責務は、婚姻予約有効判決と準婚判決とをどのようにして調整・調和するかであり、本書はすでにこのことを明確にした（本書「第二章」の「一・問題の所在」参照）。準婚関係が婚姻予約によってカバーされていることから、判例が予約に基づいて婚姻を求める権利が生ずるとされるのは、具体的には双方に婚姻の届出に協力すべき義務を課すことにほかならないので、このような届出義務との緊張関係のなかで婚約・内縁当事者の法律関係が構築されるべきこととなる。そうした婚姻予約関係ひいては届出義務があるが故に、かかる男女関係は適法な男女関係（身分関係）となり、そこでの性的関係も婚姻当事者と同様に公認されるわけである。また、こうした公益的な面があるので、第三者は、みだりこの身分関係に干渉したり、侵害したりすることが違法となるのである。単純なる事実主義による準婚関係では、事実が何故に法的関係にまで高まるのか、その論拠は何も説明されていないこととなろう。何故に一方的破棄につき他方が賠償責任を負うのか、何故に第三者による関係破壊が法的問題となるのか、その論拠が示されていないのではないか。何よりも、何故に法律婚に準じた保護を享有することが可能なのか、もともと婚姻法が内縁関係を排斥・否定しているので、なおさら不分明である。

2　婚約事例

他方で、婚約事例については、上述した下級審裁判例の状況のもとで、ついに最高裁判決が登場した。やや詳しく検討してみよう。

[25]　最（一小）判昭和三八・九・五民集一七巻八号九四二頁

〔事実〕　X女とY_1は幼馴染みで、ともに二一歳になった昭和二六年八月ごろXはY_1から結婚の申し込みを受け、交際を続けているうちに、相互の愛情はますます強くなり、将来の結婚を誓いあって、昭和二七年九月頃には始めて情交関係を結ぶに至り、以来昭和二九年夏頃まで、物置小屋や浜辺などで関係を重ねた。昭和三一年九月頃には当時病気療養中であったY_1の所在地の旅館で同きんし、その結果、二回にわたって妊娠したが、その都度、Y_1の希望により中絶手術をした。XとY_1はこの関係を両親等には積極的に打ち明けることはせず、Y_1の療養中にはY_1はこのような病弱の体では結婚はとても無理である旨を告げたが、Xは承知しなかった。Y_1は昭和三三年五月頃よりXと会うことを避けるようになり、昭和三五年三月二五日に他の女性と事実上の結婚をした。そこでXはY_1とY_1の父Y_2に対して「不法行為」による慰謝料（二〇万）を訴求した。これに対してYらは、XYの関係は中絶をも含み両親に秘密にされており、到底真面目なる婚約とはいえない、などと争う。一審（函館地判昭和三六・九・一一）も原審（札幌高判昭和三七・七・一〇）もXの請求を認容した。慰謝料額（一〇万円）については、一審の判断が維持されたが、一審は、Xが「満二十二才で始めてY_1と結ばれ、爾来前記のように長年月に亘りY_1との婚姻を待望して交際を続けてきたのであるが、目下三十一才で既に結婚適令期を過ぎ良縁を期待し難い事実、Y_1はY_2の長男として生れ、Xと同じ学校を卒業したが、病身のため現在ではY_2の経営する映画館の映写技師として家業の手伝いをしており、現に資産として目ぼしいものないけれども将来はかなりの資産を相続しうべき地位にある事実を認めるに十分であり、これらの事実と前認定の諸般の事情を考慮して、Y_1がXに支払うべき慰藉料は金十万円を以て相当と認める」とした。Y_2の責任は否定された。

〔判旨〕「論旨は判例違反をいうけれども、原判決は、原審並びにその引用する第一審判決挙示の各証拠を綜合考かくして、XがY_1の求婚に対し、真実夫婦として共同生活を営む意思でこれに応じて婚姻を約した上、長期間にわたり肉体関係を継続したものであり、当事者双方の婚姻の意思は明確であつて、単なる野合私通の関係でないことを認定しているのであつて、その認定は首肯し得ないことはない。右認定のもとにおいては、たとえ、その間、当事者がその関係を両親兄弟に打ち明けず、世上の習慣に従つて結納を取かわし或は同棲しなかつたとしても、婚姻予約の成立を認めた原判決の判断は肯認しうる」。

[26]　最（二小）判昭和三八・一二・二〇民集一七巻一二号一七〇八頁

〔事実〕　X女とY男とは高校時代から相思相愛で、卒業後、旅館で互いに将来夫婦となることを約して、両名とも成年になっていた当時に（昭和二八年三月）、肉体関係を結んだ。その後間もなく、Yが進学して、東京へ転出したが、Xは、他の縁談も断わり、Yと夫婦になることを待望し、Yも帰郷したときは、その大半をX方で過ごして情交関係を重ねていた。XY双方の両親も本人同士の婚約を了承しており、二人の上記関係を黙認していた。ところが、Yは昭和三二年ころから東京で他の女性Aと関係をもち、Xに対してAとの関係を詫びるとともに、学資の一部を懇請し、XはAとの関係をYに清算してもらいたいばかりに、数回にわたり送金した（計六万円）。しかし、Yは卒業して就職すると、Aと結婚同棲し、Xとの連絡を断ち、住所を秘した。XはYを諦めきれず、ようやく一年後にYの居所を知り、上京して愛情を伝えたが、YはXと夫婦となる意思のないことを言明した。そこで、XはYに対して「婚姻予約不履行」を理由に損害賠償を訴求。原審（福岡高判昭和三七・一一・二）は、Xの請求を認容して、当事者双方およびその父に特別の財産がないことのほか、予約成立の状況や破棄の経緯などから慰謝料一〇万円を認容した。Yは、関係を結んだのは高校卒業直後であり、学業を継続しなければならなかったので、真面目に婚約する旨の意思はなかった、と争う。

〔判旨〕　原判決は、「『本件当事者は、当初肉体関係を結ぶに当つて、真面目に婚姻予約を締結していたことを認めることができる。』旨判示したものであつて、たとえ当時Yは高等学校卒業直後であり、なお学業を継続しなければならない状態にあつたとしても、原判決の右判示は肯認できなくはないから、原判決に所論の経験法則違反の違法があるということができない。そして、以上の事実関係の下においては、たとえ当事者間において結納の取交し、仮祝言の挙行等の事実がなくても、YにおいてXに対し、Yの右婚姻予約不履行によりXの蒙つた精神上の苦痛による損害を賠償すべき義務があるとする原判決は相当である。」

上記[25]判決の「理論構成」には批判が少なくない。(87)たとえば、婚約か単なる秘密の情交関係か、いずれともとれる男女関係に婚約破棄の責任を肯定したのは、疑問である、とする学説がある。本件のように、婚約的でもあり、非婚的でもある男女関係につき、内縁か婚約かという選択的な形式で捉え、そうでないと私通として法的保護を否定するのは、男女関係のタイプが連続的・流動的である側面を看過しやすいので、それ自体をそのまま法的に保護するのがよい、(88)と批判する見解もある。さらには、当時の社会的な状況、つまり若い男女が肉体関係をもつとすれば、それは結婚を前提としていたこと、肉体関係が長期間継続したことから女性が婚姻適齢期を逸してしまうおそれが大であったこと、さらには女性が経済的に自立して生活していくことが困難であったことなどの諸事情が、本判決の結論に影響を与えたものであり、今日では、この種の男女関係に婚約としての保護が認められるかは疑問とする立場もある。(89)この立場によれば、本件のようなケースでは、貞操侵害による不法行為責任を認めるべきであるという趣旨になるものと思われる。

しかしながら、「泉久雄」は、つぎのように鋭い論評をしている。婚約と内縁は理論的に区別すべきであるが、本判旨は、この点が不分明であり、婚姻予約論で処理しているのは問題を残している。また、婚約と私通関係との区別は紙一重のこともあるが、「少なくとも、求婚に応じて肉体関係を継続する場合には、将来の婚姻を信じてなされるのが普通だと考えるのが素直ではなかろうか」。成年になったばかりの男女間での婚約の約束をもって「将来の生活に対する見通しをもって婚約がなされたものと判断してもいいものなのかどうかは、一般的には疑問であるが、婚姻を誓い合ったという形のもとに、男女が肉体関係に入り、その関係を自分なりに正当化し、継続したという場合には、やはりそこに共同体とまではいかなくとも、他人と異なる生活関係（期待）が生まれるはずであり、その関係の不当な破壊は相手方に精神的な傷手をあたえることも事実である」。いずれにせよ、婚姻予約不履行論が弱い女性の立場を保護してきた事実があり、このような伝統的な立場は支持できる、とする。(90)「内田貴」も二度まで妊娠を中絶させている事実を捉えて、当然婚約の成立をみとめるべきである、とする。(91)

[26]については、「太田武男」はつぎのように論評する。婚姻の予約が成立すれば、当事者は、将来夫婦となれるとの期待をもち、その夫婦関係をもとにして社会的に活動しようとする期待をもつので、とくにこのような期待のもとに肉体関係があれば、その期待は「不法行為」にいう法益となるので、本判決の結論は支持できる、とする。(92)

思うに、最高裁が婚約概念を使用しなかったのは、問題となる男女関係は結納等の通過儀礼の伴わない男女関係であり、しかも、[25]判決では「秘密裡の男女関係」であったことから、社会通念上は「婚約」という概念では把捉し難いが、そうかといってその保護を否定することもできないので、従来の「誠心誠意判決」の事案を念頭において、柔軟な婚姻予約概念を使用したものであろう。(93)最高裁判決が登場する前でも、先述したように、敗戦直後における二〇年代から三〇年代にかけて、一連の下級審裁判例は、「誠心誠意判決」を承けた上で、私通との区別に苦慮しながら、「秘密裡の男女関係」でも、婚約・婚姻予約の成立を認定してきた経緯がある。本判決は、そのような判例の推移にそうかたちで、男性の言を信じて結婚を期待して長年にわたり情交関係を継続し、その結果、妊娠・中絶を余儀なくされた女性を保護したものといえる。事案は誠心誠意判決と酷似しており、そこでも述べたように、女性の二〇歳代の青春を奪ったことの責任は重たいといわざるをえない。著しく誠意にもとる行為であろう。

したがって、「誠心誠意判決」を支持してきた伝統的な判例・学説によっても、本件の男女関係は婚約として理解することができるが、ただ、本書の立場からいえば、典型的な婚約とはいえないので、その考慮事情がとくに指摘されている点に注目しなければならない。証明責任が重たくなるので、[25]判決の一審・原審も慎重に判断している。最高裁は、そうした具体的な判断を正当としたわけであり、したがって、これは、いわゆる正式の「婚約」からはみ出るとしても、判例の立場からいえば、婚約以外のなにものでもない。本書は、このタイプの男女類型を「非典型的な婚約」と称してきた。これを「非婚」として決めつけるならば、これまでの判例の蓄積を水泡に帰せしめる結果になろう。従来、微妙な判断を強いられてきた下級審裁判官に誤った指針を与えることにもなりかねないのではないか。

実際、[26]判決の一審は、「私通関係と区別すべき公示性が認められない」として婚姻予約の成立を否定した。しかし、本件の事案では、その発端は秘密裡の男女関係であったとしても、その後は両親同意のもとでの関係を継続しているので、社会的承認があると考えるべきであり、いずれ婚約・結婚の通過儀礼が期待・予定されていたものと推測される。ともあれ、右の一審判決のいう「公示性」とは、結局のところ、通過儀礼を意味することにならざるをえないが、(94) それは従来の裁判例の傾向とは明らかに反しよう。

(83)　事案は不詳であるが、上告理由から推測すれば、本件の男女は、男性（被告）の父母が反対していたので、男女の兄弟も含めて協議した結果、将来は夫婦にすることを前提として、一時別居する旨の協議が成立したことから、養育料四千円が支払われて、昭和一九年一一月頃に女性が子を連れて帰郷したが、昭和二四年まで男性と会うことがなかったようである。能見善久「本件判批」法協九六巻六号（一九七九年）九六～七頁は、父母の同意については、既に先例があるので、目新しいものはないとしても、養育料は大金であったので、内縁解消の「慰藉料的意味」が含まれていた可能性を指摘したうえで、そうであるなら内縁解消によって婚約になったことの慰藉料まで含んでいないとも解されることから、「依然として婚約関係は続いていることになる」と評価して、そのように解すれば、事案としては新しいものである、という。内縁と婚約との区別が曖昧なこともあるので、たしかに鋭い分析であり、傾聴に値するが、二年間も同棲し、子どもまで儲けているので、本判旨がその間の「内縁関係」に軸足を置いて判示していることは間違いないであろう。能見自身も、結論的には本判旨が内縁と見ているようである、としている。

(84)　最判昭和三七判決は、さらに「このように、婚姻の予約をなした者は、その不当な違反について相手方に対し損害賠償の責に任ずべきものであるが、婚姻予約に基づいて婚姻を成立させることは、任意の履行のみに委ねられていて、強制履行は許されないわけのものであるから、婚姻予約そのものが当事者の任意によりなされたものである以上、予約締結から婚姻の成否確定までの全体を通じ、その者は、自己の意思により婚姻をなすか否かを決定する自由を保有しているものとするに妨げないと解せられる」と説示している。

(85) 三淵乾太郎「本件判批」最高裁判例解説昭和三三年度八二〜三頁。

(86) 沼・前掲注（8）「準コンメンタール」三一三頁以下を参照。持論の「要保護法」論から準婚論を否定し、民事連合部判決の「婚姻予約有効判決」の方が「むしろ慧眼であったものと評すべきものである」とする（同三一五頁）。

(87) 田村精一「本件判批」民商五〇巻四号（一九六四年）五六六頁。これに対して、佐藤良雄「本件判批」家族法判例百選（一九八〇年）九頁は、本件のような秘密裡の男女関係では、双方の合意が直接認定されているわけではないが、「本件の如き男女関係が保護されたという事実を、一つの先例として認識すること」が判例研究の目的であるとして、判例の立場に理解を示しているように思われる。

(88) 石川稔「本件判批」判評六六号（一九六四年）四六頁。

(89) 本沢巳代子「本件判批」ジュリ家族法判例百選七版（二〇〇八年）三九頁。

(90) 泉久雄『親族法論集』（信山社、一九九一年）二二七頁、二三三頁（初出、専修法学論集一号一〇二頁、同一〇六頁、一九六六年）。

(91) 内田・前掲注（19）八七頁。なお、奈良・前掲注（11）二二六頁（注七）も、本件事案のもとでは「おそらく大多数の下級審も積極に解すると思われる」として、[21]判決と[3]判決を引用している。

(92) 太田武男「本件判批」民商五一巻三号（一九六四年）三二頁。なお、泉・前掲注（90）二二六頁は、不法行為のみに依拠することに懸念を示している。同感の念を禁じ得ない。

(93) 中川淳「本件判批」[25]判決）法時三七巻一一号（一九六四年）一〇〇頁以下は、試婚論に示唆を受けて婚姻前の男女関係の過程を重視しながら、判例のいう「婚姻予約概念」の不明確さを批判する。しかし、石川稔「婚姻予約有効判決」家族法判例百選（増補・新版・一九七五年）一三頁は、「多様化した内縁ないし婚外関係の保護の一翼をになう法的構成として、依然有効なのである」とする。

(94)　岩井康倶「本件判批」最高裁判例解説昭和三八年度四〇四～五頁。

六　その後の裁判例の動向

最高裁判決後の下級審裁判例については、すでに「国府剛」によって紹介されているので、[95]ここでは、本書にとって特に重要な事例に限定するとともに、その後の近時の裁判例を中心として、検討してみよう。

1　最高裁判決後の下級審裁判例

下記の二例は、いずれも通過儀礼が伴わない男女関係であるが、性的関係ないし妊娠の事実があり、親族等からも「婚約者」としての処遇をうけていたものである。もはや、関係離脱の自由はないといわねばならないであろう。

[27]　大阪地判昭和四〇・七・九下民集一六巻七号一二〇八頁

〔事実・判旨〕　昭和三七年一月ころ、X女は、Y男のリードではじめて体を許しあってから本件自動車事故をはさみ同三八年三月頃まで一年余にわたってその関係を継続し、同三八年はじめ頃にはXが妊娠するにいたったが、YはXがYの子供を受胎したのを知つた頃から、急に態度が変わりはじめ遂には理由なく、Xの心をふみにじってXとの婚約を破棄した。そのことが起因となって、Xは自殺を図ったことがある。破棄に至るまでに、つぎのような事情があった。Yが自動車事故を起こして同乗中のXが傷害を負ったところ、Yの本件自動車事故の刑事責任については、両名が婚約中である旨をYが申し立てたことから不問に付された。右事故による入院中、Yは、Xが女心に顔の傷痕の醜さを気にするのを慰め、少くともXには婚約の確認と受けとれる甘い言葉を与えている。「XはYのこの言葉を信じて、昭和三八年のはじめ頃まで、Yの婚約者として関係をつゞけ」、Xの勤務先の同僚の間では昭和三七年一月頃から両名が将来結婚する仲であるようにいわれていたし、またXは母にもYとの婚約を報告していた。さらにY方家庭や親族間でも少くとも両名が深入りした仲であることを知っていた。したがって、遅くとも本件事故直後には婚姻予約が成立していた（慰藉料一〇〇万円）。

[28]　東京地判所昭和四三・五・二三判タ二二六号一六五頁

〔事実・判旨〕「Yは婚約の成立を争うので、その点について考えるに右一の当事者間に争いのない事実並にX本人尋問の結果を綜合するとXY間の交際は結婚を前提とした真摯なものであつたこと、前記一月一三日の会合の際、Yの両親はXY間の結婚を承諾しその日取金額等は定まらなかつたが結納を取交して結婚式はその年の九月頃行うという話し合いが行なわれたこと、また同年一月二七日よりXがYと同棲するに至つたのは、Yの希望によるものであり、Xの母も、もう結婚するからという事でそれを承諾し、さらに同年四月一一日には、Yの母せきがXらの前記住居に来て三人で生活したこともあり、その際右せきはXYの同棲を喜び、金を与えたことが認められ、右認定に反する証拠はない。右認定の事実に徴すればXY間には結納の交換、婚約式などは行われていないけれども、X主張どおりおそくとも昭和四一年一月一三日婚約が成立したものと認めるのが相当である。」

2　近時の動向

(1)　性的関係のない男女関係

つぎの事例は、財産損害について、女性側の逸失利益を認容した例としても注目すべきであるが、婚約の成否についても、学説では疑問をもつ立場もあるので、すでに他の文献でも紹介されているが、特に取り上げてみよう。

[29]　徳島地判昭和五七・六・二一判時一〇六五号一七〇頁

〔事実・判旨〕　原告女性と被告男性は、見合いから交際を始めていることもあって、いまだ性的関係がなかったが、結納の儀礼が終わり結婚披露宴の案内状が郵送されたにもかかわらず、男性が挙式直前に不当破棄した事例であり、男性側が、性的関係がなかったことから、婚約の成立を争った。判旨は「原告と被告一郎との間には単に将来において夫婦たらんとする合意が存したと言うにはとどまらず、その合意は婚約成立に基づく慣行上の儀式その他親戚、知人への紹介、結婚披露宴への招待状の発送などという一種の身分の公示行為をすら伴つて、各当事者に実質的、形式的な婚姻意思の成立したことを客観的に認めしめるに十分なものがあり、原告と同被告との間に同棲、性的交渉その他の事実婚類似の関係が何も存在しなかつたものとしても、右の程度の婚約については、その不履行（破棄）自体が、通常、相手方のよつて取得した生活上の利益に対する故意による不法行為を構成する。」

本件では、婚姻習俗に従って婚姻に至るまでの一連の行事がなされている。これのみで婚姻意思を認定するのに十分であろう。性的関係云々は不必要・不用意な説示といわねばならないが、これは被告側の反論に応接したものであろう。慰藉料（四〇〇万円）を認容した本判決に対して、批判的な学説もある。「植木とみ子」は、Yが結納後、交際を深めていくなかでXの行為態様や体躯が細いことなどに不満が生じた結果、悩みながら結婚の決断がつかないいま挙式直前まで推移したところ、不審に思った仲人が今なら断ってもよいと申し向けたことで、やっと決断がついたという事情をことさらに取り上げて、「『婚姻が制度から友愛へ』と変化している現代、当事者の真意をはからず、このような形式的な結納をもって、婚約が成立したという判旨には疑問が残る」と論じたうえで、このようなケースでは財産損害に限定するのが望ましい、という。(96)いうところの当事者の真意とはなにか、やや理解しがたいところがある。本件結納を形式と断じているが当事者の真意なるものが曖昧であるが故に、形式が践まれるのではなかろうか。関係離脱の自由を重視するという基本姿勢は支持できるが、「当事者の真意」とは、男女が双方で自己開示を蓄積しながら形成するべきものであるならば、自己の不注意・怠慢を相手方に転嫁する結果になるような評価は、支持できない。植木が指摘するような事情は、婚約前に知りうる可能性があるかぎり、責任の有無の段階では、ことさらに重要視すべきではない。せいぜい、慰藉料の額における考慮事情とすれば足りる。実際、判旨は、Yの優柔不断を非難し、Yが破棄の決断をしたのは母親が強行に反対した事実を指摘しており、母親の共同不法行為責任を認容するにあたって、「かくまで反対の意思を強調することがなかつたならば、Yにおいて、なおいくらかの逡巡を呈しつつも、本件婚約を破棄することなく婚姻していたものというべきである」としている。

加えて、本判旨が慰藉料認定の考慮事情のなかで、つぎのような事実を認定していることも決して見落としてはならないであろう。「いわんや嫁入道具として持参すべき物品についてYら自らあれこれと要求を呈してこれをのませていたのに、右の嫁入道具が運び込まれるまさにその前日において、かねてXの容姿等について抱いていた不満感に抗しきれず、他人を介し、電話一本で断定的に破棄したものである。その又前夜にはXに対し、Yが真意はいざ知らず、これからは二人で力を合わせてやつて行こうなどと言つて、婚姻に対する期待感を抱かせていた」と。「植木」の評価は一般論としても問題が多いが、本件の評価としても、本判旨が認定した一面的な事実しか取り上げていないので、到底支持できるものではない。

(2)　双方の「合意の確実性」

(a)　つぎの事例は、「確定的な合意」が必要であるとして、当事者双方に争いのない婚約の成立時期をずらしている。

[30]　大阪地判昭和五八・三・二八判時一〇八四号九九頁

〔事実・判旨〕　X女とY_1男は同じ勤務先の社内で知り合って、昭和五一年六月ころより交際を始めた。同年八月はじめころ、Y_1はX家を訪問して、「Xとの結婚を前提に交際したい」旨を申し入れた。その間、Xは自分が被差別部落の出身であることを悩んでいたところ、同年八月末ころに、Y_1にその事情を告白した。Y_1は、Xが告白するまで悩んでいたことにつき、むしろ同情して、慰めの言葉をかけた。Xは、Y_1の理解ある態度に接し、Y_1との婚姻の意思を決定的なものとし、まもなく性的関係を結んだ。

判旨は、つぎのように説示して、婚約の成立を認めた。「XとY_1が、従業員仲間の同期会の会合等を通じて口をきくようになり、翌五一年六月初旬ころから交際を始め、ほどなくして婚約するに至つたこと、なお、Y_1が遅くとも同年八月ころX方に赴き、Xからその両親に紹介され、以後、X方へ出入りするようになつて、同年一一月二〇日には、婚約の証としてXに指輪を贈つたこと、更に、同年一二月一二日、X方において、XとY_1との結納の儀式が行われたこと、しかしながら、Y_1が、翌五二年四月ころ、Y_1、その妹……らとともにX方を訪れ、Xとの婚約を解消する旨の申入れをしたこと、以上の事実は当事者間に争いがない」との事実認定をしている。しかし、判旨は、さらに続けて、「右の間にあつて、婚約成立の時期につき若干の疑義が存するけれども、要するに婚約とは、将来、真実夫婦として共同生活を営む旨の確定的な合意であるから、これに即して後記認定事実に鑑みると、XとY_1との婚約は、昭和五一年八月末ころに成立したものと認めるのが相当であり、この認定を動かすに足るほどの証拠はない。」と判示した。（慰藉料五〇〇万円）

本件では、男性の父Y_2の執拗な強い反対があって、結局、Y_1の婚姻意思が萎えてしまったことから、破綻したものであるが、Y_2が反対したのは、Xが被差別部落出身の女性であったことであり、無論、正当理由がないとされているが、その前提として、判旨が、わざわざ当事者間では争いのない婚約の成立時期にまで、説示している。

本判旨は、「真実夫婦として共同生活を営む旨の確定的な合意」をもって「婚約」としているが、これは明らかに最高裁判決ひいては「誠心誠意判決」を前提とした上で、確定的合意という用語を付加したといえるであろう。そこで、男女が秘密裡に婚約を約束したときに婚約が成立したのではなく、男性がその旨の申入れを女性の両親にした時に求めているこことに注目すべきである。

(b)　つぎの事例は、確実性とはいわないが、極めて慎重な判断をしている。

[31]　東京地判平成六・一・二八判タ八七三号一八〇頁

〔事実〕　X女とY男は平成四年四月に近い将来結婚する約束のもとに御殿場市のアパートで同棲した。XとYとの母親もこのことを了承し、XYは御殿場行きにあたって友人から祝いを貰い、またYは勤務先にXを婚約者として届け出た。その後、約一年間はほぼ平穏に同居生活を続けていたが、Yが都合で勤務先を辞め、ガソリン・スタンドで働くようになってから、Yが同僚のA女と親しくなり、互いに好意を寄せ合うようになった。Yは同五年四月二四日に勤務終了後、A女と横浜にドライブし、当日夜遅く帰宅したが、Xがこれを問いただしたところ、YはAとの関係に言及し、Xとは「やり直しができない」旨を答えた。Xは直ちに母Bにこのことを相談したところ、BはYの職場に行き、従業員の面前で「責任を取れ」といって平手でYの顔を殴打するなどして、Xとともに帰京した。翌日、XはYの父の会社を訪問し、東京での新しい住居のための経費・引越費用として八六万円を受け取った。その後、XがYとの仲直りを申し出たため、Yは母とともにX宅に詫びに行ったが、B ら親族はYを激しく非難するばかりで、結局のところ、仲直りのきっかけをつかむことはできなかった。現在は、YはAと同居している。XがYに対して慰謝料三〇〇万円等を請求した。

〔判旨〕　婚約の成否について、つぎのように説示したうえで、正当理由がないとした。「XとYとが同棲するにあたって、親族や友人が二人の同棲及び将来の結婚を祝福し、XYも周囲の人に婚約者として紹介していた事実や「XとYとは一年近く夫婦同然の生活をしてきた事実に照らし、XとYとの間には、遅くとも二人が平成四年四月御殿場に行くまでには婚約が成立していたと認められる。」

本件は、現代的な男女関係を反映する裁判例ともいえるが、単に双方の合意のみで婚約の成立を認定していない。同棲の事実についても、親族・友人等に対して公然の事実とした事情やその後の夫婦同然の共同生活を考慮している。今日における男女関係の多様性を念頭におきながらも、なお伝統的な婚姻意思論に依拠しているといわねばならないであろう。慰藉料（一〇〇万円）の認定の考慮事情として、判旨は「原告と被告とは高校時代に既に男女の関係に入っていたという経緯、二人の年齢等から元々婚約が現に結婚まで至るについては不安定な要素もはらんでいたこと」をわざわざ指摘している。

(c)　つぎの例は、「秘密裡の性的関係」で女性が妊娠していたところ、意外な交通事故が起因となって、関係が破綻している。婚約の成否の判断にあたって、「合意の確実性」という指標を全面的に押し出して、婚約の成立を否定している。

[32]　仙台地判平成一一・一・一九判時一七〇四号一二〇頁

〔事実〕　X女はY男と結婚を前提として付き合っていたが、Yが運転（無免許）する普通乗用車に乗車中に、Yの運転ミスでXが重傷を負い、その結果、妊娠中絶を余儀なくされるほか、両下肢が完全に麻痺するなどの後遺障害が固定した。本件は、XからYに対する交通事故による不法行為に基づく損害賠償請求事件であるが、本件事故後、YがXとの連絡を取らなくなったため、Xがあわせて婚約破棄による責任も追及した。

〔判旨〕　X女とY男とは平成二年一一月初めころに知り合い、平成三年一月には、Yは次第にXとの結婚を考えるようになった。これに対し、Xも、当初は、迷いがあったものの、同年三月に妊娠を知ったころから、次第にYとの結婚を考えるに至った。しかし、「それ以上に具体的な形で婚姻を約したわけではないし、双方とも知り合って四か月余の時期である上、その両親に結婚の話をしていたわけでもないことなどからすれば、XとYが互いに結婚の気持ちを有していたとはいっても、それがどこまで確実な合意といえるかは疑問が残り、本件で、婚姻の予約が成立したとは必ずしも認め難い。また、仮に、右婚姻予約が成立したとみる余地があるとしても、《証拠略》によれば、本件で、XとYが、婚姻に至らなかったのは、本件事故の発生により、Xが前記のような障害を負ったこと、それに対し、Yが必ずしも誠意ある対応を示さなかったため、XもYに対する信頼と愛情が薄らぎ、Xの母親らも結婚に反対するようになり、自然に、結婚の話が解消に向かったことなどによるものであると認められるから、その間のYのXに対する対応が適切なものであったといえるか否かはともかく、Yが婚約を不当に破棄したとはいえないと考えられる。したがって、婚約の不当破棄を理由とする損害賠償請求は理由がない。」

(d)　つぎの事例でも、合意で成立するとしながらも、身分関係の形成を目的とする合意であることを強調したうえで、その認定につき慎重な判断がなされている。

[33]　神戸地判平成一四・一〇・二二平成一二年（ワ）第二四九八号　判例集未登載(97)

〔事実〕　X女（昭和四一年九月生）は、過去二度の婚姻歴及び離婚歴がある。Y（昭和五一年五月生）は、婚姻歴はないが、X以外の女性と交際したことはあった。XとYは、ともに甲会社に勤務していたが、平成一〇年九月に同会社のパーティー会場の席上で初めて知り合い、同月一九日に、Yは、Xに対し、結婚を前提に交際して欲しいという趣旨の申入れをした。Xは、Yと一〇歳の年齢差があることや離婚した夫との間の長女がいることもあって、この段階では直ちに結婚までは念頭になかったが、Yが真剣にXとの交際を希望していると考え、Yと交際することを決意し、両者の交際が始まった。その後、XYは、互いに両親に紹介し、また、互いの友人に対し、相手方を婚約者として紹介した。

Xは、長女とともに三人で暮らすための新居の購入をYに提案し、平成一二年春ころから、本格的に新居探しを始めた。

同七月、相談の上、一戸建ての中古物件を購入することに決め、Yには負債があったので、Xの単独名義で銀行から融資を受け、Xが買主となって売買契約を締結した。平成一二年一〇月初旬の三連休中に、本件不動産に入居することを予定していた。ところが、同年九月ころ、XYは、口論となって喧嘩をし、その後、YからXへの連絡が途絶えた。同年一〇月以降、Xは、二度、Yと話し合って関係修復を望むことを告げたが、その際に、YがXの顔面や身体を殴るなどした結果、Xは傷害をうけ、もはやYとの関係修復は困難ではないかと思い、Yから前記暴行を受けた件について警察に被害届を出した。結局、本件不動産は、現在も空家の状態が続いている。

〔判旨〕「婚約は、当事者双方の将来夫婦になろうという合意で成立するものであり、必ずしも結納の授受その他一定の形式は必要でないが、将来における婚姻という身分関係形成を目的とした合意として当事者の自由意思が強く尊重されるべき分野の事柄であることに照らすと、結納その他慣行上婚約の成立と認められるような外形的事実のない場合には、その認定は慎重になされなければならないというべきである。Xは、まず、平成一〇年九月一九日の時点で婚約が成立したと主張する。しかし、同日の時点では、まだX及びYはお互いに知り合ってから一週間も経っておらず、その間連絡を取り合って会っていた程度の交際にとどまること、X自ら、その本人尋問において、同日の段階では、まだYとの結婚までは考えておらず、婚約が成立したとは思っていない旨供述していること等に照らせば、YからXに対して結婚を前提に交際して欲しいという趣旨の申入れがあったことを考慮に容れても、同日の段階で、X及びY間に婚約が成立していたと認めることはできない。しかしながら、X及びY間の交際は、その後肉体関係を伴うかたちで続いたこと、X及びYは、互いにその両親や友人に対し、相手方を婚約者としてあるいは結婚を前提とした交際相手として紹介していること、Yは、X方に度々宿泊していたこと、X及びYは、将来の婚姻生活の拠点となるべき不動産物件を求めて複数の不動産業者をあたり、最終的にX名義で本件不動産を購入していること等の事実を総合考慮すれば、遅くとも、Xが本件不動産を購入した平成一二年七月ころまでには、X及びYの関係は、互いに将来夫婦として共同生活を営む合意が形成されており、婚約という法的保護を与えられるべき実質を有する段階に至っていたというべきであるから、X及びY間に婚約が成立していたと認めるのが相当である。」

本判旨は、結婚を前提として交際を申し込んだうえで交際して一週間しか経過していない段階では、たとい結婚約束をしたとしても、それは婚約にはならないとしている。本件事案との関連でも、そのように考えるのが妥当であるが、一般に単なる「口約による結婚約束」を婚約と見ることには判例・学説は消極的であるので、本判旨もそのような状況を踏まえて説示したものと思われる。そのうえで、当事者間に肉体関係が生じて交際を継続した事実やお互いの親族に対して紹介した事実のほか、本件での特別な事情ではあるが、新居を購入したことなどを重視しながら、婚約の成立を認定しているので、従来の判例の立場とも整合し、特に問題はない。ただ、興味深いのは、「将来における婚姻という身分関係形成を目的とした合意として当事者の自由意思が強く尊重されるべき分野の事柄であることに照らすと、結納その他慣行上婚約の成立と認められるような外形的事実のない場合には、その認定は慎重になされなければならないというべきである」という一般論を述べているところである。かつての「誠心誠意判決」や最高裁判決〔25〕・〔26〕判決）は、そもそも通過儀礼は不要として、「双方の合意」を強調していたが、本判旨は、そのような先例とは、婚約に対する基本的姿勢を異にするのではないかとの疑念も残される。

(95)　婚約の成否をめぐる従来の裁判例については、国府・前掲注（65）一〇頁以下、二九頁以下、一〇七頁以下などで分析されているので、ここでは特に付け加えるべものはない。本書では、私見の立場からみて、特に興味深い事例と判断したものをアトランダムに取り上げている。

(96)　植木・前掲注（43）四七頁。水野・前掲注（5）「事実婚の法的保護」八二頁、九二頁注（32）も性的関係がないことから「暴走と思われるほどの事例」と評価する。しかし、小野・前掲注（38）一三四～五頁や宮崎・前掲注（48）二〇頁は、婚約から婚姻にいたる過程を重視して、婚約を保護した例として評価・是認している。ちなみに、このようなプロセスが婚約成否の考慮事情となるのは当然であるが（そうしないでは、そもそも意思の認定は不可能であろう。）、問題は、そうした習俗的行事の積み重ねがあっても、なお「関係離脱の自由」との調整をどのようにするか、その具体的な手法の発見である。ちなみに、裁判例は、抽象論としては、「確定的合意」という用語を使うことが少なくない。

(97)　本件は、ＴＫＣ法律情報データーベースから採録したものである（LEX/DB 文献番号28080627）。最高裁判例ウェブサイトにも収録されている。

七　婚約破棄の正当理由

当事者間において婚約が成立していることを前提とするならば、つまり請求原因事実として婚約の成立が主張され、かつその証明がなされると、つぎに婚約を破棄した当事者は、婚約の破棄につき、正当理由があったとの抗弁を提起するのが、普通である。正当事由が認められると、破棄したことの違法性が阻却され、結局のところ、債務不履行責任（ないし不法行為責任）が成立しないことになるので、いかなる事情が正当理由とみとめられるのかが重要な問題となる。この評価は、いうまでもなく諸事情を総合考慮してなされる規範的評価であるので、微妙なケースもある。この種の分析についても、すでに先行文献があり[98]、それに特に付け加えるべきものはないので、ここでは、従来の裁判例のうちで重要と思われる例のほか、主として平成年代以降の新たな裁判例を取り上げることにとどめる。

1　従来の裁判例

(1)　正当理由がないとされた事例

(a)　敗戦直後での破棄事由は、戦前での影響を引きずっているように思われる。たとえば、いわゆる写真結婚で、「年まわりもよい」ということであったが、挙式当日に男性との年齢差が当該地方での俗信の忌む一〇歳であることを知り、かつ男性が三〇歳で老けていることも分かったという事例（仙台地判昭和二九・一〇・二七[2]判決）のほか、原告家側が一方的に挙式日を延期し新たな挙式日を申し入れたところ、被告が農業の時期との関連があり、日延べを交渉したが、原告側がこれを聞き入れなかったので、やむなく了承したところ、今さら承知してもらっても仕方がないとして、一方的に破談にしたうえ、慰藉料と結納の返還を請求した事例（奈良地判昭和二九・四・一三下民集五巻四号四八七頁）などがある。

また、男性が結婚式をあと一〇日後に控えて家出し行方をくらませて予定の挙式を不可能にした事例（大阪地判昭和四一・一・一八判時四六二号四〇頁）も、いうまでもなく、正当理由のないものだが、これも婚約の成立につき家の影響があったものと推測される。

(b)　他方で、つぎの高裁判決が興味深い。いわゆる「破棄誘致責任ケース」にあたる裁判例である。

[34]　東京高判昭和四八・四・二六判時七〇六号二九頁

〔事実・判旨〕　昭和四二年三月半頃、X女はY男と見合いをして、婚約が成立したので、四月七日を結納の日と決めるまでに至った。ところが、婚約がなったことを口実に男性が肉体関係を強要したのちに、「お前はこれが初めてではないだろう。だから結婚の話は白紙に戻そう。どうしても一緒になろうというのなら、俺が二号、三号をもっても文句をいうな。」などとの侮辱的な言を浴びせた。そこで、Xは円満な結婚を期待できないとして破談を申し入れた。その後、Yは反省して、結婚を希望している旨を申し入れたが、Xの容れるところとならなかった。判旨は、Xが結婚をあきらめる心境になったとしても無理からぬものがあり、娘心に深刻な打撃をうけ、苦痛を感じたであろうことは推認に難くないとして、慰藉料請求を認容した。慰藉料については、Yの言動は成年にありがちな軽率という面もあり、当初から結婚をこわすというような意思がなかったこと、自己の非を反省していること、現在、Xは結婚して二児に恵まれていることなどから、金五〇万円とした。

周知のごとく、内縁事例であるが、最高裁判決には、すでに「破棄誘致責任ケース」と一般に評される著名な事例が登場している（最判昭和二七・一〇・二一民集六巻九号八四九頁）。夫の性病に感染させられたところ、夫が治療に不誠実な態度をとり続けたため、妻が同居を拒否したが、夫が同居を望んでいるという事案で、夫としての愛情と義務の履行を欠いていたとして、妻の慰藉料請求を認容した原判決を是認して、婚姻予約が「履行不能」となったと結論づけている。

(c)　昭和五〇年代には、いわゆる身分的な差別感情が起因となって婚約が破綻している例があり、いずれも正当理由がないとされている。(99) ひとつは[35]大阪地判昭和五八・三・八（判タ四九四号一六七頁）であり、被告男性が、原告女性と二度にわたって両親同意のもとで婚約したが、いずれも、結婚自体を迷い躊躇するようになり、結局のところ、破談となったという事案で、「右の迷いと躊躇は、朝鮮人に対する日本人の歴史的民族的感情が、意識無意識のうちに時としてなんらかの社会的制裁の形で顕在化するということについての虞れのしからしむるところということができる」として、不法行為責任を認めて慰藉料一五〇万円と財産損害（嫁入道具等の購入による損失約九〇万円）を認容している。

他は、[36]大阪地判昭和五八・三・二八（[30]判決参照）であり、女性がいわゆる被差別部落の出身であったことから、男性の父が頑強に反対した結果、男性による当初の堅い結婚約束も萎えてしまったという事案である。判旨は、女性が被差別部落出身であることを承知のうえで婚約しておきながら、そのことを理由に反対する父親等に同調して、女性との婚約を一方的に破棄したものであるから、不法行為責任を負うといわなければならないとして、五〇〇万円の慰藉料を認容するとともに、被告の父が被差別部落出身であるといういわれなき差別を理由に、当事者の婚姻に干渉し、ついに翻意させて、婚約を破棄させたことから、父にも男性との共同不法行為責任を認めている。

他方で、結納をとり交わし、披露宴の案内条も送付したが、挙式直前に、男性が、母親の意向にも左右されて、不当に破棄した例もある（[29]徳島地判昭和五七・六・二一）。本件では、交際してから正式の見合を経て結納をとり交わすまでの期間は、わずかに一ヵ月余であり、伝統的な媒酌結婚の形式を践んでいるので、お互い仲人を信頼し合ったうえでの縁組であったのかもしれないが、当然のことながら「自己開示」が不十分であるので、些細なことで、婚姻に迷いが生じたものと思われる。男性が主張する事由は、体躯が小さい、身なりに無頓着である、料理が上手ではないなどという、まったく理由にならない理由というしかなかろう。母親についても、反対の意思を強く表示しなければ、男性は婚約を破棄しなかったであろうから、婚約破棄につき共同不法行為の責任が負わされて、慰謝料四〇〇万円、家具類の損害（購入経費の七割相当額）、及び退職による損害（逸失利益）など、総計七七九万円余が認容された。

(2)　正当理由があるとされた事例

この種の事例は、それほど多くはない。たとえば、性的不能が正当事由になるとした例（高松高判昭和四六・九・二二判タ二七〇号二五七頁）や新郎としての弁えるべき社会常識を相当程度逸脱した異様な言動により、新婚初夜に新婦が実家に逃げ帰ったという例（福岡地小倉支判昭四八・二・二六判時七一三号一〇八頁）などが著名である。前者は、戦前でも同趣旨の判例があった。離婚原因にもなるものであるから、やむを得ないであろう。後者は、正当理由の判断につき、「婚約はその性質上内縁関係と比較してより広い範囲で破棄の正当事由を許す余地がある」とする。ちなみに、婚前旅行で男性との性関係がうまくいかなかったので婚姻意思がなくなったが、すでに結納も済ませており、周囲が準備した挙式にも反対できず、相手方に促されるまま入籍した例で、婚姻意思は真意ではなかったとして「婚姻の無効」を認めた審判例もある（横浜家審昭和五〇・一二・四判時七七四号一一〇頁）。後者の福岡地小倉支判では、見合いからわずか数ヵ月で挙式しているが、男性が病院の副院長であったことから、「自己開示」が不全のまま婚姻に移行したことが、破綻の要因と思われ、戦前での婚姻習俗の残滓をみる思いがする。

2　近時の裁判例

平成年代に入ってからの具体例を検討してみよう。今日では、随分と婚姻習俗にも変化があり、婚姻行事も簡素化され、仲人の介在はむしろ珍しくなり、男女関係が多様化するなかで、そうした時代背景が反映しているような事例があるとともに、依然として、結納・挙式がなされている事例もある。

(1)　正当理由がないとされた事例

(a)　つぎの例の男女関係は、若い男女のいわゆる「同棲を伴う婚約関係」であったが、判旨では、もともと不安定な関係を孕んでいたことが指摘されて、慰藉料にそのことが反映している。

[37]　東京地判平成六・一・二八判タ八七三号一八〇頁（[31]と同一判決）

【事実・判旨】事実は[31]を参照。

「婚約が解消するに至った原因は、Y男がXに隠れてA女と交際をし、右交際発覚後のYのX女に対する言動にあるといわざるをえない」。慰謝料の額については、確かにYの言動は責められるべきであるが、第三者がみて二人の同棲を解消しなければならないほどYとAとの関係が深くなっていたとは認められず、XとXの母に問題の解決を急ぎすぎた点もあること、引っ越し費用八六万円を受け取っていること、「並びにXとYとは高校時代に既に男女の関係に入っていたという経緯、二人の年齢等から元々婚約が現に結婚まで至るについては不安定な要素もはらんでいたこと等の事情により婚約を破棄するに至ったことによるXの精神的損害は一〇〇万円と評価するのが相当である。」

本件のXは、婚約の破棄のみを主張して、内縁の不当破棄を主張していない。当事者間では、将来の婚姻を試すために同棲しているので、夫婦としての共同生活ではなかったからであろう。当事者双方もそのことを自覚していたものと思われる。

(b)　つぎは、女性が婚約中に他の男性と関係をもったことから、みずから婚約破棄を申し入れ、慰藉料も男性に支払ったが、正当理由の有無のほか、主として男性が購入した新居であるマンションの価格変動による損害が争点となっている事例である。

[38]　東京地判平成一三・七・六平成一二（ワ）一三六七八号（ワ）二一四五〇号　判例集未登載(100)

【事実】X女とY男とは同じ職場の同僚であり、平成八年三月一〇日にXからの申し込みで婚約した。勤務先では、職員同士が結婚した場合どちらかが退職する旨の不文律があると二人は考えていたため、当面、入籍を控えた。入籍に代わるものとしてXとYで共同して本件マンションを購入したが、かかる職場の不文律から共同名義にするわけにもいかず、Y名義で購入し、ローン等もY名義で組んだ。Yは、本件マンション完成後の平成九年四月に一人で本件マンションに入居した。一方、Xは同年一〇月一〇日にジュネーブに赴任した。XYは、Xの一時帰国の機会等を利用し、建具その他生活用品等を購入した。Xは、平成一〇年九月末に帰任したが、同年一〇月三日にXはYに対して婚約破棄を申し入れた。X

は、ジュネーブの赴任先で同僚の男性と肉体関係を結んでおり、のちにこの事実をYに告白した。Xは、本件を解決する趣旨等で、平成一一年三月から四月にかけて、三八四万円余、三〇万、及び二〇万円を三回にわたってそれぞれ支払った。Xは債務不存在の確認を請求したが、これに対して、Yは慰藉料と財産損害とを求めて反訴請求した。

〔判旨〕「上記認定事実によれば、たとえX主張のとおりYにおいて多少思いやりのない面があったとしても、Xは海外赴任期間中に婚約者たるY以外の男と交際し肉体関係を持つ等に至り、その男と結婚したいがために被告との婚約を破棄したものであり、原告主張の婚約破棄の正当事由は認め難く、婚約破棄の責任の大部分はXにあるものというべきである」。慰藉料は、既に支払われた解決金を考慮して金五〇万円が相当である。マンション購入による損害（下落差損）等も婚約破棄と因果関係があるが、婚約が破棄されるリスクを顧みずに高額な資産を購入したのは軽率であるとともに、共有持分の清算という観点からすると、その損害額の半額のみがYの損害と考えるのが相当である。

(c)　つぎの例の男女関係は、口論が昂じて、男性が女性に暴力を振るい、その結果、女性が身体に障害を負ったことから、結局は、解消したものである。

[39]　神戸地判平成一四・一〇・二二平成一二年（ワ）第二四九八号　判例集未登載（[33]と同一判決）

〔事実・判旨〕　X女とY男は、婚約して新居まで購入したが、口論となって喧嘩をし、その後、YからXへの連絡が途絶えた。Xは、二度、Yと話し合って関係修復を望むことを告げたが、その際に、YがXの顔面や身体を殴るなどした結果、加療五日間の左上腕・右大腿及び下顎部打撲と診断された。ここにおいて、Xは、もはやYとの関係修復は困難ではないかと思い、Yから前記暴行を受けた件について警察に被害届を出した。なお、Xは、同年一〇月以降、神経科医に通院中であり、同病院にて、状況因性うつ状態との診断を受けており、その後も数回同じ診断を受けている。そうすると、本件において、Yが本件婚約を解消したことについて正当な理由のあることを認めるに足りる証拠はないから、Yは、本件婚約の（不当）破棄を理由に、Xに対し、その被った損害を賠償すべき責任を負うというべきである。破棄した経緯やYの行為態様を斟酌すると、三〇〇万円をもって相当とする。家具や住居購入による財産損害については、婚約破棄によりそれらの財産的効用の全部または一部が喪失したという事情がないので、認められない（慰藉料のなかで斟酌する）。弁護士費用による損失は三〇万を認容。

(d)　つぎの例では、婚約指輪の交換のうえ、結納も済んだので、女性側は披露宴の案内状の送付も済ませたが、その間、男性が結婚を逡巡して、一度は破棄を通告したものの、これを撤回したのち、再び破棄したことから、その行為態様が非難されている。

[40]　東京地判平成一五・七・一七平成一四年（ワ）第一三〇五〇号　判例集未登載(100)

〔事実〕　X女とY男とは、同じ職場で知り合い、平成一二年八月から交際が始まり、年内には互いの両親への紹介も済み、暮れころには、お互いに結婚を考えるようになった。平成一三年五月には、本人らの間では婚姻の意思が固まり、Yは婚約指輪を購入した。同年六月三日にはYがX宅に両親を訪ねてXとの婚姻を申入れ、Xの両親もこれを了承し、このころまでには、XとYとの婚約が成立した。同年一一月には、Y家が結納を納め、挙式日を翌年四月に予定して、Xは、同年一二月二八日に、いわゆる結婚退職をした。

ところが、XとY及びお互いの家族らが交流する中で、行き違いや思惑の違いなどから互いに感情を害することなどがあり、Xは結婚への期待を膨らませていたのに対し、Yの方はXとの性格の違いなどが次第に気になり始めていた。結婚式を間近にひかえて、次第に結婚への意欲がなくなり、Xは既に披露宴の案内状を送付したが、Yは、それを留保していた。平成一四年二月に新婚旅行のことで喧嘩をしたが、そのときYは「結婚ができない」と通告し、父にもその旨を伝えた。しかし、Xはどうもして結婚したいという気持ちから、自分の悪いところは改める、Yの望むようにするというような話をした。これを聞いたYは、気持ちを動かされ、やはりXと結婚しようと思い、Xに対し、予定どおり結婚式をしようなどと言い、その後、Xと性交渉をもった。しかし、Yの父親が二、三日で気持ちが変わるような結婚には賛成できないと強く反対したことから、結局、Yは、一方的に破棄した。そのため、Xは精神的に不安定な状態におちいった。

〔判旨〕「XとYとの間で起こったことは、これまで別々の人生を歩み、精神的にも社会的にも未成熟な若年である二人の人間が、初めての経験として、双方の両親や親族その他の人々と関わりを持ちつつ結婚という結果に向かって共同作業を続けていくという中では、XとYとの間に限らず、しばしば起こり得る程度のことであって、客観的にみる限り、その前日まで婚姻を望んでいた者が一転して婚約を解消しようと考えるに至る原因となるようなことではないから、Yによる一方的な婚約解消について、客観的にみて正当な理由があったとは認められない。よって、Yは、Xに対し、Xが婚約成立以後にYとの結婚という目的のために積み重ねた行為によってXに生じた損害について、相当の範囲でこれを賠償すべき義務を負う。」

本件判旨は、婚約破棄につき、「いわゆる『婚約』は、本来的に一方当事者のみの意思表示により解消され得る性質を有する」ので、それだけでは直ちに債務不履行にはならないという一般論を述べたうえで、あえて「不法行為構成」を採る姿勢を示している。それに加えて、本件では、Yは、Xが案内状を送付するよりもかなり以前からXとの婚姻に懐疑的になっていたので、その段階で、何らかの対処をとるべきであったし、その時期を失して結果として招待状の発送という段階を迎えてしまったからには、その後に婚約を解消するにあたっては、X側の名誉を傷つけないよう双方で協議をしながら誠意を尽くした相当な方法によることが必要であったところ、これらの手段を尽くしていないので、不法行為責任を免れることはできない、としている。慰藉料額の評価については、Xが婚姻を期待していたのに対して、Yが途中で結婚に消極的になり、ぎりぎりのところで一方的に破棄したこと、その後の不誠実な態度が中心的な要素になるとして、二〇〇万円を認容した。

結婚式間際に破談となるケースは、実社会でも決して珍しいことではないようであり、それは、結局のところ、双方の自己開示が不十分なまま婚約に至り、婚約後になってから人生観や価値観の相違がより明確になることに一つの重要な要因があるように思われる。ぎりぎりの段階に至って、そのことが当事者にとって重大事となり、逡巡を繰り返すことになるが、客観的にみれば、本判旨のいうように、双方の努力で克服できるようなこともあり、現に本件のXYも、一度はそのような心情になっている。Yが破棄した理由は、両親の強い反対にあったと認定されているが、Yの心理状態は、もともと不安定・不確実であったのであろう。そこに身分行為の特殊性をみる思いがする。

(2)　正当事由があるとされた例

つぎの例では、婚約当事者間の紛争というよりも、双方の両親の紛争が結局は破棄の重要な要因となっている。判旨は、破棄につき公序良俗違反となるような悪質性が必要であるとして、具体的にも正当理由ありとした。学説でも好意的に受けとめられており、注目されているが、疑問が残される判決例である。

[41]　東京地判平五・三・三一判タ八五七号二四八頁

〔事実〕　X男は平成元年にY女と知り合い、同二年にYに対して求婚した。双方の両親も結婚に賛成し、Aに仲人を依頼したのち、同二年一一月に結納の儀をすませ、結婚式は平成三年五月五日と取りきめた。平成三年二月にXY及び双方の母親が集まり、結婚式の打ち合せをしたが、その際、Xの母が引出物の選定等についてY側の意見を十分にきかなかったり、自分の意見が通らないと不快感を言葉に表わしたりする等の言動を示したことから、Y母娘は屈辱感を受け、またYは、Xが自分の母とXの母との間を取りなさずXの母のいいなりになるばかりであると感じた。加えて、Xの家が独特の家風のある家で、行儀作法に細かく、見栄を張る傾向があると感じていたこともあって、Yは、今後Xの妻として、またX家の嫁として円満な協力関係を維持していくことに不安を抱き、Xとの婚姻生活に自信を失った。そのためYは両親と相談のうえ、婚約の解消を決意した。YとYの両親は平成三年二月一六日にAに会い、互いの家が合わないので婚約をなかったものにしたい旨を伝えたが、Aの提案でもう少し話し合うこととした。同月一八日に、XY間で話合いがなされた。XはYに対して翻意の決断を迫るばかりで、Y側の不安に十分に思いやろうとはしなかったが、翻意を執拗にもとめ続けることのほか、「二人でできる範囲での式をあげよう」との発言等にYも心が動き、再度結婚しようという気持ちが出てきたことから、Xにその旨を伝え、両親にそのことを相談したが、結局のところ、両親の賛成を得られず、親の反対を押し切ってまで結婚する気持ちになれなかったこともあって、翌一九日に婚約の解消を決意して、Aに事情を伝えるとともに、翌二〇日にXにも自己の意思を伝えた。XはYおよびYの両親に対して不法行為による精神的損害賠償を請求した。

〔判旨〕「婚約解消を理由として、それまでにかかった費用の清算以外の精神的損害に対する損害賠償義務が発生するのは、婚約解消の動機や方法等が公序良俗に反し、著しく不当性を帯びている場合に限られるものというべきである。婚約当事者以外の者が婚約当事者に対して婚約を解消することを決断させた場合においても、同様に、精神的損害に対する損害賠償義務が発生するのは、その動機や方法等が公序良俗に反し、著しく不当性を帯びている場合に限られるものというべきである。例えば、親が、結婚を望んでいる子に対して、婚約の相手方の親族との円満な協力関係の形成が見込めないことを理由に婚約解消をするよう強く説得することは、それだけでは、婚約の相手方に対する精神的損害の損害賠償義務を発生させるほどの違法性を持たず、その動機や方法等に公序良俗に反する点が認められて始めて、損害賠償義務を発生させるほどの違法性を具備するものと解するべきである」。本件では、以上のような事実は認められない（X敗訴）。

「二宮周平」は、できるだけ正当理由を緩やかに解し、婚姻の自由を保障すべきであるという観点から、本判旨の立場を支持している。[102] このような学説が少なくない。[103] 婚約後に相手方の性格や家族も含めた価値観等がはっきりしてくることも多いので、婚約には「相互に生涯の伴侶を見極めるための猶予期間」という趣旨もあると解する説もある。しかし、法的にはそのような事情は婚約前に知るべきものであることに加えて、双方の努力で克服できる可能性のあった支障であり、結局のところ、大人として未成熟な結果による破綻でしかないので、そのことを理由に婚約の解消が許容されるべきであるというのは、著しく正義公平に悖ることとなろう。本判旨の立場では、一体何のための通過儀礼であったのか、何を信じて婚姻の準備行為をすればよいのか、不透明となり、もともと曖昧で不安定な男女関係のなかでは、婚姻届出までは何時でも「関係離脱の自由」を認めるに等しい結果にもなりかねない。むしろ、本件のようなケースでは、婚約の破棄に正当理由がないとした上で、以上のような事情は、損害の「額」の判断のなかで考慮されるべきものと解すべきである。百歩譲って、Yの責任を否定することが正当であるとするならば、「双方に責任がある」とすれば、それで十分である。「公序良俗」論などという論法を軽々に使うべきではない。やや事案が異なるが、この種の人生観の相違による破棄責任の違法性を肯定した[40]判決の深重な説示が参考とされるべきである。

(98)　国府・前掲注（65）『婚約』七二頁以下、一一六頁以下を参照のこと。類型的に詳細に分析されている。

(99)　高度経済成長期のなかでモータリゼーション時代を迎えると、婚約者同士がドライブ中に事故に遭遇する事例も少なくないが、そのことが起因となって婚約が破綻する例も散見されるようになった。秋田地裁大曲支判昭和五一・五・二八交通事故裁判集九巻三号七九一頁は、その典型例であろう。原告女性は被告男性の運転過誤により重症を負ったことから、事故による損害賠償と共に婚約破棄・婚姻予約不履行に基づく損害賠償を請求した。判旨は「原告は、被告と昭和四六年六月頃から親しく交際するようになり、昭和四六年一〇月二三日婚約し、その後両者は肉体関係の交渉をもつようになり、昭和四七年八月八日原告は妊娠し、被告と相談の上中絶までするに至つた。しかし、被告は本件事故により原告の顔面の傷痕が残ると知るや、突然と昭和四八年四月五日原告に対し婚約破棄を申し入れて来た。このような被告の仕打により蒙つた精神的損害を慰藉するには金二〇〇万円を要する。」

(100)　判例マスター2001-07-66-0005（本件については、水野・前掲注（5）「内縁準婚理論と事実婚の保護」六三六頁注（15）の示唆による）。

(101)　ＴＫＣ法律情報データーベース（LEX/DB 検索番号28091172）

(102)　二宮・前掲注（19）『家族法（第三版）』一四〇頁。

(103)　たとえば、小野・前掲注（38）一四六頁を参照のこと。小野は、アメリカ法から示唆を受けながら、「相互に相手方が生涯の伴侶として相応しいかどうかを見極めるための猶予期間」として、婚約を位置づけている。たとい社会的事実としては、そのような側面があるとしても、そのことから、論理的・法的にも無責になるという結論にはならないであろう。そのような見極めを相互に自己開示を通して関係を形成していくことこそが、社会的に求められている理性的な人間像ではないか。女性の「揺れ動いた心理状態」を強調するが、男性の心理状態はどうなのか、女性側のみの心理状態を重視するのは、衡平に失する。曖昧な理由で破棄した者の責任を否定する根拠が不透明である。

八　詐欺誘惑の論理

戦前の裁判例では、「詐欺誘惑の論理」によって女性を救済した例は重婚的婚姻予約（主として内縁）のケースであった。戦後でも、この傾向は承継され、後述のように、やがて昭和四〇年代に最高裁判決が登場している。この判決例は、七〇八条の「不法性の解釈」に重要な問題を提起したものであるが、それに加えて、いわゆる非婚関係にある女性の保護にとっては、画期的な判決といえる。この判決を通して、わが国での「詐欺誘惑の論理」が本格的に始動したこととなり、将来とも、その展開が期待されよう。

他方で、重婚的関係ではないが、婚約の成否が争点となり、情交関係を求めた当事者に婚姻意思がないとされたケースでも、人格侵害による慰藉料請求を認容した例も登場しているので、これらも含めて、婚約の成否との関連に留意しながら、いくつかの裁判例を分析しておこう。

1　大審院時代

(1)　重婚的婚姻予約ケース

大審院判例には、重婚的婚約が公序良俗に違反して無効であるとした例は見当たらないようである。しかし、重婚的内縁の不当破棄については、[104]「国民道徳ノ観念ニ照シ善良ノ風俗ニ反スル事項ヲ目的トスル法律行為ニシテ全然無効ナルモノト解スル」とされた（大判大正九・五・二八民録二六巻七七三頁）。大判昭和一〇・二・八（法学四巻七号一四五頁）も、正当婚姻が形骸化していたが、なお保護を否定した。いずれも、婚姻予約に付帯してなされた扶養契約と贈与契約の有効性が問題となったケースであるが、婚姻予約自体の無効が前提とされた。

他方で、大判昭和一五・七・六（民集一四巻一一四二頁）は、婚姻予約の有効性に基づくのではなく、内縁の妻の人格侵害を不法行為に基づいて請求した事例であるが、正妻との離婚手続準備中であるとしても、「民法第七百八条ニ示サレタル法ノ精神ニ鑑ミ敢テ保護ヲ与フヘキ限リニアラス」とした。本件では、正妻が出ぽんしたため、女性が男性側の家族に請われたことから、婚姻の届出を期待して内縁関係に入っている事案であるが、不当にも、保護を否定している。ただし、この昭和一五年判決は、抽象論レベルではあるが、内縁の妻が「正妻アルコトヲ知リナカラ」

という限定を付しているので、全くの善意のケースでは、どうなるかは不分明であった。なお、居所指定権の濫用（離籍無効確認請求）の可否との関連であるが、男性が正妻と別居していて事実上の協議離婚の状況にある場合には、女性が「養母其ノ他ノ近親者ノ承認ヲ得テ［男性］ト事実上ノ婚姻ヲ為シ之ト同棲スルモ必シモ之ヲ以テ人倫ニ悖リ善良ノ風俗ニ反スルモノト云ウヘカラス」ということから、「法律上正式ノ離婚手続未タ完了セサルノ一事ヲ捉エテ」、その「同棲ヲ人倫ニ悖ル行為ナリト」とした原判決は違法であるとした事例もある（大判昭和一二・四・八民集一六巻四一八頁）。

いずれにせよ、内縁事例では、婚姻予約の成否という観点からも、また、女性の人格権侵害という観点からみても、いずれも、大審院は、基本的には重婚的な「婚姻予約関係」を公序良俗違反として、その保護を否定していたと評価して大過なかろう。ただし、大審院の立場は、なお不透明なところが残されたので、当時の下級審裁判例も、女性の善意悪意は問題とならないとした消極例のほか、善意のケースや正当婚姻が形骸化しているケースでは、これを保護した例もある[105]。

(2)　民事連合部判決との関連

ところで、本書「第三章」で詳論したように、「詐欺誘惑の論理」は、「民事連合部判決」の婚姻予約有効論と裏腹の関係にあったところ、民事連合部判決が婚約・内縁破棄の保護に対して不法行為構成を否定したことから、その後における裁判例では、「詐欺誘惑の論理」それ自体は独自の展開・成長の機会を事実上奪われるような結果となっていたように思われる。これは、当該事案の特殊性にあったが、民事連合部判決の抽象論が一人歩きしたことの結果であるところ、それに加えて、当時の婚姻習俗は通過儀礼を重視していたので、そこからはみ出る男女関係には、基本的に保護を否定するという社会的秩序があったように思われる。裁判所は、そのような規範秩序に羈束されていた面も否定し得ないであろう。また、そうした家を軸とする社会秩序の下では、そもそも余程の事情がないかぎり、この種の紛争は裁判にはならなかったであろう。

このような状況は、基本的には敗戦後にも引き継がれているところ、具体的な事案との関連もあるが、やや異なった方向性も見られる。そしてついに、昭和四〇年代に「詐欺誘惑の論理」を真正面から採用した最高裁判決が登場した。そこで、この最高裁判決に至るまでの下級審裁判例の推移を検討してみよう。(106) そこは、いわば最高裁判決の孵化場ともいえるからである。

2　戦後の下級審裁判例

そもそも重婚的婚約も、重婚的内縁と同じく、それ自体としては、基本的に保護されないことは、今更改めてここで再確認するまでもないが、一定の要件のもとで「婚姻予約」として保護されることもある。(107) 一方、婚約・婚姻予約にはならないとしても、男性の詐欺的言動をとらえて、女性を保護した例もあるので、以下、参考となる重婚的内縁ケースも含めて、若干の裁判例を検討してみよう。

(1)　重婚的婚約・内縁を保護した事例

(ア)　つぎの[42]判決例は、内妻のいることを秘して求婚し、甘言をもって経験のない女性に情交関係を迫り、約四年間にわたって関係を継続したうえ、内妻と婚姻したというケースであるが、判旨は、故意に内妻のある事実を秘しXを欺いてその純情を弄びその貞操まで奪ったとして、男性の「不純な動機」を非難している。しかし、「詐欺誘惑の論理」にはよらず、婚姻予約・婚約の成立を認めた。

[42]　京都地判昭和二九・一一・六下民集五巻一一号一八二九頁（婚約）

〔事実・判旨〕　事実関係については、[3]判決参照。「婚姻予約はその性質上必ずしも一人の男性につき二重に成立することを阻むものではなく、特に本件に於ては原告は被告にその頃内妻があるなどとは夢想だにしなかつたものなること前認定の通りであり、且又証人大宮かつの証言の一部と原告本人尋問の結果によれば前記久喜ナミ江（内妻）と右かつ（男性の実母）とは当時意見が合わず不和の状態にあつた事実も認めうるのであるから、被告に於ては（極めて不道徳なことではあるが）一方に於てナミ江と同棲しながら他面その解消の場合を予想して原告と婚約したとも認定しうる事案であり、前認定の本件婚姻予約が当初より不成立又は無効ということをえない。」

(イ)　下記の二例は重婚的内縁ケースであるが、婚姻予約の成立を認めている。

(a)　つぎの例は、婚姻予約の成立に至るまでの経緯が複雑で興味深い。「妻と離婚した」という虚言によって再三、裏切られた女性ではあったが、男性の実母までが婚姻を懇請したことから、躊躇しながらも、曲折のうえ結婚に踏み切っている。その信頼を裏切った者の責任は重たい。慰藉料のほかに、逸失利益（所得減）も認めている。

[43]　東京地判昭和三四・一二・二五下民集一〇巻一二号二七五一頁（内縁）

〔事実〕　Y男は、妻子があるが別居中であり、いずれ離婚する旨を告げて、同僚のX女に求婚したが、受け入れられなかったところ、後に離婚したと称してXに強く婚姻を求めたので、XはYの言を信じて、昭和二八年二月ころ関係を結んだ。しかし、Yが挙式に応じないので、調査したところ、いまだ正妻と同棲し、離婚していないことが判明した。XはYに対し自分が身を引く旨を伝えたが、Yの実母が必ず結婚させる旨を申し添えたので、Xもこれを承諾した。ところが、Yが昭和三〇年四月から某県の自衛隊に入隊したので、Xは同地でYと同棲する予定であったが、未だ離婚していないことが判明したので、Xは、再三のYの不信を怒り同人とは婚姻し得ない旨を伝へた。ところが、またまたYもYの母も来合わせて、婚姻を懇願するので、Xも遂にこれを承諾して、同年四月二六日以降から昭和三一年七月十五日まで、基本的には夫婦として同棲した。XがYとの関係同棲中二回にわたって中絶手術をしている。Yは協議離婚したが、結局のところ、再度、昭和三二年二月一八日に前妻と婚姻した。

〔判旨〕　Yは、私通関係にすぎないと争ったが、「XYは昭和二八年二月中将来婚姻すべき約束の下に関係し其後この関係を継続し昭和三〇年四月二七日から三重県久居に於て内縁の夫婦として同棲して居たもの即ち所謂婚姻予約の関係に在つたものと認めるに十分である」。Xは、正妻がいることを知っていたが、離婚したことを告げられたため、最初肉体関係をもった時は勿論、興信所の報告あるまでは、Yの離婚済みであることを信じていたことは前段認定の通りであり、その後も関係を継続していたものであること、しかも、Yは正妻と協議離婚していることから、「以上の事情の下に成立した本件婚姻予約は少くともＸＹ間に於ては法律上有効なものと認めるを相当とする」（慰藉料は金四〇万円）。
他に逸失利益も認容した、Ｘは、Ｙとの婚姻予約がなかったならば、少くともなお二年六月は同会社に勤務したことは認め得るから、「此の期間の得べかりし利益は婚姻予約が誠実に履行されることを信頼したことに因つて被つた損害と解するを相当とする。」

(b)　つぎは、多年にわたる内縁関係を夫が不当に破棄した事例であり、この限りでは、問題なく「婚姻予約不履行」となるところであったが、関係成立後において、妻が正妻のいることを知りながら、結局のところ、夫の意向に左右されて、ずるずると関係を継続したものである。

[44]　東京高判昭和三二・七・一一家月九巻七号二五頁（内縁）

〔事実〕　Ｘ女は、Ｙ男と昭和三年に知り合ったが、その当時はＹに妻子のいることを知らなかったので、Ｙの言を信じ間もなく肉体関係を結んで同棲した。しかし、Ｘは間もなくその事実を知り、将来のためＹとの関係を断とうと考え一時別れたこともあったが、Ｙはしつこくにつきまとい、妻とは事情があって近く別れるなどの甘言をもって誘ったので、Ｘもずるずると同棲生活に逆戻りした。昭和一一年には、Ｙの妻が死亡したので、Ｘが入籍手続をもとめたが、Ｙは婚姻を約束しながら、ついに届出に協力しなかった。昭和二六年一一月には、Ｘ自身の子をめぐってＸＹ間に感情の対立が生じ、Ｙは、Ｘが家出した子を探すため数日間家を空けた機会を捉えて、Ｘの帰宅を拒み、ついに他女と内縁関係を結ぶに至ったので、届出は不可能となった。

〔判旨〕　「ＸがＹと肉体関係をもつに至つたのは、Ｙを独身者と信じ将来結婚する旨のＹの甘言に誘われてのことであつたとはいえ、Ｙには当時妻があつたのであるから（しかもＸは間もなくその事実を知つたのである）、少くともＹの妻が死亡するまでの関係については、Ｘはあえて法律上の保護を期待しえなかつたものと認めざるをえない。しかしながら、昭和一一年九月八日Ｙの妻が死亡した後の両者の関係は、事実上の夫婦関係に外ならず、かつＸＹが進んで婚姻の届出をし適式な婚姻をするのに何の妨げもなかつたのであつて、現にＸはそのことを切望しＹにしばしばその希望を訴え、Ｙもこれを承諾して事実上の夫婦関係を継続したのであるから、ＸＹの右の関係はいわゆる婚姻予約関係として正に法律上の

保護に値したものというべきである。」（慰藉料一〇万円）

この種のケースであるならば、おそらく問題なく内縁関係の成立を認められるので、特に注目すべきほどのものではないが、この当時では、内縁関係成立当時の「発端」を重視している姿勢が見られる。

(ウ)　婚姻予約としては保護しなかったが、男性の詐欺的言動を非難して、不法行為責任を認めた一連の裁判例がある。「詐欺誘惑の論理」を使用した例として、注目される。

(a)　つぎの例では、当初は情交関係自体が男性の目的であったが、やがて、女性側が男性からの経済的援助を期待しながら入籍を求めているので、いわゆる妾関係と近似した男女関係となっているようにも思われる。

[45]　大阪地判昭和三二・六・一九不法行為下民集昭和三二年度（下）七二七頁

〔事実〕　X女（当時一七歳）は、昭和二五年六月ころよりY（Xより一九歳年上で会社社長）から会社の帰りに誘いをうけ交際を始めるようになり、Yは、タンス、オーバー、靴などさまざまな物品を買与えてXの歓心を買うことにつとめたが、昭和二五年一〇月初めころ正妻のあることを秘してXに結婚を申し込んだ。XはYの親切にほだされ次第にYに対し愛着を感ずるようになり、Yの申込みを承諾して、その頃ホテルにおいてXはYより肉体関係を求められるままにこれを許した。同年一〇月には、Yは、Xの母を会社の留守番役等として雇い入れたが、同時にXと母妹が会社内に居を移した。Yは昭和二六年四月には「結婚式をあげ且入籍する」等と言って、Xの母に対しXとの婚約につき同意をもとめたので、Xの母もYの言を信じて、結婚の同意をあたえ、Xもこれを信じて、Yとの情交関係を継続した。ところが、昭和二六年一二月ころXの母が入籍を強く要求する等のことが起因となり、同人と口論の末、Yが同人を殴打したことがあってから、YはXとの関係を絶つにいたった。

〔判旨〕　「前段認定の事実によればYには妻があるものであり、かような場合にYがXと婚姻することを約しても真意にあらざるものというほかなく、又仮りにYがその妻と離婚することを条件に婚姻することを約しても民法九〇条によりその予約は効力がないものというべきである」。しかし、「Yは未成年のXに対し婚姻の意思がないのにあるように装つてXを欺きその処女を奪い、その後もXがYよりYに妻のあることを聞知するまでの間Xをして結婚の希望を抱かしめこれを欺罔して来たことは否定し得ないところであるから、Yが不法にXの貞操を弄びこれを侵害して来たものとなすべく、YはXに対し右侵害によつてXの蒙つた精神的損害を賠償すべき義務があること明らかである」。もっとも、Yの身元について調査をすればYには妻があって到底Yとの婚姻の望はないことが判明したはずであり、したがって、Yとの関係をもつにいたらないか、然らずとしても早期にこれを清算しえたであろうと思われるが、このことは損害賠償の額を算定するにつき斟酌されることはあっても、YがXに対して負う賠償の責任には何等の影響を及ぼすものではない。Yの月収一二万円などの事情も考慮すれば、慰藉料二〇万円をもって相当とする。

(b)　つぎの例では、典型的な詐欺誘惑による男女関係が問題となっている。婚姻意思を前提とする婚姻予約の成立は、困難であったように思われる。

[46]　大阪地判昭和三二・九・九不法行為下民集昭和三二年度（下）七四〇頁

〔事実・判旨〕「被告は、当時満十九才の未成年者である原告とひとたび情交関係を結ぶや、引続き原告を誘惑して愛欲関係を継続しようと企図し、真実原告と結婚する意思がないのにかかわらず、あたかもその意思があるように装つて、近い将来結婚したい旨申入れ、当時既に自己は妻子があり、年齢は二十九才で月収は約一万五千円である（右月収の点は後示認定のとおり）にかかわらず、原告の母を通じて原告の両親及び原告に対し前認定のように独身であるなど虚偽の事実を申し述べて、結婚の申込をし、同人等を錯誤におちいらせて、原告と情交関係を継続し妻子のあること及び年齢の点につき虚偽の事実が発覚するや、更に原告及びその母に対し、妻を離別して原告と婚姻するとうそをいつた。そして、昭和三十一年十一月二十五日自己勤務病院の事務長を負傷させたから駈落ちしてくれ、そのうちに妻とも離別し、原告と結婚するからと原告を欺罔して、その旨信じている原告から駈落の費用を出させて、数日間大阪市で原告と同棲した。そして同棲直後原告に対し一片の書信を以て絶縁を申し渡した。被告の右所為は、原告と結婚するが如く装つて、その旨原告を誤信させ、その結果原告をして被告と情交関係を継続し、同棲するに至らしめたものであつて、その間原告の貞操をじゅうりんしたものであるというべきである。」（慰藉料五万円）。

(c)　つぎの例の男女関係も、前記(a)と同様に、情交関係成立後では、妾関係に近似した男女類型となっている。

[47]　長崎地判昭和三八・六・二八家月一五巻一一号一一〇頁

〔事実〕　X女（三七歳）は、旅館の女中をしていた当時に客としてのY男（五〇歳）と昭和二七年初めころ関係を結んだ。その間、Yは、Xに対し、自己に妻のあることを秘して、あたかもXと婚姻するかのような言辞を弄していたので、Xもこれを信用して、Xの求めるまま情交に応じていた。昭和二九年にYは自己が経営する会社の出張所を開設してXとその長女をそこに住まわせたことから、Xは、Yとの婚姻を期待し、他の縁談を断って、自己の姉にXを結婚相手として紹介するなどしていた。しかし、昭和三五年暮から、Xが子宮内膜症に罹患してから病弱となったので、YはXを疎んじ、情交関係も途絶えた。昭和三六年一一月になって、Xに対し建物の明渡しを求めて提訴した。

〔判旨〕「Yには妻があつて正常な結婚生活を営んでいる事実にかんがみ、たとえYがXと将来結婚する旨云つたからとてそれは情交を求める口実にすぎず、またXがその親類をYに引合せた事実があつたところで、いまだもつて両者間に法律上の婚姻予約の成立を認めるに足らない」。また、たとい事実上いわゆる内縁関係を生じていたとしても右関係は本件のように他に正常な婚姻関係が存在する場合には法律上の保護に値しない。しかしながら、不法行為責任は認められる。「YはXに対し、自己に妻のあることを秘し、婚姻の意思がないのにあるように装つてXを欺いて情交関係を結び、その後もXがYに妻のあることを察知するまでの間Xをして結婚の希望を抱かしめ、これを欺罔して情交関係を続けて来たことが認められるから、Yは不法にXの貞操を弄びこれを侵害して来たものというべきであつて、YはXに対し右侵害によつてXの蒙つた精神的損害を賠償する義務があることが明らかである」。慰藉料については、つぎのように説示する。Xは一万二千円の生活費の支給や間代等の収入をえていたこと、Xの子を短大まで出させてもらって、現在、その子が教員をしていること、また軍人恩給を受けていることなどの事情、他方で、Yは手広く商売をして相当の資産を有することなどのほか、不法行為の態様を考慮すれば、金二〇万円をもって相当とする。

(2)　重婚的婚約・内縁ケースではない事例

上記のように、「詐欺誘惑の論理」が適用される事案は、一方が婚姻していながら、それを秘して相手方と結婚の約束をして情交関係を結ぶ場合であり、戦前では、このようなケースに限定されていた。ところが、いわゆる重婚的婚約ケースではない事例もある。

(a)　男性が結納まで交付しているが、婚約の前段階の関係とされたうえで、男性の詐欺的言動を捉えて「不法行為責任」を認めた珍しい事例がある。

[48]　東京高判昭和三五・九・八東京高裁民事判決時報一一巻九号二四六頁

〔事実・判旨〕「右認定によれば、控訴人（男性）の兄政蔵らが控訴人本人の確定した意思をきくことなく、被控訴人（女性）に結納を贈つたことには、いさゝか軽卒のきらいがあり、控訴人がその後の被控訴人との交際に際して、被控訴人が控訴人との婚約成立を確信していることを知りながら、これを訂正しないばかりか、かえつてその確信を助長するような言動にのみ出でたことは、甚しく無責任のそしりを免れないけれども、本件において控訴人の真意は婚約前の交際の意図を出でないものであり、少なくとも本件においては前記結納が贈られたの一事をもつて、本件当事者間に婚姻の予約が成立したと認めるには、未だに十分なものがないとするのを相当とすべく、その他右事実を明認するに足る証拠がない。したがつて、控訴人の婚姻予約不履行を原因とする本訴請求はその理由がないものといわなくてはならない。しかし、上に認定したような控訴人の言動は、自己において真に婚姻の意図もないのに、そのことを確信している被控訴人の誤解を解こうとしないのみか、かえつてこれを助長するような言語態度に出で、被控訴人につよくすゝめて、勤務を始めて半年にしかならない勤務先を辞さしめるなどの財産上の損失を被らせたうえ、突然婚姻の意思のないことを明らかにして控訴人との婚姻を信じて疑わなかつた被控訴人に対し精神上の苦痛を与えたものであるということができ、故意、少くとも過失によつて被控訴人の財産権及び人格権を侵害したものとして、これに基因する有形無形の損害を賠償すべき責任あるものといわなければならない」（慰藉料額、財産損害の可否は不詳。）

婚姻予約が否定されたのは、本件の男女関係では、おそらく性的な関係がなかったことのほかに、結納の授受が男性の意思に基づかなかったという関係の当初・発端の意思が重視されたことによるものと思われるが、その後の関係の蓄積こそが婚姻意思の成否ないし認定にとって重要なので、婚姻意思を単純なる事実と解したことから、誤った論理構成に陥っているように思われる。事情がよく分からないところがあるが、男性が女性の勤務先まで退職させているというのだから、このような重大事を申し入れる行為態様と、これを承諾するという行為態様から推知しても、単なる婚約前の交際というのは、いささか厳格にすぎよう。いったい誰が婚約の成立を前提としないで、退職を求めたり、これに応じて退職したりするであろうか。婚姻意思の要件事実と証明手法との区別ができていない結果であり、そのことから女性救済という実質的価値判断を「詐欺誘惑の論理」に仮託しながら、つじつま合わせをせざる得なかったものと思われるが、財産行為にかかる詐欺の論理を念頭においた拙劣に過ぎる解釈論である。このような「心変わり」が詐欺というならば、大抵の恋愛関係の破綻は、詐欺となろう。婚約の成立を認めたうえで、正当理由の可否として処理するのが素直な解釈である。

(b)　つぎの例は、結婚することを前提にして女性が情交関係を結び、二度にわたって妊娠中絶し、その間、結婚を期待して関係を継続していたが、結局は、男性が他女と婚姻したという事案で、当初から結婚意思がなかったと判断したうえ、人格侵害による不法行為責任を認容している。

[49]　東京地判昭和四〇・四・二八判時四一七号五〇頁

〔事実〕　看護婦のX女（昭和六年二月九日出生）は、入院中のY_1男と知り合って、昭和三〇年五月末頃から交際を始め、同年九月七日の退院の直前にY_1は、「自分は身体も弱いから、看護婦をしている君と結婚したい」旨述べて結婚の申込をしたうえで、情交関係を結び、退院後も、しばしば会って情交関係を継続していた。Xは、Y_1との結婚につき、母親や親戚に知らせていた。昭和三三年ころXは妊娠したところ、Y_1の要請で中絶したが、その頃からXはY_1に結婚を絶えず要求したが、Y_1は来春には結婚するなどと称して、経済的に困難であることを理由にこれには応じなかった。昭和三五年一二月暮れに再度Xが妊娠したが、また中絶を求められ、中絶すれば、Xの母親に会う旨を述べたので、これをやむを得ず承諾した。不審に思ったXの母は上京してY_1の真意を問いただしたところ、Y_1は、Y_1の母Y_2が反対しているが、昭和三六年中には必ず結婚できるように努力するから安心して貰いたい旨述べた。同年四月ころ、Xは、心配していた病院の上司に依頼してY_2を説得してもらったが、Y_2は頭から反対し、同年一〇月二〇日ころからY_1のXに対する態度は急に冷淡になり、

Xを避けるようになった。Xは再度、第三者を介して、Y_2の説得を試みたが、かえって、Y_1には他女との縁談が進められ、同年一二月に挙式のうえ翌三七年二月に婚姻届がなされた。

〔判旨〕「ところで身分関係の一たる婚約は結婚当時当事者双方が真実将来結婚する意思を有していたことを要件とすることはいうまでもない。しかして、本件において、右認定事実によれば、Y_1はXに対し結婚の申込をしてXと情交関係を結びその後も常に将来結婚する旨述べ且つその意思を明らかにするような行動をもとってXの歓心をかいながら情交関係を継続していたことは明らかであるけれども、他方Y_1は当初からXと結婚する意思を有せず、さりとてXとの情交関係を断絶することにも未練が残り、Xからの結婚の要求に対し、その意思とはうらはらに将来結婚する旨述べ、またXの歓心を買うような行動をとってその場その場を糊塗し、また、結婚にふみきれない理由として昭和三五年頃までは経済的理由を、昭和三六年に入ってからはY_2の反対を掲げ、X等がY_2を説得しようとすると、Y_2が反対することが確実であることを予想し確信してXやその知人をY_2に会見せしめていたものであると認めるのが相当である」。したがって、婚約の成立はみとめられない。しかしながら、「Y_1は真実結婚する意思がないのに拘らず、あたかもこれがある如く装い、昭和三〇年九月初め頃Xに対し結婚してほしい旨申出て、そのことを信じたXと同日情交関係を結んだのをはじめ、その後Xの結婚の要求に対し、結婚の意思の固い旨確言しながら経済的理由やY_2の反対を理由として暫く待つよう申し向けてXをその旨誤信させ、Xと数年間にわたり情交関係を継続し、Xの貞操を侵害し、Xに甚大なる精神的苦痛を与えたことが認められる」。そこで慰藉料額について判断する。Y_1の俸給（月額手取三万五〇〇〇円）のほか、XY_1の情交関係発生の経緯、その期間ことにXの結婚適令期間ともいえる二三才から数年にわたって情交が続いたこと、Xが二度までY_1の要求により妊娠中絶をしていること、その他諸般の事情を考慮すれば、慰藉料額は金一〇〇万円をもって相当とする。

本件では、婚約の成立を認めたうえで、婚約不履行と構成できないわけではない。しかし、他面において、本件のY_1は学生時代から他女と情交関係をもち、Xとの情交関係を生じた後も、しばらくの間、同女との関係を続けていたこと、Y_1については勤務先においても、前記入院中も女性関係について芳しくない噂があったこと、Y_1は勤務会社の同僚に対し、Xと結婚する意思はないが、急には別れがたい等といって胸中を打ち明けていたことなどの事実も認定されているので、この種の事案では、婚約と構成するのは無理があり、「詐欺誘惑の論理」を適用するのが妥当であろう。

3　最高裁判決の登場

妻と別れて結婚するとの言を信じたとしても、その裏切りが直ちに婚約破棄になるとはいえないが、詐欺的言動ないしそれに準ずる悪質な行為態様があれば、そのこと自体が女性の人格権を侵害したこととなるとされている。このような不法行為的救済（seduction）は、男女関係のなかでは、古くから認められており、ドイツ民法典（八四七条二項）などの外国の立法例には、明文の規定がある。わが国でも、すでに検討したように、ことに戦後の一連の下級審裁判例では、そのような傾向がみられた。かくして、つぎの最高裁判決が、その流れを集約して、一定の準則を定立して、騙された女性の救済可能性を認めることとなった。

(1)　事件の概要

[50]　最判昭和四四・九・二六民集二三巻九号一七二七頁

〔事実〕　X女は、高校卒業後の昭和三五年三月一日から在日米軍兵たん司令部経理課に事務員として勤務することとなり、上司で米国籍を有するYと知り合い、通勤の送り迎えを受けるとともに、映画、ナイトクラブ等に連れて行ってもらうほどの仲になった。Yは、当時妻と三人の子があったが、従来から妻とは不仲で、同居しているものの寝室を共にしない状態であったので、性的享楽の対象をXに求めるようになり、昭和三五年五月ころにYに対して前記のような家庭の事情を告げるとともに、Xが一九歳余で異性に接した体験がなく、思慮不十分であるのにつけこみ、妻と別れてXと結婚する旨の詐言を用い、昭和三五年五月二一日から同三六年九月頃までの間に十数回にわたりXと情交関係を結んだ。

ところが、YはXの妊娠を知らされると、同年九月頃からXと会うのを避けるようになり、Xが出産した際、その費用の相当部分を支払っただけで全くXとの交際を絶った。なお、Yは、Xと関係をもつ直前から他の女性と関係を継続していたほか、さらに別の女性とも情交関係を結んでいた。その後、昭和三八年三月八日に子どもの認知と養育費について調停が成立したが、慰謝料についてはYが同意しなかったため、Xは、不法行為（貞操権の侵害）による慰謝料（二〇〇万円）を請求した。これに対して、Yは、XはYに妻がいることを承知のうえで関係を結んだのであるから、不法原因給付の規定の精神からして、その請求は許されない、と反論した。

一審は、民法七〇八条に示された法の精神に鑑みて、Xの請求を排斥したが、原審（東京高判昭和四二・四・一二高裁民集二〇巻二号一九一頁）は、一般的には本件のような男女関係は公序良俗に違反するので、七〇八条の類推適用により、女性の保護は否定されるべきであるが、正当婚姻が事実上離婚状態にあるか、そうではない場合でも、情交関係を結ぶことにつき、「双方の動機ないし目的、欺罔手段の態様、男性に妻があることに対する女性の認識の有無等諸般の事情を斟酌して双方の不法性の動機を衡量してみて、公序良俗の事態を現出させた主たる原因は男性に帰せしめられるべきであると認められるときは、同条「ただし書」により女性を保護すべきである。と判示した。慰藉料の額については、つぎのように判示する。X側の事情として、一九歳で性経験がなく、子を養育しなければならないこと、ただ、結婚前の情交はこれを慎むのが良識ある女性のあり方であること、現在、美容学校の学生で定収入がないこと、その他、不法行為の態様やYの収入（月額二三四ドル）のほか、成人までの養育料月一万円の支払義務があること（調停成立）などの事情から、金六〇万円とした。

〔判旨〕（上告棄却）「思うに、女性が、情交関係を結んだ当時男性に妻のあることを知っていたとしても、その一事によって、女性の男性に対する貞操等の侵害を理由とする慰藉料請求が、民法七〇八条の法の精神に反して当然に許されないものと画一的に解すべきではない。すなわち、女性が、その情交関係を結んだ動機が主として男性の詐言を信じたことに原因している場合において、……右情交を誘起した責任が主として男性にあり、女性の側におけるその動機に内在する不法の程度に比し、男性の側における違法性が著しく大きいものと評価できるときには、女性の男性に対する貞操等の侵害を理由とする慰謝料請求は許容されるべきであり、このように解しても民法七〇八条に示された法の精神に反するものではないというべきである。」

(2)　判決の分析

(ア)　学説の評価　本件については、学説は、基本的に支持しており、すでにすぐれた論評がなされているので、一夫一婦制や七〇八条に関する解釈論のほか、本件の一般的な評釈はそれらに譲り、[108]ここでは本書の視角から、その事件類型と婚姻予約有効論との関連に限定して、分析してみよう。

本件と先述の大審院昭和一五年判決との事案の相違についていえば、後者では、正当婚姻が事実上破綻しており、しかも離婚手続中であって、男性の家側から婚姻を懇請されたという事情があったことのほか、すでに女性が男性と内縁関係に入っていたので、一般論もさることながら、具体的な事案との関連でも、その保護を否定したことから、当時の学説もすでに厳しく批判していた。[109]本件では、いわゆる重婚的な「婚約関係」にすぎないので、単なる私通として、保護が否定されても、みずから播いた種であり、軽々に男性の甘言を信ずるなどというのは、いわば「自業自得」なのであるから、[110]それほど女性側に過酷な結果というわけではなかったともいえよう。これ自体の評価には一理あるが、女性が妊娠・出産している事実は、大審院判例にはなかった。本書も、単なる情交関係にすぎないならば、「私的な関係」とする判断もあり得たと思われるが、原判決が慰藉料の評価のなかで言及しているように、女性が今後一生にわたって子を養育するという重荷を負わざるをえないことに起因する精神的負担・苦痛を考慮すれば、詐欺的言動もさることながら、もはや私的な性的関係というレベルの問題として捉えることは許されないように思われる。したがって、一般論のみならず、結論も正当であった。

(イ)　「著しい不法性」　本判決の登場によって、大審院判決との関連も考慮すれば、正当婚姻が事実上離婚状態にあり、それが形骸化しているならば、本判決の準則をまつまでもなく、不当な関係破棄に対して女性は保護されることとなろう。[111]本件の第一審も原審も、このことを明言しているし、すでに当時でも一般に社会通念となっていたものといえるが、後に最高裁は、このようなケースでは、正妻から他女に対する慰藉料請求を否定したことから（最判平成八・三・二六民集五〇巻四号九九三頁）、今日では、疑問のないところである。そこで、このような場合には、たとい当初に詐欺的言動があっても、関係継続中に婚姻意思があると「評価」できるような行為態様があるならば、先述した下級審裁判例のように、婚姻予約の成立をみとめることもできないわけではない。また、男性が婚姻している事実を女性が認識していない場合も、基本的には同様に考えてよいであろう。ただし、途中で婚姻の事実を認識しながら、ずるずる関係を継続したような場合には、やはり不法性の比較が必要となろう。

本判決は、以上の意味も含めて、不当破棄責任に限定され、一定の要件も必要であるが、判例法上「新たな男女類型」を新規に創設したといえるので、婚外男女関係の保護に金字塔を打ちたてたといえる。ただ、問題なのは、本件ケースのような場合には、男女の不法性を比較して「著しい」と評価されたときにのみ、女性が保護されることになっているので、下級審裁判官の価値判断に左右される面が残されていることであろう。男女のなり染めは、そもそも微妙なやり取りがあるのが普通であり、その判断の具体的な考慮事情が不分明であると、結局のところ、婚約成否の価値判断と同様の問題に直面することとなり、具体の場で個別的正義が実現できないことにもなりかねない。この問題は、将来、具体例の蓄積にまつことにならざるを得ないとしても、何らかの判断指標が必要とされよう。そこで、本書では、婚約法からみて「秘密裡の男女関係」との関連に留意しながら、以下のような問題視角を提案しておきたいと思う。

判例によれば、「秘密裡の男女関係」については、「誠心誠意性」のある婚姻意思の存否によって、婚約と私通とが区別される。このタイプの男女関係でも、継続的な情交関係と妊娠ないし出産という事実が認められると、婚約としての保護が与えられる蓋然性が極めて高くなることは、すでに検討した。ここでも、女性が男性側の「将来結婚しようという約束」を信頼して関係を形成している。女性は、それを信じて、情交関係を結ぶのが、通常の成り行きである。そこでの「結婚しようという約束」は、当初は真実にあったとしても、ことに女性が妊娠するなどの事情によって、男性側の結婚意思が曖昧となることから、結局のところ、関係が解消しているので、「詐欺誘惑の論理」の成否の分水嶺は、形式論的には関係の当初から婚姻意思がなかったか否かにある。重婚的婚約では、当初から婚姻意思がなかったと推断されるので、双方の区別は一応は容易ではあり、実際、「詐欺誘惑の論理」で救済されてきたのは、主としてこの種の男女類型である。これに対して、単純婚約類型でも、本書が取り上げた裁判例のなかでは、婚姻習俗による挙式がなされていても、「相手方に婚姻意思がなかったこと」を主張するケースもあった。極めて短期間で破棄されたような場合には、そのような思いは強く出るであろう。現に「民事連合部判決」での女性側は、この主張に固執していた。しかしながら、通過儀礼があると、詐欺の証明は事実上不可能である。ところが、「秘密裡の男女関係」では、この種の詐欺的言動があることも少なくはないので、相手方の言動を捉えて、「詐欺誘惑の論理」による責任を問うことは可能ではあったが、遺憾ながら、騙したとか騙されたとかを証明するのは、通常は困難であり、また、婚姻予約ケースでは、婚姻予約有効判決の存在によって不法行為責任を問うことが事実上封殺されていた。少なくとも、わが判例上は、この種の論理の展開は未成熟なまま推移した。

そこで、単純婚約の関係形成途上での「心変わり」の破棄責任が問われることとなり、婚約の成否が責任の有無を決定していたのが、実情である。かかる「心変わり」は本判決のいう詐欺的言動ではないことは明らかであるが（「関係離脱の自由」の問題となる。）、被害をうける女性の側からいえば、当初から騙されたか、結果的に騙されたかの違いに過ぎず、ことに妊娠ないし出産という事実の重みは、いずれであっても径庭はない。これを裏からみれば、「詐欺誘惑の論理」が適用される原則的なケースとしては、結婚約束を信じて女性が妊娠ないし出産している場合ということとなろう。「秘密裡の男女関係」でも、「結婚約束」に基づく継続的な性関係と妊娠ないし出産という事実があれば、特段の事情がないかぎり、基本的には女性は「婚約」としての保護を享受してきた。

たしかに、重婚的婚約ケースでは、公序良俗違反という烙印が残されるが、右のようなケースでは、単に違法性の比較で足りるのではないか。それを超えて、なお「著しい」とされる不法性を見つけ出すために、諸事情を比較して利益考慮するならば、かえって公正を欠くことになるのではなかろう。たとえば、女性が男性の財産目的で関係を継続するというタイプならば格別、あくまでも相手方の結婚約束を信頼して身をゆだねたうえで、避けがたい妊娠ないし出産という事情によって、「特別な男女関係に移行した」場合には、必要以上の利益考慮はできるだけ差し控えるべきである。

4　その後の下級審裁判例

本書のような立場にたつと、その後の下級審裁判例のうちでは、特に下記の二例が大変興味深いので、ここでは、これらのみを検討しておこう。

(1)　消　極　例

つぎの裁判例は、女性が妊娠・出産しているが、その不法性を比較したうえで、双方の責任は「互角である」として、慰藉料請求を否定している。

[51]　東京地判昭和五八・一〇・二七判時一一一四号五九頁

〔判旨〕　Y男（三〇歳）はテレビ局の職員であるが、テレビ番組に出演したX女（ピアノ演奏家・二七歳）と知り合い（昭和三八年一〇月）、昭和四〇年ごろから交際を始め、その際、結婚したいが妻と離婚できるまで待ってほしい旨申し入れた。XYは翌年秋に初めて肉体関係を持ち、この関係は昭和五三年まで継続したが、その間、YはXの家族とも深く付き合い、またYは、Xから態度を明確にするよう迫られた際には妻との離婚話は進展しているなどと虚偽の事実を述べており、Xも、Yと妻との婚姻生活の実態を調べようとしたことはなかった。昭和五三年五月にYはXが妊娠していることを知らされるとともに、Xの弟から認知と結婚についての誓約書を取られ、出生後は現に認知手続を履行し、その子の顔を見せてもらってはいないが、毎月養育料を支払っている。しかし、結局、Yが妻とは離婚しなかったので、Xが婚約不履行などに基づいて訴求した。

〔判旨〕「X、Yの年令、経歴、両名が知り合ってから初めて情交関係を持つに至るまでには約三年の期間の経過があること、初めて情交関係を持つに至った動機、その後の経過、両名の関係はXの家族らは知り又は知りうべきであったが、Yの妻には極力発覚しないようXらも協力してきたこと、XらにおいてYの家庭状況の調査を行なおうとしなかったこと、

Yは X が出産した子を認知し、養育料も支払っていること等の諸事情を考慮勘案すると、Yの詐言がなければXとの間に情交関係は生じなかったであろうとは言うことができても、Xが情交関係を結んだ動機が主としてYの詐言を信じたことに基因するとまで言いうるかは疑問であり、右関係を生じるに至った責任が主としてYにのみあるとは断定できないし、情交関係継続の責任はXとYの共同責任であると言っても過言ではない。したがって、Xの側の情交関係誘起及びその継続の動機に内在する不法の程度に比し、Yの側における違法性が著しく大きいものとはとうてい評価することはでき（ない）」ので、七〇八条の法意からXの請求はみとめられない。

本件では、XはYの結婚するという詐言を信じて一〇年余にわたり情交関係を継続し、その結果、Yの子を懐胎・出産している。これだけでも、相当程度の不法性があったといえるはずであるが、本判旨は、諸般の事情をあれこれ比較して、結局のところ、違法性の程度は同じであるとした。双方合意の情交関係ということに帰着するが、それはあまりにも形式的な判断ではないか。その一つの考慮事情として指摘されている認知や養育料の支払いは、当然のことであって、このような事情を男性側に有利な事情として、責任の可否の判断のなかで斟酌するのは、不当である。また、男性の家庭の調査をせず、むしろXYの関係がYの妻に発覚するのを避けていたという事情も指摘している。しかし、本判旨は、そもそもここでいう「不法性」の意義を見誤っていることもさることながら、世間では不倫という烙印をおされ、男性を信じて社会的には自分たちの関係を秘匿せざるを得ない女性側に、いったいに何をせよというのであろうか。また、情交関係をもつまで三年余も経過していたことを重視するが、むしろ三年間もそうした関係を維持せざるを得なかったのは、当然のことながら、Yが約束を守らなかったからであろう。この種の男女関係で、だれが一体、結婚約束の真実性を確認しえないで、情交関係をもつだろうか。むしろ、この期間こそ、女性の婚姻に対する真意の現れであり、逆にそれは男性側の虚言の反映であり、たとい真に愛情があったとしても（?）、結果的には、女性を陥落させるために必要な期間であったというしかない。むろん女性側にも、やや強引な態度がみられるが、裏切られた者の振る舞いとして止むをえないのではないか。

最高裁判決の準則そのものは、正当であったとしても、裁判官の人生観や経験などによって、男女の実態を顧みず形式的に判断すれば、このような結果になることは避けられない。ことに、この方面での人生経験の未熟な裁判官が陥る危険性が蔵されていることを明らかにした事例ではないかとの疑念すら生ずる。

(2)　積極例

つぎの例は、当初の情交関係については、双方の責任であるとしたが、女性が関係を解消する決断をした直後に妊娠していることが判明したため、男性が中絶を目的として詐言を弄したことから、そうした行為態様が非難されている。

[52]　東京地判昭和五九・二・二三判タ五三〇号一七八頁

〔事実〕　X（看護婦）は昭和五一年に看護学校を卒業後、同年大学病院に勤務したが、昭和五二年五月ころにY（眼科医）と知り合い、昭和五三年四月ころ、Xは、Yが妻帯者であることを知りながら、情交関係を結んで、この関係を昭和五七年に至るまで継続した。その間、Xは、Yから、妻とはうまくいっていない、いずれはXと結婚したい、という話しを聞かされて、それが直ちには実現するものとは思わないまでも、半ばそれを期待する気持ちもあって、妊娠したときは中絶して、この関係を続けていた。しかし、昭和五七年に至り、Xが三〇歳に達したときに、Yのはっきりしない態度などをも考慮してYと別れる決心をして、YもXと別れる意向を明確にした。ところが、その直後、Xの妊娠が判明し、XはYと別れて子供を生むつもりでいたところ、Yは父などが出産に反対していることから、その中絶を強く要求する一方で、そのため妻と離婚してXとの関係を復活するかのような言動をとった。そこで、Xは出産の決意を鈍らせ、結局は中絶したが、その後まもなくYは妻と離婚する意思のないことを言明した。

〔判旨〕　「X自身、Yと肉体関係を結ぶ以前からYが妻帯者であることを充分承知し、たやすくYと結婚できる立場にないことを認識して情交関係を結んだものであるというべきであるから、たとえ、YがXとの交際の過程でXに対し結婚への期待を抱かせるような言動をし、それが実現されなかつたとしても、そのことの故に、当然にXに対する不法行為が構成されるということはできない。しかしながら、XがYとの前記情交関係を解消して別れることを決意し、X・Y間でそのことを合意した後、Xがの子を出産しようとしていることを知ったYにおいて、右出産を避けるため、真実は妻と別れてXとの情交関係を復活したり結婚したりする意思がないのに、あたかもその意思があるような態度を示し、それを理由にXに中絶を求めるのは、たとえ、それがXがYの子を出産することを望まぬ周囲の者に反対された結果やむなく行つたものであるにせよ、とうてい許されるべきことではない」。Yは、民法七〇八条の規定の精神からXの請求は許されるべきではないなどと反論するが、「X・Y間における不法性を比較すれば、Yの方が著しく大きいと評するのが相当である。Xに前示のごとき不法性があるからといつて、Yに対する損害賠償請求を許されないものとするのは、いささか酷にすぎるというべきである。」（慰謝料二五〇万円）

本件の結論には、おそらく異論はないであろう。問題は、XがYと別れることを決断した以降のYの詐欺的言動を捉えて、Xの不法性を問題視しているところにある。仮に、そうした詐欺的言動がなければ、本判旨の論理からいえば、本件の事案では「詐欺誘惑の論理」が働かないこととなろう。しかし、判旨がみとめた詐欺的言動があれば、それは「独自の被害法益」の違法な侵害となるので、それだけを理由としても人格侵害による損害賠償を認めることは十分に可能であろう。重婚的関係を解消することを決断した段階では、ことさらに、「不法性」を比較するまでもないのではないか。それは最高裁判決の準則が予定した男女間の生活関係ではないからである。

問題は、解消の決断の前段階でのYの不法性であるが、本判旨では非難されていないように思われる。かえって、Xの不法性が問題視されているので、最高裁判決の準則に従えば、七〇八条の精神からいってXの慰藉料請求は否定されることとなろう。たしかに、いずれが主導的に働きかけたのかは不分明でもあり、双方共に思慮分別のある男女であって、相手方の弱みや未経験につけ込んで情交関係を結んだというわけではないようである。その限りでは、特に法が介入する要は見ない。また、その結果の妊娠・中絶もYのみの判断によるものであるかもしれない。そうとすれば、二人だけの問題として解決し、法がことさらに介入するのは余計なオセッカイであろう。

しかし、当初の情交関係の段階でも、仮にXが出産する意思を表明することにでもなれば、どうであろうか。解消後のYの行為態様からみて、同じく中絶の要請が強く求められたはずである。Yでなくとも、大なり小なり一般に男性はそのような挙に出るであろう。Xの中絶は、その意味では、XYだけの問題にとどまらないわけである。つまり、妊娠によって、XY双方の私的な情交関係は、ひいては両家の親族の問題にまで展開する可能性が生ずるし、子どもの福祉の問題も避けては通れないので、そこでXYの関係はすでに「社会化」されているわけであり、このような結果がもともとYの詐欺的言動に起因しているとすれば、もはや、それ以上、「著しい不法性」を求める必要性は、基本的にはないのではなかろうか。本判旨は、XがYとの結婚を期待しないわけではなかったが、というような消極的な心理状態をわざわざ指摘しているが、それは、どのような結果になろうとも、所詮「自業自得の結果」でしかないという、判旨の価値判断を導くためにした事実評価に過ぎない。XYの関係とYの婚姻関係とは、Yの不法性が著しいならば、双方を分離して考える、というのが判例の立場であるとすれば[112]、妊娠中絶や出産があれば、特段の事情がないかぎりは、同様の視点から、そうした事実を可能なかぎり重要視したうえで、不法性の相対的な比較をすれば、それで適切な結果を導き出せるように思われる[113]。

とまれ、女性が妊娠したり、出産したりすれば、もはや私的な情交関係としては処理することが著しく困難になるという事情を本件事案から学ぶことができるであろう。加えて、実質的には、その子の養育料とか認知とかの問題もさることながら、女性自身の当面の生活の方途も慰藉料の額のなかで斟酌しなければならないであろう。

(104)　重婚的内縁ケースについては、差しあたり、太田・前掲注（2）『内縁の研究』一三七頁以下、同『現代の内縁問題』（有斐閣、一九九六年）一八七頁以下、裁判例については、二宮・前掲注（2）『事実婚の判例総合解説』一三三頁以下を参照のこと。

(105)　詳細は、本書「五章・五の4」と「六章・四の6」の重婚的婚姻予約の解説箇所を参照のこと。

(106)　加藤雅信『現代民法学の展開』（有斐閣、一九九三年）「第三章・重婚的婚姻予約とその破綻」五八四以下、五八八頁

（初出、法協八八巻七・八号〔一九七一年〕八五頁）によれば、戦後と戦前との判例の立場の変化の背景として、「裁判官の重婚的内縁に対する感覚と一般社会での性モラルの変化が関係している」とする。

(107) いわゆる「重婚的婚約」それ自体の法的構造については、吉田欣子執筆「重婚的婚約の法的責任」野田愛子・人見康子編『夫婦・親子二一五講』（判例タイムズ社、一九九一年）一七頁以下に代表的な学説・判例の状況が的確に整理されているので、それに譲る。「少なくとも、婚姻当事者双方に離婚意思があり、事実上夫婦共同生活を解消しているような場合には」、この種の婚約も「有効」とすることに異論はないと思われる、としている（同一八頁）。

(108) 小倉顕「本件判批」最高裁判例解説昭和四四年度（上）四一五頁、有地亨「本件判批」（昭和四四年度重要判例解説）ジュリスト四五六号（一九七〇年）五七頁、谷口知平「本件判批」法時四二巻四号（一九七〇年）一三二頁、沢井裕・家族法判例百選（新版）（別冊ジュリスト四〇・一九七三年）五八頁、中川淳・判タ二四三号（一九七〇年）八一頁、加藤・前掲注(106)五八四頁、飯島紀昭・家族法判例百選（第3版）（別冊ジュリスト六六・一九八〇年）五四頁などがある。

(109) 我妻栄「本件判批」判例民事法昭和一五年度二五四頁、中川善之助「本件判批」民商一三巻一号（一九四一年）一〇八頁。

(110) 中川淳・前掲注(108)八三頁。

(111) 小倉・前掲注(108)四二三頁。たとえば、その後の具体例としては、大阪地判昭和五二・六・二四判時八八〇号六〇頁によれば、被告男性の妻がこどもの就職や結婚がすめば離婚することを承諾していたことから、協議離婚届に署名捺印してこれらを被告に交付していたこと、被告は原告女性と見合いの後、右の離婚届を原告に呈示したことが認められるので、当時被告に法律上の妻があったとはいえ、原被告の本件「婚姻予約」は公序良俗に違反しない、とされる。これに対して、最高裁判決は「事実上離婚状態あったとはいえない場合についても」、慰藉料請求が可能なことを明らかにしたものである。ただし、小倉調査官は、本判決を「限界事例に近い」ものとして位置づけているが（同四二四頁）、それは「当時の社会通念」であろう。

(112) 小倉・前掲注(108)四二一頁は、関係成立時のYの不法行為の成否と婚姻秩序の保護とは、一応別個に考えてよいとする。沢井・前掲注(108)六〇頁は、さらに、正妻の生活に深刻な影響を及ぼさないかぎりは、「一夫一婦制への配慮は比較的軽くみて、傷つけられた女性の保護を図るべきである」とする。この沢井説に従いたいと思う。むろん、他女の出産による正妻の精神的苦痛も比較考慮すべき事情となろう。

(113)　その他、興味深い一、二の例を挙げれば、たとえば、名古屋高判昭和五九・一・一九判時一一二一号五三頁(積極例)は、妻子ある現職警察官が強姦・窃盗事件の被害者と、その事情聴取の直後にみずから誘って交際を始め、一時同棲し、その間に女性は男児を出産したが、結局、この関係が破綻した事案で、当時、女性も異性関係があったようであるが、男性の厚顔無恥を非難して、女性の請求を認容した。慰藉料は、すでに女性に交付した一六〇万円を考慮して、七〇万円としている。これに対して、仙台地判平成四・九・二八判時一四五八号一三八頁(消極例)は、男女双方ともに配偶者及び子があり、人生経験に富みそれぞれの分野で一応の社会的地位を築いた思慮分別のある中年男女が、それぞれの思惑と目的のもとに双方納得して継続した男女関係である、とした。一方、男性が妻のいることを秘して酒場に勤める女性と関係を継続して、その間に女性に対しキャッシュカードを預けたままにしていたところ、女性が妻の存在に気付いたので、関係の解消を通告したが、その際に、当該キャッシュカードにより金銭を引き出したことから、その不法行為責任が問題となった事例で、継続的な男女関係が破綻した場合においては、別の合意の存在が認められない限り、女性は自分が相当と信ずる手切金の範囲においてキャッシュカードを利用し男の預金を引出し取得する権利を有する、とした例がある(東京高判昭和五七・四・二八判時一〇四八号一〇九頁)。女性が取得した二〇五万円余は、慰藉料の趣旨で支払われた「手切れ金」の額として「必ずしも不当であると断ずることはできない」という。

九　いくつかの問題

1　入籍問題

・届出義務

婚姻届出を請求する事例は、今日では、登場していないようである。ただし、内縁事例であるが届出との関連に言及している例が散見されるので、管見の限りであるが、これを紹介しておこう。

(ア)　つぎの例は、婚姻予約に基づいて婚姻の届出義務があるとしている。

[53]　高松高判昭和三〇・三・三一下民集六巻三号六二二頁（内縁）

〔事実・判旨〕　X女とY男は、見合いの上、結納を授受して挙式・同棲したが、約五ヵ月弱で、Yは、「口では云えない、愛情の冷却ができたから夫婦別れする」として、一方的に破棄した。「そうだとすれば、控訴人（Y）は右婚姻予約に従いそれを法律上の婚姻たらしむべく即ち婚姻の届出をしなければならないに拘らず、正当なる事由なくして違約（不履行）したるものと云うべく、斯様な場合においては被控訴人（X）が該予約を信じたるがため被るに至つた物質上並びに精神上の損害を賠償すべき義務があること勿論である。」（慰藉料二〇万円）

(イ)　つぎの例は、婚姻予約を前提とした上で、当事者のみならず、婚姻の準備を積極的に進めてきた男性側の世帯主にまで、遅滞なく届出手続を実現すべき旨を説いている。事案と判旨の説示については、戦中の大判昭和一九・三・一六（民集二三巻一七七頁）を彷彿とさせる。

[54]　宇都宮地判昭和三一・三・六不法行為下民集昭和三一年度三九〇頁（[7]と同一判決）

〔事実・判旨〕　X女は、Y_1の実兄Y_2（世帯主）の要望もあって、媒酌によりY_1男と婚約し、同棲したが、Yらから家を追い出された。詳細は[7]判決を参照。「Y_1は婚姻予約上の相手方として、Y_2は前記の立場上Xに対して遅滞なく届出の手続を実現し、法律上婚姻を完成せしめるよう協力しなければならない責務があるのにこれを怠つたものとして、いずれもXに対して、それぞれ本件婚約解消に伴うXの精神的苦痛に対して慰藉料を支払う全部の義務があるというべきである」とした。

本人のみならず、結婚を積極的に勧めてきた世帯主にも、婚姻届出義務を認めている。前章で明らかにした大審院の立場を承継したものといえよう。逆にいえば、まだまだこの当時では、戦前と同様に、古い家制度のもとで婚約や結婚がなされていたことにほかならない。

(ウ)　つぎの例は、男性が当初から婚姻届出の手続をする意思がなかったことから、挙式同棲して、夫婦としての実態があるものの、これを内縁とは捉えきれず、「いわゆる内縁関係に準じた社会的存在」としている。このことは、内縁夫婦間では抽象的ではあるとしても「届出義務」が前提とされていることを直感的に認識していたこととなろう。

[55]　東京高判昭和四七・一一・三〇判時六九一号二七頁（内縁）

〔事実〕　X女とY男（在日韓国人）とは、昭和二三年に挙式の上、パチンコ店を経営しながら共同生活をして三子を儲けたが、昭和三〇年頃にYがXの妹と関係をもったことから、Xが一時家出したのちに関係はもとに復したが、別居していたところ、昭和三六年頃に、Xが他男と関係をもつにいたり、結局のところ、昭和四〇年には、Yは、Xとは同居する気持ちがなくなり、その後は子ども引き取って他女と同居している。Xが共同生活関係の破壊を理由にして、慰藉料を請求した。

〔判旨〕　「右にみた如く控訴人（Y）と被控訴人（X）は昭和二三年以来約一六、七年間も事実上の夫婦関係にあり、その間三子をもうけ、互いに協力して今日にいたっている」。「両人は互いに国籍を異にすることもあって当初から法律上所定の手続に従って婚姻し、正規の夫婦となる意思がなく……その意味で法律上の夫婦となることを前提としたいわゆる内縁の夫婦と呼ぶのは相当でないが、前記甲第七号証（大韓民国国民登録証）や成立に争ない同第八号証（館林市長発行の登録済証明書）中には被控訴人を控訴人の「妻」として記載して事実上夫婦としての扱いを受けており、前顕各証拠及び弁論の全趣旨によれば両人は知合ってから仲人を立てて結婚の式をあげて同棲生活に入り、両人とも事実上の夫婦として終生変らぬ共同生活を期待し、これを継続し来ったもので、その間に生れた子女はすべて控訴人の認知するところであって、周囲もまたこれを通常の夫婦同様に取り扱ってきたことが明らかであるから、両者の関係はいわゆる内縁関係に準じた社会的存在として法律上ある程度の保護が加えられるべきである。従っていずれか一方の有責的行為によって右共同生活関係が破壊されるにいたったときは、右当事者は少くとも相手方当事者の終生変らぬ右生活関係維持の期待を裏切り、これに精神的苦痛を与えたものとして不法行為の責を免れえないものというべきである」。YはXの実妹と関係をもつなど、倫理感の欠如とXに対する重大な侮辱を示すものであるとともに多年事実上の夫婦として苦楽をともにしてきたXの復縁同居を拒否していることなどから、その共同生活関係破棄についての責を負うべきものである（慰藉料二〇〇万円）。

本判決につき、「二宮周平」は、ライフスタイルを尊重する持論によりながら、婚姻の「届出の意思」まで含めるのは、「内縁保護の判例法理」に反するので、「継続的に安定した共同生活ないし関係を営む意思」で足りるという。(114) 判旨は形式的な結論を導いてはいないので、どちらでもよいであろうが、二宮は、みずからの持論から判断しているものと思われるところ、判例理論の立場から言えば、本判旨の論理がむしろ従来の判例理論に整合しているであろう。

(エ)　つぎは、別居夫婦のケースであったので、内縁の成立要件自体（夫婦共同生活）を問題としている事例であるが、共同生活を抽象化している。このような抽象化は、婚姻届出を窮極の目的としていることから可能となるものであって、決して単純なる事実を先行させてはならない。現行婚姻法秩序を軽視できないからである。判旨も、夫婦には将来「婚姻届出」をすることの意思があったことを認定している。

[56]　大阪地判平成三・八・二九家月四四巻一二号九五頁（内縁）

〔事実・判旨〕　共同生活がないが、九年間にわたり相互の居所を行き来していた男女関係につき、精神的にも一種の共同生活形態を形成していたこと、いずれは「正式の婚姻届書を出すこと」を前提として夫婦となる認識で関係を継続していたことなどの事情から、事実上の夫婦と認定し、内縁配偶者の死亡退職金受給権を認容した。

2　婚姻予約と違約金

[57]　最判昭和三六・三・九家月一三巻七号八七頁（内縁）

〔事実・判旨〕　事案は不詳であるが、上告理由から推知すれば、つぎのようなものである。X男とY女とはともに六〇歳以上であり、Yは生活に窮し寺院に寄宿していたところ、Xと同棲生活を始めたらしい。XとYとは、家裁の調停で、婚姻予約の解消を条件として、金二六万円の支払いを合意した。本件は、その調停無効の確認請求事件である。原判決は、婚姻予約の際にその不履行を予想して予め慰藉料請求権とその額を定めることによって婚姻予約が公序良俗に反することにはならないし、X主張のように婚姻予約が無効の法律行為であるとしても調停までも無効にするものではないなどとして、Xを敗訴させた。Xは、婚姻予約を為すにあたり、不履行を予期して予め慰藉料額を予約するがごときは、公序良俗に反するなどと主張して上告したが、棄却された。最高裁は、「婚姻予約に際し、不履行の慰藉料額を定めたからといつて、直ちに公序良俗に反するものでないことは原判示のとおりであるから（大審院大正六年九月六日判決、民録二三輯一三三一頁参照）、この点に関する論旨は理由がない。また原判旨によれば、本件調停による慰藉料支払の約定は、厳格な意味で慰藉料の請求権があるか否かに拘らず、いわば婚姻予約解消の条件としてなされたものであることが窺える（原判決の引用する一審判決挙示の証拠に照し右判旨に首肯し得られなくはない）から、所論調停無効の論旨は、ひつきよう原判示に副わない事実を前提とするに帰し採るを得ない。」

本判決が引用する大審院判決は、婚姻中に夫が妻と自己の不和により離婚すれば妻に一定の金員を支払う旨の合意をしたケースであり、大審院は、これにより双方は婚姻関係の永続を企図していることから、善良の風俗に違反するものではない、とした。本件は、内縁事例であるが、婚約事例でも、相応の額ならば、この種の違約金の合意を無効とするまでもない。あくまでも、不当破棄にかかる慰藉料相当額の合意であり、婚姻の自由を著しく拘束するものではないし、関係離脱の自由を侵害するともいえないであろう。

3　婚約解消と第三者の責任

(1)　親族の加担行為

両親・親族が婚約破棄に加功した場合には、それが破棄者の決断に極めて重要な影響力を与えていると、固有の不法行為責任を負うこととなる。戦前からも肯定例（内縁ケース）があったが、戦後の婚約ケースとしては、徳島地判昭和五七・六・一二（[29]判決）や大阪地判昭和五八・三・二八（[36]部落差別婚約不当破棄事件）などがある。これに対して、東京地判平五・三・三一（[41]「家風」対立破談事件）では、婚約破棄が両親の意向に左右されたが、破棄責任を厳格に考えているので、両親の責任も否定されている。その分水嶺は、親の反対が本人の婚約破棄の決断に対し直接かつ重要な影響力を与えたか否かにあるように思われる。責任の主体は本人であるので、その判断は慎重になされるべきであろう。

つぎの最高裁判決は、内縁ケースで親の責任を認めたものであるが、婚約破棄についても、同様のことが妥当しよう。

[58]　最判昭和三八・二・一民集一七巻一号一六〇頁（内縁）

〔事実・判旨〕　X（妻）は、昭和三四年一月から妊娠の結果極度の悪阻にかかり、重体で寝込んでいたところ、Y_1（夫）の父Y_2が、生理的現象であるXの悪阻による肉体的精神的変化を理解することなく、怠惰であるとか、家風に合わぬなどと非難し事を構えて婚家に居づらくした。そのためXが実家に帰ったところ、恥をかかせたと称して婚家に入れようとはしなかった。Y_2の言動によって、結局のところ、XとY_1との内縁関係が破綻した。原審は、Xの追い出しに主導的役割を演じたY_2と、Y_2の見幕に屈したY_1は、ともに不法行為者として連帯して責任を負うとした。最高裁も、「原審が右Y_2の言動を目して社会観念上許容さるべき限度をこえた内縁関係に対する不当な干渉と認め、これに不法行為責任ありとしたのは相当である」とした。

(2)　第三者が婚約者と情交関係をむすんだ場合

婚約の性質ないし効力を考える上で、つぎの高裁判決は重要であろう。婚約当事者は、誠実に交際して婚姻に至るよう努力する義務があるとしている。

[59]　大阪高判昭和五三・一〇・五家月三二巻一〇号四八頁

〔事実〕　XはA女と婚約をして結納金と指輪を交付した。YはAと従来から関係をもっていたところ、Aの婚姻に反対し、婚約後も関係を継続していた。Xは、AYの関係を疑っていたが、YもAもこれを強く否定したため、その言を信じてAと婚姻した。しかし、その後、曲折をへて、AがYと関係があったことを認めたため、強い精神的打撃を受けたが、子供のことなど家庭の事情から、婚姻の解消を決めかねていた。他方、Aは自己に非があることが明らかなので、すべてをXの意に従うほかないものと決めて、現在に至っている。

〔判旨〕「思うに、婚約当事者は互いに一定期間の交際をした後婚姻をして法律、風俗、習慣に従い終生夫婦とし共同生活することを期待すべき地位に立つ。婚約は将来婚姻をしようとする当事者の合意であり、婚約当事者は互いに誠意をもつて交際し、婚姻を成立させるよう努力すべき義務があり（この意味では貞操を守る義務をも負つている。）、正当の理由のない限りこれを破棄することはできない。婚姻はその届出と届出時における真意に基づく婚姻意思の合致によつて、成立するから、婚約当事者の一方が婚姻意思を失ない、婚約を破棄したときは、他方は婚約の履行として届出を強制することはできず、正当の理由がなく婚約を破棄した者に損害賠償を請求しうるにすぎない。しかし、その故をもつて婚約は何らの法的拘束力を有しないということはできない。そして、婚約当事者が合意に従い、合意の通常の発展として婚姻した場合に終生夫婦として共同生活を続けるべき義務のあることは疑問のないところであるから、婚約当事者の前記地位は法の保護に値いするというべきであり、これを違法に侵害した者は損害賠償義務を負うといわなければならない。ところで、婚約当事者の一方及びこれと意を通じまたはこれに加担した第三者の違法な行為によつて婚約当事者の他方が婚約の解消を余儀なくされ、あるいは婚姻をするに至つたものの、これを解消するのやむなきに至つた場合はもとより、解消に至らず婚姻を継続している場合でも、少なくとも婚約の破棄あるいは離婚するについて正当な事由があつて、婚約あるいは婚姻関係が円満を欠き、その存続が危ぶまれる状態（婚姻破綻のおそれ）に至つた場合にも婚約当事者の有する前記法的地位の侵害があると解するのが相当である。婚約当事者は、婚約の通常の発展としての、将来の婚姻成立後の夫婦の地位（いわば将来の権利）についても、法の保護を受けることができるものというべく、婚約期間中、その当事者の一方又は双方に対し、将来の婚姻の破綻を生じさせるような原因を与える第三者の行為は、法の容認しない違法なものといわねばならない」。本件では、XA間の婚姻が継続しているとはいえ、その解消のおそれがあるので、Yは、Xの右地位を違法に侵害したものといえる（慰藉料五〇万円）。

同趣旨の義務を指摘する事例としては、甲付地判昭和五五・一二・二三（判時一〇二三号一〇七頁）があり、婚姻後、夫が妻の婚姻前の妻の不貞を知って、妻の出産した子との親子関係不存在確認と慰藉料を請求した事案で、いずれも認容されたが、慰藉料請求の前提として、「誠実交際義務」が指摘されている。この種の義務を婚約関係から導出するためには、婚姻予約を特殊の身分上の契約と解することが前提となろう。本判旨も、「婚約は将来婚姻をしようとする当事者の合意」である旨を強調している。

(3)　死亡事故と婚約関係の解消

婚約関係を積極的に破壊するのではなく、交通事故など第三者の行為によって間接的に婚約関係が解消した場合には、その第三者に対する慰藉料請求の問題が生ずるが、内縁ケースとは異なり、判例は消極的に対応している。

[60]　最判昭和六三・一二・二一読売新聞同日付夕刊四版一〇頁

〔事実・判旨〕　本件は、昭和六三年三月に交通事故で死亡した会社員（二三歳）の婚約者の女性（二八歳）が、加害者に対して、民法七一一条の近親者による慰謝料請求権は婚約者にも認められるべきである、として提訴した損害賠償請求事件である。一審の千葉地裁は、「婚姻予約関係にすぎない場合には、民法七一一条を類推適用する社会的事実関係としては不十分」とした。原審の東京高裁も、「いかなる範囲の者が慰謝料請求権を有するかについては、主観的な精神的苦痛の対象ではなく、生活実態に裏付けられた被害者との実質的な身分関係の親疎によって判断するのが相当」であるとしたうえで、婚約者は「七一一条所定の者と実質的に同視すべき身分関係が存したとは言えず、将来における関係の蓋然性、切迫性の程度でこれに準ずると評価することも相当ではない」とした。最高裁も、「親密で連帯感を有したとはいえ、継続的な共同生活関係や法的な身分関係は生じておらず、慰謝料請求権を認めることはできない」とする原判決を維持した。

交通事故による損害賠償事件で、被害者の婚約者が加害者に対し慰謝料を請求する下級審裁判例が少なくないが、否定される傾向にある。最判平成九・九・九（交通民集三〇巻五号一二八頁）は、被害車両の同乗者が近く正式の婚約が予定されていたものの、「恋愛関係にある女性」であったというケースで、賠償請求を否定している。判例によれば、一般に、婚約者は第三者との関連でも内縁の妻とは異質の男女関係とみられているといえよう(115)。

4　結納の授受

(1)　結納の法的性質

大審院判例（大判大六・二・二八民録二三輯二九二頁）の立場は確定していることは、すでに検討した。学説では、「解除条件付贈与」と構成する見解が多いし、下級審裁判例にも、そのように解した例がある（大阪地判昭和四三・一・二九判時五三〇号五八頁）。しかし、最高裁は、大審院判例を踏襲して、婚約の成立を確証し、あわせて当事者ないし両家の情誼を厚くする目的の一種の贈与と構成している。すでに述べたように、本書は、判例の立場がわが国での婚姻習俗と当事者の合理的意思にそうものと解している。

[61]　最判昭和三九・九・四民集一八巻七号一三九四頁

【事実】　X女とY_1は昭和三五年四月に挙式・同居し、翌月に婚姻届書を提出して、同年一一月ころまで同棲したが、翌年二月に協議で離婚した。Xは、Y_1その父Y_2とがXの持参した嫁入り道具を占有支配しているとして、その返還と返還不能の場合にはそれに代わる損害賠償を請求した。これに対して、Y_1は、結納金五万円のほか、結婚式の費用などを反訴として請求。原審は、Xの請求については、すでに当該物品の引渡しがなされていたことから、これを棄却した。他方で、結納金五万円や結婚式の費用の請求については、Y_1はXとは「挙式後八カ月余も夫婦生活を続けその間婚姻の届出を完了し法律上の婚姻が成立した場合においてはすでにその目的を達したのであって（中略）Yは右結納金を返還すべき義務はない」と解して、Y_1の請求も棄却した。そこで、Y_1が反訴につき上告。

〔判旨〕「原審は、Y_1の結納金返還請求につき、所論の如き判示をしたのではなく、結納は、婚約の成立を確証し、あわせて、婚姻が成立した場合に当事者ないし当事者両家間の情誼を厚くする目的で授受される一種の贈与であるから、本件の如く挙式後八カ月余も夫婦生活を続け、その間婚姻の届出も完了し、法律上の婚姻が成立した場合においては、すでに結納授受の目的を達したのであつて、たとい、その後結納の受領者たるXからの申出により協議離婚をするに至つたとしても、Xには右結納を返還すべき義務はないと解すべきであり、これと異なる慣習の存在することを認むべき資料もないから、Y_1の結納金返還の請求は失当であると判断したのであつて、原審の右判断は正当である。」

(2)　婚約の解消と結納の返還

不当破棄の場合には、破棄した当事者は返還請求できない（信義則違反ないし権利濫用になる）ことも、すでに大審院当時から明確である。つぎの高裁判決のみを掲記しておこう。

[62]　東京高判昭和五七・四・二七判時一〇四七号八四頁

〔事実・判旨〕　X男はY女と婚約し結納金五〇万円とその他の結納品を交付したが、後に、Xが一方的に破談の申し入れをして、まったく誠意のある態度を示さなかったので、曲折をへて結局、Y及びYの両親もXの態度からみて、婚約の解消もやむを得ないと判断し、その申入れを了承して婚約の解消を合意した。Yは仲人を通じて結納金以外の結納品を返却したが結納金は返還しなかった。そこでXは結納金の返還と婚約不履行による慰謝料金六五〇万円を訴求。判旨は、本件婚約の解消は、以上の事実からすると、「もっぱらXの責めに帰すべき事由によるものであり、Yには、何ら責めに帰すべき事由はないというべきである。したがって、XがYに対し不当利得として本件結納金の返還を求めることは、信義則上許されないものというべきである」（慰謝料請求も理由がない）とした。

なお、結納は将来成立すべき婚姻生活を目的とする一種の贈与であるから、その婚姻が不成立に終った場合は目的不到達による不当利得となるので、その不成立につき当事者のいずれの側に責任があるかに関係なく、贈与者から受贈者に対してその返還を求めることができるとして、破棄責任者が交付した結納金（一七万円）と破棄責任者が負担する慰藉料額（三〇万円）との相殺を認めた例（大阪地判昭和四二・七・三一判時五一〇号五七頁）があるが、誤解もはなはだしいといわざるを得ない。[29]判決は、そうした処理を明確に否定している。

5　損害賠償の範囲

(1)　慰　藉　料

慰藉料額については、今日では、大審院時代のように双方の家の資産・社会的地位に言及する例はないが、いずれにしても、婚約の成立事情、破棄の要因や行為態様など、さまざまな事情から判断されているので、目安となるような指標や基準となる額も定かではない(116)。「梶村太一」は、裁判例では、慰藉料算定のプラス要因として種々の財産的損失も考慮されているという趣旨（いわゆる慰藉料の補完的機能）を述べたうえで、「多くは、二〇万円から二〇〇万円くらいまでとなっている」としているが(117)、これは、おそらく敗戦後の時代から今日までの経済社会を反映した額と推察されるので、あまり参考とはならないであろう。あるいは、今日では、二〇〇万円程度という趣旨なのかもしれない。

本書が紹介した限りの例を挙げれば、つぎのようになる。ここでは、何度も引用した[29]判決は、挙式直前に破棄した例であり、四〇〇万円が認容されている。[35]判決（民族差別破棄事件）は、一五〇万円であるが、[36]判決（被差別部落破棄事件）は、五〇〇万円（弁護士費用五〇万円）になっている(118)。[35]事件では、一度破談となったのち、女性は他男と事実婚に入り、再度の婚約後の破談ケースである。[36]判決は相当高額な額を認めたが、婚約の成立事情からして、女性の結婚への期待が相当程度大きかったので、男性側の理由なき一方的破棄が強く非難されているように思われる。[37]判決は、引っ越し費用の八〇万を考慮するなどして、一〇〇万円、[38]判決は、解決金（四三四万円）も考慮して、五〇万円としている。最近の例では、[39]判決では三〇〇万円、[40]判決では二〇〇万が、それぞれ認容されている。

ちなみに、「詐欺誘惑の論理」で保護した例では、[50]判決の原判決は、養育料（成人に達するまで月一〇万円）も考慮して、六〇万円を認容している。当時（昭和四二年）の額としては、かなりの額である。また、[52]判決は、二五〇万円である。[119] 今後は、少なくとも婚約・試婚的内縁破棄事例も含めて、扶養的要素も加味しながら、相互の権衡も考慮するべきであろうか。

(2)　財産損害

裁判では、さまざまな経費・費目（挙式関連費用等）が主張されるのが一般的傾向である。ここでは、以下の財産的利益の損失に限定して、検討してみよう。事案にもよるが、いまだ、共通認識には達していないといえよう。

(ア)　家具・衣類

これらが婚約解消によって不必要になるとすれば、破棄による財産損害といえるが、破棄された当事者側の手元に残っていると、果たして損害といえるのか、たしかに疑問が生ずる。高松高判昭和三〇・三・三一（[53]判決）は、内縁事例であるが、道具が原告の手元に残存するときは具体的損害額が不分明として、賠償請求を認めなかった。また、家具類は一年近くそれなりに意義のある同棲生活に利用され、被告も家賃・生活費を支出している上、その目的をある程度達したので、購入額を損害とするのは妥当でないとした例もある（[37]「同棲と婚約」事件）。また、家具は特殊な物ではないので、婚約破棄と損害との間に相当因果関係ないとした例もある（[39]判決）。

これに対して、購入した家具類を処分することも考えられる。この種の物品類をいつまでも所有することは嫌忌されるからであり、このように処分すれば、購入価格と処分価格との差額は「現実損害」であろう。これを認めた例がある（[35]判決）。

また、婚約が破棄されてもこれらの効用が減弱することはないし、日常生活上不必要なものともいえないので、損害とはいえないが、慰謝料額の算定にあたり日常生活でこれを使用したくないという感情をも考慮に入れて、処理した例もある（大阪地判昭和四二・七・三一判時五一〇号五七頁）、[39]判決も、現に使用しうる状況にあるので効用は喪失しないとし、慰藉料での判断要素とする。さらに、婚姻生活のために購入したので、その有用性には制約があるほか、市場価格の下落等を考慮して購入費の7割とした例がある（29判決）[120]。それぞれ、事案の特殊性がある面も否定できないが、そもそも基本的な考え方の相違もあるように思われる。

(イ)　退職による「得べかりし利益」

退職時から再雇用までの期間（一年間）と退職時の給与を基準にしてその一年分とボーナスの合計額を逸失利益とし、その間のパート収入額と雇用保険金（失業中の手当）を控除した例がある（29判決）。しかし、今日のような社会では、女性は結婚しても退職しないことは珍しくはないので、退職は本人の自律的意思によるものであるとして、これを認めなかった例もある（40判決）。

(ウ)　婚姻住居として購入した不動産の下落差損

これを認めた例（38判決）もあれば、否定した例（39判決）もある。婚約が成立していなければ、そもそも婚姻住居を購入することがなかったか否かによるが、認めた例でも、半額に減額している（38判決を参照）。

(114)　二宮・前掲注（2）『事実婚の判例総合解説』一八頁。

(115)　ちなみに、被害車両に婚約者が同乗していた場合に、被害車両の運転手の過失は、その婚約者による加害車両の運転手に対する損害賠償請求訴訟において、いわゆる被害者側の過失として斟酌されるかという問題もある。最判昭五一・三・二五民集三〇巻二号一六〇頁は、夫の運転する自動車に同乗する妻が第三者と夫の過失の競合による交通事故で負傷したケースで、「被害者の過失には、被害者本人と身分上、生活関係上、一体をなすとみられるような関係にある者の過失、すなわちいわゆる被害者側の過失をも包含するものと解される」とした。そこで、同乗者が「内縁の妻」でも、夫の過失は妻の賠償額を算定する際に斟酌されている（最判平成一九・四・二四裁判集民二二四号二六一頁）。しかし、婚約者については、消極例として、たとえば、大阪地判平成一八・一一・一七交通民集三九巻六号一五三五頁は「原告花子と原告太郎とは本件事故当時まだ婚姻しておらず、同居もしていなかったのであるから、原告花子と原告太郎とを身分上、生活関係上一体をなすものということはできず、原告太郎の過失をもって原告花子について過失相殺を行うべきではない」とする。この判決は、前記の最高裁昭和五一年判決を前提としている。

(116) 藉料額算定の判例法理一般については、齋藤修執筆「第一章総論」齋藤修編『慰藉料算定の理論』（ぎょうせい、二〇〇〇年）二四頁以下参照。

(117) 梶村太一「婚姻外男女関係－婚約・内縁・事実婚」（戸籍事務担当者のための家族法読本（6）第六話）戸籍六二一号（一九九四年）九～一〇頁。

(118) 梶村・前掲注（117）一〇頁は、高額な慰藉料を認容した例として、[29]判決が七七九万円を、[36]判決が五五〇万円を、それぞれ認めたかのように引用しているが、[29]判決の主文でいう額は財産損害を併わせた額であり、また[36]判決の認容額は弁護士費用五〇万円を含めた額であるので、慰藉料額としては、本書が本文に記した額である。なお、田中通裕執筆「第七章離婚・不貞行為」齋藤・前掲注（116）二〇一頁以下では、近時（昭和四〇年代以降）の婚約事例（判例集未登載は除かれているが）の慰藉料額につき、簡潔・的確に整理されている。ちなみに、本書が批判した[41]判決につき、「興味深い」とする。

(119) 詐欺的ケースでの慰藉料額については、本書注（113）に掲記した名古屋高裁判決や東京高裁判決も参照のこと。

(120) [29]判決は、大略、つぎのように説示している。処分額との差額を損害とする立場には合理性がない。ここにいう損害とは、「原告の全体財産という利益状態における不利益なる変化にして且つ侵害された権利によつて直接に保護されるべき範囲内のもの」をいう。財の評価とは有用性の見積り評価を言うものであるところ、嫁入道具は、その他の日用家財道具などとは異なつて、予期される婚姻生活という特定の目的のために購入されたものであり、その有用性が特定の婚約によつて規定される存在であるから、常に特定婚約の態様、殊に客観的にみたその履行の確実性に配慮したものでなければならない。そうすると道具入れの前日にまで到っていた本件婚約の程度を考慮し、これに公知の事実である諸道具類の市場価格の下落等の事情を総合して考慮する、と。

一〇　結　語

以上、本書の視点から、かなり詳細に裁判例を掲記してきた。ここでは、それらを総合的に整理する余裕はないので、いくつか重要と思われる問題点に限定したうえで、裁判の現状を踏まえながら、今後の課題をまとめておきたいと思う。

1　婚約関係と非婚――裁判例の現状

これまでの判例に登場した婚姻外男女関係について、それに付与されてきた法的保護（慰藉料請求権）との関連で整理すれば次のようになる。

(1)　婚約関係

(ア)　婚約の成否　戦後でも、大審院の「誠心誠意判決」（「第六章」[1]判決参照のこと）の立場が堅持され、真意・合意のみで婚姻予約が成立するので、慣習上の儀式は不要であるとされている（[25]・[26]最高裁判決）。ただし、「誠心誠意判決」や[25]判決では、「秘密裡の男女関係」が問題となっているので、婚姻予約の真実性の認定は容易ではなく、その成否の判断にあたって、長期間の情交関係の結果、女性が妊娠ないし出産していることに加えて、その結婚をひたすら期待していた事実が重視されていることに注目しなければならない。それゆえ、通過儀礼がないケースでは、たとい妊娠・出産があっても、私通とされた例もあったので（戦前では、「第六章」[2]大審院判決を参照のこと。）、その成否の判断は微妙なこともあり、すでに本書が分析したように、決して通過儀礼を軽視することはできないであろう。

近時の下級審裁判例でも、婚約につき、通過儀礼がなされたり、親族や職場でのいわゆる社会的な告知ないし承認がなされたりすると、婚約の成立が認められやすい。この種のケースでは、性的関係がなくとも、婚約の成立を認めた例がある（[29]判決）。これに対して「秘密裡の男女関係」では、その関係が短期間であると、慎重な判断をする例もある。たとえば、[32]判決では、女性が妊娠までしているが、知り合って四ヵ月程度しか経過していないことなどの事情から、「確実な合意」という指標を析出して、消極的な判断がなされている。同様に[30]判決も「確実な合意」を求めている。また、[31]判決も、通過儀礼がないケースであるので、きわめて慎重な判断をしているのは、真意ないし確実性の評価に不安があるからであろう。さらに、通過儀礼がない場合には、婚約の成立を慎重に認定すべきである旨をわざわざ明言した上で、男女が交際のなかで結婚を約束した時ではなく、肉体関係があったことのほか、結婚約束を両親に報告した段階で初めて婚約の成立を認定している例もある（[33]判決）。

一方、いわゆる「試婚的な同棲」ともいえなくはないケースも登場している（[31]判決）ので、男女関係が多様化している今日、何を基準にして「保護される男女類型」と評価しうるのか、という問題に直面する。本書は、「婚約」を軸としながら、この難題に取り組んできたが、結局のところ、今日でも「婚約・内縁二分論」が基本的なベース（ある意味では理念型ともいえる。）にあることが判明したように思われる。現行婚姻制度を前提とするかぎりは、どうしても、「婚姻意思」の有無を基準とするしかないからである。これは、婚約であれ内縁であれ、「婚姻予約」という概念を使用するかぎりは、当然の帰結であるが、あえて不法行為構成を採っていると思われる例でも（[40]判決）、事実として、婚約ないし婚姻予約の成立を認定しないでは、前に進めないからである。むろん、婚姻意思を抽象化することは可能であるが、これが欠落することを明言して、そうした男女に婚約破棄の保護を認めるならば、それは背理と言うしかない。

そうした婚約・内縁類型からはみ出る男女類型は、今後も登場してくる可能性があるが、これに応接するためにも、いわば「理念型としての男女類型」が必要とされるので、婚約・内縁二分論それ自体は、今後も堅持されるように思われる。そのこととリンクして、「婚姻予約」概念の有用性も、まだまだ否定し得ないように思われる。

(イ)　挙式直前の婚約破棄と正当理由　やや古い[34]判決では、結納をとり交わして、結婚式の段取りまで決めたが、男性の身勝手な振る舞いで婚約が破綻している。これは別として、近時の裁判例では、挙式直前に相手方との価値観等の相違に悩んで、結婚・婚姻を逡巡するケースが散見された。おそらく、私が相談うけた経験からも、実社会では必ずしも珍しいともいえない例なのかもしれない。裁判例では、双方の価値観の相違と言うよりも、双方の家庭・両親の価値観の相違がほとんど決め手となって破綻しているケース（41判決）、双方の価値観の対立が露呈したケース（40判決）とがある。いずれも、当事者としては、真剣に悩んだ末での結果であると推測されるが、41判決では女性側が、40判決では男性側が破棄している。41判決は、破棄が公序良俗に反するような害意のあるような場合でなければ、破棄責任を負わないとしたが、40判決は、そのような論法を使用しないで、社会的に未成熟な男女がとるべき方途を説きながら、きわめて穏当な判断をしている。本書は、41判決の論法では、社会的に未成熟な人間を保護することにもなりかねず、その論理は極めて拙劣であると批判した。

やや趣旨を異とする裁判例は29判決である。見合いから結納に至る期間が短期間であり、仲人の言を過信したものと推知しうるが、男性が相手方の性格・価値観を見極めないまま婚約したので、女性の体型や身なりなど、とるに足らないことを理由にして破棄したケースである。これも双方の自己開示が不十分であったことから、男性が実母の消極的な言にも左右されて、破棄したものである。

いずれにせよ、いかに真剣に結婚を悩んだ末での破談であったとしても、結納までとり交わしているのであるから、価値観の相違という事情だけでは、双方の協議が整わないかぎりは、破棄責任は免れないといえよう。

(2) いわゆる非婚関係

(ア) 私通・野合　裁判例では、当事者間に「男女関係」があり、いわゆる「結婚の約束」をしているケースでも、「誠心誠意」がないと客観的に評価されると、婚約の成立が否定される（16～20判決）。私通・野合という評価においては、秘密性ないし公示性が一つの指標となっている。典型的な双方合意の情交関係と認められるケースもあるが（20判決）、大抵は、秘密裡で情交関係が結ばれているケースであり、女性が妊娠ないし出産している場合もあり、そこで私的な「結婚の約束」もなされるのが普通であるので、婚約ケースとの区別が曖昧となる。私通関係は、いわば婚約関係の裏になる男女類型であり、既に検討したように、婚約とは紙一重の差とも思われる事例もあった。[25]・[26]最高裁判決の登場によっても、それが事例判決の域を出ないので、この難題は解決していない。将来とも裁判所を悩まし続けるであろう。最近では、結婚相談所による仲介を利用するカップルも増えたようであるが、無論、この種のケースでも、婚姻意思の真実性が極め手となる事情は変わらない。ただ、秘密裡の男女関係ではなく、当初から結婚願望があるので、そのかぎりでは、婚姻意思を認定しやすいかもしれない。しかし、反面、別の問題も生じている。(121)

(イ)　保護される非婚関係（「詐欺誘惑の論理」）

当初から結婚の意思もないのに、そのような意思があるかのように相手方を言葉巧みに誤信させて、関係を結ぶような行為態様は、それ自体として社会的に許容できないので、相手方の人格利益（貞操権）を侵害したものとして、一般の不法行為による保護が認められることもある。この種の男女関係は、最高裁（[50]判決）によって、判例法上、明確に保護される男女類型となった。本書は、その論拠を「詐欺誘惑の論理」と称して、戦前の裁判例についても、特に注目してきたが、単純な婚約否定事例（私通関係）とは、本来的には事件類型を異にする点に注意しなければならない。通常、それは「重婚的婚約・内縁ケース」の場合に認められる傾向がある。ただし、そうでないケースでも、認められているので（[48][49]判決）、そのような場合には、私通との区別が曖昧となる。私通とされたケースでも、大抵は、情交関係のなかで私的な「結婚の約束」がなされているからである。婚約と私通との区別が紙一重の差であるのと同様に、単純情交ケース（[49]判決）で「詐欺誘惑の論理」が適用されたケースと純然たる私通とされたケースも、事実の上では紙一重の差でしかない。これを裏からみれば、単純私通関係でも（とくに[16]・[17]・[18]判決と[49]判決とを比較参照のこと）、詐言による結婚約束という事情が認められるならば、保護される可能性があることとなろう。一方、「詐欺誘惑の論理」が適用された例で、婚約との区別が曖昧な例もある（[48]判決では、結納の授受がある。）。

なお、[50]判決によって、同時にいわゆる「重婚的婚約」は、原則として保護されないこと、ただし、正当婚姻が形骸化している場合には、婚約としての保護を享受することも明確となったといえるであろう。

2　婚約と内縁

(1)　私的了解と婚約

「平成」の時代に入っても、先述のように、結納の儀礼をしている例が散見される。このような男女関係については、婚約の成立は疑問のないところである。当事者間に性的な関係がなくとも、将来婚姻することを目的とする合意は、当然に認められるべきものであろう。それが、社会秩序ひいては婚姻秩序を維持する所以でもあるし、信義則からみても衡平にそうこととなるからである。問題は、そのような形式が践まれていない男女関係である。実際、性的関係がある男女関係の夫婦約束ですら、下級審裁判例は、慎重に認定・評価していることは既に検討した。少なくとも両親などの親族に対する紹介がなされた事実が重視されているように思われる。したがって、真意ないし誠心誠意による夫婦約束といっても、秘密裡の性的関係の中では、基本的には、一時の情熱に浮かれた諧謔的虚言に等しいものと「評価」されているわけである。ことに、一家の家計を維持できないような未成年の男女関係では、なおさらである。

その意味において、社会学でいう「私的了解」と社会的承認を受けた「婚約」は、一応は、法的にも軽視しえない識別基準といえよう。これに示唆を受けて、本書は、社会的秩序に規定された合意という趣旨で「社会的婚約秩序論」と称してきた。社会学者のいうように単に男女関係の発展段階を事実上区別するというのではなく、本書は、そもそも双方の規範秩序が異質であるという視点を明確にした。社会的婚約秩序論では、婚約関係は正当婚姻に至るための必須のステップであり、つねに「婚姻届出」を予定・前提とした関係として位置けられるので、それは単なる私的な関係ではなく、婚姻制度と同様に「公的色彩を帯びている」という視点が必須のものとなる。

また、そうした関係であるがゆえに、そこでの性的関係が社会的に許容されるものとなるとともに、「二重の婚約・婚姻予約」は否定されるとともに、婚姻に至るよう双方に「誠実交際義務」が課され（[59]判決を参照のこと。）、その限りでは、婚姻法秩序のなかで制度的な保護を享受しうるものとなろう。そこで、そうした性的関係は社会文化のなかでも保護すべきものとの視点を前面に押し出すことの必要性もあるわけである。かかる視点を司法がもつことによって、婚姻の準備段階での男女関係の秩序が維持されるものと考えている。したがって、婚約の成否は単に不当破棄の問題にはとどまらないので、その契約的性質、ひいては身分行為としての性格を堅持する必要があるわけである。

婚姻制度は、そこでの具体の個人の自由意思と連帯関係との尊厳を予定したものであるとともに、国家的秩序のなかでも基本権的な価値を与えられているものと思われるが、婚約も、また婚姻にいたるための必須の社会的制度として国家的秩序のなかに位置づけられるべきものであろう。その実質的法益は、婚約者としての「誉れや名声」である。

一方、秘密裡の男女関係は、本来的には、本書が予定している婚約ではない。しかし、「誠心誠意判決」や最高裁判決で保護された男女関係についても、それが継続的な性的関係と妊娠ないし出産という事実を介して、私的な男女関係が「社会化」されたならば、それはある意味では、未成熟な人間関係であるとしても、その一方的破棄は相手方との関係で蓄積してきた信頼を裏切ることとなるので、民法が基調とする「信頼の原則」（信義則違反）によって保護せざるを得ないことから、本来の婚約に準ずる男女類型として、これを「非典型的な婚約」と称してきた。この関係を破棄された一方の当事者は、結局のところ、相手方に「婚姻意思」があったと確信させる諸事情を積極的に証明するしかないが、その考慮事情が、基本的には継続的な性的関係と妊娠ないし出産という事実である。そこから将来の「新たな生活関係」が派生するからである。

ともあれ、今後は、裁判所が婚約の成否を決定するにあたっては、その論拠と具体的な考慮事情を明確に説明する責務があろう。単に「誠心誠意」性があるとか、ないとかの紋切り型の説示は、厳に慎まなければならない。

(2) 婚約と内縁の区別論

本書は、婚約に軸足を置いているので、内縁関係の多様性については、深入りすることができなかった。その多様化は、当然のことながら、婚約概念にも影響を及ぼすであろう。本書は「婚約・内縁二分論」に立っているが、これはあくまで理念型であり、そこからはみ出る男女類型を否定するものではないからである。むしろ、婚約概念をいわばセーフティネットと位置づけてきた。裁判例でも、婚約とも内縁ともいえないが、さりとて私通ともいえない男女関係を婚約概念で把捉した例がある（[21]・[22]判決）。これまでのところは、婚約・内縁概念は規範的概念であり、婚約は内縁と私通関係との「緩衝領域」であると考えてきたが、男女関係の多様化がどこまで社会的に許容されるかによって、婚約でも内縁でもなく、はたまた私通でもない、という新規の男女類型が不可欠の社会的存在になるというならば（たとえば、同性間のパートナーシップ関係は、議論の途上にある。）、改めて、この問題を再検討しなければならないからである。そうした問題については、本書の将来の課題とせざるを得ないが、ここでは、「二宮周平」が従来の裁判例を総合的に分析するなかで、つぎのように述べていることに留意する必要がある。[122]

従来は、婚姻との対比で内縁保護の論拠が論じられてきたが、今日では正当婚姻自体が多様化（専業主婦、共稼ぎ夫婦、同居しない婚姻、週末だけ同居する婚姻、性的関係を伴わない婚姻など）している。こうした関係では、生涯のパートナーとして継続的な愛情と信頼の関係を築くことが重要視されている。そこで、「夫婦共同生活」という内縁成立の基準については、「精神的にも日常の生活において相互に協力し合った一種の共同生活形態を形成していた」（大阪地判平成三・八・二九[56]判決）という視角が必須のものとなる、と。このような視点の析出は、二宮の持論である「自己決定権」と「要保護性」とに引きつけながら、裁判例を分析した結果であることは明らかであるが、その基本的立場はしばらく措くとしても、引用された大阪地裁の立場は、いまだ裁判例一般の傾向とはなっていない。実際、同判決も、「正式に婚姻届出がなされることを前提としていた」という事情をわざわざ明言しているからである。そうした精神的な側面を強調せざるを得なかったのは、別居夫婦でも例外的に内縁関係の成立をみとめざる得なかったからであり、むしろ従来の裁判例の原則論は堅持されていることを示す単なる事例判決の域を出ないようにように思われる。つまり、大審院時代からの抽象的な一般的指針である「夫婦としての交情」を認めた一事例に過ぎない。

たしかに、二宮の指摘するように、婚姻外の男女関係は多様化しているので、将来、判例がそうした方向に歩み出すかもしれない。二宮は、大阪地裁の判決がその方向に一歩踏み出した事例として評価しているものと思われるが、現段階では、伝統的な内縁の成立要件を前提（原則）としたうえで、そこからはみ出る男女関係をどこまで保護すべきかという視角が不可欠である。立場の相違に帰する面もあるが、婚姻意思を軽視する近時の内縁学説の傾向も、原則と例外を曖昧にすることとなり、それでは、現行の婚姻秩序との調整が著しく困難となろう。何故に内縁が保護されてきたのか、婚姻秩序を常に念頭に置きながら、伝統的な判例の立場（そこに潜在する隠れた論拠）を再確認することこそが、学説の喫緊の課題である。

一方、婚約についてはどうか。一般に伝統的な習俗的行事も衰退した今日、婚約事例でも、先述のように、いわゆる現代的な同棲を伴う事例が登場している（31判決）。本件の男女類型についていうならば、「夫婦としての交情」はいまだ認められないが、少なくとも双方が「婚約者としての振るまい」をしているケースと評価することができるであろう。

ともあれ、婚約概念も内縁概念も規範的概念であり、今日では理念型となっていることから、今後はより一層そこからはみ出る男女関係にも留意しなければならないという意味では、二宮周平の指摘は、婚約関係の分析についても妥当するはずであるので、その限りでは、傾聴に値するものといえよう。

ともあれ、「婚姻予約概念」の命運を語ることは、それからでも遅くはない。婚約か内縁か、いずれとも判断しかねるというならば、当面は「婚姻予約」として処理すれば足りる。

3 保護に値する婚外関係(「詐欺誘惑の論理」)

社会的婚約秩序論からいえば、婚姻意思の認められない秘密裡の性的関係は婚約としては保護されないが、全くの保護の外におかれるわけではない。婚約としての保護は、「正当理由」という厳格な枠の中で強固な保護、いわば制度的な保護を享受するが、そこに至るまでの男女関係でも、これに準ずる男女関係が想定できるであろう。社会的承認を受けていなくとも、ともに自己開示を蓄積しながら同棲・性的関係を継続し、ことに女性が妊娠したならば、この関係を一方的に破棄することが信義に反することもあろう。もっとも、ここでは、双方の諸事情ないし諸利害を比較考慮して、その破棄責任の可否を総合判断することとなるので、保護の範囲が限定的にならざるを得ない。あくまでも双方合意の私的な関係であるので、基本的には国家的保護が否定されても、やむを得ない関係である。特段の関係の存在は、破棄された当事者が主張・立証するしかないので、実際上も容易には保護されないが、判例のいう私通・野合と同視しえないような関係もあろう。ことに女性が妊娠・出産するなどして双方の生活関係に新たな「一定の特別の関係」が認められる場合には、そうした保護が与えられても不合理ではなく、裁判例もこの種の男女関係に対し基本的には保護を認めてきたといえるであろう。本書が「詐欺誘惑の論理」として取り上げた一連の事例群が、それである。そこに、将来の新たなる生活関係を形成するという意思が「客観的」に見て取れるからであり、婚約関係(ことに「秘密裡の男女関係」類型)とある種の共通の生活関係が存在しているように思われる。

一方、男性が妻のあることを隠して女性と関係を継続しながら、私的な結婚約束も認定されず、婚姻を予定している関係かどうか、判然としない例もあったが、とにかく、女性に一定の保護を与えた例もある。(123)

なお、戦後でも、「妾関係同然の男女関係」に関する裁判例が登場している。(124) これは経済的援助と性的関係が裏表になっている男女関係であるので、一応は明確に婚姻意思がないとされる類型であり、それ自体としての保護は認められないが、内縁との区別が判然としないこともあろう。将来、内縁固有の研究をする際に改めて検討する予定である。

4　「特殊の男女関係」と関係離脱の自由

(1)「パートナーシップ関係」事件の特殊性

本書は、婚外の曖昧な男女関係では、一方の関係継続に対する「信頼の保護」と他方の「関係離脱の自由」との調節が不可欠である旨を強調してきたが、この難題の解決にあたっては、特に婚約・内縁でもないし、また、いわゆる試婚的同棲関係でもないような男女類型では、一層困難な場面に直面することが多いであろう。最近、この種の男女関係で興味深い事例が登場した。いわゆる「パートナーシップ関係」事件（最判平成一六・一一・一八裁判集民二一五号六三九頁）であり[125]、この事例から将来予想される男女関係の類型とその一方的破棄に関する問題点を学んでみよう。

原告女性と被告男性との男女関係は、判旨によれば、大略、つぎのようになる。男女の関係は約一六年間にわたって継続し、その間、仕事で協力したり、一緒に旅行に行くこともあったが、その住居を異にし、同居したことが全くなく、双方は自己固有の生計を維持するとともに、共通の財産もなかった。女性側はキャリア（研究者）を考慮してと思われるが、出産には消極的であったところ、男性から懇請されて、二児を出産したが、双方の事前の合意により、女性は、養育については、一切かかわらなかった。ただ、子どもの将来のため、出生の都度、婚姻届出と離婚届出とを繰り返している。ところが、男性が他女と婚姻して、一方的に関係を解消したことから、女性は「パートナーシップ関係」の破棄を理由に慰藉料を請求した。一審は、「法律上の夫婦同様の関係であるとまではいうことができない」として、内縁概念を軸として女性の請求を排斥したようである。

原判決も、「通常の婚姻ないし内縁の実質を欠くものである」としたが、つぎのように判示したのが、非常に示唆深い。本件男女関係は、「その維持を専ら当事者の自由な意思のみに委ねるものであり、法的な拘束性を伴うものでもないとも解される」余地もあるが、一六年間にわたり関係を継続し、その間、二児を儲けており、また、上記のような協力や旅行をするなどして、「互いに生活上の『特別の関係』としての立場を保持してきたことも又認められる」。それ故、男性の行為態様は「女性における関係継続についての期待を一方的に裏切るものであ（る）」（原告勝訴）。

原判決は、内縁とは別の二つの男女類型を析出している。夫婦関係に近似していても、自由に関係離脱が認められるタイプといわゆる「特別の関係」タイプであり、後者では、一定の事情が必要であるが、関係継続に対する期待的利益が生ずるものとされる。つまり、「関係離脱の自由」が制約に服する男女関係ということとなる。おそらく、前者のタイプは、いわゆる試婚的な一時的同棲や婚姻意思を欠く同棲など、継続性ないし永続性をもたないような、それ自体としては「不安定な男女関係」が想定されているのであろう。

原判決は、それなりに穏当な論理によって結論を導いたようにも思われるが、最高裁は、そうした関係は、本件では認められないとして、女性の請求を排斥した。つぎのように結論づけている。「婚姻及びこれに準ずるものと同様の存続の保障を認める余地がないことはもとより、上記関係の存続に関し、上告人（男性）が被上告人（女性）に対して何らかの法的な義務を負うものと解することはできず、被上告人が上記関係の存続に関する法的な権利ないし利益を有するものとはいえない」とした。その理由としては、上記の本件男女関係の特徴的事実を指摘したうえで、「両者の間に民法所定の婚姻をする旨の意思の合致が存したことはなく、かえって、両者は意図的に婚姻を回避していること」や「その一方が相手方に無断で相手方以外の者と婚姻をするなどして上記の関係から離脱してはならない旨の関係存続に関する合意がされた形跡はないこと」が強調されている。

本件男女関係は、成立当時から微妙な関係を含み（関係成立前に「婚約」を解消している。）、さまざまな合意のもとで形成されてきているようなので、その結論の当否は留保するが[126]、ここでは、特に「関係離脱の自由」という観点からのみ、分析しておきたい。というのは、被告（本人訴訟）が「上告受理申立て理由書」（裁判集六四九頁以下）において切々と述べるその心情は、関係破棄に至るまでの男女関係の不安定性を如実に示しているように思われるからである。ことに、男性は、約一六年間に四度の関係中断があり、近年では人生観の相違による争いが絶えなかったこと、その紛争の要因の一つが金銭にかかわる人生観の相違であることに加えて、女性が「刹那的な生き方」を誇示していたこともあるから、双方の関係は極めて不安定な相互不信のもとに成り立っていたとするとともに、両者間には、精神的な楽しみや子どもの将来などについても、そもそも共通性がないので、原判決のいうような期待など生ずる関係ではなかった、などと縷々述べている。

これが、真実とすれば、過去の継続的な関係なるものは、いったい何であったのか、ますます混沌としてくるが、それはともあれ、たしかに、最高裁のいう「関係を離脱しないことの合意」については、何にかにつけ契約的処理をしようと試みた当事者間では、その可能性もあったかもしれない。したがって、一概に、その判旨の論理構造を非難することもできないとしても、問題は、そうした合意のあるなしではなく、たとい合意がなされていたとしても、そうした「関係離脱の自由」が内含されていた男女関係であるのか、この点こそが、かかる曖昧で不安定な男女関係の分析では、不可欠な視点なのである。

最高裁は、内縁の法理（ひいては婚姻意思）に軸足をおいて、本件男女関係を分析していることは否定し得ない事実であるが、原審が析出した男女類型は、それとは別の類型であり、女性側も内縁の保護を主張しているわけではないようなので、その点の問題把握が曖昧であったように思われる。原判決が提示した二つの男女類型につき、関係離脱の「合意」の有無で応接しているのは、やや怠慢との非難を甘受しなければならないであろう。

この点についていえば、女性が二児を出産したという点を重視すべきであると思われる。男性は子どもの将来につき女性との共通の見通しなどというものはないと断言しているが、たとい女性が全くこれまで養育にかかわっていないとしても、いずれは親子の関係が現出せざるえないのであり、親子の関係と夫婦の関係とは、もちろん別々の問題であることはいうまでもないが、夫婦が子を儲けると、夫婦関係なるものは、もはや単なる夫婦双方の私的・個人的な関係にはとどまらなくなるからである。本件男女関係のもとでも、おそらく、もともと子どもをつくらないとの約束があったものと思われるが（判旨は、女性は出産に「消極的であった」との事実認定をしているに過ぎないが）、いずれにせよ男性側の懇請で出産しているのであり、ここで、双方は単なる私的な関係から脱皮して、新たな特別の生活関係に移行したといわざるをえない。将来の新たな生活の見通しがなくして、到底、妊娠ないし出産を迎えることなどできるものではない。そこでの当事者双方は、基本的に「関係離脱の自由」につき、一定の制約をみずから引き受けたこととなり、特段の事情がない限りは、一方的破棄は許されないものと考えるべきであろう。これが男女関係を継続してきた者の基本的責務であって、その上で、双方の行為態様の違法性を比較しながら、破棄の正当性の可否を総合判断すべきであったと思われる。

ところで、本判旨が「関係存続に関する合意」が存在しないことを強調していることに対しては、学説では批判が強いが、一般論として述べているならば、たしかに問題であろう。しかし、本書が理解したかぎりでは、本件の男女関係、ことに女性側の関係存続中の行為態様に応接した面もあるように思われる。上告受理申立書でも男性が指摘しているように、「そもそも両者間においては、個別案件ごとに契約行為、または契約行為に準じる対応をおこなってきた」とし、具体的には、「添削」（女性が男性に依頼した作業）でさえ、受け取り日時や対価などを事前に決めるという契約的行為で事にあたっていた、ともいう。その真偽はともかくも、認定された事実でも、養育の合意書につき「公証人の確定日付」まで受けているのだから、一応はそうした女性の生活上の基本姿勢が推知できよう。最高裁は、このことを念頭においていたものと思われるので、上記の「説示部分」を一般化することには、注意を要する。あくまでも、本件は「事例判決」の域を出ないものと解すべきであろう。

(2)　従来の裁判例との関連

本件の総合的な分析は将来の課題とせざるを得ないので、ここでは、「関係離脱の自由」に限定して、従来の裁判例の一班を簡単に紹介しておこう。

従来の裁判例でも、婚約や内縁ではないが、さりとて「私通関係」ともいえないような男女関係が存在した。ひとつは、婚姻習俗に従った一定の行事（樽入れや結納）の「プロセス」のなかで、一方が相手方の何らかの問題点を強く懸念した結果、一方的に「翻意」したケースである。この種のケースでは、下級審裁判所は、可能なかぎり「関係離脱の自由」を認めてきたように思われる（第六章[13]・[14]・[15]判決）。婚姻意思がいまだ成熟していないので、確定的でないと考えたものと思われる。もうひとつは、本書が「詐欺誘惑の論理」の問題枠組みのなかで捉えた男女関係である。この種のケースでは、内縁でもないし私通でもないので、婚約関係と判断した例もあった（[21]・[22]判決）[127]。しかし、非婚関係として関係離脱の自由をみとめた例もあった。後者は、不法行為の違法性の問題としてとらえたものであり、特に「重婚的婚姻予約」ケースが中心となっていたが、そこでは違法性の比較がなされていた。

　本件のように、正当婚姻に至るまでの男女関係でもないし、また、重婚性も詐欺的言動もないケースであると、文字通りの違法性の評価となるが、周知のごとく、いわゆる相関関係説でも、双方の諸利益を比較して総合判断するというのが、判例の立場である。比較の大前提として「被害法益」が存在しなければならないので、原判決が「関係継続の期待的利益」の侵害と構成した所以でもある。最高裁判決では、その指摘する考慮事情は内縁関係の特徴が軸となっているので、むしろ「婚姻意思」が前提とされていることから、そもそもこの種の期待的利益はないとしたものと思われる。しかし、婚姻予約（婚約・内縁）でもないし、さりとて私通でもないということならば、男女類型を明確にしたうえで、応接すべきであろう。そうでないと、そもそも不法行為の要件事実、ことに違法性の評価もできないはずである。不法行為の要件事実論を軽視した論理構造となっている。

　これまでの長い判例史からみても、関係破棄責任については、「私通関係」でなければ、基本的に保護されてきたことからみても、その「関係の内実」が不分明であるので、問題を残している。原判決のいう男女類型そのものを否定しているわけではない、という評価もあり、本判決は単なる事例判決でもあるので、そのような評価が適切であると思われるが、結論の当否はしばらく措くとしても、やはり準婚理論を軸として結論を導いた論理構造それ自体には問題が残され、これでは当事者のみならず、一般的にも、不満が残るであろう。かつて「民事連合部・婚姻予約有効判決」が、当時の婚姻習俗に依拠しながら、「社会通念」にうったえて、男女関係のあり方の方向性を示したことが彷彿とされる。婚外関係にある男女関係の多様性と特異性については、学説が問題を提起してからすでに久しい。最高裁も積極的な一般的指針を示す時代をすでに迎えているのではなかろうか。

あらためて「婚約・内縁」二分論に立った上で、これと距離をはかりながら、そこからはみ出る「新たな男女関係」の保護の可否を検討すべきではないか。最高裁の消極的な姿勢は、戦前・戦後を通して、わが判例法史上「詐欺誘惑の論理」が未成熟のまま推移したこととも、決して無関係ではないように思われる。

5　社会的婚約秩序論と不安定な男女関係

(1)　婚約・内縁二分論と非婚関係

本書は、婚約を中心とする研究であるので、内縁関係の多様化には直接、ここでは応接・容喙する能力はないが、婚約という男女関係の特別な形態については、人々の意識の中にも現存していることは確かであり、また、それが将来において「婚姻届出」により正式の結婚（婚姻）となるものであるという国民的慣習も決して衰退していないという現実を直視すれば、婚約を（ないし内縁も）婚姻法のなかに位置づけることが可能であり、またその必要性もあるが、現に、今日に至るまでの裁判例もそのような形で展開してきたことは否定できない歴史的事実でもある。先に紹介した最近の最高裁判決も、問題を残しつつも、とにかく伝統的な準婚理論（婚姻意思）を前提とする論理を展開していた。そのような男女関係の識別基準については、戦前の裁判例によれば、一方では、樽入れや結納により婚約関係の存在を、他方では、正式の結婚式とそれに基づく同棲（「実生活に入ること」）により内縁関係の存在を、それぞれ問題なく認めてきた。たしかに今日ではそうした習俗的行事は基本的には衰退した。しかし、なお結納などの儀礼が今日でも堅持されている地方もあり、また、結婚式自体については、その多様化があるものの、依然として基本的には堅持されている。それは男女関係の曖昧さ、不確実性を払拭する機能を果たしているものと思われる。

他方で、「秘密裡の男女関係」に関しては、裁判例では、長期間にわたる肉体関係と女性の妊娠という事実が、婚約の成否につき、きわめて重要な考慮事情となっていることも判明した。この場合に、当事者の一方が、婚約の成立を主張して損害賠償を請求したときには、他方は、これに反論することは著しく困難となろう。余程の特段の事情でもなければ（請求する側が乱倫関係にあるごとし）、事実上は不可能に近いといえよう。

結局のところ、過去の裁判史上に登場する男女関係を直視すれば、その曖昧で多様な関係に当惑するものの、曖昧な男女関係であるが故に、曖昧なままに放置するという方向性に任せるのではなく、曖昧であるが故に、確定的な男女関係に高めるための方途を模索してきた歴史であったといえよう。その推移をたどることが本書の課題でもあった。このような男女関係の実態は、現代でも、基本的には異ならない。今日でも、人々の意識は、曖昧な約束事のなかで確実なものを求める傾向にあり、先述の「パートナーシップ関係」事件の当事者も、不幸にも「歯止めのない契約主義」によって、相手方との形式的な信頼関係を確保しようとしたものと思われるが、ここでも、いつ壊れるかもしれない、いわば刹那的で一寸先は闇ともいえる「不安定な男女関係」（被告男性側の主張であるが）の存在が窺知しうるであろう。男女間での約束事は、あくまでも情宜に基づく円満・円滑な人間関係を形成するための単なる手段に過ぎないところ、いつの間にか、本件の女性にとっては、契約そのものが目的と化したのではなかろう。これに対して、最高裁が消極的に対応せざるをえなかったのも、それを善解すれば、よるべき明確な規準が内縁しかなかったからであり、原判決のような「関係継続の期待」なる被害法益を認めると、必然的に「婚約・内縁二分論」ひいては婚姻秩序との調整を避けて通ることができなくなるので、なお慎重な立場にとどまったのかも知れない。ここで問題となっているのは、日常生活上の単なる利益（景観利益のごとし）ではない。特別の家族的な人間関係のなかから生成する特殊の生活利益であるので、そうした新たな男女類型を創設するには、最高裁としては、いまだ未経験の分野でもあり、現段階では、明確な準則の定式化は困難なことから、今後の事例の蓄積を通して綿密な研究分析を期待するしかないのであろう。ただ、それにしても、今回の貴重なチャンスを活かしきれなかったのは、惜しまれる。

(2)　婚約者としての「振るまい」と「誉れ」

いわゆる婚約当事者が両親に紹介しあったり、指輪を交換したりするほか、両家で結納の授受という儀礼を挙行したりするという習俗的行事がみられるのも、大なり小なり、男女関係とは、そうした不安定な要素を含む関係であるからであろう。裁判例でも、このことを前提としながら、慣習的な通過儀礼を軽視してこなかったのは、婚姻やそれを目的とする婚約という規範的な秩序が念頭にあったからであろう。「婚約・内縁」という男女関係の社会的秩序があってこその判例の展開であったと思われる。婚約・内縁当事者は、そうした関係の主体であることを認識すれば、おのずと「婚約者としての振るまい」をするものである。そこに「婚約者としての誉れ」が潜在しているはずである。それが、今日での婚約に対する社会通念ではないか。

本書は、そうした生活利益を擁護してきた裁判例の軌跡をフォローすることを通して、戦前から今日に至るまでの男女関係のあり方を模索したつもりであるが、時代や社会習俗を反映した多様な男女関係が登場した。かつて、大審院は、婚姻予約無効論のもとで、内縁からの「関係離脱の自由」を明言していたが（第二章[6]判決）、民事連合部判決は「婚姻予約有効論」に大転換した。この当時すでに、「婚姻意思のない同棲」（「新しい女」）が社会問題化していたが、同時に正式な結婚式を済ませて実生活に入っている「試婚的な同棲」に対する保護が社会的に期待されていた。民事連合部は、そうした男女類型を前提としたうえて、当時の婚姻習俗によりながら、婚姻意思を軸として、かかる難題を一応は克服した。この「社会通念」にうったえた「婚姻予約有効判決」は、家制度下の女性・妻を救済するうえで深甚の力を発揮したが、その論理自体は中性的なものであり、現に大正五年の「婚約有効判決」（第三章[2]判決）事案は女性が一方的に破棄したものであった。

今日、男女関係の多様性がいわれて既に久しいが、なかでも婚姻意思から遊離して「関係継続の期待的利益」それ自体の保護が強調される時代を迎えている[128]。古き問題が装いを新たにして登場している。婚姻外の男女関係の問題であるだけに、憲法の価値秩序を前提としながら、それを民法秩序に「実在化」し、さらに憲法秩序に昇華させうる論理の構築が必須の課題となるように思われる。一方では、「関係離脱の自由」をなんらかの形で用意しておきたいという人間の本能（ある意味では身勝手）があり、他方では、関係を信頼して身をゆだねた女性側の一方的破棄（裏切り）に対する耐え難き憤りという人間の本性がある。その後景にある「人間相互の関係」性を前提とした上で、そこに通奏低音する響きを聞き漏らすことなく、双方の利害の調整をより高次の社会的秩序のなかで工夫することこそが、解釈論者の責務であり、裁判官としての義務でもある。本書が本来的には私的関係にすぎない男女関係の「社会化」という視点（社会的婚約秩序論）をベースとした所以である。

(121)　東京地判平成二一・六・二九判タ一三二八号二二九頁は、中国人女性が日本人男性に対し婚約破棄責任を請求した事件で、渉外事件として注目されているが（北坂尚洋「本件判批」戸籍時報六六六号一八頁）、日本法の婚約の成否につき、つぎのように判示する。「原告と被告は、被告がお見合いツアーに参加するため渡航した上海で初めて会い、被告が上海に滞在していた期間のうちの約一日強の期間、同行して観光地に赴いたり、食事を共にしているにすぎず、帰国後も、テレビ電話を用いて短時間会話したというのであって、被告が原告に対して婚姻に関する具体的な話をしたことを認めるに足りる証拠はなく、上記のような事実関係に照らせば、被告に真実夫婦として原告と共同生活を営む意思があったとは到底認められず、日本法の下で、原告と被告との間に婚姻予約が成立していたものと認めることはできない。」

(122)　二宮・前掲注（2）『事実婚の総合判例解説』一九頁を参照のこと。最近でも、同「婚外関係の法的保護はどこまで認められるか」戸籍時報五九四号（二〇〇六年）二頁、八頁以下、同「婚外関係の法的処理」戸籍時報六七二号（二〇一一年）九一頁、九四頁以下、同「事実婚の多様性と法的保護の根拠」家族〈社会と法〉二七号（二〇一一年）二〇頁でも、持論を再確認するとともに、その論拠を深めている。なお、準婚理論一般の状況については、森山浩江執筆「非婚夫婦と準婚法理」小田八重子・水野紀子編『新家族法実務大系（一）親族（1）婚姻・離婚』（新日本法規出版、二〇〇八年）二二一頁に簡潔・的確に整理されているので、それに譲る。

(123)　東京高判昭和五七・四・二八判時一〇四八号一〇九頁。事案は、注（113）を参照。本件でも、女性は妊娠・中絶をしている。

(124) 最(大)判昭和四五・一〇・二一民集二四号一一号一五六〇頁、最判昭和四六・一〇・二八民集二五巻七号一〇六九頁のほか、東京地裁昭和五五・二・五判時九六八号八五頁、大阪地判昭和五五・一・二五判時九六九号九一頁、東京高判昭和五五・六・二六判時九七三号九三頁などがある。戦前の状況については、本書「第五章」の「第一節3・非婚関係と婚姻予約」(42〜46判決)を参照のこと。

(125) 善積・前掲注(1)一三頁以下参照。法的な観点からは、棚村政行『結婚の法律学(第二版)』(有斐閣、二〇〇六年)一四七頁以下。丸山茂執筆「事実婚の法的取扱い－法の多元主義的介入」『ゼミナール婚姻法改正』(日本評論社、一九九五年)五三頁も、簡潔・的確に学説を整理しているのが、参考となる。

(126) 本件については、多数の判例研究がある。ここでは、特に本書にとって示唆深い論稿として、田口文夫「婚姻外男女関係の法的保護に関する一考察」専修法学第九七号(二〇〇六年)四七頁と星野豊「いわゆる『パートナー婚解消訴訟』筑波法政(一)(二・完)三九号(二〇〇五年)五八頁、一〇号(二〇〇六年)七七頁のみを指摘しておこう。いずれも本格的な研究であるので、先行論文も含めて、一般的な概評は、それらに譲る。前者は内縁の要件を緩和する方向の流れを見極めながら、本判決の論理構造を批判する。後者は、個人間の問題と個人を含む家族「集団」の問題との区別の必要性を説き、夫婦間での合意の意義や関係破棄責任の論拠などに言及したうえで、本件は個人固有の問題とするようである。同(二・完)九六頁。

(127) 田口・前掲注(126)五四頁以下は、そうした従来の裁判例を引用するなどして、本判旨の論理構造を種々の点から批判している(六八頁、七七頁、八〇頁など)。

(128) 棚村政行執筆「同棲の法的保護」法セ増刊・総合特集三一号「これからの家族」(一九八五年)一〇四頁は、「多少とも安定し継続した生活協同関係」という一般的・広範なる指標を析出して、内縁も含めた婚外関係の保護を個別具体的に考えていくべきであるとする。問題は、それが実用法学的な視角であるとすれば、「二宮周平」説にも妥当するが、そうした論理だけで、伝統的な判例理論に変革を迫ることが可能かにある。民事連合部「婚姻予約有効判決」は、当時の社会的秩序とは明らかに矛盾する「予約無効論」を克服したが、そうした画期的判決の登場は、中川善之助が喝破したように、まさしく当時の「社会的な力」によるものであった、と思う。

事項索引

さ行

た行

な行

は行

ま行

や行

ら行

わ行

判例索引

〔大審院〕

大判明治29・6・23民録2輯6巻83頁 ……… 108
大判明治32・9・19民録5輯8巻6頁 ……… 109
大判明治33・2・1民録6輯2巻3頁 ……… 110
大判明治35・3・8民録8輯3巻16頁 ……… 112
大判明治44・1・26民録17輯1巻16頁 ……… 116
大判明治44・3・25民録17輯169頁 ……… 122
大判明治45・3・7民録18輯5巻172頁 ……… 111
大(民連)判大正4・1・26民録21輯49頁 ……… 162
大判大正4・5・15新聞1031号27頁 …… 388
大判大正5・3・3大正4年(オ)999号事件判例集未登載 ……… 375
大判大正5・3・15第3民事部大正4年(オ)1103号事件判例集未登載 ……… 302
大判大正5・6・23民録22輯1161頁 ……… 220,286
大判大正5・12・21新聞1230号25頁 …… 346
大判大正6・2・28民録23輯292頁 ……… 132,377
大判大正7・3・23第3民事部大正7年(オ)第87号事件判例集未登載 ……… 403
大判大正7・5・29第3民事部大正7年(オ)第270号事件判例集未登載 ……… 355
大判大正7・10・3第2民事部大正7年(オ)第730号事件判例集未登載 ……… 358
大判大正8・3・21民録25輯492頁 ……… 383
大判大正8・4・23民録25輯695頁 ……… 200
大判大正8・4・23民録25輯693頁 ……… 324
大判大正8・5・12民録25輯760頁 ……… 394
大判大正8・5・12民録25輯762頁 ……… 188
大判大正8・6・11民録25輯1010頁 ……… 350,327
大判大正8・7・8第1民事部大正8年(オ)466号判例集未登載 ……… 332
大判大正8・10・10第1民事部大正8年(オ)第652号事件判例集未登載 ……… 385
大判大正8・11・21第1民事部大正8年(オ)第781号事件判例集未登載 ……… 389
大判大正9・5・28民録26巻773頁 ……… 398,621
大判大正9・10・13第3民事部大正9年(オ)642号事件判例集未登載 …… 188,296
大判大正10・3・1第1民事部大正9年(オ)第995号事件判例集未登載 ……… 393
大判大正10・5・17民録27輯934頁 ……… 403
大判大正10・7・9第3民事部大正10(オ)417号事件判例集未登載 ……… 340
大判大正11・10・20第1民事部大正11年(オ)第730号事件判例集未登載 ……… 405
大判大正12・12・27第2民事部大正12年(オ)第707号事件判例集未登載 ……… 335
大判大正12・12・27民集2巻696頁 ……… 349
大判大正13・2・28第1民事部大正12年(オ)第776号事件判例集未登載 ……… 348
大判大正13・4・14新聞2254号21頁 …… 297
大判大正13・5・3第3民事部大正13年(オ)第231号事件判例集未登載 ……… 356
大判大正13・10・25第3民事部大正13年(オ)第462号事件判例集未登載 ……… 390
大判大正14・3・3第2民事部大正13年(オ)第1010号事件 ……… 359,391
大判大正14・11・25第3民事部大正14年(オ)第880号事件判例集未登載 ……… 357
大判大正14・12・26民集4巻774頁 ……… 351
大決大正15・7・20刑集5巻318頁 ……… 316
大判昭和2・2・26新聞2670号7頁 …… 384

大判昭和２・５・17新聞2692号６頁…… *316*
大判昭和３・11・24新聞2938号９頁…… *380*
大判昭和４・１・25評論18巻民234 …… *400*
大判昭和４・２・13新聞2954号５頁…… *337*
大判昭和５・11・29新聞3210号12頁…… *358*
大判昭和６・２・20新聞3240号４頁
…………………*200,224,428*
大判昭和６・５・27新報259号14頁 …… *441*
大判昭和６・10・５法学１巻３号119頁
…………………………… *495*
大判昭和６・11・27新聞3345号15頁…… *495*
大判昭和７・７・８新聞3451号12頁…… *479*
大判昭和７・７・８民集11巻1525頁…… *512*
大判昭和７・10・６民集11巻2026頁…… *500*
大判昭和８・８・10新聞3592号５頁…… *497*
大判昭和10・２・８法学４巻７号145頁
………………………*507,621*
大判昭和10・４・８裁判例９巻92頁…… *454*
大判昭和10・10・15新聞3904号16頁…… *501*
大判昭和10・10・26裁判例９巻260頁 …. *473*
大判昭和11・３・12新聞3965号５頁…… *481*
大判昭和11・６・10新聞4009号17頁…… *496*
大判昭和12・４・８民集16巻418頁
………………………*508,622*
大判昭和12・４・20新聞4133号12頁…… *506*
大判昭和13・３・12法学７巻1269頁…… *504*
大判昭和13・７・２全集５輯14号24頁… *482*
大判昭和14・５・２全集６輯21号17頁… *485*
大判昭和15・７・６民集19巻1142頁
………………………*509,621*
大判昭和18・６・21法学13巻393頁 …… *484*
大判昭和19・３・16民集23巻177頁
…………………*189,240,476*

〔最高裁判所〕

最判昭和27・10・21民集６巻９号849頁
………………………*593,611*
最判昭和28・６・26民集７巻６号766頁
…………………………… *593*
最判昭和33・４・11民集12巻５号789頁
…………………………… *592*
最判昭和36・３・９家月13巻７号87頁
………………………*594,647*
最判昭和37・12・25家月15巻４号37頁
…………………………… *594*
最判昭和38・２・１民集17巻１号160頁
…………………………… *648*
最判昭和38・９・５民集17巻８号942頁
…………………………… *595*
最判昭和38・12・20民集17巻12号1708頁
…………………………… *596*
最判昭和39・９・４民集18巻７号1394頁
…………………………… *651*
最判昭和44・９・26民集23巻９号1727頁
…………………………… *632*
最判平成９・９・９交通民集30巻５号28頁
…………………………… *651*
最判平成16・11・18裁判集民215号639頁
…………………………… *666*

〔控訴院〕

東京控判明治34・３・22新聞29号６頁
…………………………… *126*
東京控判明治35・５・11新聞90号４頁
…………………………… *132*
大阪控判明治42・５・８最近判例集５巻33頁…………………………… *134*
東京控判明治44・10・31最近判例集９巻199頁 …………………………… *128*
東京控判大正２・３・８新聞868号22頁
…………………………… *164*
東京控判大正３・７・25新聞965号27頁
…………………*130,133,220*
名古屋控判大正５・10・３新聞1178号24頁
…………………………… *283*
大阪控判大正５・10・13新聞1182号24頁
…………………………… *283*
東京控判大正６・６・16新聞1341号17頁
…………………………… *284*
東京控判大正６・10・５新聞1355号23頁

……285
大阪控判大正6・10・6新聞1323号29頁……285
東京控判大正9・1・22新聞1820号9頁……289
東京控判大正9・4・14評論9巻民492頁……309
東京控判大正9・6・23評論9巻民536頁……360
東京控判大正9・12・14評論10巻民96頁……288
東京控判大正10・6・25新聞1890号17頁……407
東京控判大正10・12・6新聞1939号17頁……298,360
東京控判大正11・6・27評論11巻604頁……293
東京控判大正12・6・18新聞2194号13頁……381,406
東京控判大正12・6・27新聞2201号17頁……300
東京控判大正12・8・3新聞2187号18頁……295
長崎控判大正12・12・25新聞2221号21頁……298
東京控判大正13・3・19新聞2258号21頁……393
東京控判大正14・8・10新聞2452号5頁……331,537
東京控判大正15・3・13 評論15巻民251頁……305
東京控判大正15・5・1新聞2574号14頁……329
札幌控判大正15・11・13判例集未登載……295
東京控判昭和3・11・19新報172号19頁……406
東京控判昭和4・3・22新聞3038号9頁……360
東京控判昭和5・7・3新聞3162号7頁……361
東京控判昭和5・9・29新聞3194号9頁……361
東京控判昭和5・12・16新聞3231号10頁……330
東京控判昭和6・2・17新聞3247号15頁……365
東京控判昭和6・3・23新聞3257号13頁……450
東京控判昭和6・4・7新聞3271号11頁……489
東京控判昭和6・7・14新聞3314号5頁……381,448,502,516
東京控判昭和6・7・28新聞3310号4頁……307,510
東京控判昭和6・12・12新聞3369号12頁……449
東京控判昭和7・2・24新聞3399号8頁……489
東京控判昭和7・2・27新聞3397号13頁……469
東京控判昭和7・6・28新聞3450号12頁……490
東京控判昭和9・2・28新聞3697号7頁……488
東京控判昭和9・3・8新聞3702号17頁……449,487,489
東京控判昭和9・6・25新聞3734号11頁……499
東京控判昭和9・7・20新聞3738号4頁……465
東京控判昭和9・11・28新聞3797号5頁……516
大阪控判昭和13・2・26新聞4250号4頁……515
東京控判昭和17・2・5新聞4780号17頁……515

〔高等裁判所〕

東京高判昭和28・8・19東京高裁民事判

決時報4巻4号118頁 …………………… 583
高松高判昭和30・3・31下民集6巻3号622頁 ……………………………… 644,654
東京高判昭和32・7・11家月9巻7号25頁 ……………………………… 625
東京高判昭和32・12・25不法行為下民集昭和32年度(上)713頁 …………………… 579
東京高判昭和33・4・24下民集9巻4号730頁 ……………………………… 579
東京高判昭和35・9・8東京高裁民事判決時報11巻9号246頁 …………………… 629
仙台高裁秋田支判昭和38・1・28家月15巻7号89頁 ……………………………… 586
広島高裁松江支決昭和38・6・19家月15巻10号130頁 ……………………………… 591
東京高判昭和42・4・12高裁民集20巻2号191頁 ……………………………… 633
高松高判昭和46・9・22判タ270号257頁 ……………………………… 613
東京高判昭和47・11・30判時691号27頁 ……………………………… 645
東京高判昭和48・4・26判時706号29頁 ……………………………… 611
大阪高判昭和53・10・5家月32巻10号48頁 ……………………………… 649
東京高判昭和57・4・27判時1047号84頁 ……………………………… 652
東京高判昭和57・4・28判時1048号109頁 ……………………………… 643
名古屋高判昭和59・1・19判時1121号53頁 ……………………………… 643

〔地方裁判所・家庭裁判所〕

横浜地判明治35・10・8新聞111号8頁 ……………………… 127,190
水戸地裁下妻支判明治39・6・11新聞383号6頁 ……………………………… 127
神戸地判明治41・5・29新聞512号10頁 ……………………………… 127
東京地判大正2・1・21新聞841号13頁 ……………………………… 220
東京地判大正5・3・6新聞1135号29頁 ……………………………… 282
長野地判大正5・3・9「判例」1巻民131頁 ……………………………… 282
東京区判大正5・5・3新聞1164号22頁 ……………………………… 283
札幌地判大正5・6・27新聞1160号28頁 ……………………………… 291
和歌山地判大正7・4・19新聞1405号21頁 ……………………………… 285
東京地判大正7・5・15評論7巻民334頁 ……………………………… 286
盛岡区判大正7・5・30新聞1426号18頁 ……………………… 326,408
東京地判大正7・8・7新聞1464号20頁 ……………………………… 364
東京地判大正8・3・10評論8巻民198頁 ……………………… 287,326
土浦区判大正8・6・23新聞1589号19頁 ……………………… 288,404
東京地判大正8・9・18評論8巻民1087頁 ……………………………… 362
東京地判大正8・10・22評論8巻民987頁 ……………………………… 364
浦和地判大正9・4・29大正8年(レ)第90号事件判例集未登載 …………………… 386
東京地判大正9・6・11評論9巻民539頁 ……………………………… 292
千葉地判大正10・10・15評論10巻民1331頁 ……………………………… 405
東京地判大正11・2・14新聞1961号8頁 ……………………… 392,402
東京地判大正11・5・8新聞2005号8頁 ……………………… 292,406
熊本地判大正12・4・5評論12巻民241頁 ……………………………… 367
岡山地判大正13・3・30新聞2257号16頁 ……………………………… 407

東京地判大正15・7・23評論15巻民法855頁……393
岡山地判昭和2・3・3新聞2665号6頁……340
大阪地判昭和2・5・13評論16巻民1178頁……365
高瀬区判昭和2・7・5新聞2754号17頁……364
名古屋区判昭和2・10・21新聞2774号15頁……402, 407
東京地判昭和3・4・30新報162号17頁……402
関東廳地判昭和3・7・5新聞2874号16頁……338
東京地判昭和3・8・6新聞2908号6頁……336, 407
大垣区判昭和3・12・18新聞2940号6頁……368
那覇地判昭和4・2・12新聞3016号7頁……402
大阪地判昭和4・3・13新聞2959号5頁……339
松山区判昭和4・7・2新聞3010号13頁……380
横浜地判昭和4・7・16新聞3061号16頁……366
熊本地判昭和4・10・26新聞3064号6頁……396
東京地判昭和4・11・29新聞3074号13頁……397
横浜地判昭和5・8・27新聞3168号6頁……363
東京地判昭和6・3・6新聞3251号13頁……529
水戸地裁土浦支判昭和6・7・30新聞3304号9頁……457
妙寺区判昭和6・6・8新聞3308号7頁……469
仙台地判昭和6・9・14新報271号26頁……487
大阪地判昭和6・11・27評論21巻民342頁……517
東京地判昭和7・2・12新報292号28頁……471
大阪地判昭和7・2・29評論21巻民431頁……489
横浜区判昭和7・4・18新聞3406号7頁……492
東京地判昭和7・11・17評論21巻民1143頁……513
函館地判昭和7・11・25新聞3506号17頁……514
東京地判昭和8・2・16新聞3525号5頁……463
東京地判昭和8・2・24新聞3549号7頁……463
東京地判昭和8・3・6新聞3540号19頁……499
東京地判昭和8・10・30新報347号16頁……472
東京地判昭和8・12・13評論22巻民1343頁……504
直方区判昭和8・12・27新聞3659号10頁……490
東京地判昭和9・2・24評論23巻民339頁……487
東京地判昭和9・4・12新聞3704号11頁……452, 493
大阪地判昭和9・5・5新聞3700号5頁……503
東京地判昭和9・5・19新聞3710号17頁……487
大田原区判昭和9・6・30新聞3724号17頁……500
水戸地裁下妻支判昭和9・7・23新聞3744号16頁……475
大阪地判昭和9・9・21評論24巻民319頁……517
静岡地判昭和10・2・12新報392号20頁……511

東京地判昭和10・4・16新聞3833号4頁 ……… 451
高田区判昭和10・5・8新報400号26頁 ……… 489
東京地判昭和10・12・16評論24巻民1180頁 ……… 487
東京地判昭和11・6・12評論25巻民872頁 ……… 487
東京地判昭和12・5・25新聞4139号3頁 ……… 460
東京地判昭和12・6・30新聞4162号9頁 ……… 513,536
大阪区判昭和12・9・8新聞4201号9頁 ……… 490
東京地裁飯塚区判昭和12・11・2新聞4243号4頁 ……… 488
東京地判昭和13・3・19新聞4263号3頁 ……… 488
東京地判昭和13・7・4新聞4298号5頁 ……… 466
長崎区判昭和13・12・23新聞4371号13頁 ……… 459
東京地判昭和14・1・31新聞4385号15頁 ……… 467
東京地判昭和14・4・11評論28巻民712頁 ……… 489
東京地判昭和15・5・6新報595号19頁 ……… 452,456
佐賀地判昭和16・8・1新聞4726号29頁 ……… 454,511
東京地判昭和16・12・5新聞4750号15頁 ……… 490
前橋地判昭和25・8・24下民集1巻8号1328頁 ……… 581
福井地判昭和26・2・10下民集2巻2号182頁 ……… 572
大阪地判昭和26・5・15下民集2巻5号657頁 ……… 582
千葉地佐倉支判昭和26・7・13下民集2巻7号892頁 ……… 582
奈良地判昭和29・4・13下民集5巻4号487頁 ……… 610
長野地判昭和29・6・14下民集5巻6号884頁 ……… 585
仙台地判昭和29・10・27下民集5巻10号1791頁 ……… 573,610
京都地判昭和29・11・6下民集5巻11号1829頁 ……… 573,623
大阪地判昭和31・2・29不法行為下民集昭和31年度371頁 ……… 574
宇都宮地判昭和31・3・6不法行為下民集昭和31年度390頁 ……… 576,644
東京家審昭和31・7・25家月9巻10号38頁 ……… 591
大阪地判昭和32・6・19不法行為下民集昭和32年度(下)727頁 ……… 626
青森地裁弘前支判昭和32・8・13不法行為下民集昭和32年度(上)592頁 ……… 578
鳥取地判昭和32・4・25不法行為下民集昭和32年(上)504頁 ……… 576
浦和地裁熊谷支判昭和32・6・17不法行為下民集昭和32年(上)534頁 ……… 577
東京地判昭和32・7・15不法行為下民集昭和32年度(上)554頁 ……… 575
大阪地判昭和32・8・10不法行為下民集昭和32年度(上)585頁 ……… 577
大阪地判昭和32・9・9不法行為下民集昭和32年度(下)740頁 ……… 627
福井地判昭和32・11・30不法行為下民集昭和32年度(上)677頁 ……… 587
東京地判昭和32・12・23不法行為下民集昭和32年度(上)710頁 ……… 578
東京家審昭和34・9・1家月11巻11号126頁 ……… 575
東京地判昭和34・12・25下民集10巻12号2751頁 ……… 624
東京地判昭和36・8・23昭和34(ワ)3643号事件判例集未登載 ……… 584
東京地判昭和37・7・5判時309号25頁 ……… 580

長崎地判昭和38・6・28家月15巻11号110頁……628
東京地判昭和40・4・28判時417号50頁……630
大阪地判昭和40・7・9下民集16巻7号1208頁……601
大阪地判昭和41・1・18判時462号40頁……611
大阪地判昭和42・7・31判時510号57頁……653,654
大阪地判昭和43・1・29判時530号58頁……651
東京地判所昭和43・5・23判タ226号165頁……602
福岡地小倉支判昭和48・2・26判時713号108頁……613
横浜家審昭和50・12・4判時774号110頁……613
秋田地裁大曲支判昭和51・5・28交通事故裁判集9巻3号791頁……620
甲付地判昭和55・12・23判時1023号107頁……650
徳島地判昭和57・6・21判時1065号170頁……602,612
大阪地判昭和58・3・8判例タ494号167頁……612
大阪地判昭和58・3・28判時1084号99頁……604,612
東京地判昭和58・10・27判時1114号59頁……637
東京地判昭和59・2・23判タ530号178頁……639
大阪地判平成3・8・29家月44巻12号95頁……646
仙台地判平成4・9・28判時1458号138頁……643
東京地判平成5・3・31判タ857号248頁……618
東京地判平成6・1・28判タ873号180頁……605,614
仙台地判平成11・1・19判時1704号120頁……606
東京地判平成13・7・6平成12年(ワ)13678号(ワ)21450号判例集未登載……614
神戸地判平成14・10・22平成12年(ワ)第2498号判例集未登載……607,615
東京地判平成15・7・17平成14年(ワ)第13050号判例集未登載……616

〈著者紹介〉

岡本詔治（おかもと・しょうじ）

1970年　大阪市立大学大学院修了
1971年　松山商科大学（現松山大学）
1976年　島根大学
1994年　博士（法学）大阪市立大学
2002年　龍谷大学
現　在　龍谷大学法科大学院教授

〈著　書〉
『無償利用契約の研究』（法律文化社，1989年）
『私道通行権入門』（信山社，1995年）
『損害賠償の範囲Ⅰ（総論・売買）』（一粒社，1999年）
『不動産無償利用権の理論と裁判』（信山社，2001年）
『イタリア物権法』（信山社，2004年）
『イタリア不動産法の研究』（晃洋書房，2006年）
『隣地通行権の理論と裁判（増補版）』（信山社，2009年）
『通行権裁判の現代的課題』（信山社，2010年）
〈主要論文〉
「二世帯住宅と所有問題」『土地バブル経済の法学的課題』
　（日本土地法学会30周年記念）土地問題双書34（有斐閣，2003年）
「居住権の再構築」『借地借家法の新展開』（信山社，2004年）
「不動産無償使用関係の相続をめぐる若干の問題」
　民事研修581号（2005年）
「隣地通行権に基づく車両通行について」
　龍谷法学40巻４号（2008年）
「通行権裁判の現在と未来」民事研修649号（2011年）

学術選書
84
民　法

婚約・婚姻予約法の理論と裁判

2013（平成25）年２月20日　第１版第１刷発行
5884-4:P712 ￥12800E-012-045-015

著　者　岡　本　詔　治
発行者　今井　貴　今井　守
発行所　株式会社　信　山　社
〒113-0033 東京都文京区本郷6-2-9-102
Tel 03-3818-1019　Fax 03-3818-0344
info@shinzansha.co.jp
笠間才木支店　〒309-1600 茨城県笠間市才木515-3
笠間来栖支店　〒309-1625 茨城県笠間市来栖2345-1
Tel 0296-71-0215 Fax 0296-72-5410
出版契約 2013-5884-01010 Printed in Japan

印刷・製本／亜細亜印刷・渋谷文泉閣
ISBN978-4-7972-5884-4 C3332 分類324.600-b012家族法
5884-0101:012-045-015